簡牘日書文獻語言研究

張國艷 著

中國社會科學出版社

圖書在版編目(CIP)數據

簡牘日書文獻語言研究 / 張國艷著. —北京：中國社會科學出版社，2018.11
ISBN 978-7-5203-3418-1

Ⅰ.①簡… Ⅱ.①張… Ⅲ.①簡(考古)-語言學-研究-中國②《日書》-研究
Ⅳ.①K877.54②B992

中國版本圖書館 CIP 數據核字(2018)第 244567 號

出 版 人	趙劍英
責任編輯	曲弘梅
責任校對	何又光
責任印製	戴 寬

出　　版	中國社會科學出版社
社　　址	北京鼓樓西大街甲 158 號
郵　　編	100720
網　　址	http：//www.csspw.cn
發 行 部	010-84083685
門 市 部	010-84029450
經　　銷	新華書店及其他書店

印刷裝訂	北京君昇印刷有限公司
版　　次	2018 年 11 月第 1 版
印　　次	2018 年 11 月第 1 次印刷

開　　本	710×1000　1/16
印　　張	55.5
插　　頁	2
字　　數	826 千字
定　　價	198.00 元

凡購買中國社會科學出版社圖書，如有質量問題請與本社營銷中心聯繫調換
電話：010-84083683
版權所有　侵權必究

凡　例

　　一、釋文來源。以整理者所釋爲底本，釋文、斷讀參照時賢的新出研究成果，也有個人意見；引用學者的考釋意見在注釋中予以説明或體現在參考文獻中（已取得到學界公認的考釋意見一般不注）。

　　二、例句録寫。在不影響簡文理解的情况下，基於文字輸入和閲讀順暢的考慮，若非涉及必要字詞，釋文盡量從寬；合文、重文，一般直接寫出，另"是＝""偎＝""營＝""數＝"等少數合文或重文形式的訓讀存在不同意見，照録原文。存疑的隸定或釋讀字後加"？"。

　　（　），表示前一字是通假字、異體字或古今字；

　　＜　＞，表示前一字是訛誤字；

　　＝，表示重文或合文；

　　□，表示簡文模糊或殘缺，無法補出的字；

　　☒，表示簡文殘損，殘缺字字數無法確定；

　　底紋文字，表示據殘筆參照文例補出的字；

　　【　】，表示簡文原有殘缺，可據文例補足的字；

　　〖　〗，表示簡文原有脱文，可據文例補足的字；

　　｛　｝，表示符號内的字爲衍文。

　　……，表示簡文节選而未全引或原簡文字漫漶不可辨。

　　三、來源標注。一般於例句後用下標形式標寫"文獻簡稱+簡號"，簡號用阿拉伯數字表示；簡文若分欄書寫，遵循原著録在簡號後用"壹、貳、叁"等大寫數字或"上、（中）、下"標示欄次。少數於期刊中公佈的散見日書釋文，例句後用下標形式標寫"文獻簡稱+文獻來源"；若有簡號，則一併標注。所引例句，若出自編號不同的簡牘，爲簡文連貫之目的，將簡號移至例句末標注：簡號前後相連，簡號間用

"—"表示；簡牘爲研究者綴合，簡號不相連屬，簡號間用"+"表示。整理者所編簡號，經研究者重新綴連，採用研究者的標注方式，即據簡文所處簡的位置，在原簡號後綴以 A、B、C 等字母。

日書例句出處與簡稱情況：

《九店楚簡》《楚地出土戰國簡册〔十四種〕》　　　　　　　　九店

《睡虎地秦墓竹簡》《秦簡牘合集〔壹〕》《秦簡牘合集釋文注釋修訂本（貳）》　　　　　　　　　　　　　　　　　　　　　　　睡

睡虎地秦墓竹簡日書甲種　　　　　　　　　　　　　　　睡甲

睡虎地秦墓竹簡日書乙種　　　　　　　　　　　　　　　睡乙

《關沮秦漢墓簡牘》《秦簡牘合集〔叁〕》《秦簡牘合集釋文注釋修訂本（叁）》　　　　　　　　　　　　　　　　　　　　　　周秦

《江陵王家臺 15 號秦墓》《王家臺秦墓竹簡概述》　　　　　　王

《天水放馬灘秦簡》《秦簡牘合集〔肆〕》《秦簡牘合集釋文注釋修訂本（肆）》　　　　　　　　　　　　　　　　　　　　　　　放

天水放馬灘秦簡日書甲種　　　　　　　　　　　　　　　放甲

天水放馬灘秦簡日書乙種　　　　　　　　　　　　　　　放乙

《北京大學藏秦代簡牘書迹選粹》　　　　　　　　　　　　北秦

《江陵嶽山秦墓》《秦簡牘合集〔叁〕》《秦簡牘合集釋文注釋修訂本（叁）》　　　　　　　　　　　　　　　　　　　　　　　嶽山

《敦煌漢簡》《敦煌馬圈灣漢簡集釋》《英國國家圖書館藏斯坦因所獲未刊漢文簡牘》　　　　　　　　　　　　　　　　　　　　敦煌

《居延漢簡釋文合校》《居延漢簡補編》　　　　　　　　　居漢

《居延新簡——甲渠候官》《居延新簡釋校》《居延新簡集釋》
　　　　　　　　　　　　　　　　　　　　　　　　　　居新

《額濟納漢簡》《額濟納漢簡釋文校本》　　　　　　　　　　額

《漢簡〈日書〉叢釋》《敦煌懸泉漢簡釋粹》　　　　　　　懸泉

《武威漢簡》《漢簡綴述》　　　　　　　　　　　　　　　武威

《阜陽雙古堆漢簡數術書簡論》《阜陽亳州出土文物文字編》　阜陽

《江陵張家山漢墓竹簡概述》《介紹近年江陵張家山出土的西漢簡書》　　　　　　　　　　　　　　　　　　　　　　　　張 M249

《虎溪山一號漢墓葬制及出土竹簡的初步研究》《沅陵虎溪山漢簡選》
　　　　　　　　　　　　　　　　　　　　　　　　　　虎
《西安杜陵漢牘〈日書〉"農事篇"考辨》　　　　　　杜陵
《香港中文大學文物館藏簡牘》　　　　　　　　　　港
《隨州孔家坡漢墓簡牘》　　　　　　　　　　　　　孔
《印臺墓地出土大批西漢簡牘》　　　　　　　　　　印臺
《肩水金關漢簡〔壹〕》《肩水金關漢簡〔貳〕》《肩水金關漢簡〔叁〕》　　　　　　　　　　　　　　　　　　　　金關
《水泉子漢簡初識》　　　　　　　　　　　　　　　水
《北大漢簡——填補歷史空白的佚本》《北京大學藏秦代簡牘書迹選粹》　　　　　　　　　　　　　　　　　　　　北漢
《湖北隨州市周家寨墓地 M8 發掘簡報》　　　　　　周漢

　　日書文獻專業性強，該類語料的語言研究具有跨學科性；日書文獻研究成果豐富，受個人見識和能力所限，本研究對已有成果的抉擇有疏漏、不當之處。請各位專家不吝賜正，以助我糾正錯失，彌補不足。
　　本研究是教育部人文社會科學研究青年基金項目"簡牘日書文獻語言研究"（項目編號 10YJCZH215）的結項成果，並受到濟南大學出版基金支持，特此致謝。

目　　録

緒論 ……………………………………………………… (1)
　一　"日書"的界定 ………………………………………… (1)
　二　簡牘日書語料介紹 …………………………………… (14)
　三　簡牘日書研究現狀 …………………………………… (35)
　四　簡牘日書語言研究意義 ……………………………… (42)
第一章　簡牘日書數術術語匯釋 ……………………… (66)
　第一節　神煞名稱 ………………………………………… (76)
　　一　建除值神 ……………………………………………… (77)
　　二　叢辰值神 ……………………………………………… (84)
　　三　擇日神煞 ……………………………………………… (89)
　　四　福祟神煞 ……………………………………………… (128)
　第二節　時日禁忌詞語 …………………………………… (189)
　第三節　數術原理詞語 …………………………………… (206)
第二章　簡牘日書同義詞研究 ………………………… (225)
　第一節　簡牘日書同義詞的構成 ………………………… (240)
　　一　名詞類 ………………………………………………… (240)
　　二　動詞類 ………………………………………………… (298)
　　三　形容詞 ………………………………………………… (351)
　第二節　簡牘日書同義詞音節分類梳理與分析 ………… (361)
　　一　簡牘日書同義詞構成狀況反映了複音詞的發展趨勢 … (361)
　　二　複音詞與同義單音詞多存在關聯 …………………… (370)
　第三節　簡牘日書同素異序同義詞梳理與分析 ………… (372)
　　一　共現同素異序同義詞 ………………………………… (374)

· 1 ·

		二　獨現同素異序同義詞 ……………………………（383）
		三　簡牘日書同素異序詞的使用 ……………………（417）
	第四節　簡牘日書歷時替換同義詞梳理與分析 …………（427）
		一　已有研究成果舉例 ………………………………（427）
		二　簡牘日書歷時替換同義詞的分佈 ………………（433）
		三　簡牘日書同義詞歷時替換原因臆測 ……………（444）
第三章　簡牘日書歷時異文的語言學觀察 …………………（452）
	第一節　簡牘日書歷時異文中的詞彙現象 ………………（455）
		一　詞語替換 …………………………………………（455）
		二　詞義變化 …………………………………………（498）
		三　新詞產生 …………………………………………（507）
	第二節　簡牘日書歷時異文中的語法現象 ………………（510）
		一　代詞"是"的衰落 ………………………………（510）
		二　助詞"之"的衰落 ………………………………（511）
		三　動詞、副詞"毋"的通行 ………………………（513）
		四　介詞"於"的衰落 ………………………………（514）
		五　"復"語法意義的增強 …………………………（519）
	第三節　簡牘日書歷時異文中的文字現象 ………………（521）
		一　形聲造字的發展 …………………………………（521）
		二　追求漢字形體的表意性 …………………………（523）
第四章　簡牘日書詞彙應用研究
		——從對《大詞典》的修正角度 …………………（540）
	第一節　辭書收詞釋義原則概述 …………………………（540）
		一　關於收詞 …………………………………………（540）
		二　關於義項 …………………………………………（543）
		三　關於書證 …………………………………………（544）
	第二節　簡牘文獻對辭書的訂補作用研究概述 …………（546）
		一　取得的成績 ………………………………………（546）
		二　存在的不足 ………………………………………（550）
	第三節　簡牘日書文獻對辭書的訂補 ……………………（562）

一　提前書證 …………………………………… （562）

　　二　增補書證 …………………………………… （684）

　　三　增補詞義 …………………………………… （705）

　　四　修訂義項 …………………………………… （739）

　　五　增補詞目 …………………………………… （755）

主要參考文獻 ……………………………………… （820）

附錄 ………………………………………………… （840）

　　一　睡簡日書篇章秦、楚系歸屬 ……………… （840）

　　二　散見簡牘日書釋文 ………………………… （848）

後記 ………………………………………………… （879）

緒　　論

一　"日書"的界定

"日書"一詞，包括日書這種古書類型，傳世文獻均未見，爲考古新發現。"日書"書題首見於睡簡①。睡虎地 M77 漢簡②，北大西漢竹書也發現了自題爲"日書"的文獻③；此外，孔簡有疑似"日書"書題④。截至目前，已知自題爲"日書"的簡牘共計 3 批，疑似 1 批。

秦漢時期"乃一鬼神數術之世界"⑤，《漢書·藝文志》"六略"中有數術略，選擇時日或占測時日吉凶是數術略的重要內容，"《史記》有《日者列傳》，《論衡》對當時的各種擇日行爲作過批判，足見選擇

---

① 睡虎地 M11 秦墓出土了兩種《日書》，爲便於區別，整理者分別將之稱爲《日書》甲種、《日書》乙種；"日書"書題位於《日書》乙種最後一枚簡的背面。

② 湖北省文物考古研究所、雲夢縣博物館：《湖北雲夢睡虎地 M77 發掘簡報》，《江漢考古》2008 年第 4 期。

③ 北京大學出土文獻研究所：《北京大學藏西漢竹書概説》，《文物》2011 年第 6 期。

④ 孔簡整理者指出"兩册簡及木牘原無篇題，日書、曆日和告地書是整理者擬定的"。後李零先生提及"孔家坡漢簡《日書》，經紅外綫處理，也發現了自題，同樣叫'日書'。"文後注釋説明，這是日本學者森和在"出土數術文獻國際學術研討會"上披露的。見李零《視日、日書和葉書》，《文物》2008 年第 12 期（森和將此次研討會發言内容整理成《從離日與反支日看〈日書〉的繼承關係》一文，發表於簡帛網 2008 年 8 月 22 日（HTTP//WWW. BSM. ORG. CN/SHOW ARTICLE. PHP？ID＝862），其中未提及孔簡發現"日書"篇題）。之後，晏昌貴先生又提及孔簡有疑似與"日書"標題有關的記録，見《簡帛〈日書〉的發現與研究》，載陳鋒主編《中國經濟與社會史評論（2011 年卷）》，中國社會科學出版社 2012 年版，第 1 頁；又《日書"艮山·離日"之試解》，《周易研究》2014 年第 1 期。

⑤ 吕思勉：《秦漢史》，上海古籍出版社 1983 年版，第 810 頁。

時日吉凶的數術在戰國秦漢時期早已十分流行。"① 百年來出土簡牘有百餘批30餘萬枚，簡牘文獻數量豐富，出土地域廣泛，記載內容龐雜，一定程度上呈現了戰國秦漢乃至魏晉時期的社會生活實景。反映戰國秦漢時期擇日習俗的簡牘文獻——《日書》也頻見出土。

"日書"書題出土以前，西北漢簡中已零星出土了日書類簡牘，且因其內容特別受到關注，羅振玉、王國維《流沙墜簡》考釋部分單列"術數類"，《武威漢簡》將這類簡牘歸入"日忌雜占"。不過類別特徵明顯、數量龐大的西北大宗屯戍簡牘中的日書類簡牘終因數量少，內容單薄，在流行廣、影響大的簡牘整理研究資料中雜於其他簡牘中而未能單列成類。

"日書"書題出土以後，日書類簡牘多有發現，但直至2006年睡虎地漢簡、2009年北大西漢竹書中才又復見"日書"書題，所以在此期間或之後出土的數量衆多的其他日書類簡牘的命名與歸類整理，是研究者據簡牘內容，經與睡簡《日書》或傳世選擇類通書對照而確定的。各批次簡牘的發掘報告或資料公佈、整理成果中自稱有日書文獻的簡牘依時間先後排列有：1 睡虎地秦簡（1976②）③、2 定縣漢簡（1981）④、3 花果山漢簡（1982）⑤、4 阜陽漢簡（1983）⑥、5 九店

---

① 陳偉主編，彭浩、劉樂賢、萬全文等著：《秦簡牘合集〔壹〕》，武漢大學出版社2014年版，第349頁。

② 簡牘材料後所標的時間，是發掘報告、發掘簡報、簡牘材料介紹等期刊論著以及其他公開發表的媒介形式中，最早公佈該批簡牘有日書內容的時間。下同。

③ 季勳：《雲夢睡虎地秦簡概述》，《文物》1976年第5期。孝感地區第二期亦工亦農文物考古訓練班：《湖北雲夢睡虎地十一號秦墓發掘簡報》，《文物》1976年第6期。

④ 定縣漢墓竹簡整理組：《定縣40號漢墓出土竹簡簡介》，《文物》1981年第8期。

⑤ 李洪甫：《江蘇連雲港市花果山出土的漢代簡牘》，《考古》1982年第5期。此前李洪甫先生亦提及其中有類似睡虎地秦簡中屬於曆忌一類的《日書》，見《連雲港市花果山出土漢代簡牘試釋》，載《1980年江蘇省博物館學會、考古學會成立大會學術論文集》第三冊，油印本。

⑥ 阜陽漢簡整理組：《阜陽漢簡簡介》，《文物》1983年第2期。

楚簡（1984）[①]、6 張家山 M249 漢簡（1985）[②]、7 放馬灘秦簡（1989）[③]、8 張家山 M327 漢簡（1992）[④]、9 王家臺秦簡（1995）[⑤]、10 尹灣漢簡（1996）[⑥]、11 懸泉漢簡（1998）[⑦]、12 周家臺秦簡（1999）[⑧]、13 嶽山秦牘（2000）[⑨]、14 馬王堆帛書（2000）[⑩]、15 孔家坡漢簡（2000）[⑪]、16 香港中文大學漢簡（2001）[⑫]、17 杜陵漢牘（2002）[⑬]、18

[①] 《江陵九店磚瓦厂楚墓的發掘》，載楚文化研究會編《楚文化考古大事記》，文物出版社1984年版，第131頁。

[②] 荆州地區博物館：《江陵張家山三座漢墓出土大批竹簡》，《文物》1985年第1期。張家山漢墓整理小組：《江陵張家山漢簡概述》，《文物》1985年第1期。

[③] 甘肅省文物考古研究所、天水市北道區文化館：《甘肅天水放馬灘戰國秦漢墓群的發掘》，《文物》1989年第2期。

[④] 荆州地區博物館：《江陵張家山兩座漢墓出土大批竹簡》，《文物》1992年第9期。按：該文將墓葬編號記作M127，其他介紹該墓葬的論著多作M327。從發掘時間看，當爲M327。

[⑤] 荆州地區博物館：《江陵王家臺15號秦墓》，《文物》1995年第1期。

[⑥] 連雲港市博物館：《江蘇東漢縣尹灣漢墓群發掘簡報》，《文物》1996年第8期。

[⑦] 何雙全：《漢簡〈日書〉叢釋》，載西北師範大學文學院歷史系、甘肅省文物考古研究所編《簡牘學研究》第2輯，甘肅人民出版社1998年版，第45—51頁。

[⑧] 湖北省荆州市周梁玉橋遺址博物館：《關沮秦漢墓清理簡報》，《文物》1999年第6期。

[⑨] 湖北省江陵縣文物局、荆州地區博物館：《江陵嶽山秦漢墓》，《考古學報》2000年第4期。

[⑩] 馬王堆帛書整理小組：《馬王堆帛書〈式法〉釋文摘要》，《文物》2000年第7期。此前也有相關論述，如周世榮先生認爲隸體《陰陽五行》大致分爲10個單元，類似一般占書。見《略談馬王堆出土的帛書竹簡》，載長沙馬王堆醫書研究會編《馬王堆醫書研究專刊》第2輯，湖南中醫學院1981年版，第42頁。陳松長先生將《陰陽五行》歸入"數術類古佚書"，參照睡簡、放簡中的《日書》，對《陰陽五行》作了介紹。見《帛書〈陰陽五行〉與秦簡〈日書〉》，載李學勤主編《簡帛研究》第2輯，法律出版社1996年版，第138—147頁。

[⑪] 張昌平：《隨州孔家坡墓地出土簡牘概述》，《古代文明研究通訊》2000年第6期。

[⑫] 陳松長：《香港中文大學文物館藏簡牘》，香港中文大學文物館2001年版，第18—51頁。

[⑬] 張銘洽、王育龍：《西安杜陵漢牘〈日書〉"農事篇"考辨》，載周天遊主編《陝西歷史博物館館刊》第9輯，三秦出版社2002年版，第107—113頁。

虎溪山漢簡（2003）[①]、19 上博簡（2004）[②]、20 嶽麓秦簡（2008）[③]、21 睡虎地 M77 漢簡（2008）[④]、22 印臺漢簡（2009）[⑤]、23 水泉子漢簡（2009）[⑥]、24 北大漢簡（2009）[⑦]、25 北大秦簡（2010）[⑧]、26 浙大楚簡（2011）[⑨]、27 周家寨漢簡（2014）[⑩]、28 夏家臺楚簡（2016）[⑪]。

随着對日書認識的深入，研究者發現 1976 年以前出土的西北屯戍

[①] 懷化市文物處、沅陵縣博物館：《沅陵虎溪山一號漢墓發掘簡報》，《文物》2003 年第 1 期。

[②] 李零：《簡帛古書與學術源流》，三聯書店 2004 年版，第 405 頁。

[③] 龍軍：《嶽麓書院搶救性回購一批流落海外秦簡》，《光明日報》2008 年 4 月 20 日第 002 版。

[④] 湖北省文物考古研究所、雲夢縣博物館：《湖北雲夢睡虎地 M77 發掘簡報》，《江漢考古》2008 年第 4 期。

[⑤] 鄭忠華：《印臺墓地出土大批西漢簡牘》，載滕壬生主編《荊州重要考古發現》，文物出版社 2009 年版，第 204—208 頁。

[⑥] 盧偉山：《永昌水泉子漢墓出土一批重要文物》，《蘭州晨報》2009 年 2 月 27 日第 A08 版；國家文物局：《甘肅永昌水泉子漢墓》，載滕壬生主編《2008 中國重要考古發現》，文物出版社 2009 年版，第 124 頁；甘肅省文物考古研究所：《甘肅永昌水泉子漢墓發掘簡報》，《文物》2009 年第 10 期。

[⑦] 2009 年 11 月 5 日北京大學舉辦"北京大學藏西漢竹書情況通報暨座談會"最早披露這批竹簡有日書類選擇文獻，韓巍、陳侃理先生於座談會後發表《北京大學藏西漢竹書情況通報暨座談會》通報了這次座談會的情況。多家媒體也發文報道，如王慶環《北京大學收藏珍貴西漢竹書》，《光明日報》2009 年 11 月 6 日第 2 版，錢冶《北京大學首次公佈校藏西漢竹書》，《中國文物報》2009 年 11 月 6 日第 2 版；劉昊《3300 餘枚西漢竹書入藏北大》，《北京日報》2009 年 11 月 7 日第 6 版。

[⑧] 2010 年 10 月 24 日北京大學舉辦"北京大學藏秦簡牘情況通報暨座談會"最早披露這批竹簡有日書類選擇文獻，叢欣先生於座談會後發表《北京大學藏秦簡牘情況通報及座談會召開》通報了這次座談會的情況，見《北京大學學報》2010 年第 6 期。多家媒體也發文報道，如王慶環《北京大學獲贈珍貴秦簡牘 對秦代認知大爲擴展》，《光明日報》2010 年 10 月 25 日第 5 版；張偉《北京大學獲贈珍貴秦簡牘：對秦代認知大爲豐富和擴展》，《中國文物報》2010 年 10 月 27 日第 1 版。

[⑨] 曹錦炎主編：《浙江大學藏戰國楚簡》，浙江大學出版社 2011 年版，第 30—31 頁。

[⑩] 張琪真、張俊、劉翠萍：《曾都新出土一批漢代竹簡》，《湖北日報》2014 年 10 月 15 日第 10 版。

[⑪] 海冰、王夢親：《荊州戰國楚墓出土竹簡〈詩經〉》，《湖北日報》2016 年 1 月 28 日第 15 版。

簡牘如居延漢簡、敦煌漢簡等，以文獻簡爲主的武威漢簡等簡牘中，也散見有日書內容，並開展了釋文解讀或資料整理工作①。

日書文獻雖然先秦已然存在，但近年才始露面目，是一種既古老，又年輕的文獻形式。研究者對其細節的界定存在不同。現將研究者的觀點羅列如下：

饒宗頤："日書者，當是日者所用以占候時日宜忌之書。"②

睡簡整理者：《日書》的主要內容是選擇時日，其他如房屋的佈

---

① 如劉樂賢《睡虎地秦簡日書研究》，臺灣文津出版社 1994 年版；林劍鳴《從放馬灘〈日書〉（甲種）再論秦文化的特點》，載李學勤主編《簡帛研究》第 1 輯，法律出版社 1993 年版，第 62—73 頁；胡文輝《居延新簡中的〈日書〉殘文》，《文物》1995 年第 4 期；何雙全《漢簡〈日書〉叢釋》，載西北師範大學文學院歷史系、甘肅省文物考古研究所編《簡牘學研究》第 2 輯，甘肅人民出版社 1998 年版，第 45—51 頁；魏德勝《居延新簡、敦煌漢簡中的"日書"殘簡》，《中國文化研究》2000 年第 1 期；謝桂華《西北漢簡所見祠社稷考補》，載卜憲群、楊振紅主編《簡帛研究 2004》，廣西師範大學出版社 2006 年版，第 258—271 頁；羅帥《河隴秦漢日書初探》，簡帛網 2006 年 8 月 2 日（http://www.bsm.org.cn/show_article.php?id=392）；陸平《散見漢日書零簡輯證》，碩士學位論文，南京師範大學，2009 年；曾磊《居延漢簡"車祭"簡所見出行占色》，《中國史研究》2013 年第 2 期；方勇《讀〈肩水金關漢簡（壹）〉小札（二則）》，簡帛網 2013 年 6 月 10 日（http://www.bsm.org.cn/show_article.php?id=1859）；張志傑《敦煌漢簡書籍類文獻整理研究》，碩士學位論文，蘭州大學，2014 年；伊強《〈肩水金關漢簡（貳）〉綴合一則》，簡帛網 2014 年 6 月 16 日（http://www.bsm.org.cn/show_article.php?id=2032）；高一致《讀〈肩水金關漢簡（叁）〉筆記（二）》，簡帛網 2014 年 8 月 23 日（http://www.bsm.org.cn/show_article.php?id=2060）；孫占宇《居延新簡數術殘簡再探》，載西北師範大學歷史文化學院、甘肅簡牘博物館編《簡牘學研究》第 5 輯，甘肅人民出版社 2014 年版，第 221—232 頁；白軍鵬《秦漢簡牘所見日書相關問題考察》，載卜憲群、楊振紅主編《簡帛研究 2013》，廣西師範大學出版社 2014 年版，第 128—150 頁；常燕娜《居延書籍簡分類整理與研究》，碩士學位論文，西北師範大學，2015 年；程少軒《〈肩水金關漢簡（叁）〉數術類簡牘初探》，載楊振紅、鄔文玲主編《簡帛研究 2015 秋冬卷》廣西師範大學出版社 2015 年版，第 137—141 頁；姚磊《〈肩水金關漢簡（叁）〉綴合（七）》，簡帛網 2016 年 12 月 21 日（http://www.bsm.org.cn/show_article.php?id=2687）。也有研究者從醫學等其他題材爲主的簡牘中鈎沉日書語料，如何雙全先生認爲武威醫簡簡 90 甲、乙爲日書殘簡，"增補了漢代《日書》的內容"。見《簡牘》，敦煌文藝出版社 2004 年版，第 72 頁。

② 饒宗頤：《日書研究的意義》，載饒宗頤、曾憲通《雲夢秦簡日書研究》，香港中文大學出版社 1982 年版，第 1 頁。

局，井、倉、門等應該安排在什麽地方才會吉利，遇到了鬼怪如何應付等等，也是重要內容①。

鄭剛：對日書的理解有兩個層次，其表層是其實用目的，是擇日之術；而其深層則是擇日的原理。日書不完全是按日排列的擇日術，擇日之術有完全不同的來源，日書的吉凶判斷不全是擇日，還有形法，根據表層確定其性質極爲危險②。

蒲慕州：日書是日者所用的占測時日之書，不過《日書》並不是一部完整的"書"，而是一些個別篇章的集結③。

李零：日書是古代擇日書的一種，把各種舉事宜按曆日排列，令人開卷即得，吉凶立見，即使沒有受過訓練的人也很容易掌握，這種書在古代很流行，從戰國秦漢一直到明清，傳統從未斷絕，在民間影響更大，是早期的"黃曆"。④ 日書講吉凶宜忌，一定要具體到日，專門講日，才叫"日書"。現存日書，"除選擇時日，還旁及星占、式法、風角、五音、納甲、十二聲、六吕六律、卜筮、占夢、相宅，以及厭劾祠禳，它還試圖打通各類數術"，日書的選擇事項，簡直無所不包，凡是日常生活可能涉及的方面，都可以裝進這個體系，它是一種"日常生活的百科全書"，不光講時間，也講空間⑤。"日書是類名，不是專名"⑥。

---

① 睡虎地秦墓竹簡整理小組：《睡虎地秦墓竹簡》，文物出版社2001年版，第179頁（該書1990年初版，2001年重新整理再版，與初版略不同；本書所引，均出自2001年重印版）。

② 鄭剛：《論睡虎地秦簡日書的結構特徵》，《中山大學學報》1993年第4期。

③ 蒲慕州：《睡虎地秦簡〈日書〉的世界》，載臺灣史語所集刊編輯出版部編《歷史語言研究所集刊》1993年第62本第4分，第623頁。

④ 李零：《中國方術考（修訂本）》，東方出版社2001年版，第43—46頁（該書人民中國出版社1993年初版，2001年東方出版社修訂再版。李零先生在修訂本前言中提及原書"錯字太多，流毒太廣"；本書所引，均出自修訂本）。

⑤ 李零：《視日、葉書和日書》，《文物》2008年第12期。

⑥ 李零：《秦簡的定名與分類》，載陳偉主編《簡帛》第6輯，上海古籍出版社2011年版，第6頁。

劉樂賢：《日書》是古代數術學中的擇日類書籍，是古代選擇通書，"《日書》的內容首先可以分爲擇日部份和非擇日部份。擇日部份是《日書》的主體，非擇日部份則是一些附屬材料。"①《日書》以選擇或占測時日吉凶爲主，還包括一些別的涉及日常活動的數術方法，具有雜抄或彙編當時各種日常趨吉避凶方法的傾向，與後世流行的選擇通書性質相近②。

曾憲通：日書本是古代日者用來占候時日宜忌、預測人事休咎、以教人如何避凶趨吉的曆書，帶有相當濃厚的數術色彩③。

工藤元男：《日書》是"以占卜爲職業的日者所用的書籍"④。

胡平生："《日書》是查詢歲月時日的吉凶宜忌之書，較利用龜甲、蓍草、式盤等各種占卜器具都來得簡便明瞭，似爲秦漢時民間流行的指導日常行爲的工具書。"⑤

吳小强：專司卜測時日吉凶的日者所使用的工具書即《日書》，"《日書》是流行於戰國秦漢時期社會中下階層的一種日常生活生產手册，主要用於推擇時日、卜斷吉凶，從而使人們達到趨吉避忌、得福免災的目的。"⑥

王子今："《日書》是選擇時日吉凶的數術書"⑦。

何雙全：《日書》按字義理解，就是有關選擇日子的書，有點像現

---

① 劉樂賢：《睡虎地秦簡日書研究》，臺灣文津出版社 1994 年版，第 422—426 頁，第 418 頁。

② 陳偉主編，彭浩、劉樂賢、萬全文等著：《秦簡牘合集〔壹〕》，武漢大學出版社 2014 年版，第 349 頁。

③ 曾憲通：《選堂先生與荆楚文化研究》，載饒宗頤主編《華學》第 2 輯，中山大學出版社 1996 年版，第 132 頁。

④ ［日］工藤元男：《睡虎地秦簡所見秦代國家與社會》，廣瀨薰雄、曹峰譯，上海古籍出版社 2010 年版，第 138 頁（該書 1998 年日本創文社初版，2010 年上海古籍出版社出版中文譯本；本書所引，均出自中文譯本）。

⑤ 胡平生：《阜陽雙古堆漢簡數術書簡論》，載中國文物研究所編《出土文獻研究》第 4 輯，中華書局 1998 年版，第 12 頁。

⑥ 吳小强：《秦簡日書集釋》，嶽麓書社 2000 年版，第 13—14 頁。

⑦ 王子今：《睡虎地秦簡〈日書〉甲種疏證》，湖北教育出版社 2003 年版，第 1 頁。

在流行的老黄曆；但比老黄曆要複雜得多，《日書》應是老黄曆的始祖。古人選日子的概念商周甲骨文中已有反映，春秋戰國時期盛行，且漸有體系，《日書》就是物證。戰國至秦，又有了專門從事這項工作的專業人員"日者"①。

晏昌貴：《日書》是古代日者選擇時日、占斷吉凶的實用手册，類似現今仍在港臺地區民間流行的通書或黄曆；《日書》文本結構的一個基本特徵，是以天文曆法爲經，以生活事件爲緯；從社會文化史的角度觀察，《日書》以"時"序"事"，將人事附着於天文，是我國傳統文化中"天人合一"的具體表現；其占卜的内容，可以用"生老病死，衣食居行"八個字來概括②。

吕亞虎：《日書》流行於社會中下層，是一種便捷的，與日常生産生活密切相關的術數手册；主要用於推擇時月、占斷吉凶，從而使人們達到趨吉避凶、求福免災的目的③。

孫占宇："日書爲日者所操之工具書，這是學界的一致看法。……日者'占候卜筮'的對象其實十分廣泛，非僅時日吉凶。……秦漢時期'日書'是一個較爲寬廣的概念，凡與百姓生活相關的占卜術、厭禳術、祝由術及其他數術皆可歸入其中，若僅從字面上將'日書'理解爲擇日之書，恐怕與當時的實際情況不符。"④ "秦漢時期'日書'與後世流行的選擇通書性質相近，凡與人們生活相關的占卜術、厭禳術、祝由術及其他數術皆可歸入其中，並不局限於字面意義上的'擇日之書'。"⑤

以上諸家將日書或理解爲擇日之書，或理解爲日者所用擇日之書，

---

① 何雙全：《簡牘》，敦煌文藝出版社 2004 年版，第 35—36 頁。
② 晏昌貴：《簡帛〈日書〉與古代社會生活研究》，《光明日報》2006 年 7 月 10 日第 11 版。
③ 吕亞虎：《戰國秦漢簡帛文獻所見巫術研究》，科學出版社 2010 年版，第 8 頁。
④ 張德芳主編，孫占宇著：《天水放馬灘秦簡集釋·概述》，甘肅文化出版社 2013 年版，第 3 頁。
⑤ 陳偉主編，孫占宇、晏昌貴著：《秦簡牘合集〔肆〕》，武漢大學出版社 2014 年版，第 37 頁。

或理解爲擇日爲主的數術雜抄。由於對日書的所指理解不同，各家認定的日書文獻也有差異。現以時間爲序，將部分研究者認定的日書文獻列表如下：

	李1993①	胡1995②	工藤1998③	何1998④	陳2001⑤	劉2003⑥	李2004⑦	晏2006⑧	森2008⑨	吕2010⑩	李2011⑪	晏2011⑫	黃2013⑬	大2014⑭	駢2015⑮	合計
睡簡	+	+	+	+	+	+	+	+	+	+	+	+	+	+	+	15
定州	+	+	+	+	+	+	(+)	+	+	+	+	+	+	+		13+1
阜陽	+	+	+	+	+	+	(+)	+	+	+	+	+	+	+	+	14+1
九店	+	+	+	+	+	+	+	+	+	+	+	+	+	+	+	15

---

① 李零：《中國方術考（修訂本）》，東方出版社2001年版，第44頁。
② 胡文輝：《居延新簡中的〈日書〉殘文》，《文物》1995年第4期。
③ ［日］工藤元男：《睡虎地秦簡所見秦代國家與社會》，廣瀨薰雄、曹峰譯，上海古籍出版社2010年版，第138—145頁。
④ 何雙全：《漢簡〈日書〉叢釋》，載西北師範大學文學院歷史系、甘肅省文物考古研究所編《簡牘學研究》第2輯，甘肅人民出版社1998年版，第45—51頁。
⑤ 陳松長：《香港中文大學文物館藏簡牘》，香港中文大學文物館2001年版，第6—7頁。
⑥ 劉樂賢：《簡帛數術文獻探論》，湖北教育出版社2003年版，第20—27頁。
⑦ 李零：《簡帛古書與學術源流》，三聯書社2004年版，第405—407頁。
⑧ 晏昌貴：《簡帛〈日書〉與古代社會生活研究》，《光明日報》2006年7月10日第11版。
⑨ ［日］森和：《從離日和反支看〈日書〉的繼承關係》，簡帛網2008年8月22日（http：//www.bsm.org.cn/show_article.php？id=867）。
⑩ 吕亞虎：《戰國秦漢簡帛文獻所見巫術研究》，科學出版社2010年版，第8—14頁。
⑪ 李寶通等：《簡牘學教程》，甘肅人民出版社2011年版，第211—215頁。
⑫ 晏昌貴：《簡帛〈日書〉的發現與研究》，載陳鋒主編《中國經濟與社會史評論（2011年卷）》，中國社會科學出版社2012年版，第1—31頁。
⑬ 黃儒宣：《〈日書〉圖像研究》，中西書局2013年版，第2—18頁。
⑭ ［日］大野裕司：《戰國秦漢出土術數文獻之基礎研究》，轉引自輿聞《大野裕司博士〈戰國秦漢出土術數文獻之基礎研究〉出版》，簡帛網2014年6月1日（http：//www.bsm.org.cn/show_news.php？id=561）。
⑮ 駢宇騫：《簡帛文獻綱要》，北京大學出版社2015年版，第301—310頁。

續表

	李 1993	胡 1995	工 1998	何 1998	陳 2001	劉 2003	李 2004	晏 2006	森 2008	呂 2010	李 2011	晏 2011	黄 2013	大 2014	駢 2015	合計
張 M249	+	+	+	+①	+	+		+	+	+	+	+	+	+	+	13
放簡	+	+	+	+	+	+	+	+	+	+	+	+	+	+	+	15
張 M327								+			+	+	+	+	+	7
王簡			+		+	+	+	+	+	+	+	+	+	+	+	12
尹灣				+			(+)				(+)	+				2+2
周秦						+	+	+	+	+	+	+	+	+	+	10
嶽山						+	+	+	+	+	+	+	+	+	+	10
馬王堆							(+)				(+)	+				1+2
孔簡					+	+	+	+	+	+	+	+	+	+	+	11
港簡						+	+	(+)	+	+	+	+	+	+	+	9+1
杜陵						+			+	+	+	+	+	+	+	7
虎簡						+	(+)②		+	+	+	+	+	+	+	7+1
上博					+		+				+	+	+	+	+	5
睡漢											+	+	+	+		4
印臺											+	+	+	+		4
水簡												+	+	+		3

① 何雙全先生指出"湖北江陵張家山 M327 號墓出漢竹簡本《日書》"。按：張家山 327 墓葬確有日書簡牘出土；不過何雙全先生觀點源自《文物》1985 年第 1 期和《江漢考古》1985 年第 2 期分別刊發的《江陵張家山三座漢墓出土大批竹簡》《江陵張家山漢墓出土大批珍貴竹簡》兩篇文章，這兩篇文章介紹的均是 1983 年 12 月至 1984 年 1 月江陵張家山 M247、M249、M258 三座小型漢墓出土竹簡的狀況，其中 M249 墓葬中有日書簡。張家山 M327 漢墓於 1985 年秋至 1986 年初由荆州地區博物館發掘，其墓葬簡牘情況刊發於《文物》1992 年第 9 期的《江陵張家山兩座漢墓出土大批竹簡》一文中。可見何雙全先生所指含有日書的張家山墓葬當爲 M249。

② "（+）"表示：1. 研究者對該文獻是否屬於日書文獻或是否含有日書文獻有異議；如此處"（+）"，李零先生列出了包括虎簡在内的戰國、戰國秦、秦代、西漢、王莽 5 個時段的 14 種日書文獻，不過又認爲虎簡中的《日書》，從有關介紹看，其實有《闊氏五勝》篇題，其内容講五行相勝，並非日書。2. 研究者認爲該文獻與日書文獻相關或含有與日書相關的文獻。如晏昌貴先生《簡帛〈日書〉與古代社會生活研究》指出子彈庫楚帛書、馬王堆帛書、銀雀山漢簡、定縣漢簡、阜陽漢簡、尹灣漢簡等，都包含有大量與日書相關的文獻，可與《日書》對比研究。

續表

	李 1993	胡 1995	工 1998	何 1998	陳 2001	劉 2003	李 2004	晏 2006	森 2008	呂 2010	李 2011	晏 2011	黃 2013	大 2014	駢 2015	合計
北漢											+	+	+	+	+	3
北秦											+		+	+	+	3
浙楚														+	+	2
敦煌			+		+			(+)		+			+			6+1
居延①		+	+	+			+	(+)		+	+	+	+	+	+	11+1
武威	+			+		+		(+)		+	+	+	+	+	+	12+1
懸泉				+		+						+	+	+	+	8
銀雀山			+					(+)					+			2+1
合計	7	8	9②	12	10	16③	13+1④	8+9⑤	18	15⑥	22	22+2⑦	28⑧	24⑨	16	28

---

① 本表格將居漢、居新、額簡合併統計。

② 工藤元男先生列舉了 8 種日書文獻，其中張家山 M249、M327 合併介紹。本表格將張家山 M249、M327 分開統計，計作 9 種。

③ 劉樂賢先生列舉了 14 種日書文獻，將武威、杜陵、敦煌、居延中的日書材料一併歸入"其他零散《日書》資料"。本表格將武威、杜陵、敦煌、居延分開統計，計作 16 種。

④ 李零先生列舉了 14 種日書文獻，但又認爲虎簡日書並非日書。本表格計作 13+1 種。

⑤ 晏昌貴先生列舉了 8 種日書文獻，又指出子彈庫楚帛書、馬王堆漢墓帛書、港簡、武威、居延、流沙墜簡、額簡、銀雀山漢簡、定縣漢簡、阜陽漢簡、尹灣漢簡，以及敦煌卷子中"也都包含有大量的相關文獻，內容十分豐富，可與上述《日書》對比研究。"本表格未統計子彈庫楚帛書和敦煌卷子，依統計原則，計作 8+9 種。

⑥ 呂亞虎先生介紹了楚簡、秦簡、漢簡共 14 種"主要"日書文獻，其中"敦煌、居延、武威漢簡可參考的《日書》殘簡"合併介紹，不過又將"磨咀子漢簡《日書》"單列，存在將武威漢簡日書和磨咀子漢簡《日書》計作兩種之嫌。本表格將敦煌、居延、武威（磨咀子）分開統計，計作 15 種。

⑦ 晏昌貴先生介紹了楚簡、秦簡牘、漢代簡帛共 23 種日書文獻，其中張家山 M249、M327（從發掘簡報記作了 M127）合併介紹，另對尹灣漢簡、馬王堆漢墓帛書的介紹，與其他文獻明確稱作"《日書》"不同，而是稱爲"數術資料"，指出這些語料中含有"與《日書》相關的選擇類數術文獻"或"與《日書》相似"。依統計原則，計作 22+2 種。

⑧ 黃儒宣先生列舉了 31 種日書文獻，其中包括彈庫楚帛書，張家山 M327（從發掘簡報記作了 M127），另外居延、居新、額簡分開介紹。本表格未統計子彈庫楚帛書，依統計原則，記作 28 種。

⑨ 大野裕司先生列舉了 24 種日書文獻，其中包括高臺縣駱駝城魏晉木牘《日書》，張家山漢簡 M249、M327 一併統計。本表格未統計高臺縣駱駝城魏晉木牘《日書》，依統計原則，記作 24 種。

可以看出，學界對上博、浙楚、嶽麓、銀雀山、馬王堆、花果山、尹灣這幾批簡帛材料有日書文獻的認可度不高。不過，即便是認可度較高的日書文獻，其中的某些篇章，也有研究者將其與日書區別開來，如睡簡中的《詰》《夢》《相宅》《置室門》①，放簡中的音律貞卜内容②，九店中的《告武夷》《相宅》③，孔簡中的《歲》④等；也有研究者將整

---

① 如連劭名先生認爲睡簡《詰》篇與《日書》雖是抄寫在同一簡册上，但系獨立成篇。見《睡虎地秦簡〈日書〉及〈詰〉篇補證》，《江漢考古》2001 年第 1 期。李寳通等先生認爲睡簡日乙《夢》篇爲雜占。見《簡牘學教程》，甘肅人民出版社 2011 年版，第 217 頁。朱湘蓉先生認爲睡簡《夢》篇屬於雜占。見《秦簡詞彙初探》，中國社會科學出版社 2012 年版，第 140 頁。駢宇騫先生認爲睡簡《夢》《詰咎》（自題篇名"詰"）屬於雜占，九店、睡簡《相宅》篇屬於形法。見《簡帛文獻綱要》，北京大學出版社 2015 年版，第 313—316 頁。李零先生認爲睡簡《夢》篇講占夢，《詰》篇講厭劾祠禳；《置室門》篇屬相宅，屬相術類。見《簡帛古書與學術源流》，三聯書店 2004 年版，第 412 頁。

② 程少軒先生認爲放簡日乙的内容主要集中在簡 1—143，其餘與天文、鐘律、式圖等相關的簡文實際上是一篇自成系統、可獨立於日書之外的式占文獻。見《放馬灘簡式占古佚書研究》，博士學位論文，復旦大學，2011 年。晏昌貴先生認爲放簡日乙有大量以五音鍾律擇日占卜的條文，"從某種意義上講，這部分有關'鐘律'的内容，也許是單獨成書的，與睡虎地秦簡、孔家坡漢簡所見自題爲《日書》的内容，可能並不是同一類東西。"見《放馬灘、睡虎地、孔家坡三種〈日書〉之比較》，載張德芳主編《甘肅省第二届簡牘學國際學術研討會論文集》，上海古籍出版社 2012 年版，第 504—505 頁。

③ 陳偉先生認爲九店《告武夷》篇不見於睡簡日書，與選擇時日無關，可能近似於漢代所謂"告地策"，應從日書中剔除。見《九店楚簡日書校讀及相關問題》，載馮天瑜主編《人文論叢（1998 年卷）》，武漢大學出版社 1998 年版，第 151 頁。駢宇騫先生認爲九店、睡簡《相宅》篇屬於形法。見《簡帛文獻綱要》，北京大學出版社 2015 年版，第 316 頁。

④ 劉樂賢先生認爲"孔家坡漢簡《日書》的内容基本上都是講各種選擇時日吉凶的方法，而'歲'篇的重點卻是講'歲'和時令，顯得較爲特別""'歲'篇的内容和風格，與《日書》前面講選擇時日吉凶之法的各篇明顯不同。……'歲'可能是一篇具有陰陽家色彩的文獻。……也可能就是一篇類似性質的五行類文獻。其實，古代的陰陽和數術本來性質相近，有時難以截然區分。孔家坡漢簡〈日書〉的'歲'篇，既有屬於陰陽家作品的可能，也有屬五行類數術文獻的可能。"見《孔家坡漢簡〈日書〉"歲"篇初探》，載陳偉主編《簡帛》第 2 輯，上海古籍出版社 2007 年版，第 414 頁。晏昌貴先生指出孔簡最後的《歲》篇，頗類似古代的"月令"。見《孔家坡漢簡〈日書·歲〉篇五行配音及相關問題》，載陳偉主編《簡帛》第 2 輯，上海古籍出版社 2007 年版，第 416 頁。黃儒宣先生認爲孔簡《歲》篇第一段講述"歲"的形成過程，最後一段以"月"爲單位預測吉凶，又自題爲"歲"，其性質應與楚帛書相同，都是"歲月之傳"。見《〈日書〉圖像研究》，中西書局 2012 年版，第 213—214 頁。

理者未認定爲日書文獻的某些篇章歸入日書，如放簡中的志怪故事①，周秦中的曆譜②等。

　　日書的最大特點是實用性，它經常與實用性簡牘文獻一起出土；除此之外就是簡便性，是日常生活中趨吉避凶的便捷手册。每日行事是日常生活的主體內容，而每日行事宜忌便構成了日書的主體。日者是日書的專職使用者，日者被稱爲日者不是因爲其使用日書，而是因爲其職責是占日（以時索事，爲事擇時），但日書不獨爲日者所用。日書經歷了龐雜到純粹的發展過程③，睡簡日乙119有"凡戊子風，有興。雨陰，有疾。興在外，風，軍歸"，放簡日乙346有"邦居軍：丙丁䨻（雷），軍後徙；戊己䨻（雷），軍敬（警）；庚辛䨻（雷），軍前徙，爲雨不徙；壬癸纍<䨻>（雷），戰"，104壹有"乘馬到邑，止不肎（肯）行者，以穀中脂入其口中"，122有"大虻音曰鼠德日以衰其室空虛取土地以連之得財及肉□□有邑毆"等內容；早期日書中存在一定數量的無關日常生活的擇日內容。

　　本選題的研究目的是討論簡牘日書的語言特點，日書、陰陽、形法等相關數術文獻的語言特點基本一致，某些被整理者輯入日書的簡文是否被剝離出去，對研究結果應不會造成太大影響。本研究對於日

---

　① 任步雲：《放馬灘出土竹簡日書芻議》，《西北史地》1989年第3期。孫占宇：《放馬灘秦簡日書整理與研究》，博士學位論文，西北師範大學，2008年；又《放馬灘秦簡乙360—366號"墓主記"說商榷》《放馬灘秦簡〈丹〉篇校注》《放馬灘秦簡編連十二例》《天水放馬灘秦簡集釋》等論著也有此主張。

　② 陳偉主編，劉國勝、彭錦華著：《秦簡牘合集〔叁〕》，武漢大學出版社2014年版，第17—18頁。

　③ 北漢數術簡保存了"日書""日忌""日約""節""雨書""揕輿""荆決""六博"等篇名，陳侃理先生將這些內容歸入日書，認爲北漢日書所收錄的占術幾乎涉及《漢書·藝文志》"數術略"的所有門類，在迄今發現的秦漢日書類文獻中是最多、最雜的。廣收雜術，求多求全，體現出秦至西漢中後期"日書"發展的一個特點。同時也指出，北漢數術文獻中似乎還能看到一個相反的趨勢，即"純粹化"；這種純粹化，或許反映了數術分類意識的形成和發展。見《北大漢簡數術類〈六博〉、〈荆決〉等篇略述》，《文物》2011年第6期。

書語料的認定遵從通行觀點，排除未公佈的定縣漢簡①、張家山 M327 漢簡②、睡虎地 M77 漢簡③、夏家台楚簡④這 4 批日書，納入本研究範圍的日書語料是：

敦煌、居漢、武威、居新、金關、睡簡、阜陽、九店、張 M249、放簡、嶽山、港簡、懸泉、王簡、周秦、額簡、虎簡、孔簡、杜陵、印臺、水簡、北漢、北秦、周漢，共計 24 批（文末附包括港簡、武威在內的散見簡牘日書釋文以便查閱）。

二 簡牘日書語料介紹

日書簡牘材料豐富，納入本課題研究範圍的共有 24 批材料。下面是各批日書文獻基本情況的介紹。

（一）敦煌漢簡

1906 年至 1988 年，甘肅西部疏勒河流域漢代邊塞烽燧遺址共發掘出土了 8 批 2484 枚簡牘，被稱爲"敦煌漢簡"。《疏勒河流域出土漢

---

① 1973 年 5 月至 7 月，定縣 M40 漢墓出土竹簡 724 枚，爲西漢晚期之古籍漢簡，其中的日書爲殘簡，多數不能通讀。見定縣漢墓竹簡整理組《定縣 40 號漢墓出土竹簡簡介》，《文物》1981 年第 8 期；何雙全《中國簡牘的世紀綜述》，《中國文物報》2002 年 1 月 18 日第 7 版。

② 1985 年秋，張家山 M127（M327）漢墓出土約 300 枚竹簡，皆爲日書，有若干小標題，如"祠日""八者八風"等，具體內容包括擇日、吉凶、禁忌等方面的事例，與睡簡日書大致相同；但竹簡保存情況較差，至今未有釋文公佈。從陶器組合中灶的出現推斷，M127（M327）墓大致可定在漢惠帝時期。詳見荊州地區博物館《江陵張家山兩座漢墓出土大批竹簡》，《文物》1992 年第 9 期。本期《文物》公佈了 4 枚日書簡圖片，惜文字不甚清晰，暫未作釋文。

③ 2006 年 11 月，睡虎地 M77 漢墓地出土了豐富的簡牘。編號簡牘總數爲 2137 枚，主要分爲質日、日書、書籍、算術、法律五大類。日書文獻有"日書"書題，但未見完整簡。墓主的下葬年代上限在公元前 157 年 11 月，M77 的時代應在文帝末年至景帝時期。詳見湖北省文物考古研究所、雲夢縣博物館《湖北雲夢睡虎地 M77 發掘簡報》，《江漢考古》2008 年第 4 期。

④ 2015 年，鄢城遺址南郊夏家臺 M106 楚墓出土 400 餘枚竹簡，竹簡內容爲《詩經》《尚書》和日書。墓主人身份應爲士，是楚國低級貴族。詳見海冰、王夢親《荊州戰國楚墓出土竹簡〈詩經〉》，《湖北日報》2016 年 1 月 28 日第 15 版。

簡》《敦煌漢簡釋文》收錄了這批簡牘的釋文①，《敦煌漢簡》圖版、釋文均有收錄，是研究敦煌漢簡的通用版本②，《中國簡牘集成》收錄了這批簡牘的釋文，有斷句和簡單注釋③；《英國國家圖書館藏斯坦因所獲未刊漢文簡牘》公佈了斯坦因第二次中亞考察（1906—1908）所獲爲主的2842枚殘簡④。新近出版的《敦煌馬圈灣漢簡集釋》提供了"原簡原色原大"的彩色圖版和紅外掃描圖版，利用紅外綫辨識簡牘字迹，吸收學界研究成果，修正完善了釋文，是敦煌漢簡研究的最新成果和集成之作⑤。

敦煌漢簡以西漢中後期至東漢中期居多，紀年簡最早的是西漢武帝元鼎三年（前114），最晚的是東漢桓帝元嘉二年（152）⑥；簡文以屯戍行政文書爲主，還有小學、數術、方技等文獻，其中日書簡有24枚。何雙全、羅帥、陸平、張志傑等先生對其中的日書簡做過整理研究⑦。

（二）居延漢簡

1930年10月至1931年5月，甘肅北部額濟納河流域漢代居延烽燧遺址出土了12000餘枚簡牘，被稱爲"居延漢簡"。這批簡牘的釋文整理考釋版本較多，其中謝桂華等先生合編的《居延漢簡釋文合校》逐一校釋以往諸家釋文，吸取當時學界的研究成果，大大提高了釋文的準確性，是研究居延漢簡的通用版本⑧。《中國簡牘集成》收錄了這批簡

---

① 林梅村、李均明編：《疏勒河流域出土漢簡》，文物出版社1984年版；吳礽驤、李永良、馬建華釋校：《敦煌漢簡釋文》，甘肅人民出版社1991年版。

② 甘肅省文物考古研究所編：《敦煌漢簡》，中華書局1991年版。

③ 初師賓主編：《中國簡牘集成》第3冊，敦煌文藝出版社2001年版。

④ 汪濤、胡平生、吳芳思：《英國國家圖書館藏斯坦因所獲未刊漢文簡牘》，上海辭書出版社2006年版。

⑤ 張德芳：《敦煌馬圈灣漢簡集釋》，甘肅文化出版社2013年版。

⑥ 參見饒宗頤、李均明《敦煌漢簡編年考證》，臺灣新文豐出版公司1995年版。

⑦ 何雙全：《漢簡〈日書〉叢釋》，載西北師範大學文學院歷史系、甘肅省文物考古研究所編《簡牘學研究》第2輯，甘肅人民出版社1997年版；羅帥：《河隴秦漢日書初探》，簡帛網2006年8月2日（http://www.bsm.org.cn/show_article.php?id=392）；陸平：《散見漢日書零簡輯證》，碩士學位論文，南京師範大學，2009年；張志傑：《敦煌漢簡書籍類文獻整理研究》，碩士學位論文，蘭州大學，2014年。

⑧ 謝桂華、李均明、朱國炤：《居延漢簡釋文合校》，文物出版社1987年版。

牘的釋文,有斷句和簡單注釋①。《居延漢簡補編》利用紅外影像技術,辨識模糊圖版或"無字簡",增補未刊佈簡牘②。2012年底至今,臺灣史語所重新掃描這批收藏於史語所的居延漢簡,並參校各版本,吸收學者的校改成果進而整理作出釋文,預計出版四到五冊③,目前已經出版了四冊④。

居延漢簡以西漢中後期至東漢中期居多,紀年簡最早的是西漢武帝征和三年(前90),最晚的是東漢和帝永元十年(98)⑤;簡文主要是屯戍行政文書,日書簡僅有1枚。何雙全、羅帥、陸平、常燕娜等先生對其中的日書簡做過搜集研究⑥。

(三) 武威漢簡

1959年7月,甘肅武威磨咀子M6漢墓出土了469枚竹木簡;同年秋天,M18漢墓又發現了10枚"王杖"木簡;此外,M15、M22、M23號漢墓又有柩銘出土。這些在武威磨咀子出土的竹木簡和柩銘被統稱"武威漢簡"。《武威漢簡》收錄了這批簡牘的圖版、釋文⑦,《漢簡綴述》對其中的日忌簡進行了考證⑧,《中國簡牘集成》收錄了這批簡牘

---

① 初師賓主編:《中國簡牘集成》第5—8冊,敦煌文藝出版社2001年版。
② 臺灣史語所:《居延漢簡補編》,臺灣文淵企業有限公司1998年版。
③ 與聞:《〈居延漢簡(壹)〉出版》,簡帛網2015年2月4日(http://www.bsm.org.cn/show_news.php?id=604);鍾馨:《臺灣中研院史語所簡牘整理小組編〈居延漢簡〉(壹)出版》,復旦大學出土文獻與古文字研究中心網2015年2月3日(http://www.gwz.fudan.edu.cn/Web/Show/2444)。
④ 臺灣史語所簡牘整理小組編:《居延漢簡》(壹)(貳)(叁)(肆),臺灣史語所2014年版、2015年版、2016年版、2017年版。
⑤ 參見饒宗頤、李均明《居延漢簡編年——居延編》,臺灣新文豐出版公司2004年版。
⑥ 何雙全:《漢簡〈日書〉叢釋》,載西北師範大學文學院歷史系、甘肅省文物考古研究所《簡牘學研究》第2輯,甘肅人民出版社1997年版,第45—51頁;羅帥:《河隴秦漢日書初探》,簡帛網2006年8月2日(http://www.bsm.org.cn/show_article.php?id=392);陸平:《散見漢日書零簡輯證》,碩士學位論文,南京師範大學,2009年;常燕娜:《居延書籍簡分類整理與研究》,碩士學位論文,西北師範大學,2015年。
⑦ 甘肅省博物館、中國科學院考古研究所編:《武威漢簡》,文物出版社1964年版。
⑧ 陳夢家:《漢簡綴述·武威漢簡補述》,中華書局1980年版,第285—290頁。

的釋文，有斷句和簡單注釋①。

磨咀子 M6 漢墓出土有日書簡，其中一枚簡背記有"河平□年四月四日"，整理者據此推斷這批日書當是西漢晚期之物②；武威漢簡以三個《儀禮》寫本爲主，日忌雜占簡有 11 枚。

（四）居延新簡

1972 年秋至 1976 年夏秋，甘肅北部額濟納河流域漢代居延甲渠候官、第四燧、金關烽燧遺址出土了 19700 餘枚簡牘；其中甲渠候官（破城子）和甲渠塞第四燧出土的 8000 餘枚簡牘整理較早，爲了與居延漢簡區分，被稱爲"居延新簡"。《居延新簡——甲渠候官與第四燧》公佈了這批簡牘的釋文③，《居延新簡——甲渠候官》圖版、釋文均有收錄，又補充了 1976—1986 在居延地區復查時發現的簡牘釋文及圖版，是研究居延新簡的通用版本④。《中國簡牘集成》收錄了這批簡牘的釋文，有斷句和簡單注釋⑤。新近出版的《居延新簡釋校》以原簡的簡影圖版爲據，對這批簡牘的不同釋文版本進行合校，改正了原整理本的錯字，增添了部分新釋出字，完善了原有釋文⑥；《居延新簡集釋》採用紅外綫掃描技術，發表了清晰的紅外綫掃描圖片，吸收學界研究成果，對釋文進行了校正、補充，爲學界提供了更爲理想的讀本⑦。

居延新簡以西漢中後期至東漢中期居多，紀年簡最早的是西漢昭帝始元五年（前 82），最晚的是東漢安帝永初五年（111），另有 1 枚西晉

---

① 初師賓主編：《中國簡牘集成》第 4 冊，敦煌文藝出版社 2001 年版，第 194—195 頁。
② 甘肅省博物館、中國科學院考古研究所：《武威漢簡》，文物出版社 1964 年版，第 136—139 頁。
③ 甘肅省文物考古研究所、甘肅省博物館、文化部古文獻研究室等編：《居延新簡——甲渠候官與第四燧》，文物出版社 1990 年版。
④ 甘肅省文物考古研究所、甘肅省博物館、文化部古文獻研究室等編：《居延新簡——甲渠候官》，中華書局 1994 年版。
⑤ 初師賓主編：《中國簡牘集成》第 9—12 冊，敦煌文藝出版社 2001 年版。
⑥ 馬怡、張榮強：《居延新簡釋校》，天津古籍出版社 2013 年版。
⑦ 張德芳主編，孫占宇、楊眉、李迎春等著：《居延新簡集釋》，甘肅文化出版社 2016 年版。

太康四年紀年簡①；簡文主要是屯戍行政文書，日書簡有 31 枚。胡文輝、劉昭瑞、何雙全、魏德勝、羅帥、陸平、孫占宇、常燕娜等先生對其中的日書簡做過搜集研究②。

（五）金關漢簡

1972 年至 1974 年，額濟納河流域的漢代居延金關烽燧遺址出土了 11000 餘枚簡牘。目前金關漢簡已整理完畢，共出版《肩水金關漢簡》5 輯③。由於時間關係，我們僅整理了前 3 輯中的日書簡；另外兩輯若有日書語料，我們將在今後的學習研究中補足。

金關漢簡以西漢中後期至東漢中期居多，紀年簡最早的是西漢武帝元狩四年（前 119），最晚的是東漢光武帝建武四年（28）④。簡文主要是屯戍行政文書，前 3 輯中日書簡有 30 枚。何雙全、方勇、高一致、程少軒、劉嬌、姚磊等先生整理研究過其中的日書簡⑤。

---

① 參見饒宗頤、李均明《居延漢簡編年——居延編》，臺灣新文豐出版公司 2004 年版。

② 胡文輝：《居延新簡中的〈日書〉殘文》，《文物》1995 年 4 期；劉昭瑞：《居延新出漢簡所見方術考釋》，《文史》第 43 輯；何雙全：《漢簡〈日書〉叢釋》，載西北師範大學文學院歷史系、甘肅省文物考古研究所編《簡牘學研究》第 2 輯，甘肅人民出版社 1997 年版，第 45—51 頁；魏德勝：《居延新簡、敦煌漢簡中的"日書"殘簡》，《中國文化研究》2000 年春之卷（總第 27 期）；羅帥：《河隴秦漢日書初探》，簡帛網 2006 年 8 月 2 日（http：//www.bsm.org.cn/show_article.php?id=392）；陸平：《散見漢日書零簡輯證》，碩士學位論文，南京師範大學，2009 年；孫占宇：《居延新簡數術殘簡再探》，載西北師範大學歷史文化學院、甘肅簡牘博物館編《簡牘學研究》第 5 輯，甘肅人民出版社 2014 年版，第 221—232 頁；常燕娜：《居延書籍簡分類整理與研究》，碩士學位論文，西北師範大學，2015 年。

③ 甘肅簡牘保護研究中心編：《肩水金關漢簡》（壹）（貳）（參）（肆）（伍），中西書局 2011 年版、2013 年版、2014 年版、2015 年版、2016 年版。

④ 史兆利：《金關遺址與金關漢簡》，《絲綢之路》2011 年第 10 期。

⑤ 何雙全：《漢簡〈日書〉叢釋》，載西北師範大學文學院歷史系、甘肅省文物考古研究所編《簡牘學研究》第 2 輯，甘肅人民出版社 1997 年版，第 45—51 頁；方勇：《讀〈肩水金關漢簡（壹）〉小札（二則）》，簡帛網 2013 年 6 月 10 日（http：//www.bsm.org.cn/show_article.php?id=1859）；高一致：《讀〈肩水金關漢簡（參）〉筆記（二）》，簡帛網 2014 年 8 月 23 日（http：//www.bsm.org.cn/show_article.php?id=2060）；程少軒：《〈肩水金關漢簡（參）〉數術類簡牘初探》，載楊振紅、鄔文玲主編《簡帛研究 2015 秋冬卷》，廣西師範大學出版社 2015 年版，第 137—141 頁；劉嬌：《讀肩水金關漢簡"馬禖祝辭"小札》，《文匯報》2016 年 8 月 19 日第 W11 版；姚磊：《〈肩水金關漢簡（參）〉綴合（七）》，簡帛網 2016 年 12 月 21 日（http：//www.bsm.org.cn/show_article.php?id=2687）。

（六）睡虎地秦簡

1975年12月，湖北雲夢睡虎地 M11 秦墓出土了 1100 餘枚秦簡，包括《編年記》《語書》《秦律十八種》《效律》《秦律雜抄》《法律答問》《封診式》《爲吏之道》《日書》甲種、《日書》乙種共 10 種文獻，引發學界廣泛關注。日書簡牘的整理發佈稍晚於法律簡牘，《雲夢睡虎地秦墓》最早公佈了這批日書文獻的圖版和初步整理的釋文，圖版採用連續排號方式，釋文未加句讀和注釋①；《中華五千年文物集刊·簡牘篇》據《雲夢睡虎地秦墓》對這批日書文獻進行了標點和注解②，精裝本《睡虎地秦墓竹簡》對圖版重新編號，吸收學界研究成果，重新修訂釋文，標點斷句，附入注釋，是研究睡虎地秦簡的通用版本③。《秦簡牘合集〔壹〕》收錄了這批簡牘的圖版、釋文，利用紅外影像技術，獲取了高質量的圖版，對釋文進行了補正、編連等工作，是這批簡牘文獻的"善本"④；之後又出版了釋文注釋修訂本，對釋文、注釋中已發現的問題作了最必要的修訂⑤。

睡虎地秦墓的下葬年代是秦始皇三十年（前 217），墓主喜是下層官吏⑥。李學勤先生以秦銘文字體的演變爲標尺，推斷睡簡的寫成不早於秦昭王晚年⑦；劉樂賢先生據《日書》不避秦始皇諱，推測《日書》的寫成年代在秦王政即位（前 246）之前，具體時間大約在公元前 250 年至公元前 246 年之間或略前⑧；陳偉先生據"正月"避諱情況，認爲

---

① 《雲夢睡虎地秦墓》編寫組：《雲夢睡虎地秦墓》，文物出版社 1981 年版。

② 吳昌廉主編：《中華五千年文物集刊·簡牘編》（二）（三），中華五千年文物集刊編輯委員會 1986 年版。

③ 睡虎地秦墓竹簡整理小組：《睡虎地秦墓竹簡》，文物出版社 2001 年再版。

④ 陳偉主編，彭浩、劉樂賢、萬全文等著：《秦簡牘合集〔壹〕》，武漢大學出版社 2014 年版。

⑤ 陳偉主編，彭浩、劉樂賢等著：《秦簡牘合集釋文注釋修訂本（貳）》，武漢大學出版社 2016 年版。

⑥ 睡虎地秦簡整理小組：《睡虎地秦墓竹簡》，文物出版社 2001 年版，第 2 頁。

⑦ 李學勤：《秦簡的古文字學考察》，載中華書局編輯部編《雲夢秦簡研究》，中華書局 1981 年版，第 337 頁。

⑧ 劉樂賢：《睡虎地秦簡日書研究》，臺灣文津出版社 1994 年版，第 407 頁。

睡簡日書大概是墓主喜成年以後收集或者抄寫，其下限，因爲未出現"黔首"一詞，可以卡定在秦始皇25年，而早到昭王時代的可能性恐怕並不太大①。睡虎地秦墓出土有《語書》《效律》《封診式》《日書》等10種文獻，以法律和日書文獻爲主；日書有甲乙兩種，甲種簡166枚，乙種簡259枚，共計425枚。

（七）阜陽漢簡

1977年7月至8月，安徽阜陽雙古堆M1漢墓出土了1000餘枚竹木簡，3方木牘。這批簡殘缺嚴重，目前尚未全部公佈；僅在論著中公佈了部分圖版、釋文和注釋②。

阜陽漢墓的下葬年代是漢文帝十五年（前165），墓主是第二代汝陰侯夏侯竈③。阜陽漢簡内容豐富，有《蒼頡篇》《詩經》《周易》《大事記》《萬物》《作務員程》《行氣》《相狗經》《刑德》《日書》《干支表》《向》《五星》《星占》及辭賦等10多種古籍殘篇④。日書簡有近百個殘片，近似於睡簡日書乙種簡117—128，"書中涉及的事項和人物則有'産子'、'嗇夫升遷'、'大將'、'徙家'、'得地'、'取（娶）婦'、'築室'、'蟄冬（蠡）'、'父母疾病'、'少子'、'中子'、'長子'、'土事'、'訟'等等。從殘存的近百片碎簡已無法窺見此書原貌了。"⑤已公佈的日書簡有15枚。

---

① 陳偉：《秦避諱"正"字問題再考察》，載中國文物遺産研究院編《出土文獻研究》第14輯，中西書局2015年版，第106頁。

② 阜陽漢簡整理組：《阜陽漢簡〈蒼頡篇〉》，《文物》1983年第2期；韓自强：《阜陽漢簡詩經研究》，上海古籍出版社1988年版。阜陽漢簡整理組：《阜陽漢簡〈萬物〉》，《文物》1984年第4期；胡平生：《阜陽雙古堆漢簡數術書簡論》，載中國文物研究所《出土文獻研究》第4輯，中華書局1998年版，第12—30頁；韓自强主編：《阜陽亳州出土文物文字編》，阜陽市大方印務有限責任公司2004年版（内部刊）。

③ 安徽省文物工作隊、阜陽地區博物館、阜陽縣文化局：《阜陽雙古堆西漢汝陰侯墓發掘簡報》，《文物》1978年第8期。

④ 阜陽漢簡整理組：《阜陽漢簡簡介》，《文物》1983年第2期；胡平生、李天虹：《長江流域出土簡牘與研究》，湖北教育出版社2004年版，第524頁；阜陽漢簡整理組：《阜陽漢簡〈萬物〉》將發掘報告中的"雜方"改成"萬物"，《文物》1984年第4期。

⑤ 胡平生：《阜陽雙古堆漢簡數術書簡論》，載中國文物研究所編《出土文獻研究》第4輯，中華書局1998年版，第12頁。

(八) 九店楚簡

1981年5月至1989年底，湖北江陵九店M56楚墓出土了146枚有字簡。《江陵九店東周墓》首次公佈了九店楚簡的圖版、釋文①，《九店楚簡》亦錄有這批竹簡的圖版、釋文，對釋文進行了重新編連和釋讀，是研究九店楚簡的通用版本②。《楚地出土戰國簡册〔十四種〕·九店楚簡》利用紅外綫拍攝圖片，吸收學界研究成果，修正了釋文和注釋③。

九店楚墓的下葬年代應在戰國晚期早段，墓主身份爲"庶人"④。竹簡內容分爲15組：第1組12枚簡記載了農作物的數量，其性質有待研究；第2—14組共87枚簡是日書簡；第15組47枚簡爲殘篇，內容多屬日書⑤。納入本選題研究範圍的日書簡是較完整的87枚竹簡。

(九) 張家山M249漢簡

1983年12月至1984年1月，湖北江陵張家山M247、M249、M258三座漢墓出土了1600餘枚竹簡，其中M249有日書簡。目前這批竹簡僅公佈了部分圖版和釋文，全部材料尚未公佈。

張家山三座漢墓的下葬年代，整理者據墓葬形制、隨葬品特點和墓葬竹簡，判斷上限爲西漢初年，下限不會晚於景帝⑥；M247出土《曆譜》和律令，據其書寫年代，該墓墓主應死於呂后二年，M249與M247的同類器物形制相同、墓坑相鄰，墓葬年代當相同⑦。M247出土竹簡1200餘枚，有《遣册》《曆譜》《脈書》《引書》《算數書》《蓋

---

① 湖北省文物考古研究所：《江陵九店東周墓》，科學出版社1995年版，第506—511頁。
② 湖北省文物考古研究所、北京大學中文系：《九店楚簡》，中華書局2000年版。
③ 陳偉等著：《楚地出土戰國簡册〔十四種〕》，經濟科學出版社2009年版。
④ 湖北省文物考古研究所、北京大學中文系：《九店楚簡》，中華書局2000年版，第162頁。
⑤ 湖北省文物考古研究所：《江陵九店東周墓》，科學出版社1995年版，第394—415頁；湖北省文物考古研究所、北京大學中文系：《九店楚簡》，中華書局2000年版，第162頁。
⑥ 荆州地區博物館：《江陵張家山三座漢墓出土大批竹簡》，《文物》1985年第1期。
⑦ 陳耀鈞、閻頻：《江陵張家山漢墓的年代及相關問題》，《考古》1985年第12期。

廬》《奏讞書》《律令二十六種》8 種文獻；M249 出土竹簡 400 餘枚，主要内容爲《日書》；M258 出土竹簡 58 枚，内容爲《曆譜》①。M249 所出日書保存較差，出土時已散亂，整理難度大，僅在期刊論文中公佈了 8 枚日書簡照片②。

（一○）放馬灘秦簡

1986 年 6 月至 9 月，甘肅天水放馬灘 M1 墓出土了 461 枚竹簡，4 方木牘。這批簡牘整理公佈過程較長，自 1988 年、1989 年起即有部分簡牘圖片、釋文陸續公佈，至 2009 年出版《天水放馬灘秦簡》，這批材料的圖版和釋文得以全部公佈③，爲了解這批簡牘的全貌進而開展系統深入研究提供了資料；但因竹簡殘缺、照片品質不高等原因，整理者對竹簡的釋讀、綴合、編連不太理想，所公佈的圖版也不夠清晰。《中國簡牘集成》收録了日書甲種的釋文，有斷句和簡單注釋④。《天水放馬灘秦簡集釋》提供了紅外影像圖片，對釋文進行了斷句、修訂、綴合、編連等工作，是集中整理研究這批簡牘的新作品⑤。《秦簡牘合集〔肆〕》收録了這批簡牘的圖版、釋文，利用紅外影像技術，獲取了高質量的圖版，並對釋文進行了補正、斷句、析分、綴合、編連等工作，是這批簡牘文獻的"善本"⑥；之後又出版了釋文注釋修訂本，對釋文、注釋中已發現的問題作了最必要的修訂⑦。

放馬灘 M1 墓的墓葬時代，意見不一：整理者認爲應"早至戰國中期，晚至秦始皇統一前"，約在公元前 239 年以後⑧；也有研究者認爲放

---

① 張家山漢墓整理小組：《江陵張家山漢簡概述》，《文物》1985 年第 1 期。
② 張家山漢墓整理小組：《江陵張家山漢簡概述》，《文物》1985 年第 1 期；朱由：《介紹近年江陵張家山出土的西漢簡書》，《書法》1986 年第 5 期。
③ 甘肅省文物考古研究所編：《天水放馬灘秦簡》，中華書局 2009 年版。
④ 初師賓主編：《中國簡牘集成》第 4 册，敦煌文藝出版社 2001 年版，第 258—269 頁。
⑤ 張德芳主編，孫占宇著：《天水放馬灘秦簡集釋》，甘肅文化出版社 2013 年版。
⑥ 陳偉主編，孫占宇、晏昌貴著：《秦簡牘合集〔肆〕》，武漢大學出版社 2014 年版。
⑦ 陳偉主編，孫占宇、晏昌貴等著：《秦簡牘合集釋文注釋修訂本（肆）》，武漢大學出版社 2016 年版。
⑧ 甘肅省文物考古研究所編：《天水放馬灘秦簡》，中華書局 2009 年版，第 128 頁。

馬灘秦簡抄寫於秦統一之後①，"不能完全排除晚至漢初屬於'漢簡'的可能性"②。我們採用了竹簡寫成於秦代的觀點。放馬灘秦簡的內容是日書和志怪故事（最初稱作"墓主記"，研究者多主張稱作"丹"），日書有甲乙兩種，整理者認定的日書甲種竹簡有73枚，日書乙種竹簡有381枚。被整理者歸入《志怪故事》的7枚簡中，第6號簡應歸入日書乙種，可能和簡342—344號這幾枚簡編聯③，孫占宇先生將該簡歸入日書乙種的《日辰星》篇或《陰陽鐘》篇④。綜之，日書乙種竹簡爲382枚，放馬灘秦簡日書簡共計455枚。

(一) 嶽山秦牘

1986年9月至10月，湖北江陵嶽山M36秦墓出土了兩方木牘，均正背兩面書寫。《江陵嶽山秦漢墓》公佈了這兩方木牘的釋文和正面圖版⑤，新近出版的《秦簡牘合集〔叁〕》收錄了嶽山木牘的圖版、釋文，提供了紅外影像圖版，對釋文進行了修正、分篇等工作，是嶽山秦牘的"善本"⑥；之後又出版了釋文注釋修訂本，對釋文、注釋中已發現的問題作了最必要的修訂⑦。

江陵嶽山M36秦墓的下葬年代，整理者據墓葬器物組合形式、器

---

① 如程少軒《放馬灘簡式占古佚書研究》，博士學位論文，復旦大學，2011年；〔日〕海老根量介《放馬灘秦簡鈔寫年代蠡測》，載陳偉主編《簡帛》第7輯，上海古籍出版社2012年版，第159—170頁；〔日〕大西克也《從里耶秦簡和秦封泥探討"泰"字的造字意義》，載陳偉主編《簡帛》第8輯，上海古籍出版社2013年版，第148頁；陳偉主編，孫占宇、晏昌貴著《秦簡牘合集〔肆〕》，武漢大學出版社2014年版，第5頁。

② 程少軒：《放馬灘簡式占古佚書研究》，博士學位論文，復旦大學，2011年。

③ 曹方向：《秦簡〈志怪故事〉6號簡芻議》，簡帛網2009年11月7日（http://www.bsm.org.cn/show_article.php?id=1169）。

④ 張德芳主編，孫占宇著：《天水放馬灘秦簡集釋》，甘肅文化出版社2013年版，第209頁；陳偉主編，孫占宇、晏昌貴著：《秦簡牘合集〔肆〕》，武漢大學出版社2014年版，第131頁。

⑤ 湖北省江陵縣文物局、荆州地區博物館：《江陵嶽山秦漢墓》，《考古學報》2000年第4期。

⑥ 陳偉主編，劉國勝、彭錦華著：《秦簡牘合集〔叁〕》，武漢大學出版社2014年版。

⑦ 陳偉主編，李天虹、劉國勝等著：《秦簡牘合集釋文注釋修訂本（叁）》，武漢大學出版社2016年版。

形特徵，判斷應在秦統一以前或秦統一之初，與睡虎地秦簡時代大體接近；墓主是秦國的中下層官吏①。

(一二) 港中大漢簡

1989年至1994年，香港中文大學文物館入藏了259枚戰國漢晉簡牘，其中殘片8枚，空白簡11枚，楚簡10枚，漢簡229枚，晉牘1方。《香港中文大學文物館藏簡牘》公佈了這批簡牘的圖版、釋文，並附有分類整理和詳細考證，是研究這批簡牘的通用版本②。

港中大漢簡日書的寫成時代，整理者據簡17有"孝惠三年"明確紀年，避秦始皇"政"諱，文字與馬王堆簡帛及銀雀山漢簡的字形基本相同，內容多可與孔簡日書對讀，判斷這批日書簡抄寫於孝惠三年（前192）之後的漢初，出土地可能在湖北隨州一帶③。同時又據這批日書內容大多可與睡簡日書對應，避秦始皇"政"字諱，判斷這批日書出土地可能原屬秦地，或者說其祖本源自秦地④。港中大漢簡內容豐富，有日書、遣冊、奴婢倉廩出入簿、序寧簡、河堤簡、解除木牘等，整理者將簡11至119共109枚簡歸入"日書"⑤；其中簡95至119爲干支表，未載擇日行事宜忌，不屬於日書內容⑥。陸平先生又指出簡77寫有"元年□"，與《日書》無關，港中大漢簡日書零簡有83枚⑦；劉樂賢先生認爲"第40號簡的內容也與《日書》相距甚遠。"⑧納入本選題研究範圍的日書簡是簡11至簡94，排除簡40和簡77，共有82枚。

---

① 湖北省江陵縣文物局、荊州地區博物館：《江陵嶽山秦漢墓》，《考古學報》2000年第4期。
② 陳松長：《香港中文大學文物館藏簡牘》，香港中文大學文物館2001年版。
③ 同上書，第5—7頁。
④ 陳松長：《香港中文大學文物館藏簡牘的內容與價值》，載艾蘭、邢文編《新出簡帛研究》，文物出版社2004年版，第72頁。
⑤ 陳松長：《香港中文大學文物館藏簡牘》，香港中文大學文物館2001年版，第18—51頁。
⑥ 劉樂賢：《簡帛數術文獻探論》，湖北教育出版社2003年版，第36頁。
⑦ 陸平：《散見漢日書零簡輯證（一）》，簡帛網2010年12月17日（HTTP://WWW.BSM.ORG.CN/SHOW_ARTICLE.PHP?ID=1353）。
⑧ 劉樂賢：《簡帛數術文獻探論（增訂版）》，中國人民大學出版社2013版，第26頁。

(一三) 懸泉漢簡

1990年10月至1992年12月，甘肅敦煌漢代懸泉置遺址出土了35000餘枚簡牘，有字簡23000餘枚，此外還有帛書、紙文書、牆壁題記等重要文物；經整理、編號、釋文後約有17800餘枚[①]，這批簡牘目前尚未完全發表，僅在論著中公佈了部分圖版和釋文[②]。

懸泉漢簡以西漢晚期至東漢中期居多，1900餘枚簡牘有明確紀年年號，紀年最早是西漢武帝元鼎六年（前111），最晚是東漢安帝永初元年（107）[③]。簡文有15類近百種，主要是簿籍、司法爰書、郵書等屯戍行政文書，還有日書、曆譜、醫方、相馬經、葬書、《急就章》、《蒼頡篇》、《論語》等；日書簡爲爲殘冊斷簡，"大都殘損，又無簡題，難以復原"[④]。《漢簡〈日書〉叢釋》公佈了《日忌》《吉凶》《大小時》《建除》《禹須臾》《葬曆》6類20枚日書釋文。《敦煌懸泉漢簡釋粹》將懸泉漢簡中《建除》《死》的部分日書内容分別編號爲二五一、二五二，歸入"典籍文化類"，作了注釋[⑤]，該書中編號爲二六三至二六九的簡牘亦當爲日書文獻[⑥]。目前已公佈的日書簡有21枚，主要出土於第三堆積層，爲西漢晚期之物。

---

① 甘肅省文物考古研究所：《甘肅敦煌漢代懸泉置遺址發掘簡報》，《文物》2000年第5期；韓華：《1995—2005年敦煌懸泉漢簡研究綜述》，《中國史研究動態》2007年第2期。

② 何雙全：《漢簡〈日書〉叢釋》，載西北師範大學文學院歷史系、甘肅省文物考古研究所編《簡牘學研究》第2輯，甘肅人民出版社1998年版，第45—51頁；甘肅省文物考古研究所：《甘肅敦煌漢代懸泉置遺址發掘簡報》《敦煌懸泉漢簡内容概述》《敦煌懸泉漢簡釋文選》，《文物》2000年第5期；胡平生、張德芳：《敦煌懸泉漢簡釋粹》，上海古籍出版社2001年版；中國文物研究所、甘肅省文物考古研究所：《敦煌懸泉月令詔條》，中華書局2001年版。

③ 甘肅省文物考古研究所：《甘肅敦煌漢代懸泉置遺址發掘簡報》，《文物》2000年第5期。

④ 甘肅省文物考古研究所：《甘肅敦煌漢代懸泉置遺址發掘簡報》《敦煌懸泉漢簡内容概述》，《文物》2000年第5期。

⑤ 胡平生、張德芳：《敦煌懸泉漢簡釋粹》，上海古籍出版社2001年版，第176—181頁。

⑥ 羅帥：《河隴秦漢日書初探》，簡帛網2006年8月2日（http://www.bsm.org.cn/show_article.php?id=392）。

(一四) 王家臺秦簡

1993年3月，湖北江陵王家臺 M15 秦墓出土了 800 餘枚竹簡，1方竹牘；竹簡分爲8組，共計813個編號。竹簡保存情況較差，原貌已遭破壞。這批竹簡尚未有全部材料的整理成果出版，僅在期刊論文中公佈了部分圖版和釋文①。

王家臺秦墓的下葬年代，整理者據出土器物、竹簡內容，推測墓葬相對年代上限不早於公元前 278 年"白起拔郢"，下限不晚於秦代②。竹簡主要内容是效律、日書和易占，日書數量最多，目前已公佈的日書簡有 49 枚③。

(一五) 周家臺秦簡

1993年6月，湖北荊州周家臺 M30 秦墓出土了 389 枚竹簡，1 方木牘；竹簡經拼綴，共有 381 個編號。《關沮秦漢墓簡牘》公佈了這批簡牘的圖版、釋文和注釋④，是研究這批簡牘的通用版本。《秦簡牘合集〔叁〕》收錄了這批簡牘的圖版、釋文，對釋文、注釋進行了補正工作，是這批簡牘文獻的"善本"⑤；之後又出版了釋文注釋修訂本，對釋文、注釋中已發現的問題作了最必要的修訂⑥。

周家臺 M30 秦墓的下葬年代，整理者據出土簡牘的紀年、墓主的死亡年齡，並參考避秦始皇諱（改"正月"爲"端月"）、文字形體特徵、隨葬物特徵，推測墓葬時間略晚於睡虎地 M11 秦墓，應在秦代末年，"其年代的上限與下限之間跨度較小"；結合墓葬中隨葬器物的

---

① 荊州地區博物館：《江陵王家臺 15 號秦墓》，《文物》1995 年第 1 期；王明欽：《王家臺秦墓竹簡概述》，載艾蘭、邢文編《新出簡帛研究》，文物出版社 2004 年版，第 26—49 頁。
② 荊州地區博物館：《江陵王家臺 15 號秦墓》，《文物》1995 年第 1 期。
③ 其中 7 枚簡未標注編號。
④ 湖北省荊州市周梁玉橋遺址博物館：《關沮秦漢墓簡牘》，中華書局 2001 年版。
⑤ 陳偉主編，劉國勝、彭錦華著：《秦簡牘合集〔叁〕》，武漢大學出版社 2014 年版。
⑥ 陳偉主編，李天虹、劉國勝等著：《秦簡牘合集釋文注釋修訂本（叁）》，武漢大學出版社 2016 年版。

某些風格來看，也不能絕對排除墓葬下限晚至西漢初年的可能性①。墓主可能是負責賦稅收繳工作的佐史一類的南郡官署屬吏②。簡文有曆譜、日書、病方及其他，以日書爲主，整理者將編號爲131至308的178枚簡（含空白簡10枚）歸入日書文獻，被歸入"病方及其他"的簡355至363、簡371共10枚簡也應是日書內容③。納入本選題研究範圍的日書簡有188枚④。

（一六）額濟納漢簡

1999年9月至2002年10月，內蒙古額濟納旗漢代烽燧遺址出土了500餘枚漢簡，被稱爲"額濟納漢簡"，這是額濟納河流域繼居延漢簡、居延新簡之後第三次發現的漢簡。《額濟納漢簡》收錄了這批簡牘的圖版、釋文，是研究這批簡牘的通用版本⑤。《額濟納漢簡釋文校本》對釋文作了校正，以加按語的形式指明所錄釋文與整理者的不同之處⑥。

額濟納漢簡以西漢中期至東漢早期者居多，紀年最早的是西漢宣帝神爵二年（前59），最晚的是東漢光武帝建武四年（28），也有少量東漢中期簡。簡文主要是屯戍行政文書，也有《晏子》、《田章》、《蒼

---

① 湖北省荊州市周梁玉橋遺址博物館：《關沮秦漢墓簡牘》，中華書局2001年版，第154—157頁。

② 同上書，第158頁。

③ 陳偉先生指出簡361—362可能與簡260爲同一類簡書的不同傳本或抄本，見《讀沙市周家臺秦簡札記》，載楚文化研究會編《楚文化研究論集》第5集，黃山書社2003年版，第342頁。劉樂賢先生指出簡361—362與孤虛有關，簡363蓋與孤虛有關，見《從周家臺秦簡看古代的"孤虛"術》，載中國文物研究所編《出土文獻研究》第7輯，上海古籍出版社2005年版，第50—56頁。王貴元先生指出簡361—362、簡371所述事項符合日書內容，屬於《日書》的一部分，見《周家臺秦墓簡牘釋讀補正》，《考古》2009年第2期。

④ 夏德安先生認爲"周家臺《日書》的三十六年與'五子'在星象曆法上對應，三十六年及三十七年曆譜與甲組《日書》合抄在一起，似乎都表明當時編纂者，可能有意識把《日書》與三十六年曆譜配合起來使用"。見《周家臺的數術簡》，載陳偉主編《簡帛》第2輯，上海古籍出版社年2007版，第406頁。劉國勝等先生將三十六年、三十七年曆譜歸入日書，將日書數量核定爲240枚，見陳偉主編，劉國勝、彭錦華著《秦簡牘合集〔叁〕》，武漢大學出版社2014年版，第17—18頁。

⑤ 魏堅主編：《額濟納漢簡》，廣西師範大學出版社2005年版。

⑥ 孫家洲主編：《額濟納漢簡釋文校本》，文物出版社2007年版。

頡》、醫方、日書等殘簡；劉樂賢、陸平、常燕娜等先生對其中的日書簡做過搜集研究工作①。納入本選題研究範圍的日書簡有 9 枚。

（一七）虎溪山漢簡

1999 年 6 月至 9 月，湖南沅陵虎溪山 M1 漢墓出土了 1336 枚（段）竹簡，原有完整簡約 800 枚。這批竹簡尚未有全部材料的整理成果出版，僅有幾篇論文公佈了部分圖版和釋文②。

虎溪山漢墓的下葬年代是西漢文帝後元二年（前 162），墓主人是第一代沅陵侯吳陽③。這批竹簡的發掘報告中將竹簡按內容分爲黃簿、日書和美食方三類，其中日書簡共 1095 枚（段），整簡約 500 枚，是竹簡的絕大部分；《閻氏五勝》（也作《閻氏五生》）爲自署篇名，"有別於已出《日書》簡的特點是爲證明其推演的正確而引入秦末漢初的一些歷史事件。"④ 研究者對《閻氏五勝》篇的性質有不同意見，如劉樂賢先生指出："《閻氏五勝》雖然是從講五行相勝開始，但其着重點明顯落在要順時舉事的結論上。顯然，這是一篇觀點鮮明的論述性文字。發掘報告將其歸入《日書》，似可商榷。《日書》一類文獻，在戰國秦漢墓葬和遺址中多有發現。其特點是祇講趨吉避凶之術，基本上不涉及價值判斷，從中很難看出編寫者的思想傾向。將它們和觀點鮮明的《閻氏五勝》比較，可以看出二者具有明顯區別，不宜歸爲一類。""將《閻氏五勝》歸入陰陽家似更爲合適一些。"⑤ 晏昌貴先生也認爲《閻氏五勝》在性質上屬於陰陽家文獻，與"五行"類的《日書》並不完

---

① 劉樂賢：《額濟納漢簡數術資料考》，《歷史研究》2006 年第 2 期；《漢簡中的占夢文獻》，《文物》2017 年第 9 期。陸平：《散見漢日書零簡輯證》，碩士學位論文，南京師範大學，2009 年。常燕娜：《居延書籍簡分類整理與研究》，碩士學位論文，西北師範大學，2015 年。
② 懷化市文物處、沅陵縣博物館：《沅陵虎溪山一號漢墓發掘簡報》，《文物》2003 年第 1 期；郭偉民：《虎溪山一號漢墓葬制及出土竹簡的初步研究》，載艾蘭、邢文編《新出簡帛研究》，文物出版社 2004 年版，第 50—53 頁；張春龍：《沅陵虎溪山漢簡選》，載中國文化遺產研究院編《出土文獻研究》第 9 輯，中華書局 2010 年版，第 46—48 頁。
③ 郭偉民：《虎溪山一號漢墓葬制及出土竹簡的初步研究》，載艾蘭、邢文編《新出簡帛研究》，文物出版社 2004 年版，第 50—53 頁。
④ 懷化市文物處、沅陵縣博物館：《沅陵虎溪山一號漢墓發掘簡報》，《文物》2003 年第 1 期。
⑤ 劉樂賢：《虎溪山漢簡〈閻氏五勝〉及相關問題》，《文物》2003 年第 7 期。

全相同；這就提醒我們注意，這批整簡約 500 枚的所謂《日書》，可能大部分並不屬於《日書》①。本選題研究未含《閻氏五勝》篇，納入研究範圍的是已公佈的與時日吉凶有關的 5 枚簡。

（一八）孔家坡漢簡

2000 年 3 月，湖北隨州孔家坡 M8 漢墓出土了 700 餘枚竹簡，4 方木牘；其中一方告地書木牘有"二年正月壬子朔甲辰"紀年。《隨州孔家坡漢墓簡牘》公佈了這批竹簡的圖版、釋文和注釋②，是研究這批簡牘的通用版本。

孔家坡 M8 漢墓的下葬年代，整理者據該墓所出歷日木牘，推斷是西漢景帝後元二年（前 142）③；也有研究者有不同意見，如陳炫瑋先生據墓葬同出《曆日》《告地書》及日書不避不避漢惠帝諱，推論《日書》抄本寫成的年代下限當爲漢高祖十二年（前 195）④。簡文有日書、曆日、告地書，其中日書簡從內容看原應爲一冊竹簡，但保存較差，部分簡已失去原有編次。清理時共有 703 個編號，經整理者整理、綴連後有 478 個編號，另有殘簡 48 片；某些簡號、某些殘片也可以重新編連、綴合⑤。

---

① 晏昌貴：《虎溪山漢簡〈閻氏五勝〉校釋》，《長江學術》2003 年第 5 輯。

② 湖北省文物考古研究所、隨州市考古隊編：《隨州孔家坡漢墓簡牘》，文物出版社 2006 年版。

③ 湖北省文物考古研究所、隨州市文物局：《隨州市孔家坡墓地 M8 發掘簡報》，《文物》2001 年第 9 期；湖北省文物考古研究所、隨州市考古隊編：《隨州孔家坡漢墓簡牘》，文物出版社 2006 年版。第 32—33 頁。

④ 陳炫瑋：《孔家坡漢簡〈日書〉年代下限的考訂》，簡帛網 2008 年 6 月 14 日（http: //www. bsm. org. cn/show_ article. php? id=840）。

⑤ 有研究者已做過殘簡的綴合工作，如周波先生綴合殘簡有：殘 5+16、殘 46+291。見《秦漢簡〈日書〉校讀札記》，載復旦大學出土文獻與古文字研究中心編《出土文獻與傳世典籍的詮釋——紀念譚樸森先生逝世兩周年國際學術研討會論文集》，上海古籍出版社 2010 年版，第 399 頁。王強先生綴合殘簡有：殘 40+202、殘 7+殘 8。見《孔家坡漢墓竹簡校釋》，碩士學位論文，吉林大學，2014 年。劉國勝先生綴合殘簡有：殘 24 簡+107。見《孔家坡漢簡日書"五勝"篇芻議》，載陳偉主編《簡帛》第 9 輯，上海古籍出版社 2014 年版，第 217—222 頁。劉國勝等先生綴合殘簡有：殘 20+殘 21。見劉國勝、凡國棟、楊芬《孔家坡漢簡日書釋文補正》，載陳偉主編《簡帛》第 12 輯，上海古籍出版社 2016 年版，第 137 頁。李天虹等先生將部分殘簡綴入篇章：殘 7+殘 8+173 下、176 壹+殘 48+174 下、174 上+殘 16+176 貳、殘 32+177。見李天虹、凡國棟、蔡丹《隨州孔家坡與周家寨漢簡〈日書〉"嫁女"篇的編次與綴合》，《考古》2017 年第 8 期。

（一九）杜陵漢牘

2001年，陝西西安杜陵M5漢墓出土了1方木牘，單面書寫。《西安杜陵漢牘〈日書〉"農事篇"考辨》公佈了這方木牘的圖版、釋文，並有考證①。《中國簡牘集成》收錄了這一木牘的釋文，有斷句和簡單注釋②。

杜陵木牘所出漢墓地處漢宣帝劉詢杜陵陵區，當屬杜陵陪葬墓；木牘正面寫有多種農作物種植的宜忌日，整理者將杜陵木牘擬名爲《日書·農事篇》③。

（二○）印臺漢簡

2002年8月至2004年1月，印臺9座漢墓出土了2300餘枚竹木簡，60餘方木牘。這批簡牘尚未有全部材料的整理成果出版，僅在期刊論文中公佈了部分圖版④，劉樂賢先生對圖版文字進行了隸釋、考證⑤。

鄭忠華先生據墓葬出土的文書簡紀年、編年記簡所載編年、史實，推斷印臺漢墓的下葬年代是西漢景帝時期。簡文內容分爲文書、卒簿、曆譜、編年記、日書、律令以及遣册、器籍、告地書等，日書內容與睡虎地秦墓所出有類似之處⑥。這批簡牘目前已公佈的日書簡有24枚。

---

① 張銘洽、王育龍：《西安杜陵漢牘〈日書〉"農事篇"考辨》，載周天遊主編《陝西歷史博物館館刊》第9輯，三秦出版社2002年版，第107—113頁。
② 初師賓主編：《中國簡牘集成》第17册，敦煌文藝出版社2005年版，第1396—1340頁。
③ 張銘洽、王育龍：《西安杜陵漢牘〈日書〉"農事篇"考辨》，載周天遊主編《陝西歷史博物館館刊》第9輯，三秦出版社2002年版，第107—113頁。
④ 鄭忠華：《印臺墓地出土大批西漢簡牘》，載荊州博物館編《荊州重要考古發現》，文物出版社2009年版，第204—208頁。
⑤ 劉樂賢：《印臺漢簡〈日書〉初探》，《文物》2009年第10期。
⑥ 鄭忠華：《印臺墓地出土大批西漢簡牘》，載荊州博物館編《荊州重要考古發現》，文物出版社2009年版，第204—208頁。

(二一) 水泉子漢簡

2008年8月至10月，甘肅永昌水泉子M5漢墓出土了1400餘枚（片）木簡，木簡出土時多殘斷，較爲完整者有700多枚（片）①。這批漢簡尚未有全部材料的整理成果出版，僅在論著中公佈了部分圖版和釋文②。

水泉子M5漢墓的墓葬年代，整理者據墓葬形制，推測是西漢末至東漢早、中期；簡文主要是日書和字書，日書字體是西漢末或東漢前期的通行字體③。這批日書簡目前已公佈20枚。

(二二) 北大漢簡

2009年1月，北京大學獲贈3346枚竹簡，竹簡保存情況良好，内容都屬於古代的書籍，被稱爲"西漢竹書"。北大漢簡計劃出版7卷，目前已出版5卷，第一卷收録《蒼頡篇》，第貳卷收録《老子》，第三卷收録《周馴》《趙正書》《儒家説叢》《陰陽家言》四種，第四卷收録《反淫》《妄稽》兩種，第五卷收入《節》《雨書》《揕輿》《荆決》《六博》五種④。第六卷包括三種"日書"類的數術書，第七卷包含180多種病方的醫書，此二卷也將在兩年内陸續推出⑤。

北大漢簡的抄寫年代是西漢中期，内容豐富，包含17種古書，大致涵蓋了今天的哲學、史學、文學、文字學、醫學等學科，是目前所見戰國秦漢古書類竹簡中數量最大、保存品質最好的一批。其中日書簡有

---

① 甘肅省文物考古研究所：《甘肅永昌水泉子漢墓發掘簡報》，《文物》2009年第10期。

② 國家文物局：《2008中國重要考古發現·甘肅永昌水泉子漢墓》，文物出版社2009年版，第121頁；甘肅省文物考古研究所：《甘肅永昌水泉子漢墓發掘簡報》，《文物》2009年第10期；張存良、吳葒：《水泉子漢簡初識》，《文物》2009年第10期。

③ 甘肅省文物考古研究所：《甘肅永昌水泉子漢墓發掘簡報》，《文物》2009年第10期；張存良、吳葒：《水泉子漢簡初識》，《文物》2009年第10期。

④ 北京大學出土文獻研究所：《北京大學藏西漢竹書》（貳）（壹）（叁）（伍）（肆），上海古籍出版社2012年版、2015年版、2015年版、2015年版、2016年版。

⑤ 北京大學出土文獻研究所：《〈北京大學藏西漢竹書〉第壹、叁、伍卷出版》，北京大學新聞網2015年9月28日（http://pkunews.pku.edu.cn/xwzh/2015-09/28/content_290628.htm）。

1000多枚，可謂此類文獻中的集大成者①。不過目前該批竹簡中的日書簡尚未出版，僅公佈了《占盜》《人字圖》篇的 11 枚簡的圖版和釋文②。

（二三）北大秦簡

2010 年初，北京大學獲贈 795 枚簡牘，包括竹簡 762 枚（其中有近 300 枚爲兩面抄寫）、木簡 21 枚、木牘 6 枚、竹牘 4 枚、木觚 1 枚、竹簡殘片若干；這批簡牘的拍照、編連與文字釋讀工作 2012 年已經完成③，但尚未出版，僅在論著中公佈了部分重要篇章的圖版和釋文，部分篇章有詳細的考證論述④。

北大秦簡的書寫年代，整理者據這批簡牘大都用秦隸書寫，有秦始皇三十一年和三十三年兩組日曆，"參考簡牘内容，可判定抄寫年代約在秦始皇時期或稍早。"⑤ 簡文内容豐富，有《從政之經》《善女子方》《公子從軍》《道里書》《田書》《算書》《製衣》《白囊》《隱書》《禹

---

① 北京大學出土文獻研究所：《〈北京大學藏西漢竹書〉第壹、叁、伍卷出版》，北京大學新聞網 2015 年 9 月 28 日（http：//pkunews.pku.edu.cn/xwzh/2015－09/28/content_290628.htm）。此前，李零《北大漢簡中的數術書》指出北大漢簡日書 "數量最大（約 700 枚，綴合後可能在 350 枚上下），有朱書的書題"。該文亦認爲《節》"和日書屬於一大類"，《六博》"與日書有相通之處"，《日約》《日忌》"屬日書類"；《雨書》是占雨之辭，"日書也有占雨之辭"。《文物》2011 年第 6 期。兩處對日書簡數量的統計及日書外延的界定有别。

② 朱步沖：《北大漢簡——填補歷史空白的佚本》，《三聯生活周刊》2009 年第 43 期；北京大學出土文獻研究所：《北京大學藏西漢竹書墨迹選粹》，人民美術出版社 2012 版。

③ 北京大學出土文獻研究所：《北京大學藏秦簡牘概述》，《文物》2012 年第 6 期。

④ 北京大學出土文獻研究所《北京大學藏秦簡牘概述》，朱鳳瀚《北大藏秦簡〈從政之經〉述要》，韓巍《北大秦簡中的數學文獻》，陳侃理《北大秦簡中的方術書》，李零《北大秦牘〈泰原有死者〉簡介》，均載《文物》2012 年第 6 期；朱鳳瀚《北大秦簡〈公子從軍〉的編連與初讀》，韓巍《北大秦簡〈算書〉土地面積類算題初識》，田天《北大秦簡〈祓除〉初識》，分别載陳偉主編《簡帛》第 8 輯，上海古籍出版社 2013 年版，第 1—11 頁，第 29—42 頁，第 43—48 頁；北京大學出土文獻研究所《北京大學藏秦代簡牘書迹選粹》，人民美術出版社 2014 年版；韓巍《北大藏秦簡〈魯久次問數於陳起〉初讀》，李零《北大藏秦簡〈酒令〉》，劉麗《北大藏秦簡〈製衣〉簡介》，田天《北大藏秦簡〈祠祝之道〉初探》，朱鳳瀚《北大藏秦簡〈教女〉初識》，均載《北京大學學報》2015 年第 2 期。

⑤ 北京大學出土文獻研究所：《北京大學藏秦代簡牘書迹選粹·編輯説明》，人民美術出版社 2014 年版。

九策》《祓除》《三十一年質日》《三十三年質日》《泰原有死者》、飲酒歌詩、日書甲乙組、醫書、九九術、記賬文書等，涉及古代政治、地理、數學、曆法、民間信仰、文學、醫學、方術等諸多領域①；其中卷貳55枚和卷肆中的小部分簡屬於日書簡②。目前公佈的日書簡有3枚。

（二四）周家寨漢簡

2014年9月至11月，湖北隨州周家寨M8漢墓出土了一批簡牘，竹簡編號有566個，完整竹簡約360枚，另有《告地書》木牘1枚、簽牌3支③。這批簡牘目前正在整理過程中④，其發掘情況及時見諸報道，發掘報告也於近期得以發佈⑤，陸續有簡牘圖版、釋文和考釋性材料發表⑥。

周家寨M8漢墓屬於隨州孔家坡漢墓群的組成部分，其下葬年代，據所出木牘紀年推斷，是武帝建元元年（前140）或武帝元光元年（前134），墓中下葬品爲江漢地區西漢早期墓葬常見的陶器組合形式，墓主身份爲高里公乘；竹簡的内容主要是日書，與孔簡日書内容接近，年代相仿⑦。目前已公佈日書簡圖版51枚，其中文字清楚，能納入本選題研究範圍的有40枚簡（44個簡號，含殘簡2個）。

以上是各批日書基本情況介紹，竹簡總計2065枚，木牘3方。日

---

① 北京大學出土文獻研究所：《北京大學藏秦簡牘概述》，《文物》2012年第6期。
② 陳侃理：《北大秦簡中的方術書》，《文物》2012年第6期。
③ 湖北省文物考古研究所：《湖北隨州周家寨漢墓簡牘》，中國文物信息網2015年2月11日（http://www.ccrnews.com.cn/index.php/Pingxuantuijie/content/id/55890.html）；湖北省文物考古研究所：《湖北隨州周家寨漢墓發現大量漆器和簡牘》，《中國文物報》2015年2月27日第8版；湖北省文物考古研究所：《湖北隨州周家寨墓地》，《大衆考古》2015年第4期；湖北省文物考古研究所等：《湖北隨州市周家寨墓地M8發掘簡報》，《考古》2017年第8期。
④ 湖北省文物考古研究所羅運兵主持的2017年度國家社科基金項目"隨州周家寨墓地發掘報告"（17BKG029）正在進行中。
⑤ 張真真、張俊、劉翠萍：《曾都新出土一批漢代竹簡》，《湖北日報》2014年10月15日第10版；湖北省文物考古研究所等：《湖北隨州市周家寨墓地M8發掘簡報》，《考古》2017年第8期。
⑥ 詳見《湖北隨州周家寨漢墓簡牘》《湖北隨州周家寨漢墓發現大量漆器和簡牘》《湖北隨州周家寨墓地》《湖北隨州市周家寨墓地M8發掘簡報》。
⑦ 同上。

書文獻內容豐富，抄寫時間有跨度且前後連貫，出土地域有區別且地域交融，爲諸多領域研究提供了豐富的語料。現列表呈現各批次日書的出土時間，所屬時代、數量、著錄情況。

序號	名稱	出土時間	墓葬時代	主要著錄情況	數量（枚/方）
1	敦煌	1906—1988年	西漢中後期至東漢中後期	《敦煌漢簡》《英國國家圖書館藏斯坦因所獲未刊漢文簡牘》	24
2	居漢	1930—1931年	西漢中後期至東漢中後期	《居延漢簡釋文合校》《居延漢簡補編》（壹—肆）	1
3	武威	1959年	西漢晚期	《武威漢簡》	11
4	居新	1972—1982年	西漢中後期至東漢中後期	《居延新簡——甲渠候官》《居延新簡集釋》	31
5	金關	1972—1974年	西漢中後期至東漢	《肩水金關漢簡》（壹—伍）	30
6	睡簡	1975—1976年	秦始皇30年	《睡虎地秦墓竹簡》《秦簡牘合集〔壹〕》	日甲166 日乙259
7	阜陽	1977年	下限不晚於漢文帝十五年	《阜陽雙古堆漢簡數術書簡論》《阜陽亳州出土文物文字編》	15
8	九店	1981—1989年	戰國晚期早段	《九店楚簡》《楚地出土戰國簡册〔十四種〕》	87
9	張M249	1983—1984年	西漢初至漢景帝	《江陵張家山三座漢墓出土大批竹簡》	8
10	放簡	1986年	秦代	《天水放馬灘秦簡》《天水放馬灘秦簡集釋》《秦簡牘合集〔肆〕》	日甲73 日乙382
11	嶽山	1986年	秦統一前或秦統一初	《江陵嶽山秦漢墓》《秦簡牘合集〔叁〕》	2（方）
12	港簡	1989—1994年（購入）	西漢惠帝三年後	《香港中文大學文物館藏簡牘》	82
13	懸泉	1990—1992年	西漢晚期至東漢中期	《漢簡〈日書〉叢釋》《敦煌懸泉漢簡釋粹》	21
14	王簡	1993年	白起拔郢至秦代	《江陵王家臺15號秦墓》《王家臺秦墓竹簡概述》	49
15	周秦	1993年	秦代末年	《關沮秦漢墓簡牘》《秦簡牘合集〔叁〕》	188
16	額簡	1998—2002年	西漢晚期至東漢中後期	《額濟納漢簡》《額濟納漢簡釋文校本》	9

續表

序號	名稱	出土時間	墓葬時代	主要著錄情況	數量（枚/方）
17	虎簡	1999 年	西漢文帝後元二年	《沅陵虎溪山一號漢墓發掘簡報》《虎溪山一號漢墓葬制及出土竹簡的初步研究》《沅陵虎溪山漢簡選》	5
18	孔簡	2000 年	西漢景帝時期	《隨州孔家坡漢墓簡牘》	526（含殘48）
19	杜陵	2001 年	西漢宣帝時期	《西安杜陵漢牘〈日書〉"農事篇"考辨》	1（方）
20	印臺	2002—2004 年	西漢景帝時期	《印臺墓地出土大批西漢簡牘》《印臺漢簡〈日書〉初探》	24
21	水簡	2008 年	西漢末或東漢前	《甘肅永昌水泉子漢墓發掘簡報》《水泉子漢簡初識》	20
22	北漢	2009 年（獲贈）	西漢中期	《北大漢簡——填補歷史空白的佚本》《北京大學藏西漢竹書墨迹選粹》	11
23	北秦	2010 年（獲贈）	秦始皇時期或稍早	《北京大學藏秦代簡牘書迹選粹》《北京大學藏秦簡牘概述》	3
24	周漢	2014 年	西漢武帝元光元年	《湖北隨州市周家寨墓地M8發掘簡報》	40
總計				竹木簡2065枚，木牘3方	

三　簡牘日書研究現狀

（一）簡牘日書有較長時間的積累

簡牘日書在20世紀初由斯坦因第二次中亞考察所得以屯戍文書爲主的709枚敦煌漢簡中已零星出現，因這些簡牘內容特點鮮明，早期整理時便被甄別出來，獨立考釋。法籍漢學家沙畹系統整理了斯坦因所得簡牘，於1913年出版了《斯坦因在東土耳其斯坦沙漠中所獲漢文文書》；該書將這批漢簡中具有書籍性質的簡牘，分爲"占卜、醫書和其他"三類，其中占卜簡收列2枚。羅振玉、王國維是我國最早研究漢簡的學者，他們據沙畹提供的初稿、圖片對斯坦因所得漢簡進行了釋讀和考證，於 1914 年出版了《流沙墜簡》；該書依據内容將簡牘分爲"小學術數方技書、屯戍叢殘、簡牘遺文"三類，其術數類中的"吉凶宜忌殘簡"小類收列 5 枚殘簡。由於此類簡牘數量少，且殘缺不成系統，羅氏雖明"右五簡記吉兇宜忌"，但"其義不可盡曉"；在此艱難境況下，羅氏仍借助傳世古籍的零星記載，對簡文的數術詞語如"大時""小時""月殺"等"隨文加釋"。陳槃先生也很早便開始從事西北漢簡中日書等數術散簡的集成工作，被稱爲"治讖緯之巨擘"[1]。由此可見，在數量龐大的邊塞文書中，日書簡雖祗是偶見；但其與屯戍文書區别明顯，自簡牘資料的整理釋讀起，便被甄别出來，獨立考釋。但是限於同類簡牘數量稀少，内容單薄，可資對比的資料少，解讀不易，全面深入研究受限，以至於當時的研究者不能形成對日書面貌的宏觀認識；當時的日書資料更不足以支撐起一個研究方向或一個研究領域。

　　1975 年睡簡日書批量出土，是日書文獻深入研究的發展契機。不過同墓出土的法律簡牘數量巨大、内容完整，填補了傳世文獻秦律的缺失，尤其具有歷史突破意義；再加上人力、物力等方面的限制，以及當時社會大環境的影響，睡簡未能同時全部整理公佈，法律簡牘率先見諸國内重要報刊報道，如《人民日報》1976 年 3 月 28 日發表《湖北省雲夢縣發掘十二座戰國末年至秦的墓葬，出土一批秦代的法律、文書竹簡》一文，標題即凸顯了法律文獻的地位。"日書"文獻的書題雖首見於睡簡，卻未獲注意，這篇報道祗稱之爲"占卜一類的書籍"。由於法律簡牘整理公佈及時，資料珍貴，在國内外首先進入研究視野，並掀起了研究熱潮。與法律文獻的高熱度不同，睡虎地秦簡的早期整理本 1977 年綫裝本《睡虎地秦墓竹簡》、1978 年平裝本《睡虎地秦墓竹簡》均未含日書。"日書"名稱，季勛《雲夢睡虎地秦簡概述》一文中已徵引[2]，隨後的發掘報告

---

[1] 早期散見簡牘日書的整理研究情況，可參見陸平《散見漢日書零簡輯證》，碩士學位論文，南京師範大學，2009 年。

[2] 季勛：《雲夢睡虎地秦簡概述》，《文物》1976 年第 5 期。

中也提及睡簡有"《日書》等占卜一類書籍"①；但日書釋文、圖版均未公佈，日書面目不清。稍後1977年出土的阜陽漢簡也有數百餘片日書類文獻，這批簡牘的早期研究成果在介紹其中的日書類簡牘時並未採用"日書"類名，祇是稱此類書爲當時必備的工具書②。當時對日書文獻的性質認識不清，如阜陽《刑德》被認爲是日書性質的東西，連雲港花果山的幾枚日曆簡也被歸入日書③。

睡簡日書於1981年出版的《雲夢睡虎地秦墓》中首次公諸於衆，雖被定性爲"唯心主義的天命論的産物"④，但仍受到關注。季勳先生在介紹睡簡概況時披露睡簡有"日書"篇題，指出這類卜筮類書籍的存在"證明了秦不禁卜筮書。從其内容曲折反映了一些社會狀況，以及從古文字研究角度來看，這一部分竹簡也還有一定的價值"⑤。1973年發掘的定縣漢簡也有日書簡牘，1981年發表的發掘簡報中講到"在這些遺物中竹簡是重要收穫"，並提及經過初步整理的《六安王朝五鳳二年正月起居記》《論語》《太公書》《文子》等重要古籍，未及日書⑥。同時發表的《定縣40號漢墓出土竹簡簡介》對日書的説法是"《日書·占卜》等殘簡，這類殘簡，多數不能通讀"⑦；定縣日書的這種狀況，應是發掘報告中未將之列入"重要古籍"的客觀原因。時至今日，定縣日書仍未有整理成果公佈。李學勤先生認爲睡簡日書早期"遇冷"的客觀原因是："兩種《日書》，非常繁複，性質又是數術書，而秦漢數術久已失傳，前人很少研究。"⑧工藤元男先生奠定了

---

① 孝感地區第二期亦工亦農文物考古訓練班：《湖北雲夢睡虎地十一號秦墓發掘簡報》，《文物》1976年第6期。
② 阜陽漢簡整理組：《阜陽漢簡簡介》，《文物》1983年第2期。
③ 李洪甫：《江蘇連雲港市花果山出土的漢代簡牘》，《考古》1982年第5期。
④ 《雲夢睡虎地秦墓》編寫組：《雲夢睡虎地秦墓》，文物出版社1981年版，第22頁。
⑤ 季勳：《雲夢睡虎地秦簡概述》，《文物》1976年第5期。
⑥ 河北省文物研究所：《河北定縣40號漢墓發掘簡報》，《文物》1981年第8期。
⑦ 定縣漢墓竹簡整理組：《定縣40號漢墓出土竹簡簡介》，《文物》1981年第8期。
⑧ 李學勤：《紀念于豪亮同志》，載于豪亮著《于豪亮學術文存》，中華書局1985年版，第4頁。

日本日書研究領域的基礎①，他亦指出"最初刊行的文本中没有《日書》，使得學者的注意力從一開始就偏於法制史史料的方面的研究，儘管後來《日書》公開了，但對《日書》感興趣的人依然不多"②。森和先生梳理了日本《日書》的研究狀況，指出"當時由於研究者的關注對象和資料公佈的時差等原因，法制史研究成了秦簡研究的主流，而幾乎無人關心《日書》"③。最初公佈的日書釋文無標點、句讀和分段，林劍鳴先生曾感歎"《日書》之難，如讀天書!"④ 在這種艱辛研究條件下，我們仍能看到研究者對於日書文獻所付出的努力與提出的卓見⑤，並身體力行創作研究⑥，饒宗頤、曾憲通先生1982年出版《雲夢秦簡日書研究》解決了《日書》研究中的許多疑難問題，提供了從數術史角度研究《日書》的範例，堪稱睡簡《日書》研究乃至整個戰國秦漢簡帛數術文獻研究的奠基之作⑦，引發了強烈反響。吳福助先生20世紀90年代曾撰文介紹14年間睡簡的研究狀況，認爲"日書反映秦社會生活側面，漸受重視"；所見專題論文總計凡30餘篇，成績

---

① ［日］富谷至：《書評：〈睡虎地秦簡所見秦代國家與社會〉》，轉引自馬彪《關於早稻田大學的中國簡牘研究》，簡帛網2005年11月1日（http://www.bsm.org.cn/show_news.php?id=17）。

② ［日］工藤元男：《睡虎地秦簡所見秦代國家與社會》，廣瀨薰雄、曹峰譯，上海古籍出版社2010年版，第11頁。

③ ［日］工藤元男編：《日本秦簡研究現狀·森和著、閆瑜校訂〈日書〉》，載陳偉主編《簡帛》第6輯，上海古籍出版社2011年版，第190頁。

④ 見吳小强《秦簡日書集釋·緒言》，嶽麓書社2000年版，第15頁。

⑤ 如饒宗頤先生提出"研究日書有二點意義"：可爲考古天文學（ARCHAEO-ASTRONOMY）補充一些資料；可以追溯古巫術與道教的關係，幫助宗教史解決一些難題。見《日書研究的意義》，載饒宗頤、曾憲通《雲夢秦簡日書研究》，香港中文大學出版社1982年版，第1頁。李學勤先生指出日書文獻"至少可從兩方面去研究：一方面，是從數術史的角度考察。……另一方面，對《日書》的内容還可以作社會史的考察。"見《睡虎地秦簡〈日書〉與楚、秦社會》，《江漢考古》1985年第4期。

⑥ 如朱德熙《䜣笱屈棶解》、曾憲通《楚月名初探》、李學勤《秦簡的古文字學考察》、于豪亮《秦簡〈日書〉記時記月諸問題》、裘錫圭《釋"蠢"》，等等，這些研究都利用到了睡簡日書中的例證或以日書爲主要資料。

⑦ 劉樂賢：《饒宗頤與簡帛研究》，《博覽群書》2010年第3期。

斐然，依研究内容大抵可分爲三類：（一）《日書》中的天文、曆法問題；（二）《日書》所反映的文化和社會生活；（三）《日書》的命理學研究。《日書》的學術價值愈來愈被中外學者所重視。同時也指出"《日書》的研究目前可謂剛起步不久，因而仍有不少等待拓展的空間，值得傾力以付"①。

（二）學術接觸與簡牘的批量出土提升了簡牘日書的研究熱度

借助日書釋文、圖版公佈的推進，日書研究在日本首先受到重視，20世紀80年代後期工藤元男先生開闢了日書研究的先河②，"20世紀80年代中期前曾有'秦簡研究在中國，《日書》研究在日本'之説"③。1985年林劍鳴先生訪日歸國，舉辦了《日書》研讀班，推出了一批有廣泛影響的研究論文；由此促發了中國大陸日書研究的"熱點"。1990年精裝本《睡虎地秦墓竹簡》出版，日書釋文有了綴聯、斷句和注釋；日書文獻的使用更爲便易。1986年放簡日書出土，不但使睡簡日書研究有了可資對比的材料，也開闢了日書研究的新領域。衆多研究者涉足日書研究領域，大陸如林劍鳴、賀潤坤、胡文輝、李曉東、劉信芳、吳小强、王桂鈞、王維坤、楊巨中、鄭剛、劉樂賢等，臺灣如蒲慕州、林富士、陳守亭等，日韓如工藤元男、太田幸男、成家徹郎、森和、尹在碩等，歐美如馬克、風儀誠等。研究者對於日書的認識更加成熟，對於日書研究的重要性認識更加充分。《文博》《江漢考古》等雜誌專門開闢了《日書》研究專欄，《歷史研究》《中國史研究》《考古學報》《文物》《江漢論壇》《考古與文物》《秦陵秦俑研究動態》《中研院史語所集刊》《簡帛研究》《簡牘學研究》《秦漢史論叢》《國際簡牘學會會刊》《秦文化論叢》《簡牘學報》以及日本的《木簡研究》《東洋文化研究所紀要》《史滴》等刊物，都刊發了不少有關《日

---

① 吳福助：《睡虎地秦簡論考·睡虎地秦簡十四年研究述評》，臺灣文津出版社1994年版，第286—289頁。

② ［日］工藤元男編：《日本秦簡研究現狀·森和著、閆瑜校訂〈日書〉》，載陳偉主編《簡帛》第6輯，上海古籍出版社2011年版，第189頁。

③ 劉樂賢：《睡虎地秦簡〈日書〉研究二十年》，《中國史研究動態》1996年第10期。

書》研究的文章①。20世紀末，睡簡日書已漸受重視，仿佛一隻醜小鴨化爲美麗的天鵝，備受海內外學者青睞，日書所蘊含的極爲豐富的社會文化及天文曆法内容，正在被不斷認識和闡發②。當前日書簡牘已有近30批，成爲簡牘材料的重要組成部分，日書的研究也異軍突起、方興未艾。當然日書研究興盛態勢中也有不足，如重視重點文獻（睡簡、放簡、孔簡等）而其他文獻涉及不多的現象較爲突出，此外，不同批次日書間相同相近内容的串聯比較研究也需要重視。

（三）簡牘日書語言研究與簡牘日書研究相伴成長

裘錫圭先生是較早利用簡帛資料進行語言文字研究的學者，裘先生1979年即利用馬王堆語料中的"是是"判斷句，指出"是"字判斷句戰國後期產生。彼時，睡簡已發掘出土，《日書》語料中有與馬王堆"是＝"相似的語料，且數量更多；不過因材料未能及時公佈，裘先生所作論述未涉及《日書》語料③。裘錫圭、朱德熙二位先生1982年合作發表《七十年代出土的秦漢簡册和帛書》，從"簡册和帛書的形制、幾次重要的發現、整理工作、價值和意義"四個角度立體介紹了七十年代出土簡册帛書這批珍貴資料的情況，其中"價值和意義"又從"古文獻學、語言學和文字學、古代社會和歷史、古代思想史、古代科學技術史"五個角度展開，高度評價了簡帛資料在語言文字學方面的研究價值，"七十年代發現的竹簡和帛書的總字數估計在二十萬字以上。這爲我們研究古代語言和文字提供了極其重要而又豐富的資料。佚書的價值自不待言，就是那些現在有傳本的古書鈔本，由於與原本比較

---

① 見張顯成《述評文章要注重内容的科學性》，《中國史研究動態》2002年第6期。研究者對不同時段、不同地域的日書研究狀況也有介紹與評價，如林劍鳴《曲徑通幽處 高樓望路時》（《文博》1988年第3期），張強《近年來〈日書〉研究評介》（《文博》1995年第3期），劉樂賢《睡虎地秦簡〈日書〉研究二十年》（《中國史研究動態》1996年第10期），鳳儀誠、馬克《西文秦代簡牘研究概要》（載陳偉主編《簡帛》第6輯，第193—216頁），〔日〕工藤元男編《日本秦簡研究現狀·森和著、閻瑜校訂〈日書〉》（載陳偉主編《簡帛》第6輯，第189—192頁），池田久之《日本的中國簡帛研究》（楊振紅譯，《中國社會科學報》2012年1月9日）等。

② 吳小强：《略論秦代社會的神秘文化》，《廣州師院學報》1997年第4期。

③ 裘錫圭：《談談古文字資料對古漢語研究的重要性》，《中國語文》1979年第6期。

接近，作爲語言資料，其價值也遠遠超過今本。"① 蓋因當時《日書》材料的圖版、釋文尚未公佈，二位先生祇在古代社會和歷史的研究、古代思想史的研究方面採用日書材料作爲例證，而未對日書的語言學研究價值進行細說。20世紀80年代初發表的有關睡簡語言文字研究的成果，幾無利用《日書》語料者，如曾仲珊先生以《睡虎地秦墓竹簡》爲語料，討論了睡簡中的數詞和量詞狀況，未使用《日書》材料②。如王美宜先生對《睡虎地秦墓竹簡》的通假字進行了研究，文章指出睡簡有8種資料，未涉及《日書》語料③。王鍈先生對睡簡所見的某些語法現象進行了討論，文章雖提及該批簡牘有10種文獻，但因研究所據《睡虎地秦墓竹簡》一書僅含有8種文獻，所以所涉及語法現象無關日書④。精裝標點本《睡虎地秦墓竹簡》的出版，促進了日書研究的全面展開，日書語言的研究也有了快速發展。日本的大西克也先生利用簡帛資料研究語言地域特點的成果突出，在《睡虎地秦墓竹簡》出版後，發表了多篇文章論及日書語言的特殊性⑤；國內學者如吉仕梅、石峰、魏德勝、朱湘蓉、趙岩等先生也均將日書納入研究範圍。專門或集中以《日書》爲研究語料的論著也有出現。從1976年睡簡日書出土，至2016年底，40年間日書文獻的相關研究成果大量湧現，初步統計國內外發表的有關日書研究的期刊論文1300餘篇，專著61部，還有幾十篇碩博論文和上百篇網絡論文⑥；2017年又有近50篇期刊論文和10餘篇網絡論文發表。

總之，簡牘日書發掘出土至今已逾40年，由最初的研究語料稀少、研究力量薄弱、研究視角不豐、研究平臺不足；因受益同類語料的湧現

---

① 朱德熙、裘錫圭：《七十年代出土的秦漢簡册和帛書》，《語文研究》1982年第1輯。
② 曾仲珊：《〈睡虎地秦墓竹簡〉中的數詞和量詞》，《求索》1981年第2期。
③ 王美宜：《〈睡虎地秦墓竹簡〉通假字初探》，《寧波師專學報》1982年第1期。
④ 王鍈：《雲夢秦墓竹簡所見某些語法現象》，《語言研究》1982年第1期。
⑤ 如《"殹""也"之交替》《並列連詞"及""與"在出土文獻中的分佈及上古漢語方言語法》《從方言的角度看時間副詞"將"、"且"在戰國秦漢出土文獻中的分佈》《戰國時代的文字詞彙差異》等。
⑥ 張國艷：《簡牘日書研究論著目錄》，簡帛網2017年1月17日（http：//www.bsm.org.cn/show_article.php?id=2699）。該論著目錄有部分脱漏和訛誤，在此向諸位作者、讀者致歉。已做校對、補充，但限於篇幅，未附於本書中。

及國際學術接觸的碰撞，至今已取得了長足發展。從最初的文字隸定、釋文考釋，到文字所記錄的民俗信仰、天文曆法、數術音律、語言文字等全面深入研究，研究人員日益增多，研究成果逐漸豐厚。作爲簡牘日書語言學研究來說，因簡帛語言學是簡帛學中新闢的研究方向，簡牘日書語言研究存有廣闊的發展空間。當前開展日書題材語言的專門研究，如日書語言斷代研究、日書語言專書研究、日書文獻疑難詞語考釋、日書文獻常用詞演變現象、日書相同相近篇章異文比較研究等值得關注。

四　簡牘日書語言研究意義

（一）簡牘日書語言研究對於簡牘日書的本體研究有積極意義

首先，簡牘日書語言研究可以證明日書語言有隨時變化的特徵。日書是占斷吉凶的實用手册，後世稱爲通書，一直傳承至明清，是"新發現的老知識"①。對於簡牘日書的時代變遷，有研究者根據其記載內容，認爲不同時代日書之間的差別不大。劉樂賢先生指出日書"主要以抄本方式流傳，沒有定本概念，早期和晚期的內容完全有可能混雜在一塊。因此，我們探討《日書》內容的形成時代時應持謹慎態度"②。晏昌貴先生指出簡帛《日書》涉及的年代從戰國中晚期直到東漢晚期，仔細比較簡帛《日書》，可以發現其中有些基本差異乃是由於曆法的不同所造成的。不過，從《日書》的書寫形態和表現内容看，不同時代的《日書》彼此之間的差別其實很小。它們都是根據自然的時間節律來安排人世間的生活，關注的內容都是日常生活中衣食居行、生老病死諸方面。《日書》占卜的內容，可以概括爲"生老病死，衣食居行"八個字③。晏昌貴先生又據放簡日書既有與睡簡相近和相似的地方，也有與孔簡相近和相似的地方這種情況，指出這一方面固然可以説明《日書》這一類東西是大雜燴，具有類書的性質，早期的東西和晚期的東西往往混雜在一起，

---

①　見劉力源《北大漢簡反映了漢初大量搜書的成果》所載李零先生訪談，《文匯報》2015年12月18日第 W07 版。
②　劉樂賢：《簡帛數術文獻探論》，湖北教育出版社 2003 年版，第 69 頁。
③　晏昌貴：《簡帛〈日書〉與古代社會生活研究》，《光明日報》2006 年 7 月 10 日第 11 版。

《日書》的形成有一個層累的過程。但另一方面，也表明在秦統一中國前後，從西北的秦國故地到南方的楚國故地，地域性的差異其實是很小的。換言之，在秦統一前後，全國各地的區域文化可能趨於一致，民間信仰和心理認同亦漸趨一致。這是秦所以統一全國的文化背景和心理基礎。過分誇大古代中國的地域文化差異，可能並不恰當。[1] 李零先生認爲日書"都是世代相傳、反復使用的手册，内容完全是設計好的和程式化的，幾千年來很少變化。它們並不是實際的占卜記錄，更不是社會生活的寫實"[2]。不同時代、不同地區的日書會有差别，但它是一種比較程式化的書，會保留一些從古到今一直會問到的問題[3]。有語言研究者因日書雜有前代語言，而未將日書納入斷代語言研究語料。

日書的占斷事項不超"生老病死，衣食住行"，即使後世這種文獻改换了名稱，其占斷内容也不會發生大的變化。從這個角度看，日書確實有千年不變的歷時傳承性。不過日書是實用文獻，服務於特定時空下的不同人群，其語言必然要順應時代變化，與時代密切接軌。趙岩先生《簡帛文獻詞語歷時演變專題研究》討論了簡帛文獻的新詞新義，基本範疇詞語的演變、複音詞的演變等内容，其中有不少論述以日書文獻爲主要語料，如"牢/圈/囹/廄""覆/蓋""畜生（牲）/畜産"等範疇的演變和詞義替换。我們在"簡牘日書詞彙應用研究"一章全面清理了簡牘日書中的新詞新義，當然因基於對《大詞典》修正的研究目的，所以新詞新義判斷的主要參照是《大詞典》所收詞、所釋義與所列書證，所清理出來的新詞新義未必不見於更早期的文獻。據我們統計，日書中的部分新詞新義是因日書的歷時異文而形成的，這尤其體現了日書語言的隨時變動；當然日書語言的異時變動不獨體現於詞語的替换方面，在文字、語法、表達方式方面都會有所呈現；這些細緻的變化，我們將在"簡牘日書歷時異文的語言學觀察"一章進行系統介紹。

雖然日書文獻所載内容被傳承下來，但語言的歷史變遷在不同時代的

---

[1] 晏昌貴：《放馬灘、睡虎地、孔家坡三種〈日書〉之比較》，載張德芳主編《甘肅省第二届簡牘學國際學術研討會論文集》，上海古籍出版社2012年版，第511—512頁。
[2] 李零：《中國方術考（修訂本）》，東方出版社2001年版，第216頁。
[3] 劉力源：《北大漢簡反映了漢初大量搜書的成果》，《文匯報》2015年12月18日第W07版。

日書中都留下了印迹，新詞新義和異文的產生，是日書語言隨時變動的細節表現。日書文獻可以作爲歷時語言研究的資料，起碼是重要參照資料。誠如海老根量介先生所言，日書是民間俗書，而不是官文書，民間俗書是否反映當時的用詞習慣還有待研究；但睡簡、放簡、孔簡日書內容大致相同占文的字詞有很細小的差異，這似乎説明日書的抄寫者及時用當時的詞彙去改寫，這個情況與秦漢時代的官文書極其相似，似乎可以把日書像官文書一樣看作反映當時用詞習慣的文獻，這一點應該值得注意①。

其次，簡牘日書語言研究可以爲探尋日書的地域歸屬提供支持。語言，尤其是地域特點鮮明的語言要素可以作爲判斷文獻地域來源的重要輔助手段；如出土地不明的港簡、北秦和北漢，在判斷地域來源時，整理者均參考了簡文所用詞語的狀況。出土地明確的日書文獻佔多數，但睡簡出土於故楚地，其日書來源較爲複雜，部分篇章有明顯的楚系或秦系特徵，多數篇章的來源尚不明確。放簡日書出土之前，研究者多將睡簡日書作爲研究秦社會制度、文化風俗等諸方面的資料，僅有少數研究者注意到睡簡日書有楚系成分②；放簡日書出土之後，日書間有了對比，對於睡簡的秦楚歸屬，形成了不同的意見：或將睡簡日書看作楚系日書③，或認爲睡簡日書糅合了楚秦日書的成分④，或將睡簡日書作爲

---

① ［日］海老根量介：《放馬灘秦簡鈔寫年代蠡測》，載陳偉主編《簡帛》第 7 輯，上海古籍出版社 2012 年版，第 169 頁。

② 如于豪亮《秦簡〈日書〉記時記月諸問題》，載中華書局編輯部編《雲夢秦簡研究》，中華書局 1981 年版，第 351—357 頁；李學勤《睡虎地〈日書〉與楚、秦社會》，《江漢考古》1985 年第 4 期。

③ 如何雙全《天水放馬灘秦簡綜述》，《文物》1989 年第 2 期；臧知非《"閭左"新證》，載張德芳主編《甘肅省第二屆簡牘學國際學術研討會論文集》，上海古籍出版社 2012 年版，第 375—388 頁。

④ 如劉信芳《秦簡中的楚國〈日書〉試析》，《文博》1992 年第 4 期；吳小强《論秦人宗教思維特徵》，《江漢考古》1992 年第 1 期；黃留珠《近二十年大陸秦文化研究評述》，《中國史研究動態》1995 年第 10 期；劉樂賢《九店楚簡日書研究》，載饒宗頤主編《華學》第 2 輯，中山大學出版社 1996 年版，第 61—70 頁；蔡靖泉《楚文化在秦統治時期的存在和影響》，《江漢考古》1997 年第 1 期；晏昌貴《孔家坡漢簡〈日書·歲〉篇五行配音及相關問題》，載陳偉主編《簡帛》第 2 輯，上海古籍出版社 2007 年版，第 415—426 頁；晏昌貴《放馬灘、睡虎地、孔家坡三種〈日書〉之比較》，載張德芳主編《甘肅省第二屆簡牘學國際學術研討會論文集》，上海古籍出版社 2012 年版，第 503—512 頁。

研究秦人觀念的語料①，或認爲睡簡日書無區域限制，代表了戰國末年各地中下層的文化生活②。睡簡日書中的篇章或源於楚，或源於秦，而非均源於楚而受秦影響或均源於秦而受楚影響。隨着研究的深入，研究者改變了整體討論睡簡日書來源的狀況，開展了分篇研究日書來源的工作③。睡簡日書篇章的來源推斷，可以將地域明確的九店、放簡作爲參照，不少研究者即從此角度對睡簡日書篇章的來源進行分析，如劉樂賢、森和先生等④。不過這種方法也有局限，日書是資料匯抄，非足本，且九店日書數量少，不能代表楚地日書的全部，睡簡中的很多篇章不能進行對比。而且這種方法的大前提意味着《日書》有着多元的起源，不同的內容起源於不同的地域，後來才彙集在一起，因此凡是性質相同的內容或篇節就應當同出一源⑤。也有研究者據日書所反映的習俗信仰來判斷睡簡篇章的來源，認爲除少數篇章外，多數應"代表流行於戰國末年時各地中下階層之某些文化習俗"⑥。地域方言是文獻來源的外部顯性特徵，儘管有學者曾指出"把《睡簡》同戰國時期其他文獻進行比較時，沒有明顯發現方言的對立。過去在對傳世典籍進行語法

---

① 如郝振楠《〈日書〉所見秦人鬼神觀念述論》，載葛志毅主編《中國古代社會與思想文化研究論集》第3輯，黑龍江人民出版社2008年版，第52—69頁；魏超《從睡虎地秦簡〈日書〉看秦人的鬼神觀念》，《華夏文化》2015年第1期。

② 如[日]工藤元男《睡虎地秦簡所見秦代國家與社會》，廣瀨薰雄、曹峰譯，上海古籍出版社2010年版，第164頁；蒲慕州《睡虎地秦簡〈日書〉的世界》，載臺灣史語所集刊編輯出版部編《歷史語言研究所集刊》1993年第62本第4分，第623頁。

③ 如劉信芳《秦簡中的楚國〈日書〉試析》，《文博》1992年第4期；胡文輝《睡虎地秦簡中的楚〈日書〉》，載饒宗頤主編《華學》第4輯，紫禁城出版社2000年版，第108—117頁。

④ 劉樂賢：《九店楚簡日書研究》，載饒宗頤主編《華學》第2輯，中山大學出版社1996年版，第68頁；[日]森和：《中國古代的占卜與地域性》，《湖南大學學報》2013年第6期。

⑤ 胡文輝：《睡虎地秦簡中的楚〈日書〉》，載饒宗頤主編《華學》第4輯，紫禁城出版社2000年版，第108頁。

⑥ 蒲慕州：《睡虎地秦簡〈日書〉的世界》，載臺灣史語所集刊編輯出版部編《歷史語言研究所集刊》1993年第62本第4分，第623頁。

研究時，也很少有足夠的證據來證明其中的語法、詞彙現象在方言上有對立。"[1] 這種現象的出現應該與"周秦時代人們在口語交際方面是使用共同語的。共同語的使用範圍，大概不囿於中原地區，也延展到齊魯和荊楚等地；使用共同語的人，不僅是士大夫和知識分子，而且也有普通老百姓"有關[2]。戰國時期"言語異聲，文字異形"，語言文字的使用未能完全統一；日書文獻又是服務於特定時空下的具體人群的實用手册，遣詞造句必然會遵循當時當地百姓的使用習慣。如果行文中滲入當地當時的方言因素或出現地表特徵明顯的事物名稱；那麽，這些地域明確的方言詞和事物名稱便可以作爲判定日書地域來源的重要參證。

《詰》篇是睡簡日甲中的一篇，"詰"是自題篇名，全篇文字書於簡24背至68背共45枚竹簡上，分欄書寫，包括重文、文字漫漶不可識之字在内，有1900餘字，是睡簡日書中字數最多的篇章。《詰》篇内容完整豐富，是民俗學、社會學的重要關注語料；起初經常被用來研究秦人的鬼神信仰，放簡日書公佈之後，日書文獻有了對比，研究者對《詰》篇的地域歸屬便産生了不同的觀點，但目前尚未達成共識：有研究者仍將其作爲研究秦地民俗信仰的材料[3]，有研究者則據放簡日書不載此類内容、楚人尚鬼或睡簡出土於故楚地等因素而將其歸入楚系日書[4]。由

---

[1] 魏德勝：《〈睡虎地秦墓竹簡〉語法研究》，首都師範大學出版社2000年版，第13頁。

[2] 董達武：《周秦兩漢魏晉南北朝方言共同語初探》，天津古籍出版社1992年版，第11頁。

[3] 如賀潤坤《從雲夢秦簡〈日書〉看秦民間的災變與救災》，《江漢考古》1994年第2期。郝振楠《〈日書〉所見秦人鬼神觀念述論》，載葛志毅主編《中國古代社會與思想文化研究論集》第3輯，黑龍江人民出版社2008年版，第52—69頁。魏超《從睡虎地秦簡〈日書〉看秦人的鬼神觀念》，《華夏文化》2015年第1期。趙蘭香《從睡虎地秦簡〈日書〉看秦人的幸福觀》，《青海師範大學學報》2016年第4期；又《從睡虎地秦簡〈日書〉看秦人的生命意識觀》，《西安財經學院學報》2016年第5期。張傳東《睡虎地秦簡〈詰〉篇與六朝志怪小説淵源關係》，《齊魯學刊》2017年第1期。

[4] 如曾憲通《選堂先生與荆楚文化研究》，載饒宗頤主編《華學》第2輯，中山大學出版社1996年版，第132—133頁。劉釗《秦簡中的鬼怪》，《中國典籍與文化》1997年第3期；又《秦簡考釋一則》，載中山大學古文字研究所編《康樂集——曾憲通教授七十慶壽論文集》，中山大學出版社2006年版，第78—79頁。黎國韜《秦儺新考》，《中華戲曲》2008年第38輯。

於日書是匯抄本，累積而成；放簡日書未有此類篇章、睡簡日書出自故楚地，都不能構成《詰》篇楚系性質的充足條件。同時，受限於認識水準，鬼神信仰也必然有其廣大且深遠的影響，秦人重實際，但並非不言鬼，放簡《志怪故事》即記載了丹死而復生之事並借丹之口叙述了鬼於祭祀的需求；《詰》篇雖鬼名衆多，也很難構成確證其屬楚系《日書》的完備條件。

地域方言是文獻來源的外部顯性特徵。方言之間差異最大的語言要素是語音，不過受限於漢字表意性特點，用漢字研究語音有不可避免的局限性；雖然如此，《詰》篇的用字現象也有楚音特點的呈現。李玉先生指出《詰》篇"夢"字作"𦵸"，"賁"通"奔"（或認爲通"賁"），"𦵸"通"夢"，這些語音現象具有古楚地方言的特徵①。語法具有穩固性，變化緩慢而細緻；方言間的差異，在短期的語法層面上很難形成標誌性的差異。詞彙是語言中最活躍的要素，語言的地域差別與時代變遷在詞彙中表現尤爲醒目；《詰》篇的方言特徵也主要體現在方言詞的使用上。

《詰》篇出現的楚地或相近地域的方言詞有"箬、芨、寐、茹、譚、丘"6個②。

---

① 李玉：《出土簡牘帛書"通假字"中同源通用考釋》，《廣西師範大學學報》2015年第4期。

② 梁超先生曾撰文對睡簡19個"方言詞"進行了清理，其中有5個詞出自《詰》篇，它們是自關而西的方言詞"棓"（木杖），秦晉方言詞"遽"（急），秦方言"滫"（泔水），楚方言"箬"（竹皮），梁楚方言詞"踦"（肢體不全）。見《〈睡虎地秦墓竹簡〉中所見方言詞彙拾補》，《河北北方學院學報》2014年第5期。按：就梁超先生所論，《詰》篇出現了秦、楚兩地方言詞。不過秦方言"棓"爲農具義（《方言》第五："僉，自關而西謂之棓。"戴震疏證："僉，今連枷，所以打穀者"），非《詰》篇的"棒"義。"遽"爲當時通語，非秦晉方言，如《管子》《淮南子》亦有該義"遽"的用例。"滫"用於表示泔水或污水，在楚語色彩較強的《荀子》《淮南子》中都有使用，而秦方言中的"滫"爲調和食物方法義。《禮記·内則》："堇、荁、枌榆，免薨滫瀡以滑之，脂膏以膏之。"鄭玄注："謂用調和飲食也…… 秦人溲曰滫，齊人滑曰瀡也。"譚步雲先生將睡簡此例"滫"納入楚語詞進行解釋，認爲其爲示泔水義，並引馬宗霍説："今衡湘俗又謂淘米汁曰米糧水。"見《古楚語詞彙研究》，博士學位論文，中山大學，1998年。如此，則《詰》篇的3例秦或近秦方言詞基本可排除。

（1）人卧而鬼夜屈其頭，以若（箬）便（鞭）擊之，則已矣。睡甲48背叁

（2）鳥獸虫豸甚衆，獨入一人室，以若（箬）便（鞭）擊之，則止矣。睡甲49背叁

（3）人妻妾若朋友死，其鬼歸之者，以莎芾（茇）、牡棘枋，熱（爇）以寺（待）之，則不來矣。睡甲65背壹—66背壹

（4）一室中卧者眯也，不可以居，是□鬼居之。睡甲24背叁

（5）一宅之中毋（無）故室人皆疫，多薔（夢）米（寐）死，是＝匄鬼狸（埋）焉，其上毋（貫）草如席處。睡甲40背壹—41背壹

（6）人有思哀也弗忘，取丘下之荞，完掇其葉二七，東北鄉（嚮）如（茹）之乃卧，則止矣。睡甲63背壹—64背壹

（7）鬼恒召人之宫，是＝遽鬼毋（無）所居，罔譁其召，以白石投之，則止矣。睡甲28背叁

（8）人過于丘虛，女鼠抱子逐人，張傘以鄉（向）之，則已矣。睡甲45背叁

若（箬），見例（1）、例（2）；竹皮義，楚地方言。《詰》篇2例"若便"，睡簡整理者讀爲"箬鞭"，於例（1）"若"字注："《説文》：'楚謂竹皮曰箬。'"箬鞭即竹皮製成的鞭子。諸家多遵從整理者訓釋。用竹皮做成的鞭子驅邪，可能與竹可辟邪的觀念有所關聯[①]，《詰》篇提及的巫術靈物"桃柗、桃秉、牡棘、棘椎、桑丈（杖）"等均有辟邪之效。

芾（茇），見例（3）；草木根義，東齊方言，《方言》卷三："茇、杜，根也。東齊曰杜，或曰茇。"《詰》篇1例"芾"，睡簡整理者讀爲"茇"，訓爲草根，認爲莎茇即莎草的根。楚語色彩濃厚的《淮南子》中亦有用例，《墜形訓》篇有"凡浮生不根茇者生於萍藻"；可見楚方言中亦用"茇"表示草木根義。簡文中的"莎"或指莎樹，"茇"爲木根。

[①] 胡新生：《中國古代巫術》，人民出版社2010年版，第268頁。

眯/米（寐），見例（4）、例（5）；梦魇義，楚地方言。《詰》篇2例，睡簡整理者讀寐，於例（4）"米"字注曰："寐，夢魘，《説文》：'寐而厭也。'字亦作眯。"諸家多遵從整理者訓釋。"寐"爲楚方言，表示夢魘，又寫作"眯"；《淮南子·精神訓》："覺而若眯，以生而若死。"高誘注："眯，厭也。楚人謂厭爲眯。"林富士先生、劉釗先生對"眯"的夢魘義及楚方言屬性有詳細論證①，可參看。

茹（茹），見例（6）；吃義，吳越方言，《方言》卷七："茹，食也。吳越之間，凡貪飲食者謂之茹。"郭璞注："今俗呼能麤食者爲茹。"《詰》篇1例，睡簡整理者讀爲"茹"，注曰："茹，《方言》：'食也。'"諸家多遵從。"茹"表吃義，屬吳越方言，與楚方言地域相近。

諕，見例（1），恐懼義，江東方言。《詰》篇1例，睡簡整理者讀爲"呼"，注曰："諕字不清。罔呼其召，不要回答它的召喚。"王子今先生認爲"以'召'釋'諕'，則作'罔召其召'，語義不通。《爾雅·釋言》曰：'號，諕也。'郭璞注：'今江東皆言諕'。……'諕'本身有受驚嚇而畏懼之義……也許'罔諕其召'可以理解爲不要爲遽鬼的召喚而恐懼。"② 江東言"諕"爲受驚嚇而畏懼，與簡文文意相合，也符合《詰》篇的楚系日書屬性。

丘，見例（8）；墳墓義，關東方言，《方言》卷十三："冢，自關而東謂之丘。小者謂之塿，大者謂之丘。"《詰》篇"丘"6例，簡文"丘虛"非一般的"土丘"。"過丘虛"是常規行爲，而非臨時舉止，否則不會專列"詰咎"方術。"丘虛"當爲墳冢義，"過丘虛"即前往祭拜於墳冢，亦即"上冢"。古人重視拜祭祖先的行爲，懸泉日書、放簡《志怪故事》均有"上冢"宜忌記載。日書文獻中"追""逐"意義有別："逐"義爲驅逐，目的是驅逐走；"追"義爲"追趕"，目的是追趕上。如周簡日書《繫行》篇占卜事項占辭均爲"逐盜，追亡

---

① 林富士：《試釋睡虎地秦簡〈日書〉中的"夢"》，《食貨復刊》1987年第3—4期；劉釗：《秦簡考釋一則》，載中山大學古文字研究所編《康樂集——曾憲通教授七十慶壽論文集》，中山大學出版社2006年版，第78—79頁。

② 王子今：《睡虎地秦簡〈日書〉甲種疏證》，湖北教育出版社2003年版，第428頁。

人"。結合"逐"在日書中表驅逐義情況,例(8)文意可以理解爲:前往墓地拜祭,若被母老鼠抱子驅逐不能上前;面向母老鼠打開傘,那麼它就不驅逐了。《詰》篇又有"丘鬼","丘"亦有單用例。

(9) 人有思哀也弗忘,取丘下之蓡,完掇其葉二七,東北鄉(向)如(茹)之乃臥,則止矣。睡甲63背壹—64背壹

(10) 人毋(無)故鬼昔(藉)其宫,是=丘鬼。取故丘之土,以爲偶人犬,置牆(牆)上,五步一人一犬,䍐(環)其宫,鬼來陽(揚)灰擊箕以杲(噪)之,則止。睡甲29背壹—31背壹

有研究者將"丘鬼"訓爲墳墓之鬼①,合乎簡文文意。因用於驅鬼,所以簡文特意交代"蓡"的生長環境爲"丘下";例(10)也因用於驅鬼,所以要求用於製作偶人、偶犬之土要取自"故丘"。

此外,《詰》篇還有1例"敲":

(11) 人毋(無)故而鬼取爲膠(摎),是=哀鬼,毋(無)家,與人爲徒,令人色柏(白)然毋(無)氣,喜契(潔)清,不飲食。以棘椎桃秉以憼(敲)其心,則不來。睡甲34背壹—36背壹

范常喜先生認爲簡文"敲"表示"投"義,爲楚方言,簡文大意是指"用棘做成錐,並配以桃木之柄,然後向鬼的心臟部位投過去,那鬼就不來了。"② 鬼怪飄忽不定,行動迅速,"敲打"其心不太現實;將"敲"釋爲"投"於簡文文意相協,其表"投"義爲楚方言也合於

---

① 劉釗先生認爲"'丘鬼'之'丘'指墳墓,丘鬼就是墓中之鬼"。見《秦簡中的鬼怪》,《中國典籍與文化》1997年第3期。吕亞虎先生指出"從此鬼喜涉足人之居室的習性來看,此處的'丘鬼'當是指居於荒邱墳墓中之鬼"。見《戰國秦漢簡帛文獻所見巫術研究》,科學出版社2010年版,第168頁。按:吕亞虎先生所訓"丘鬼"之義,"丘"實兼荒丘和墳墓兩義。

② 范常喜:《上古漢語方言詞新證舉隅》,復旦大學出土文獻與古文字研究中心網2010年2月19日(http://www.gwz.fudan.edu.cn/Web/Show/1087)。

《詰》篇爲楚系《日書》的語言特點。不過《詰》篇另有 8 例投擲義均使用通語"投",且"投"後雖或出現所投擲的對象、處所(如"投之道"),但未出現所投擲對象的身體部位(如"以白石投之");唯此 1 例投擲義作"敲",且其後接所投擲的具體部位,與"投"用法有別。或許此處"敲"所示投擲並非一般棄物投擲式的一次性行爲,而是手持桃柄錐連續揮擲,類似於擊刺,與"敲"之連續動作存在關聯。不管具體意義如何,該例"敲"與通語中"敲"的語義有別,當爲楚方言用法。

《詰》篇還出現了南方或常見於南方的事物名稱。如"饙",蒸米飯;大米是南方主糧,且楚地有蒸食的習俗。"蒚",屈草;《正字通·艸部》:"蒚,《神農本經》有屈草,生漢中川澤間,主寒熱陰痹。蒚當即屈。""黃土",黃壤;黃壤是濕潤的亞熱帶生物氣候條件下形成的黃色土壤,是我國南方山區主要土壤類型之一,在滇、桂、粤、閩、湘、鄂、贛、浙、皖、臺等地有相當面積①,黃壤土質黏重,常分佈在排水不利的平坦地段和稍低窪的積水地段②。孝感位於湖北省東北部,地處大別山南麓,屬低山丘陵地区。具備黃壤生成的地理環境。湖北雨量和氣溫適中,土壤以中性的黃棕壤爲主③。湖南、湖北兩省有以"黃土"命名的地名,如湖南常德黃土山、湖北孝感黃土崗、湖南长沙黃土岭。黃土土質黏重,加水濕潤後可塑性強等特点,日書中使用黃土的方法有"洒、漬、窒",也符合黃土土壤特質。

此外,迎接義的"逆"與"迎",鞋子義的"屨"與"履"有歷時替換關係。在戰國晚期的秦地,這兩組詞已大致完成了替換或新詞已佔優勢:如《韓非子》《吕氏春秋》等文獻以"迎"爲主,睡簡《法律答問》《封診式》中"履"有 13 例;而《詰》篇迎接義用"逆"不用"迎",5 例鞋子義均用"屨"。這種用詞的不同也可說明《詰》篇與同時期的秦系文獻有別。

---

① 馬克偉主編:《土地大辭典》,長春出版社 1991 年版,第 369 頁。
② 陳青法、方靈蘭:《簡明林業辭典》,甘肅人民出版社 1981 年版,第 204 頁。
③ 曾菊新:《湖北主要農作物種植的地域差異及類型分析》,《華中師範大學學報》1989 年第 4 期。

再次，簡牘日書語言研究可以爲推定日書成書年代提供綫索。

睡簡和放簡日書是日書文獻中的大宗語料，是日書研究的重要基準，關於這兩批日書的成書或抄寫時代，研究者有不同意見。有研究者認爲睡簡日書早於放簡日書①，也有研究者認爲睡簡日書晚於放簡日書②。

語言文字隨社會的變化而變化，有語言文字自身的原因，也有社會因素的影響。戰國秦漢時期社會變遷，政權更迭，語言文字的變動加速。《史記·秦始皇本紀》載秦王政二十六年"更名民曰黔首"。《説文·辛部》："辠，犯法也。從辛從自，言辠人蹙鼻苦辛之憂。秦以辠似皇字，改爲罪。"里耶秦牘8—461更名牘規定了56組字詞（部分文字殘泐）的使用情況，這些字詞變更是秦統一後對語言文字干預的結果。語言文字的使用狀況是判斷文獻寫成時代的重要指標，如秦簡牘中"民"與"黔首"及"辠"與"罪"的使用情況，能有效反映出部分簡牘是否寫成於秦統一後。

"黔首"一詞在戰國後期已經存在，出現"黔首"的簡牘不一定就是秦統一後的文獻；不過將原有文字更改爲"黔首"，卻應是受秦始皇"更名民曰黔首"政策影響的結果。程少軒先生即據放簡2例"黔首"語句不合四言卦辭格式，不協韻脚，推斷"黔首"由"民"更改而成，

---

① 如胡文輝《放馬灘〈日書〉小考》，《文博》1999年第6期；姜守誠《試論〈太平經〉的"解除"術》，《魯東大學學報》2008年第4期；程少軒《放馬灘簡式占古佚書研究》，博士學位論文，復旦大學，2011年；晏昌貴《放馬灘、睡虎地、孔家坡三種〈日書〉之比較》，載張德芳主編《甘肅省第二屆簡牘學國際學術研討會論文集》，上海古籍出版社2012年版，第507—509頁；[日]海老根量介《放馬灘秦簡鈔寫年代蠡測》，載陳偉主編《簡帛》第7輯，上海古籍出版社2012年版，第159—170頁；[日]大西克也《從里耶秦簡和秦封泥探討"泰"字的造字意義》，載陳偉主編《簡帛》第8輯，上海古籍出版社2013年版，第139—142頁；陳偉主編、孫占宇、晏昌貴著《秦簡牘合集〔肆〕》，武漢大學出版社2014年版，第5頁。

② 如甘肅省文物考古研究所、天水市北道區文化館《甘肅天水放馬灘戰國秦漢墓群的發掘》，《文物》1989年第2期；饒宗頤《論天水秦簡中之"中鳴"、"後鳴"與古代以音律配合時刻制度》，載李學勤主編《簡帛研究》第2輯，法律出版社1996年版，第134—137頁；李零《簡帛的埋藏與發現》，《中國典籍與文化》2003年第2期；王輝《〈天水放馬灘秦簡〉校讀記》，載陳偉主編《簡帛》第6輯，上海古籍出版社2011年版，第56頁。

進而判斷放簡寫於秦統一後①。海老根量介先生據放簡"民"與"黔首","皋"與"罪","殹"與"也"三組字詞的使用情況,認爲放簡是"秦代的鈔本"。關於"民"與"黔首":海老根量介先生提供了放簡改寫"黔首"的其他例證,《鐘律式占》(程少軒先生命名)篇章的"黔首心"是硬改熟語"民心"的結果;《建除》篇的"入黔首"是抄寫者的機械更改,"黔首"似沒有"奴婢"的意思,"入黔首"意思不通,睡簡相應簡作"人"或"人民"。關於"皋"與"罪":海老根量介先生認爲先秦出土文獻"罪"未有使用,放簡日書既然使用"罪"字,"其鈔寫年代應該在秦統一以後,而不可能早到戰國時期"。關於"殹"與"也":海老根量介先生認爲放簡的2例"也"僅見於《鐘律式占》,《鐘律式占》可判定是根據六國系統的鈔本而鈔寫的。②

《鐘律式占》篇章中的"黔首"是改寫"民"字的觀點,應是符合實際狀況的判斷。我們以放簡、睡簡日書中"黔首、人、人民"的語句的對應情況爲例,進行説明。

放簡日書中"黔首"語句,在睡簡中的對應情況如下:

篇名③	放簡	睡簡
建除	建日,良日殹。可爲嗇夫,可以祝祠,可以畜大生(牲),不可入黔首。放甲13(又見放乙14壹)	建日,良日也。可以爲嗇夫,可以祠。利棗(早)不利莫(暮)。可以入人、始寇<冠>、乘車。有爲也,吉。睡甲14正貳
	平日,可取(娶)妻、祝祠、賜客,可以入黔首、作事,吉。放甲16壹(又見放乙16壹)	平日,可以取(娶)妻、入人、起事。睡甲17正貳
直室門	徙門:數實數=,并黔首家。放乙18叁	徙門:數富數虛,必并人家;五歲更。睡甲116正叁

---

① 程少軒:《放馬灘簡式占古佚書研究》,博士學位論文,復旦大學,2011年。

② [日]海老根量介:《放馬灘秦簡鈔寫年代蠡測》,載陳偉主編《簡帛》第7輯,上海古籍出版社2012年版,第159—170頁。

③ 相同内容的篇章,不同批次的日書中篇名或有不同,本研究一般採用通用篇名來統指。如此處《建除》篇,睡簡日書自題篇名爲"秦除";放簡篇名不存,整理者擬題爲"建除書"。下同。

續表

篇名③	放簡	睡簡
歸行	凡黔首行遠役，毋以甲子、戊辰、丙申。不死，必亡。放乙124壹	
鐘律式占	大呂，音殹。貞在大呂，陰陽溥（薄）氣，翼凡三□，居引其心，牝牡相求，徐得其音，後相得殹，説（悦）於黔首心。放乙262	
	蕤賓，□殹，別離、上事殹，外野某殹。貞在蕤賓，是謂始飇，音（帝）堯乃韋（圍）九州，以政下黔首，斬伐冥冥，殺戮申申，死不生憂心，毋（無）所從容。放乙272+280	

　　日書《建除》篇"黔首"與"人（民）"的關係，研究已多，此處不再討論。《直室門》篇，放簡作"黔首家"，睡簡作"人家"，"黔首"與"人"也存在異文。放簡《直室門》"并黔首家"與上文"數實數="四字格對應，爲形成這種對應，前面的狀語"必"被省略；放簡該篇占辭肯定語氣副詞"必"基本都出現，如"必參寡""必有經〔死〕焉""必施衣常（裳）""婦人必宜疾""必爲嗇夫""必瘝（癃）"，而"并黔首家"前則無。這應是"并黔首家"因"黔首"替換"民"而引發的連鎖應對舉措。放簡《歸行》篇"黔首"無比較資料。放簡《鐘律式占》篇章，雖亦無睡簡參照；但該篇使用"黔首"的語句顯然與前後語句的格式、韻律不協，"黔首"當是改寫"民"字而來。

　　睡簡日書中"人民"語句，在放簡中的對應情況如下：

	睡簡	放簡
建除	收日，可以入人民、馬牛、禾粟，入室、取（娶）妻及它物。睡甲23正貳	收〔日〕，可以氐、馬牛、畜生，盡可，及入禾粟，可以居處。放甲21貳（又見放乙22壹）
艮日	離日不可以家（嫁）女、取（娶）婦及入人民、畜生，唯利以分異。49正叁—51正叁	

續表

	睡簡	放簡
稷辰	【采（秀）】，□□□車，見〖人〗，入人民、畜生，取（娶）妻、嫁女，□□□□□□□ 不 可 復（覆）室。睡乙53壹	
	敫，有細喪，□□央（殃），利以穿井、蓋屋，不可取（娶）妻、嫁女，祠，出入人民、畜生。睡乙57—58	
	陰，先辱後慶。利居室，入貨、人民、畜生；可取（娶）婦☒葬貍（埋）、祠。正月以朔多雨，歲中，毋（無）兵。睡乙60—61	
	徹，大徹，利單（戰）伐，不可以見人、取（娶）妻、嫁女，出入人民、畜生。睡乙62壹	

睡簡日書"人民"出現於《秦除》《艮山》《秦》篇中，基本是秦系日書；放簡未見"人民"。

綜合放簡日書"黔首"語句在睡簡中的對應情況，可以發現放簡的"黔首"與睡簡的"人"對應，放簡的"氏"與睡簡的"人民"對應①。"氏"與"民"爲形似字，以形似字替換本字是避諱的常用方法，放簡使用"民"的形似字"氏"，應是避免使用"民"稱呼的一種順時替代。"更名民曰黔首"，也許是將"民"的稱呼，如"人""民""百姓"等也一併更改爲"黔首"；而非僅僅更改替換"民"字。

除2例"氏"外，放簡日書有2例"民"。

（1）壬癸雨，大水，禾粟□起，民多疾。放乙158

（2）【毋射☒】，【貞】在毋射，禹以成略，溉（既）就溉（既）成，乃告民申，辠（罪）人在此，憂心貞〖=〗，身有苛

---

① 放簡整理者將2例"氏"均釋作"民"；孫占宇先生改釋，見《放馬灘秦簡甲種日書校注》，載中國文化遺產研究院編《出土文獻研究》第10輯，中華書局2011年版，第118頁；張德芳主編，孫占宇著《天水放馬灘秦墓竹簡集釋》，甘肅文化出版社2013年版，第68頁；陳偉主編，孫占宇、晏昌貴著《秦簡牘合集〔肆〕》，武漢大學出版社2014年版，第11頁。

（痾）疧，憂心申申，不可以告人。放乙279+311

　　例（1）中的"民"字迹不甚清晰，不過文獻中多見"民多疾"用例，孔簡日書即有4例；"民"字誤釋的可能性不大，"民多疾""民疾"或爲當時習語，其中的"民"不易被"黔首"替換。例（2）中的"民"出於《鐘律式占》篇章，存留"民"字，語句整齊，押韻協調；即便如此，放簡該篇章簡文亦出現因嵌入"黔首"所致語句與同篇其他簡文的行文、韻律有異，且有生造詞迹象；而該篇章保留"民"的語句則行文一致、韻律相協。這種現象是放簡書於"黔首"替代"民"施政政策發佈之後的較好證據。

　　放簡日書"罪""辠"均有使用，"罪"1例，"辠"7例，以"辠"爲主。海老根量介先生認爲是"鈔寫者寫'辠'字的習慣一時改不過來，有時不小心寫'辠'字。"有研究者據放簡日書"辠"遠多於"罪"的情況，指出"不小心"的這種解釋"在邏輯上顯然難以成立"；放簡7例"辠"，4例"民"是這批簡屬於秦統一之前的有力證據①。"黔首"與"民"的差異度遠遠大於"罪"與"辠"："黔首"與"民"屬於詞語的更換替代，且"民"改稱政令推行前"黔首"一詞民間已有使用，"民"更改爲"黔首"的操作性更强，即使所抄寫的底本未作"黔首"，抄寫者也易發覺，並做出有意改動；"罪"與"辠"僅是形體相近的文字變更書寫形式，且"辠"構形理據清晰，抄寫者對"辠"更改爲"罪"的敏感度受限，易受漢字形體表意的潛在影響而"因意"書寫或未盡更改。從這個角度看，改"罪"爲"辠"難度大，易疏漏。

　　放簡日書語氣詞"殹""也"均有使用，以"殹"爲主，"也"僅2例。"殹"爲秦方言字詞，"也"爲通語字詞，秦文獻慣於作"殹"，但未限用"也"；放簡日書中的"也"未必受到六國影響，可能是承襲了通語字詞用法。

---

　　① 黃傑：《放馬灘秦簡〈丹〉篇與北大秦牘〈泰原有死者〉研究》，載馮天瑜主編《人文論叢（2013年卷）》，中國社會科學出版社2013年版，第433—434頁。

也有研究者從其他角度立論，指出放簡日書晚於睡簡日書。如姜守誠先生以放簡日書"除"有"除罪"義，而睡簡日書"除日"並不具有"除舊布新"功能，認爲這種區別當是建除說在流傳過程中所經歷的一次理論創新①。晏昌貴先生則據睡簡、放簡、孔簡占盜簡文是否附有盜者名字，推斷放簡似乎是位於睡簡與孔家簡之間的中間環節②。

總之，放簡出現有意改"民"爲"黔首"的用例，應是順應秦始皇書同文政策的結果；同時，與睡簡相對應的簡文出現了新的詞義或改爲更科學的表述方式。放簡日書的抄寫時代應略晚於睡簡，當在秦統一頒布語言文字規範政策後。不過，日書具有匯編性質，放簡日書中某些具體篇章的形成時代未必晚於睡簡。加之，語言文字現象複雜，日書又是民間文獻，其語言文字的更改未必如官方文書一樣嚴格。如里耶秦簡 8—461 更名牘有"曰產曰疾"，牲畜義要説"產"；但放簡《建除》篇依然使用"生"：放簡日甲簡 13 建日有"大生（牲）"，簡 15 盈日有"生（牲）"，簡 21 收日有"畜生"，其中"生"單用 1 例；惜放乙篇《建除》不存"盈日"條，不能完全確定《建除》篇"生""產"是否存有替換現象。但就日甲《建除》篇保留了畜生義的"生"而言，或能說明該篇未執行秦始皇書同文政策，其形成年代較早；但是《建除》篇用"黔首"而不用"人"，"黔首"或是順應書同文政策的改寫（放簡《建除》篇"氏"與睡簡《秦除》篇"人民"對應，也説明放簡書者注意到了"民"的變動規定）。所以，不能完全排除放簡《建除》篇"生"的存在與放簡"罪""辠"共現一樣，有未能及時替換的原因。

又次，簡牘日書語言研究，可以爲了解日書的流行層次提供輔助資料。

研究者一般認爲日書是服務於普通百姓的趨吉避凶的實用手册，代

---

① 姜守誠：《試論〈太平經〉的"解除"術》，《魯東大學學報》2008 年第 4 期。
② 晏昌貴：《放馬灘、睡虎地、孔家坡三種〈日書〉之比較》，載張德芳主編《甘肅省第二屆簡牘學國際學術研討會論文集》，上海古籍出版社 2012 年版，第 507—509 頁。

表了社會中下階層的文化心理。也有研究者提出日書的"使用對象不是一般百姓，而是相關官吏""《日書》直接反映了官吏們的希求和禁忌"①。

　　日書滋生、盛行的時代，階級分明，某些詞語包括某些常用詞語有特定的適用階層。如"死亡"語義場包含了因對象不同而產生的多個成員，《禮記·曲禮下》："天子死曰'崩'，諸侯曰'薨'，大夫曰'卒'，士曰'不祿'，庶人曰'死'。"日書"死亡"義位同義詞未有階級分化的功能，如"奠、擊、盡、老、喪、死、亡、畏、殫亡、喪生、死喪、死亡"等，其中"死"使用頻率最高。再如"妻子"語義場包含了因丈夫社會地位不同而產生的多個成員，《禮記·曲禮下》："天子之妃曰后，諸侯曰夫人，大夫曰孺人，士曰婦人，庶人曰妻。"日書"妻子"義位同義詞有"婦""妻"兩個，兩者存有異文，均指平民之妻。從"死亡""妻子"同義詞成員來看，日書服務的對象是社會中最大群體即普通百姓，日書匯集的目的也是爲了給普通百姓提供趨吉避凶的實用手册。

　　基層官吏墓葬中葬有日書，一是因爲日書中有適用於官吏行事宜忌的占辭，這些占辭應是普通民衆希望子孫甚至自己能爲官爲吏，生活富足，並爲此配備占辭，基層官吏可以利用日書中的相關占辭指導自己的施政行爲②；二是基層官吏借助日書了解熟悉民衆的風俗信仰，生活宜

---

①　[韓] 琴載元：《戰國秦漢基層官吏的〈日書〉利用及其認識》，《史學集刊》2013年第6期。

②　林劍鳴先生認爲"《日書》同律令一樣，都是官吏爲政的必備工具書""通《日書》者與執法的官吏在秦漢時代往往兩者集於一身"。見《秦漢政治生活中的神秘主義》，《歷史研究》1991年第4期。趙浴沛先生認爲"《日書》不僅是百姓日常活動擇日的參考書，還可能是類似於秦國基層官吏工作手册之類的東西"。見《從秦簡〈日書〉看秦代婚姻和家庭人際關係》，《河南師範大學學報》2005年第2期。來國龍先生認爲《日書》是典型的"自助手册類文書"，將當時日者所運用的擇日、占卜等方法，編輯成書，以便有一般閲讀能力的下層官吏查閲使用，以達到傳播及普及知識的目的。見《漢晉之間劾鬼術的嬗變和鬼神畫的源流》，載石守謙、顔娟英主編《藝術史中的漢晉與唐宋之變》，臺灣石頭出版股份有限公司2014年版，第63—93頁。

忌，方便治理治下百姓①；三是基層官吏也是社會中的個體，其日常行爲受社會普遍認同的生活宜忌制約②。

（二）簡牘日書語言研究對漢語斷代、漢語史研究有重要意義

簡牘日書文獻具有出土文獻的共性優勢。出土文獻文本真實，時代確定，地域明確，是顯見事實，並多被研究者反復提及，且得到學界公認。當然日書文獻也有確切時代存在爭議者，如放簡日書，但其上下限時間跨度小，不同於某些傳世文獻的時間不確定。日書文獻也有地域來源不甚明確者，如收購、入藏的日書，不過這些日書的地域來源也可以根據相關文獻的記載內容，竹簡的物理屬性等多種參照進行大致的推斷。睡簡日書來源複雜，這種雜糅秦楚兩地日書的簡牘，在日書簡牘中也並不多見；且部分篇章有明確來源標誌，有的篇章可以據語言特點、語言所反映的現象來推斷地域來源；來源不明確的篇章祇影響地域層面的習俗、信仰、語言等方面的研究，而對於斷代層面的社會、數術、語言等方面的研究都是很好的值得利用的資料。就語言學研究而言，專書研究是斷代研究的基礎，斷代研究又是整個漢語史研究的基礎③；因此要"有計劃、有選擇地開展各代的專書研究，全面考察、描寫其中的語言現象"④。"如果大家的興趣都集中在某一個時期的某幾部書上，而

---

① 中下層百姓是社會的主體，其習俗信仰也會對社會上層產生影響，如睡簡日甲 130 背"土忌日，戊、己及癸酉、癸未、庚申、丁未，凡有土事弗果居"。張家山漢簡《二年律令》簡 250 "毋以戊、己日興土功"。日書中的宜忌，也體現在國家層面的律令中。余英時先生認爲《日書》是官吏們在"移風易俗"時參考的文書。見《漢代循吏與文化傳播》，《九州島學刊》1986 年秋季刊。

② ［日］成家徹郎指出《日書》中的占文是當時人民群衆日常生活的生動寫照，追求平平安安、闔家幸福的庶人和希望將來飛黃騰達、家庭美滿的中產階級以下的民衆，這時已熱衷於占卜天體了。見《睡虎地秦簡〈日書・玄戈〉》，《文博》1991 年第 3 期。張金光先生指出《日書》亦爲學吏者所必選學慣用者，作爲一個切近鄉里庶民社會的吏員，無論就其應酬社會，抑或是指導自己的私人官場行動而言，《日書》都是必讀的。見《論秦漢的學吏教材》，《文史哲》2003 年第 6 期。

③ 汪藍生：《求實探新，開創漢語史研究的新局面》，《語言文字應用》1998 年第 1 期。

④ 江藍生：《汪維輝〈東漢—隋常用詞演變研究〉序》，南京大學出版社 2000 年版。

另一些時期的專書卻無人研究,那麼史的綫索還是貫穿不起來。"① 簡帛文獻語言學雖起步晚於甲骨文、金文,乃至石刻、敦煌文獻的語言研究,20世紀末才漸有研究專著問世,如李玉《秦漢簡牘帛書音韻研究》(1994),張顯成《簡帛藥名研究》(1997);不過簡帛語言研究發展迅速,近年來已有不少專著,如魏德勝《〈睡虎地秦墓竹簡〉語法研究》(2000),魏德勝《〈睡虎地秦墓竹簡〉詞彙研究》(2003),吉仕梅《秦漢簡帛語言研究》(2004),周守晉《出土戰國文獻語法研究》(2005),王穎《包山楚簡詞彙研究》(2008),李明曉《戰國楚簡語法研究》(2010),李明曉等《戰國秦漢簡牘虛詞研究》(2011),張國艷《居延漢簡虛詞通釋》(2012),張玉金《出土戰國文獻虛詞研究》(2012),朱湘蓉《秦簡詞彙初探》(2012),趙岩《簡帛文獻詞語歷時演變專題研究》(2013)等;簡帛文獻語言研究的碩博論文、期刊論文的數量更多。簡帛語言學的迅速發展,從一個側面説明簡帛語料之於語言學研究的重要性;這些簡帛文獻保留書寫時的原貌,是珍貴而真實的"同時資料",是語言學傳統研究語料的重要補充。而簡帛語言學的專書、斷代研究,也爲漢語詞彙、語法、語音的橫向共時以及縱向歷時研究提供了比較可靠的時代坐標。

簡牘日書文獻有作爲題材語言的鮮明特點。第一,簡牘日書語言易於隨時異動。日書文獻具有實用性,時刻要參與對當下之時、事的占斷,要反映新事物、新現象,這就要求或使得其用時語表述占斷事項與占斷結果,語言也因此更易與時俱進,隨時異動。所以,日書文獻所呈現出的是保留着當時語言面貌的活語言,未有如經典文獻所經歷的編者加工修正補充程序。第二,簡牘日書語言接近民間口語。日書主要服務於社會中下層成員日常生活、生產事項的占斷,在民間流行,語言通俗,口語性强。《史記・龜策列傳》張守節正義:"日者、龜策言辭最鄙陋,非太史公之本意也。"即點明《史記》中的《日者列傳》《龜策列傳》言辭鄙陋,非太史公本意,而由其本身言語鄙陋所致;而"越

---

① 蔣紹愚:《漢語史專書語法研究叢書・〈近代漢語專書語法研究〉序》,河南大學出版社2004年版。

是口語性強的文獻，就越有語言研究價值"①。日書語言的口語性有多方面的表現，如日書中對選時擇事有諸多禁忌規定，同時也述及不合宜忌規定的時、事的結果與後果，其中必然使用大量的假設複句；但是日書中的假設複句使用假設連詞的頻率很低，假設連詞僅出現"女（如）""若""節（即）"等少數幾個。日書中的假設複句基本靠語義直接串聯，如孔簡275貳："寡門：不寡，日泥興，興毋（無）所定處；弗更，必再寡，凶。"簡文的意思是：投擲於寡門，如果不寡，而終日執着於興盛，即使興盛也沒有固定居所。（需要變更居所），如果不變更，一定會再次守寡，不吉。簡文兩處假設，均未使用假設連詞。第三，簡牘日書非一人所作。日書來源複雜，非一人之著作，關於這一點，研究者已多有論述②；因爲它源於衆人，能避免語言運用方面的個人色彩，因而具有更廣泛的社會通用性。第四，簡牘日書內容豐富。出土文獻有諸多優點，是語言研究不能忽視的重要語料，不過也有研究者提出諸如甲骨文、金文、公文簡牘等文獻有語言研究方面的局限性，如語言程式化、殘斷過甚、內容不豐等。日書雖占斷形式程式化，但占斷內容豐富，涵蓋面廣，覆蓋生活、生產的諸層面，"是一部人們一切生活起居行動中如何趨吉避凶的百科全書"③；且有長篇，而依憑研究經驗的積累和科技手段的進步，殘斷竹簡的綴聯更易於操作。第五，簡牘日書數量豐富。有研究者統計過秦代出土的簡牘，其中占卜類書目所占比例高達35.7%④。簡牘日書已發現有近30種，隨着日書資料的整理及再出土的可能，大量日書文獻無疑爲包括語言學研究在內的諸多研究

---

① 張顯成：《簡帛文獻學通論》，中華書局2004年版，第4頁。
② 如李零《中國方術概觀·選擇卷（第三册）》，人民中國出版社1993年版，第13頁；劉樂賢《睡虎地秦簡日書研究》，臺灣文津出版社1994年版，第408頁；吳小強《秦簡日書集釋》，嶽麓書社2000年版，第201—202頁；［日］工藤元男《占いと中國古代の社會——發掘された古文獻か語る——》，轉引自工藤元男編《日本秦簡研究現狀（續）·森和著、閻瑜譯校〈日書〉》，載陳偉主編《簡帛》第9輯，上海古籍出版社2014年版，第401頁。
③ 張金光：《論秦漢的學吏教材》，《文史哲》2003年第6期。
④ 歐陽傲雪、王暉：《論秦始皇文化專制政策對占卜文化發展的促進作用》，載雷依群、徐衛民主編《秦漢研究》第3輯，三秦出版社2009年版，第29頁。

提供了一座寶庫。簡牘日書的這些特點，具備了汪維輝先生所講的有價值語料的條件："反映口語的程度""文本的可靠性""反映社會生活的深廣度""文本具有一定的篇幅"，"一般來説，上述四個方面的正面值越高，語料的價值就越大。"①

此外，簡牘日書既集中於上古漢語時段，又有較長的時間跨度。從戰國晚期早段開始一直到西漢晚期，甚至也有東漢時期的日書文獻出土，而大宗材料又集中於戰國秦西漢，這使得它可以作爲上古斷代漢語研究的語料。同時，相同篇章的内容在戰國秦漢不同時期的日書中重複出現，這些相同篇章語言的細微變化，又是體現大時段内語言局部微變、量變的珍貴語料。簡牘日書雖與後世通書性質相同，但近代以前這類文獻未有傳世文獻，簡牘日書不同於傳統的上古漢語的研究語料，李零先生指出"過去研究簡帛，大家是把檔案和典籍放在一起研究，學界祇有籠統的'簡牘研究'或'簡帛研究'。現在，由於材料山積，已經到了不得不分開的地步。"② 簡牘分題材研究，如典籍語言研究（包山楚簡、郭店楚簡、上博簡等）、公文語言研究（居延漢簡等）、軍事語言研究（銀雀山漢簡等）、醫學語言研究（馬王堆漢墓帛書醫簡、武威醫簡等）、法律語言研究（睡虎地秦簡、張家山漢簡等）等領域已取得不少成果。沈頌金先生曾指出"過去我們把關注的重點放在精英階層文化，即《漢書·藝文志》中前三類——六藝、諸子、詩賦，而忽略後三類——兵書、術數、方技。出土的簡牘、帛書文獻却有相當大的部分恰恰是'兵書'、'術數'、'方技'，天象星占、擇日龜卜、醫方養生、兵家陰陽的知識在古代隨葬文獻中的數量，表明它在實際生活中佔了很大的分量，也常常是古代思想的背景"③。簡帛語言研究新世紀以來取得了長足發展，但簡牘日書的語言研究應該講還未全面系統開展起來。簡牘日書的多批次出土，使得這種專業特點鮮明的文獻在文字考釋、詞語解讀等方面有了較爲充分的可借鑒的成果，簡牘日書語言研究

---

① 汪維輝：《東漢—隋常用詞演變研究》，南京大學出版社 2000 年版，第 5 頁。
② 李零：《簡帛古書與學術淵流》，三聯書店 2004 年版，第 46 頁。
③ 沈頌金：《二十世紀簡帛學研究》，學苑出版社 2003 年版，第 11 頁。

已具備了較爲完善的先導性研究积累。日書文獻是漢語斷代和漢語史研究中值得重視的語料，其中日書詞彙研究可以補充《大詞典》因時代局限未收的日書詞目和書證；這可以看作是最直接、最實用的研究意義了。"新的發現帶來新的學問"，當前階段的語言研究需要留意該類型語料中的語言現象，進行有意義的系統研究。總之，簡牘日書的語言研究已提上日程，並具備了研究的可能性。

（三）簡牘日書語言研究可爲其他學科的深入研究提供支持

李學勤先生指出："對於日書，至少可從兩方面去研究：一方面，是從數術史的角度考察。……另一方面，對《日書》的內容還可以作社會史的考察。"① 當前日書資料運用最成熟的是社會史研究領域。而文字的正確隸定、詞語的準確解讀、篇章的合理編排，是運用日書文獻進行社會史、數術史等層面研究的前提。如果對語言文字理解有誤，則有可能得出不合實際的結論。如：

（1）取（娶）妻，妻不到。以生子，毋（無）它同生。睡甲78正壹

有研究者認爲上例簡文中的"以"通"已"，修飾其後的"生子"，簡文反映了婚前性行爲和未婚先孕的現象。

上述簡文出自《星》篇，我們將簡文錄全，輔以同篇其他簡來理解簡文文意。

（2）須女，祠、賈市、取（娶）妻，吉。生子，三月死；不死，毋（無）晨（辰）。睡甲77正壹 虛，百事凶。以結者，易擇（釋）。亡者，不得。取（娶）妻，妻不到。以生子，毋（無）它同生。睡甲78正壹 危，百事凶。生子，老爲人治也，有（又）數詣風雨。睡甲79正壹

睡簡日乙《官》篇、孔簡《星官》篇有與上述文字相應的簡文。

---

① 李學勤：《睡虎地秦簡〈日書〉與楚、秦社會》，《江漢考古》1985年第4期。

(3) 十二月：婺女，祠、賈市、取（娶）妻，吉。生子，三月死，毋（無）晨（辰）。睡乙105壹虛，百事[兇（凶）]。以結者，易擇（釋）。亡者，不得。取（娶）妻，妻不到。以生子，毋（無）它同生。睡乙106壹【危】，百事兇（凶）。生子，老爲人治也，數詣風雨。睡乙107壹

(4) 十二月：婺女，利祠祀、賈市，皆吉。以生☐毋（無）辰。司命。以亡者，不盈五歲死。不可取（娶）妻、嫁女。雖它大吉，勿用。孔58虛，百事凶。以結者，易☐☐☐☐☐。取（娶）妻，妻不到。司死。以生，毋（無）它同生。不可取（娶）妻、嫁女。雖它大吉，勿用。孔59【危】☐☐☐☐數詣風雨，大凶。孔60

《星》《官》《星官》篇採用星宿記日，須女（婺女）、虛、危三個星宿值日的占辭均涉及生子事項。孔簡中虛宿值日占辭"取（娶）妻，妻不到"與"以生"之間有"司死"隔開；可知，"取（娶）妻"與"生子"是兩個不同的事項，"妻不到"與"以生子"前後之間沒有因果邏輯關係。睡簡《星》篇虛宿所值日簡文的意思是：虛宿所值日，百事兇險。這一天結盟的，容易放棄。逃亡的，不能抓到。娶妻，妻子不來。生孩子，沒有其他兄弟姐妹。

通過完整占辭可以看出例（1）中"以"爲介詞，其賓語即"虛"所值時間；祇是"虛"所值日涉及多個事項，爲叙述簡單，各事項前統用一個前置"虛"來表示。

再如：

(5) 丁酉生子，者（嗜）酒。睡甲143正叁

有研究者認爲此例是秦飲食禮俗的記載，反映了"生孩子也都要喝酒慶祝"的禮俗。

該簡出自《生子》篇，全篇爲不同時日生子命運的占辭。列舉幾條如下：

(6) 丙午生子，耆（嗜）酉（酒）而疾，後富。睡甲142正肆
(7) 戊午生子，耆（嗜）酉（酒）及田邋（獵）。睡甲144正伍

對比例（6）、例（7），例（5）中的"耆酒"不當理解爲"喝酒慶祝"。"耆酒""耆酉"即嗜好喝酒之義，"耆（嗜）"與"好"表義相同。

(8) 壬辰生子，武而好衣劍。睡甲148正貳
(9) 戊戌生子，好田墅（野）邑屋。睡甲144正叁

本研究内容包括簡牘日書數術術語匯釋、簡牘日書同義詞研究、簡牘日書歷時異文研究、簡牘日書詞彙應用研究，以期在梳理出日書文獻特色詞彙數術術語的基礎上，開展簡牘語言一般現象研究，通過共時同義詞梳理、歷時異文分析，討論日書語言的共時詞彙特點與歷時語言發展，並通過日書詞彙整理爲正在進行中的《大詞典》修正工作提供資料。誠如研究者所言，日書是一個很粗糙的東西，問的都是老一套，問的大事也不多，對研究歷史作用不大①；我們在研究語言現象時，也盡量避免藉由日書中可能存在訛誤的個例或不規範用法去討論與經典文獻相背的語言規律。

近年來日書文獻出土頗多，我雖用心研讀，但憒懂於數術原理與數術推演，必有語言闡釋之失誤；近年來日書文獻及相關研究論著極豐，我雖盡力收集，但個人能力不達，必有未得寓目之成果和未能領會之觀點。誠懇希望能得到您的指正，以補我的不足。

---

① 見劉力源《北大漢簡反映了漢初大量搜書的成果》，《文匯報》2015年12月18日第W07版。

第一章　簡牘日書數術術語匯釋

日書屬於數術文獻，其中有數量較多的數術術語詞。數術術語增強了日書文獻的神秘色彩，也造成了常人閱讀理解數術文獻的主要障礙。"《日書》因爲帶上日者神秘的色彩，向來被目爲天書，如果掀開它的外衣，結合天文學史的知識，加以探索，便可發現它在遠東古代占星術的研究上應該佔猶極重要的地位，這意味著了解術數某些淵源，或許可爲人類文明揭示一點奧秘。"[①] "對於日書，至少可以從兩方面去研究：一方面，是從數術史的角度考察。……另一方面，對《日書》的内容還可以作社會史的考察"[②]。

數術是日書文獻中的重要內容，數術詞語、數術原理的研究，對日書文獻的認讀有積極作用，也是日書文獻研究的重要構成部分。

第一，可以理解淺顯字面表層隱含的深層意義。

(1) 凡五卯，不可以作大事；帝以命嗌（益）淒（齎）壓（禹）之火，午不可以樹木。。九店38下—39下

帝，指帝舜。簡文意爲：五卯日，不可以作大事；帝舜授命益送給禹火之日，午時不可以種植樹木。

該例簡文，字面意思簡明；但"午不可以樹木"的來源，需要借助數術原理才能深入理解。李家浩先生指出："這裏的'午'顯然是指

[①] 饒宗頤、曾憲通：《雲夢秦簡日書研究·卷前語》，香港中文大學出版社1982年版，第1—2頁。

[②] 李學勤：《睡虎地秦簡〈日書〉與楚、秦社會》，《江漢考古》1985年第4期。

午時，而不是指午日。……午於五行屬火。以'帝以命益齋禹之火'之日和屬火之時植樹，其後樹木必爲火所焚，所以在這樣的日、時'不可以樹木'。"①

(2) 室忌：春三月庚辛，夏三月壬癸，秋三月甲乙，冬三月丙丁，勿〖以〗筑（築）室；大主死，瘇（癃），弗居。睡乙110

該例簡文，未有難解之詞，語義淺顯。室忌日的選擇非隨意爲之，季節的五行與其日天干所屬五行相剋：春三月五行屬木，庚辛屬金，木金相剋；夏三月五行屬火，壬癸屬水，火水相剋；秋三月五行屬金，甲乙屬木，金木相剋；冬三月五行屬水，丙丁屬火，水火相剋。四季中的這幾個時日被稱爲"四廢"，《協紀辨方書》卷五引《蓬瀛經》："四廢日，是五行無氣，福德不臨之辰。百事忌用。"

(3) 丙辰、丁未，不可殺豕，不隱人民。丙寅，羿射封豕，不可入豕及殺之。丙午，不可殺羊，不隱貨。辛②，不可殺雞，不利田邑。壬辰、壬戌，不可殺犬，不隱妻子。嶽山43背壹1—5

隱，劉國勝等先生據紅外影像釋出，其義爲安定③。"封豕"即大豬。

各項"不可殺"日期的確定，不是隨意而爲。丙辰、丁未不可殺豕，因豕地支配亥，亥屬水，丙丁屬火，水剋火；故火日丙辰不可殺配水之豕；丙寅日不可射封豕，入豕及殺之同之。丙午不可殺羊，因羊地支屬未，未屬土，丙午屬火，火生土，故火日丙午不可殺配土之羊。辛

---

① 湖北省文物考古研究所、北京大學中文系：《九店楚簡》，中華書局 2000 年版，第 103 頁。
② 辛，《江陵嶽山秦漢墓》釋作"辛□"；劉國勝等先生改釋，見陳偉主編，劉國勝、彭錦華著《秦簡牘合集〔叁〕》，武漢大學出版社 2014 年版，第 101 頁。
③ 陳偉主編，劉國勝、彭錦華著：《秦簡牘合集〔叁〕》，武漢大學出版社 2014 年版，第 101 頁。

不可殺雞，因雞地支屬酉，酉屬金，辛亦屬金；故金日之辛不可殺屬性相同之雞。壬辰、壬戌不可殺犬，因犬地支屬戌，戌屬土，壬屬水，土尅水；故水日之壬不可殺配土之犬。

(4) 爲屏圂良日：五癸及壬申六日，壬辰爲屏圂大富。戊寅、戊辰、大凶。金關73EJT30.126

屏圂是厠所，古代厠所是與豬圈合爲一體的建築。其他詞語語義淺顯。壬癸屬水，豕地支屬亥，亥屬水，水日建造水日豕之居處，大富；戊屬土，土尅水，土日建造水日豕之居處，大凶。

(5) 戌興〈與〉亥是胃（謂）分離日，不可取（娶）妻。取（娶）妻，不終，死若棄。睡甲10背壹

該例簡文未有難解之詞，語義淺顯。戌亥爲分離日，可能與六甲空亡有關，六甲中甲子旬涵蓋了十二地支中的十支，獨缺少戌亥，後世數術家稱戌亥之類的地支爲旬空，是一個不好的日子①。

第二，有利於理解詞語的意義。

(1) 毋以丑徐門户，害於驕母。睡甲102正貳

"徐"之訓讀，研究者意見不同。或讀爲"除"，睡簡整理者釋文"徐"後括注"除"，訓爲"整治"；研究者多從之。或讀爲"塗"，表示封塞户牖之義，與"封""實"含義相同②；敦煌卷子亦有類似用例："丑日作窗，令人不利，兄弟凶。"丑日門户之忌，後世猶存，門

---

① 劉樂賢：《睡虎地秦簡日書研究》，臺灣文津出版社1994年版，第209頁。
② 方勇：《讀睡虎地秦簡札記七則》，載陳建明主編《湖南省博物館館刊》第10輯，嶽麓書社2014年版，第206頁。

户之外甚至擴及窗子①。

《淮南子·天文訓》:"丑爲閉,主太陰。""閉"爲封閉之義,與開、啓相對,丑日爲閉日,不可穿鑿門户。如果將"徐"讀作"塗",訓作封堵,則與"丑爲閉"相合;如此丑日"塗門户"則爲宜作之事,簡文語義則有矛盾之處。

睡簡日書另有丑日"穿門户"禁忌②:

毋以丑穿門户,不見其光。睡乙196壹

"徐""穿"爲性質相類的行爲。整理者讀"徐"爲"除"的意見可從,不過訓"除"爲整治,略顯寬泛。"除"有開義,"除門户"與"穿門户"行爲相近,均指開啓門户之義③。簡文"毋以丑徐門户"的意思是丑日不可開啓門户。

(2) 戌不可以爲牀,必以殣(瘞)死人。睡甲125正叁

"殣"讀爲"瘞",研究者無異議;但"瘞"之訓讀,意見不同。或訓爲陳屍,睡簡整理者持此觀點,研究者或有遵從,闡釋,簡文遵循五行三合局,按五行生旺,戌居乙木墓地,牀爲木,墓處死地之後,爲已死之象,故戌爲牀必以陳屍④。或訓爲假葬,簡文"瘞"爲假葬、臨

---

① 劉增貴:《放馬灘秦簡〈日書·直室門〉及門户宜忌簡試釋》,載陳偉主編《簡帛》第6輯,上海古籍出版社2011年版,第52頁。

② 劉增貴先生引及該例,對於丑日穿門户禁忌的解釋是:"丑穿門户之所以不見其光,或因當閉日而穿門户之故。另一個可能的解釋是方位。'丑'爲四方圖之一,《日書》中已有中央土寄在四方之說,土日動土本爲禁忌,而丑在式盤中是位於東北,以卦爲'艮',以門爲'鬼門',可能這也是'不見其光'的原因。"見《放馬灘秦簡〈日書·直室門〉及門户宜忌簡試釋》,載陳偉主編《簡帛》第6輯,上海古籍出版社2011年版,第52頁。

③ 李菁葉先生已提出類似觀點,惜未結合數術原理論證。見《睡虎地與放馬灘秦簡〈日書〉生死問題研究》,碩士學位論文,西南大學,2012年。

④ 王光華:《簡帛禁忌研究》,博士學位論文,四川大學,2007年。

時安葬①。"殔"訓爲陳屍，符合數術原理；簡文借陳屍，言說戌日爲床，必有死人事件。

(3) 有行而急，不得須良日，東行越木，南行越火，西行越金，北行越水，毋須良日可也。周秦363

這種行不得擇日數術，孔簡、額簡日書也有出現。

五勝：東方木，金勝木；段鐵，長三寸，操，東。南方火，水勝火；以籥（盔）盛水，操，南。北方水，土勝水；操土，北，裹以布。西方金，火勝金；操炭，長三寸，以西，纏以布。欲有所之，行操此物不以時。孔105—106+殘24+孔107②

☐【南行】持水，北行持☐額2002ESCSF1.14 ☐南方火，即急行者，越此物行吉。額2002ESCSF1.4

簡文"越"，研究者訓讀意見不同。或訓爲"越過"，周秦"簡文大意是說，如果有事須立即出發，來不及等到吉日。那麼，根據出行的方位，祇需舉行一些簡單的儀式即可。如出行方向爲東，出行者就象徵性地跨越木；爲南，就越過火；爲西，就越過金；爲北，就越過水。通過這樣的儀式後，就無須等待良日再出行了"③。孔簡意爲出行者祇要在欲行之方向擺上此方位五行屬性之物，然後越過它而行，那麼即可不待良日而出行④。或訓爲"勝過"，周秦"東行越木"應與孔簡"東方木，金勝木。鍛鐵長三寸，操，東"對應，即"東行越木"與手持勝

---

① 朱湘蓉：《〈睡虎地秦墓竹簡〉詞語札記十則》，《古籍整理研究學刊》2006年第5期；又《秦簡詞彙初探》，中國社會科學出版2012年版，第259頁。陳偉主編，彭浩、劉樂賢、萬全文等著：《秦簡牘合集〔壹〕》，武漢大學出版社2014年版，第410頁。
② 簡文綴合、"段""所之"釋讀，依劉國勝先生意見。見《孔家坡漢簡日書"五勝"篇芻議》，載陳偉主編《簡帛》第9輯，上海古籍出版社2014年版，第217—218頁。
③ 呂亞虎：《戰國秦漢簡帛文獻所見巫術研究》，科學出版社2010年版，第151頁。
④ 陳炫瑋：《孔家坡漢簡日書研究》，碩士學位論文，臺灣清華大學，2007年。

木的鐵相當；諸如此類，講的都是"操"這一行爲，"越"是勝過之義，簡文"東行越木"猶言東行勝木，依孔簡日書《五勝》篇，東行須手持勝"木"的"金"器鍛鐵①。

"越"訓作"勝過"可從。額簡"越"解作"勝過"，亦符合"五勝"原理。港簡有1例殘簡，應與行不得擇日數術有關。

【金】勝木，可東。壬癸夕行，九恴。港32

東方木，金勝木，可東行。

（4）酉爲雞棲，雞不亡。孔228貳

簡文"酉"字，孔簡整理者未作訓釋。研究者意見不同，或訓作"酉時"，爲下午五點到七點之間，此時正是雞回窩的時候②；或訓作"酉日"，十二生肖中，酉日配雞，選擇酉日爲雞舍或許是這個原因③。

"酉"訓作酉日，可從。日書中利用動物與地支的匹配關係進行擇日的數術不唯此例；酉時已至黃昏至夜時，與古人日落而息習俗不合，且酉時時間有限，祇能搭建簡易棲處，建築複雜雞舍較爲困難。

（5）春三月可以南啓門，壬戌、壬子、癸丑、癸未，以黑祠。夏三月可以西啓門，☐午以青祠。秋三月可以北啓門，丁酉、丙辰、丁巳、丙申、丙戌，以赤祠。☐【冬三月可】以東啓東（門），☐申、辛亥、庚戌、辛巳，以帛祠。王351—352+370

---

① 劉國勝：《孔家坡漢簡日書"五勝"篇芻議》，載陳偉主編《簡帛》第9輯，上海古籍出版社2014年版，第217—221頁。
② 周群：《也説孔家坡日書簡所見的"雞血社"》，簡帛網2007年7月8日（http://www.bsm.org.cn/show_article.php?id=595）。
③ 陳炫瑋：《孔家坡漢簡〈日書·雞〉篇補釋》，簡帛網2007年8月14日（http://www.bsm.org.cn/show_article.php?id=696）。

簡文"帛",釋文發佈者未作訓釋①。

春三月爲木,木生火,南屬火;春三月可爲南向門,北方黑色,黑祠與南啓門相對;夏三月、秋三月啓門之朝向與祠之顏色可類推。冬三月東啓門與前文一致,"帛"當讀作"白",西方白色,白祠與東啓門相對。

第三,有利於修正簡文釋讀或書寫訛誤。如:

(1) 到室:正月丑,二月戌,三月未,四月辰,五月丑,六月戌,七月未,八月辰、九月辰,十月戌丑,十一月未,十二月辰。凡此日不可以行,不吉。睡甲134正壹

與該例月份地支搭配相近的簡文,睡簡還有:

正月丑,二月戌,三月未,四月辰,五月丑,六月戌,七月未,八月辰,九月丑,十月戌,十一月未,十二月辰,毋(無)可有爲,筑(築)室,壞;尌(樹)木,死。睡甲105正壹

正月、五月、九月之丑,二月、六月、十月之戌,三月、七月、十一月之未,四月、八月、十二月之辰,勿以作事。大祠,以大生(牲)大凶,以小生(牲)小凶,以臘古(腒)吉。睡甲113正壹

這兩例簡文自題篇名分別爲"土忌""作事",它們與例(1)僅九月、十月地支有別。例(1)十月有兩個地支,與其他月份不同,必然有誤;或先將九月"丑"誤作"辰",待修正九月"辰"時,又將"丑"錯置於十月下。

這三枚簡均與"月殺"忌日有關。劉道超先生認爲這三枚簡每月地支的選取均取三合前辰"養",例同後世之月煞。無論養人還是自養,關鍵在於養之道正與不正,正即吉。故凡"養"之時,必慎而求

---

① 王明欽:《王家臺秦墓竹簡概述》,載艾蘭、邢文編《新出簡帛研究》,文物出版社2004年版,第43頁。

正。秦簡日書在四時值"養"之日，不遠行、不動土、勿以大事等等，是本於《周易》之頤卦①。

(2) 酉，水也。盜者閎而黃色，疵在面。臧（藏）於園中草下，旦啓夕閉〖東方〗。夙得莫（暮）不得。名多酉起嬰。睡甲78背

上例簡文見於睡簡《盜者》篇，爲十二地支占盜；該篇十二條簡文中，僅"午"日盜者名字未出現地支。劉樂賢先生指出盜者的名字中都含有一或兩個地支，"名字中的地支排列實際是有次序的。基本上是按午、未、申……排列下去的。"午日可能是漏寫了"子"，亥日空缺之字很可能是"巳"；酉日的"酉"可能是"卯"的誤寫②。王子今先生通過比對各地支名的排列順序，指出"午"日可能脫"子"，而"酉"日"多"可能爲"卯"之誤；"亥"日"名豚孤夏穀□亥"中的"□"可推定爲"巳"；如此，從子至亥依次含有"午、未、申、酉、戌、亥、子、丑、寅、卯、辰、巳"地支名③。劉釗先生認同王子今先生對各條的補正，並運用了數術原理深入解讀了盜者地支名字的由來，指出盜者對應名字中的某個干支字有一定規律，體現的是"支衝破"的組合，即子午衝破，丑未衝破，寅申衝破，卯酉衝破，辰戌衝破，巳亥衝破④。

因簡文盜者名字有配兩地支者，如辰日之"亥戌"，戌日之"辰戌"，亥日之"□亥"，這幾條中的兩個地支名字屬於衝破組合，"卯酉"排列與之相合；加之"多"與"卯"的形體比"酉"與"卯"更易相混。因此，例（2）中"多"爲"卯"誤寫的可能性更大。

(3) 土<水>生木，木生火，火生土，【土生金】。放乙77貳

---

① 劉道超：《秦簡〈日書〉五行觀念研究》，《周易研究》2007年第4期。
② 劉樂賢：《睡虎地秦簡日書研究》，臺灣文津出版社1994年版，第276—277頁。
③ 王子今：《睡虎地秦簡〈日書〉甲種疏證》，湖北教育出版2003年版，第455頁。
④ 劉釗：《關於秦印姓名的初步考察》，復旦大學出土文獻與古文字研究中心網2010年9月6日（http://www.gwz.fudan.edu.cn/Web/Show/1256）。

土，放簡整理者釋作"水"，孫占宇先生改釋爲"土"①。圖版該字清晰，作"土"；然依五行相生規律，"土生木"當爲"水生木"，"土"字應爲抄寫者誤抄所致②。

(4) 春三月，啻（帝）爲室申，剽卯，殺辰，四癈（廢）庚辛。夏三月，啻（帝）爲室寅，剽午，殺未，四癈（廢）壬癸。秋三月，啻（帝）爲室巳，剽酉，殺戌，四癈（廢）甲乙。冬三月，啻（帝）爲室辰，剽子，殺丑，四癈（廢）丙丁。凡爲室日，不可以筑（築）室。筑（築）大内，大人死。筑（築）右㝢（序），長子婦死。筑（築）左㝢（序），中子婦死。筑（築）外垣，孫子死。筑（築）北垣，牛羊死。殺日，勿以殺六畜，不可以取（娶）婦、家（嫁）女、禱祠、出貨。四癈（廢）日，不可以爲室、復（覆）屋。○睡甲96正壹—101正壹

放簡日書有與睡簡日書文字相近的内容：

啻（帝）以春三月，爲室亥，杓（剽）卯，殺辰，四癈（廢）庚辛。夏三月，啻（帝）爲室〖寅〗，杓（剽）午，殺未，四癈（廢）壬癸。秋三月，啻（帝）爲室巳，杓（剽）酉，殺〖戌〗，四癈（廢）甲乙。冬三月，啻（帝）爲室申，杓（剽）子，殺〖丑〗，四癈（廢）丙丁。凡四時，啻（帝）爲室日殹，不可築大室内，大人死之。以築右序，長子□□□□之。□□□中子□□□死之。築官垣，孫子死。築外垣，牛馬及羊死之。殺日，勿以殺六畜，不可出女、取（娶）妻、祠祀、出財。四癈（廢）日，不可以爲室、□内、爲囷倉及蓋。放乙95壹—103壹

睡簡、放簡"春三月"帝爲室日分別爲"申""亥"；"冬三月"

---

① 孫占宇：《放馬灘秦簡日書整理與研究》，博士學位論文，西北師範大學，2008年。
② 呂亞虎：《〈天水放馬灘秦簡〉校讀札記》，《西安財經學院學報》2010年第3期。

帝爲室日分別爲"辰""申",存在不同。

春三月、冬三月帝爲室日應分別爲"亥""申"。吕亞虎先生據放簡日乙所載五行三合局,指出帝在四季中的"爲室日""利日"(或飘日)分別對應木、火、金、水的"生"和"壯";因此,春三月帝爲室日應在"亥"而非"申",冬三月帝爲室日應爲"申"而非"辰"。放簡日乙所載的"帝爲室日"是對的①。

(5)金錢良日:甲寅、乙卯。龍:戊寅、午②,不可出入財,乃後絕。孔7貳—孔9貳

睡簡、嶽山有相近簡文:

金錢良日:甲申、乙巳。申不可出貨,午不可入貨,貨必後絕。睡甲93正貳

金良日:甲申、乙卯。其忌:戊寅、戊午、甲午。嶽山43號正6

金(錢)良日,孔簡"甲寅"與睡簡、嶽山"甲申"不同,有研究者指出"寅"可能爲"申"的誤寫③。睡簡"乙巳"與嶽山、孔簡"乙卯"也不同。從地支與五行的搭配看:孔簡甲寅、乙卯均爲木木,睡簡甲申、乙巳爲木金、木火,嶽山甲申、乙卯爲木金、木木;比較而言,睡簡"乙巳"蓋有訛誤,火尅金,"巳"爲金錢良日或有不妥。睡簡金錢忌日有"申",申屬金,更適於金錢良日;睡簡"巳""申"或倒書,則金錢良日爲"甲申、乙申",忌日爲"巳、午"。

金(錢)龍(忌)日,嶽山、孔簡均有"戊寅":"戊"屬土,土

---

① 吕亞虎:《讀〈天水放馬灘秦簡〉札記二則》,簡帛網2009年10月27日(http://www.bsm.org.cn/show_article.php?id=1163)。

② 龍戊寅午,整理者未釋;劉國勝等先生據紅外影像釋出,見陳偉主編,劉國勝、彭錦華著《秦簡牘合集〔叁〕》,武漢大學出版社2014年版,第97頁。

③ 田雪梅:《睡虎地秦簡〈日書〉、孔家坡漢簡〈日書〉比較研究》,碩士學位論文,西南大學,2015年。

生金,"寅"屬木,金尅木,無論天干、還是地支的五行屬性,"戊寅"均不當爲金之忌日。據嶽山"甲申""甲午"一爲良日,一爲忌日,結合睡簡"巳"或不可出貨的情況,嶽山、孔簡"戊寅"或爲"戊巳"之誤。

此外,數術原理也有利於簡牘的綴合、編連。簡牘殘斷情況常見,綴合、編連要考慮文字、文意、簡牘形制等諸多因素。數術詞語、數術原理解讀有利於加深對語義的理解,從而促進簡牘的綴合、編連。如:

☑□戌、午、申、庚午、辰、壬戌、子孔殘37爲牡日,牡日以死及葬,必復之。孔186壹

乙巳、丑、丁酉、卯、巳孔殘35未、辛巳、丑、癸亥、未爲殘38牝日,牝日以死及葬,必復之。孔187壹

李天虹、蔡丹先生據簡文意義和簡牘形制對以上簡進行了綴合,其中便運用了數術原理:就簡文意義而言,殘35、殘38干支乙、丁、己、辛、癸,這五個干日都屬於柔日,亦即牝日;就簡牘形制而言,殘38下端與簡187上端右部茬口走向基本一致,殘35+殘38+簡187的長度與牝牡月篇完整簡184天頭之下的長度相符,綴合後的簡衹是殘去了天頭,殘35"乙巳"是這枚簡抄寫文字的起事處,殘38下端"未"後殘字,依據文例和現存筆畫,應是"爲"字。殘37與簡186綴合,亦是如此①。

數術詞語是日書文獻的特色詞語,有重要的研究意義。本章從神煞名稱、時日禁忌詞語、數術原理詞語三個方面對日書中的數術詞語進行介紹。

第一節　神煞名稱

日書或選擇類文獻,以時、事爲經緯,不管以時檢事,爲事擇時,還是爲事尋術,目的都是趨吉避凶;所以日書中有不少擇日神煞和福祟

---

① 李天虹、蔡丹:《讀孔家坡漢簡〈日書〉雜記》,載陳偉主編《簡帛》第11輯,上海古籍出版社2015年版,第172頁。

神煞。建除類、叢辰類占術在簡牘日書中普遍存在，因而建除神煞、叢辰神煞也是日書中的常見神煞。我們將日書中的神煞分爲建除值神、叢辰值神、擇日神煞、福祟神煞四類進行介紹。

一　建除值神

建除，是我國古代的一種數術門類，"有無'建除'，是區別《日書》的一個重要標誌。"[①] 建除數術通過建除十二神分別與十二月中表示日期的十二地支相配，來確定吉凶，選擇時日。

《建除》篇在已公佈的相對完整的九店、睡簡、放簡、孔簡四種主要日書文獻中均有出現，散見日書中也有零簡。"建除"篇題首見於孔簡，睡簡日書甲乙種四篇建除數術（甲乙種日書各有一套楚、秦建除篇目），有3篇保存了自題篇名：甲種楚系建除自題"除"，秦系建除自題"秦除"；乙種秦系建除自題"徐"，楚系建除未存篇題，依照一般命名，稱之爲睡乙《徐（除）》篇。九店、放簡均未存篇題，依整理者意見，均稱之爲"建除"。

完整的《建除》篇由建除十二值神表和建除十二值神宜忌兩部分構成：十二值神表以圖表形式按月排列建除十二值神在一年十二月中的所配日支，十二值神宜忌以文字形式說明建除十二值神的吉凶宜忌。

日書文獻中建除值神的分佈情況：

	建除值神的分佈情況			
	九店	睡簡	放簡	孔簡
篇章簡號	《建除》簡13—24	日甲：《除》，簡1正—13正《秦除》，簡14正—25正 日乙：《除》，簡1—17、18壹—25壹《徐（除）》，簡26壹—46壹	日甲：《建除》，簡1—21 日乙：《建除》，簡1—24壹	《建除》簡1—12壹簡13—24（16+殘5）

[①] 晏昌貴：《放馬灘、睡虎地、孔家坡三種〈日書〉之比較》，載張德芳主編《甘肅省第二屆簡牘學國際學術研討會論文集》，上海古籍出版社2012年版，第503頁。

建除十二值神的書寫形式在不同日書文獻中略存差異：

九店建除		建	敄	啟	坪	盜	工	坐	盇	城	遝	莕①	敱
睡簡	甲除	建②	陷	彼	平	寧	空	坐	蓋	成	甬	㜺③	媢④
	乙除	建⑤	窖	作	平	成	空	陛	蓋	成	復	窓	赢
睡簡	甲秦除	建	除	盈	平	定	執	柀	危	成	收	開	閉
	乙徐(除)	建	余	吉	實	窖	敓⑥	衝	剽	虛	吉	實	閉⑦
放簡	甲建除	建	除	盈	平	定	執	彼	危	成	收	開	閉
	乙建除	建	除	盈⑧	平	定	執	彼	危	成	收	開	閉
孔簡建除		建	除	盈	平	定	執	破	危	成	收	開	閉

建除值神在不同日書中的名稱表明：

1. 九店日書與睡簡日書甲乙種中楚系建除名稱的文字相同或形體

---

① 莕，九店整理者釋作"荀"；陳偉等先生改釋，見陳偉等著《楚地出土戰國簡册〔十四種〕》，經濟科學出版社 2009 年版，第 304 頁。

② 睡簡日甲《除》篇記錄了建除十二神和叢辰十二神，十二辰所配日支文字中爲建除名稱，十二辰吉凶宜忌説明文字中爲叢辰名稱，以"建交"爲例，十二神所值日支文字中爲"建"，十二神吉凶宜忌説明文字中爲"交"。

③ 㜺，睡簡整理者釋作"濡"；李家浩先生改釋，"㜺"與"窓"通用，見《睡虎地秦簡〈日書〉"楚除"的性質及其他》，載臺灣史語究所集刊編輯出版部編《歷史語言研究所集刊》1999 年第 70 本第 4 分，第 892 頁。

④ 媢，睡簡整理者釋作"赢"；李家浩先生改釋，見《睡虎地秦簡〈日書〉"楚除"的性質及其他》，載臺灣史語究所集刊編輯出版部編《歷史語言研究所集刊》1999 年第 70 本第 4 分，第 892 頁。

⑤ 睡簡日乙《除》篇記錄了建除十二神和叢辰十二神，十二神所值日支文字和吉凶宜忌説明文字中基本相同，不同之處是宜忌説明文字中的二字叢辰名稱"外陽、外遜、外陰、絶紀、決光"在所值日支文字中均僅記作前一字。

⑥ 睡簡日乙《徐（除）》篇十二支配字作"徹"。十二神吉凶宜忌文字作"敓"，"敓""徹"通用。

⑦ 睡簡日乙《徐（除）》篇十二神吉凶宜忌説明文字中作"閒"，爲"閉"之訛字。

⑧ 放簡日乙《建除》篇十二神吉凶宜忌説明文字漏抄"盈"日宜忌。

· 78 ·

相近，不同的名稱多存在文字形體有關聯的通假關係①，個別文字可能有訛誤②；

2. 睡簡日書甲乙種楚系建除名稱關聯性強，其中日甲的命名方式比日乙通俗易懂，篇章說明文字也比日乙豐富，可能是定型以後的本子，而日乙相對原始一些③；睡簡日書甲乙種秦系建除名稱的文字形體差異較大，"日名之間的關係可能比較複雜，有些是意義相近，有些也許另有來歷"④；僅"建、除（余）、閉"三者書寫基本一致；睡簡楚系建除名稱與秦系建除之間也當有聯繫⑤；

3. 放簡日書甲乙種建除名稱相同，均與睡簡日甲《秦除》篇一致，而與睡簡日乙《徐（除）》篇差別較大；

4. 孔簡日書沿襲了睡簡日甲《秦除》篇中的秦系建除名稱。

建除十二值神除集中出現於各批次日書中的建除篇，其他篇章也間或有建除神煞值日的行事宜忌。如：

---

① 九店"菀"與秦簡日甲《除》篇"澳"爲一聲之轉，與睡簡日乙《除》篇"窓"通假。劉樂賢先生指出楚簡與秦簡的日名敄與彼，坪與平，盈與寧，工與空，盍與蓋，城與成，有明顯的引申通假關係。見《九店楚簡日書研究》，載饒宗頤主編《華學》第2輯，中山大學出版社1996年版，第64頁。九店整理者指出九店"轚"與睡簡日甲《除》篇"陷""窨"古音相近，可以通用。九店"斂"，與睡簡日甲《除》篇"媚"（睡簡整理者釋爲"贏"）古音可以通用，睡簡日乙《除》篇"贏"當是"媚"字之誤。劉信芳先生認爲"贏"從貝，鬲聲，鬲、轚古音同在微部。見《九店楚簡日書與秦簡日甲比較研究》，香港中文大學中文系、中國文化研究所編《第三屆國際中國古文字學研討會論文集》，香港問學社有限公司1997年版，第517—544頁。

② 李家浩先生指出睡簡日甲《除》篇"甬"疑爲形似字"荀"字之誤，"復"與"荀"音近古通；睡簡日乙《除》篇"作"當是"彼"之誤，"成"當是因與"盈（寧）"音近而致誤。見《睡虎地秦簡〈日書〉"楚除"的性質及其他》，載臺灣史語所集刊編輯出版部編《歷史語言研究所集刊》1999年第70本第4分，第895頁。

③ 劉樂賢：《睡虎地秦簡日書研究》，臺灣文津出版社1994年版，第318頁。

④ 劉樂賢先生指出"摯（執）與敄詞義相近""窨當讀爲憺，與'秦除篇'的定意義相近""剽與危、衝與破（破）之間大概也是意義相近。"見《睡虎地秦簡日書研究》，臺灣文津出版社1994年版，第322頁。

⑤ 劉樂賢：《楚秦選擇術的異同及影響》，《歷史研究》2006年第6期。

(1) 凡建日死，不利父；除日死，不利母；開日死，不利子；盈日死，家不居。放乙112壹

(2) 占疾，投其病日、辰、時，以其所中之辰聞，中其後爲已聞，中其前爲未聞。得其月之剽，恐死；得其斂，痒（癢）；得其吉，善；得其閉，病中□□；得其建，多餘病；得除，恐死；得其盈，駕（加）病；得其吉，善；得其臽，病久不☒□，乃復病。放乙338+335+358上+364下

例（2）出現"剽、斂、吉、閉、建、除、盈、吉、臽"9個建除值神名稱，其中"剽""斂"和前一"吉"與"臽"的釋讀存在歧見。

剽，放簡整理者釋。圖版文字較清晰，文字隸定無爭議，研究者對"剽"訓讀不同：劉青先生認爲"剽"指剽日，即春三月卯、夏三月午、秋三月酉、冬三月子[①]；程少軒先生認爲"剽"爲建除名[②]。

斂，放簡整理者釋作"攻"；程少軒先生疑爲"斂"，爲建除名[③]；孫占宇先生釋作"收"，此字左部缺失，右部爲"攴"，或爲"收"字殘劃[④]；又存疑未釋，指出放簡建除系統無"斂"，此字爲"收"的可能性極大[⑤]。

吉，放簡整理者釋[⑥]；孫占宇先生從整理者釋，又"看殘筆，似是'吉'。但釋'吉'與後文語義重複，姑缺釋。"[⑦]

[①] 劉青：《放馬灘秦簡〈日書〉乙種集釋》，碩士學位論文，武漢大學，2010年。
[②] 程少軒：《放馬灘簡式占古佚書研究》，博士學位論文，復旦大學，2011年。
[③] 同上。
[④] 張德芳主編，孫占宇著：《天水放馬灘秦墓竹簡集釋》，甘肅文化出版社2013年版，第215頁。
[⑤] 陳偉主編，孫占宇、晏昌貴著：《秦簡牘合集〔肆〕》，武漢大學出版社2014年版，第143—144頁。
[⑥] 張德芳主編，孫占宇著：《天水放馬灘秦墓竹簡集釋》，甘肅文化出版社2013年版，第215頁。
[⑦] 陳偉主編，孫占宇、晏昌貴著：《秦簡牘合集〔肆〕》，武漢大學出版社2014年版，第144頁。

臽，放簡整理者釋作"名"；程少軒先生據圖版改釋①。

程少軒先生指出例（2）中的建除術語，與睡簡日乙《徐（除）》篇基本一致，而與放簡日乙《建除》篇不同，兩者並非同一系統②。這種說法可從，例（2）建除系統與睡簡日乙秦系《徐（除）》篇一致，而放簡《建除》篇及其他散見建除術語與睡簡日甲《秦除》篇一致。可知，"吉""盈"分屬兩套建除系統，例（2）《占疾》篇"吉""盈"同時出現。睡簡《徐（除）》篇兩個建除值神"吉"分別與睡簡《秦除》篇的"盈"和"收"對應。

睡簡	甲秦除	建	除	盈	平	定	執	破	危	成	收	開	閉
	乙徐	建	余	吉	實	窨	敜	衝	剽	虛	吉	實	閉

"吉""盈"分屬兩套神煞系統，不當同現。劉樂賢先生指出《徐（除）》篇將《秦除》篇的成日寫作虛日比較費解；更令人難以理解的是《徐（徐）》篇的吉日同時與《秦除》篇的盈日及收日對應，《徐（徐）》篇的實日同時與《秦除》篇的平日、開日對應。"吉、實二日寫在同一條裏，似乎是有意強調這兩日的特殊性""僅以寫錯字加以解釋是不夠的，很可能它暗示着'徐篇'所載的是一套與'秦除篇'並不一致的建除術，或者說它所載的建除術比'秦除篇'更爲原始一些。"③

由於例（2）簡文有殘缺，"衝、虛、實"三日未存，若該簡"吉"涵指"吉、實"，則僅"衝、虛"殘去。"衝"爲中古昌母字，"盈"爲中古以母字；秦漢簡牘中有"盈"有與"呈"（中古澄母，上古定母）相通的用例④，黃侃先生將中古昌母字歸入上古透母，與定母至近，王力先生認爲上古音體系中昌母、定母爲准旁紐，"定母字在戰國中期楚方言

---

① 程少軒：《放馬灘簡式占古佚書研究》，博士學位論文，復旦大學，2011年。
② 同上。
③ 劉樂賢：《睡虎地秦簡日書研究》，臺灣文津出版社1994年版，第323頁。
④ 白於藍：《戰國秦漢簡帛古書通假字彙編》，福建人民出版社2012年版，第724頁。

裏和以母字讀音相近"①。例（2）中"盈"或爲《徐（除）》篇"衝"之通假②。

再如：

   （3）入内良日，丁未，甲午，乙丑，己□，□□申，五酉、辰、丑、收日。忌，戊寅、辛、壬、癸。孔233

  "内"爲房室之義，"收日"爲"入内良日"，與孔簡《建除》篇簡22"收日"占辭相合："收日，可以入人、馬牛、畜産、禾稼。可以入室、取（娶）妻。"

  散見《建除》篇，如王簡③、懸泉④、敦煌⑤，在神煞名稱上均沿襲了睡簡《秦除》篇的秦系建除系統⑥。

  後世選擇通書中以建除術來占測行事吉凶的數術方法一直沿用，建除十二值神沿襲了睡簡《秦除》篇的名稱"建、除、盈、平、定、執、破、危、成、收、開、閉"，唯"盈"避漢惠帝諱而改作"滿"。後世通書中建除十二值神，又稱十二客、十二宫。

  建除十二神的名稱與其對應日支的行事宜忌存在關聯。如：

---

① 鄭偉：《自然音變和音變重建：古漢語以母字的演變方式》，國際中國語言學學會第18次年會暨北美漢語語言學第22次會議論文，哈佛大學2010年5月20—22日。

② 睡簡日甲《秦除》"盈日"條占辭有"有疾，難起"，睡簡日乙《徐（除）》"衝日"條占辭"可以攻軍、入城及行，不可祠"；比較而言，放簡此例"盈日"之"駕（加）病"與《秦除》"盈日"占辭更爲接近。但放簡本篇建日"多餘病"，除日"恐死"；與睡簡《秦除》篇建日爲"良日"，除日"有瘟病，不死""利……飲藥"；差異較大，甚至相反。《秦除》篇其他建除日無與疾病相關的記載，睡簡日乙《徐（除）》篇各建除日也少有與疾病相關的宜忌記載。本篇專門利用建除數術占測疾病吉凶，與常見建除篇章關聯性不大。

③ 王簡653建除值神全部出現，爲"建、余（除）、盈、平、定、失（執）、□、危、成、收、開、閉"，有一個無法判斷，其他11個建除值神名稱與《秦除》篇一致。

④ 懸泉 I0309③：209、I0309③：208、I0309③：265建除值神出現"成、收、閉"3個，與《秦除》篇一致。

⑤ 敦煌《未刊》3432建除值神出現"定、執、破、危、成、收、開、閉"8個，與《秦除》篇一致。

⑥ 港簡和已公佈的張M249、印臺中亦有《建除》篇，零星散見，未出現建除值神名稱。

（4）吉、實日，皆利日也，無不可有爲也。睡乙40壹

（5）虛日，不可以臧（藏）蓋，臧（藏）蓋，它人必發之。毋（無）可有爲也。用得，必復出。睡乙45壹

（6）摯（執）日，不可行，行遠，必執而于公。彼（破）日，毋（無）可以有爲殹，雖（唯）利彼（破）水。放甲18壹—19壹

（7）收日，可以入人、馬牛、畜産、禾稼。可以入室、取（娶）妻。孔22

（8）開日，亡者，不得。可以請謁。言盜，必得。孔23

"閉日"條占辭在睡簡、放簡、孔簡中有異文。睡簡日甲《秦除》篇"劈波池"①，放簡日書甲乙種《建除》篇作"波渴"②，孔簡《建除》篇作"波隄"③。睡簡整理者訓"劈"爲"開決"，研究者多從之；宋華強先生讀放簡"波"爲"破"④；孔簡整理者釋"波隄"爲"破隄"，讀爲"破堤"。周波先生疑睡簡"劈波池"當釋作"脩（修）波（陂）池"，指修築池沼、池塘；將放簡"波渴"訓爲"壅、築堤堰、堰塘"；將孔簡"破"改釋爲"波"，讀爲"陂"，"陂隄"應即壅、築隄防之義⑤。簡文諸日宜忌多取義於神煞名稱⑥，如除日可以撤除言訟、

---

① 睡簡整理者釋作"劈決池"；周波先生改釋，見《秦漢簡〈日書〉校讀札記》，載復旦大學出土文獻與古文字研究中心編《出土文獻與傳世典籍的詮釋——紀念譚樸森先生逝世兩周年國際學術研討會論文集》，上海古籍出版社2010年版，第397頁。

② 放簡整理者分別釋作"洓池""決池"；宋華強先生改釋，見《放馬灘秦簡〈日書〉識小録》，載陳偉主編《簡帛》第6輯，上海古籍出版社2011年版，第82頁。

③ 孔簡整理者釋作"破隄"；周波先生改釋，見《秦漢簡〈日書〉校讀札記》，載復旦大學出土文獻與古文字研究中心編《出土文獻與傳世典籍的詮釋——紀念譚樸森先生逝世兩周年國際學術研討會論文集》，上海古籍出版社2010年版，第397頁。

④ 宋華強：《放馬灘秦簡〈日書〉識小録》，載陳偉主編《簡帛》第6輯，上海古籍出版社2011年版，第82頁。

⑤ 周波：《秦漢簡〈日書〉校讀札記》，載復旦大學出土文獻與古文字研究中心《出土文獻與傳世典籍的詮釋——紀念譚樸森先生逝世兩周年國際學術研討會論文集》，上海古籍出版社2010年版，第397頁。

⑥ 張德芳主編，孫占宇著：《天水放馬灘秦墓竹簡集釋》，甘肅文化出版社2013年版，第71頁；陳偉主編，孫占宇、晏昌貴著：《秦簡牘合集〔肆〕》，武漢大學出版社2014年版，第12頁。

免除罪責，摯（執）日遠行必然會被官府抓獲等等；周波先生對日書"閉日"條異文的訓讀，正與閉日之"閉"相合，可從。

《漢語大詞典》對建除十二值神的釋義，系統性不強，詳見"簡牘日書詞彙應用研究"一章。

二 叢辰值神

叢辰，是我國古代的一種數術門類，《漢書·藝文志》錄有《鐘律叢辰日苑》，目前已公佈的相對完整的九店、睡簡、孔簡三種主要日書文獻中都有出現，散見秦漢日書中也零星可見。這種數術篇章，日書中的自題篇名情況是：睡簡日甲自題爲"稷辰"，睡簡日乙自題爲"秦"，孔簡亦自有篇名，惜已殘，疑爲"辰"字。九店未存篇名，整理者擬名爲"叢辰"①。文中暫依睡簡自題篇名，統稱這類篇章時稱作"稷辰"，數術名稱和值神名稱依照傳統數術通書稱作"叢辰"。

叢神值神不僅見於叢辰篇，睡簡日書甲乙種楚系建除《除》篇均記錄了建除十二神和叢辰十二神，日甲《除》篇十二辰所值日支文字中爲建除神煞名稱，十二辰吉凶宜忌説明文字中爲叢辰神煞名稱；日乙《除》篇則十二辰所值日支文字和十二辰吉凶宜忌説明文字中建除十二神和叢辰十二神均有錄寫，十二神所值日支和吉凶宜忌説明文字中的神煞名稱基本相同，唯宜忌説明文字中的雙字叢辰神煞名稱"外陽、外邋、外陰、絕紀、決光"在對應的日支文字中省作前一字。

日書文獻中叢辰值神的分佈情況：

篇章簡號	叢辰值神的分佈情況		
	九店	睡簡	孔簡
篇章簡號	《叢辰》簡25—36	日甲：《除》，簡1正—13正；《稷辰》篇，簡26正—46正	《辰?》簡25—48
		日乙：《除》，簡1—17、18壹—25壹；《秦》篇，簡54—63	

---

① 九店《建除》《叢辰》獨立成篇，不過《叢辰》篇占辭與睡簡日甲楚系建除《除》篇基本相同，劉樂賢先生將九店《叢辰》擬題爲《建除B》，見《九店楚簡日書研究》，載饒宗頤主編《華學》第2輯，中山大學出版社1996年版，第65—66頁。

第一章　簡牘日書數術術語匯釋

叢辰值神的數量和書寫形式在不同日書文獻中存有差異：

九店		交	害①	㐁	達	外易	外害	外䧟②	𡆼(絕)	光③	采④	結	易
睡簡	甲除	交	害	陰	達	外陽⑤	外害	外陰	絕紀⑥	夬光	秀	結	陽
	乙除	交	羅	陰	達	外陽	外遠	外陰	絕紀	決光	秀	結	陽
睡簡	甲稷辰	敫	禹	陰	𠛱⑦	危陽					秀	結	正陽
	乙秦	敫	憂	陰	徹	危陽					采	結⑧	正陽
孔簡		徹	介	陰	𠛱	危陽					秀		正陽

叢辰值神在不同日書中的名稱表明：

1. 日書中的叢辰值神名稱基本一致，不同值神的文字存在異體、通假、訛誤或同義關係⑨；

2. 日書中的叢辰篇楚系、秦系有別。楚系叢辰值神有十二位，每

---

① 害，九店整理者未釋；陳偉先生釋出，見《新發表楚簡資料所見的紀時制度》，載香港中文大學中文系、中國文化研究所編《第三屆國際中國古文字學研討會論文集》，香港問學社有限公司1997年版，第599—612頁。

② "外"字脱。

③ 光，圖版文字作"𡘾"，"字形奇特"，九店整理者未隸定；劉樂賢先生釋出，此字似可與包山楚簡268及277"光"互證，見《九店楚簡日書研究》，載饒宗頤主編《華學》第2輯，中山大學出版社1996年版，第65頁。陳偉等先生認爲此字可能是"光"字的訛體，見陳偉等著《楚地出土戰國簡册〔十四種〕》，經濟科學出版社2009年版，第313頁。

④ 采，九店整理者釋作"禾"；陳偉等先生改釋，見陳偉等著《楚地出土戰國簡册〔十四種〕》，經濟科學出版社2009年版，第313頁。

⑤ "外"字脱。

⑥ "絕紀"殘去，據日乙《除》篇補。

⑦ 𠛱，睡簡整理者釋作"徹"；劉樂賢先生改釋，見陳偉主編，彭浩、劉樂賢、萬全文等著《秦簡牘合集〔壹〕》，武漢大學出版社2014年版，第367頁。

⑧ 吉凶宜忌説明文字中未存"結"條，日支匹配文字中有"結"。

⑨ 如九店《叢辰》篇"𡆼""䧟"爲"絕""陰"異體；睡簡《秦》篇"采"爲"秀"字初文。九店《叢辰》篇、睡簡楚系《除》篇"交"與睡簡《稷辰》《秦》篇"敫"古音相近；睡簡《稷辰》"禹"與《秦》篇"憂"爲異體字，與孔簡《辰?》篇"介"古音相近，都可讀爲"害"；九店《叢辰》篇、睡簡楚系《除》篇"達"與睡簡《稷辰》《秦》，孔簡《辰?》篇"𠛱（徹）"同義。

· 85 ·

個值神匹配一個地支；秦系叢辰值神有八位，其中禹（憂）、陰、危陽、正陽四個值神分別與兩個地支相配。

3. 孔簡沿襲了睡簡秦系叢辰的值神名稱與日支的匹配方式。

散見日書中也有零星的《稷辰》篇占辭。如：

（1）正月二月：子秀、丑戌正陽、寅酉危陽、卯敫、辰申憂、巳未陰、午勢、亥結。王649

（2）正陽，是=番昌，小事果成，大事有慶，它事毋小大盡吉。可以爲嗇夫，三昌。𠄹時以戰，命日三勝。以祠，吉。以有爲殹，美惡自成殹。以生子，吉。可以筑貍。以雨，盃（霽）。亡人，不得。正月以朔，歲美，毋兵。王673+721

（3）☐☐敫，卯、巳、☐未、酉、亥、丑，是謂小逆，毋大央（殃），可以穿井、行水、蓋屋、飲藥。亡者不得，不☐畜産、爲嗇夫。臨官、見人不吉。正月以朔，歲中，☐水《文物》封三:5

（4）☐☐車，祠祀、臨官衆。以斀（繫），亟出。不可復（覆）室、蓋☐港50

（5）☐，不果。亡者，得。利漁弋獵，吉。可以取，不可予。港51

王簡雖公佈材料不多，但據叢辰值神和吉凶宜忌文字，也能看出其沿用了睡簡秦系叢辰系統；目前所公佈的水簡《稷辰》篇爲孤支殘簡，值神作"敫"而非楚系"交"，可見其叢辰系統也應是秦系。港簡《稷辰》篇5枚竹簡中①，簡43、44存留的地支較多，簡43"巳未　巳未　未酉　未酉　酉亥　酉亥　亥【丑】"，簡44"申卯　戌巳　戌巳　子未　子未"，這兩枚簡爲一月至八月陰、七月至十二月危陽值神所配地支，從陰、危陽值神與兩個地支相配的情況看，其叢辰系統也應是

---

① 港簡整理者將簡43至簡56共14枚竹簡歸入"稷辰篇"。陸平先生指出簡43、44、48、50、51爲稷辰篇，其他的9枚簡應該都不是稷辰篇的内容。見《讀港藏〈日書〉簡札記九則》，復旦大學出土文獻與古文字研究中心網2008年8月28日（http://www.gwz.fudan.edu.cn/SrcShow.asp?Src_ID=490）。

秦系。

　　後世通書中有叢辰數術，睡簡日甲有自題"稷辰"篇。關於"稷辰"與"叢辰"的關係，主要有兩種說法：一是"稷"通"集"，"集"與"叢"義近①；二是"稷"爲"稯"訛字，"稯"通"叢"②。兩種說法均主張"稷辰"當爲"叢辰"。九店日書《建除》《叢辰》兩篇獨立，但《叢辰》篇的占辭與睡簡日甲楚系建除《除》篇一致。睡簡楚系日書未有單獨的叢辰篇章，其楚系建除篇章的占辭載有叢辰值神和宜忌，睡簡"《日書》甲、乙種楚除，實際上是把建除和叢辰合在一起的，共用一種占辭。從甲種楚除的占辭與本組簡（引按：即九店《叢辰》篇）占辭基本相同來看，其占辭當是採用叢辰的。"③ 睡簡秦系日書中有叢辰數術篇章，日甲自題"稷辰"，日乙自題"秦"，這兩篇叢辰數術與秦系建除有別，最爲顯著的區別是：《稷辰》《秦》的每條占辭均有歲時年成的吉凶判斷。孔簡日書中有叢辰篇章，自題爲"辰?"，其叢神值神與占辭均與睡簡秦系叢辰相近，而與同批共現的《建除》篇有別。從這個角度來看，吳小强先生所述"從'稷辰'名稱源流考察，這一流派的占卜家來源於神社祭祀活動，最早應是專司社稷祭祠事務的神職人員"有一定道理④。叢辰值神"采"的命名大蓋也暗示了這種數術同農業生產的關聯，"正陽、外陽、陰、結"等值神的命名也許與影響歲時年成的因素存在某種關係。傳統叢辰數術於睡簡日甲中自題作"稷辰"也能因此得到解釋，"稷"爲古代農作物的總稱，該種數術的主要目的或顯著目的是占斷農業生產情況；後世文獻中這種數術稱爲"叢辰"，或經歷了"稷、集"通假，"集、叢"同義的中轉變

---

① 饒宗頤先生主張此說，見《稷（叢）辰》，載饒宗頤、曾憲通《雲夢秦簡日書研究》，香港中文大學出版社1982年版，第11—12頁。

② 睡簡整理者後記："稷疑爲稯字之訛，稯讀爲叢。"李學勤《睡虎地秦簡〈日書〉與楚、秦社會》、劉樂賢《睡虎地秦簡日書研究》、李家浩《睡虎地秦簡〈日書〉"楚除"的性質及其他》等均主張此說。

③ 湖北省文物考古研究所、北京大學中文系：《九店楚簡》，中華書局2000年版，第77頁。

④ 吳小强：《秦簡日書集釋》，嶽麓書社2000年版，第40—41頁。

化，或因文字形體相近錯訛所致，後世之"叢辰"可能本作"稷辰"。而記載叢辰數術的睡簡日乙《秦》篇，自題爲"秦"或許不祇是表明其爲"秦人之説"，還提示其占斷内容與農業生産有關，"秦"字從"禾"，《説文·禾部》："一曰秦，禾名。"《秦》篇"以殘存的文字而論，所述與'稷辰篇'基本一致而較'稷辰篇'簡略。這説明'秦篇'的年代可能要略早於'稷辰篇'。"①"秦"當是"稷辰"的早期名稱，其名稱改變可能與秦國强大，"秦"字禾義不顯有關；"秦"被農作物總稱"稷"取代，又綴加"辰"用以明確篇章内容。順此推測，叢辰數術源自農業發達的秦地或中原地區，因秦國勢力擴展，已影響至戰國晚期的楚地，楚地存其完整神煞名稱，但未譜占辭，便將另一套建除占辭附於其下②。

　　叢辰數術雖於漢代仍有不小的影響，但後世不顯。從現有日書看，九店日書叢辰數術已與建除數術發生關聯，睡簡中的叢辰值神已合併簡化。劉樂賢先生認爲"叢辰家與建除家在秦簡《日書》的時代就難以嚴格區分了。也許它們以前本來就是出於一家吧。"③我們猜測"叢辰"本爲"稷辰"，若此推測不誤，那麽隨着日書中專門占斷歲時年成的篇目的增多，如放簡《侯歲》、孔簡《歲》《占》《主歲》，張M249《歲》等，叢辰數術便逐漸減少歲時年成的占斷内容④，或淡化叢辰值神與歲

---

① 劉樂賢：《睡虎地秦簡日書研究》，臺灣文津出版社1994年版，第327頁。
② 劉樂賢先生認爲睡簡《除》《秦除》《稷辰》三篇之間都有一定的淵源關係，見《睡虎地秦簡日書研究》，臺灣文津出版社1994年版，第60頁。按：睡簡秦系日書有《秦除》《徐（除）》兩套建除，九店日書也有兩套建除存在的可能；綴於九店《叢辰》篇後面的建除占辭與秦系建除數術存在關聯，得以在睡簡楚系日書《除》篇延續下來；九店《建除》篇則是另一套建除占辭，楚地習俗濃厚，如多與祭祀有關，關注帶劍、佩玉宜忌，睡簡中則未見其踪。
③ 劉樂賢：《睡虎地秦簡日書研究》，臺灣文津出版社1994年版，第60頁。
④ 如港簡《稷辰》承襲秦系日書，但未有與歲時年成有關的占辭，如簡51"☑，不果。亡者，得。利〔田〕漁弋獵，吉。可以取，不可予"。該簡與睡簡日甲《稷辰》簡40正—41正"禹"日占辭相近，睡簡中"正月以朔旱，又（有）歲，又（有）小兵，毋（無）大兵"與歲時占斷有關的文字，未有保留。

時年成的關聯①，致特色不存而隱退歸併便也不能避免了。放簡日書未有《稷辰》篇，可能不是没有緣由的，"稷辰"原稱"秦"，秦統一後，"秦"字使用有了限制，故而放簡有了專門占斷歲時年成的《侯歲》篇。孔簡有《歲》《占》《主歲》較爲豐富的歲時年成占斷篇章，同時亦有《辰?》篇，這既有日書傳承的因素，同時也適時做出了細節變更，將原有篇題"稷辰"改成"辰?"，從篇章主旨上弱化了其與歲時年成占斷的關係。故此，對於散簡日書中未有自題篇名的"叢辰"數術簡，我們暫擬題爲"稷辰"，叙述文字及引用已被整理者擬爲"叢辰"的九店中的篇章名稱，依常規稱作"叢辰"。

《漢語大詞典》對叢辰值神的釋義，系統性不强，詳見"簡牘日書詞彙應用研究"一章。

三 擇日神煞

日書以選擇或占斷時日吉凶爲主體內容，這些內容或以時占事，或爲事尋時。其中必然有與時日相關的擇日神煞，建除值神、叢辰值神用於以時占事，因其自成系統，故單列。現將日書中所現其他主要擇日神煞以音序排列，匯釋於此。

1. 八魁

與建築等事項有關，其所值日爲建築等事忌日。日書 3 例：港簡、孔簡、印臺各 1 例。

（1）☒胃（謂）八魁日，凶。用者威（滅）亡，毋（無）後。港72

（2）☒□申、壬辰，秋三月丁□、□□，冬三月壬戌、甲寅，此八桼（魁），不可蓋屋。孔251

---

① 如孔簡 247："正月二月午、三月四月申、五月六月戌、七月八月子、九月十月寅、十一月十二月辰，不可築室。"該簡各月築室的禁忌時日的安排與睡簡日甲《稷辰》、日乙《秦》篇和孔簡《辰?》中的"徹日"相當；但秦簡《稷辰》《秦》篇"徹日"未有與築室有關的禁忌，而孔簡《辰?》篇未有歲時年成的占辭。孔簡 247 所增建築禁忌日占辭，或與"徹（劙）"詞義有關。

（3）魁：春三月丁丑、己巳，夏三月甲申、壬辰，秋三月丁未、己亥，冬三月甲寅、〖壬戌〗，大＜八＞魁也，不可以▨印臺《荊州》圖1—2

孔簡"八桼"相當於古文獻中的"八魁"，這些時日不能蓋屋可能與"上帝開塞之將"有關；印臺日書"大魁"時日安排與"八魁"及孔簡"八桼"相同①。孔簡"八桼"可能是"八魁"的通假，印臺"大魁"很可能是"八魁"的誤寫②。從印臺存在脫漏"壬戌"（冬三月後）情況看，"大魁"爲"八魁"誤寫的可能性較大。"八魁"指一年有八個干支日爲魁，這與牝日又稱四牝，廢日又稱四廢相同③；"八魁"時日的"季節五行與地支五行正好屬於相尅關係"④。

擇日神煞"八魁"對人事宜忌的影響，傳世文獻也有記録。

夫仲夏甲申爲八魁。八魁，上帝開塞之將也，主退惡攘逆。（《後漢書·蘇竟傳》）

李賢注："曆法，春三月己巳、丁丑，夏三月甲申、壬辰，秋三月己亥、丁未，冬三月甲寅、壬戌，爲八魁。"

綜合日書及傳世文獻記載，擇日神煞"八魁"的運行週期爲：

	春	夏	秋	冬
八魁	己巳、丁丑	甲申、壬辰	己亥、丁未	甲寅、壬戌

2. 刺（天刺）

與月相有關，其所值日不可祭祀及殺牲；漢簡日書又稱"天刺"。

---

① 陳炫瑋：《孔家坡漢簡〈日書〉"建築禁忌"簡選釋（一）》，簡帛網2007年4月3日（http：//www.bsm.org.cn/show_article.php？id=543）。
② 劉樂賢：《印臺漢簡〈日書〉初探》，《文物》2009年第10期。
③ 陸平：《散見漢日書零簡輯證》，碩士學位論文，南京師範大學，2009年。
④ 陳炫瑋：《孔家坡漢簡日書研究》，碩士學位論文，臺灣清華大學，2007年。

日書"刺"3例：睡簡2例、嶽山1例。孔簡日書"天刺"2例。

  （1）入月六日刺，七日刺，八日刺，二旬二日刺，旬六日毀。睡甲124背

  （2）入月六日、七日、八日、二旬二日皆刺①，旬六日毀。睡乙45貳—46壹

  （3）入月六日市日刺，七日市日刺，望、後三日市日刺、四日市日有刺，刺已，有五刺一番。嶽山43背壹6

  （4）天刺，凡朔日，入月六、七日、望、十八日、廿二日，此天刺，不可祠及殺。孔236壹

  刺日所值，睡簡爲每月的六日、七日、八日和二十二日，嶽山和孔簡均爲六日、七日、十五日、十八日和二十二日，孔簡"天刺"尚有"朔日"。嶽山"有五刺一番"，劉國勝等先生疑簡文是説在一輪刺結束後，又開始新的一輪五刺，"有"或讀爲"又"②；這句簡文也可以理解爲一個輪迴（每個月）有五個刺日，"番"用作動詞，表示輪流更替，數詞"一"與動詞直接組合表示動量；符合上古漢語的動量表示方式。

  秦漢日書中"刺"的值日有變化，睡簡每月有四個刺日，嶽山每月有五個刺日，孔簡則增加爲六個。古人將農曆初七、初八叫做上弦，二十二、二十三日叫做下弦；睡簡"'刺'之日爲每月六、七、八及二十二日，正與月弦的日期相合，故刺可能與弦是同一回事。"③ 嶽山、孔簡中的朔日、入月六日、七日，望、十八日、廿二日，這些刺日處於月相變化的界點，"刺"應與月相有關。

---

  ① 刺，睡簡整理者釋作"知"，疑即刺字，與刺音近相通；劉樂賢先生據紅外影像改釋，見陳偉主編，彭浩、劉樂賢、萬全文等著《秦簡牘合集〔壹〕》，武漢大學出版社2014年版，第525—526頁。

  ② 陳偉主編，劉國勝、彭錦華著：《秦簡牘合集〔叁〕》，武漢大學出版社2014年版，第102頁。

  ③ 劉樂賢：《睡虎地秦簡日書研究》，臺灣文津出版社1994年版，第291頁。

3. 大時、小時（咸池、歲）

與遷徙等宜忌有關。每月"大時"所居方位爲該月不可遷徙方位，其所值時日，不宜建築、嫁娶。

大時、小時，孔簡、居新、水簡中成對出現，其中孔簡載有"大時、小時"運行周期及行事宜忌的篇章自題爲"時"。懸泉有"大時"之名及其運行之殘簡①，敦煌有"大時、小時"運行之殘簡②，金關有"小時"之名及其運行方位，亦有"大時"運行之殘簡③。

（1）時：正月，小時居寅，大時居卯，不可東徙。二月，小時居卯，大時居子，不可北徙。三月，小時居辰，大時居酉，不可東<西>徙。四月，小時、大時并居南方，不可南徙。五月，小時居午，大時居卯，不可東南徙。☐徙。☐徙。☐徙。☐徙。☐可北徙。☐不可西北徙。孔111壹—121壹

（2）大時小時：并在東方，北方東方，西方南<東>方☐居新EPS4T2.105 ☐東<西>方西方，東方西方，東<南>方西方，并在北方，西方北方，南方北方。居新EPS4T1.3

（3）一月：德在内，刑在野。大時在南方午，小時在東北丑，大司空在丑。水《文物》

（4）小時：東方、東方、東方、南方、南方、南方、西方、西方、西方、北方、北方、北方。金關73EJT23.992

"咸池"即大時，兩者同神異名；日書"咸池"5例，放簡、孔簡

---

① 懸泉Ⅱ0111③：35 "大時：南方卯，北方子，西方☐"。該簡是大時神煞簡，存一至三月 "大時" 所居方位、地支，卯屬東方，正月欄的 "南" 可能是 "東" 的誤寫或誤釋。參見陸平《散見漢日書零簡輯證》，碩士學位論文，南京師範大學，2009 年。

② 敦2121 "☐月 舍酉 舍子 ☐"。該簡爲十一月大時、小時所居地支，"舍" 義爲 "居" "處"。

③ 金關 73EJT24.526 "☐子、酉、午、卯、子、酉、午、卯、子、酉☐"。該簡爲大時神煞簡，據 "大時" 運行規律，可補爲【大時：卯】、子、酉、午、卯、子、酉、午、卯、子、酉、【午】"。參見程少軒《〈肩水金關漢簡（叁）〉數術類簡牘初探》，載楊振紅、鄔文玲主編《簡帛研究2015秋冬卷》，廣西師範大學出版社2015年版，第137頁。

各2例，水簡1例。

(5) 春乙卯、夏丙午、秋辛酉、冬壬子，是=咸池、招搖合日殹，不可垣其鄉，必死亡。放乙130壹

(6) 徙：夏六月，咸池以辛酉徙西方。居四旬五日以丙午徙南方。居九日以乙卯徙東方。居五旬七日以壬子徙北方。居九日，有（又）以辛☐。大時右行閒二，小時左行毋數，正月建寅左行。孔111貳—114貳

(7) 欲取（娶）婦嫁女，不辟（避）咸池，家室空。水《文物》封三:8

例（6）簡末介紹了咸池（大時）、小時的運行方式。例（7）上欄單行大字已殘，祇剩一豎筆，可能是"午"字的殘存；該簡上部很可能記載的是"咸池"的運行日期①。

《淮南子·天文訓》也有大時、小時的運行狀況及吉凶宜忌記載。

斗杓爲小歲，正月建寅，月從左行十二辰。咸池爲太歲，二〈正〉月建卯，月從右行四仲，終而復始。太歲迎者辱，背者強，左者衰，右者昌；小歲東南則生，西北則殺，不可迎也，而可背也，不可左也，而可右也，其此之謂也。大時者，咸池也，小時者，月建也。

放簡日書有1例"咸池會月"。

(8) 正月東方，四月南〚方〛，七月西方，十月〚北方〛，凡是=咸池會月殹。不可垣其鄉（向）。垣高厚，死；☐谷兵，男子死；垣壞，女子死。放乙139

---

① 劉樂賢：《讀水泉子漢簡〈日書〉》，載張德芳、孫家洲主編《居延敦煌漢簡出土遺址實地考察論文集》，上海古籍出版社2012年版，第175頁。

正月、四月、七月、十月均爲咸池（大時）、小時相會於某方之月，或即"咸池會月"①。

綜合日書及傳世文獻記載，借鑒學界研究成果②，神煞"大時""小時"的運行及遷徙規律如下：

		一月	二月	三月	四月	五月	六月	七月	八月	九月	十月	十一月	十二月
大時	日辰	卯	子	酉	午	卯	子	酉	午	卯	子	酉	午
	方位	東	北	西	南	東	北	西	南	東	北	西	南
小時	日辰	寅	卯	辰	巳	午	未	申	酉	戌	亥	子	丑
	方位		東			南			西			北	

根據大時、小時的運行規律，可修正簡牘文字存在的錯誤。孔簡《時》篇一至五月簡文完整，但有的簡文存在訛誤；十、十一月殘存了不可遷徙之方位，而六至九月基本殘去。正如陸平先生所講，每月"大時與小時所處的方位都作爲不可徙往的方向"，因大時、小時在一月、四月、十月的所居方位相同，不可遷徙方位亦同，所避忌之方位分別爲"東、南、北"；二月、三月、五月、十一月的不可遷徙之方位應爲兩個，孔簡二月作"不可北徙"，三月作"不可東徙"，簡文避忌方向存在漏抄。基於對簡文數術原理理解不同，陳炫瑋、陸平、白軍鵬三位先生雖對簡文進行了修正，但處理意見不同：三位先生均將孔簡二月之"北"改爲"東北"；對於三月之"東"，或認同孔簡整理者"東"

---

① 孫占宇：《簡帛日書所見早期數術考述》，《湖南大學學報》2011年第2期；張德芳主編，孫占宇：《天水放馬灘秦簡集釋》，甘肅文化出版社2013年版，第160頁；陳偉主編，孫占宇、晏昌貴：《秦簡牘合集〔肆〕》，武漢大學出版社2014年版，第90頁）均承此説。

② 胡文輝：《釋"歲"》，載深圳大學中國文化與傳播系主編《文化與傳播》第4輯，海天出版社1996年版，第101—122頁；劉樂賢：《釋"歲"補説》，載中山大學古文字研究所編《康樂集——曾憲通教授七十慶壽論文集》，中山大學出版社2006年版，第114頁；陳炫瑋：《孔家坡漢簡日書研究》，碩士學位論文，臺灣清華大學，2007年；陸平：《散見漢日書零簡輯證》，碩士學位論文，南京師範大學，2009年。

爲"西"説，或改"東"爲"東西"①。孔簡《時》篇五月避忌方位爲"東南"，十一月避忌方位爲"西北"，方位詞排列均爲當月大時所居在前，小時所居在後；依此類推，孔簡《時》篇二月、三月的避忌方位應修正爲"北東"和"西東"。而同篇其他殘簡亦可補足：

【六月：小時居未，大時居子，不可北南】徙。孔116壹
【七月：小時大時并居西方，不可西】徙。孔117壹
【八月：小時居酉，大時居午，不可南西】徙。孔118壹
【九月：小時居戌，大時居卯，不可南西】徙。孔119壹
【十月：小時、大時并居北方，不】可北徙。孔120壹
【十一月：小時居子，大時居酉】，不可西北徙。孔121壹
【十二月：小時居丑，大時居午，不可南北徙】。孔122壹

居新日書有兩枚大小時殘簡，胡文輝先生將其綴合②；陸平先生糾正了三月、七月、八月大小時所居③；孫占宇先生據孔簡《時》篇，修正補足了殘簡釋文④。綜合各家意見，釋文如下：

大時小時：并在東方，北方東方，西方南<東>方，【并在南方，東方南方，北方南方】，東<西>方西方，東<南>方西方，東方西方，并在北方，西方北方，南方北方。居新EPS4T2.105+EPS4T1.3

傳世文獻"大時"神煞又稱"太歲"，日書無"太歲"神煞；睡

---

① 陳炫瑋：《孔家坡漢簡日書研究》，碩士學位論文，臺灣清華大學，2007年；陸平：《散見漢日書零簡輯證》，碩士學位論文，南京師範大學，2009年；白軍鵬：《秦漢簡牘所見日書相關問題考察》，載卜憲群、楊振紅主編《簡帛研究2013》，廣西師範大學出版社2014年版，第133頁。

② 胡文輝：《釋"歲"》，載深圳大學中國文化與傳播系主編《文化與傳播》第4輯，海天出版社1996年版，第109頁。

③ 陸平：《散見漢日書零簡輯證》，碩士學位論文，南京師範大學，2009年。

④ 孫占宇：《居延新簡數術殘簡再探》，載田澍、張德芳主編《簡牘學研究》第5輯，甘肅人民出版社2014年版，第221—222頁。

簡自題篇名"歲"篇中有神煞"歲"。

　　　　刑夷、八月、獻馬，歲在東方，以北大羊（祥），東旦（殫）
亡，南禺（遇）英（殃），西數反（返）其鄉。睡甲64正壹
　　　　夏夷、九月、中夕，歲在南方，以東大羊（祥），南（殫）
亡，西禺（遇）英（殃），北數反（返）其鄉。睡甲65正壹
　　　　紡月、十月、屈夕，歲在西方，以南大羊（祥），西（殫）
亡，北禺（遇）英（殃），東數反（返）其鄉。睡甲66正壹
　　　　七月、爨月、援夕，歲在北方，以西大羊（祥），北（殫）
亡，東禺（遇）英（殃），南數反（返）其鄉。睡甲67正壹

　　馬克先生指出睡簡《歲》篇"歲"和馬王堆帛書《胎產書》"大時"、《淮南子·天文訓》"太歲"均據十二月周期運轉，十二月周期分組符合"三合局"；周期名字大同小異，是同一性質的遊神，唯《淮南子》"大時"為左行，造成南北順序互換①。

　　睡簡《歲》篇以楚月名記時，據《歲》篇後"秦楚月名對照表"，睡簡《歲》篇"歲"和大時、小時每月所居方位如下：

		一月楚刑夷	五月楚八月	九月楚獻馬	二月楚夏夷	六月楚九月	十月楚中夕	三月楚紡月	七月楚十月	十一月楚屈夕	四月楚七月	八月楚爨月	十二月楚援夕
小時	方位	東	南	西	東	南	北	東	西	北	南	西	北
大時	方位	東			北			西			南		
歲	方位	東			南			西			北		

　　"歲"順時左行，若"大時"左行，則睡簡"歲"方位遷徙所致"大祥、殫亡、遇殃、數返其鄉"宜忌與《淮南子》所載"太歲迎者辱，背者強，左者衰，右者昌"相近。

　　睡簡《徙》和《嫁子□》篇也與《歲》篇神煞"歲"運行相同，

---

　　① [法] 馬克：《馬王堆帛書〈刑德〉試探》，方鈴譯，載饒宗頤主編《華學》第1輯，中山大學出版社1995年版，第94頁。

不過均未出現神煞名稱；胡文輝先生認爲睡簡《歲》篇"歲"和《徙》《嫁子囗》這兩篇的運行與《淮南子》"太歲"（又稱"咸池、大時"）的運行背向左右吉凶情況相同，"太歲"有左行和右行兩種相反的方式①。劉樂賢先生據馬王堆《祭》篇同時載有左行、右行兩種運行方向的"咸池（大錯）"，指出《日書》"歲"和《淮南子》"太歲"雖運行方向有別，但不妨礙它們同爲"咸池"異名；左行咸池與《日書》"歲"一致，或爲楚地説法，右行咸池與《淮南子》"太歲"一致，或是秦地説法②。郝振楠先生認爲睡簡《歲》《徙》《嫁子囗》篇都以神煞"歲"的運行作爲選擇時日吉凶的依據，占卜擇吉原理大致相同，"歲"可能是當時人所信奉的，源於天文星占的星神一類的神煞；在日書中它已被規範爲一個特定的指代，與實際的星象沒有方位運行上的任何關聯③。

九店有《歲》篇：

戠（歲）：十月、屈柰、享月才（在）西，爨月、遠柰、夏習尸、八月才（在）東，冬柰、夏尸、【九月才（在）南】。九店77

九店《歲》篇楚月名置換作夏曆名，則"歲"每月所居與睡簡《歲》篇"歲"一致。

		七月	十一月	三月	八月	十二月	四月	九月	一月	五月	四月	二月	六月
九店	方位	西			北			東			南		
睡簡	方位	西			北			東			南		

---

① 胡文輝：《釋"歲"》，載深圳大學中國文化與傳播系主編《文化與傳播》第4輯，海天出版社1996年版，第107—111頁。

② 劉樂賢：《釋"歲"補説》，載中山大學古文字研究所編《康樂集——曾憲通教授七十慶壽論文集》，中山大學出版社2006年版，第115—116頁。

③ 郝振楠：《〈日書〉所見秦人鬼神觀念述論》，載葛志毅主編《中國古代社會與思想文化研究論集》第3輯，黑龍江人民出版社2008年版，第58頁。

九店"歲"是篇題,與睡簡《歲》篇起首之"歲在刑夷、八月、獻馬,歲在東方"中的"歲"用法相同①。九店、睡簡《歲》篇"歲"每月所居相同,運行方向一致,前者運行方向爲"西北東南",後者爲"東南西北",均爲順時左行。睡簡《歲》篇使用楚月名,當源於楚系日書;其神煞"歲"當與九店《歲》篇的"歲"相同。

孔簡有篇章自題爲"徙時"。

正月、五月、九月,西北啓光,正北吉昌,〖東北反鄉〗,〖正〗東死亡,東南斲(斵),正南別離,西南執辱,正西卻逐。孔97

二月、六月、十月,東北啓光,正東吉昌,東南反鄉,正南死亡,西南斲(斵),正西別離,西北執辱,正北卻逐。孔98

【三月】、七月、十一月,東南啓光,正南吉昌,西南反鄉,正西死亡,西北斲(斵),正北別離,東北執辰〈辱〉,正東卻逐。孔99

四月、八月、十二月,西南啓光,正西吉昌,西北反鄉,正北死亡,東北斲(斵),正東別離,東南執辱,正南卻逐。孔100

《徙時》篇的四條簡文雖未出現神煞名稱,但篇題表明該篇是隨"時"而"徙"的宜忌占辭,該篇講述的神煞爲"時"。十二個月根據每月方位宜忌情況分爲四組,每三個月關聯八個方位的宜忌,"吉昌""死亡"是處於兩極的斷語,與睡簡《歲》篇"大羊(祥)""旦(殫)亡"相當。孔簡《徙時》篇神煞"時"運行方式與主要方位宜忌與睡簡《歲》篇相近,而睡簡《徙》《嫁子□》篇均是每三個月對應八個方位宜忌,運行方式與孔簡《徙時》篇相同,方位宜忌也多一致②。

---

① 李守奎:《江陵九店楚墓〈歲〉篇殘簡考釋》,《古籍整理研究學刊》2001年第3期。
② 劉信芳:《出土簡帛宗教神話文獻研究》,安徽大學出版社2014年版,第121—126頁。

九店、睡簡《歲》篇"歲",孔簡《徙時》篇"時"及睡簡《徙》《嫁子□》篇中神煞運行及方位宜忌相同相近,它們有相同的避忌原理,承襲延續;漢代以後或右行續存,稱爲"大時"或"太歲",孔簡《時》《徙時》則分別存右行、左行兩種方式。

"小時"又稱"月建""小歲",日書文獻未見"月建""小歲"稱謂;不過,睡簡日書《病》《有疾》篇亦有"歲"神煞。胡文輝先生認爲這兩篇中的神煞"歲"即《淮南子》中的"小歲""小時",睡簡《起室》篇"春三月毋起東鄉（向）室,夏三月毋起南鄉（向）室,秋三月毋起西鄉（向）室,冬三月毋起北鄉（向）室;有以者,大凶,必有死者。"是據"小時"春夏秋冬四季分別居於東南西北而形成的宜忌[①]。這種建築禁忌,孔簡《垣日》篇亦有："冬三月毋垣北方;春三月毋垣東方;夏三月毋垣南方;秋三月毋垣西方。毋以卯垣東聚。"

4. 地司空

與建築宜忌有關,其所值日爲建築忌日。放簡日書1例。

卯、丑、寅、午、辰、巳、酉、未、申、子、戌、亥,凡是=地司空,不可操土攻（功）,不死必亡。放乙134壹

十二個日支爲地司空的每月值日,"地司空"當爲掌管人間建築事宜之神煞,僅孤例見於放簡。

孔簡有"司空"神煞,未言禁忌事宜。

【正月司空在亥,大徵在寅。】二月司空在酉,大徵在巳。三月司空在未,大徵在申。四月司空在寅,大徵在亥。【五月司空在子,大徵在】卯。六月司空在戌,大徵在午。七月司空在巳,大徵在酉。八月司空在卯,大徵在子。九月司空在丑,大徵在辰。十

---

① 胡文輝:《釋"歲"》,載深圳大學中國文化與傳播系主編《文化與傳播》第4輯,海天出版社1996年版,第104—108頁。

月司【空在亥，大徵在未。十一月司空】在午，大徵在戌。十二月司空在辰，大徵在丑。孔.218—220

睡簡日甲神煞"土神"與"司空"值日相同，其月所居不可"起土功"。

正月亥、二月酉、三月未、四月寅、五月子、六月戌、七月巳、八月卯、九月丑、十月申、十一月午、十二月辰，是胃（謂）土神，毋起土攻（功），凶。睡甲132背—133背

孔簡亦有"土神"，每月所居"不可起土功"。

土神月所在，不可起土功。其鄉（向）垣、壞垣，穿井、窌，方，男子死之；員（圓），女子死之。孔.208壹—213壹

"司空"當即"土神"，其月所居不可爲建築事；放簡"地司空"與其執掌相同，唯每月所值不同。

"地司空"神煞值日：

	一月	二月	三月	四月	五月	六月	七月	八月	九月	十月	十一月	十二月
地司空	卯	丑	寅	午	辰	巳	酉	未	申	子	戌	亥

5. 歸死

與出行有關，其所值日爲歸家忌日，後世稱爲"歸忌"。居新日書1例。

（1）歸死：丑{癸}、寅、子，丑、寅、子，丑、寅、子，丑、寅、子，□居新EPT65.22

《星曆考原》卷四："《廣聖曆》曰：'歸忌者，月內凶神也。其日

忌遠行、歸家、移徙、娶婦。'《曆例》曰：'孟月丑，仲月寅，季月子。'曹震圭曰：'子者一陽，丑乃二陽，寅乃三陽，蓋此三辰陽氣始盛，主動於外，不可反歸於內也。'按：孟月忌丑，仲月忌寅，季月忌子者，皆忌退後一辰，所謂歸忌也。如子爲仲，丑爲季，寅爲孟，故孟月忌退歸於季，仲月忌退歸於孟，季月忌退歸於仲也。"

同樣的宜忌時日，睡簡日書亦有出現，稱爲"出亡歸死之日"。

（2）正月乙丑、二月丙寅、三月甲子、四月乙丑、五月丙寅、六月甲子、七月乙丑、八月丙寅、九月甲子、十月乙丑、十一月丙寅、十二月甲子以以行，從遠行歸，是謂<u>出亡歸死之日</u>也。睡甲109背—110背

居新"歸死"係睡簡"出亡歸死"之省稱，"是後代的歸忌"[①]；歸行的禁忌到歸忌、往亡兩個神煞有一個分化過程；居新"歸死"應該是早期的名稱，"歸忌"的叫法最早見於後漢[②]。

"歸死"神煞值日：

	正月四月七月十月	二月五月八月十一月	三月六月九月十二月
歸死	丑	寅	子

6. 河魁

與祭祀宜忌有關，其所值日爲祭祀忌日。武威日書1例。

□□□□□不乏蹇人，買席辟（避）壬庚。<u>河魁</u>以祠，家邦必揚（傷）。《武威》1正

該簡"河魁"神煞記載簡略，未述值日。《協紀辨方書》卷四將"河魁"歸入"叢辰"神煞："天罡河魁者，月內凶神也。所值之日，

---

① 劉樂賢：《睡虎地秦簡日書研究》，臺灣文津出版社1994年版，第288頁。
② 陸平：《散見漢日書零簡輯證》，碩士學位論文，南京師範大學，2009年。

百事宜避。"其所載河魁"所值之日，百事宜避"與簡文"河魁以祠，家邦必揚"顯有矛盾。釋爲"揚"的字左半模糊，可能爲"傷"；即使確作"揚"，亦可通傷①。

7. 九忌

與建築宜忌有關，其所值日爲建築忌日。日書2例：放簡、孔簡各1例。

（1）正月二月丁庚癸，三月四月丙己壬，五月六月乙戊辛，七月八月甲丁庚，九月十月丙己庚<癸>，十一月十二月甲戊辛，凡是=九忌，不可垣。一堵必有死□。放乙141

（2）土忌：正月二月丁庚，三月四月丙己，五月六月乙戊辛，七月八月〖甲〗丁庚，九月十月丙己癸，十一月十二月甲戊辛，此胃（謂）九忌，不可立垣。孔208叁—209叁

"九忌"所值，睡簡、居新中亦有出現，未書神煞名，或有殘缺。

（3）正月〖二月〗丁庚癸，三月四月丙己壬，五月六月乙戊辛，七月八月甲丁庚，九月十月癸己丙，十一月十二月戊辛甲，不可以垣，必死。睡甲108正壹

（4）乙辛戊　乙辛戊　甲丁庚　甲丁庚　癸己丙　癸己丙　戊甲辛。居新EPT65.21

例（3）與"九忌"神煞值日、禁忌基本相同；例（4）爲《土忌》篇殘簡，簡文所述與日書常見一種叫作"九忌"的神煞在五至十一月所值之日相合②。

---

① 陸平：《散見漢日書零簡輯證》，碩士學位論文，南京師範大學，2009年。
② 劉增貴：《放馬灘秦簡〈日書·直室門〉及門戶宜忌簡試釋》，載陳偉主編《簡帛》第6輯，上海古籍出版社2011年版，第51頁；孫占宇：《居延新簡數術殘簡再探》，載西北師範大學歷史文化學院、甘肅簡牘博物館編《簡牘學研究》第5輯，甘肅人民出版社2014年版，第225—226頁。

以上4枚簡相較，前3枚簡各有文字訛誤。
"九忌"神煞值日：

	正月二月	三月四月	五月六月	七月八月	九月十月	十一月十二月
九忌	丁庚癸	丙己壬	乙戊辛	甲丁庚	癸丙己	戊辛甲

8. 四廢

與建築等諸事禁忌有關，其所值日不可爲建築、出行等諸事。日書11例：睡簡、放簡各5例，港簡1例。

（1）啻（帝）以春三月，爲室亥，杓（剽）卯，殺辰，四瀍（廢）庚辛。夏三月，啻（帝）爲室〖寅〗，杓（剽）午，殺未，四瀍（廢）壬癸。秋三月，啻（帝）爲室巳，杓（剽）西，殺〖戌〗，四瀍（廢）甲乙。冬三月，啻（帝）爲室申，杓（剽）子，殺〖丑〗，四瀍（廢）丙丁。放乙95壹—放乙98壹 四瀍（廢）日，不可以爲室□内，爲囷倉及蓋。放乙103壹

（2）春三月，啻（帝）爲室申，剽卯，殺辰，四瀍（廢）庚辛。夏三月，啻（帝）爲室寅，剽午，殺未，四瀍（廢）壬癸。秋三月，啻（帝）爲室巳，剽酉，殺戌，四瀍（廢）甲乙。冬三月，啻（帝）爲室辰，剽子，殺丑，四瀍（廢）丙丁。睡甲96正壹—99正壹 四瀍（廢）日，不可以爲室、復（覆）屋。睡甲101正壹

（3）☒乙、丙丁，四廢，日衝之日。不可入官，爲室、囷，蓋復（覆）内及行□。港61

《協紀辨方書》卷五引《蓬瀛經》："四廢日，是五行無氣，福德不臨之辰，百事忌用。"

日書又有"法（廢）日"忌"鑿地"之辭，此"法（廢）日"當爲"四廢日"簡稱。

（4）土忌：正月丁，九月庚，十月辛，不可鑿地。月刺直<u>法</u>（廢）日，鑿地方丈，丈夫死之；員（圓），女子死之。孔209叄—211叄

孔簡日書有"四季日"，屬於"廢日"。

（5）<u>四季日</u>爲廢日，廢日不可有爲也。以有爲也，其事必廢。孔204

孔簡整理者指出"四季日"與睡簡"四廢日"相當，祇是範圍較小。據睡簡"四廢日"推斷，"四季日"應指春三月季庚辛、夏三月季壬癸、秋三月季甲乙、冬三月季丙丁。

睡簡有"大敗日"，其值日與"四廢"每季的季月干支相同。

（6）春三月季庚辛，夏三月季壬癸，秋三月季甲乙，冬三月季丙丁，此<u>大敗日</u>，取（娶）妻，不終；蓋屋，燔；行，傅；毋（無）可有爲，日衙（衝）。睡甲1背

"敗"與"廢"義近；"大敗日"應即"四廢"中的"四季日"。睡簡亦有與"四季日"相同時日的蓋屋禁忌簡，未書神煞名。

（7）【蓋屋：□】□春庚辛，夏壬癸，季秋甲乙，季冬丙丁，勿以作事、復（覆）內、㯱屋；以此日㯱屋{屋}，以此日爲蓋屋，屋不壞折，主人必大傷。睡乙111—112

四廢日是指月份（季節）的五行與其日天干所屬五行相尅，春三月五行木與庚辛金相尅，夏三月五行火與壬癸水相尅，秋三月五行金與甲乙木相尅，冬三月五行水與丙丁火相尅[1]；四廢日"不可爲室、覆

---

[1] 劉樂賢：《睡虎地秦簡日書"四法日"小考》，《考古》1993年第4期；又《睡虎地秦簡日書研究》，臺灣文津出版社1994年版，第130—131頁。

屋"，取其違背四時順序之義①。大敗日亦爲"日干五行與月干五行相衝尅之時"②。睡簡大敗日簡文，表明其禁忌源於"日衝"，港簡亦將"四廢"歸爲"日衝之日"。可見大敗日與四廢日數術原理相同，關聯密切。

睡簡日書尚有 2 例"四廢"值日簡文，未書神煞名，與"四廢"的禁忌時日、禁忌事項相同。

(8) 室忌：春三月庚辛，夏三月壬癸，秋三月甲乙，冬三月丙丁，勿以筑（築）室。以之，大主死；不死，瘝（癃），弗居。睡甲102正壹

(9) 室忌：春三月庚辛，夏三月壬癸，秋三月甲乙，冬三月丙丁，勿〖以〗筑（築）室；大主死，瘝（癃），弗居。睡乙110

"四廢"神煞值日：

	春	夏	秋	冬
四廢	庚辛	壬癸	甲乙	丙丁

9. 四徹

又寫作"四敫"，其值日爲建築等諸事忌日。日書 2 例：睡簡、港簡各 1 例。

(1) 入月七日及冬未、春戌、夏丑、秋辰，是胃（謂）四敫（徹），不可初穿門、爲户牖、伐木、壞垣、起垣、徹屋及殺，大凶；利爲嗇夫。睡甲143背—144背

(2) 四徹不可爲□日，作事不□，□中絕。港60

---

① 尚民傑：《睡虎地秦簡〈日書〉中的"土神"與"土忌"》，載周天遊主編《陝西歷史博物館館刊》第 7 輯，三秦出版社 2000 年版，第 200—206 頁。
② 呂亞虎：《戰國秦漢簡帛文獻所見巫術研究》，科學出版社 2010 年版，第 136—137 頁。

港簡日書"四徹"未及值日。

水簡日書有1例"四徹"簡，惜文字殘泐不清。

(3) ☒四☐，戌、丑、辰、未，不可祠祀、取（娶）婦嫁女，可以相約結及逐捕人。不可殺六畜，大凶。見人，吉。求婦，許得。水《文物》封三:4

該簡原釋文有失，其中"☒四☐戌"，原釋作"☒☐戌"；劉樂賢先生改釋，"戌"爲"戌"誤釋或誤抄，該簡記載的很可能是"四斂"的運行日期，地支"戌"前表示神煞的字可能是"四斂"①。

"四徹"可簡稱爲"斂（徹）"。

(4) 兒（斂）②：春三月戌、夏丑、秋三月辰、冬未，皆不可以大祠，可有求也。睡乙77

(5) 夏三月丑斂（徹），春三月戌<戌>斂（徹），秋三月辰斂（徹），冬三月未斂（徹）。凡斂（徹）日，利以漁邋（獵）、請謁、責人、摯（執）盜賊，不可祠祀、殺生（牲）。睡甲136正柒捌—139正柒捌

睡簡尚有2例"四徹"值日簡，未書神煞名，其中1例明言與建築禁忌等事宜有關。

(6) 凡不可用者，秋三月辰，冬三月未，春三月戌，夏三月亥<丑>。睡甲1正貳

(7) 凡入月七日及夏丑、秋辰、冬未、春戌，不可壞垣、起

---

① 劉樂賢：《讀水泉子漢簡〈日書〉》，載張德芳、孫家洲主編《居延敦煌漢簡出土遺址實地考察論文集》，上海古籍出版社2012年版，第173頁。

② 兒，睡簡整理者釋作"見"，與簡78"人良日"連讀作"見人良日"；劉樂賢先生疑此字可釋爲"兒"，讀爲"斂"，見陳偉主編，彭浩、劉樂賢、萬全文等著《秦簡牘合集〔壹〕》，武漢大學出版社2014年版，第530頁。

之，必有死者。以殺豕，其肉未索必死。睡甲107正壹

孔簡日書亦有四季徹日簡。

（8）春以徹秋，夏以徹冬，秋以徹春，冬以徹夏，是胃（謂）四時。春徹戌也，是胃（謂）伍（吾）且生，子毋敢殺，盡春三月解於戌。夏徹於丑也，是胃（謂）吾且長，子毋敢臧（藏），盡夏三月乃解於丑。秋徹辰也，是胃（謂）吾且殺，子毋敢生，盡秋三月乃解於辰。冬徹未也，是胃（謂）吾且臧（藏），子毋敢長，盡冬三月乃解於未。孔464—467

四斂日即後世通書中的四擊日，唐宋具注曆多作四激日①。研究者或認爲因"斂、擊"音同，後世"四斂"作"四擊"②；或認爲"斂、徹"義通，均有攔擊義，後世因其日忌出軍防邊，改爲戰鬥意味明確的"擊"字③。"斂（徹）、激、擊"均有衝擊義，"四斂（徹）、四激、四擊"爲同神異時異名，其得名與相尅相衝有關。

"四徹"神煞值日：

	春	夏	秋	冬
四徹	戌	丑	辰	未

10. 四牝
凶日，其所值日諸事不宜。印臺日書1例。

（1）四牝：乙亥、丁亥、辛亥、癸亥、不可祠、家（嫁）女取（娶）婦，女子壹乳而死。印臺《荆州》圖2-12壹

---

① 劉樂賢：《睡虎地秦簡日書研究》，臺灣文津出版社1994年版，第178—179頁。
② 鄭剛：《論睡虎地秦簡日書的結構特徵》，《中山大學學報》1993年第4期。
③ 陸平：《散見漢日書零簡輯證》，碩士學位論文，南京師範大學，2009年。

四牝，後世選擇通書稱爲"四窮"。《星曆考原》卷四："《總要曆》曰：'四窮者，謂亥爲陰絶之辰，以四時旺干臨之，故曰四窮。所直之日不可遠行、征伐、出納財物。'《曆例》曰：'春乙亥，夏丁亥，秋辛亥，冬癸亥。'曹震圭曰：'亥者，地支末辰極陰之位，以四時陰干配之，故曰四窮。'""四窮"爲四時旺干加陰絶之亥，即春時甲乙旺，夏時丙丁旺，秋時庚辛旺，冬時壬癸旺①。

　　睡簡、放簡日書將"四牝"稱爲"牝日"。

　　（2）春之乙亥，〖夏之丁亥〗，秋之辛亥，冬之癸亥，是胃（謂）牝日，百事不吉。以起土攻（功），有女喪。睡甲136背
　　（3）春乙亥、夏丁亥、秋辛亥、冬癸亥，是＝牝日，不可操土攻（攻），必死亡。放乙131壹

　　孔簡、港簡亦有"牝日"簡，爲凶日；惜有殘缺。

　　（4）☐亥，此牝日，起土功，有女喪。孔262
　　（5）☐癸亥，牝日，不可☐爲也，☐☐☐，不出三月必有喪。港12

　　"四牝"屬於"牝日"，是陰絶之"牝日"，"牝日"包含"四牝"。放簡日書亦有與"柔日""陰日"義同的"牝日"。

　　（6）凡乙、丁、己、辛、癸，丑、辰、午、未、申、亥，是＝柔日，陰日、牝日殹，男子之吉日殹。放乙114壹

　　孔簡有2例辛亥、癸亥建築凶日簡，未書神煞名。

　　（7）☐月辛亥，十月癸〖亥〗，築室死。孔263

---

① 劉道超：《秦簡〈日書〉五行觀念研究》，《周易研究》2007年第4期。

（8）冬三月癸亥不可爲□垣、勞屋。孔271—272

"四牝"禁忌時日：

	春	夏	秋	冬
四牝	乙亥	丁亥	辛亥	癸亥

11. 天李

與入官、入室、行軍等事項有關，其値日爲行事忌日。日書3例：睡簡、居新、水簡各1例。

（1）天李，正月居子，二月居子<卯>，三月居午，四月居酉，五月居子，六月居卯，七月居午，八月居酉145背，九月居子，十月居卯，十一月居午，十二月居辰<酉>。凡此日不可入官及入室，入室必威（滅），入官必有辠（罪）。睡甲146背

（2）天李：子{壬}、卯、午、酉、子、壬、午、酉、子、卯、午、酉。居新EPT65.196

（3）天李，子、卯、午、酉、子、卯、午、酉，子、卯、午、酉。禁毋（無）可以爲，入官有罪，入室亡後世盡，行軍吏不吉。水《文物》封三:9

睡簡整理者認爲"天李"即天理，爲貴人牢。後世通書有"天獄"神煞，其"運行順序與天李完全一致"，"天李"在古代又作"天理"，"天理是掌管天上牢獄一類事的神名，自然也可以寫作天獄"[1]。日書文獻中"天李"値日不適宜入官、入室、行軍，"毋（無）可以爲"，既與"貴人"有關，也與"賤人"有關；其日"入官必有辠（罪）"凸顯了天李與牢獄事務的關聯，後世通書作"天獄"，應與其掌管牢獄之事的職能有關。

---

[1] 劉樂賢：《睡虎地秦簡日書研究》，臺灣文津出版社1994年版，第299—300頁。

天李的運行周期是"正月起子，順行四仲"。睡簡"二月居子""十二月居辰"日期有誤①；居新中"子""卯"之間多一"壬"字，或爲後來補抄，與置閏有關②。孔簡有掌管牢獄之事的神煞"天牢"，未及運行情況。

"天李"神煞值日：

	正月、五月、九月	二月、六月、十月	三月、七月、十一月	四月、八月、十二月
天李	子	卯	午	酉

12. 天舀

又作"天閻"，日書未載其值日禁忌事項。睡簡日書2例。

天閻：正月虛〖廿七日〗，二月東辟（壁）廿七<八>日，三月角十三日，四月房十四日，五月旗（箕）十四日，六月東井廿七日，七月七星廿八日，八月軫廿八日。九月奎十三日，十月卯（昴）十四日，十一月參十四日，十二月斗廿一<七>日，十一月乙卯。天舀。睡乙88叁—101叁

簡文有殘缺、誤書或誤釋，據已有研究結果訂正如上。劉樂賢先生據《日書》推測天舀運行規律，指出天舀爲一神煞的名稱，"《日書》中出現的一些星名如玄戈、招搖、天李及二十八宿，它們都是虛星，或爲神煞名稱，或表方位，或表時間，都不能理解爲天文學中的實際天體。"③

"天舀"神煞值日：

	正月	二月	三月	四月	五月	六月	七月	八月	九月	十月	十一月	十二月
天舀	廿七	廿八	十三	十五	十四	廿七	廿八	廿八	十三	十四	十四	廿七

---

① 劉樂賢：《睡虎地秦簡日書研究》，臺灣文津出版社1994年版，第298頁。
② 陸平：《散見漢日書零簡輯證》，碩士學位論文，南京師範大學，2009年。
③ 劉樂賢：《睡虎地秦簡日書研究》，臺灣文津出版社1994年版，第353頁。

13. 土微（㠯）

與建築宜忌有關，其所值日爲建築忌日。

土微，睡簡日書1例。

（1）土微：正月壬，二月癸，三月甲，四月乙，五月戊，六月己，七月丙，八月丁，九月戊，十月庚，十一月辛，十二月乙〈己〉，不可爲土攻（功）。睡甲104正壹

睡簡有"㠯日"簡，"㠯日"與"土微"值日屬性多相一致。

（2）四月甲㠯，五月乙㠯，七月丙㠯，八月丁㠯，九月己㠯，十月庚㠯，十一月辛㠯，十二月己㠯，正月壬㠯，二月癸㠯，三月戊㠯，六月戊㠯。睡甲136正肆、伍、陸—139正肆、伍、陸

（3）正月壬㠯，二月癸㠯，三月戊㠯，四月甲㠯，五月乙㠯，六月戊㠯，七月丙㠯，睡乙88貳—94貳八月丁㠯，九月己㠯，十月庚㠯，十一月辛㠯，十二月己㠯。睡乙95叁—99叁

土微日與㠯日不完全相同，疑"土微"簡中的三月、四月、五月所配"甲、乙、戊"有誤，當分別是"戊、甲、乙"；十二月"乙"爲"己"誤書。如此，三月、九月是戊，六月、十二月是己，與㠯日略有不同，但戊、己同樣是中土日干，所以也是土居四維的原理。五行屬性順時而變，不可破壞此時自然運行規律，所以土微日不可興土攻[①]。土微日禁爲土功，受五行數術影響。

土微，後世選擇通書不載；研究者多將其視爲與建築禁忌有關的神煞，其得名之由未有確論。

就其運行順序看，"土微"可能"與'㠯日'相同。……同樣的情形，或稱'㠯日'或稱'土微'，可能是解釋的角度不同，也可能是

[①] 張春梅：《〈日書〉與中國古代建築風水》，碩士學位論文，浙江大學，2005年。

《日書》中雜抄的不同系統數術各自的稱呼。"①

港簡有臽日殘簡，"臽"作"陷"。留存庚、己、癸、丙四個臽日，分別是十月、十二月、二月、七月的臽日。

睡簡有"臽"與"啟"同簡分欄書寫的佈局。

（4）四月甲臽，睡甲136正肆夏三月丑啟，春三月戊<戌>啟，秋三月辰啟，冬三月未啟。睡甲136正柒—139正柒凡臽日，可以取（娶）婦、家（嫁）女，不可以行，百事凶。凡啟日，利以漁邋（獵）、請謁、責人、摯（執）盜賊，不可祠祀、殺生（牲）。睡甲136正捌—139正捌

放簡有"臽"與"日夜時分"連寫的狀況。

（5）正月壬臽，日七夜九。二月癸臽，日八夜八。三月戊臽，日九夜七。四月【甲臽】，日十夜六五月己〈乙〉臽，日十一夜五。【六月戊】臽，日十夜六。七月丙【臽日九夜七】。【八月丁臽，日八夜八】。九月己臽，日七夜九。十月庚臽，日六夜十。十一月辛臽，日五夜十一。十二月己臽，日六夜十。放乙78貳—82貳+65貳+362貳+372貳+83貳—86貳

不同篇章的簡文分欄書寫或連寫，有的會有内在的關聯性：放簡"臽"與"日夜時分"連寫源於時間關聯；睡簡"臽"與"啟"分欄書寫，或因爲禁忌原理相同。睡簡"啟日"即"四徹"，"四徹"得名於"徹"之衝擊義；睡簡"臽"日，港簡作"陷"日，"陷"有衝刺、刺入義，如《漢書·賈誼傳》："適啟其口，匕首已陷其匈矣。""臽""陷"通用，文獻中多見，睡簡日書即有"臽""陷"通用的例子，如睡甲31背叁："一室中，卧者容席以臽（陷），是地辟（蠿）居之，注白湯，以黄土窒，不害矣。""臽（陷）日"得名可能源自"陷"之衝

---

① 劉增貴：《睡虎地秦簡〈日書〉"土忌"篇數術考釋》，載臺灣史語所集刊編輯出版部編《歷史語言研究所集刊》2007年第78本第4分，第681頁。

刺，刺入義。如此，"土徼"爲建築禁忌神煞之名或與"徼"之攔截、攻擊義有關，與同樣爲建築禁忌神煞的"四徼""大徼"命名理據相同（詳見"四徼""土禁"條）。"土徼"與"臽（陷）"有同神異名的可能，劉樂賢先生認爲睡簡"臽日"簡的"臽"可能與"天閻（臽）"相對，是地臽①。"土徼"值日當依"臽"日修正。

睡簡另有1例與"土徼"基本相同的建築禁忌簡。

（6）正月乙，二月癸，三月戊，四月甲，五月壬，六月己，七月丙，八月丁，九月戊，十月庚，十一月辛，十二月己，不可垣，必死。睡甲109正壹

此簡唯正月、五月天干與修正後的"土徼"值日相反，或書寫有誤；未書神煞名，但爲自題"土忌"篇的內容，簡文內容也明確言明每個月建築禁忌日期。

放簡日書有1例未書神煞名的簡文，其天干與"臽日"相同。

（7）入月正月壬、二月癸、三月戊、四月甲、五月乙、六月戊、七月丙、八月丁、九月己、十月庚、十一月辛、十二月己，此日行卅里遇言語，百里遇將（戕），三百里不復歸。放乙312+314

此簡唯六月戊、九月己與修正後的"土徼"值日不同；"戊、己"均爲中土日干，五行屬性相同。簡文所記爲出行禁忌日期，"徼""臽"有衝擊、衝刺義，土徼（臽）日應亦忌出行。

"土徼"神煞值日：

	正月	二月	三月	四月	五月	六月	七月	八月	九月	十月	十一月	十二月
土徼	壬	癸	戊	甲	乙	己	丙	丁	戊	庚	辛	己

"臽"六月、九月與"土徼"值日有別，爲戊、己，他月相同。

---

① 劉樂賢：《睡虎地秦簡日書研究》，臺灣文津出版社1994年版，第139、351頁。

14. 土禁（地杓、大徽）

與建築宜忌有關，其所值日爲建築忌日。

土禁，放簡日書1例。

（1）寅、巳、申、亥、卯、午、酉、子、辰、未、戌、丑，凡是＝土禁，不可垣。放乙133壹

地杓，放簡日書有1例，與"土禁"值日及建築禁忌相同。

（2）寅、巳、申、亥、卯、午、酉、子、辰、未、戌、丑，凡是＝地杓，不可垣。放乙136

睡簡日書亦有建築禁忌神煞"地杓"，與放簡"地杓"值日不同，兩者當爲禁忌事項相同的同名異神。

（3）正月申，四月寅，六月巳，十月亥，是胃（謂）地杓，神以毀宫，毋起土攻（功），凶。睡甲138背

睡簡"地杓"神煞，受整理者"地杓神"連讀的影響，早期研究多將"地杓神"作爲一個整體進行解讀；睡簡2001年版本"地杓"與"神"斷讀，"地杓"始得被確認爲神煞名稱。劉增貴先生認爲"地杓"與"地衝"類同，是日支神煞之名；"杓"爲北斗之柄，"地杓"與"月建"相對，"月建"是每月斗柄所指，而"地杓"則與之完全相反①。

放簡"土禁、地杓"值日及建築禁忌，還見於睡簡《土忌》、孔簡《垣日》和金關殘簡中，均未書神煞名。

---

① 劉增貴：《睡虎地秦簡〈日書〉"土忌"篇數術考釋》，載臺灣史語所集刊編輯出版部編《歷史語言研究所集刊》2007年第78本第4分，第693頁。

>>> 第一章 簡牘日書數術術語匯釋

(4) 正月寅、二月巳、三月申、四月亥、五月卯、六月午、七月酉、八月子、九月辰、十月未、十一月戌、十二月丑，當其地不可起土攻（功）。睡甲131背

(5) 正月寅，二月巳，三月申，四月亥，五月卯，【六月午、七月酉、八月】子，九月辰，十月未，十一月戌，十二月丑及諸月戌申、未、☒□丑、亥及五月、六月、十一月先望一日、後，不可操土功，凶。孔273—274

(6) ☒申、亥、卯、午、酉、子、辰、未、戌、丑。金關73EJT26.205

例（4）簡文，劉樂賢先生指出其凶煞與《永樂大典》所載《陰陽寶鑒擇通書》中"土忌"神煞運行規律相同①。例（6）簡文，金關整理者釋作"☒申□卯午酉子癸亥□"；程少軒先生據圖版改釋補充爲"【□：寅、巳】、申、亥、卯、午、酉、子、辰、未、戌、丑"，指出該神煞按孟仲季順序運行，與睡簡《土忌》篇、孔簡《垣日》篇相同，放簡日乙此種運行規律的神煞分別稱爲"地杓"和"土禁"，金關所缺神煞可能是"地杓""土禁"之類的名字②。

"禁""忌"義同，放簡"土禁"即後世"土忌"。《大詞典》未收"土忌"，"土禁"釋義爲"迷信說法，掘土要躲避太歲的方位，否則就要招致災禍。"放簡"土禁"動土避開的日期非爲太歲所值，所述動土宜忌的日期與《大詞典》"土禁"的內涵不同，《大詞典》"土禁"詞條的外延可以擴大，書證可以提前。

大徽，孔簡"大徽"與放簡"地杓""土禁"值日相同。

(7)【正月司空在亥，大徽在寅。】二月司空在酉，大徽在巳。三月司空在未，大徽在申。四月司空在寅，大徽在亥。【五月司空在子，大徽在】卯。六月司空在戌，大徽在午。七月司空在巳，

---

① 劉樂賢：《睡虎地秦簡日書研究》，臺灣文津出版社1994年版，第294頁。
② 程少軒：《〈肩水金關漢簡（叄）〉數術類簡牘初探》，載楊振紅、鄔文玲主編《簡帛研究2015秋冬卷》，廣西師範大學出版社2015年版，第140頁。

大徽在酉。八月司空在卯，大徽在子。九月司空在丑，大徽在辰。十月司【空在亥，大徽在未。十一月司空】在午，大徽在戌。十二月司空在辰，大徽在丑。孔218—220

孔簡此篇"大徽"應是與"土公"或"土激"類似的一種起土神煞，"司空"土忌數術各月時日的搭配，屬於"衝破"的關係①。"杓"可通"拘"，表示"所擊"義②；"徽"亦有截擊義；建築禁忌值日神煞稱作"地杓、大徽"，或與"杓、徽"之"擊"義有關。

放簡"土禁、地杓"，孔簡"大徽"值日與後世選擇通書中的"往亡"相同。研究者或認爲一些通書不明"土忌"，將之稱作"往亡"，原"往亡"另取名作"氣往亡"，"氣往亡"是真正的"往亡"③；或認爲出行也是行於土上，土氣太旺則表示險阻甚多，自然不利於行，後世選擇通書將原本跟動土有關的禁忌歸入"往亡"禁忌當中，與此或有關④。"地杓、大徽"，後世通書又稱"往亡"，還可能與"杓（拘）、徽"之"擊"義有關，同"土徽、臽（陷）日"同樣爲出行忌日的原因相同。

"土禁（地杓、大徽）"神煞值日：

	正月	二月	三月	四月	五月	六月	七月	八月	九月	十月	十一月	十二月
土禁	寅	巳	申	亥	卯	午	酉	子	辰	未	戌	丑

15. 土神（土星、司空）

與建築宜忌有關，其所值日爲建築忌日。

---

① 陳炫瑋：《孔家坡漢簡〈日書〉"建築禁忌"簡選釋（一）》，簡帛網2007年4月3日（http://www.bsm.org.cn/show_article.php?id=543）。

② 李曉東、黃曉芬：《從〈日書〉看秦人鬼神觀及秦文化特徵》，《歷史研究》1987年第4期。

③ 劉樂賢：《睡虎地秦簡〈日書〉中的"往亡"與"歸忌"》，載李學勤主編《簡帛研究》第2輯，法律出版社1996年版，第123頁。

④ 劉增貴：《秦簡〈日書〉中的出行禮俗與信仰》，載臺灣史語所集刊編輯出版部編《歷史語言研究所集刊》2001年第72本第3分，第513頁。

土神，睡簡日書1例。

（1）正月亥、二月酉、三月未、四月寅、五月子、六月戌、七月巳、八月卯、九月丑、十月申、十一月午、十二月辰，是胃（謂）土神，毋起土攻（功），凶。○睡甲132背—133背

劉樂賢先生指出土神是古時廣泛信奉的神祇，日者借用其名，並將其出行之日加以規定，謂該日不可起土功；土神之名似不見於後代的選擇通書①。尚民傑先生認爲"土神"即主土之神；在古代的術數理論中，土神直接與"填星"（土星）有關，簡文所説的"土神"就是"填星"神②。

土星，放簡日書1例，與睡簡"土神"值日、禁忌均同。

（2）亥、酉、未、寅、子、戌、巳、卯、丑、申、午、辰，凡是=土星③，不可興垣、土攻（功），大咎（凶）。○放乙132壹

放簡日書作"土星"，與尚民傑先生所述相合。

司空，孔簡日書9例（其中1例"空"殘去），與睡簡"土神"，放簡"土星"值日相同。

（3）【正月司空在亥，大徼在寅。】二月司空在酉，大徼在巳。三月司空在未，大徼在申。四月司空在寅，大徼在亥。【五月司空在子，大徼在】卯。六月司空在戌，大徼在午。七月司空在巳，大徼在酉。八月司空在卯，大徼在子。九月司空在丑，大徼在辰。

---

① 劉樂賢：《睡虎地秦簡日書研究》，臺灣文津出版社1994年版，第294—295頁。
② 尚民傑：《睡虎地秦簡〈日書〉中的"土神"與"土忌"》，載周天遊主編《陝西歷史博物館館刊》第7輯，三秦出版社2000年版，第200頁。
③ 土星，放簡整理者釋；孫占宇先生從整理者，指出此"土星"逐月所在方位與睡簡《土忌》篇中"土神"一致，或爲同神異名。見張德芳主編、孫占宇著《天水放馬灘秦簡集釋》，甘肅文化出版社2013年版，第156—157頁。

十月司【空在亥，大徼在未。十一月司空】在午，大徼在戌。十二月司空在辰，大徼在丑。孔218—220

"司空"本爲古代掌管土功的職官，借爲掌土神煞之名，可見此神煞的性質；孔簡"司空"與睡簡神煞名"土神"每月值日均一致，"司空"又名爲"土神"①。

放簡日乙323殘簡作"令□□司□司空天□□　□□□□司空司……□□司□益居孟中居子居"，可能爲習字簡，"司空"語義不明。

放簡又有"地司空"，與建築宜忌有關；但與孔簡"司空"值日不同，兩者非同一神煞。

"土神（土星、司空）"神煞值日：

	正月	二月	三月	四月	五月	六月	七月	八月	九月	十月	十一月	十二月
土神	亥	酉	未	寅	子	戌	巳	卯	丑	申	午	辰

睡簡有"地杓"簡，與放簡同名神煞禁忌事項相同，但所值日不同。

正月申，四月寅，六月巳，十月亥，是胃（謂）地杓，神以毀官，毋起土攻（功），凶。睡甲138背

睡簡"地杓"簡"正月、四月、六月、十月"之組合不合常規，若六月改爲七月，其餘八個月可搭配成"二月、五月、八月、十一月""三月、六月、九月、十二月"與"正月、四月、六<七>月、十月"，每組月份均匀分佈。正月、十月日支"申、亥"對調，則爲"正月亥，四月寅，七月巳，十月申"，與孔簡"司空"所值日支、與建築宜忌事項均合。如此，睡簡"地杓"神煞既可指狹義的與"司空"關聯密切的"大徼"神煞，亦可指"司空"神煞，具有廣義地神之義。不過如

---

① 劉增貴：《睡虎地秦簡〈日書〉"土忌"篇數術考釋》，載臺灣史語所集刊編輯出版部編《歷史語言研究所集刊》2007年第78本第4分，第688頁。

此改動，臆想居多，僅録於此，待新材料新發現以檢驗。

16. 刑德

孔簡、居新、金關日書有"刑德"神煞，均未書行事宜忌。

"刑德"本指罰賞，後派生出月日、殺生等陰陽概念，逐漸有了吉凶宜忌的意思，成爲擇日神煞①。

（1）正月：刑在堂，德【在庭】。二月：刑在【庭，德在門】。三月：刑在門，德在巷。四月：刑在巷，德在術。五月：刑在術，德在野。六月：刑德并在術。_{孔91壹—96壹}七月：刑在術，德在野。八月：刑在巷，德在術。【九月】：刑在門，德在巷。【十月】：刑在庭，德在門。十一月：刑在堂，德在庭。十二月：刑德并在堂。_{孔91貳—96貳}

（2）刑：術、巷、門、庭、堂、内申＜中＞、堂、庭、門、巷、術、野。_{居新EPT43.185}

（3）德：堂、庭、門、巷、術、野、術、巷、門、庭、堂、内申＜中＞。_{居新EPT65.48}

（4）☐德所在：堂☐_{居新EPS4T2.80}

（5）刑德：堂、庭、門、巷、術、野、術、巷、門、庭、堂、内。_{金關73EJT23.879}

孔簡以文字叙述的方式講述了一月至十二月"刑德"所居的狀況；居新、金關僅排列了十二月至十一月"刑德"所居。

《淮南子·天文訓》載"刑德有七舍"，即"室、堂、庭、門、巷、術、野"。刑德七舍的運行規律是："十二月德居室三十日，先日至十五日，後日至十五日，而徙所居各三十日。德在室則刑在野，德在堂則刑在術，德在庭則刑在巷，陰陽相德則刑德合門。八月、二月，陰陽氣均，日夜分平，故曰刑德合門。德南則生，刑南則殺，故曰二月會而萬

---

① 胡文輝：《中國早期方術與文獻叢考·馬王堆帛書〈刑德〉乙篇研究》，中山大學出版社2000年版，第266—267頁。

· 119 ·

物生，八月會而草木死。"

孔簡"刑德"運行與《淮南子》差別較大，孔簡整理者已指出，孔簡"刑德"篇中所述刑德祇有六舍，一至五月按堂、庭、門、巷、術、野的順序依次兩兩相配，互爲刑德。其他則七月如五月，八月如四月，九月如三月，十月如二月，十一月如正月，六月、十二月刑德相合。按文例，六月、十二月刑德相合之舍應該相同，但原文一合術，一合堂。

居新"刑德"記述簡潔，其每月七舍所居與《淮南子》相同，唯起始時間不同。曾憲通先生最早注意到居新三枚簡所述實爲《淮南子》中的"刑德七舍"，指出這三枚簡"出自不同的坑位，從字體行款判斷，當出於不同的書手"；釋文"刑"與"術"之簡誤植"野"，釋文"德"與"堂"之簡誤植"内中"①。陸平先生指出從圖版看，居新EPT43.185、EPT65.48兩簡都在字間留有空檔，格式完全一致；居新三枚簡均從十二月開始叙述"德所在"，從十二月始可能是漢代記述刑德所在的一種習慣，《淮南子》中"十二月德居室"，除了王念孫等推測的爲"十一月"之訛外，也可能是"堂"訛作了"室"②。孫占宇先生指出居新EPT43.185、EPT65.48兩簡字體、行款皆相若，所出探方毗鄰，似爲同一人所述，當係同一簡册之殘，而S4T2.80號書風與此二枚不類，又非同一遺址所出土，當屬另一抄本；居新EPT43.185、EPT65.48所述刑德七舍自十二月始，至十一月終，《淮南子》刑德以十一月爲始，孔簡《刑德》篇又以一正月爲始③。

金關"刑德七舍"的排列與居新EPT65：48"德"的運行一致，其中的"内"，居新作"内中"，《淮南子》作"室"，都是一個意思；應該還有一支與之相配的"刑"簡，惜已佚④。

---

① 曾憲通：《居延漢簡研究二題》，載李學勤主編《簡帛研究》第2輯，法律出版社1996年版，第266頁。
② 陸平：《散見漢日書零簡輯證》，碩士學位論文，南京師範大學，2009年。
③ 孫占宇：《居延新簡數術殘簡再探》，載西北師範大學歷史文化學院、甘肅簡牘博物館編《簡牘學研究》第5輯，甘肅人民出版社2014年版，第224—225頁。
④ 程少軒：《肩水金關漢簡"元始六年（居攝元年）曆日"復原》，載李學勤主編《出土文獻》第5輯，中西書局2014年版，第278頁。

放簡、周秦有"刑直""置",直、置、德均是端母職部字,可通假。

(6) □年:刑直(德)并在土,刑徙所勝直(德),直(德)徙所不勝刑。五歲而復并於土。直(德)之所在主歲。放乙347貳+308貳

(7) 卅六年:置(德)居金,上公、兵死、陽(殤)主歲,歲在中;置(德)居火,築(築)囚、行、炊主歲,歲爲下;置(德)居土,田祙(社)、木並主歲;置(德)居木,里祙、冢主歲,歲爲上。周秦297壹—302壹

以上兩簡"刑直(德)""置(德)"是具體時間的刑德運行與吉凶宜忌狀況。

孔簡"刑德"所居,與《淮南子》不同:

	正月	二月	三月	四月	五月	六月	七月	八月	九月	十月	十一月	十二月
刑	堂	庭	門	巷	術	術	術	巷	門	庭	堂	堂
德	庭	門	巷	術	野	術	野	術	巷	門	庭	堂

居新、金關"刑德"所居,與《淮南子》相合:

	正月	二月	三月	四月	五月	六月	七月	八月	九月	十一月	十二月
刑	堂	巷	門	庭	內中	堂	庭	門	巷	野	術
德	庭	門	巷	術	野	術	巷	門	庭	內中	堂

17. 血忌

與出血禁忌有關,其所值日爲殺生出血忌日。日書4例:孔簡2例,港簡、金關各1例。

(1) 血忌:春心,夏輿鬼,秋妻,冬虛,不可出血若傷,必死。血忌,帝啓百虫(蟲)口日也。甲寅、乙卯、乙酉不可出血,出血,不出三歲必死。孔397

（2）☐妻、虛，是胃（謂）血忌，出血若傷，死。港73

（3）血忌：丑、未、寅、申、卯、酉、辰、戌、巳、亥、午、子。金關73EJT23.316

孔簡、港簡"血忌"採用四季二十八宿紀日，金關"血忌"採用十二月干支記日。陸平先生將這兩種"血忌"分爲隨四季神煞和隨月神煞兩種①。兩種血忌數術原理或有差別，但均忌出血的事項相同。

居新亦有"血忌"值日殘簡。

（4）☐申、卯、酉、辰、戌、巳☐居新EPT65.179

居新有殘缺，"血忌"或殘失；與金關血忌值日比較可知，該簡所記地支爲是四月至九月血忌值日。

敦煌1848有"毋忘：丑、未、寅、☐"；陸平先生改釋"毋忘"爲"血忌"，認爲整理者蓋因字迹模糊而誤釋；從干支排列來看，敦煌"丑、未、寅"的順序和血忌在一至三月與地支的搭配一致②。姜守誠先生指出陸氏的主要證據是基於《星曆考原》中十二月份"血忌"日支輪值順序③。因簡文殘損，字迹模糊，我們暫未將此簡納入"血忌"簡。

後世數術著作中，"血忌"沿用干支值日，每月均有固定的地支血忌日。

（5）血忌：丑、未、寅、申、卯、酉、辰、戌、巳、亥、午、子。（《備急千金要方》卷八十九）

（6）《曆例》曰：血忌者，正月丑、二月未、三月寅、四月申、五月卯、六月酉、七月辰、八月戌、九月巳、十月亥、十一月

---

① 陸平：《散見漢日書零簡輯證》，碩士學位論文，南京師範大學，2009年。
② 同上。
③ 姜守誠：《漢代"血忌"觀念對道教擇日術之影响》，《宗教學研究》2014年第1期。

午、十二月子。(《星曆考原》卷四)

"血忌"(月忌)神煞值日：

	正月	二月	三月	四月	五月	六月	七月	八月	九月	十月	十一月	十二月
血忌	丑	未	寅	申	卯	酉	辰	戌	巳	亥	午	子

18. 月刺

與建築有關，其所值日不可鑿地。孔簡日書1例。

土忌：正月丁，九月庚，十月辛，不可鑿地，<u>月刺</u>直法(廢)日。孔209叁—210叁

孔簡整理者將"月刺"看作神煞名，認爲其"命名似與月相有聯繫"。

日書有神煞"刺"，又稱"天刺"，與月相有關，其所值日不可祭祀及殺牲。詳見前文"刺（天刺）"條。"月刺"值日及值日禁忌與"刺"不同，當非同一神煞。日書"月刺"簡文簡略，其值日不好確定。

19. 月殺

與殺生宜忌等事項有關，其所值日"舉百事皆凶"。日書3例：敦煌、居新、金關各1例。

(1) <u>月殺</u>：丑、戌☑敦煌2085

(2) <u>月殺</u>：丑、戌☑居新EPT43.257

(3) <u>月殺</u>：丑、戌、未、辰、丑、戌、未、辰、丑、戌、未、辰。金關73EJT23.908

敦煌、居新"月殺"值日均殘缺，金關"月殺"值日完整，但未有宜忌事項。"月殺"神煞後世擇日通書亦沿用，《星曆考原》卷四：

"《廣聖曆》曰：'月殺者，月內之殺神也。其日忌停賓客，興穿掘，營種植，納羣畜。'《曆例》曰：'月殺者，正月起丑，逆行四季。'"《開元占經》卷九十二："正五九月殺在丑，二六十月殺在戌，三七十一月殺在未，四八十二月殺在辰，以此日雨，雨所建賊犯之六十日。"

水簡日書有與"月殺"神煞值日相同的簡文，神煞名稱或殘去。

(4) ☐、丑、戌、未、辰，舉百事皆凶，殺六畜，一人死之。水《文物》封三:11

劉樂賢先生釋出殘存的"丑"字，指出簡文各地支間的間隔較小，大概是與一年的十二個月相配，很可能記錄的是"月殺"的運行日期①。

睡簡日甲亦有與"月殺"值日及禁忌相同的簡文，分別自題篇名爲"土忌""作事""到室"。

(5) 正月丑，二月戌，三月未，四月辰，五月丑，六月戌，七月未，八月辰，九月丑，十月戌，十一月未，十二月辰，毋（無）可有爲，筑（築）室，壞；尌（樹）木，死。睡甲105正壹

(6) 正月、五月、九月之丑，二月、六月、十月之戌，三月、七月、十一月之未，四月、八月、十二月之辰，勿以作事。大祠，以大生（牲）大凶，以小生（牲）小凶，以腊古（腒）吉。睡甲113正壹

(6) 到室：正月丑，二月戌，三月未，四月辰，五月丑，六月戌，七月未，八月辰、九月辰<丑>，十月戌{丑}，十一月未，十二月辰。凡此日不可以行，不吉。睡甲134正壹

睡簡日乙有與日甲自題篇名"作事"篇相同的簡文，睡簡整理者據日甲擬題爲"作事"。

---

① 劉樂賢：《讀水泉子漢簡〈日書〉》，載張德芳、孫家洲主編《居延敦煌漢簡出土遺址實地考察論文集》，上海古籍出版社2012年版，第176頁。

(7) 正月、五月、九月之丑，二月、六月、十月之戌，三月、七月、〖十一月〗之未，四月、八月、十二月之辰，勿以作事。大祠，以大生（牲）〖大〗兇（凶），小生（牲）〖小〗兇（凶），以昔（腊）肉吉。睡乙120

"月殺"所值日爲凶日，不可爲殺生、祭祀、出行等諸項事宜。"月殺"神煞值日：

	正月、五月、九月	二月、六月、十月	三月、七月、十一月	四月、八月、十二月
月殺	丑	戌	未	辰

20. 招搖（附：玄戈）

繫於十二月所配星宿，用於占測星宿所代表方位的吉凶；日書"招搖、玄戈"各13例：睡簡各12例，印臺各1例。

(1) 十月，心、危、營室大凶，心、尾致死，畢、此（觜）巂大吉，張、翼少吉，招（招）榣（搖）叡（繫）未，玄戈叡（繫）尾。睡甲47正壹

(2) 招搖：牽牛、亢、輿鬼、婁，不可以祠、入室，卒歲中必有死者。印臺《荊州》圖2-2壹

(3) 玄弋<戈>：斗、角、東井、奎，不可以祠、入室，卒歲中必有死者。印臺《荊州》圖2-4壹

擇日術與星占有着密不可分的血緣關係，星占術爲日書中的時日選擇提供了更爲精確的知識背景；日書中常用星象排列時日方位宜忌，星象在其中已經不是實指的天體，而抽象爲具有禁忌意味的神煞，用於指代時空，成爲日期與方位的特指代詞[1]。據劉樂賢先生所

---

[1] 郝振楠：《〈日書〉所見秦人鬼神觀念述論》，載葛志毅主編《中國古代社會與思想文化研究論集》第3輯，黑龍江人民出版社2008年版，第58頁。

歸納星宿、地支與方向的對應關係①，可知例（1）爲十月北方大凶，東方致死，西方大吉，南方小吉，招搖在南方，玄戈在東方；例（2）玄戈十一月在東方、八月在北方、五月在西方、二月在南方，不可祭祀、入室，一年中必有死者；例（3）招搖十二月在東方、三月在南方、六月在西方、九月在北方，不可祭祀、入室，一年中必有死者。

建築忌日亦多爲出行忌日，如㠯日；日書有"招搖合日"，爲建築忌日。睡簡2例，放簡1例。

(4) 正月乙卯，四月丙午，七月辛酉，十月壬子，是胃（謂）召（招）䚐（搖）合日，不可垣，凶。睡甲137背

(5) 四月丙午，是胃（謂）召（招）䚐（搖）合日，不可垣，凶。睡甲139背

(6) 春乙卯、夏丙午、秋辛酉、冬壬子，是＝咸池、招搖合日殹②，不可垣其鄉，必死亡。放乙130壹

放簡日書另有1例"合日"。

七月申酉，合日殹，不可西行，死。放乙317貳

該簡"合日"或與"招搖合日"有關，"申"爲"辛"誤書。
借鑒劉樂賢先生的研究③，招搖、玄戈運行情況爲：

---

① 劉樂賢：《睡虎地秦簡日書研究》，臺灣文津出版社1994年版，第83頁。
② 招搖合日，放簡整理者釋作"旱牛晨弇日"；孫占宇先生釋文同整理者，疑有誤釋，或爲"招搖合日"，見張德芳主編，孫占宇著《天水放馬灘秦簡集釋》，甘肅文化出版社2013年版，第154頁；陳偉主編，孫占宇、晏昌貴著《秦簡牘合集〔肆〕》，武漢大學出版社2014年版，第85、87頁。
③ 劉樂賢：《睡虎地秦簡日書研究》，臺灣文津出版社1994年版，第77—83頁。

		正月	二月	三月	四月	五月	六月	七月	八月	九月	十月	十一月	十二月
招搖	日辰	辰	卯	寅	丑	子	亥	戌	酉	申	未	午	巳
	方位	東			北			西			南		
玄戈	方位	南			西			北			東		

日書中的各神煞值日主要爲地支，僅"八魁、九忌、四牝"爲天干地支值日，"土徹"爲天干值日，"刺、天呙、往亡"爲序數值日。現將每月各神煞所值地支歸總如下：

	子	丑	寅	卯	辰	巳	午	未	申	酉	戌	亥
正月	天李	歸死 月殺 血忌	土禁 小時	地司空 大時	招搖						四徹	土神
二月	大時	地司空	歸死	招搖 天李 小時		土禁			土神		月殺 四徹	
三月	歸死		招搖 血忌 地司空		小時		天李	月殺 血忌 土神	土禁	大時	四徹	
四月		歸死 四徹 招搖	土神		月殺	小時	地司空 大時		血忌	天李		土禁
五月	招搖 土神 天李	月殺 四徹	歸死	血忌 土禁 大時	地司空		小時					
六月	大時 歸死	四徹		天李		地司空	土禁	小時		血忌	月殺 土神	招搖
七月		歸死			血忌 四徹	土神	天李	月殺	小時	土禁 地司 空大時	招搖	
八月	土禁		歸死	土神	月殺 四徹		大時	地司空	招搖 天李 小時	血忌		
九月	歸死 天李	月殺 土神		大時	土禁 四徹	血忌		招搖 地司空		小時		
十月	地司空 大時	歸死		天李			招搖 土禁 四徹	土神		月殺	血忌 小時	

續表

	子	丑	寅	卯	辰	巳	午	未	申	酉	戌	亥
十一月	小時			歸死		招搖血忌土神天李	月殺四徼			大時	土禁地司空	
十二月	歸死血忌	土禁小時			月殺土神	招搖	大時	四徼		天李		地司空

四 福祟神煞

依照天神、地祇、人鬼的神煞分類進行介紹，意義不明的神煞單列。

（一）天神類

1. 帝

上帝，古人想象中的宇宙主宰，最高天神。九店、睡簡、放簡、孔簡等日書中常見。

（1）尔居復山之𨹨，不周之埜（野），帝胃（謂）尔無事，命尔司兵死者。九店40下

（2）戊子以有求也，必得之。雖求頛（告）啻（帝）必得。睡甲153正叁

（3）凡四時，啻（帝）爲室日殹，不可築大室內，大人死之。以築右序，長子□□□□之。□□□中子□□□死之。築官垣，孫子死。築外垣，牛馬及羊死之。放乙99壹—101壹

（4）春心，夏輿鬼，秋婁，冬處<虛>，不可出血若傷，必死。血忌，帝啓百虫（蟲）口日也。甲寅、乙卯、乙酉不可出血；出血，不出三歲必死。孔397

"帝"又尊稱爲"上帝"。

（5）鬼恒從人女與居，曰："上帝子下游。"欲去，自浴以犬

矢，擊以葦，則死矣。睡甲38背叄

"帝"亦指主一方的天神。

（6）大族，憂殹，□事殹。貞在大族，北方之啬（帝），□□□□□□□，乃直大族，凶言猶猶，衆人皆促，天子失正（政），乃亡其福，作□以哉（哭），不見大喪，安□敗辱。放乙264+278

北方之帝，即主北方之神，五天帝之一，亦稱"黑帝"。《周禮·天官·大宰》"祠五帝"，賈公彥疏："五帝者，東方青帝靈威仰，南方赤帝赤熛怒，中央黃帝含樞紐，西方白帝白招拒，北方黑帝汁光紀。"

（7）凡是日赤啬（帝）恒以開臨下民而降其英（殃），不可具爲，百事皆毋（無）所利。睡甲127正—128正

赤帝，五天帝之一，主南方。孔簡日書簡稱"帝"。

（8）帝以此日開臨下〔民〕降央（殃），不可遠行、會（飲）食、歌（歌）樂、取（聚）衆、畜生，凡百事皆凶。孔108—109

《史記·天官書》有"赤帝行德，天牢爲之空。"赤帝掌管天牢，爲刑法之神，在其"開臨下民而降其殃"的日子，自然不可出行①。

（9）入月旬，不可操土功事，命胃（謂）黃帝。十一月先望日、望日、後望一日毋操土功，此土大忌也。孔240

黃帝，五天帝之一，主中央。《禮記·月令》："〔季夏之月〕中央

---

① 劉增貴：《秦簡〈日書〉中的出行禮俗與信仰》，載臺灣史語所集刊編輯出版部編《歷史語言研究所集刊》2001年第72本第3分，第511頁。

· 129 ·

土，其日戊己，其帝黄帝，其神后土。"中央土，孔簡日書"黄帝"與建築禁忌有關。

黄帝，港簡、水簡日書稱"黄神"，均與出行有關。

(10)【冬三月】戊戌不可北，是胃（謂）行百里中有咎，二百里外大咎，黄神龍之。港11

(11) ☐此黄神龍日，不可入官，居室☐ 水《文物》封三：7

"黄神"即黄帝之神，爲漢代道教用印中的習用詞語①。黄帝被認爲是居中之神，港簡將出行忌日與"黄神"相關聯，與《日書》文獻中以"赤帝臨日"爲大凶之日類似②。日書中與建築有關的神煞，也常常與出行宜忌有關，如"土徵"。

孔簡日書有五天帝。

(12) 甲乙朔，青啻（帝）主歲，人炊行没。青禾爲上，白中，{中}，黄下，麥不收。吏（事）人炊。丙丁朔，赤啻（帝）産〖歲〗，高者行没。赤禾爲上，黄中，白下，少旱。吏（事）高者。戊己朔，黄啻（帝）主歲，邑主行没。黄禾爲上，赤中，白下，有風雨，兵起。庚辛朔，白啻（帝）主歲，風柏（伯）行没。白禾爲上，赤中，黄下，兵不起，民多疾。壬癸朔，剡（炎）啻（帝）主歲，群巫〖行〗没。赤黑禾爲上，白中，黄下，禾不孰（熟），水不大出，民少疾。事群巫。孔427貳—436貳

孔簡五天帝與傳統五天帝不同。《周禮・天官・大宰》"祀五帝"，賈公彦疏："五帝者，東方青帝靈威仰，南方赤帝赤熛怒，中央黄帝含樞紐，西方白帝白招拒，北方黑帝汁光紀。"《隋書・天文志》："蒼帝

---

① 陳松長：《香港中文大學文物館藏簡牘》，香港中文大學文物館2001年版，第18頁。
② 陸平：《港中大館藏〈日書〉校釋》，載陳偉主編《簡帛》第4輯，上海古籍出版社2009年版，第311—312頁。

起，青雲扶日；赤帝起，赤雲扶日；黃帝起，黃雲扶日；白帝起，白雲扶日；黑帝起，黑雲扶日。"

青帝主東方，赤帝主南方，黃帝主中央，白帝主西方，炎帝主南方。孔簡中無主北方黑帝，"赤帝""炎帝"均主南方。有學者認爲"赤帝"又稱"炎帝"。① 從簡文看：青帝主歲，青禾豐收；赤帝主歲，赤禾豐收；黃帝主歲，黃禾豐收；白帝主歲，白禾豐收；炎帝主歲，赤黑禾豐收。若將"炎帝"看作"黑帝"之訛，"赤黑禾"爲"黑禾"之衍；正可與傳統五天帝相合。

另，日書中的"帝"亦指上古傳說中的人間帝王。

(1) 藕賓，□殴，別離、上事殴，外野某殴。貞在藕賓，是謂始新，啻（帝）堯乃韋（圍）九州，以政下黔首，斬伐冥冥，殺戮申申，死不生憂心，毋（無）所從容。其祟大父、親及布。卜行歸及事君不吉。放乙272+280

(2) 凡五卯，不可以作大事；帝以命嗌（益）淒（齎）禹之火，午不可以樹木。九店38下—39下

(3) 凡五亥，不可以畜六牲脰（擾）；帝之所以翏（戮）六脰（擾）之日。九店39下—40下

例（2）中的"帝"爲舜，"簡文此句的意思似是說：卯日，帝舜命益送給禹之火，以焚燒森林。"《孟子·滕文公上》有相關記載："舜使益掌火，益烈山澤而焚之，禽獸逃匿。"例（3）中的"帝"爲禹②。日書中的"黃帝"亦指上古傳說中的人間上古帝王軒轅。

(4) 東、北高，二方下，黃帝遇（宇）官，庶民尻（居）之□。九店47下

---

① 王輝：《上博藏簡所見傳說人物名號綜考》，《中山大學學報》2016年第2期。
② 湖北省文物考古研究所、北京大學中文系：《九店楚簡》，中華書局2000年版，第102、104頁。

九店"黄帝"當指傳説中的人間上古帝王①,孔簡該意義的"黄帝"也有出現。

(5) 中央黄㫩(帝),東方〖大〗昊,南方叔<剙(炎)>倍(㫩),西方尚(顓)王(頊)内。孔435壹下—437壹下

五帝説法不一,孔簡與《禮記·月令》大致相合,唯顓頊配西方有别②。

2. 上皇
東皇太一,或指顓頊。睡簡日書1例。

毋以子卜筮,害於上皇。睡甲101正貳

睡簡整理者認爲"上皇"指"東皇太一"或"帝王","兩説皆可通"。饒宗頤先生認爲此處"上皇"爲《楚辭·九歌·東皇太一》篇中"上皇"即東皇太一,不容置疑③;黄留珠先生也認爲"上皇"見於《九歌》,實系楚人的觀念,與秦無涉④。工藤元男先生認爲睡簡"上皇"講的不是遥遠上古的天帝,而是統治者理想的形象,是"最高帝王"的意思⑤。王子今先生認爲"上皇"謂伏羲,爲"三皇之最先者"⑥。

---

① 湖北省文物考古研究所、北京大學中文系:《九店楚簡》,中華書局2000年版,第114頁。
② 晏昌貴先生指出古文獻中關顓頊活動於西方的記載亦甚多,簡文顓頊配西方,可能也有講究。見《孔家坡漢簡〈日書〉中的五行配物問題》,簡帛網2006年10月15日(http://www.bsm.org.cn/show_article.php?id=439)。
③ 饒宗頤:《雲夢秦簡日書賸義》,載饒宗頤、曾憲通著《楚地出土文獻三種研究》,中華書局1993年版,第451頁。
④ 黄留珠:《重新認識秦文化》,《西北大學學報》1996年第2期。
⑤ [日]工藤元男:《睡虎地秦簡所見秦代國家與社會》,廣瀬薰雄、曹峰譯,上海古籍出版社2010年版,第171—172頁。
⑥ 王子今:《睡虎地秦簡〈日書〉甲種疏證》,湖北教育出版社2003年版,第232頁。

睡簡日書又有"土皇","上皇"與"土皇"相對;"上"有天義。

行行祠:行祠,東行南〈南行〉,祠道左;西北行,祠道右。其謞(號)曰:"大常行,合三土皇。"耐(乃)爲四席,席叕(餟)其後,亦席三叕(餟)。睡乙145—146

睡簡日書"神"又稱作"上神";"上皇"與"上神"構詞理據相同。

人若鳥獸及六畜恒行人宮,是上神相好下,樂入男女未入宮者。睡甲31背貳—32背貳

"上皇"當爲楚人觀念中的天神,即東皇太一,或指顓頊。
另,睡簡有簡文亦提及子日卜筮禁忌,惜簡文部分文字磨滅不可識:

毋以子卜筮,視□□□□,命曰毋上剛。睡乙126

"上剛"或可通"上皇"。

3. 神

天神,古人想象中的超自然體,天地萬物的創造者和主宰者。睡簡、放簡、嶽山等日書中有出現。

(1) 正月申,四月寅,六月巳,十月亥,是胃(謂)地杓,神以毀宮,毋起土攻(功),凶。睡甲138背
(2) 正月不可垣,神以治室。睡甲148背
(3) 凡七畜,以五卯祠之,必有得也。其入神行,歲再祠之,吉。嶽山43貳5

日書中"神"又稱爲"神靈"。

(4) 不失水火，安思大敬，不歌不哭，□室有言，聲有□聖，和應神靈。放乙244+332

"神"又被稱爲"上神""大神"。

(5) 人若鳥獸及六畜恒行人宫，是上神相好下，樂入男女未入宫者。睡甲31背貳—32背貳

(6) 鬼恒胃（謂）人："鼠（予）我而女，不可辭。是上神下取（娶）妻。"睡甲39背叁

(7) 大神，其所不可曷（過）也，善害人。睡甲27背貳

例（7）中的"大神"，吴小强先生指出"可理解爲重要的神，不特指某神"①，吕亞虎先生認爲實難確定大神到底何指，"不如暫依吴小强之説，將其理解爲重要的神，不特指某神，這樣可能更穩妥些"②。

日書中"神"亦泛指鬼神。

(8) 陽日，百事順成。邦郡（君）得年，小夫四成。以蔡（祭）上下，羣神鄉（饗）之，乃盈志。睡甲3正貳

4. 天

天神，上帝，萬物的主宰。日書14例：睡簡7例，放簡5例，水簡、懸泉各1例。

(1) 從天出令，乃下六正，閏吕六律，皋陶所出。放乙284

(2) 春三月甲乙，不可以殺，天所以張生時。睡甲102背

(3) 天賜財物，不出三日必復得賜，所得必負而止，不復得

---

① 吴小强：《秦簡日書集釋》，嶽麓書社2000年版，第136頁。
② 吕亞虎：《戰國秦漢簡帛文獻所見巫術研究》，科學出版社2010年版，第153頁。

賜而悔之，必復□得。水《文物》

5. 天土

天社，與人間社神相應。孔簡日書1例。

　　子有疾，四日小汗（閒），七日大汗（閒）。其祟天土。甲子雞鳴有疾，青色死。孔352壹

孔簡整理者認爲"天土"或即"后土"，是土神。梁超先生認爲土、社相通，"天土"即"天社"，爲土地神，整理者認爲"天土"或土神的説法基本可信；但是把"天土"認作"后土"，恐不確，"后土"當爲土地之總神，"天土"的地位可能相當於《禮記》中的"大社"，即太社①。王强先生指出"天土"或類似於《潛夫論·巫列》中的"土公"，與整理者説的土神義同②。"天土"讀爲"天社"可從，"天"有標識"神"之天地神祇分類的作用；如日書有"天火"與"人火"，"天臽"與"地臽"之別。

孔簡日書神煞"天土"同篇又有"土君"神煞。

　　丑有疾，三日小汗（閒），九日大汗（閒）。其祟三土君。乙丑平旦有疾，青色死。孔353壹

"天土"與"土君"對應，當爲天神；《大詞典》"天社"釋義爲"星名"，以《晉書·天文志上》爲證："弧南六星爲天社，昔共工氏之子句龍能平水土，故祀以配社，其精爲星。"該意義也適用於孔簡日書"天土"。"天土"當爲由星宿演化而來的掌管土地的天神。

---

① 梁超：《孔家坡漢簡〈日書〉中所見幾個鬼神名試釋》，《北京教育學院學報》2014年第3期。
② 王强：《孔家坡漢墓竹簡校釋》，碩士學位論文，吉林大學，2014年。

6. 風伯

神話中的風神。孔簡日書1例。

（1）庚辛朔，白啻（帝）主歲，<u>風柏（伯）</u>行沒。_{孔433貳}

日書中"風"亦爲爲祟主體，或爲"風伯"簡稱；有4例：放簡3例，懸泉1例。

（2）七日星央（殃），八日<u>風</u>央（殃），九日州央（殃）殹。_{放乙163}

睡簡日書有4例"飄風"爲祟，"飄風"屬"風"的一種具體類型。

（3）<u>票（飄）風</u>入人室，獨也，它人莫爲，洒以沙，則已矣。_{睡甲58背壹}

文獻中"風伯"又稱"風師"。

（1）前望舒使先驅兮，後飛廉使奔屬。（《楚辭·離騷》）王逸注："飛廉，風伯也。"洪興祖補注："《呂氏春秋》曰：'<u>風師</u>曰飛廉。'應劭曰：'飛廉，神禽，能致風氣。'"

（2）屛翳，<u>風師</u>也，又名飛廉；飛廉，神禽，即箕主也。（《夜航船》卷一）

7. 雨師

神話中的雨神。睡簡日書1例。

（1）田亳主以乙巳死，杜主以乙酉死，<u>雨市（師）</u>以辛未死，田大人以癸亥死。_{睡甲149背}

睡簡整理者注曰："雨師，畢也。"畢爲二十八宿之一。劉樂賢先生指出雨師即古代司雨之神①。吴小强先生提出兩説："雨師，即畢星，二十八宿之一，被奉爲司雨之神。另一説爲屏翳。"② 睡簡雨師與田亳主、杜主、田大人一起出現，這四個神煞均與農業生産關聯密切。

"雨師"又稱"雨公"。放簡日書有1例。

（2）占病祟除：一天殹，公外；二〖地〗，社及立（位）；三人，鬼大父及殤；四〖時〗，大遏及北公；五音，巫亲<帝>、陰、雨公；六律，司命、天□；七星，死者；八風，相茛者；九州，大水殹。放乙350+192

8. 老人

老人星，主壽命之延長。孔簡日書1例。

【亥有疾】□汗（聞）。祟人炊、老人。孔363

老人，孔簡整理者未訓釋。陳炫瑋先生認爲"老人"或是鬼神一類③。梁超先生認同"老人"是鬼神的説法，認爲"老人"本義爲老年人，作爲鬼神，源自古代老人的尊稱"丈人"，"丈人"是道教文獻中的神仙稱號；"老人"作爲鬼神，在民間有廣泛影響，或許源於民間信仰，"丈人"作爲神仙稱號，在後世被道教神仙體系所吸收④。

孔簡此例出自《死》篇，該篇爲祟主體尚有"天土""三土君""北君、冣主""三公主""大父""高姑姊□""道鬼、尚行""旱

---

① 劉樂賢：《睡虎地秦簡日書研究》，臺灣文津出版社1994年版，第47—48頁。
② 吴小强：《秦簡日書集釋》，嶽麓書社2000年版，第170頁。
③ 陳炫瑋：《孔家坡漢簡〈日書〉札記二則》，簡帛網2007年1月6日（http：//www.bsm.org.cn/show_article.php?id=498）。
④ 梁超：《孔家坡漢簡〈日書〉中所見幾個鬼神名試釋》，《北京教育學院學報》2014年第3期。

<早>殤""門台之鬼""門、街";這些爲祟主體有天神、地祇和人鬼三類,其中人鬼"大父""高姑姊□"爲家族之鬼,非一般鬼神,據此,鬼神"老人"當非源於老年人。《死》篇相同時日的不同爲祟主體,有一定關聯,如"北君、冣主""道鬼、尚行""門、街";"老人"與"人炊"同爲亥日爲祟主體,"人炊"爲掌管人間炊事之神,"老人"亦當爲掌管人間某種事務之神。

孔簡"老人"或指"老人星",又稱"壽星",主壽命延長,象徵長壽,位於南部天空,是一顆光度較亮的二等星。《史記·天官書》:"狼比地有大星,曰南極老人。老人見,治安;不見,兵起。"張守節正義:"老人一星,在弧南,一曰南極,爲人主占壽命延長之應。"《史記·封禪書》:"於社、亳有三社主之祠,壽星祠。"司馬貞索隱:"壽星,蓋南極老人星也。"

另,孔簡日書有"高者"。

丙丁朔,赤啻(帝)産〖歲〗,高者行沒。赤禾爲上,黃中,白下,少旱。吏(事)高者。孔429貳—430貳

高者,孔簡整理者未訓釋。"高者"出現於《主歲》篇,該篇行沒主體尚有"人炊、邑主、風柏(伯)、群巫";與前文《死》篇"人炊、高者"爲爲祟主體一樣,《主歲》篇亦有"人炊"神煞。"高"有年歲大,年老之義,"高"見母豪韻,"老"來母豪韻,"高""老"音近義通;"高者"或與"老人"所指相同。

9. 司命

掌管生命之神。放簡日書1例。

占病祟除:一天殹,公外;二〖地〗,社及立(位);三人,鬼大父及殤;四〖時〗,大遏及北公;五音,巫帑<帝>、陰、雨公;六律,司命、天□;七星,死者;八風,相莨者;九州,大水殹。放乙350+192

10. 星宿神

*星

星宿神。日書4例：放簡3例，懸泉1例。

（1）占病祟除：一天殹，公外；二〖地〗，社及立（位）；三人，鬼大父及殤；四〖時〗，大遏及北公；五音，巫㾂<帝>、陰、雨公；六律，司命、天囗；七<u>星</u>，死者；八風，相茛者；九州，大水殹。_{放乙350+192}

（2）七日<u>星</u>央（殃），八日風央（殃），九日州央（殃）殹。_{放乙163}

（3）天一、地二、人三、時四、音五、律六、<u>星</u>七、風八、州九囗 _{懸泉Ⅱ0215②:204}

程少軒先生將"七星"作爲一個整體，認爲"七星"所指有二，一是指二十八宿南方朱雀之七星，二是指北斗；頗疑此處七星指北斗，"北斗主殺"文獻多見①。例（1）"星"與"天""地""人""時""音""律""風""大水"並列，"星"爲神祇主體。例（2）"七星"中間可加入"曰"，例（3）稱"星七"，數字位於神煞後，均可證明"七星"爲數詞與神煞的組合。

*司路

角宿司神。孔簡日書有1例。

【八月：角】，囗蓋屋。取（娶）妻，妻妬。<u>司路</u>。以生囗_{孔49}

路，孔簡整理者未釋，疑爲"馬"字；《開元占經》引《春秋緯》"角主兵"，與司馬相合。但同篇簡66昴宿司神爲司兵，此處角宿配司

---

① 程少軒：《放馬灘簡式占古佚書研究》，博士學位論文，復旦大學，2011年。

馬的可能性不大。劉國勝等先生據紅外影像釋作"路"①。

角宿，二十八宿之一，東方蒼龍第一宿。司路與角宿的關係：《開元占經》引《春秋緯》："角二星，天關也。其間，天門也。其内，天庭也。故黄道經其中，日月五星之所行也。"簡文司路執掌恐與此相關②。

*司亡

尾宿司神。孔簡日書1例。

尾，百事凶。以祠祀，必有敗。不□取（娶）妻。司亡。以生子，必貧。不可殺□。孔54

尾宿，二十八宿之一，東方蒼龍第六宿。司亡與尾宿的關係：《開元占經》引《石氏》："尾、箕主後宫妃後府。"簡文云尾"司亡"，則尾宿的職掌可能與妻室的亡有關③。同篇簡59虚宿司神爲"司死"，主死喪；此處"司亡"之"亡"不當爲"死亡"義；日書中"亡"基本爲逃亡義，司亡當主妻室逃亡之事。

*司棄

箕宿司神。孔簡日書1例。

箕，不可祠祀，百事凶。取（娶）妻、妻□□。司棄。以生子，貧富半。孔55

箕宿，二十八宿之一，東方蒼龍第七宿。司棄與箕宿的關係：《開元占經》引《石氏》："尾、箕主後宫妃後府。"簡文云箕"司棄"，則

---

① 劉國勝、凡國棟、楊芬：《孔家坡漢簡日書釋文補正》，載陳偉主編《簡帛》第12輯，上海古籍出版2016年版，第132頁。

② 同上。

③ 李天虹：《孔家坡漢簡〈日書〉"星"篇初探》，簡帛網2005年11月14日（http://www.bsm.org.cn/show_article.php?id=85）。

箕的職掌可能與妻室的棄有關①。孔簡整理者觀點相同。

*司命

婺女司神。孔簡日書1例。

> 婺女，利祠祀、賈市，皆吉。以生□毋（無）辰。司命。以亡者，不盈五歲死。不可取（娶）妻、嫁女。雖它大吉，勿用。孔58

婺女，二十八宿之一，北方玄武第三宿；又稱須女，務女。司命與婺女的關係：《開元占經》引《聖洽符》："須女者，主娶婦嫁女也。"娶婦嫁女與生命的繁衍有關，故簡文云婺女的職掌爲司命②。同篇簡59虛宿司神爲"司死"，主死喪，則此處司命不當主死亡；其爲婺女司神，當主生命繁衍之事。

*司死

虛宿司神。孔簡日書1例。

> 虛，百事凶。以結者，易□□□□□。取（娶）妻，妻不到。司死。以生，毋（無）它同生。不可取（娶）妻、嫁女。雖它大吉，勿用。孔59

虛宿，二十八宿之一，北方玄武第四宿。司死與虛宿的關係：虛宿主死喪，《史記·天官書》："虛爲哭泣之事。"《開元占經》引《黄帝》："虛二星，主墳墓冢宰之官。十一月，萬物盡，於虛星主之，故虛星死喪。"甘氏曰："虛主喪事，動則有喪。"郗萌曰："虛危并爲一體，主觸客之事。中有六星不欲明見也，明見，則神龜用事，將有哭泣之事，則占於虛。"簡文所載與傳世文獻虛宿的執掌相合③。

---

① 李天虹：《孔家坡漢簡〈日書〉"星"篇初探》，簡帛網2005年11月14日。
② 同上。
③ 同上。

*司定

營室司神。孔簡日書1例。

　　正月營＝，利祠。不可爲室及入之。以取（娶）妻，不甯。司定。以生子，爲大吏。孔61

　營室，二十八宿之一，北方玄武第六宿；又稱營星、室宿、定星。司定與營室的關係：營室爲營制宮室之義；《爾雅·釋天》："營室謂之定。"郭璞注："定，正也。作宮室皆以營室中爲正。"《詩經·鄘風·定之方中》："定之方中，作于楚宫。"鄭玄箋："定星昏中而正，於是可以營制宮室，故謂之營室。"簡文所載與傳世文獻營室的執掌相合①。

*司府

東壁司神。孔簡日書1例。

　　東辟（壁），不可行，百事凶。司不（府）。以生子，不完。不可爲它事。孔62

　東壁，二十八宿之一，北方玄武第七宿；又稱壁宿。司府與東壁的關係：東壁主文章圖書府，簡文"司府"與傳世文獻所載東壁的執掌完全相同②。另馮勝君先生認爲簡文"不"可能爲"夭"之訛字，未必讀如"府"③。

*司寇

奎宿司神。孔簡日書1例。

　　奎，利祠祀及行，吉。以取（娶）妻，妻愛而口臭。司寇。以生子，爲吏。不可穿井。孔63

───────

① 李天虹：《孔家坡漢簡〈日書〉"星"篇初探》，簡帛網2005年11月14日。
② 同上。
③ 轉引自王強《孔家坡漢墓竹簡校釋·附記》，碩士學位論文，吉林大學，2014年。

奎宿，二十八宿之一，西方白虎第一宿。司寇與奎宿的關係：奎宿主武庫，主軍；《淮南子·主術》："兵莫憯於志。"高誘注："寇，亦兵也。"《開元占經》引《佐助期》："奎主武庫。"又引《西官候》："奎，一名天庫，一名天邊偏將軍。武庫，軍庫也。"《石氏讚》："奎主軍，兵禁不時，故置軍以領之。又曰奎主庫兵，秉統制政功以成。"簡文所載與傳世文獻奎宿的執掌相合①。

* 司戮

婁宿司神。孔簡日書1例。

婁，利以祠祀及行，百事吉。以取（娶）妻，妻愛。可築室。司瘳（戮）。孔64

婁宿，二十八宿之一，西方白虎第二宿。司戮與婁宿的關係：《說文》："戮，殺也。"《廣雅·釋詁》："戮，罪也。"《開元占經》引《黃帝》："婁主宗廟五祀。一名天府，郊太牢也。"《孝經章句》："婁，市也。"又引巫咸曰："婁爲天獄。"《晉書·天文志上》載"婁三星，爲天獄"，又"參十星……又爲天獄，主殺伐"。太牢、天牢或者天獄是關押罪人的場所，並與刑殺有關。古代經常在集市上處決犯人，市亦與殺戮有關②。

* 司兵

昴宿司神。孔簡日書1例。

【昴】，利以弋獵，賈市，吉。不可食六畜生。可以築室及閒（閑）牢。司兵。以生子，喜斲（鬭）。孔66

昴宿，二十八宿之一，西方白虎第四宿。司兵與昴宿的關係：昴宿主兵，《開元占經》引《西官候》："昴，一名武，……主兵、主喪。"

---

① 李天虹：《孔家坡漢簡〈日書〉"星"篇初探》，簡帛網2005年11月14日。
② 同上。

簡文所載與傳世文獻昴宿的執掌相合①。

＊司空

畢宿司神。孔簡日書1例。

畢，利以弋獵，☑□□□，爲門，吉。以死，必二人。不可取（娶）妻，必二妻。司空。以生子，徍（症）。亡者，得。孔67

畢宿，二十八宿之一，西方白虎第五宿。畢宿與司空的關係：司空本是古官名，主掌水土營建等方面的事務。《史記·天官書》："昴、畢爲天街。"司馬貞索隱引孫炎曰："昴、畢之間，日、月、五星出入要道，若津梁也。"《開元占經》引郗萌曰："畢主山河。"凡此所云與古官職司空的執掌相近②。

＊司清

東井司神。孔簡日書1例。

東井，百事凶。以死，必五人。殺產，必五產。【以取（娶）妻】，多子。司家<清>。以生子，旬而死。孔70

東井，二十八宿之一，南方朱鳥第一宿。同篇簡76軫宿司神亦爲"司家"，此處"司家"與之重複；陳炫瑋先生疑此處"司家"爲"司清"之誤，孔簡453五月東井配"司清"，《開元占經》引《黃帝占》："東井主水，用法清平如水，王者心正，得天理，則井星正行位，主法制著明"，"司清"或許與此有關③。研究者或據簡文宜忌將"司家"解爲"司冢"之誤。本篇用星宿記時，所配司神名稱與簡文宜忌內容無關，僅與星宿配合使用，起標記時間的作用。

---

① 李天虹：《孔家坡漢簡〈日書〉"星"篇初探》，簡帛網2005年11月14日。
② 同上。
③ 陳炫瑋：《孔家坡漢簡〈日書〉札記七則》，簡帛網2007年8月25日（http：//www.bsm.org.cn/show_article.php？id=705）。

第一章 簡牘日書數術術語匯釋

＊司令
柳宿司神。孔簡日書 1 例。

　　柳，百事吉。取（娶）妻，吉。生子，子肥。可始冠及請謁、田獵。司令，☐☐。孔72

令，孔簡整理者未釋；劉國勝等先生疑爲"令"字①。
柳宿，二十八宿之一，南方朱鳥第三宿。司令與柳宿的關係：《史記·天官書》："柳爲鳥注，主木草。"簡文"司令"之"令"疑指時令②。

＊司倡
翼宿司神。孔簡日書 1 例。

　　【翼】，☐起。取（娶）妻，妻棄。司臧（倡）。以生子，〖女〗爲巫，男爲見（覡）。可以墉（甕）門牖。孔75

翼宿，二十八宿之一，南方朱鳥第六宿。司倡與翼宿的關係：《開元占經》引石氏曰："翼，天樂府也。"又引《石氏讚》："翼主天倡。"③ 孔簡整理者疑臧讀爲"倡"。

＊司家
軫宿司神。孔簡日書 1 例。

　　【軫】，☐，可以築室。司家。以生子，必駕（嘉）。可以入貨。孔76

軫宿，二十八宿之一，南方朱鳥第七宿。司家與軫宿的關係："司家"中的"家"指朝廷、帝王。《開元占經》引巫咸曰："軫，天子政

---

① 劉國勝、凡國棟、楊芬：《孔家坡漢簡日書釋文補正》，載陳偉主編《簡帛》第 12 輯，上海古籍出版 2016 年版，第 134 頁。
② 同上。
③ 李天虹：《孔家坡漢簡〈日書〉"星"篇初探》，簡帛網 2005 年 11 月 14 日。

朝也。"又引《黄帝》："軫者，以候王者壽命。"① 有研究者據簡文"可以築室"，認爲"家"不能排除家室義；這與簡文司神起標記時間的作用不符。

以上 15 個星宿司神均出自孔簡日書《星官》篇，該篇斗宿的司神名稱殘缺，胃宿、輿鬼、七星 3 個星宿未記司神名，亢宿、氐宿、房宿、心宿、牽牛、危宿、觜觿、宿、張宿 9 個星宿簡文殘缺，不能判斷是否配有司神名。

*上公
太白星神。周秦日書 1 例。

卅六年，置（德）居金，上公、兵死、陽（殤）主歲，歲在中。○周秦297壹—298壹

周秦整理者認爲"上公"與下"兵死"等均爲民間祭祀對象。晏昌貴先生指出上公前有"置居金"，金爲西方，則"上公"即西方太白星精②。

*司禄
虛宿北二星司神。港簡日書 1 例。

【女子】□色，日中有疾，九日起，司禄爲祟，侖（論）之，丁起。○港69

此處"司禄"與孔簡"司空、司家、司寇"等星宿神同類，《石氏星經》："虛北二星曰司禄。"《宋史·天文志》："司禄二星，在司命北，主增年延德，又主掌功賞、食料、官爵。"

---

① 李天虹：《孔家坡漢簡〈日書〉"星"篇初探》，簡帛網 2005 年 11 月 14 日。
② 晏昌貴：《〈日書〉札記十則》，載丁四新主編《楚地出土簡帛文獻思想研究（一）》，湖北教育出版社 2002 年版，第 315 頁。

(二) 地祇類

1. 北君

惡神，凶神。日書2例：放簡、孔簡各1例。

(1) 天子大説（悦），布賜天下。其祟北君、大水、街。放乙265
(2) 寅有疾，四日小汗（閒），五日大汗（閒）。祟北君、取主。孔354壹

孔簡整理者將"北君、取主"連讀，未訓釋。程少軒先生認爲簡文"北君"即見於《潛夫論·巫列》的"北君"，是一種惡神①。"北君"又稱"北公"，放簡日書有1例。

占病祟除：一天殹，公外；二〖地〗，社及立（位）；三人，鬼大父及殤；四〖時〗，大遏及北公；五音，巫亲<帝>、陰、雨公；六律，司命、天□；七星，死者；八風，相莨者；九州，大水殹。放乙350+192

晏昌貴先生認爲"北公"可能與《潛夫論·巫列》的"北君"有關②。陳偉先生疑"北公"與簡265"北君"二者一事；或與望山M1簡中"北子"，望山M1簡、天星觀簡、葛陵簡中"北宗"相關③。

2. 炊者

掌炊事之神。放簡日書1例。

(1) 曰：貞在中呂，是謂中澤；有水不脉（湍），有言不惡；利以賈市，可受田宅；擅受其利，人莫敢若。其祟田及曼、桑、炊者。卜賈市有利。放乙270—271

---

① 程少軒：《放馬灘簡式占古佚書研究》，博士學位論文，復旦大學，2011年。
② 轉引自程少軒《放馬灘簡式占古佚書研究》，博士學位論文，復旦大學，2011年。
③ 陳偉：《放馬灘秦簡日書〈占病祟除〉與投擲式選擇》，《文物》2011年第5期。

"炊者"與《史記·封禪書》掌炊事之神的"先炊"有關①,"先炊"與睡簡日書將馬神稱爲"先牧"的命名方式相同。

神煞"炊者",周秦日書作"炊",有1例;孔簡日書作"人炊",有5例。

（2）置（德）居火,筑（築）囚、行、炊主歲,歲爲下。周秦299壹

（3）☒汗（閒）。人炊祟。孔348壹

（4）庚辛金也,有疾,白色日中死。非白色,丙有瘳,丁汗（閒）。街行、人炊、兵祟。孔350壹

周秦整理者將"炊"訓作"竈",爲五祀之一;孔簡整理者疑"炊"讀爲"痎",表病義。劉國勝先生認爲孔簡神煞"人炊"與周秦神煞"炊"似相當②,程少軒先生認爲孔簡"人炊"當即放簡"炊者"③。陳炫瑋先生指出孔簡"人炊"當爲掌炊事之鬼神④。王強先生據孔簡"人炊"神煞所在篇章的數術原理,將例（3）補作:"甲乙木也,有疾,青色……死。非青色,庚有瘳,辛汗。人炊祟。"從文例看,各簡末都是講鬼神爲祟之事,有的爲祟鬼神與該簡開頭天干所屬五行相關,據擬補文字"甲乙木也",木柴爲饎爨所用,把"人炊"理解爲掌炊事之神可信⑤。例（4）爲祟神煞"兵"與"庚辛金"五行相關。神煞"炊""炊者",孔簡稱"人炊",當有突出該神煞掌管"人間"炊事職能的作用。

3. 户

五祀之一,户神。日書6例:睡簡3例,放簡2例,王簡1例。

---

① 程少軒:《放馬灘簡式占古佚書研究》,博士學位論文,復旦大學,2011年。
② 劉國勝:《秦簡〈日書〉零拾》,載陳偉主編《簡帛》第6輯,上海古籍出版社2011年版,第112頁。
③ 程少軒:《放馬灘簡式占古佚書研究》,博士學位論文,復旦大學,2011年。
④ 陳炫瑋:《孔家坡漢簡日書研究》,碩士學位論文,臺灣清華大學,2007年。
⑤ 王強:《孔家坡漢墓竹簡校釋》,碩士學位論文,吉林大學,2014年。

（1）林鐘，行殿。貞在林鐘，曰有人將來，來遺餞資財，飲食□□，□□□□，以□行者，遠至于南。其祟門、户。卜遷者吉。放乙274

（2）祠户日，壬申、丁酉、癸丑、亥，吉。龍，丙寅、庚寅。睡乙33貳—34貳

（3）甲申、庚申、乙酉，户之良日也。王264

《禮記·月令》："〔孟冬之月〕天子乃祈來年於天宗，大割祠於公社及門閭，臘先祖五祀。"鄭玄注："五祀，門、户、中霤、竈、行也。"《論衡·祭意》："五祀報門、户、井、竈、室中霤之功。門、户，人所出入，井、竈，人所欲食，中霤，人所託處，五者功鈞，故俱祀之。"

4. 門

五祀之一，門神。日書11例：九店2例，睡簡、放簡各3例，王簡、嶽山、孔簡各1例。

（1）利於内（入）室，以祭門、行，向（饗）之。九店27

（2）交日，利以賣事。鑿井，吉。以祭門、行，行水，吉。睡甲4正貳

（3）祠門良日：甲申、庚申、壬申。放乙135貳

（4）【戌有疾】☒□祟門、街。戌戌黄昏有疾死。孔362

另，睡簡1例"門"神殘泐不清。

（5）祠五祀日，丙丁竈，戊己内中，土＜甲＞乙户，壬癸行、庚辛□。睡乙40貳

據日書《祠五祀》篇簡文和傳世文獻所載"五祀"神煞，"庚辛"後所缺，應爲"門"。

5. 室中

五祀之一，室内神。日書2例：睡簡、孔簡各1例。

（1）室有法（廢）祠，口舌不墜，不死不亡，恐弗能勝。其祟友、布、<u>室中</u>，祠有不治者。卜獄訟、敊（繫）囚不吉。放乙281+263

（2）祠<u>室中</u>日，辛丑，癸亥，乙酉，己酉，吉。龍，壬辰、申。睡乙31貳—32貳

因"室""内"同義，"室中"神又稱"内中"，睡簡日書有1例。

（3）祠五祀日：丙丁竈，戊己<u>内中</u>，土〈甲〉乙户，壬癸行，庚辛□。睡乙40貳

睡簡整理者將"内中土"連讀，注曰："《月令》注：'中霤，猶中室也。土主中央而神在室。'簡文之'内中土'相當於中霤。"研究者多從之。《祠五祀》篇可分爲兩部分，前一部分逐一列舉了祭祀五祀的良日與忌日，後一部分據五行學說規定祭祀五祀的時間；"後面一部份與前一部份在名稱上有一點區別，即前面的'室中'，到後面部分寫成了'内中土'。内中土詞義費解，似與室中不相稱"①。胡文輝先生認爲"内中"當與"土"讀斷，"土"是甲的誤寫，與後文連讀爲"甲乙户"②。"内""室"均有居室義，"内中"即"室中"。

"室中"神又可簡稱爲"室"，孔簡日書有1例。

（4）☐甲有瘳，乙汗（閈）。巫及<u>室</u>祟。孔349壹

---

① 劉樂賢：《睡虎地秦簡日書研究》，臺灣文津出版社1994年版，第332—333頁。
② 胡文輝：《馬王堆〈太一出行圖〉與秦簡〈日書·出邦門〉》，《江漢考古》1997年第3期。

孔簡整理者指出簡文"室"指五祀裏的中霤。《禮記·月令》注："中霤，猶中室也。"包山二號楚墓所出五祀木主即把"中雷（霤）"記爲"室"。

《大詞典》"五祀"之"古代祭祀的五種神祇"義項下列有"祭祀住宅内外的五種神"，以《禮記·月令》鄭玄注爲證。室中神即中霤神，亦稱作"中室"。"室中"與"中室"同素異序，是室内神的異名。《大詞典》"中霤"的義項"古代五祀所祭對象之一。即後土之神"與義項"宅神"並列，這與"五祀"詞條釋義不盡一致。

6. 行

五祀之一，道路神。日書7例：九店2例，睡簡4例，周秦1例。

（1）祠行良日，庚申是天昌，不出三歲必有大得。睡甲79正贰

（2）罝（德）居火，簸（築）囚、行、炊主歲，歲爲下。周秦299

"行神"又稱"常（尚）行"，即"掌行"；日書4例：睡簡3例，孔簡1例。

（3）行祠：祠常行，甲辰、甲申、庚申、壬辰、壬申，吉。毋以丙、丁、戊、壬▨。睡乙144

（4）禱及道鬼，尚行。庚午日失（昳）有疾，白色死。孔358壹

"大常行"是"常行"中的高級道路神，睡簡日書1例。

（5）行祠，東行南〈南行〉，祠道左；西北行，祠道右。其謫（號）曰：大常行，合三土皇，耐爲四席。席叕（餟）其後，亦席三叕（餟）。睡乙145

北秦《祠祝之道》篇亦記載了祠道儀式，所見行神有大尚行主、少尚行主和三土皇，大、少"尚行主"應是不同等級的道路神。

"行神"又稱"街"；日書3例：放簡2例，孔簡1例。

◆簡牘日書文獻語言研究 >>>

(6) 天子大説（悦），布賜天下。其祟北君、大水、街①。卜行道及事君吉。放乙265

(7)【戌有疾】☐☐祟門、街。戊戌黃昏有疾死。孔362

水簡有1例"銜"，可能是"街"字誤書或誤釋②。

☐銜、水，暴死者。水日疾，祟在遊死者。水《文物》封三:12

"大街"是"街"中的高級路神或"街"神尊稱，放簡日書有1例。

(8) 其祟大街、交原③。放乙262+267

道路神"行""街"可連用；孔簡日書有1例。

(9) 庚辛金也，有疾，白色日中死。非白色，丙有瘳，丁汗（聞）。街行、人炊、兵祟。孔350壹

另，睡簡日書有1例"祖"，可能與道路神或路祭有關。

(10) 人毋（無）故而鬼祠（伺）其宮，不可去，是祖☐游。以犬矢（屎）投之，不來矣。睡甲49背貳

---

① 街，放簡整理者釋作"徵"；程少軒先生改釋，見《放馬灘簡式占古佚書研究》，博士學位論文，復旦大學，2011年。孫占宇先生將其釋作"銜"，疑爲《潛夫論》所列七種凶神之"銜聚"，又釋作"街"。分別見張德芳主編，孫占宇著《天水放馬灘秦簡集釋》，甘肅文化出版社2013年版，第251、255頁；陳偉主編，孫占宇、晏昌貴著《秦簡牘合集〔肆〕》，武漢大學出版2014年版，第183頁。

② 劉樂賢：《讀水泉子漢簡〈日書〉》，載張德芳、孫家洲主編《居延敦煌漢簡出土遺址實地考察論文集》，上海古籍出版社2012年版，第178頁。

③ 大街、交原，放簡整理者釋作"大再、支原"；孫占宇先生改釋，見陳偉主編，孫占宇、晏昌貴著《秦簡牘合集〔肆〕》，武漢大學出版2014年版，第183頁。

吴小强先生译文作："這是道路之神祖神在出遊"①。陳家寧先生認爲吴説極是，並進行補充論證：行神祖"好遠遊，這與簡文中所稱'祖□遊'諸字正合。中間一字恰處於竹簡編繩處，字的上半部殘去，……不能排除此爲'遠'字的可能。""在秦人心目中，祖雖爲行神，但因爲他會給人們的日常生活帶來侵擾，所以也要加以驅除，這與驅除大神、上神、狀神是同樣的道理。"②吕亞虎先生認爲"'祖'乃出行前祭祀行神之祭名，非行神名。"同時又將本段譯作"鬼無緣無故窺視人的家室，没法趕走它，這是'祖□'在出遊。用狗屎向它投去，它就不來了。"③"祖"被當作祭名，同時"祖□"又被當作出遊的主體；兩處叙述略有矛盾。

7. 竈

五祀之一，竈神。日書2例：睡簡、嶽山各1例。

(1) 祠五祀日，丙丁竈，戊己内中，土<甲>乙户，壬癸行、庚辛□。睡乙40貳

(2) 祠竈良〖日〗：乙丑、酉、未、己丑、酉、癸丑、甲辰。忌：辛、壬。嶽山43背貳3

"竈"神，又稱"竈神"，孔簡日書有1例。

(3) 壬癸水也，有疾，黑色季子死。非黑色，戊有瘳，己汗（間）。蚤（竈）神及水祟。孔351壹

另，睡簡1例"竈"神殘泐不清。

---

① 吴小强：《秦簡日書集釋》，嶽麓書社2000年版，第142頁。
② 陳家寧：《〈睡虎地秦墓竹簡〉日書甲種"詰"篇鬼名補正（一）》，載陳偉主編《簡帛》第1輯，上海古籍出版社2006年版，第254頁。
③ 吕亞虎：《戰國秦漢簡帛文獻所見巫術研究》，科學出版社2010年版，第173、349頁。

（4）祠□日，己亥，辛丑，乙亥，丁丑，吉。龍，辛□。睡乙39貳

該簡爲《祠五祀》篇内容，"祠"後殘泐字記録的當是"五祀"中的"竈"神。

8. 五祀

住宅内外的五種神。睡簡日書1例。

祠五祀日：丙丁竈，戊己内中，土<甲>乙户，壬癸行，庚辛□。睡乙40貳

9. 水

司水之神。日書2例：孔簡、水簡各1例。

（1）壬癸水也，有疾，黑色季子死。非黑色，戊有瘳，己汙（聞）。蚤（竈）神及水祟。孔351壹
（2）☒衝、水，暴死者。水日疾，祟在遊死者。水《文物》封三：12

陳炫瑋先生指出楚卜筮祭禱簡中常見祭禱對象"大水"，爲海神，孔簡之"水"可照此理解①。

"水"神亦尊稱爲"大水"，放簡日書有2例。

（3）天子大説（悦），布賜天下。其祟北君、大水②、街。卜行道及事君吉。放乙265
（4）占病祟除：一天毆，公外；二〖地〗，社及立（位）；三人，鬼大父及殤；四〖時〗，大遏及北公；五音，巫亲<帝>、陰、

---

① 陳炫瑋：《孔家坡漢簡日書研究》，碩士學位論文，臺灣清華大學，2007年。
② 大水，放簡整理者釋作"九水"；晏昌貴先生改釋，見《天水放馬灘秦簡乙種〈日書〉分篇釋文（稿）》，載陳偉主編《簡帛》第5輯，上海古籍出版社2010年版，第33頁。

雨公；六律，司命、天□；七星，死者；八風，相莨者；九州，大水殹①。放乙350+192

10. 土皇
土地帝。睡簡日書1例。

行行祠：行祠，東行南〈南行〉，祠道左；西北行，祠道右。其謞（號）曰：大常行，合三土皇，耐爲四席。席殁（餕）其後，亦席三殁（餕）。睡乙145

土皇，睡簡整理者未訓釋。吴小强先生指出"皇"字在睡簡日書中僅兩見，一例爲"上皇"，一例爲"三土皇"，上皇即上帝，土皇相對上皇而言，土皇應即土帝，其宗教地位要在諸神之上②。劉樂賢先生"據'合三土皇，耐爲四席'推測，三土皇可能是與大常行一起被祭祀的三位土皇。"③徐富昌先生認爲"三土皇"應指三位"土帝"，可能就是《史記·封禪書》中的"三社主"④。梁超先生認爲"三土皇"與孔簡"三土君"一樣，同爲土地神屬性⑤。

關於"土皇"還有其他觀點。如楊華先生認爲"三土皇"與孔簡"三公主"可能是同神異名，疑爲秦人故地的山神，即關中嶽山中的三座山峰；它應爲關中秦地的區域性神祇，隨秦文化東擴被秦人帶到東方，演變成東方楚地的地祇⑥。吕亞虎先生認爲祠行儀式中將"三土皇"與行神"大常行"合祭，並擺放四張席子，説明"三土皇"應爲

---

① 大水，放簡整理者釋作"六水"；晏昌貴先生改釋，見《天水放馬灘秦簡乙種〈日書〉分篇釋文（稿）》，載陳偉主編《簡帛》第5輯，上海古籍出版社2010年版，第33頁。
② 吴小强：《論秦人的多神崇拜特點》，《文博》1992年第4期。
③ 劉樂賢：《睡虎地秦簡日書研究》，臺灣文津出版社1994年版，第333頁。
④ 徐富昌：《睡虎地秦簡〈日書〉中的鬼神信仰》，載張以仁先生七秩壽慶論文集編輯委員會編《張以仁先生七秩壽慶論文集》（下册），臺灣學生書局1999年版，第895頁。
⑤ 梁超：《孔家坡漢簡〈日書〉中所見幾個鬼神名試釋》，《北京教育學院學報》2014年第3期。
⑥ 楊華：《楚地山神研究》，《史林》2010年第5期。

三個祭禱對象，不過古代的山嶽崇拜，對於某座山峰均應衹有一"主峰"受祭，不應因一山有數峰而並祭；睡簡"三土皇"或應即印臺日書所載除道儀式中所祝禱的"門左、門右、中央君子"三位神靈①。

11. 土君

土地神。孔簡日書1例。

　　丑有疾，三日小汗（閒），九日大汗（閒）。其祟三土君。孔353壹

土君，孔簡整理者未訓釋。梁超先生認爲"土君"當是土神，後世道書屢見，爲神仙之號；"皇"有"君"義，疑孔簡"三土君"與睡簡"三土皇"有關②。王强先生認爲三土君應是土神一類的神煞③。

12. 社

土地神。日書3例：放簡2例，水簡1例。

　　（1）占病祟除：一天殿，公外；二〖地〗，社及立（位）；三人，鬼大父及殤；四〖時〗，大遏及北公；五音，巫彖＜帝＞、陰、雨公；六律，司命、天□；七星，死者；八風，相艮者；九州，大水殿。放乙350+192

　　（2）其祟恒輅公、社。卜祠祀不吉。放乙278

　　（3）禱（禱）日：木日疾，祟在社；火日疾，祟在强死、傷（殤）早＜早＞；土日疾，祟在木□水《文物》封三:13

例（1）、例（3）中"社"的"土地神"屬性較爲明確。例（2）"社"，研究者解讀不同：或將"公社"連讀，訓爲社神④，訓爲官家

---

① 吕亞虎：《戰國秦漢時期的祠行信仰》，《陝西師範大學學報》2014年第3期。
② 梁超：《孔家坡漢簡〈日書〉中所見幾個鬼神名試釋》，《北京教育學院學報》2014年第3期。
③ 王强：《孔家坡漢墓竹簡校釋》，碩士學位論文，吉林大學，2014年。
④ 程少軒：《放馬灘簡式占古佚書研究》，博士學位論文，復旦大學，2011年；梁超：《孔家坡漢簡〈日書〉中所見幾個鬼神名試釋》，《北京教育學院學報》2014年第3期。

祭祀的場所①；或認爲"公"當與其前"恒輅"連讀爲"恒輅公"，可能與包山楚簡禱祠"縣狢公"有關，"社"爲獨立的作祟主體②。

周秦日書有 1 例"里社"，當爲土地神。

（4）置（德）居木，里秖（社）、冢主歲，歲爲上。周秦302壹

13. 杜主
社主，土地神。睡簡日書 1 例。

田毫主以乙巳死，杜主以乙酉死，雨帀（師）以辛未死，田大人以癸亥死。睡甲149背

睡簡整理者認爲"杜主"是指《史記·封禪書》所記故周之右將軍或《史記·地理志》所記周宣王時期之杜伯。研究者有不同意見，如劉樂賢先生認爲田毫主、杜主、雨帀（師）、田大人，應是當時人所信仰的農業神，右將軍與杜伯均與農事無關；"杜主"有兩種可能的解釋：一是傳說中古蜀國先王杜宇，"教民務農，一號杜主"；一是可能應"讀爲社主或土主，釋爲古代的土地之神。"③學界多採用"杜主"讀爲"社主"或"土主"的意見；楊華先生從文字書寫角度，指出上古"社、杜、土"三字實皆一字，疑"杜主"實即"社主"之誤。

14. 田毫主
田地屋宅之神。睡簡日書 1 例。

田毫主以乙巳死，杜主以乙酉死，雨帀（師）以辛未死，田

---

① 朱湘蓉：《秦簡詞彙初探》，中國社會科學出版社 2012 年版，第 91 頁。
② 陳偉主編，孫占宇、晏昌貴著：《秦簡牘合集〔肆〕》，武漢大學出版社 2014 年版，第 183、187 頁。
③ 劉樂賢：《睡虎地秦簡日書研究》，臺灣文津出版社 1994 年版，第 42、48 頁。

大人以癸亥死。睡甲149背

田亳主應是當時人所信仰的農業神，《類編曆法通書大全》卷十有"田主乙巳日死"，疑田亳主當讀爲田宅主，即田地與屋宅之神①。

15. 田大人

田神。日書2例：睡簡、嶽山各1例。

（1）田亳主以乙巳死，杜主以乙酉死，雨帀（師）以辛未死，田大人以癸亥死。睡甲149背

（2）田大人丁亥死，勿以祠之。嶽山43背壹8

"'田大人'之神名及癸亥日死的説法均不見於後代選擇通書中。而在古文獻及選擇通書中，死於丁亥日的農業神靈則有田公、神農、田父、田夫等。……睡虎地秦簡《日書》中的'田大人以癸亥日死'有可能是'田大人以丁亥日死'的誤寫。而從'田大人'的稱謂及此條資料又與五種忌排在一起推測，'田大人'也應是與農業生產有關的一位田神。"② 嶽山"田大人丁亥死"，與古文獻及選題田神死日記載一致，睡簡"癸亥"或有誤。

16. 田社

田神。周秦日書1例。

（1）置（德）居土，田祑（社）、木並主歲。周秦301壹

日書中"田神"亦可簡稱"田"，放簡日書有1例。

（2）其祟田及曼、桑、炊者。卜賈市有利。放乙271

---

① 劉樂賢：《睡虎地秦簡日書研究》，臺灣文津出版社1994年版，第47頁。
② 呂亞虎：《戰國秦漢簡帛文獻所見巫術研究》，科學出版社2010年版，第216—217頁。

17. 邑主
城邑之神。孔簡日書1例。

  戊己朔，黃竜（帝）主歲，邑主行没。黃禾爲上，赤中，白下，有風雨，兵起。○孔431貳—432貳

邑主，孔簡整理者未訓釋。研究者或認爲"邑主"當爲神名，但典籍中未見；指"城邑之社主""地主"，爲土地之神①；或認爲"邑主"可能是土地神，即城隍的前身，後世城隍廟也稱作"邑廟"②。

18. 武夷
司兵死者之神。九店日書1例。

  【□】敢告□䰝之子武壄（夷）："尔居復山之巸，不周之埜（野），帝胃（謂）尔無事，命尔司兵死者。九店40下

簡文所載"武夷"，爲"□䰝"之子，學界對"□䰝"的身份解讀不同。周鳳五先生據《武夷山志·形勢》篇所引《列仙傳》"籛鏗（彭祖）隱没此山，兒子曰武曰夷"，推測"□䰝"缺字是"籛"（或其通假字）③。陳魏俊先生亦疑"□䰝"爲"彭䰝"，即"彭籛"；《廣博物志》載彭祖長子、次子名武夷，彭祖是陸終之子，與楚先祖季連是親兄弟，楚人祭祀彭祖之子"武夷"乃先祖崇拜④。

  武夷神，學者也闡釋。饒宗頤先生認爲武夷君乃天帝命之司兵死

---

 ①　梁超：《孔家坡漢簡〈日書〉中所見幾個鬼神名試釋》，《北京教育學院學報》2014年第3期。

 ②　王强：《孔家坡漢墓竹簡校釋》，碩士學位論文，吉林大學，2014年。

 ③　周鳳五：《九店楚簡〈告武夷〉重探》，載臺灣史語所集刊編輯出版部編《歷史語言研究所集刊》2001年第72本第4分，第941—959頁。

 ④　陳魏俊：《武夷神示考》，載中國古文字研究會、中山大學古文字研究所編《古文字研究》第30輯，中華書局2014年版，第585頁。

者①。李家浩先生疑"武壄"與《漢書·封禪書》"武夷君"、湖北武昌劉顗買地券神祇"武夷王",馬王堆漢墓帛書《太一避兵圖》神祇"武弟子"是同一個神②。陳魏俊先生梳理了武夷神信仰的演變情況:武夷神使身份以東漢爲界分成兩個時期,東漢以前武夷信仰多與戰爭相關,身份爲戰死者之神及避兵之神,民間和官方都祭祀崇拜他;東漢以後武夷信仰多與亡靈墓冢及土地地基相關,身份爲冢墓之神及地基之神,其職能之一是管理亡靈,監督他們及時歸地陰,安居冢宅,不作祟生人;另一職能是充當賣地者。由戰死者之神及避兵之神到冢墓之神,是武夷主管兵死者職能的擴大和延續③。

19. 妖
動植物變成的精怪。日書2例:睡簡、金關各1例。

(1) □鳥獸能言,是夭(妖)也,不過三言。言過三,多益其旁人,則止矣。睡甲59背壹—60背壹
(2) ☑畜產自死,家當有妖。金關73EJT7.60

20. 先牧
馬神。睡簡日書2例。

(1) 馬禖,祝曰:"先牧日丙,馬禖合神。"

睡簡整理者引《周禮·校人》注,將"先牧"訓爲"始養馬者"。"始養馬者受到後來養馬者的崇拜,故向其祈求對馬匹的保佑。祝文末尾説'主君勉飲勉食,吾歲不敢忘',這一許諾,似乎透露出人們對於

---

① 饒宗頤:《説九店楚簡之武壄(君)與復山》,《文物》1997年第6期。
② 湖北省文物考古研究所、北京大學中文系:《九店楚簡》,中華書局2000年版,第104頁。
③ 陳魏俊:《武夷神示考》,載中國古文字研究會、中山大學古文字研究所編《古文字研究》第30輯,中華書局2014年版,第586—588頁。

先牧歲有常祭的信息，正好可同《周禮》所記相互印證"①。

另一例寫作"先牧"，與例（1）同出自《馬禖祝》篇。

(2) 大夫先牧<牧>次席②，今日良日，肥豚清酒美白粱，到主君所。睡甲156背—157背

睡簡整理者疑"牧"爲"牧"字之誤。"牧"很有可能如整理者所言，是"牧"字之誤，"大夫"也有可能是對所祀神祇的稱呼，即召喚大夫、先牧神次席③。

21. 水亡傷

水罔象，傳説中的小兒鬼。睡簡日書1例。

人恒亡赤子，是水亡傷取之，乃爲灰室而牢之，縣（懸）以崖，則得矣；刊之以崖，則死矣；享（烹）而食之，不害矣。睡甲65背貳—66背貳

"水亡傷"神煞，其他文獻未見。睡簡整理者訓"亡傷"爲"亡殤"。"水亡傷"即"水罔象"④，"罔象"是水神或者水之怪、水之精⑤，"罔象"爲水精之名，又有"罔兩""無傷"等稱呼⑥。劉釗先生對"水罔傷"有細緻闡述："水罔傷"即"魅"，"魅"即小兒鬼。"罔

---

① 陳斯鵬：《簡帛文獻與文學考論》，中山大學出版社2007年版，第118—119頁。
② 次席，睡簡整理者釋爲"咒席"；郭永秉先生改釋，見《讀睡虎地秦簡札記兩篇》，載劉釗主編《出土文獻與古文字研究》第3輯，復旦大學出版社2010年版，第357—358頁。田天先生訓"次"爲"即、就"，"神次席"即召喚神靈下降。見《北大秦簡〈祠祝之道〉初探》，《北大秦簡〈祠祝之道〉初探》，《北京大學學報》2015年第2期。按：文獻中"即""次"有通用的例子，如郭店楚簡《老子》丙組簡1："大上下智（知）又（有）之，其即（次）新（親）譽之"。
③ 田天：《北大秦簡〈祠祝之道〉初探》，《北京大學學報》2015年第2期。
④ 劉樂賢：《睡地虎秦簡日書〈詰咎篇〉研究》，《考古學報》1993年第4期。
⑤ 王子今：《睡虎地秦簡〈日書〉甲種疏證》，湖北教育出版2003年版，第418頁。
⑥ 吕亞虎：《戰國秦漢簡帛文獻所見巫術研究》，科學出版社2010年版，第175頁。

象""無傷"就是"蝄蜽",《説文·蟲部》:"蝄蜽,山川之精物也。"無傷"又寫作"何傷""奚傷",是"同鬼異名"現象。古代有很多屬於自然物的鬼慢慢被擬人化成了人形的鬼;"蝄蜽"等字由從"虫"逐漸變爲从"鬼"並通行,正説明了這一趨勢。疑"魃"這一鬼怪的原型就是水蛭①。

亡傷,可讀爲"罔象";《莊子·達生》:"水有罔象。"陸德明釋文:"司馬本作'無傷'。云狀如小兒,赤黑色,赤爪,大耳,長臂。一云水神名。"《國語·魯語下》:"水之怪曰龍、罔象。"陸德明釋文所詮釋的"罔象"(無傷)的形體特徵,與睡簡《詰》篇"亡傷"取"赤子"的作祟方式符合同類相生的模擬巫術思維模式。

22. 相荏

草澤之神。放簡日書 1 例。

占病祟除:一天殹,公外;二〖地〗,社及立(位);三人,鬼大父及殤;四〖時〗,大遏及北公;五音,巫竟<帝>、陰、雨公;六律,司命、天□;七星,死者;八風,<u>相荏</u>者;九州,大水殹。○放乙350+192

荏,放簡整理者釋作"養";陳偉先生改釋,疑"相荏"爲"方良",《周禮·夏官·方相氏》鄭玄注"方良,罔兩也",《文選·張衡〈東京賦〉》李善注"方良,草澤之神也"②。劉釗先生認爲"罔象、無傷、蝄蜽"就是"方良"③。"罔象"或原爲某類自然神煞通名,"水罔象""相荏(方良)"爲其屬類;"水罔象"表明其與水有關,"相荏"表明其與草木有關。

---

① 劉釗:《説"魃"》,復旦大學出土文獻與古文字研究中心網 2013 年 8 月 15 日(http://www.gwz.fudan.edu.cn/Web/Show/2096)。
② 陳偉:《放馬灘秦簡日書〈占病祟除〉與投擲式選擇》,《文物》2011 年第 5 期。
③ 劉釗:《説"魃"》,復旦大學出土文獻與古文字研究中心網 2013 年 8 月 15 日(http://www.gwz.fudan.edu.cn/Web/Show/2096)。

23. 狀神
或與"泆陽"同神異名。睡簡日書1例。

一室人皆毋（無）氣以息，不能童（動）作，是狀神在其室。屈（掘）遞泉，有赤豕，馬尾犬首，享（烹）而食之，美氣。○睡甲36背貳—38背貳

睡簡整理者讀"狀"爲"戕"，訓爲傷。睡簡狀神"馬尾犬首"與陸德明《釋文》所訓《莊子·達生》"泆陽"之"狗頭馬尾"，有相同之處①。狀，本義爲犬形，狀神或與犬有關。

24. 神蟲
有神力之蟲。睡簡日書1例。

鬼恒從男女，見它人而去，是神虫（蟲）僞＝人。以良劍刺其頸，則不來矣。○睡甲35背貳

25. 神狗
有神力之狗。睡簡日書1例。

犬恒夜入人室，執丈夫，戲女子，不可得也，是神狗僞＝鬼。以桑皮爲之，焊而食之，則止矣。○睡甲47背壹—49背壹

26. 木
樹神。周秦日書1例。

置（德）居土，田祑（社）、木並主歲。○周秦301壹

日書中又有桑樹神。

---

① 劉樂賢：《睡虎地秦簡日書研究》，臺灣文津出版社1994年版，第242頁。

其祟田及曼、桑、炊者。卜賈市有利。放乙271

先秦時期桑樹地位很高，神靈居所之桑木作爲神主，稱桑主、桑封；此"桑"疑爲與桑木有關的神鬼①。

27. 氣

精靈之氣，元氣。日書3例：睡簡1例，放簡2例。

(1) 壄（野）獸若六畜逢人而言，是票（飄）風之氣。睡甲52背壹
(2) 凡甲申、乙酉，絕天氣，不可起土攻（功），不死必亡。放甲24貳

(三) 人鬼類

1. 西大母

即西王母，神話中的女仙人。孔簡日書1例。

西大母以丁酉西不反（返），綸以壬戌北不反（返），禹以丙戌南不反（返），女過（媧）與天子以庚東不反（返）。子日忌不可行及歸，歸、到、行、亡。孔149壹—150壹

西大母，傳說中的西王母；受"大母""王母"同義詞替換影響而致名稱變更。

2. 女媧

傳說中的人類始祖。孔簡日書1例。

(1) 西大母以丁酉西不反（返），綸以壬戌北不反（返），禹以丙戌南不反（返），女過（媧）與天子以庚東不反（返）。子日忌不可行及歸，歸、到、行、亡。孔149壹—150壹

---

① 程少軒：《放馬灘簡式占古佚書研究》，博士學位論文，復旦大學，2011年。

睡簡日書有1例"女果"。

（2）作女子：月生一日、十一日、廿一日，<u>女果</u>以死，以作女子事，必死。睡甲156正壹

睡簡整理者疑"果"讀爲"媧"。研究者對這一訓讀，意見不一：或認爲典籍未有女媧以每月第一日、十一日、二十一日死去的記載，據簡文，若讀"果"爲"媧"，則女媧全年死去多達36日，文義難通[1]；或認爲女媧死日雖有異議，但現今民間有認爲神靈出生或死亡多次的例子，如福建、廣東等地均有觀音誕生三次之説；"女果"讀爲"女媧"似更合理[2]。

"女果"讀爲"女媧"當可成立。日書中有人間聖王，上天神靈在不同時日從事相同事件的記載。

（1）癸丑、戊午、己未，禹以取（娶）檮山之女日也，不棄，必以子死。睡甲2背壹
（2）戊申、己酉，牽牛以取（娶）織女而不果，不出三歲，棄若亡。睡甲3背壹

3. 天子
指伏羲，傳説中的三皇之一，與女媧爲兄妹，結爲夫婦。孔簡日書1例。

西大母以丁酉西不反（返），綸以壬戌北不反（返），禹以丙戌南不反（返），女過（媧）與<u>天子</u>以庚東不反（返）。子日忌不

---

[1] 劉樂賢：《睡虎地秦簡日書研究》，臺灣文津出版社1994年版，第198頁；王子今：《睡虎地秦簡〈日書〉甲種疏證》，湖北教育出版2003年版，第296—297頁。
[2] 李菁葉：《睡虎地與放馬灘秦簡〈日書〉生死問題研究》，碩士學位論文，西南大學，2012年。

◆簡牘日書文獻語言研究 >>>

可行及歸，歸、到、行，亡。孔149壹—150壹

孔簡整理者疑"天子"指伏羲。漢畫像石中女媧、伏羲常常成對出現，整理者的意見應該可信①。

4. 黄帝

上古傳説中的人間帝王軒轅。九店日書1例。

東、北高，二方下，黄帝遇（宇）宫，庶民尻（居）之☒。九店47下

5. 蚩尤

上古神話傳説中的戰神。孔簡日書1例。

入月二旬齒（蚩）尤死日也，不可哭臨、聚衆、合卒。孔183壹

齒尤，孔簡整理者釋作"齒爪"；劉樂賢先生改釋，讀爲"蚩尤"②。神話傳説中蚩尤是炎帝後裔，被尊爲戰神；《山海經·大荒北經》，上博楚簡《融師有成氏》有"蚩尤作兵"的記載③。

6. 鯀

傳説中的古代部落酋長名，禹之父；曾奉堯命治水，因築堤堵水，九年未治平，被舜殺死在羽山。孔簡日書1例。

西大母以丁酉西不反（返），綸（鯀）以壬戌北不反（返），禹以丙戌南不反（返），女過（媧）與天子以庚東不反（返）。子日忌不可行及歸，歸、到、行，亡。孔149壹—150壹

---

① 王强：《孔家坡漢墓竹簡校釋》，碩士學位論文，吉林大學，2014年。
② 劉樂賢：《釋孔家坡漢簡〈日書〉中的幾個古史傳説人物》，《中國史研究》2010年第2期。
③ 王强：《孔家坡漢墓竹簡校釋》，碩士學位論文，吉林大學，2014年。

孔簡整理者認爲"緰"爲人名，待考。陸平先生認爲"緰"可通"鯀"，傳說中鯀生於西南而封於南方之崇；簡文所稱"緰以壬戌北不反"，即鯀由所居之崇出發向北，此次出行更可能是因爲與祝融之戰，此戰鯀最後失敗地點爲羽山，出發時間是"以壬戌北"，故後世以此日出行爲不吉利①。"緰"更可能是"緜"的形近訛寫，或者"緰"右部是"俞"的缺筆寫法，"緜"通作"鯀"②；簡文"不返"或與《山海經·海内經》所載"帝令祝融殺鯀於羽郊"有關③。

7. 帝
日書中"帝"可以指人間帝王舜帝。九店日書2例。

（1）凡五卯，不可以作大事；帝以命嗌（益）淒（齋）禹之火，午不可以樹木。九店38下—39下
（2）凡五亥，不可以畜六牲朕（擾），帝之所以翏（戮）六朕（擾）之日。九店39下—40下

8. 禹
古代部落聯盟領袖，奉舜命治理洪水，夏朝的建立者。日書中禹多次出現，除"禹步""禹須臾""禹（之）離日"系列外，禹影響行事宜忌尚有7例：九店、睡簡、周漢各1例，港簡、孔簡各2例。日書中作大事、出行、娶妻嫁女、生子等事項均有禹的影響。

（1）凡五卯，不可以作大事；帝以命嗌（益）淒（齋）禹之火，午不可以樹木。九店38下—39下
（2）癸丑、戊午、己未，禹以取（娶）梌山之女日也，不棄，必以子死。睡甲2背壹

---

① 陸平：《試釋孔家坡漢簡〈日書〉之"緰"、"禹"、"女過"》，簡帛網2007年8月25日（http：//www.bsm.org.cn/show_article.php?id=704）。
② 劉樂賢：《釋孔家坡漢簡〈日書〉中的幾個古史傳說人物》，《中國史研究》2010年第2期。
③ 王强：《孔家坡漢墓竹簡校釋》，碩士學位論文，吉林大學，2014年。

(3) 西大母以丁酉西不反（返），緰以壬戌北不反（返），<u>禹</u>以丙戌南不反（返），女過（媧）與天子以庚東不反（返）。子日忌不可行及歸，歸、到、行，亡。◦孔149壹—150壹

(4) <u>禹</u>窮日，入月二日、七日、九日、旬三、旬八、二旬二日、二旬五日，不可行。◦孔151壹

(5) 此<u>禹</u>湯生子占也。直頭、肩上、貴；直夜（腋），富；足，男子賤、女子貴；耳，聖；奎，嫪；手，勞、盜。◦周漢9+34壹+159壹+187壹+222壹

9. 益
帝舜時期大臣，曾輔佐禹治水。九店日書1例。

凡五卯，不可以作大事；帝以命嗌（益）淒（齋）禹之火，午不可以樹木。◦九店38下—39下

李家浩先生據《史記·夏本紀》帝舜命禹治水，命益佐之等記載，指出"嗌"从"益"聲，應讀爲"益"①。

10. 湯
商部落首領，商朝開國君主。周漢日書1例。

此禹<u>湯</u>生子占也。直頭、肩上、貴。直夜（腋），富。足，男子賤、女子貴。耳，聖。奎，嫪。手，勞、盜。◦周漢9+34壹+159壹+187壹+222壹

11. 宛奇
又作"豻竒"，食夢之神。睡簡日書5例。

(1) 皋！敢告壐（爾）<u>豻竒</u>，某有惡䔲（夢），走歸<u>豻竒</u>之所。

---

① 湖北省文物考古研究所、北京大學中文系：《九店楚簡》，中華書局2000年版，第102頁。

豻䗥强飲强食，賜某大幅（福），非錢乃布，非繭乃絮。睡甲13背—14背壹

（2）緯（皋）！敢告蟹（爾）宛奇，某有惡夢，老來□之。宛奇强飲食，賜某大畐（福），不錢則布，不蟹（繭）則絮。睡乙194—195壹

"豻䗥"是楚文字寫法，爲"貌䗥"訛寫（"宛"簡體如"令"，跟"今"相近，易致混同），睡簡又作"宛奇"；從禱辭看，"宛奇是吃噩夢鬼的神"①。

後世文獻"宛奇"又作"窮奇"或"伯奇"。劉樂賢先生認爲豻䗥、宛奇、伯奇"三者爲一是毫無疑問的，然一物之名爲何有此三種寫法，現在尚難解釋。至於他們與窮奇的關係，則更難説清楚。高國藩氏説窮奇神話是宛奇神話之衍化，其説似可從，但目前證據太少。"②饒宗頤先生疑睡簡"豻䗥"，又稱"宛奇"，宛與窮形近，"宛奇"即《山海經》所見食人之獸"窮奇"，伯奇、窮奇皆神話人物，伯奇食夢，窮奇食蠱，古或混合爲一；"秦簡以逐夢之神爲豻䗥，言其强飲强食，則與窮奇之食人食禽獸最爲相近"③。睡簡所載文字意爲，因噩夢而祝告於宛奇，希望達到驅逐噩夢、神靈降福的目的，簡文"强飲强食""强飲食"是對神靈的祝福，而非神靈屬性的描述。睡簡"宛奇"當爲食夢之神，或因"宛""窮"形近而"宛"義晦，後世"窮奇"通行。而"伯奇"可能是"窮奇"司職由食夢轉爲食蠱後，補入的食夢之神名稱。

12. 布

人物災害之鬼神。放簡日書2例。

---

① 趙平安：《河南淅川和尚嶺所出鎮墓獸銘文和秦漢簡中的"宛奇"》，《中國文物研究》2007年第2期。

② 劉樂賢：《睡虎地秦簡日書研究》，臺灣文津出版社1994年版，第217頁。

③ 饒宗頤：《夢 豻䗥 宛奇》，載饒宗頤、曾憲通著《雲夢秦簡日書研究》，香港中文大學出版社1982年版，第28頁。

· 169 ·

（1）貞在蕤賓，是謂始新，嘗（帝）堯乃韋（圍）九州，以政下黔首，斬伐冥冥，殺戮申申，死不生憂心，毋（無）所從容。其祟大父、親及布。放乙272+280

（2）室有法（廢）祠，口舌不墜，不死不亡，恐弗能勝。其祟友、布①、室中、祠有不治者。放乙281+263

"酺"是古代爲害人物之神，"布"與"酺"爲同一詞的不同寫法②。

13. 巫

古代從事祈禱、卜筮、星占，並爲人祈福、去災的人。作爲福祟神煞，日書6例：睡簡3例，嶽山2例，孔簡1例。

（1）以有疾，酉少翏（瘳），戌大翏（瘳），死生在子。乾肉從東方來，把者精（青）色，巫爲姓（眚）。睡乙165—166

（2）☐甲有瘳，乙汗（閈）。巫及室祟。孔349壹

多個巫一起爲祟，日書稱"群巫"，孔簡日書2例。

（3）壬癸朔，剡（炎）嘗（帝）主歲，群巫〖行〗没。赤黑禾爲上，白中，黄下，禾不孰（熟），水不大出，民少疾。事群巫。孔435貳—436貳

群巫之長，日書稱"巫帝"，放簡日書1例。

（4）占病祟除：一天殹，公外；二〖地〗，社及立（位）；三人，鬼大父及殤；四〖時〗，大遏及北公；五音，巫亲<帝>、陰、

---

① 布，放簡整理者釋作"其"；甘肅省天水市北道區文化館改釋，見《天水秦簡（部分）》，《書法》1990年第4期。

② 李家浩：《包山卜筮簡218—219號研究》，載李學勤主編《長沙三國吳簡暨百年來簡帛發現與研究國際學術研討會論文集》，中華書局2005年版，第189—191頁。

雨公；六律，司命、天□；七星，死者；八風，相萇者；九州，大水殹。放乙350+192

該簡"巫帝陰雨公"，孫占宇先生或讀作"巫帝、陰、雨公"①，或讀作"巫帝、陰雨公"②，均無訓釋。王强先生認爲餘數一到九的鬼神名多是兩個，"巫帝陰雨公"似解釋爲兩個鬼神名爲好，可讀作"巫帝陰、雨公"。巫帝是巫中之帝，巫咸最有可能被尊稱爲"巫帝"；"陰"與"咸"相通，"巫帝陰"即巫帝咸，或是對巫咸的尊稱③。里耶秦牘8—461更名牘有"毋敢謂巫帝，曰巫"，意思是禁止稱"巫帝"，要改稱"巫"。程少軒先生認爲可能存在"底本是'巫帝'，後因禁用巫帝之稱，底本'帝'下加注'陰（咸）'，抄手不明所以，徑抄作'巫帝陰（咸）'"的情况④。若程説成立，則可作爲放簡抄寫於秦統一後的證據。另，雨屬水，水爲陰性，"陰雨公"或可連讀，"陰"表示"雨公"屬性。

"巫咸"爲巫祝之神，睡簡、嶽山各1例。

（5）弦望及五辰不可以興樂□，五丑不可以巫，當（帝）以殺<u>巫減</u>（咸）。睡甲27正貳

（6）<u>巫咸</u>乙巳死，勿以祠巫。巫龍：丙申、丁酉、己丑、己亥、戊戌。嶽山43背壹7

睡簡有2例"巫堪"爲病祟主體，或爲"巫咸"的通假寫法。

---

① 張德芳主編，孫占宇著：《天水放馬灘秦墓竹簡集釋》，甘肅文化出版社2013年版，第218頁。

② 陳偉主編，孫占宇、晏昌貴著：《秦簡牘合集〔肆〕》，武漢大學出版社2014年版，第145頁。

③ 王强：《秦簡所見"巫咸"兩考》，載楊振紅、鄔文玲主編《簡帛研究2016秋冬卷》，廣西師範大學出版社2017年版，第97—98頁。

④ 轉引自王强《秦簡所見"巫咸"兩考》，載楊振紅、鄔文玲主編《簡帛研究2016秋冬卷》，廣西師範大學出版社2017年版，第98頁。

（7）戊己有疾，巫堪行，王母爲祟，得之於黃色索魚、葷酉（酒）。睡甲72正貳

（8）戊己有疾，巫堪、王父爲姓（眚），□□索魚、葷。睡乙184

14. 高王父

曾祖父。作爲福祟神煞，睡簡日書5例。

（1）以入，見疾。以有疾，〈辰〉少翏（瘳），午大翏（瘳），死生在申。黑肉從北方來，把者黑色，外鬼父葉（世）爲姓（眚），高王父譴適（謫）。睡乙157—158

（2）以有疾，申少翏（瘳），亥大翏（瘳），死生在寅。赤肉從東方來，高王父譴姓（眚）。睡乙168

15. 大父（王父）

大父，即祖父。作爲福祟神煞，日書6例：放簡、孔簡各2例，嶽山、港簡各1例。

（1）祠大父良日：己亥、癸亥、辛丑。嶽山43背貳1
（2）辰有疾，四日小汗（閒），七日大汗（閒）。祟大父。戊辰莫食有疾，黃色死。孔356壹

另，水簡日書"大父母"1例。

祠大父母良日：己亥、辛丑、未、乙丑，大吉，不出三月必有大得，五月庚寅可以内（入）畜，内一□□□□□水《文物》

王父，義同"大父"。作爲福祟神煞，睡簡日書5例。

（3）丙丁有疾，王父爲祟，得之赤肉、雄雞、酉（酒）。庚辛

· 172 ·

病，壬有閒，癸酢。○睡甲70正貳

另，睡簡日書有"高王父"5例。

以有疾，卯少翏（瘳），辰大翏（瘳），死生在酉。鮮魚從西方來，把者白色，高王父爲姓（眚），埜（野）立（位）爲☐。○睡乙177—178

16. 王母
祖母。作爲福祟神煞，睡簡日書1例。

戊己有疾，巫堪行，王母爲祟，得之於黃色索魚、堇酉（酒）。壬癸病，甲有閒，乙酢；若不酢，煩居邦中，歲在西方，黃色死。○睡甲72正貳—73正貳

睡簡日乙相應簡文作"王父"。

戊己有疾，巫堪、王父爲姓（眚），☐☐索魚、堇☐☐☐☐閒，乙酢；不酢，☐☐邦中{中}，歲在西〚方〛，人黃色，死土日。○睡乙184

古代文獻中王母又稱"大母"，日書未見"大母"稱謂。
17. 父母
父親和母親。作爲福祟神煞，睡簡日書2例。

（1）甲乙有疾，父母爲祟，得之於肉，從東方來，裹以桼（漆）器。○睡甲68正貳
（2）祠父母良日：乙丑、乙亥、丁丑亥、辛丑、癸亥，不出三月有大得，三乃五。○睡甲78正貳

· 173 ·

與例（1）對應的簡文，睡簡日乙作"王父"。

甲乙有疾，禺（遇）御於豕肉，<u>王父</u>欲殺生人爲姓（眚）。有病者，必五病而☐有閒，不閒，死，煩在☐色亡。◦181+182A+睡乙182B

父母，又稱爲"親"。睡簡、放簡各1例。

（3）祠：祠<u>親</u>，乙丑吉；祠室，己卯、戊辰、戊寅，吉；祠户，丑、午☐ 睡乙148
（4）死不生憂心，毋（無）所從容。其祟大父、<u>親</u>及布。卜行歸及事君不吉。◦放乙280

放簡中的"親"蓋偏指父親。

18. 母

母親。作爲福祟神煞，睡簡日書1例。

壬癸有疾，<u>母</u>逢人，外鬼爲祟，得之於酉（酒）、脯脩、節肉。◦睡甲76正貳

母，睡簡整理者讀爲"毋"；研究者多從之。王子今先生認爲"母"可能不必改釋爲"毋"[1]，睡簡日書最新整理本亦未讀爲"毋"[2]。"母逢人"或與"巫堪行"類似，爲作祟的隱晦説法。惜睡簡日乙相應簡文殘缺。

壬癸☐☐，☐☐☐人，外鬼爲姓（眚），得於酉（酒）、脯脩、節肉。丙丁病，戊有閒，己酢；不酢，煩在北，人黑☐ 睡乙187

---

[1] 王子今：《睡虎地秦簡〈日書〉甲種疏證》，湖北教育出版2003年版，第193頁。
[2] 陳偉主編，彭浩、劉樂賢、萬全文等著：《秦簡牘合集〔壹〕》，武漢大學出版社2014年版，第393頁。

睡簡日書尚有 1 例 "母世"（母親一代亡者）爲祟的用例。

亥以東、南得，北吉，西禺（遇）囗，〖朝〗閉夕啓，朝兆（盜）得，晝夕不得。以入，得。【以有疾】，卯少瘳（瘳），巳大瘳（瘳），死生〖在申〗。黑肉從東方來，母枼（世）見之爲姓（眚）。睡乙179A+睡乙159B+睡乙180

19. 鬼
人死後離開形體而存在的精靈。日書中作祟"鬼"普遍存在。

（1）詰咎，鬼害民罔（妄）行，爲民不羊（祥），告如詰之。睡甲24背壹
（2）屈門：必昌以富，婦女嫡族人婦女，是胃（謂）鬼責門；三歲弗更，必爲巫。孔281貳
（3）厭魅書，家長以制日疏（疏）魅名，魅名爲天牧，鬼之精，即滅亡。有敢苛者，反受其央（殃）。以除爲之。居新EPT49.3

日書中的鬼有細緻劃分，得名緣由較多。
因死亡場所，鬼被命名爲"丘鬼、故丘鬼、待（時）鬼、道鬼、門名之鬼"。

（4）人毋（無）故鬼昔（藉）其宮，是＝丘鬼。睡甲29背壹
（5）故丘鬼恒畏人{畏人}所，爲芻矢，以蒿（弋）之，則不畏人矣。睡甲24背貳
（6）鬼恒召人曰："璽（爾）必以枼（某）月日死。"是待（時）鬼偶＝鼠①，入人醯醬、滫將（漿）中，求而去之，則已矣。睡甲25背貳—26背貳

---

① 劉信芳先生指出"待鬼"即"時鬼"，"時"爲秦人祭天地五帝之所。見《〈日書〉驅鬼術發微》，《文博》1996 年第 4 期。

· 175 ·

（7）禱及道鬼①，尚行。庚午日失（昳）有疾，白色死。○孔358壹
（8）門𠂤之鬼：【酉有疾】☒崇門𠂤之鬼。○孔361

因死亡時所處狀態，鬼被命名爲"勺鬼、鬼嬰兒"。

（9）一宅之中毋（無）故室人皆疫，多賫（夢）米（寐）死，是＝勺鬼貍（埋）焉。○睡甲40背壹—41背壹
（10）鬼嬰兒恒爲人號曰："鼠（予）我食"。是哀乳之鬼。○睡甲29背叁

因死亡原因，鬼被命名爲"不辜鬼、餓鬼"。

（11）人生子未能行而死，恒然，是不辜鬼處之。○睡甲52背貳
（12）凡鬼恒執匱以入人室，曰"氣（饋）我食"云，是＝餓鬼。○睡甲62背貳—63背貳

因鬼之習性，鬼被命名爲"哀鬼、哀乳之鬼、暴（暴）鬼、刺鬼、遽鬼、兇鬼、夭（妖）鬼、游鬼"。

（13）人毋（無）故而鬼取爲膠（摎），是＝哀鬼②，毋（無）家，與人爲徒，令人色柏（白）然毋（無）氣，喜契（潔）清，不飲食。○睡甲34背壹—36背壹
（14）鬼嬰兒恒爲人號曰："鼠（予）我食"。是哀乳之鬼。○睡甲29背叁

---

① 孔簡整理者斷句作"禱及道，鬼尚行"，無訓釋。王強先生讀作"禱及道鬼、尚行"，道鬼與尚行爲兩種鬼神。道鬼，應即《論衡·辨祟》提到的"塗上之暴屍"所化之鬼。見《孔家坡漢墓竹簡校釋》，碩士學位論文，吉林大學，2014年。

② 呂亞虎先生指出："從本篇簡文文義看，'哀鬼'是使人'色柏然毋氣，喜契清，不飲食'的鬼，'哀'之得名正與其習性相符。"見《戰國秦漢簡帛文獻所見巫術研究》，科學出版社2010年版，第168頁。

>>> 第一章 簡牘日書數術術語匯釋

（15）鬼恒責人，不可辭，是暴（暴）鬼。睡甲42背貳

（16）人毋（無）故鬼攻之不已，是=剌鬼①。睡甲27背壹

（17）凡邦中之立叢，其鬼恒夜謼（呼）焉，是遽鬼執人以自伐〈代〉也②。睡甲67背貳—68背貳

（18）鬼恒夜鼓人門，以歌若哭，人見之，是兇（凶）鬼，鳶（弋）以芻矢，則不來矣。睡甲29背貳—30背貳

（19）人毋（無）故而鬼有鼠（予），是夭（妖）鬼③，以水沃之，則已矣。睡甲32背叁

（20）鬼恒逆人，入人宮，是游鬼。睡甲51背貳

因鬼之危害，鬼被命名爲"棘鬼、瘵鬼"。

（21）一宅中毋（無）故而室人皆疫，或死或病，是=棘鬼在焉④。睡甲37背壹—38背壹

（22）一室人皆養（癢）謄（體），瘵鬼居之。睡甲52背叁

因鬼之屬性，鬼被命名爲"陽鬼、欽（陰）鬼"。

（23）竈毋（無）故不可以孰（熟）食，陽鬼取

---

① 剌，睡簡整理者釋爲"刺"，訓爲"戾"。呂亞虎先生指出："'剌'有暴戾、乖戾之義……古人以'剌鬼'爲其命名，或是從這種鬼好無端攻擊人的暴戾習性得來。"見《戰國秦漢簡帛文獻所見巫術研究》，科學出版社2010年版，第167—168頁。

② 呂亞虎先生指出"遽"有窘迫之義，簡文遽鬼急於執人自代或無處可居，"均是就該鬼所處之窘迫情狀而言。'遽鬼'之名或由此而來。"見《戰國秦漢簡帛文獻所見巫術研究》，科學出版社2010年版，第176頁。

③ 連劭名先生指出"夭"讀爲妖。《說文》云："'妖，巧也。'好、巧義同。見《雲夢秦簡〈詰〉篇考述》，《考古學報》2002年第1期。

④ 劉釗先生疑"棘"讀爲"瘠"。見《秦簡中的鬼怪》，《中國典籍與文化》1997年第3期。呂亞虎先生指出："'棘鬼'是使人無故一室人皆疫，或死或病之鬼。而疫病患者的症狀常爲羸瘠瘦弱，這與'棘鬼'之名也正相合。"見《戰國秦漢簡帛文獻所見巫術研究》，科學出版社2010年版，第169頁。

· 177 ·

其氣。○睡甲54背壹—55背壹

(24) 人之六畜毋（無）故而皆死，欦（陰）鬼之氣入焉。○睡甲56背壹

因鬼之外形特徵，又有"粲迓（牙）之鬼"。

(25) 人毋（無）故室皆傷，是粲迓（牙）之鬼處之。○睡甲57背貳

簡文文字殘泐不清晰，得名緣由不明之鬼尚有：

(26) 人毋（無）故而鬼惑之，是□鬼，善戲人。○睡甲32背壹
(27) 一室中臥者眛也，不可以居，是□鬼居之。○睡甲24背叁

據鬼與生人的親屬遠近關係，鬼有"外鬼"和"中鬼""室鬼"之別。

(28) 壬癸有疾，母逢人，外鬼爲祟，得之於酉（酒）、脯脩、節肉。○睡甲76正貳
(29) 賠肉從東方來，外鬼爲姓（眚），巫亦爲姓（眚）。○睡乙160
(30) 壬癸□□，□□□人，外鬼爲姓（眚），得於酉（酒）、脯脩、節肉。○睡乙187
(31) 狗肉從東方來，中鬼見社爲姓（眚）。○睡乙164
(32) 赤肉從北方來，外鬼父枼（世）見而欲，巫爲姓（眚），室鬼欲狗（拘）。○睡乙176

據"外鬼"與被作祟客體的世系次第，外鬼有"外鬼父世""外鬼兄世"之別。

(33) 黑肉從北方來，把者黑色，外鬼父枼（世）爲姓（眚），高王父譴適（謫）豕□睡乙157—158

（34）赤肉從南方來，把者赤色，<u>外鬼兄茉（世）</u>爲姓（眚）。○睡乙170

"外鬼殤死"表明了外鬼的死亡方式。

（35）庚辛有疾，<u>外鬼傷（殤）死</u>爲祟，得之犬肉、鮮卵白色。○睡甲74正貳

（36）庚辛有疾，<u>外鬼傷（殤）死</u>爲姓（眚），得於肥肉、鮮魚卵。○睡乙185

20. 魃

厲鬼，惡鬼。日書69例：放簡6例，王簡4例，孔簡53例，周漢、居新各3例。

（1）甲子旬，辰巳虛，戌亥孤，失（魃）六。其虛在東南，孤在西北。若有死〔者〕，各六〔兇（凶）〕，不出一歲。○放乙115貳

（2）庚午日中以死，失（魃）西北五六步，小子也取其父，大人也不去，必傷其家。○王706

（3）以建日死，失（魃）不出。○周漢112貳+117貳

（4）凡日與月同，營居者死，失（魃）不出。○孔301叁

（5）厭魃書，家長以制日疏（疏）魃名，魃名爲天牧，鬼之精，即滅亡。有敢苛者，反受其央（殃）。以除爲之。○居新EPT49.3

孔簡《死失（魃）》篇"失（魃）"多次出現，周漢亦有《死失（魃）》篇；孔簡整理者"死""失"連讀，認爲"死失"似是指一種人死後對生人作祟的死煞。陳炫瑋先生將"死""失"斷讀，認爲"失"通"魃"，爲厲鬼義；又"魃"或作"殃"[1]。劉樂賢先生認爲讀"失"爲"魃"的意見可信，"魃"是人死後能變成的作祟害人的

---

[1] 陳炫瑋：《孔家坡漢簡日書研究》，碩士學位論文，臺灣清華大學，2007年。

惡鬼，亦即古書記載的"歸殺"或"回煞"①。

21. 魅

鬼神類爲祟者，睡簡日書1例。

大袜（魅）恒入人室，不可止，以桃更（梗）□之，則止矣。○睡甲27背叁

"袜""魅"，聲符相同，意符相關，兩字可通用。

睡簡整理者注曰："《山海經·海内北經》：'袜，其爲物人身黑首从目。'注：'即魅也。'《説文》作'彪'，云'老精物也。'"呂亞虎先生指出整理者釋文無誤，但注文所引《山海經》及《説文》中所説的"袜"均爲"袜"，《説文》有袜，無袜；"袜"是否可作"袜"並通"魅"，尚待進一步研究。從該鬼的爲祟方式及對付它的方法看，"大袜亦當屬人們想象中的鬼魅類作祟者"②。

22. 死者

已死之人，亦即死鬼；日書中"鬼"作祟又稱"死者"作祟。

（1）占病祟除：一天殹，公外；二〖地〗，社及立（位）；三人，鬼大父及殤；四〖時〗，大遏及北公；五音，巫亲<帝>、陰、雨公；六律，司命、天□；七星，死者；八風，相莨者；九水，大水殹。○放乙350+192

因死亡場所，死者有"外死、原死者、交原"之稱。

（2）未以東得，北兇（凶），西、南吉，朝閉{多}夕啟，朝兆（盗）不得，晝夕得。以入，吉。以有疾，子少瘳（瘳），卯

---

① 劉樂賢：《懸泉漢簡中的建除占"失"殘文》，《文物》2008年第12期。
② 呂亞虎：《戰國秦漢簡帛文獻所見巫術研究》，科學出版社2010年版，第176—177頁。

大翏（瘳），〚死〛生在寅。赤肉從南方來，把者〚赤〛色，母枼（世）外死爲姓（眚）。睡乙171—172

（3）其祟原死者。卜見人不吉。放乙276

（4）其祟大街、交原。卜疾人不死，取（娶）婦嫁女吉。放乙262+267

程少軒先生指出原死者，爲死於原野者所化之鬼，放簡262"原"即放簡276"原死者"①。

因死亡方式，死者有"兵死、殤、暴死者、遊死者、强死"之稱。

（5）卅六年，置（德）居金，上公、兵死、陽（殤）主歲，歲在中。周秦297壹—298壹

（6）暴死者②，水日疾，祟在遊死者。水《文物》封三:12

（7）檮（禱）曰：木日疾，祟在社。火日疾，祟在强死、傷（殤）旱<早>。水《文物》封三:13

"兵死"又稱"兵"。

庚辛金也，有疾，白色日中死。非白色，丙有瘳，丁汗（閒）。街行、人炊、兵祟。孔350壹

"殤"又稱"先殤、早殤、殤早、幼殤死"。

（8）其祟上君、先殤③。卜疾人三禺（遇）黄鐘死，卜事

---

① 程少軒：《放馬灘簡式占古佚書研究》，博士學位論文，復旦大學，2011年。
② 暴，《水泉子漢簡初識》未釋；劉樂賢先生釋出，見《讀水泉子漢簡〈日書〉》，載張德芳、孫建洲主編《居延敦煌漢簡出土遺址實地考察論文集》，上海古籍出版社2012年版，第178頁。
③ 殤，放簡整理者未釋；程少軒先生釋出，見《放馬灘簡式占古佚書研究》，博士學位論文，復旦大學，2011年。

君吉。放乙放乙260+261

（9）檮（禱）日：木日疾，祟在社。火日疾，祟在強死、傷（殤）旱<早>。水《文物》封三：13

（10）【申有疾】☐祟旱<早>殤。壬申莫（暮）市有疾，黑色死。孔360

（11）鬼恒羸（裸）入人宫，是幼殤死不葬，以灰漬之，則不來矣。睡甲50背貳

（四）意義不明神煞
1. 大遏
病祟主體，或與四時有關。放簡日書1例。

占病祟除：一天殹，公外；二〖地〗，社及立（位）；三人，鬼大父及殤；四〖時〗，大遏及北公；五音，巫亲<帝>、陰、雨公；六律，司命、天☐；七星，死者；八風，相茛者；九州，大水殹。放乙350+192

大遏，放簡整理者釋作"六過"；晏昌貴先生釋作"大遇"①，認爲可能是與四時有關的鬼神②；陳偉先生改釋爲"大遏"，認爲可能讀作"大害"③。

2. 公外
病祟主體，或爲天神。放簡日書1例。

占病祟除：一天殹，公外；二〖地〗，社及立（位）；三人，鬼大父及殤；四〖時〗，大遏及北公；五音，巫亲<帝>、陰、雨

---

① 晏昌貴：《天水放馬灘秦簡乙種〈日書〉分篇釋文（稿）》，載陳偉主編《簡帛》第5輯，上海古籍出版社2010年版，第38頁。
② 轉引自程少軒《放馬灘簡式占古佚書研究》，博士學位論文，復旦大學，2011年。
③ 陳偉：《放馬灘秦簡日書〈占病祟除〉與投擲式選擇》，《文物》2011年第5期。

公；六律，司命、天□；七星，死者；八風，相茛者；九州，大水殹。放乙350+192

陳偉先生疑"公外"爲"外公"倒書，"公"爲尊稱，"外公"與放簡268"外君"相同（見後文"外君"所附簡文），屬致病鬼神一類；睡簡《病》《十二支占卜》《有疾》篇都有"外鬼"，或即所指①。程少軒先生亦認爲此簡"公外"恐與放簡鬼神"外君"有關；鬼神名中"公某"與"某君"常指同一鬼神，如"公社""社君"②。

3. 公主
作祟主體，或爲土地神。孔簡日書1例。

卯有疾，三日小汗（閒），九日大汗（閒）。祟三公主。孔355壹

三公主，孔簡整理者未訓釋。楊華先生認爲"三公主"即睡簡中的"三土皇"，二者同神異名，是秦人故地的山神；具體而言，就是關中嶽山的三座山峰③。梁超先生疑孔簡"三公主"當指天公、人公、地公這三位社主，爲土地之神；"公主"與"公社"相類，均被古人認作是疾病禍患的祟源④。

4. 恒輅公
作祟主體，其義待考。放簡日書1例。

其祟恒輅公、社。卜祠祀不吉。放乙278

孫占宇先生將"恒輅公"連讀，認爲包山楚簡禱祠簡"縣狢公"

---

① 陳偉：《放馬灘秦簡日書〈占病祟除〉與投擲式選擇》，《文物》2011年第5期。
② 程少軒：《放馬灘簡式占古佚書研究》，博士學位論文，復旦大學，2011年。
③ 楊華：《楚地山神研究》，《史林》2010年第5期。
④ 梁超：《孔家坡漢簡〈日書〉中所見幾個鬼神名試釋》，《北京教育學院學報》2014年第3期。

或與此有關①。

5. 冣主

病祟主體，或爲社神。孔簡日書1例。

寅有疾，四日小汗（間），五日大汗（間）。祟北君、冣主。孔354壹

北君、冣主，孔簡整理者連讀，未訓釋。楊華先生指出"叢主"是叢社的別稱，社神仍是漢代民間巫術的重要內容②。梁超先生認爲"北君冣主"當斷開，指"北君""冣主"二神；"北君"又見於放簡，爲古代惡神，"冣主"當即"叢主"，是土地神靈③。王强先生亦認爲"北君冣主"當指北君和冣主兩位神煞，冣主或是《潛夫論》中的衕聚④。

6. 曼

作祟主體，其義待考。放簡日書1例。

其祟田及曼、桑、炊者。卜賈市有利。放乙271

曼，放簡整理者釋作"皋"；陳劍先生改釋⑤。

7. 犬主

作祟主體，其義待考。放簡日書1例。

其【祟】□□犬主。卜毄（繫）囚不免。放乙311

---

① 陳偉主編，孫占宇、晏昌貴著：《秦簡牘合集〔肆〕》，武漢大學出版社2014年版，第183頁。
② 楊華：《秦漢帝國的神權統一》，《歷史研究》2011年第5期。
③ 梁超：《孔家坡漢簡〈日書〉中所見幾個鬼神名試釋》，《北京教育學院學報》2014年第3期。
④ 王强：《孔家坡漢墓竹簡校釋》，碩士學位論文，吉林大學，2014年。
⑤ 轉引自程少軒《放馬灘簡式占古佚書研究》，博士學位論文，復旦大學，2011年。

祟，放簡整理者未釋，孫占宇先生據文例擬釋①。

8. 人伏

或爲神煞名，其義待考。睡簡日書1例。

□祠：正□□□□□□□□癸不可祠<u>人伏</u>，伏者以死。睡乙147

吳小强先生譯文作"正月……癸日不能祭祀人伏神，否則會在伏日死去。"注釋將"人伏"訓作"庚日"，兩處不協。②

秦時伏日有祭祀，稱爲"伏祠"。《漢書·郊祀志上》："秦德公立，卜居雍……用三百牢於鄜畤。作伏祠。"顏師古注引孟康曰："六月伏日也。周時無，至此乃有之。""人伏"或即掌管人間伏日祭祀之神，與神煞"人炊"得名原因相同。簡文文意或可爲：正月……癸日不能祭祀人伏神，行伏祠者會死去。

9. 上君

作祟主體，其義待考。放簡日書1例。

其祟<u>上君</u>、先殤。卜疾人三禺（遇）黃鐘死，卜事君吉。放乙260+261

上君，放簡整理者釋作"上商"；孫占宇先生改釋③。

10. 史先

祭祀對象，其義待考。睡簡日書2例。

（1）祠<u>史先</u>龍丙望。睡甲125背

---

① 陳偉主編，孫占宇、晏昌貴著：《秦簡牘合集〔肆〕》，武漢大學出版社2014年版，第184頁。
② 吳小强：《秦簡日書集釋》，嶽麓書社2000年版，第224頁。
③ 張德芳主編，孫占宇著：《天水放馬灘秦墓竹簡集釋》，甘肅文化出版社2013年版，第251頁；陳偉主編、孫占宇、晏昌貴著：《秦簡牘合集〔肆〕》，武漢大學出版社2014年版，第182頁。

(2) 祠史先龍丙望。睡乙52貳

史先，睡簡整理者未訓釋。劉樂賢先生認爲"史先可能是指史皇或倉頡"，"《淮南子·修務》：'史皇産而能書。'史皇就是倉頡。《論衡·譏日篇》云：'又學書諱丙日，云：倉頡以丙日死也。'祠史先忌丙、望，似與倉頡以丙日死有些關係。"① 又認爲"史先"的出處仍有待進一步查考②。王子今先生則認爲"史先"即見於《左傳·昭公十七年》之"史先"③；《左傳》昭公十七年所記，楊伯峻先生注引顧棟高《春秋大事表》謂"祭史"即"祝史"。

11. 圖夫
作祟主體，致人噩夢。睡簡日書1例。

鬼恒爲人惡薨（夢），覺（覺）而弗占，是圖夫，爲桑丈（杖）奇（倚）户内，復（覆）䩅户外，不來矣。睡甲44背貳—45背貳

圖夫，睡簡整理者未訓釋。劉釗先生認爲圖夫乃鬼名④；吕亞虎先生據文義，認爲圖夫"當是指作祟致夢的鬼魅之名"⑤。

12. 外君
作祟主體，其義待考。放簡日書1例。

其祟外君殹。放乙269

13. 位
或爲社位，即社叢。放簡日書1例。

---

① 劉樂賢：《睡虎地秦簡日書研究》，臺灣文津出版社1994年版，第442、122—123頁。
② 陳偉主編，彭浩、劉樂賢、萬全文等著：《秦簡牘合集〔壹〕》，武漢大學出版社2014年版，第496頁。
③ 王子今：《睡虎地秦簡〈日書〉甲種疏證》，湖北教育出版2003年版，第490頁。
④ 劉釗：《秦簡中的鬼怪》，《中國典籍與文化》1997年第3期。
⑤ 吕亞虎：《戰國秦漢簡帛文獻所見巫術研究》，科學出版社2010年版，第193頁。

占病祟除：一天殹，公外；二〖地〗，社及立（位）；三人，鬼大父及殤；四〖時〗，大遏及北公；五音，巫亶＜帝＞、陰、雨公；六律，司命、天□；七星，死者；八風，相茛者；九州，大水殹。放乙350+192

"社及立"可能指社及社位（叢）①。
睡簡日書有1例"野位"，或爲野外之社叢。

鮮魚從西方來，把者白色，高王父爲姓（眚），埜（野）立（位）爲□ 睡乙178

14. 陰
病祟主體，其義待考。放簡日書1例。

占病祟除：一天殹，公外；二〖地〗，社及立（位）；三人，鬼大父及殤；四〖時〗，大遏及北公；五音，巫亶＜帝＞、陰、雨公；六律，司命、天□；七星，死者；八風，相茛者；九州，大水殹。放乙350+192

雨屬水，水爲陰性，"陰雨公"或可連讀，"陰"表示"雨公"屬性。

15. 冢
或爲"冢土"，即大社。周秦日書1例。

置（德）居木，里袾（社）、冢主歲，歲爲上。周秦302壹

---

① 程少軒：《放馬灘簡式占古佚書研究》，博士學位論文，復旦大學，2011年。

周秦整理者認爲冢通"塚"。劉國勝等先生認爲冢或指大社①。

16. 築囚

或爲厠神。周秦日書1例。

置（德）居火，筑（築）囚、行、炊主歲，歲爲下。_{周秦299壹}

17. 皇囗

或爲神名，其名稱與意義待考。孔簡日書1例。

☑囗丙辰、寅，丁亥，囗囗囗稷大、䄕囗各皇囗。_{孔260}

皇囗，王貴元先生據圖版釋爲"皇神"，訓爲天神②；也有研究者認爲"神"字與簡文不合，釋"神"恐不可從③。

18. 天囗

病祟主體，其名稱與意義待考。放簡日書1例。

占病祟除：一天殹，公外；二〖地〗，社及立（位）；三人，鬼大父及殤；四〖時〗，大遏及北公；五音，巫尞<帝>、陰、雨公；六律，司命、天囗；七星，死者；八風，相莀者；九州，大水殹。_{放乙350+192}

放簡整理者釋作"天獸"。程少軒先生從整理者釋，指出"天獸"文獻不見，疑指群獸之神，或屬狩獵之神，待考④。也有研究者認爲

---

① 陳偉主編，刘国胜、彭锦华著：《秦簡牘合集〔叁〕》，武漢大學出版社2014年版，第47頁。
② 王貴元：《讀孔家坡漢簡札記》，載中國人民大學文學院編《語言論集》第6輯，中國社會科學出版社2009年版，第25頁。
③ 王强：《孔家坡漢墓竹簡校釋》，碩士學位論文，吉林大學，2014年。
④ 程少軒：《放馬灘簡式占古佚書研究》，博士學位論文，復旦大學，2011年。

"天"後一字,恐非"獸"字,其字待考①。

第二節　時日禁忌詞語

此處所歸納整理的時日禁忌詞語指的是標記禁忌時日的專門名稱,其與神煞名稱有一定關聯,有些時日禁忌詞語在後世發展成爲神煞名稱。不過,時日禁忌詞語重點在於對禁忌時日的命名,不能脱離時日而存在。

1. 報日（復日）

某日天干和當月所值建日地支五行相同②,其日行事舉動會重複發生,忌爲凶事,利爲吉事。港簡日書1例。

(1) ☒【戊】己、甲庚、乙辛、戊己、丙壬、癸丁、戊己,<u>報日</u>。以得,必三;以亡,必五;以喪生,凡三。可以畜六畜。_{港75}

陳松長先生訓"報"爲"祭","報日"當爲報祭之日;但"報日"前列干支乃"復日"干支,"報日"也可能就是"復日",祇是時代早晚不同,稱名有異而已③。劉國勝先生認爲港簡"'報日'可能是指反得報應、反受報復之日,屬凶日"④。陸平先生指出報、復兩字音近可通,均有反復義,"報日"即"復日";《星曆考原》卷四引《天寶曆》曰:"復日者,爲魁罡所系之辰也,其日忌爲凶事,利爲吉事。"簡文"以得必三,以亡必五",就是形容此日能够反復獲利或者得咎⑤。

---

① 陳偉:《放馬灘秦簡日書〈占病祟除〉與投擲式選擇》,《文物》2011年第5期。
② 另,周漢、孔簡《報日》篇各有1例"報日":"辛亥、辛卯、壬午不可以寧人及問疾,人必反代之;利以賀人,人必反賀。此報日也。"該"報日"之"報"爲"返回""回報"之義,與來源於"報"之重複義的"報日"不同。
③ 陳松長:《香港中文大學文物館藏簡牘》,香港中文大學文物館2001年版,第40頁。
④ 劉國勝:《港中大館藏漢簡〈日書〉補釋》,載陳偉主編《簡帛》第1輯,上海古籍出版社2006年版,第344頁。
⑤ 陸平:《港中大館藏漢簡〈日書〉校釋》,載陳偉主編《簡帛》第4輯,上海古籍出版社2009年版,第316頁。

"報日"之"報"爲重複之義，日書"報"有該義項。

正月旦西風，三日不報，兵起在春三月中。入月二日而風，三日不報，兵起在夏三月中。入月三日而風，三日不報，兵起在秋三月中。入月五日而風，三日不報，兵起在冬三月中。孔425—426

所以"報日"吉凶事件重複發生，宜舉吉事，忌爲凶事。
"報日"又稱"復日"①，日書3例：居新、額簡、懸泉各1例。

(2) 復日：甲庚、乙辛、戊己、丙壬、丁癸、〖戊己〗、{未}、戊己、甲庚、乙辛、戊己、丙壬、丁癸、〖戊己〗。居新EPT27.2

(3) 復日：正月甲庚、三月戊己、五月丁癸、七月甲庚、九月戊己、十【一】月丁癸；
{反支}二月乙辛、【四月】丙壬、六月戊己、【八】月乙辛、十月丙壬、十二月戊己。額2000ES9SF4.27+26

(4) 復日：甲庚 乙辛。懸泉ⅠDXT0112①:078

"復"表重複義常見，"報""復"同義；《廣雅·釋言》："報，復也。"
另有2例天干殘簡，當爲"復日"簡，見於居新和懸泉。

(5) 乙辛 戊己 居新EPS4.T2:134
(6) 甲庚、乙辛、戊己、丙壬、丁癸、戊己。懸泉ⅡDXT0111②:185

例(5)爲八月、九月復日，例(6)爲七至十二月復日。
"復日"在曆日中常寫成"復"，如尹灣漢簡《元延三年曆譜》五月曆日第一欄"復丁癸"，敦煌卷子中唐宋具注曆日將"復日"一律寫

---

① 另，九店《建除》篇有1例"復日"："凡復日，不吉，無爲而可。"該"復日"是建除值神"復"所值之日，與用於表示時日禁忌的專名性質的"復日"不同。

成"復";這些曆日中的"復日"標注與日書相合,可見其延續性①。

2. 出亡歸死之日

行歸忌日。睡簡日書1例。

　　正月乙丑、二月丙寅、三月甲子、四月乙丑、五月丙寅、六月甲子、七月乙丑、八月丙寅、九月甲子、十月乙丑、十一月丙寅、十二月甲子以以行,從遠行歸,是謂<u>出亡歸死之日</u>也。睡甲109背—110背

這種"四孟在丑,四仲在寅,四季在子"出行忌日,居新日書稱爲"歸死",東漢以後稱爲"歸忌",演變爲神煞名稱。

3. 大敗日(四季日)

不可行事,行事必毀之日。睡簡日書1例。

　　(1)春三月季庚辛,夏三月季壬癸,秋三月季甲乙,冬三月季丙丁,此<u>大敗日</u>,取(娶)妻,不終;蓋屋,燔;行,傳;毋(無)可有爲,日衝(衝)。睡甲1背

睡簡表明"大敗日"禁忌之由爲日衝②。星相術士將五行相尅相忌稱爲"衝","衝""尅"渾言相通,析言則"衝"指地支相抵觸,"尅"指天干相制伏。

"大敗日"與因"指月份(季節)的五行與其日天干所屬五行相尅"的"四廢"數術原理相同③,又與其每季的季月干支相同。

　　春三月,啻(帝)爲室申,剽卯,殺辰,四㴾(廢)庚辛。夏三月,啻(帝)爲室寅,剽午,殺未,四㴾(廢)壬癸。秋三

---

① 陸平:《散見漢日書零簡輯證》,碩士學位論文,南京師範大學,2009年。
② 呂亞虎:《戰國秦漢簡帛文獻所見巫術研究》,科學出版社2010年版,第136—137頁。
③ 劉樂賢:《睡虎地秦簡日書研究》,臺灣文津出版社1994年版,第130—131頁。

月，啬（帝）爲室巳，剽酉，殺戌，四瀘（廢）甲乙。冬三月，啬（帝）爲室辰，剽子，殺丑，四瀘（廢）丙丁。○睡甲96正壹—99正壹

"敗"與"廢"義近。孔簡日書"廢日"中的"四季日"，當與睡簡"大敗日"相同。

（2）四季日爲廢日，廢日不可有爲也。以有爲也，其事必廢。○孔204

4. 赤帝臨日
又簡稱"臨日"。赤帝前來降災之日，其日不可有爲，百事皆無利。睡簡"赤帝臨日"2例，孔簡"臨日"2例。

（1）行：凡且有大行、遠行若飲食歌樂，聚〖衆〗、畜生及夫妻同衣，毋以正月上旬午，二月上旬亥，三月上旬申，四月上旬丑，五月上旬戌，六月上旬卯，七月上旬子，八月上旬巳，九月上旬寅，十月上旬未，十一月上旬辰，十二月上旬酉。凡是日赤啬（帝）恒以開臨下民而降其英（殃），不可具爲，百事皆毋（無）所利。節（即）有爲也，其央（殃）不出歲中，小大必至。有爲而禺（遇）雨，命曰央（殃）蚤（早）至，不出三月，必有死亡之志至。凡是有爲也，必先計月中閏日，句（苟）毋直赤啬（帝）臨日，它日雖有不吉之名，毋（無）所大害。○睡甲127正—130正

（2）【凡且】有大行、遠行若飲食歌樂，聚具<衆>、畜生及夫妻同衣，毋以正月上旬午，二月上旬亥，三月上旬〖申〗，四月上旬丑，五月上旬戌，六月上旬卯，七月上旬子，八月七旬巳，九月上旬寅，十月上旬未，十一月上旬辰，十二月上旬丑<酉>。凡是日赤啬（帝）恒以開臨下民而降央（殃），不可具爲，百〖事〗皆毋（無）所利。節（即）以有爲也，其央（殃）不出歲，小大必致（至）。有爲也而遇雨，命之央（殃）蚤（早）至，不出三月，有死亡之志致（至）。凡且有爲也，必先計月中閏日，【句

（苟）毋】直赤啻（帝）臨日，它日唯（雖）有不吉之名，〖毋（無）所〗大害。睡乙132—137

（3）臨日：正月上旬午，二月亥，三月申，四月丑，五月戌，六月卯，七月子，八月巳，九月寅，十月未，十一月辰，十二月酉，帝以此日開臨下〖民〗降央（殃），不可遠行、會（飲）食、歌（歌）樂、取（聚）衆、畜生，凡百事皆凶。以有爲，不出歲，其央（殃）小大必至。以有爲而遇雨，命曰央（殃）蚤（早）至，不出三月，必有死亡之志。凡舉事，苟毋直臨日，它雖不吉，毋（無）大害。以生子，不＜夭＞。孔108—110

港簡有"赤帝臨日"殘文。

（4）☐央（殃），不可以暈爲火，百事皆毋（無）所利。節（即）以有爲也，其央（殃）不出歲中，小大必至，有爲也☐死亡志至。凡有爲也，☐☐☐☐☐☐☐港58—59

孔簡書寫比睡簡簡潔，如"臨日"日期，僅在"正月"之前標注"上旬"；"赤帝臨日"簡稱爲"臨日"。後世通書中也有"臨日"禁忌；《星曆考原》《協紀辨方書》均有記載，其禁忌事項與時日與日書有關聯。如《星曆考原》卷四："《樞要曆》曰：'臨日者上臨下之義也。其日忌臨民、訴訟。'《曆例》曰：'臨日者，正月午、二月亥、三月申、四月丑、五月戌、六月卯、七月子、八月巳、九月寅、十月未、十一月辰、十二月酉。'"劉樂賢先生指出日本陰陽道文獻所載忌日有"帝臨日"，更接近於日書的"赤帝臨日"；由"帝臨日"這一中間環節，可以斷定將"臨日"視爲"赤帝臨日"之省是有道理的[①]。睡簡日甲自題篇名"行"，而孔簡自題篇名"臨日"，是這種出行時日從一般"行"日中專門獨立化的一個表現。

[①] 劉樂賢：《簡帛數術文獻探論》，湖北教育出版社2003年版，第378頁。

5. 帝毁丘之日

帝拆毁居邑之日，其日不可毁壞墙壁，拆除房室。孔簡日書1例。

　　垣日，帝毁丘之日。正月辰，二月卯，三月寅，四月酉，五月子，六月亥，七月戌，八月丑，〚九月申〛，十月未，十一月午，十二月巳，不壞垣，不可除内中。孔269

6. 帝爲室日

帝建造居室之日，其日不可興建房屋。放簡日書1例。

　　（1）畜（帝）以春三月，爲室亥，朼（剽）卯，殺辰，四濂（廢）庚辛。夏三月，畜（帝）爲室〚寅〛，朼（剽）午，殺未，四濂（廢）壬癸。秋三月，畜（帝）爲室巳，朼（剽）酉，殺〚戌〛，四濂（廢）甲乙。冬三月，畜（帝）爲室申，朼（剽）子，殺〚丑〛，四濂（廢）丙丁。凡四時，畜（帝）爲室日殹，不可築大室内，大人死之。以築右序，長子□□□之。□□□中子□□□死之。築宫垣，孫子死。築外垣，牛馬及羊死之。殺日，勿以殺六畜，不可出女、取（娶）妻、祠祀、出財。四濂（廢）日，不可以爲室、□内、爲囷倉及蓋。放乙95壹—103壹

　　睡簡日書有相關簡文，自題篇名爲"畜"，"畜爲室日"簡省作"爲室日"。

　　（2）春三月，畜（帝）爲室申＜亥＞，剽卯，殺辰，四濂（廢）庚辛。夏三月，畜（帝）爲室寅，剽午，殺未，四濂（廢）壬癸。秋三月，畜（帝）爲室巳，剽酉，殺戌，四濂（廢）甲乙。冬三月，畜（帝）爲室辰＜申＞，剽子，殺丑，四濂（廢）丙丁。凡爲室日，不可以筑（築）室。筑（築）大内，大人死。筑（築）右圩（序），長子婦死。筑（築）左圩（序），中子婦死。筑（築）外垣，孫子死。筑（築）北垣，牛羊死。殺日，勿以殺

六畜，不可以取（娶）婦、家（嫁）女、禱祠、出貨。四瀶（廢）日，不可以爲室、復（覆）屋。睡甲96正壹—101正壹

7. 剛日

單日。天干甲丙戊庚壬五日，地支子寅卯戌巳酉六日居奇位，屬陽剛，稱剛日。剛日、柔日相和爲吉，相衝爲不吉。放簡日書1例。

（1）凡甲、丙、戊、庚、壬，子、寅、〖卯、戌〗、巳、酉，是胃崗（剛）日、陽〖日〗、牡日殹，女子之吉日殹。放乙113壹

"剛日"又稱"男日、男子日、牡日、陽日"。日書"男日"6例：睡簡1例，放簡4例，印臺1例。"男子日"4例，見於放簡。"牡日"9例：睡簡2例，放簡5例，孔簡2例。"陽日"1例，見於放簡。

（2）男日：子、卯、寅、巳、酉、戌。放乙91上
（3）男子日，寅、卯、子、巳、戌、酉。睡乙109
（3）☒□戌、午、申、庚午、辰、壬戌、子爲牡日，牡日以死及葬，必復之。孔殘37+186壹
（4）凡甲、丙、戊、庚、壬，子、寅、〖卯、戌〗、巳、酉，是胃崗（剛）日、陽〖日〗、牡日殹，女子之吉日殹。放乙113壹

8. 擊日

死日。睡簡日書1例。

【絕日，毋爲而】可，名曰殻（擊）日。以生子，數孤。桃（逃）人，不得。利以兌（說）明（盟）組（詛），百不羊（祥）。睡甲11正貳

九店日書與睡簡"擊日"對應詞語作"死日"。

亥、子、丑、寅、卯、辰、巳、午、未、申、酉、戌，是胃（謂）絕日，無爲而可，名之曰死日。生子，男不菑（留）。逃人，不得。利以叙（除）盟詛。九店34

9. 破日
其日不可爲建築等事。放簡日書1例。

春子、夏卯、秋午、冬酉，是=人彼（破）日，不可築室、爲嗇夫、取（娶）妻、嫁女，兇（凶）。放乙129壹

放簡此例"破日"顯非建除十二神之"破日"，亦非因地支與當月地支相衝之月破日（如寅申、卯酉、辰戌、巳亥、午子、丑未）。

後世堪輿書籍中有建築禁忌神煞"魯班煞"，又作"魯班殺"，其值日與放簡此例相同。魯班煞應與放簡"破日"禁忌有關，並因其日不可"築室"而獲得了建築凶神名稱。

10. 柔日
偶日。天干乙丁己辛癸五日，地支丑辰午未申亥六日居偶位，屬陰柔，稱柔日。剛日、柔日相和爲吉，相衝爲不吉。放簡日書1例。

(1) 凡乙、丁、己、辛、癸，丑、辰、午、未、申、亥，是=柔日，陰日、牝日殴，男子之吉日殴。放乙114壹

"柔日"又稱"女日、女子日、牝日、陰日"。日書"女日"16例：睡簡3例，放簡12例，印臺1例。"女子日"4例，見於放簡。"牝日"11例：睡簡2例，放簡6例，孔簡3例。"陰日"1例，見於放簡。

(2) 言：以男日與人言，立右，先言。以女日，立左，後言。印臺《荊州》圖2-8

(3) 人日：凡子、卯、寅、酉，男子日；午、未、申、丑、

亥，女子日。以女子日病，病瘳，必復之；以女子日死，死以葬，必復之。男子日如是。○睡乙108

（4）牡日死，必以牝日葬；牝日死，必以牡日葬。不然，必復之。○放乙89

（5）凡乙、丁、己、辛、癸，丑、辰、午、未、申、亥，是＝柔日，陰日、牝日殹，男子之吉日殹。○放乙114壹

"剛日""柔日"合稱"剛柔之日"，放簡日甲簡4貳有"謂岡（剛）柔之日"①。

11. 殺日

帝殺牲之日，其日不可殺戮牲畜及行婚嫁、祭祀、錢財支出之事。日書2例：睡簡、放簡各1例。

（1）啻（帝）以春三月，爲室亥，杓（剽）卯，殺辰，四濾（廢）庚辛。夏三月，啻（帝）爲室〚寅〛，杓（剽）午，殺未，四濾（廢）壬癸。秋三月，啻（帝）爲室巳，杓（剽）酉，殺〚戌〛，四濾（廢）甲乙。冬三月，啻（帝）爲室申，杓（剽）子，殺〚丑〛，四濾（廢）丙丁。凡四時，啻（帝）爲室日殹，不可築大室内，大人死之。以築右序，長子□□□□之。□□□中子□□□死之。築宫垣，孫子死。築外垣，牛馬及羊死之。殺日，勿以殺六畜，不可出女、取（娶）妻、祠祀、出財。四濾（廢）日，不可以爲室、□内、爲囷倉及蓋。○放乙95壹—103壹

（2）春三月，啻（帝）爲室申＜亥＞，剽卯，殺辰，四濾（廢）庚辛。夏三月，啻（帝）爲室寅，剽午，殺未，四濾（廢）壬癸。秋三月，啻（帝）爲室巳，剽酉，殺戌，四濾（廢）甲乙。冬三月，啻（帝）爲室辰＜申＞，剽子，殺丑，四濾（廢）丙丁。

---

① 岡柔之日，放簡整理者釋爲"叱隸之日"；程少軒先生在施謝捷、周波先生改釋"叱"爲"岡"的基礎上，將"叱隸之日"釋爲"岡柔之日"，讀爲"剛柔之日"。見《放馬灘簡"剛柔之日"小考》，復旦大學出土文獻與古文字研究中心網2010年2月5日（http://www.gwz.fudan.edu.cn/SrcShow.asp? Src_ ID=1075）。

· 197 ·

凡爲室日，不可以筑（築）室。筑（築）大內，大人死。筑（築）右圩（序），長子婦死。筑（築）左圩（序），中子婦死。筑（築）外垣，孫子死。筑（築）北垣，牛羊死。殺日，勿以殺六畜，不可以取（娶）婦、家（嫁）女、禱祠、出貨。四潾（廢）日，不可以爲室、復（覆）屋。睡甲96正壹—101正壹

孔簡日書亦有"殺日"，時日選取原理與睡簡、放簡不同。

殺日：戊午不可殺牛，乙丑可以＜不可＞殺犬，子不可殺雞，壬辰不可殺豕。戊己殺象，長子死；入月旬七日以殺象，必有死之。孔238—239

睡簡、放簡均"帝爲室""殺"與"剽"同書，又均未及"剽日"禁忌。吳小强先生訓"剽"爲攻擊①。尚民傑先生指出"剽"有攻擊之義，以"土神"條內容而論，春夏秋冬的四仲月分別在酉子卯午，正好與"剽日"處於對衝之辰，有攻擊、侵犯土神之義②。由此而論，"剽日"也應以"土功"爲忌。睡簡日乙《徐（除）》篇簡44壹亦有："剽日，不可以使人及畜六畜，它毋有爲也。"兩種"剽日"值日選取原則不同。

12. 亡日
行歸忌日。日書2例：睡簡、孔簡各1例。

（1）亡日：正月七日，二月旬〖四日〗，三月〖二〗旬一日，四月八日，五月旬六日，六月二旬〖四日〗，七月九日，八月旬八日，九月二旬七日，十月旬，十一月〖二〗旬，十二月二＜三＞旬，凡以此往亡必得，不得必死。睡乙149—150

---

① 吳小强：《秦簡日書集釋》，嶽麓書社2000年版，第78頁。
② 尚民傑：《睡虎地秦簡〈日書〉中的"土神"與"土忌"》，載周天遊主編《陝西歷史博物館館刊》第7輯，三秦出版社2000年版，第204頁。

（2）亡日：正月七日、二月旬四、三月二旬一、四月八日、五月〖旬〗六日、六月二旬四日、七月九日，凡此日亡，不得。八月旬八、九月二旬七日、十一月二旬，以此日亡，必得，不得，必死。孔152壹——153

孔簡整理者認爲"亡日"很可能是爲逃亡者趨吉避凶所設。
睡簡日書又稱"亡者"。

（3）亡者：正月七日，二月旬四日，三月二日〈旬〉一日，四月八日，五月旬六日，六月二旬四日，七月九日，八月旬八日，九月二旬七日，☒二〈三〉旬，凡是往亡〖必得〗，不得必死。睡乙151—152

睡簡日甲有2例行歸忌時日與"亡日""亡者"相同，未書忌日名稱。

（4）正月七日、二月十四日、三月廿一日、四月八日、五月十六日、六月廿四日、七月九日、八月十八日、九月廿七日、十月十日、十一月廿日、十二月卅日，凡是日在行不可以歸，在室不可以行，是＝大兇（凶）。睡甲107背—108背貳

（5）入正月七日，入二月〖十〗四日，入三月廿一日，入四月八日，入五月十六日，入六月廿四日，入七月九日，入八月九〈十八〉日，入九月廿七日，入十月十日，入十一月廿日，入十二月卅日，凡此日以歸，死；行，亡。睡甲133正

日書"亡日""亡者"與後世選擇通書中的"氣往亡"時日相同[1]，從日書自題篇名來看，當尚未演變爲神煞名稱。
水簡有與睡簡、孔簡"亡日"相同值日的簡文，惜有殘缺，不知

---

[1] 劉樂賢：《睡虎地秦簡〈日書〉中的"往亡"與"歸忌"》，載李學勤主編《簡帛研究》第2輯，法律出版社1996年版，第123頁。

是否出現神煞名稱。

(6) ☐【十月】十日、【十一月】廿日、【十二月】卅日，不可遠行，往亡歸死①。水《文物》封三:10

與"亡日""亡者"及後世神煞"氣往亡"值日相同的時日，孔簡日書又爲種植忌日。

(7) 正月七日，二月十四日，三月廿一日，四月八月<日>、五月十六〖日〗，六月廿四日，七月九日，〖八月十八日、九月廿七日〗，十月七日，十一月廿日，十二月卅〖日〗，以穜（種），一人弗食也。孔452

《星曆考原》卷四："《曆例》曰：'又氣往亡者，立春後七日，驚蟄後十四日，清明後二十一日，立夏後八日，芒種後十六日，小暑後二十四日，立秋後九日，白露後十八日，寒露後二十七日，立冬後十日，大雪後二十日，小雪後三十日，皆自交節日數之。'曹震圭曰：'又氣往亡者，以四立月往亡之辰，三合化象之成數言之也。假令正月立春寅爲往亡，寅午戌合火局，火之成數七也；四月立夏卯爲往亡，亥卯未合木局，木之成數八也；七月立秋酉爲往亡，巳酉丑合金局，金之成數九也；十月立冬未爲往亡，土無化象，使以本行土爲之，其成數十。各倍之，爲次月往亡日，三之爲下月往亡日也。獨水數不用者，蓋四立之月，往亡無申子辰日也。然一歲之內，四季之月以辰爲首，辰月以申爲往亡，申合水局，水之成數六也，故三月中氣後六日，九月中氣後十二日，各得往亡。六月則土旺，後二六一十二日。十二月土旺，後三六一十八日，亦得往亡。或節氣加時，早晚間有差一日者，然其理大概如此。'"通書中"氣往亡"均以節氣爲據設定，"氣往亡"得名或許與農業、時令的禁忌時日存在關聯，孔簡此例種植

---

① 歸，《水泉子漢簡初識》未釋；莊小霞先生釋出，見《新刊水泉子漢墓日書簡校讀札記》，簡帛網 2009 年 11 月 30 日（http://www.bsm.org.cn/show_article.php?id=1183）。

忌日簡也許可爲"氣往亡"得名之由提供綫索。

13. 虛日

虛耗之日，尤指錢財耗損。港簡日書1例。

☑□、婺女、營＝、虛、牽牛，<u>虛日</u>。不可以入，錢財必虛。港74

14. 禹窮日

又簡稱"窮日"，爲出行忌日。"窮日""禹窮日"，孔簡日書各1例。

<u>窮日</u>：<u>禹窮日</u>，入月二日、七日、九日、旬三、旬八、二旬二日、二旬五日，不可行。孔151壹

孔簡整理者指出該簡"窮日"與傳世文獻中"癸亥終一甲"的"窮日"所指癸亥無關；不過兩者命名內涵相同，均不宜出行，簡文又稱"窮日"爲"禹窮日"，是將窮日之說假託於禹。源於大禹治水時勞苦窮困之故①。

另，周秦日書有據"戎磨日"推算出來的"不利有爲"之"窮日"，這種"窮日"據"戎磨日"圖"｜目｜目｜目｜目｜目"和"直一者，大劈（徹）；直周者，小劈（徹）；直周中三畫者，窮"的推算細則得出：從朔日始計數，每一畫代表一日，形成"一、周、周中三畫"五日一循環的推算方式，"周中三畫"爲"窮日"，即"入月三日、四日、五日、九日、十日、十一日、十五日、十六日、十七日、廿一日、廿二日、廿三日、廿七日、廿八日、廿九日寃（窮）日。"周秦載窮日"不利有爲殹，亡人得，是謂三閉"，可見"窮日"由"窮"得義，"窮"與"徹"相對，爲封閉、不通義；借以表示做事不達，亦即"不利有爲"，同時"亡人"又"閉"於內，不得出。周秦"窮日"與孔

---

① 陳炫瑋：《孔家坡漢簡日書研究》，碩士學位論文，臺灣清華大學，2007年。

簡"窮日"數術原理不同，禁忌事項也有別；不過均含有不利出行之義，當與"窮"之不達義有關。

15. 禹之離日

又簡稱"禹離日""離日"；其日唯利於分離，不可爲它事。"禹之離日" 2 例：睡簡、周漢各 1 例。"禹離日" 1 例，見於孔簡。"離日" 8 例：睡簡 3 例，放簡 1 例，孔簡、周漢各 2 例。

（1）此所胃（謂）艮山，禹之離日也。從上右方數朔之初，日及枳（支）各一日，盡之而復從上數。日與枳（支）刺<夾>艮山之胃（謂）離日。離日不可以家（嫁）女、取（娶）婦及入人民、畜生，唯利以分異。離日不可以行，行不反（返）。○睡甲47正叁—53正叁

（2）丙寅、甲戌、戊寅、辛丑、己丑、癸巳、丙申、甲辰、戊申、辛亥、己未、癸亥，是謂離日，不可入官。○放乙318

（3）是胃（謂）根（艮）山，禹離日也。數從上右方數朔初，日及字（支）各居一日。盡，復道上右方數。日與字（支）夾根（艮）山是胃（謂）離日。離日不可取（娶）妻、嫁女及入人、畜生、貨。可分異。○孔139叁—145叁

港簡日書亦有《艮山》篇殘簡。

（4）此禹之根（艮）山，數上道□☑港34貳□，復道上□□□乙未☑港13

港簡未出現"離日"或"禹之離日"稱謂，"此禹之根（艮）山"或有脫文。

研究者多認爲"禹之離日"中的"禹"即大禹，"離"爲分離義。"禹之離日"有既定的推算方法，"'離日'是一種每月根據反支日推算出來的日子，……日者本有一套推算'離日'之法，後來爲了使此法更能吸引觀衆，就把它與當時最有名的傳說人物大禹聯繫起來，稱之爲

'禹之離日'。"① 放簡"離日"並没有與"禹"結合使用，可以推測當時人們把"禹"與"離日"結合起來，應該祇是爲了引起人們的注意，並非"禹"與"離日"有什麽具體的關係②。之所以託名爲"禹"，"在傳説裏，禹是長期離家在外的典型，他娶涂山氏之女後，第四天便出去治水，居外十三年，過家門不敢入，連兒子都不及撫養。'離日'既象徵分離，所以祇利於'分異'。"③

"分離日"不同於"離日"，睡簡日書有1例"分離日"。

戌興〈與〉亥是胃（謂）分離日，不可取（娶）妻。取（娶）妻，不終，死若棄。睡甲10背壹

日書中還有其他時日宜忌事項。
如以五行命名的"金日、木日、水日、火日、土日"。

（1）甲、乙、丙、丁、戊、己、庚、辛、壬、癸，凡是＝十二毀，不可操土攻（功）。木日長子死，土日中子死，水日少子死，百事皆然。放乙140

（2）丙丁有疾，王父爲姓（眚），得〚於〛赤肉、雄鷄、酒。庚辛病，壬聞，癸酢；煩及歲皆在南方，其人赤色，死火日。睡乙183

（3）戊己有疾，巫堪、王父爲姓（眚），□□索魚、菫□□□□聞，乙酢；不酢，□□邦中{中}，歲在西〚方〛，人黄色，死土日。睡乙184

（4）擣（禱）日：木日疾，祟在社；火日疾，祟在强死、傷（殤）旱<早>；土日疾，祟在木▨衛水；暴死者，水日疾，祟在遊死者。水《文物》封三：13+12

---

① 劉樂賢：《睡虎地秦簡日書研究》，臺灣文津出版社1994年版，第96頁。
② 田雪梅：《睡虎地秦簡〈日書〉、孔家坡漢家〈日書〉比較研究》，碩士學位論文，西南大學，2015年。
③ 李學勤：《睡虎地秦簡中的〈艮山圖〉》，《文物天地》1991年第4期。

(5) 北行以金日。港66

金日，五行屬金之日，庚辛二日；木日，五行屬木之日，甲乙二日；水日，五行屬水之日，壬癸二日；火日，五行屬火之日，丙丁二日；土日，五行屬土之日，戊己二日。

再如以納音命名的"宮日、商日、角日、徵日、羽日"。

(1) 宮日，卜父及兄以死，子孫燔（番）昌；母死，有毀；少者〖死〗，小有（又）死。放乙108上壹+107壹

(2)【徵日】☒燔（番）昌；小者以死，有（又）之少者；女<母>死，取長子；長子死，取中子；中子死，取少子。放乙108下壹

(3) 羽日：卜父死，取長男；母死，取長女；長子死，毋（無）後害。放乙109壹

(4)【商日】☒□□；長者死，□之；母死，有毀；父死，取中子；〖中子〗死，取長子；男死，取少子。放乙110壹

(5) 角日：長者死，有從女吉；少男死，毋（無）後央（殃）。放乙111壹

古代數術家按照納音法將六十甲子分別納入宮徵羽商角五音，每音含十二日。放簡日書有六甲納音篇。

(6)【宮：己卯、己酉、庚子、庚】午、戊寅、戊申、【丙辰、丙戌、丁巳、丁亥】、辛丑、辛未。放乙201壹

(7) 徵：甲辰、甲戌、乙巳、乙亥、丙寅、丙申、丁酉、丁卯、戊子、戊午、己丑、己未。放乙202壹

(8) 羽：壬辰、壬戌、癸巳、癸亥、甲寅、甲申、乙卯、乙酉、丙子、丙午、丁丑、丁未。放乙203壹

(9) 商：庚辰、庚戌、辛巳、辛亥、壬寅、壬申、癸卯、癸酉、甲子、甲午、乙丑、乙未。放乙204壹

(10) 角：戊辰、戊戌、己巳、己亥、庚寅、庚申、辛卯、辛

酉、壬子、壬午、癸丑、癸未。放乙205壹

放簡日書有《禹須臾行憙》篇，利用六甲納音占測喜數。

（11）甲子、乙丑、壬申、癸酉、【庚辰、辛巳、甲午、乙未、壬寅、癸卯、庚戌、辛亥】，夕行，九憙（喜）。放乙78壹

（12）戊辰、己巳、壬午、癸未、庚寅、辛卯、戊戌、己亥、壬子、癸丑、庚申、辛酉，日失（昳）行，七憙（喜）。放乙79壹

（13）丙子、丁丑、甲申、乙酉、壬辰、癸巳、丙午、丁未、甲寅、乙卯、壬戌、癸亥，日中行，五憙（喜）。放乙80壹

（14）丙寅、丁卯、甲戌、乙亥、戊子、己丑、丙申、丁酉、甲辰、乙巳、戊午、己未，｛日｝莫食北<行>，三憙（喜）。放乙81壹

（15）庚午、辛未、戊寅、己卯、丙戌、丁亥、庚子、辛丑、戊申、己酉、丙辰、丁巳，平旦行，二憙（喜）。放乙82壹

例（11）爲商日，配喜數九；例（12）爲角日，配喜數七；例（13）爲羽日，配喜數五；例（14）爲徵日，配喜數三；例（15）爲宮日，配喜數二。

這種五音與喜數配合，也見於睡簡。

（16）辛亥、辛巳、甲子、〖甲午〗、乙丑、乙未、壬申、壬寅、癸卯、〖癸酉〗、庚戌、庚辰，莫（暮）市以行，有九喜。睡甲97背壹

（17）癸亥、癸巳、丙子、丙午、丁丑、丁未、乙酉、乙卯、甲寅、甲申、壬戌、壬辰，日中以行，有五喜。睡甲98背壹

（18）己亥、己巳、癸丑、癸未、庚申、庚寅、辛酉、辛卯、戊戌、戊辰、〖壬子〗、壬午，市日以行，有七喜。睡甲99背壹

（19）丙寅、丙申、丁酉、丁卯、甲戌、甲辰、乙亥、乙巳、戊午、〖戊子〗、己丑、己未，莫食以行，有三喜。睡甲100背壹

（20）戊申、戊寅、己酉、己卯、丙戌、丙辰、丁亥、丁巳、

· 205 ·

庚子、庚午、辛丑、辛未，旦以行，有二喜。睡甲101背

睡簡中還有五音日祇記天干的簡寫形式。

（21）禹須臾：戊己丙丁庚辛旦行，有二喜；甲乙壬癸丙丁日中行，有五喜；庚辛戊己壬癸餔時行，有七喜；壬癸庚辛甲乙夕行，有九喜。睡甲135正

"戊己丙丁庚辛"即宫日，"甲乙壬癸丙丁"即羽日，"庚辛戊己壬癸"即角日，"壬癸庚辛甲乙"即商日，例（21）缺失與"三喜"相配之徵日"甲乙戊己丙丁"。

金關日書亦有1例五音日占辭。

（22）宫日數遷，羽日安，商、角日可，徵日兇（凶）。金關73EJT23.563+73EJT23.643

第三節　數術原理詞語

日書數術關注人之生老病死、婚喪嫁娶等日常生活中的各種事務，以時、事爲觀測點，占測吉凶，達成趨吉避凶之目的。在以時索事，爲事擇時、爲事尋法時，運用了多種數術方法。

五行原理，日書運行廣泛①。

（1）甲乙有疾，禺（遇）御於豕肉，王父欲殺生人爲姓（眚）。有病者，必五病而□有間；不間，死，煩在□□色亡。睡乙181+182A+182B丙丁有疾，王父爲姓（眚），得〖於〗赤肉、雄

---

① 研究者對日書中的五行應用研究成果較多，如劉道超《秦簡〈日書〉五行觀念研究》，《周易研究》2007年第4期。

鷄、酒。庚辛病，壬聞，癸酢；煩及歲皆在南方，其人赤色，死火日。睡乙183 戊己有疾，巫堪、王父爲姓（眚），□□□索魚、葷□□□□聞，乙酢；不酢，□□邦中｛中｝，歲在西〖方〗，人黄色，死土日。睡乙184 庚辛有疾，外鬼傷（殤）死爲姓（眚），得於肥肉、鮮魚卵。甲乙病，丙有聞，丁酢；不□□死□睡乙185—186 壬癸□□，□□□人，外鬼爲姓（眚），得於酉（酒）、脯脩、節肉。丙丁病，戊有聞，己酢；不酢，煩在北，人黑□睡乙187

（2）甲乙夢被黑裘衣寇〈冠〉，喜，人〈入〉水中及谷，得也。丙丁夢□，喜也，木金得也。戊己夢黑，吉，得喜也。庚辛夢青黑，喜心＜也＞，木水得也。壬癸夢日＜白＞，喜也；金得也。睡乙189壹—193壹

（3）春三月甲乙不可伐大榆東方，父母死。夏三月丙丁不可伐大棘南〖方〗，長男死。戊己不可伐大桑中央，長女死之。放乙129貳—131貳

（4）春三月可以南啓門，壬戌、壬子、癸丑、癸未，以黑祠。夏三月可以西啓門，□王351 午以青祠。秋三月可以北啓門，丁酉、丙辰、丁巳、丙申、丙戌，以赤祠。□【冬三月可】王352 以東啓東（門），□申、辛亥、庚戌、辛巳，以帛（白）祠。王370

（5）行：凡且有大行、遠行若飲食歌樂，聚〖衆〗、畜生及夫妻同衣，毋以正月上旬午，二月上旬亥，三月上旬申，四月上旬丑，五月上旬戌，六月上旬卯，七月上旬子，八月上旬巳，九月上旬寅，十月上旬未，十一月上旬辰，十二月上旬酉。凡是日赤帝（帝）恒以開臨下民而降其英（殃），不可具爲，百事皆毋（無）所利。睡甲127正—128正

（6）有行而急，不得須良日，東行越木，南行越火，西行越金，北行越水，毋須良日可也。周秦363

例（1）爲疾病占測，遵循干支、方位、五色的五行搭配：甲乙東方青色，丙丁南方赤色，戊己中央黄色，庚辛西方白色，壬癸北方黑色。

例（2）爲夢像占測，簡文有訛誤；大致遵循了五色、五行搭配：黑色與水、青色黑色與木水、白色與金。

例（3）爲伐木占測，遵循了干支、樹木與五行的搭配：甲乙榆樹東方，丙丁棗樹南方，戊己桑樹中央。睡簡日乙簡 67 亦有相關簡文："木忌，甲乙榆、丙丁棗、戊己桑、庚辛李、壬辰榛（漆）。"《周禮·司爟》："司爟掌行火之政令，四時變國火，以救時疾。"鄭玄注引鄭司農："《鄹子》曰：'春取榆柳之火，夏取棗杏之火，季夏取桑柘之火，秋取柞楢之火，冬取槐檀之火。'"孫詒讓《周禮正義》引皇侃《論語義疏》："改火之木，隨五行之色而變也。榆柳色青，春是木，木色青，故春用榆柳也。棗杏色赤，夏是火，火色赤，故夏用棗杏也。桑柘色黃，季夏是土，土色黃，故季夏用桑柘也。柞楢色白，秋是金，金色白，故秋用柞楢也。槐檀色黑，冬是水，水色黑，故冬用槐檀也。"

例（4）爲啟門占測，遵循五行相生、五色與五行的搭配：南門宜春季三月，春屬木，木生南向火，南門對北方黑色；西門宜夏季三月，夏屬火，火生中央土而生金，西門對東方青色；北門宜秋季三月，秋屬金，金生北向水，北門對南方赤色；東門宜冬三月，冬屬水，水生東向木，東門對西方白色。

例（5）爲赤帝臨日宜忌，又見於睡簡、孔簡，港簡也有殘文。孔簡臨日的地支安排與五行三合局關①，赤帝臨日的選取"由三合前、後辰而起，即陽（月）順取前辰，陰（月）逆取後辰。如正月建寅，寅與午戌三合（寅午戌合火），陽順取前，故正月以午爲赤帝日；二月建卯，卯與亥未三合（亥卯未合木），陰逆取後辰，故二月以亥爲赤帝日。其餘諸月依此類推即得"②。在式圖上，正月建寅、二月建卯……依此類推，依五行三合局，寅午皆爲火、卯亥皆爲木、辰申皆爲水、巳丑皆爲金、午戌皆爲火、未卯皆爲木、申子皆爲水、酉巳皆爲金、亥未皆爲木、子辰皆爲水、丑酉皆爲金，可見臨日各地支與月建地支五行屬

---

① 陳炫瑋：《孔家坡漢簡日書研究》，碩士學位論文，臺灣清華大學，2007 年。
② 劉道超：《秦簡〈日書〉五行觀念研究》，《周易研究》2007 年第 4 期。

性相同①。

例（6）爲急行，不得擇良日的便捷做法。"越"是勝過之義，簡文"東行越木"猶言東行勝木，即東行須手持勝"木"的"金"器鍛鐵②。

陰陽合和，日書常見。

（1）月生五日曰杵，九日曰舉，十二日曰見莫取，十四日臾（誤）詢，十五日曰臣代主。代主及臾（誤）詢，不可取（娶）妻③。睡甲8背貳—9背貳

（2）牡月牝日、牝月牡日，取（娶）妻皆吉。牡日死，必以牝日葬；牝日死，必以牡日葬。放乙88—89

（3）旦以至日中以其雄占，日中以至晦以其雌占。占長年不定家，占男子搖妻，女子去夫，百事搖。放乙297+310

（4）反支：反支日，入一出百，出一入百。求反支日，先道朔日始數。其雌也，從亥始數，右行；誰〈雄〉也，從戌始，左行。前禺（遇），其日爲反【支】，【後禺（遇），其日爲解】衡（衝）。孔135壹—136壹

（5）於是紀胃（謂）而定四鄉，和陰陽，雌雄乃通。於是令日當月，令月當歲，各十二時。孔459—460

（6）言：以男日與人言，立右，先言。以女日，立左，後言。印臺《荊州》圖2-8

---

① 王强：《孔家坡漢墓竹簡校釋》，碩士學位論文，吉林大學，2014年。
② 劉國勝：《孔家坡漢簡日書"五勝"篇芻議》，載陳偉主編《簡帛》第9輯，上海古籍出版社2014年版，第217—221頁。
③ 呂亞虎先生指出："依據陰陽學説，天、日、君、男爲陽，地、月、臣、女爲陰。十五日爲月望，是陰盛之時。……如果將陰陽關係用來比擬君臣、夫妻關係，則月望之時是君弱臣盛、男弱女盛之時。月望既爲陰盛之時，象徵着陽弱陰盛，而婚姻之事講求陰陽諧和。故簡文以十五日月望之時爲不可娶妻嫁女之日，當本於此。……這種嫁娶宜忌信仰實際上是古人在陰陽學説的基礎上，將人事的陰陽盛衰與天體的陰陽情況相比附而設立的禁忌。"見《戰國秦漢簡帛文獻所見巫術研究》，科學出版社2010年版，第48頁。

日書中也有利用相似律進行的占測。

（1）人字：其日在首，富難勝毆，夾頸者貴，在奎者富，在 掖（腋）者愛，在手者巧盜，睡甲150正貳—154正貳在足下者賤，在外者 奔亡。睡甲151正叁—152正叁

（2）凡大觢（徹）之日，利以遠行、絕邊竟（境）、攻毄 （繫），亡人不得，利以舉大事。凡小觢（徹）之日，利以行作、 爲好事，取（娶）婦、嫁女，吉。氏（是）謂小觢（徹），利以羈 （羈）謀（媒）。凡窾（窮）日，不利有爲毆。亡人得。是謂 三閉。周秦139貳—144貳

（3）畜生不息者，人虛也。取里社□者土以爲禺（偶）人， 男女各一，貍（埋）之户下。港35

"大徹之日""小徹之日""窮日"是根據戎磨日"｜目｜目｜目｜目 ｜目"得出："一"象徵通達無阻，表示"大徹之日"；方框與框内三 横相對，前者象徵通達，後者象徵封閉，前者爲"小徹之日"，後者爲 "窮日"。

日書中常見的利用地支與禽類相配循求盜者，占斷盜者形貌、品性 及藏身處所，也遵循了相似律。

利用常見神煞事迹，規定人間宜忌，既有借神導民，凸顯權威，亦 有附會聯想。

（4）行到邦門困（閫），禹步三，勉壹步，譁（呼）："皋， 敢告曰：某行毋（無）咎，先爲禹除道。"即五畫地，掓其畫中央 土而懷之。睡甲111背—112背

（5）戊申、己酉，牽牛以取（娶）織女而不果，不出三歲， 棄若亡。睡甲3背壹

（6）入月二旬齒（蚩）尤死日也，不可哭臨、聚衆、 合卒。孔183壹

日書文獻中也有基於生活經驗的數術方法，尤其是爲事尋法的操作。

（1）一室中，卧者容席以臽（陷），是地螌（蟹）居之，注白湯，以黄土窒，不害矣。睡甲31背叁
（2）雲氣襲人之宫，以人火鄉（向）之，則止矣。睡甲44背叁
（3）五月六月不可興土攻（功），十一月、十二月不可興土攻（功），必或死。睡甲106正
（4）四月中，不可伐木。放乙100貳

日書中有擇日原理詞語。
1. 衝
衝尅，五行相衝。衝日諸事不吉。

（1）大時右行閒二，小時左行毋數，正月建寅左行。建所當爲衝（衝）日，辛衝（衝）前爲飄，後爲敗。是日毋（無）可有爲也。孔114貳—115貳
（2）反支日，入一出百，出一入百。求反支日，先道朔日始數。其雌也，從亥始數，右行；誰〈雄〉也，從戌始，左行。前禺（遇），其日爲反【支】，【後禺（遇），其日爲解】衝（衝）。前自得，爲有事；後自得，爲事已。孔135壹—137壹

"衝"因干支相衝不同，分爲"日衝"和"地衝"。

（3）春三月季庚辛，夏三月季壬癸，秋三月季甲乙，冬三月季丙丁，此大敗日，取（娶）妻，不終；蓋屋，燔；行，傅；毋（無）可有爲，日衝（衝）。睡甲1背
（4）囗乙、丙丁、四廢，日衝之日，不可入官，爲室、囷，蓋復（覆）内及行囗。港61
（5）春三月戊辰、己巳，夏三月戊申、己未，秋三月戊戌、

己亥，冬三月戊寅、己丑，是胃（謂）地衙（衝），不可爲土攻（功）。○睡甲134背—135背

2. 反支

地支相對、相衝。反支日行事會有相反的結果。睡簡、放簡、港簡、孔簡日書中均有反支數術，從不同角度呈現了"反支"日的推算、行事宜忌等情況。

（1）反枳（支）：子丑朔，六日反枳（支）；寅卯朔，五日反枳（支）；辰巳朔，四日反枳（支）；午未朔，三日反〖枳（支）〗；申酉朔，二日反枳（支）；戌亥朔，一日反枳（支）；復卒其日，子有（又）復反枳（支）。一月當有三反枳（支）。○睡甲153背—154背

（2）子朔巳亥，丑朔子午，寅朔子午，卯朔丑未，辰朔丑未，巳朔寅申，午朔寅申，未朔卯酉，申朔【卯酉，酉朔辰戌，戌朔辰戌】，亥朔巳亥，是胃反只（支）。以徙官，十徙；以受憂者，十喜；以亡者，得十；毄（繫）囚，亟出。不可冠帶、見人、取（娶）婦、嫁女、入臣妾，不可主。歌樂鼓舞，殺畜生見血，人死之。利以出，不利以入，得一失十；以受賀喜，十憂；以｛去｝入官者，必去；以歐（毆）治（笞）人者，必蓐（辱）。○放乙127—128+309+367

（3）申朔，酉反支，卯解衝。○港85壹

（4）【子朔，巳亥反】支；【丑朔，午子反】支；寅朔，午子反支；【卯】朔，未丑反支；辰朔，未丑反支；巳朔，申寅反支；午朔，申寅反支；未朔，酉卯反支；申朔，酉卯反支；酉朔，戌辰反支；戌朔，戌辰反支；亥朔，亥巳反支。○孔123貳—134貳 反支：反支日，入一出百，出一入百。求反支日，先道朔日始數。其雌也，從亥始數，右行；誰〈雄〉也，從戌始，左行。前禺（遇），其日爲反【支】，【後禺（遇），其日爲解】衙（衝）。前自得，爲有事；後自得，爲事已。○孔135壹—137壹

額簡日書有1例"反支"衍文。

（5）復日：正月甲庚、三月戊己、五月丁癸、七月甲庚、九月戊己、十【一】月丁癸；

{反支}二月乙辛、【四月】丙壬、六月戊己、【八】月乙辛、十月丙壬、十二月戊己。額2000ES9SF4.27+26

港簡還有1例"反支"行事宜忌殘文。

（6）出一得十，亡人環（還）反（返），以史（事）憂者得意，去官十遷。港53

研究者多認爲"反支"之"反"爲相反，對衝義，"支"爲地支，反支即處於對衝地位的地支①。也有其他解釋，如"反支是作爲'卒'離開家去服徭役、兵役的人'回來'的意思"②；"反"即"返"，是指日子計算的方向，反支即"反向計算其地支"③；"反朳"是"反支"一語的原始意義，或許是説肢體"先出母體"的難產現象，"反支不行"影響交通行爲，或許是因爲這種"牾""逆""必難"的情形，和交通生活期望順暢的追求完全相反④。

據簡文，放簡、孔簡每月有五反支，睡簡則爲"一月當有三反朳（支）"。研究者或認爲睡簡"三"爲"五"之誤，或認爲睡簡三反支由五反支減少而來，或認爲睡簡反支和孔簡反支運用了兩種不同的推算

---

① 如劉樂賢《睡虎地秦簡日書研究》，臺灣文津出版社1994年版，第303—306頁；吴小强《秦簡日書集釋》，嶽麓書社2000年版，第174頁；孫占宇《簡帛日書所見早期數術考述》，《湖南大學學報》2011年第2期。

② ［日］山田勝芳：《秦漢時代的復除（1）》，轉引自［日］工藤元男《睡虎地秦簡所見秦代國家與社會》，廣瀨薰雄、曹峰譯，上海古籍出版社2010年版，第186頁。

③ 劉增貴：《"左右"、"雌雄"與"反"》，簡帛網2007年8月2日（http://www.bsm.org.cn/show_article.php?id=684）。

④ 王子今：《秦漢民間意識中的"小兒鬼"》，載梁安和、徐衛民主編《秦漢研究》第6輯，陝西人民出版社2012年版，第4頁。

方法，睡簡三反支和解衛合併爲五反支；或認爲三反支、五反支並存。"三"或爲每月某地支和其反支"地支"的數量，而不是每月某地支的"反支日"的數量；以睡簡所記"子丑朔，六日反枳（支）"爲例："子"朔，其反支日以六日爲單位確定，依次爲"巳、亥、巳、亥、巳"，即每月"子"與"巳、亥"共三個地支構成反支；"丑"朔，則爲其反支日同樣以六日爲單位確定，依次爲"午、子、午、子、午"，即每月"丑"與"午、子"共三個地支構成反支；寅卯、辰巳、午未、申酉、戌亥朔日時，反支首日分別以五、四、三、二、一爲單位依次確定，其後反支日以六爲單位順推，可得丑寅反支地支爲午子，卯辰反支地支爲未丑，巳午反支地支爲申寅，未申反支地支爲酉卯，酉戌反支地支爲戌辰，亥子反支地支爲巳亥，與放簡、孔簡所推定的"反支日"相同。由於每月各朔日均與兩個地支日構成反支，總計構成反支的"地支"數量爲"三"，睡簡記作"三反支"；而每月所構成的反支地支有重複，某地支每月的"反支日"總量爲"五"。睡簡"一月當有三反枳（支）"當理解爲每月當有三個地支構成反支，而非每月有三個反支日。

3. 解衛

解除關聯，日書中是表示解除反支關係的術語。港簡日書2例。

(1)【未朔，酉反支】，卯解衛。港84壹
(2) 申朔，酉反支，卯解衛。港85壹

從上文"反支"搭配關係看，未申朔，反支日均是酉卯，"衛"有遵循、連接義，"酉反支，卯解衛"即未申朔時，祇保留酉日反支，而解除卯日的反支關係。這種解衛數術減少了禁忌時日。

敦煌漢簡又有"解律"的説法。

子朔，巳反支，辰<亥>解律。敦1691

該簡可以和港簡反支、解衛的内容對應；"辰""亥"篆隸寫法

較近，"辰解律"之"辰"可能是"亥"的誤抄①。"律"有遵奉、遵循義，遵奉、遵循隱含事物間存在關聯；"解衝""解律"均是解除關聯之義；具體到反支事項中，即解除反支關係。"反支"爲地支對衝，"解衝""解律"實際上就是解除對衝關係；孔簡有"解衝"。

　　反支：反支日，入一出百，出一入百。求反支日，先道朔日始數。其雌也，從亥始數，右行；誰〈雄〉也，從戌始，左行。前禺（遇），其日爲反【支】，【後禺（遇），其日爲解】衝（衝）②。前自得，爲有事；後自得，爲事已。孔135壹—137壹

　　每月某地支均與兩個地支構成五個反支日，如"子"的反支地支是"巳亥"，每月的反支日是"巳、亥、巳、亥、巳"，"巳"爲前遇反支，"亥"爲後遇反支；前遇反支日保持反支關係，後遇反支日解除反支關係。"前自得，爲有事；後自得，爲事已"的意思是：前遇反支日自行行事，會受到反支宜忌制約；後遇反支日自行行事，與反支宜忌無關。孔簡解衝術，驗之港簡、敦煌"解衝""解律"也通。如此，每月某地支僅保留相同地支的三個反支日，減少了禁忌時日，也更便於記憶。

　　反支意義顯明，反支日推算方法明確；但每月反支日較多，對生活影響較大。《後漢書·王符傳》："明帝時，公車以反支日不受章奏，聞而怪曰：'民廢農桑，遠來詣闕，而復拘以禁忌，豈爲政之意乎！'於是遂蠲其制。"西漢初中期解衍、解律、解衝數術，屬解決禁忌日繁多，行事不便的一個途徑，應是廢除反支的前奏。

---

① 陸平：《散見漢日書零簡輯證》，碩士學位論文，南京師範大學，2009年。
② 後禺其日爲解，孔簡整理者未釋；白軍鵬先生補釋，並認爲整理者所釋"衝"字從輪廓來看，與"衝"亦很接近，"解衝"大概是解除"殃咎、不祥"之義。見《秦漢簡牘所見日書相關問題考察》，載卜憲群、楊振紅主編《簡帛研究2013》，上海古籍出版社2014年版，第141—143頁。

4. 孤虛

方術用語，占卜推算日辰之法：天干爲日，地支爲辰，日辰不全爲孤虛①；孤虛所在方位主事不吉。周秦日書1例。

（1）【以】<u>孤虛</u>循求盜所道入者及臧（藏）處。_{周秦260}

該簡以各旬虛日、孤日來判定盜者的進入方位和盜者或贓物的藏處方位，周秦簡355—360是利用孤虛術尋求盜者進入方位的占辭，簡361—362是利用孤虛術尋找失竊牛馬方位的占辭。

（2）甲子旬，戌亥爲<u>姑</u>（孤），辰巳爲虛，道東南入。甲戌旬，申酉爲<u>姑</u>（孤），寅卯爲虛，從西南入。甲申旬，午未爲<u>姑</u>（孤），子丑爲虛，從南方入。甲午旬，辰巳爲<u>姑</u>（孤），戌亥爲虛，從西北入。甲辰旬，寅卯爲<u>姑</u>（孤），申酉爲虛，從南方入。甲寅旬，子丑爲<u>姑</u>（孤），午未爲虛，從北方入。_{周秦355—360}

（3）甲子亡馬牛，求西北方；甲戌旬，求西方；甲申旬，求南方；甲午旬，求東南方；甲辰旬，求東方；甲寅旬，求北方。_{周秦361—362}

例（2）簡文甲申旬、甲辰旬均作"從南方入"，應有訛誤。劉樂賢先生認爲孤虛術占盜以虛定盜者的進入方位，大概是説盜者總是在人們疏於防範的時間或地點侵入，即所謂"趁虛而入"。甲戌旬、甲申旬、甲辰旬、甲寅旬中"西南、南、南、北"分别爲"東、北、西、

---

① 十天干和十二地支相配，每一輪配對，多出的兩個地支即爲"孤"，與"孤"相對的干支爲"虛"，"孤""虛"在方位上處於相反關係。《六甲孤虛法》："甲子旬中無戌亥，戌亥即爲孤，辰巳即爲虛。甲戌旬中無申酉，申酉爲孤，寅卯即爲虛。甲申旬中無午未，午未爲孤，子丑即爲虛。甲午旬中無辰巳，辰巳爲孤，戌亥即爲虛。甲辰旬中無寅卯，寅卯爲孤，申酉即爲虛。甲寅旬中無子丑，子丑爲孤，午未即爲虛。"

南"的誤抄①。

放簡、孔簡日書有六甲孤虛的時日分佈、方位匹配及六甲孤虛數術運用的完整簡文。

（4）甲子旬，辰巳虛，戌亥孤，失六。其虛在東南，孤在西北。若有死〚者〛，各六〚兇（凶）〛，不出一歲。甲戌旬，寅卯虛，申酉孤，失。虛在正東，孤在正西。若有死者，各四兇（凶），不出一月。甲申旬，子丑虛，午未孤，失。虛在正北，孤在〚正〛南。若有死者，各一兇（凶），不出一歲。甲午旬，戌亥虛，辰巳孤，失。虛在西北，孤在東南。若有死者，各三兇（凶），不出一日旬。甲辰旬，申酉虛，寅卯孤，失。虛在正西，孤在正東。若有死者，各參兇（凶），不出五月。甲寅旬，午未虛，子丑孤，失。虛在正〚南，孤在〛東北。若有死者，各五兇（凶），不出一歲。放乙115貳—120貳

（5）甲子旬，辰巳虛，虛在東南；戌亥孤，孤在西北。甲戌旬，寅卯虛，虛在東方；申酉孤，孤在西方。甲申旬，子丑虛，虛在北方；午未孤，孤在南方。甲午旬，戌亥虛，虛在西北；辰巳孤，孤在東南。甲辰旬，申酉虛，虛在西方；寅卯孤，孤在東方。甲寅旬，午未虛，虛在南方｛方｝；子丑孤，孤在北方。孔116貳—122貳
凡取（娶）婦、嫁女，毋從孤之虛，出，不吉。從虛之孤，殺夫。孔116叄—119叄

日書孤虛術用於占盜，預測死凶、婚喪嫁娶，均與孤虛搭配或詞義有關。

5. 五勝

五行相勝，水勝火、火勝金、金勝木、木勝土、土勝水。孔簡日書3例。

---

① 劉樂賢：《從周家臺秦簡看古代的"孤虛"術》，載鄧文寬主編《出土文獻研究》第7輯，上海古籍出版社2005年版，第51頁。

(1) 五勝：東方木，金勝木；段鐵，長三寸，操，東。南方火，水勝火；以簣（盞）盛水，操，南。北方水，土勝水；操土，北，裹以布。西方金，火勝金；操炭，長三寸，以西，纏以布。欲有所之，行操此物不以時。孔105—106+殘24+107 ①

(2) 於是令火勝金，令水勝火，令土勝水，令木勝土，令金勝木，是胃（謂）五勝，五勝者以占强弱。孔462—463

"五勝"關係，睡簡日書有出現。

(3) 丙丁火，火勝金。戊己土，土勝水。庚辛金，金勝木。壬癸水，水勝火。睡乙79貳—82貳

(4) 丑巳〖酉〗金，金勝木。☐未亥【卯木，木】勝土。☐辰申子水，水勝火。睡乙83貳—87貳

日書"五勝"數術在周秦、港簡、虎簡、額簡中也有使用。

(5) 有行而急，不得須良日，東行越木，南行越火，西行越金，北行越水，毋須良日可也。周秦363

(6) 【金】勝木，可東。壬癸夕行，九惠。港32

(7) 火勝其金，木勝其土，加寅成，有小喜。虎《初步研究》

(8) ☐【南行】持水，北行持☐南方火，即急行者，越此物行吉。額2002ESCSF1.14+2002ESCSF1.4

五勝數術除了顯性存在，也暗含在其他宜忌事項中，如四廢日是月份五行與時日天干五行相尅關係。

敦煌有殘簡出現"五行"字樣。

---

① 簡文綴合，依劉國勝先生，見《孔家坡漢簡日書"五勝"篇芻議》，載陳偉主編《簡帛》第9輯，上海古籍出版社2014年版，第217—218頁。

· 218 ·

(9) ☐大黄種・五行・土圖・土府・財☐☐ 敦黄2097

此處五行或指水火木金土，古人認爲五行是構成宇宙萬物的五種元素，常以此説明萬物的起源和變化。《孔子家語・五帝》："天有五行，水、火、金、木、土，分時化育，以成萬物。"五行有相生、相尅關係：五行相生是説木、火、土、金、水五者互相生成：木生火，火生土，土生金，金生水，水生木。五行相尅是説水、火、金、木、土五者互相尅制：水尅火，火尅金，金尅木，木尅土，土尅水。五行相尅亦稱"五行相勝"，日書文獻即稱"相勝"。

6. 禹須臾

須臾，古代占術；日書"須臾"術均假託於"禹"，作"禹須臾"，有8例：睡簡2例，放簡5例，孔簡1例。

(1) 禹須臾：戊己、丙丁、庚辛，旦行，有二喜。甲乙、壬癸、丙丁，日中行，有五喜。庚辛、戊己、壬癸，餔時行，有七喜。壬癸、庚辛、甲乙，夕行，有九喜。睡甲135正

(2) 禹須臾行日：入月一日，旦西吉，日中北吉，昏東吉，〖中夜〗南吉。……入月卅日，旦西吉，日中北吉，昏東吉，中夜南吉①。放甲42壹—放甲72壹

(3) 禹須臾行不得擇日：出邑門，禹步三，鄉（向）北斗。質（契）畫地，祝之曰："禹有直五横，今利行，行毋咎，爲禹前除道。"放甲66貳—67貳

(4) 禹須臾所以見人日：子，旦吉，晏食凶，日中吉，日失（昳）吉，夕日吉。……亥，旦可，晏食凶，日中可，日失（昳）凶，夕日可②。孔159貳-171貳

---

① 《禹須臾行日》篇占斷每月三十日"旦、日中、昏、中夜"四個時段出行方位的吉凶；引文從略。

② 《禹須臾所以見人日》占斷十二地支"旦、晏食、日中、日昳、夕日"五個時段見人的吉凶；引文從略。

放簡有利用六甲納音占測喜數的"禹須臾"篇章，篇題缺失或未書。

（5）甲子、乙丑、壬申、癸酉、【庚辰、辛巳、甲午、乙未、壬寅、癸卯、庚戌、辛亥】，夕行，九憙（喜）。戊辰、己巳、壬午、癸未、庚寅、辛卯、戊戌、己亥、壬子、癸丑、庚申、辛酉，日失（昳）行，七憙（喜）。丙子、丁丑、甲申、乙酉、壬辰、癸巳、丙午、丁未、甲寅、乙卯、壬戌、癸亥，日中行，五憙（喜）。丙寅、丁卯、甲戌、乙亥、戊子、己丑、丙申、丁酉、甲辰、乙巳、戊午、己未，｛日｝莫食北<行>，三憙（喜）。庚午、辛未、戊寅、己卯、丙戌、丁亥、庚子、辛丑、戊申、己酉、丙辰、丁巳，平旦行，二憙（喜）。放乙78壹—82壹

孔簡、懸泉日書有與"禹須臾行日"相近的殘簡。

（6）☐☐，中夜南吉。孔159壹 ☐吉 孔160壹 ☐吉，昏北吉，中夜東吉。孔161壹……入月廿六日、廿七日、廿八日、廿九日、卅日，旦西吉，日中北吉，昏東吉，中夜南吉①。孔166壹—167壹

（7）☐日入時西吉，日出時東吉。懸泉Ⅱ0216②:898

睡簡日書有與"禹須臾行不得擇日"相近的簡文。

（8）行到邦門困（闉），禹步三，勉壹步，譁（呼）："皋，敢告曰：某行毋（無）咎，先爲禹除道。"即五畫地，掇其畫中央土而懷之。睡甲111背—112背

（9）【出】邦門，可☐行☐103參禹符，左行，置，右環（還），

---

① 簡159壹—167壹，將一月三十日分爲六組，每組五日，以組爲單位，占斷"旦、日中、昏、中夜"四個時段出行方位的吉凶，其中前三組文字殘缺嚴重，後三組文字基本完整。引文從略。

曰☐☐☐☐右環（還），曰：行邦☒令行。投符地，禹步三，曰：
皋，敢告☒☐符，上車毋顧，上☒_{睡乙102叁—107叁}

港簡日書有與"禹須臾所以見人日"相近的殘簡。

（10）卯，旦吉，晏食，日中吉，日失（昳）、夕兇
（凶）。_{港85貳}辰，旦兇（凶），晏食吉，日中、日失（昳）兇（凶），
夕吉。_{港84貳}未，旦吉，晏食可，日中、夕兇（凶）。_{港86貳}亥，旦、日
中可，晏食、日失（昳）☐。_{港87貳}

"須臾"爲短時、片刻之義，用於擇日數術中，作爲特定術語，指
一種快速判斷吉凶或行爲速成的巫術。劉樂賢先生指出："從睡虎地
《日書》及放馬灘《日書》看來，'禹須臾'這種以大禹名字命名的須
臾術似乎可以理解爲一種讓人能夠快速判斷行事吉凶的方法。……所謂
須臾、立成就是快速、方便的意思。須臾、立成採用的方式多半是列表
格，以便於閱讀。"① 目前已知的秦漢簡牘禹須臾篇中內容均與出行有
關。"禹"是外出遠行的代表，"禹須臾"即涉及出行擇日（時）、擇
向及趨吉避害的一種快捷查找方式，具有簡便易行、操作快捷等特點，
故以"須臾"冠名。"禹須臾"應爲一種大的總目冠名（或作限定修飾
語而使用），其下還包括"行日""所以見人日""行意'"行不得擇
日"等子目分類篇題。②

另睡簡日甲有自題爲"吏"的篇章，按地支排列，占斷每日"朝、
晏、晝、日虒、夕"五個時段拜見官吏的吉凶，如簡157正壹—157正
伍："子，朝見，有告，聽。晏見，有告，不聽。晝見，有美言。日虒
見，令復見之。夕見，有美言。"類似內容，放簡、周秦、北秦、港簡
亦有。這種數術也應屬速成占斷。

---

① 劉樂賢：《睡虎地秦簡日書研究》，臺灣文津出版社1994版，第165頁。
② 姜守誠：《放馬灘秦簡〈日書〉"行不得擇日"篇考釋》，《魯東大學學報》2012年
第4期。

附

1. 日書中的"五行"錄文

(1) 金勝木，火勝金，水勝火，土勝水，木勝土。睡甲83背叁—87背叁

(2) 東方木，南方火，西方金，北方水，中央土。睡甲88背叁—92背叁

(3) 丙丁火，火勝金。戊己土，土勝水。庚辛金，金勝木。壬癸水，水勝火。睡乙79貳—82貳

(3) 丑巳〖酉〗金，金勝木。☑未亥【卯木，木】勝土。☑辰申子水，水勝火。睡乙83貳—87貳

(4) 火生寅，壯午，老戌。金生巳，壯酉，老丑。水生申，壯子，老辰。木生亥，壯卯，老未。土<水>生木，木生火，火生土，【土生金】。放乙73貳—放乙77貳

(5) 【甲乙木】、丙丁火、戊己土、庚辛金、壬癸水。周秦259

(6) 勿（物）生①：水生申，壯子，老辰，木生亥，壯卯，老未。火生寅，壯午，老戌，金生巳，壯酉，老丑。孔103—104

(7) 【子】水【長】，丑金死，寅火產，卯水長，辰水死，【巳金產】，【午火長】，未木死，申水產，酉金長，戌火死，亥木產。孔簡日廷圖叁

(8) 東方青，南方赤，西方白，北方黑，中央☑☑☑，西方鉆（苦），北方齊（辛），中央甘，是〖胃〗五餘（味）。孔460—461

(9) 東方徵，南方羽，西方商，北方角，中央宮，是胃（謂）五音。孔461—462

(10) 於是令火勝金，令水勝火，令土勝水，令木勝土，令金勝木，是胃（謂）五勝，五勝者以占強弱。孔462—孔463

(11) 於是令東方生，令南方長，令西方殺，令北方臧（藏），令中央兼收，是胃（謂）五時。孔463—孔464

---

① 勿生，孔簡整理者釋作"□生"；劉國勝等先生據紅外影像釋出"勿"，疑"勿"讀爲"物"，"物生"指五行相生。見劉國勝、凡國棟、楊芬《孔家坡漢簡日書釋文補正》，載陳偉主編《簡帛》第12輯，上海古籍出版2016年版，第134頁。

(12) 戊己土日，庚辛金日。港64

(13) 【東方】青，南方赤，西方白，北方黑，中肉<央>黃，是謂五色。東⊿ 張M249《書》圖2-2

2. "五行"的基本搭配

五行	木	火	土	金	水
五方	東	南	中	西	北
五色	青	赤	黃	白	黑
五味①	酸	苦	甘	辛	鹹
五音	徵	羽	宮	商	角
四時②	春	夏	季夏	秋	冬
天干	甲乙	丙丁	戊己	庚辛	壬癸
地支	寅卯	巳午	辰未戌丑	申酉	亥子

3. 放簡日書音律貞卜的五行三合諸事項搭配

音律貞卜在放簡日書中佔有很大比重，其特點鮮明，學者多有研究，其中程少軒先生尤爲突出③。現借鑒程少軒先生的研究成果，將音律與五行的基本對應關係排列如下：

十二律	配地支	配月份	配四季	配五方	配五色	配五音	配數	配五行
黃鐘	子	十一月	冬	北	黑	角	九	水
大呂	丑	十二月	冬	北	黑	角	八	水
大簇	寅	正月	春	東	青	徵	七	木
夾鐘	卯	二月	春	東	青	徵	六	木

---

① 孔簡日書簡461："⊿□□，西方鉆（苦），北方齊（辛），中央甘，是〖胃〗五餘（味）。"與傳統的五味、五行搭配不同。放簡亦有五味、五行搭配，與傳統相同。

② 孔簡日書簡463—464有"五時"："於是令東方生，令南方長，令西方殺，令北方臧（藏），令中央兼收，是胃（謂）五時。"

③ 如《試説放馬灘簡所見三合卦》《放馬灘簡所見生律法補説》《放馬灘簡所見式占古佚書的初步研究》等研究成果。

續表

十二律	配地支	配月份	配四季	配五方	配五色	配五音	配數	配五行
姑洗	辰	三月	春	東	青	徵	五	木
中呂	巳	四月	夏	南	赤	羽	四	火
蕤賓	午	五月	夏	南	赤	羽	九	火
林鐘	未	六月	夏	南	赤	羽	八	火
夷則	申	七月	秋	西	白	商	七	金
南呂	酉	八月	秋	西	白	商	六	金
無射	戌	九月	秋	西	白	商	五	金
應鐘	亥	十月	冬	北	黑	角	四	水

放簡日書中的三合卦（日乙《叁》篇：簡 244+332，259+245，246，247上，248，249，250，251，252+351，253，254+294，255）。

十二律	五行三合	
黃鐘姑洗夷則	水壯死生	水局三合
姑洗夷則黃鐘	水死生壯	
夷則黃鐘姑洗	水生壯死	
南呂大呂中呂	金壯死生	金局三合
大呂中呂南呂	金死生壯	
中呂南呂大呂	金生壯死	
蕤賓無射大簇	火壯死生	火局三合
無射大簇蕤賓	火死生壯	
大簇蕤賓無射	火生壯死	
夾鐘林鐘應鐘	木壯死生	木局三合
林鐘應鐘夾鐘	木死生壯	
應鐘夾鐘林鐘	木生壯死	

第二章　簡牘日書同義詞研究

　　同義詞是詞義聚合的表現，同義現象可能是與語言同時產生的[①]。恰當使用同義詞可以使語言表達準確，避免重複，展示不同的色彩義，連用同義詞能增強語言的語勢。

　　"同義詞——無論古代或現代——都是一個相同義橫向組合的詞群。"[②] 簡牘日書的成書時間從戰國中後期到東漢早期，主要是戰國晚期到秦、西漢時期的文獻，東漢時期的簡牘數量極少。當前較通行的漢語史觀點是東漢是中古漢語的開始，西漢是上古漢語至中古漢語的過渡；所以簡牘日書文獻可歸入上古漢語後段文獻。將該類應用型的文獻作爲一個封閉語料，對其同義詞進行系統研究，符合斷代詞義研究的要求。

　　簡牘日書同義詞研究除了具有能夠展示該語料同義詞構成狀況，改善該語料同義詞研究不足的宏觀格局外，還具有微觀細緻的積極意義。

　　第一，可以幫助正確理解簡文詞義。

　　如，放簡日書"犬矢"有2例。

　　（1）犬忌：癸未、酉，庚申、戌，己燔園中犬矢（屎），犬弗尼（昵）。放甲72貳

相同簡文，又見於放簡日乙《犬忌》篇簡307。

[①] 池昌海：《〈史記〉同義詞研究》，上海古籍出版社2002年版，第1頁。
[②] 黃金貴：《〈史記〉同義詞研究·序》，上海古籍出版社2002年版。

尼，放簡整理者釋作"居"；曹方向先生改釋①。有研究者將"矢"釋爲"失"，認爲秦漢簡文"失"常作失亡、遭人盜竊丟失之義，簡文"犬失犬弗居"意思是牢園裏的犬丟失了犬不在。

日書中丟失義同義詞有"失、亡、失亡"3個；"亡"使用頻率最高，而"失"確定表示失去義僅3例：放簡1例，周秦2例。

(2) 利以出，不利以入，得一失十；以受賀喜，十憂；以{去}入官者，必去；以歐（毆）治（笞）人者，必蓐（辱）。放乙309+367

(3) 占逐盜、追亡人，得而復失之。周秦199—200

"矢"通"屎"，文獻中常見。日書中有燔豕矢巫術，犬矢可作爲巫術靈物。

(4) 竈毋（無）故不可以孰（熟）食，陽鬼取其氣。燔豕矢（屎）室中，則止矣。睡甲54背壹—55背壹

(5) 人毋（無）故而鬼祠（伺）其宮，不可去，是祖□游。以犬矢（屎）投之，不來矣。睡甲49背貳

放簡《犬忌》篇所記爲擇日厭禳術，即某日行某事，會產生某種結果；如理解爲"牢園裏的犬丟失了犬不在"，不合日書的數術體例，也不合日書中"矢"之常規用法。

再如，孔簡"禾"的訓讀。

酉，水日。盜者言亂，黃色。臧（藏）之園中草木下。其盜男子也，禾，白面，間（姦）在穴中。孔376

此句中的"言亂""禾白面""間在穴中"訓讀意見有異。孔簡

---

① 曹方向：《讀〈天水放馬灘秦簡〉小札》，《江漢考古》2011年第2期。

整理者疑"言亂"讀作顏巘，形容消瘦；將"禾白面"連讀，"指盜者面白似禾"；訓"閒"爲"文雅"，與"在穴中"斷讀。范常喜先生對"言亂、禾白面、閒"進行了解讀，訓"言亂"爲言語錯亂，或者是指説胡話；疑此處"禾"爲"秃"之省訛，疑"閒"讀作"姦"，義爲盜竊①。這些結論均很有説服力，唯用於證明"禾白面"之"禾"不當爲"面白似禾"的理由可作商榷。范常喜先生提出的論據是："'禾'在上古漢語中多用來表示'粟'，一般不用來表示'稻穀'……'粟'爲黄色，與後文'白面'不相合"。孔簡出土於南方，清理孔簡"禾"字用法，可以發現：孔簡"禾"單用有16例，其中15例表示穀物的統稱義，僅簡444中有1例與"麻"共現，"禾"爲具體農作物名稱；孔簡中合成詞"禾稼""禾粟""禾黍""中禾"等，其中詞素"禾"基本表示穀物統稱之義，未有表"粟"義者。孔簡中"禾"是穀物義場的重要成員，把"禾"解釋爲粟，並借助其色黄來否定整理者的説法，似有不妥；不過訓"禾"爲"秃"的結論，貼合簡文文意。

日書中"采"可以作爲"秀"的簡寫形式，如九店《叢辰》篇"采<采>日"②，睡簡日書甲乙種楚系《除》篇皆作"秀"；睡簡日甲《稷辰》篇"秀日"，日乙《秦》篇作"采"。我們曾懷疑"禾白面"之"禾"爲"采"之省，"采"即秀，"秀"有"秃"義。此種看法較"禾"爲"秃"之省訛的説法迂曲，不過也不能完全排除這種可能，故暫述於此。

又如，九店、放簡日書有"再"字。

(1)【寅、卯、辰】、巳、午、未、申、酉、戌、亥、子、丑，是胃（謂）結日，作事，不果。以祭，笒（各）。生子，無弟；女（如）又（有）弟，必死。以亡貨，不再；以獻（納）田邑，笒

---

① 范常喜：《孔家坡漢簡〈日書〉札記四則》，《東南文化》2008年第3期。
② 采，九店整理者釋作"禾"；陳偉等先生據紅外影像改釋，"采"當係"采"字之誤。見《楚地出土戰國簡册〔十四種〕》，經濟科學出版社2009年版，第309、313頁。

（吝）。○九店25

(2) 未，羊〖殹〗。盜者從南方〖入〗，有從出。禹在牢圈中，其爲人小頸，大復（腹），出目，必得。放甲37

九店"禹"僅見1例；放簡"禹"多見，有11例，均出現於日書甲乙種《地支占盜》篇，子日至巳日六個地支，用"臧"表示藏義，午日至亥日六個地支，用"禹"表示藏義（日乙戌日條殘缺）。研究者主要針對放簡"禹"進行討論，對其詞義的解釋有如下幾種觀點：

"禹"與"藏"義同。施謝捷、劉樂賢、孫占宇、曹方向等先生均持此觀點①。

"禹"讀爲"側"，與"藏"義近。宋華强、孫占宇等先生持此觀點②。

"禹"義爲取回來。海老根量介先生持此觀點③。

"禹"義爲應該。劉玉環先生持此觀點④。

另，放簡早期公佈的釋文將日書甲種《地支占盜》篇中的"禹"釋作"爾"，也有研究者遵從這種釋讀，將之理解爲助詞、代詞或語氣詞。

日書中收藏、貯藏義同義詞有"藏、藏蓋、蓋藏、稱藏、受藏"，其中"稱藏"出現於孔簡。

---

① 施謝捷：《簡帛文字考釋札記》，載李學勤、謝桂華主編《簡帛研究》第3輯，廣西教育出版社1998年版，第175頁；劉樂賢：《簡帛數術文獻探論》，湖北教育出版社2003年版，第58—59頁；孫占宇：《放馬灘秦簡日書整理與研究》，博士學位論文，西北師範大學，2008年；曹方向：《讀〈天水放馬灘秦簡〉小札》，《江漢考古》2011年第2期。

② 宋華强：《放馬灘秦簡〈日書〉識小錄》，載陳偉主編《簡帛》第6輯，上海古籍出版社2011年版，第73頁；孫占宇：《放馬灘秦簡甲種日書校注》，載劉少剛主編《出土文獻研究》第10輯，中華書局2011年版，第123頁。

③ ［日］海老根量介：《放馬灘秦簡〈日書〉中的"禹"字小考》，復旦大學出土文獻與古文字研究中心網2014年1月3日（http://www.gwz.fudan.cn/Web/Show/2204）。

④ 劉玉環：《〈天水放馬灘秦簡〉扎零》，《內江師範學院學報》2014年第7期。

> 十月稱臧（藏）於子，必請（清）風；忘（妄），有大事，受臧（藏）不成。孔477

"稱藏"當爲同義詞素合成構詞，可證九店、放簡"禹"有收藏、貯存義。九店日書"以亡貨，不禹"可理解爲"結日丟失財物，不能貯存"，放簡日書"禹在某處"，即（臧物）存放於某處之義。

又如，放簡日書有2"氐"字，研究者觀點不同。

> 收〖日〗，可以氐、馬牛、畜生，盡可，及入禾粟，可以居處。放甲21貳

氐，又見於日乙簡22壹"收日"條。放簡整理者均釋作"民"，孫占宇先生據紅外影像改釋①。關於"氐"的理解，孫占宇先生有以下意見：

"氐"可訓爲"人"；或爲"民"之誤寫，上脫"人"字②。

"氐"或爲"民"之誤抄③。

"氐"與"人"相當④。

日書中買入義同義詞有"內（入）""人"，而"氐"除此例疑似用例外，未有表示買入義的其他用例；且後文有"入禾粟"，買入義動詞用"入"。簡文存在訛誤的可能性更大，"氐"上一字"以"的右部筆形與"人"相近，書寫者完成"以"字書寫後或誤以爲"人"已寫成，導致"人"字脫落；"氐"可能受到秦始皇"更民爲黔首"文字政策的影響而由有意改寫"民"而來；簡文或當作"可以〖入〗氐

---

① 孫占宇：《放馬灘秦簡甲種日書校注》，載中國文化遺產研究院編《出土文獻研究》第10輯，中華書局2011年版，第118頁。

② 同上。

③ 張德芳主編，孫占宇著：《天水放馬灘秦簡集釋》，甘肅文化出版社2013年版，第70頁。

④ 陳偉主編，孫占宇、晏昌貴著：《秦簡牘合集〔肆〕》，武漢大學出版社2014年版，第12頁。

(民)"。

第二，可以作爲推斷日書地域來源的手段。

睡簡日書出土於楚地，包含秦楚兩系日書，少數篇章來源明確，多數篇章未有明顯的地域特徵。方言詞、特色詞是推斷作品、作者地域歸屬的有效手段。

如簡牘日書中"祭祀，禱告"義同義詞有"祠、禱、祭、禱祠、祠祀、祭祀、祝祠" 7 個，其中"祭"共有 26 例：九店 8 例，睡簡 14 例，王簡 2 例，水簡 1 例，居新 1 例；其使用具有較爲鮮明的地域性。

（1）戌、亥、子、丑、寅、卯、辰、巳、午、未、申、酉，是胃（謂）【外】陰日，利以祭，内（入）貨，吉。九店33

（2）交日，利以實事。鑿井，吉。以祭門、行，行水，吉。睡甲4正貳

（3）人生子未能行而死，恒然，是不辜鬼處之。以庚日日始出時潰門以灰，卒，有祭，十日收祭，裹以白茅，貍（埋）埜（野）外，則毋（無）央（殃）矣。睡甲52背貳—53背貳

祭祀動詞"祭"主要用於九店和睡簡，九店是楚地日書，睡簡"祭"基本出自甲乙種楚系日書《除》篇，有 12 例；王家臺原爲楚地，其地所出日書中出現了 2 例"祭"，而典型的秦系日書放簡未見"祭"的用例，九店稱祭祀的處所爲"祭室"，放簡則稱爲"祠室"。劉樂賢先生注意到睡簡《日書》中祭祀行爲"祭、祭祀、祠、祠祀"的區別，指出"有根據斷定爲楚的幾篇多用'祭'、'祭祀'，其餘則多用'祠'、'祠祀'"，同時也指出"這是否是楚、秦用詞的不同，目前尚不敢斷定"[①]。宋艷萍先生通過比較秦楚兩地"祭""祠"文化，指出睡簡日書出現"祭"的篇章，基本上屬於楚文化系統；出現"祠"的篇章，有不少屬於秦文化系統；楚重"祭"而輕"祠"，秦重"祠"

[①] 劉樂賢：《睡虎地秦簡日書研究》，臺灣文津出版社 1994 年版，第 443 頁。

而輕"祭","祭"與"祠"代表著楚、秦兩種不同的文化①。日書中"祭"的分佈情況表明,戰國中晚期時段祭祀動詞用"祭"大概可以看作是楚地語言的特色。由此語言特點判斷,睡簡中出現另2例"祭"的《詰》篇,也很有可能具有楚地色彩。

日書中由"祭"參與構詞的合成詞"祭祀"共有11例:九店5例,睡簡4例,王簡1例,阜陽1例;楚地色彩突出。睡簡中的4例"祭祀",有2例見於甲種楚系《除》篇,另外2例見於日甲《十二支忌》和日乙《見人》篇。《除》篇的楚系性質明確;《十二支忌》篇出現楚地神煞"上皇","殃"記作"英",與楚系日書《歲》篇用字相同,該篇也應屬楚系日書;《見人》篇語言簡單:"見人:正月甲午、庚午、甲戌,三月己酉,四月丙子,五月甲午、庚午,六月丁丑,七月甲子,八月庚辰,九月辛卯,十月壬午,十二月癸未,見人吉。☑祭祀、嫁子、作大事,皆可。"除"祭祀"或具有楚地語言色彩外,其中"嫁子"的説法也可作爲推測該篇來源的旁證,日書中"家(嫁)子"共有9例,除《見人》篇此例外,還有8例,都出現於楚系日書中:九店1例,睡簡楚系《除》篇4例,睡簡《嫁子□》篇1例。可見,睡簡《見人》篇亦當爲楚系日書。

再如日書"到達"義同義詞有"到""至"2個。關於"到"和"至",有研究者認爲兩者在上古漢語中存在不及物和及物之别。日書中"至""到"具體用法如下:

		睡簡		放簡		周秦		其他秦簡		孔簡		港簡		其他漢簡		合計	
		到	至	到	至	到	至	到	至	到	至	到	至	到	至	到	至
處所	帶賓語	5	0	7	0	0	0	1	0	3	2	1	1	3	1	20	4
	不帶賓語	2	0	0	1	1	25	0	0	2	0	0	0	3	0	8	26
時間	帶賓語	1	0	9	39	0	0	2	0	16	20	0	0	5	9	33	68
	不帶賓語	0	0	0	0	0	0	0	0	0	0	0	0	0	0	0	0

---

① 宋艷萍:《從秦簡所見"祭"與"祠"窺析秦代地域文化》,載中國社會科學院考古研究所編《里耶古城·秦簡與秦文化研究——中國里耶古城·秦簡與秦文化國際學術研討會論文集》,科學出版社2009年版,第201—209頁。

續表

		睡簡		放簡		周秦		其他秦簡		孔簡		港簡		其他漢簡		合計	
		到	至	到	至	到	至	到	至	到	至	到	至	到	至	到	至
範圍數量等	帶賓語	1	0	4	9	0	0	0	0	0	5	0	0	0	0	5	14
	不帶賓語	0	6	0	0	0	0	0	0	0	3	0	2	0	0	0	11
合計		9①	6	20	49	6	25	3	0	21	30	1	3	6	10	189 (66/123)	

從上表統計情況來看：

兩者在語法組合上，即是否帶賓語方面沒有根本性的差異。"到"單獨使用有66例，以帶賓語爲主，有58例；合成詞"到官""到家"各有1例、3例。"至"單獨使用有123例，未有合成詞，帶賓語的數量較多，有86例。

兩者在語義表達上有差別。"到"側重於處所，"至"偏重於時間。

秦簡中"到"用例較多，我們曾調查過"到"的分佈情況："秦簡中動詞、介詞'到'的數量均超過了同義詞'至'"，而數量較大的戰國楚簡沒有出現"到"；先秦傳世文獻，"到"主要見於《墨子》，其他文獻基本是零星散見。據"到"分佈情況，我們推測"'到'最早在秦地方言出現，與以到達爲核心的'至'構成同義詞。秦國統一後，受政治力量的影響，'到'發展很快；'到、至'由最初的地域差別，進而表現爲歷時競爭的替換關係"②。當時受限於研究對象、研究目的，

---

① 睡簡日甲41背叁簡末有1例"到"疑爲衍文，睡簡整理者將這例"到"與簡42背叁"雷燓人"連讀，疑"到"讀爲菿，義爲大。研究者多從之。方勇先生認爲此"到"極有可能爲衍文，見《讀睡虎地秦簡札記十則》，載張德芳主編《甘肅省第二屆簡牘學國際學術研討會論文集》，上海古籍出版社2012年版，第591頁。按：從《詰》記載了70條巫術方法，每一條起首文字均另起一行，不與之前的文字相連屬；所以簡42背叁的文字不應與位於簡41背叁的"到"連讀。此"到"字位於簡末空白處，且與上下文之間均有留空，也許是日書使用者或讀者在使用、閱讀時添加之文字。

② 張國艷：《居延漢簡虛詞通釋》，中華書局2012年版，第355—358頁。周守晉先生亦提及"到"的秦方言屬性，認爲"到"是秦地方言常用詞。見《出土戰國文獻語法研究》，北京大學出版社2005年版，第61頁。

未細緻分析秦簡中"到"的使用情況，尤其未討論日書文獻"到"的用例；睡簡日書來源複雜，"到"方言用法對甄別其日書來源有積極意義。

睡簡日書以外的其他8種文獻中"到"有49例，"至"僅5例；"到"的優勢比日書文獻更爲明顯。"至"的分佈情況是：《秦律十八種》《效律》《秦律雜抄》各1例，《爲吏之道》2例；僅出現於叙述語言中。而"到"分佈廣泛，除《編年記》《語書》"至""到"均未出現外，在《秦律十八種》《效律》《秦律雜抄》《法律答問》《封診式》5種文獻中均有使用。至於《爲吏之道》有"至"，無"到"，學界普遍認爲《爲吏之道》非純粹秦文獻，如大西克也先生指出"《爲吏之道》中有4個'將'字，没有出現'且'字，與其他秦簡官方文書完全想反"①。"到""至"的使用情況，可作爲《爲吏之道》非純秦文獻的補充證據。秦簡問答、對話語言中"到"的使用，尤其能説能"到"在口語中的普及情況；《法律答問》《封診式》中"到"共出現15例。

（1）"發僞書，弗智（知），貲二甲。"今咸陽發僞傳，弗智（知），即復封傳它縣，它縣亦傳其縣次，<u>到</u>關而得，今當獨咸陽坐以貲，且它縣當盡貲？咸陽及它縣發弗智（知）者當皆貲。_{法律答問57—58}

（2）爰書：某里士五（伍）妻甲告曰："甲懷子六月矣，自晝與同里大女子丙鬭，甲與丙相捽，丙償所甲。里人公士丁救，別丙、甲。甲<u>到</u>室即病復（腹）痛，自宵子變出。今甲裏把子來詣自告，告丙。"_{封84—85}

---

① ［日］大西克也：《從方言的角度看時間副詞"將""且"在戰國秦漢出土文獻中的分佈》，載《紀念王力先生百年誕辰學術論文集》編輯委員會編《紀念王力先生百年誕辰學術論文集》，商務印書館2002年版，第154頁。按：大西克也先生多次提及《爲吏之道》具有非純秦特質，如《並列連詞"及""與"在出土文獻中的分佈及上古漢語方言語法》（載郭錫良主編《古漢語語法論集》，語文出版社1998年版，第130—143頁），又指出睡簡《日書》和《爲吏之道》不見得是純粹的秦國語言（見《出土簡帛資料和先秦漢語語法的地域性差異》，載陳建明主編《湖南省博物館館刊》第2輯，嶽麓書社2005年版，第308—311頁）。

· 233 ·

睡簡日書"到"的分佈情況是：《行忌》《官》篇各 2 例，《到室》《出邦門》《入官》《星》《馬禖祝》篇各 1 例。《行忌》《到室》《出邦門》篇，放簡日書有內容相同相近的簡文，同時《行忌》篇假設連詞使用秦系方言"節"（睡乙 139"節（即）有急行，以此行吉"）。《官》《星》《入官》《馬禖祝》4 篇，放簡未有可資比較的簡文。

關於《星》篇和《官》篇，劉樂賢先生認為這兩篇或許有一些區別，但決不會有根本的差異①。工藤元男先生指出《星》篇、《官》篇"雖然字句上有所不同，但幾乎是同一文本。……《星》是正本的名稱，而《官》相對於《星》而言是簡稱。就是說，南郡所謂的官就是佔領者秦的稱謂，這樣認爲恐無大過。因此所謂'官'就是'官（之星）'的一種省略表達。所以，《星》是秦以外地區，至少是《日書》出土地——故楚之地原來所使用的占題"②。概言之，工藤元男先生認爲《星》《官》幾乎是同一文本，《官》篇是秦人稱謂，《星》是楚地原篇題。似隱含了將《星》篇看作楚系日書而秦人改稱爲《官》的意思。從語言細節使用角度分析，這兩篇祭祀動詞雖多見，但未有用"祭"者，而是作"祠"；所以我們傾向於將兩篇歸入秦系日書。《官》篇有 2 例"到"，《星》篇存 1 例；《官》篇簡 103 壹："生子，不到三年死。"《星》篇簡 75 正壹作"盈"："生子，不盈三歲死。"大西克也先生指出睡簡"《日書甲種》的抄手是楚人。安陸編入南郡以後，當地的舊楚人士爲了讀寫官方文書，不得不學秦國文字和秦國書面語言。所以他們寫的文章像藍青官話一樣，有時難免夾雜楚語的因素，抄寫文章時，間或改用自己的詞彙"③。朱湘蓉先生亦指出這個推測應當更爲接近楚地秦簡語言的實際④。甲種《星》篇名稱及部分字詞的變動，可看

---

① 劉樂賢：《睡虎地秦簡日書研究》，臺灣文津出版社 1994 年版，第 345 頁。
② [日] 工藤元男：《睡虎地秦簡所見秦代國家與社會》，廣瀨薰雄、曹峰譯，上海古籍出版社 2010 年版，第 307 頁。
③ [日] 大西克也：《從方言的角度看時間副詞"將"、"且"在戰國秦漢出土文獻中的分佈》，載《紀念王力先生百年誕辰學術論文集》編輯委員會編《紀念王力先生百年誕辰學術論文集》，商務印書館 2002 年版，第 154 頁。
④ 朱湘蓉：《秦簡語言性質初探》，《陝西師範大學繼續教育學報》2007 年第 1 期。

作抄寫者楚人對秦日書的慣性變動。

關於睡乙《入官》篇簡236貳—237貳："甲子到乙亥是右〈君〉也，利以臨官立（莅）政，是胃（謂）貴勝賤。"放簡雖無與之對應的簡文，但與"入官"擇日有關的占辭可見，放簡日乙301—366："正月丑酉、二月寅申、三月卯未、四月辰巳、五月巳亥、六月午戌、七月卯未、八月申寅、九月酉丑、十月戌午、十一月辰巳、十二月巳亥，凶日，不可以初入官，忌殹。"放簡日乙318："丙寅、甲戌、戊寅、辛丑、己丑、癸巳、丙申、甲辰、戊申、辛亥、己未、癸亥，是謂離日，不可入官。"且"臨官立（莅）政"的説法見於睡簡秦系日書《稷辰》篇；《入官》篇出現了詞語"到"和"臨官立（莅）政"，其爲秦系日書的可能性極大。

關於《馬禖祝》篇，其爲祝詞，語言典雅，方言色彩不顯。不過個別文字細節如"殃"記作"央"，而非採用楚系日書的"英"（睡簡楚系日書《歲》篇"殃"皆作"英"），動詞用"到"而非"至"（金關《馬禖祝》篇動詞用"至"）；《馬禖祝》篇存在屬於秦系日書的可能性。

又如日書"出嫁"義同義詞有"出、嫁"2個，"嫁"分佈範圍廣，使用數量多。"出"有8例：睡簡7例，放簡1例。

（1）七星，百事凶。利以垣。生子，樂。不可出女。睡甲92正壹
（2）凡取（娶）妻、出女之日，冬三月奎、婁吉。以奎，夫愛妻；以婁，妻愛夫。睡甲6背壹
（3）七星，百事兇（凶）。利以垣。生子，樂。不可出女。睡乙92壹
（4）殺日，勿以殺六畜，不可出女、取（娶）妻、祠祀、出財。放乙102壹

睡簡7例出嫁義"出"，有5例出自《取（娶）妻出女》篇，該篇"若"用作選擇連詞，符合秦方言特點；另有2例出自日甲《星》篇和日乙《官》篇，這兩篇由前文所統計"到"字的使用情況來看，應屬秦系日書。有秦地方言色彩的出嫁義的"出"又豐富了《星》《官》

屬秦係日書的論據①。

又如日書中副詞"數"可以表示快速、迅疾和屢次、多次兩種意義，共有19例：睡簡10例，放簡4例，孔簡3例，金關2例。這兩種用法應有地域之別。

"數"表快速、迅疾義，有9例。

（1）陰日，利以家室。祭祀、家（嫁）子、取（娶）婦、入材（財），大吉。以見君上，數達，毋（無）咎。睡甲6正貳

（2）刑夷、八月、獻馬，歲在東方，以北大羊（祥），東旦亡，南禺（遇）英（殃），西數反（返）其鄉。睡甲64正壹

（3）未，馬也。盜者長頸而長耳，其爲人我（峨）我（峨）然，好歌（歌）舞。臧（藏）之芻橐、厩中。其盜禿而多（侈）口，善數步。孔374

（4）☐吉，利數見貴人。金關73EJT23：80A

（5）宫日數遷，羽日安，商、角日可，徵日兇（凶）。金關73EJT23.563+73EJT23.643

例（1）出自《除》篇，爲楚系日書；例（2）出自《歲》篇，亦爲楚系日書。例（3）出自《盜日》篇，與睡簡《盜者》篇較爲接近②，李學勤先生指出睡簡《盜者》篇很可能來自楚人③，睡簡《盜者》篇的語言使用細節體現了其篇章具備楚系日書屬性：其一，該篇簡82背盜者有名"秦"者，"辛名曰秦桃乙忌慧。"《嶽麓書院藏秦簡（叁）》簡2026："令曰：黔

---

① 石峰先生指出睡簡日甲中有多個"出"，應是嫁義。從現代漢語來看，"出嫁"一詞，更是"出"爲嫁的語言化石。至少在秦漢"出嫁"一詞已較固定。"出"的這用一法未見其他先秦傳世文獻，證明它的使用地域不會太廣，當屬方言詞，而後世"出嫁"一詞或正是方言和共同語結合的產物，而且最終也進入了共同語。見《〈秦簡〉動詞研究與大型工具書》，《雲南電大學報》2000年第2期。

② 晏昌貴：《放馬灘、睡虎地、孔家坡三種〈日書〉之比較》，載張德芳主編《甘肅省第二屆簡牘學國際學術研討會論文集》，上海古籍出版社2012年版，第508頁。

③ 李學勤：《干支紀年和十二生肖起源新證》，《文物天地》1984年第3期。

首徒隸名爲秦者更名之，敢有有弗更，貲二甲。"其二，該篇使用"動詞謂語+介詞"於"+賓語的表達方式"，"在秦的文獻裏，'于'與'於'並不像在楚的文獻中那樣普遍地被使用。"① 其三，該篇出現的"旦閉夕啓""旦啓夕閉"，爲九店或睡簡中楚系特徵明顯篇章中的常見用語。阜陽《周易》卦辭有"雨數星（晴）、雨久□【雨】"，"數"與"久"相對，亦表迅速義。"數"表快速、迅疾義，蓋爲楚系語言的特色。

"數"表示屢次、多次義，有10例。

（6）危，百事凶。生子，老爲人治也，有（又）<u>數</u>詣風雨。睡甲79正壹

（7）【危】，百事兇（凶）。生子，老爲人治也，<u>數</u>詣風雨。睡乙107壹

（8）【危】☑□□□<u>數</u>詣風雨，大凶。孔60

（9）徙門，<u>數</u>富<u>數</u>虛，必并人家。睡甲116正叁

（10）徙門：<u>數</u>實<u>數</u>=，并黔首家。放乙18叁

（11）大吉門：宜車馬，必爲嗇夫；貨<u>數</u>虛，必爲巫；十三年而更。孔282貳

例（6）至例（8），簡文相近，有傳承關係，分別出自《星》《官》和《星官》篇。睡簡《星》《官》篇，當屬秦系日書。

例（9）至例（11），出自《直室門》篇，睡簡、放簡、孔簡均有相近篇章，睡簡、放簡文字相近；睡簡《直室門》篇語言文字使用細節也透視出其爲秦系日書的屬性，如表示將來的時間副詞用"且"（簡124正貳"食禍門"：其主<u>且</u>爲巫），與秦方言一致，而楚簡則主要使用副詞"將"②。

---

① ［法］鳳儀誠：《戰國兩漢"于"、"於"二字的用法與古書的傳寫習慣》，載陳偉主編《簡帛》第2輯，上海古籍出版社2007年版，第87頁。

② ［日］大西克也：《出土簡帛資料和先秦漢語語法的地域性差異》，載陳建明主編《湖南省博物館館刊》第2輯，嶽麓書社2005年版，第308—311頁；張國艷：《居延漢簡虛詞通釋》，中華書局2012年版，第202頁。

《方言》卷二："速，逞，搖扇，疾也。東齊海岱之間曰速，燕之外鄙朝鮮洌水之間曰搖扇，楚曰逞。"表示快速、迅疾義的"速"爲方言詞，運用於東齊海岱之間；從日用用例來看，"數"的迅速、迅疾義見於楚系文獻，而其屢次、多次義見於秦系文獻；"數"之快速、迅疾義，可能與"速"相通。如銀雀山漢簡《晏子》簡604："公喜，令數（速）爲之。"迅速義即記作"數"。

睡簡除日書之外的8種文獻，"數"表示屢次、多次義有5例，未有快速、迅疾義用例；可輔證我們的推斷。

（12）官府臧（藏）皮革，數煬（煬）風之。有蠹突者，貲官嗇夫一甲。效律42

（13）甲徙居，徙數謁吏，吏還，弗爲更籍，今甲有耐、貲罪，問吏可（何）論？法律答問147

（14）治（笞）諒（掠）之必書曰：爰書：以某數更言，毋（無）解辭，治（笞）訊某。封診式4—5

（15）一曰不察所親，不察所親則怨數至。爲吏之道24貳—25貳

日書中"數"的用法如下：

	快速、迅疾義分佈	屢次、多次義分佈
睡簡10	日甲《除》2例、日甲《歲》4例	日甲《星》1例、日甲《直室門》2例、日乙《官》1例
放簡4	無	日甲《直室門》4例
孔簡3	《盜日》1例	《星官》1例、《直室門》1例
金關2	《見人》1例、《五音占卜》1例	無
總計19	9例	10例
	19例	

金關日書"數"表示快速、迅疾義，或爲"數"該用法於漢代使用範圍擴大所致。

第三，可以作爲了解日書歷時發展的路徑。

日書文獻大都可做爲研究上古漢語的語料，上古時期跨度較長，不同的小時段內語言要素也有細節不同；現有日書文獻的形成時代多屬於社會變動劇烈的戰國秦漢時期，該時期語言文字發展迅疾，社會因素對其發展進程也有深刻影響。日書文獻同義詞的使用情況可以在一定程度上呈現該時期語言發展狀況，並蘊含着其發展變化的原因與規律；日書同義詞的研究是了解語言歷時發展的一條路徑。

　　如祖父義位同義詞"王父"與"大父"，國家義位同義詞"邦"與"國"，官府義位同義詞"公室"與"縣官"等的地域分佈與異文替換均是社會政治因素對語言影響的呈現。奴僕義位同義詞"臣妾、奴妾"與"奴僕"，脖子義位同義詞"頸、項"與"頸項、項頸"，生育義位同義詞"生"與"產"，焚燒義位同義詞"焚"與"燔"等的使用與替換是語言雙音化或常用詞替換的反映。

　　總之，秦漢簡牘文獻上承上古漢語，下續中古漢語，處於漢語發展變化中的重要時期，加之日書文獻具有如下特點：反映社會現象通用現象，言語覆蓋面廣；屬於實用性文獻，語言口語性強；非一人寫成，言語使用少有個人色彩。所以清理簡牘日書中的同義詞，能夠透視秦漢時期語言使用的相關特點，是一項有意義的事情。

　　詞義有廣義狹義之分，廣義的詞義包括語法意義，狹義的詞義僅指詞彙意義，因而在同義詞是否詞性相同方面有兩種不同的看法，一種認爲同義詞可以詞性不同，一種認爲同義詞必然詞性相同。此處所統計的同義詞取狹義詞義，僅統計詞性相同的同義詞。名詞、動詞、形容詞是詞彙的重要部分，這三類詞所構成的同義詞是簡牘日書同義詞的主體，而副詞、介詞、連詞、語氣詞等虛詞同義詞一般會歸入語法進行闡釋。本章簡牘日書同義詞研究，僅統計名詞、動詞、形容詞三類同義詞的分佈情況，以此來展示簡牘日書同義詞的主體構成情況；在此基礎上從簡牘日書同義詞音節分類、同素異序同義詞、歷時替換同義詞三個角度進行介紹與探討。

第一節　簡牘日書同義詞的構成

本節分詞類，按義位統計具有相同義位的同義詞。每組同義詞按音節分類，以音序排列。各同義詞組中的詞，祇計詞的數量，不計合成詞中的同義詞素的數量；如"男女"爲合成詞，其中的"男""女"分别表示男性、女性或兒子、女兒的詞素義，統計"男""女"各義位同義詞時，均不計入"男女"一詞的數量。爲呈現各詞的組合功能，日書中同義詞素所構成的非同義合成詞一般於注釋中予以標注。

簡牘日書中的同義詞組中有一部分是複音詞。漢語中的詞不是天然單位，詞與短語的劃分標準雖理論明確且學界基本一致，但利用相同的理論標準所進行的實際操作，結果往往亦不同。對於古代漢語複音詞的認定尤其如此，這與語感差異及古漢語複音詞的形成過程有關。古文獻中凡聯合使用同義單音詞，應是作者或書者有意識自覺複音化的呈現；大浪淘沙，歷史發展過程中，古人筆下出現的同義連用成分可能曇花一現。不過，爲了凸顯秦漢以來詞彙複音化的發展趨勢，日書同義詞構成中列舉的複音詞，我們採用了寬泛標準，將可能屬於同義的連用成分作爲複音詞一併統計。

一　名詞類

1. 男性，男人

	九店	睡簡	放簡	周秦	孔簡	港簡	其他	合計
男①	0	0	0	0	1	2	0	3
士	0	1	1	0	0	0	0	2
男子②	0	9	19	0	6	0	3③	37

---

① 合成詞"男日"6例，"男女"3例。祇統計與詞素義相同的合成詞及其數量；多義合成詞分别於其單音詞下統計；表格中所見同義合成詞，不再標出。

② 合成詞"男子日"4例。

③ 居新、印臺、水簡日書各1例，如水簡："盗者男子，毋妻。"

續表

	九店	睡簡	放簡	周秦	孔簡	港簡	其他	合計
丈夫	0	3	2	0	1	0	0	6
合計	0	士₁男子₉丈夫₃	士₁男子₁₉丈夫₂	0	男₁男子₆丈夫₁	0	男子₃	48

2. 兒子

	九店	睡簡	放簡	周秦	孔簡	港簡	其他	合計
男①	3	9	10	0	2	0	9②	33
子③	0	0	0	0	9	0	12④	21
男子	0	1	0	0	0	0	1⑤	2
合計	男₃	男₉男子₁	男₁₀	0	男₂子₉	0	男₉子₁₂男子₁	56

3. 長子，大兒子

	九店	睡簡	放簡	周秦	孔簡	港簡	其他	合計
長男	0	0	2	0	0	0	0	2
長子	3	1	6	0	3	0	0	13
合計	長子₃	長子₁	長男₂長子₆	0	長子₃	0	0	15

---

① 合成詞"男女"5例。

② 印臺、周漢各1例，金關7例；如周漢375貳："甲、丙、戊、庚、壬，<u>男</u>；乙、丁、己、辛、癸，女。"

③ 日書"生子"占辭常見，從占辭看"生子"多是對生育兒子的描寫，也有占辭涉及兒女；"子"可泛指孩子，尤其是九店，其3例"生子"中的"子"均明確指孩子。孔簡《生》篇生"子"與生"女"分開敘述，"子"確指兒子；不過篇章最後簡391貳"生子不中此日，不死，瘁（癃），不行"中的"子"仍是孩子的統稱。睡簡、放簡等日書中未明確與"女"對舉的"子"，暫未作統計，這會導致遺漏"子"指稱兒子義的部分用例。

④ 周漢12例，如簡343貳："亥產：<u>子</u>，三日、四月不死，善田，六十七年以庚午死；女，五日、九月不死，十年以丁亥死。"

⑤ 周漢1例，見於簡159壹+187壹："直夜（腋），富；足，<u>男子</u>賤、女子貴。"

· 241 ·

4. 少子，小兒子

	九店	睡簡	放簡	周秦	孔簡	港簡	其他	合計
季子	0	0	0	0	1	0	0	1
少男	0	0	1	0	0	0	0	1
少子	0	0	4①	0	1	0	0	5
合計	0	0	少男$_1$ 少子$_4$	0	季子$_1$ 少子$_1$	0	0	7

5. 女性，女人

	九店	睡簡	放簡	周秦	孔簡	港簡	其他	合計
婦	0	1	2	0	1	0	0	4
女②	0	1	1	0	3	0	1③	6
婦女	0	0	1	0	3	0	0	4
婦人	1	0	1	0	0	0	1④	3
女子	0	23	18	0	10	2	3⑤	56
合計	婦人$_1$	婦$_1$ 女$_1$ 女子$_{23}$	婦$_2$ 女$_1$ 婦女$_1$ 婦人$_1$ 女子$_{18}$	0	女$_1$ 婦$_1$ 女$_3$ 婦女$_3$ 女子$_{10}$	女子$_2$	女$_1$ 婦人$_1$ 女子$_3$	73

---

① 放簡日乙 136："穿地井：到郄（膝），少子死。"少子，放簡整理者釋作"小子"；大西克也先生改釋，見《放馬灘秦簡的幾個用字特點》，東吳大學 2010 年 4 月 30 日—5 月 1 日"第二十一屆中國文字學國際學術研討會論文集"，第 388—390 頁。

② 合成詞"女日"16 例，"男女"3 例。

③ 周漢 1 例，見於簡 102 貳："女【復寡】"。

④ 武威 1 例，見於簡 11："……見婦人。"

⑤ 印臺 1 例，水簡 2 例；如印臺："四牝：乙亥、丁亥、辛亥、癸亥，不可祠、家（嫁）女取（娶）婦，女子壹乳而死。"

6. 女兒

	九店	睡簡	放簡	周秦	孔簡	港簡	其他	合計
女①	4	38	25	1	33	3	31②	135
子	1③	7	0	0	0	0	0	8
女子	0	5	0	0	0	0	4④	9
合計	女₄子₁	女₃₈ 子₇ 女子₅	女₂₅	女₁	女₃₃	女₃	女₃₁ 女子₄	152

7. 子孫後代

	九店	睡簡	放簡	周秦	孔簡	港簡	其他	合計
後⑤	0	2	0	0	0	0	0	2
孫子	0	1	1	0	0	0	0	2
子孫	0	0	1	0	0	0	0	1
合計	0	後₂ 孫子₁	孫子₁ 子孫₁	0	0	0	0	5

8. 丈夫

	九店	睡簡	放簡	周秦	孔簡	港簡	其他	合計
夫⑥	0	3	2	0	8	2	6⑦	21

---

① 合成詞 "男女" 5例。
② 王簡、虎簡、居新各1例，印臺3例，周漢14例，水簡4例，金關7例；如印臺："奎，利以祠、行，家（嫁）女取（娶）婦可也，男子爱。"
③ "子"可指兒子、女兒，需根據語境確定詞義；此處統計的女兒義僅限於"家（嫁）子"中的"子"。
④ 周漢4例，如簡100貳："子產：子，三日、二月五日不死，必爲上君，五十八年以甲子死。女子，三日、二月不死，三夫，卅九年甲子死。"
⑤ 合成詞 "絕後" 2例，"無後" 3例。
⑥ 合成詞 "寡夫" 3例。
⑦ 周漢5例，水簡1例；如周漢50貳："女子，四月、七月、十月不死，三夫，六十七年以庚午死。"

續表

	九店	睡簡	放簡	周秦	孔簡	港簡	其他	合計
君	1	2	0	0	0	0	0	3
男子	0	2	0	0	0	0	0	2
合計	君$_1$	夫$_3$ 君$_2$ 男子$_2$	夫$_2$	0	夫$_8$	夫$_2$	夫$_6$	26

9. 妻子

	九店	睡簡	放簡	周秦	孔簡	港簡	其他	合計
婦①	0	21	7	1	4	1	14②	48
妻③	7	85	12	0	57④	11	16⑤	188
合計	妻$_7$	婦$_{21}$ 妻$_{85}$	婦$_7$ 妻$_{12}$	婦$_1$	婦$_4$ 妻$_{57}$	婦$_1$ 妻$_{11}$	婦$_{14}$ 妻$_{16}$	236

10. 夫妻

	九店	睡簡	放簡	周秦	孔簡	港簡	其他	合計
夫婦	0	0	1	0	0	0	0	1
夫妻	0	3	2	0	1	0	0	6
妻夫	0	0	1	0	0	0	0	1
合計	0	夫妻$_3$	夫婦$_1$ 夫妻$_2$ 妻夫$_1$	0	夫妻$_1$	0	0	8

---

① 合成詞"寡婦"3例,"夫婦"1例。
② 周漢3例,虎簡、武威、居新各1例,印臺、水簡各4例;如印臺:"取(娶)婦,不到。"
③ 合成詞"夫妻"6例,"妻夫"1例。
④ 其中1例圖版作"婦",簡文誤釋作"妻",見於簡116叁:"凡取(娶)婦、嫁女"。
⑤ 嶽山、水簡各1例,王簡2例,周漢12例;如王簡23:"取(娶)妻,不吉。"

11. 祖父

	九店	睡簡	放簡	周秦	孔簡	港簡	其他	合計
大父	0	0	2	0	2	1	1①	6
王父②	0	5	0	0	0	0	0	5
合計	0	王父₅	大父₂	0	大父₂	大父₁	大父₁	11

12. 父母

	九店	睡簡	放簡	周秦	孔簡	港簡	其他	合計
親	0	1	0	0	0	0	0	1
父母	0	8	2	0	0	1	0	11
母父	0	0	2	0	0	0	0	2
合計	0	親₁ 父母₈	父母₂ 母父₂	0	0	0	0	14

13. 父輩，長輩

	九店	睡簡	放簡	周秦	孔簡	港簡	其他	合計
大人	0	1	2	0	2	0	2③	7
父世	0	2	0	0	0	0	0	2
合計	0	大人₁ 父世₂	大人₂	0	大人₂	0	大人₂	9

14. 家庭，家眷

	九店	睡簡	放簡	周秦	孔簡	港簡	其他	合計
家	0	3	1	0	11	0	4④	19

---

① 嶽山1例，見於牘43背："祠大父良日：己亥、癸亥、辛丑。"另水簡有"大父母"1例："祠大父母良日：己亥、辛丑、未、乙丑，大吉，不出三月必有大得。"

② 合成詞"高王父"5例。

③ 王簡2例，如簡706："庚午日中以死，失（魅）西北五六步，小子也取其父，大人也不去，必傷其家。"

④ 王簡、懸泉、金關、杜陵各1例；如杜陵："始田良日：乙未、乙亥、己亥、巳未。利一（以）播種、出糞，家大富。"

· 245 ·

續表

	九店	睡簡	放簡	周秦	孔簡	港簡	其他	合計
門	0	0	0	25	0	0	0	25
家門	0	0	0	0	1	0	0	1
家人	0	0	0	0	1	0	0	1
家室	0	0	0	3	0	0	1①	4
室家	0	0	1	0	0	0	0	1
合計	0	家$_3$	家$_1$室家$_1$	門$_{25}$家室$_3$	家$_{11}$家門$_1$家人$_1$	0	家$_4$家室$_1$	51

15. 家業，家産

	九店	睡簡	放簡	周秦	孔簡	港簡	其他	合計
家②	0	1	0	0	1	0	0	2
室	0	3	0	0	0	1	0	4
家室	0	0	0	0	0	0	1③	1
合計	0	家$_1$室$_3$	0	0	家$_1$	室$_1$	家室$_1$	7

16. 族人

	九店	睡簡	放簡	周秦	孔簡	港簡	其他	合計
宗族	0	0	0	0	1	0	0	1
族人	0	0	0	0	1	0	0	1
合計	0	0	0	0	宗族$_1$族人$_1$	0	0	2

---

① 王簡1例，見於簡703："己巳之日以死，其失（魅）不出，小子必二人死，大人其家室□□"。

② 合成詞"當家"1例。

③ 水簡1例："欲取（娶）婦嫁女，不辟（避）咸池，家室空。"

17. 主人（與客人相對）

	九店	睡簡	放簡	周秦	孔簡	港簡	其他	合計
主	0	2	0	0	0①	0	0	2
主人	0	0②	0③	0	1	0	0	1
合計	0	主₂	0	0	主人₁	0	0	3

18. 奴婢，僕人

	九店	睡簡	放簡	周秦	孔簡	港簡	其他	合計
婢	0	0	0	0	0	1	0	1
臣	0	3	0	0	1	0	0	4
奴	0	0	0	0	0	2	0	2
妾	0	1④	0	0	0	0	0	1
僕	0	0⑤	0	0	1	0	0	1
臣妾	0	10⑥	2	0	1	0	1⑦	14
臣徒	0	1	0	0	0	0	0	1
奴婢	0	0	0	0	5	2	1⑧	8
奴妾	0	0	2	0	0	0	0	2
僕屬	0	0	0	0	1	0	0	1
使僕	0	0	1（使羮）	0	0	0	0	1

---

① 孔簡"主"有9例：君主義1例；其餘8例中，明確與"奴僕"相對3例，含1例出自《直室門》篇的"主"；另外5例均出自《直室門》篇，或與同篇與"奴僕"相對的"主"表義相同。

② 睡簡"主人"有1例，蓋爲財物的所有者或與奴僕相對。

③ 放簡"主人"有4例，與"客"相對，蓋爲主體義。

④ 睡簡日甲81背有盜者名"妾"："丁名曰浮妾榮辨僕上。"

⑤ 睡簡日甲81背有盜者名"僕"："丁名曰浮妾榮辨僕上。"

⑥ 另睡簡日乙簡41"臣"後殘缺，據相關簡判斷，當爲"臣妾"。

⑦ 印臺1例："以癸丑、壬辰、甲寅、辛酉入臣妾，大殄。"

⑧ 居新1例，見於簡EPT65.165A："出入奴婢良日，乙丑、辛☒"。

續表

	九店	睡簡	放簡	周秦	孔簡	港簡	其他	合計
合計	0	臣$_3$ 妾$_1$ 臣妾$_{10}$ 臣徒$_1$	臣妾$_2$ 奴妾$_2$ 使僕$_1$	0	臣$_1$ 僕$_1$ 臣妾$_1$ 奴婢$_5$ 僕屬$_1$	婢$_1$ 奴$_2$ 奴婢$_2$	臣妾$_1$ 奴婢$_1$	36

19. 活人，有生命的人

	九店	睡簡	放簡	周秦	孔簡	港簡	其他	合計
產人	0	0	0	0	1	0	0	1
生人	0	1	0	0	0	0	0	1
合計	0	生人$_1$	0	0	產人$_1$	0	0	2

20. 嬰兒，初生幼兒

	九店	睡簡	放簡	周秦	孔簡	港簡	其他	合計
赤子	0	1	0	0	0	0	0	1
嬰兒	0	1	0	0	0	0	0	1
合計	0	赤子$_1$ 嬰兒$_1$	0	0	0	0	0	2

21. 平民，百姓

	九店	睡簡	放簡	周秦	孔簡	港簡	其他	合計
民	0	4	4	0	13	0	1①	22
百姓	0	0	0	0	1	0	0	1
家人	0	0	1	0	0	0	0	1
黔首	0	0	8	1	0	0	0	9
人民	5	6	0	0	0	0	1②	12
庶民	1	0	0	0	0	0	0	1

---

① 王簡1例，見於簡44+46："邦君更歲不朝，邦多廷獄作，民多寡<患>陽疾，亡人得戰。"

② 嶽山1例，見於牘43背："丙辰、丁末，不可殺豕，不隱人民。"

續表

	九店	睡簡	放簡	周秦	孔簡	港簡	其他	合計
庶人	0	0	0	0	1	0	0	1
下民	0	2	0	0	1①	0	0	3
小人	0	0	0	0	2	0	0	2
合計	人民$_5$ 庶民$_1$	民$_4$ 人民$_6$ 下民$_2$	民$_4$ 家人$_1$ 黔首$_8$	黔首$_1$	民$_{13}$ 百姓$_1$ 庶人$_1$ 下民$_1$ 小人$_2$	0	民$_1$ 人民$_1$	52

22. 邦國，國家

	九店	睡簡	放簡	周秦	孔簡	港簡	其他	合計
邦②	3	14	7	0	0	0③	2④	26
國⑤	0	0	0	0	3	0	0	3
合計	邦$_3$	邦$_{14}$	邦$_7$	0	國$_3$	0	邦$_2$	29

23. 君王，諸侯

	九店	睡簡	放簡	周秦	孔簡	港簡	其他	合計
君	0	2	6	0	0	0	0	8
邦君	2	3（邦君/邦郡）	2	0	0	0	2⑥	9
公王	1	0	0	0	0	0	0	1
侯王	0	1	0	0	0⑦	0	0	1

---

① 孔簡108—109"帝以此日開臨下降央（殃）"與睡簡"下民"文字對應，不過"民"字脱。

② 合成詞"邦君"9例，"邦門"5例，"臨邦"2例，"邦政""家邦"各1例。

③ 港簡54"□□□土令者行至路，桃（逃）亡不歸，而室散爲邦□"中的"邦□"應爲合成詞，未計入。

④ 王簡2例，如："壬申生，必聞邦。"

⑤ 合成詞"臨國"1例。

⑥ 王簡2例，如簡291："東門，是胃邦君之門。"

⑦ 孔簡31："秀日，是胃（謂）重光，囗王。"孔簡"王"字前殘缺，睡簡作"侯王"，孔簡或亦爲"侯王"。

續表

	九店	睡簡	放簡	周秦	孔簡	港簡	其他	合計
君上	0	1	0①	0	0②	0	0	1
王公	0	1	0	0	0	0	0	1
合計	邦君$_2$ 公王$_1$	君$_2$ 邦君$_3$ 侯王$_1$ 君上$_1$ 王公$_1$	君$_6$ 邦君$_2$	0	0	0	邦君$_2$	21

24. 官吏，官員

	九店	睡簡	放簡	周秦	孔簡	港簡	其他	合計
吏③	0	7	0	0	1④	1	0	9
吏宦	0	0	1	0	0	0	0	1
肉食	0	3	0	0	0	0	0	3
合計	0	吏$_7$ 肉食$_3$	吏宦$_1$	0	吏$_1$	吏$_1$	0	13

25. 官府，朝廷

	九店	睡簡	放簡	周秦	孔簡	港簡	其他	合計
公	0	1	2	0	0	0	0	3
縣官	0	0	0	0	1	0	1⑤	2
合計	0	公$_1$	公$_2$	0	縣官$_1$	0	縣官$_1$	5

---

① 放簡日乙272"蕤賓，□殹，別離、上事殹，外野某殹"，其中的"上事"指"君事，國事"。

② 周漢、孔簡各有2例"上君"，是高級官吏之義，與"君上"應有品級上的差別，兩者不屬於同素異序同義詞。

③ 合成詞"大吏"3例，"吏事"2例，"軍吏""廷吏""佐吏""吏卒"各1例。

④ 有2例"史"，如簡387貳："申生：子，七日、三月不死，史。"孔簡整理者讀作"吏"；此處未計入。

⑤ 水簡1例："亡人正東百九十里得，縣官。盜者男子，毋妻，北女子毋夫，從□"。

26. 軍隊，部隊

	九店	睡簡	放簡	周秦	孔簡	港簡	其他	合計
軍①	0	3	4	0	2	0	0	9
師徒	0	1	0	0	0	0	0	1
合計	0	軍$_3$ 師徒$_1$	軍$_4$	0	軍$_2$	0	0	10

27. 盜賊，强盜

	九店	睡簡	放簡	周秦	孔簡	港簡	其他	合計
盜	7（逃）	26（盜兆）	41	27	13	0	0	114
盜賊	0	1	0	0	0	0	0	1
寇盜	1	1	1	0	0	0	0	3
合計	盜$_7$ 寇盜$_1$	盜$_{26}$ 盜賊$_1$ 寇盜$_1$	盜$_{41}$ 寇盜$_1$	盜$_{27}$	盜$_{13}$	0	0	118

28. 逃亡者，流亡者

	九店	睡簡	放簡	周秦	孔簡	港簡	其他	合計
逃人	3	1（桃人）	0	0	0	0	0	4
亡人	0	1	3	29	1	1	6②	41
合計	逃人$_3$	逃人$_1$ 亡人$_1$	亡人$_3$	亡人$_{29}$	亡人$_1$	亡人$_1$	亡人$_6$	45

29. 身體，軀體

	九店	睡簡	放簡	周秦	孔簡	港簡	其他	合計
身	1	10	1	0	2	0	1③	15
體	0	3	0	0	0	0	0	3

---

① 合成詞"將軍門"3例，"軍吏"1例。
② 王簡3例，印臺1例，水簡2例；如印臺："亡人，不得。取（娶）婦，不到。"
③ 金關1例，見於簡73EJT11.23："【毋予□疾，以□】脊强；毋予皮毛疾，以弊身剛；毋予脅疾，以成【身張】。"身，金關整理者未釋，此處釋文從劉嬌《讀肩水金關漢簡"馬禖祝辭"小札》，《文匯報》2016年8月19日第W11版。

续表

	九店	睡簡	放簡	周秦	孔簡	港簡	其他	合計
中	0	0	0	0	1	0	0	1
合計	身$_1$	身$_{10}$ 體$_3$	身$_1$	0	身$_2$ 中$_1$	0	0	19

30. 四肢

	九店	睡簡	放簡	周秦	孔簡	港簡	其他	合計
四體	0	0	1	0	0	0	0	1
四支	0	0	0	0	1	0	0	1
合計	0	0	四體$_1$	0	四支$_1$	0	0	2

31. 頭，腦袋

	九店	睡簡	放簡	周秦	孔簡	港簡	其他	合計
首①	0	3	4	0	0②	2	0	9
頭	0	1③	3	0	1	0	3④	8
合計	0	首$_3$ 頭$_1$	首$_4$ 頭$_3$	0	頭$_1$	首$_2$	頭$_3$	17

32. 眼珠，眼球

	九店	睡簡	放簡	周秦	孔簡	港簡	其他	合計
目	0	1	4	0	0	0	0	5
眼	0	0	2（艮）⑤	0	0	0	0	2

---

① 合成詞"黔首"9例。
② 孔簡378"其盜女子也，出首，臧（藏）室西北"中的"首"，可能爲"目"字之訛。
③ 睡簡日甲72背"卯，兔也。盜者大面，頭頯，疵在鼻"中的"頭"，訓釋存異，除讀爲本字外，尚有讀爲"脰"或讀爲"短"的説法。此處未計入。
④ 北漢、周漢、水簡各1例，如周漢9+34壹+159壹："此禹湯生子占也。直頭、肩上，貴。"
⑤ 見於放簡日乙207、236，放簡整理者分別釋作"貝"和"髮"；方勇先生改釋，見《讀〈天水放馬灘秦簡〉小札（三）》，復旦大學出土文獻與古文字研究中心網2009年10月17日（http://www.gwz.fudan.edu.cn/Web/Show/942）。宋華强先生讀"艮"爲"眼"，見《放馬灘秦簡〈日書〉識小録》，載陳偉主編《簡帛》第6輯，上海古籍出版社2011年版，第77頁。

續表

	九店	睡簡	放簡	周秦	孔簡	港簡	其他	合計
合計	0	目₁	目₄ 眼₂	0	0	0	0	7

33. 嘴，口

	九店	睡簡	放簡	周秦	孔簡	港簡	其他	合計
口①	0	2	6	0	5	0	0	13
喙	0	0②	7	0	0③	0	1④	8
喙口	0	0	0	0	1（喙口）	0	0	1
合計	0	口₂	口₆ 喙₇	0	口₅ 喙口₁	0	喙₁	22

34. 唇，嘴唇

	九店	睡簡	放簡	周秦	孔簡	港簡	其他	合計
唇	0	0	2（唇唇）	0	0	0	0	2
吻	0	0	1	0	0	0	0	1
合計	0	0	唇₂ 吻₁	0	0	0	0	3

---

① 合成詞"口臭""口舌"各2例。
② 睡簡日甲72背："卯，兔也。盜者大面，頭穎"。睡簡整理者認爲"穎"爲"穎"誤字，爲頭惡義；方勇先生讀"頭穎"爲"短喙"，見《秦簡牘文字編》，福建人民出版社2012年版，第506—509頁。
③ 孔簡370："卯，鬼<兔>也。盜者大面，短豙，臧（藏）草囗囗。"孔簡整理者認爲"短豙"可能當從睡簡，讀作頭穎；方勇先生讀爲"短喙"，見《秦簡牘文字編》，福建人民出版社2012年版，第506—509頁。
④ 居漢1例，見於簡458.1A："☐屬夜半者，男子取之，其人兑（銳）喙，長須（鬚），出目，善囗亂人事，數（僂）人也。"

35. 脖子，頸項

	九店	睡簡	放簡	周秦	孔簡	港簡	其他	合計
頸	0	5	9（頸巠）	0	3	1	1①	19
項	0	0	2	0	0	0	0	2
頸項	0	0	1	0	0	0	0	1
項頸	0	0	1	0	0	0	0	1
合計	0	頸5	頸9 項2 頸項1 項頸1	0	頸3	頸1	頸1	23

36. 胸，胸部

	九店	睡簡	放簡	周秦	孔簡	港簡	其他	合計
胸	0	0	2（匈）	0	0	0	0	2
膺	0	0	5（癰）	0	0	0	0	5
合計	0	0	胸2 膺5	0	0	0	0	7

37. 毛，毛髮

	九店	睡簡	放簡	周秦	孔簡	港簡	其他	合計
髮	0	0	2	0	0	0	0	2
毛②	0	0	0	0	0	0	1③	1

---

① 張 M249 有 1 例："卯，象<兔>也。盜者大目、短頸、長耳、高尻，臧（藏）草木☐"。

② 合成詞"敝毛""皮毛"各 1 例。

③ 居新 1 例，見於簡 EPT40.38："☐車祭者，占牛馬毛物，黃白青騮，以取（娶）婦、嫁女、祠祀、遠行、入官、遷徙、初疾☐"。此例中的"毛物"亦可看作合成詞。

續表

	九店	睡簡	放簡	周秦	孔簡	港簡	其他	合計
鬠	0	1（鬠）	0	0	0	0	0	1
毛鬣	0	1（毛邋）	0	0	0	0	0	1
合計	0	鬠₁ 毛鬣₁	髮₂	0	0	0	毛₁	5

38. 衣服，衣裳

	九店	睡簡	放簡	周秦	孔簡	港簡	其他	合計
衣①	0	10	2	0	1	0	5②	18
裳	0	2（常）③	0	0	0	0	1④	3
衣冠	0	1（衣寇）	1	0	0	0	0	2
衣裳	2（衣繻/衣橐）	11（衣常）	1（衣常）	0	4（衣常）	0	1（衣常）⑤	19
合計	衣裳₂	衣₁₀ 裳₂ 衣冠₂ 衣裳₁₁	衣₂ 衣冠₁ 衣裳₁	0	衣₁ 衣裳₄	0	衣₅ 裳₁ 衣裳₁	42

---

① 合成詞"裁衣"18例，"新衣"3例，"複衣"2例，"白衣"1例。
② 嶽山4例，武威1例；如嶽山牘43背："凡衣忌：戊申、己未、壬申、戌、丁亥，勿以裂（製）衣、衣。毋以八月、九月丙、辛、癸丑、寅、卯材（裁）衣。"
③ 睡簡2例"常（裳）"出自《星》《官》篇"軫"條，簡文內容相近，如睡簡日乙95壹："軫，乘車、衣常（裳）、取（娶）妻，吉。生子，必賀（嘉）。可入貨。""衣常"與"乘車""取（娶）妻"並列，若其前未有脱文，應爲動詞性結構，"衣"爲穿戴義，"常"爲"衣服"義。
④ 嶽山1例；見於牘43背："五服忌：甲申寇（冠）、丙申开（笄）、戊申帶、庚申常（裳）、壬申屨（屨）。"
⑤ 王簡1例："好歌舞，必佩<施>衣常（裳）。"

39. 土地，田地

	九店	睡簡	放簡	周秦	孔簡	港簡	其他	合計
田①	0	1	3	0	1	0	2②	7
土	2	0	0	0	0	0	0	2
田地	0	0	0	0	0	0	1③	1
田野	0	1（田壄）	0	0	0	0	0	1
土田	1	0	0	0	0	0	0	1
合計	土₂ 土田₁	田₁ 田野₁	田₃	0	田₁	0	田₂ 田地₁	12

40. 土壤，泥土

	九店	睡簡	放簡	周秦	孔簡	港簡	其他	合計
壤	0	0	0	0	1（襄）	0	0	1
土④	0	3	2	0	1	3	1⑤	10
土地	0	0	1	0	0	0	0	1
土壤	0	0	0	0	0	1（土襄）	0	1
合計	0	土₃	土₂ 土地₁	0	壤₁ 土₁	土₃ 土壤₁	土₁	13

41. 石頭，璞玉

	九店	睡簡	放簡	周秦	孔簡	港簡	其他	合計
石⑥	0	2	2	0	1	0	0	5

---

① 合成詞"田邑"3例，"田宇"2例，"田宅"1例。
② 王簡、武威各1例，如武威簡3："戊毋度田，後必死亡。"度田，原釋作"度海"，讀作"渡海"；何雙全先生改釋，見《漢簡〈日書〉叢釋》，載西北師範大學文學院歷史系、甘肅省文物考古研究所編《簡牘學研究》第2輯，甘肅人民出版社1998年版，第46頁。陸平先生認爲"度田"即敦煌殘卷《陰陽書》"慶田"與後世通書的"受田"，指田産的交接。見《散見漢日書零簡輯證》，碩士學位論文，南京師範大學，2009年。
③ 懸泉1例，見於簡IT309③：196壹："巳死，田地適，西北間一室，□□□者。央（殃）凶在東南隅。"
④ 合成詞"糞土"4例，"黃土"3例，"土色""土黃"各1例。
⑤ 居漢1例，見於簡458.1A："藏之内中、要（腰）間、土中。"
⑥ 合成詞"瓦石"1例。

續表

	九店	睡簡	放簡	周秦	孔簡	港簡	其他	合計
玉	0	0	0	0	0	0	1①	1
石玉	0	0	0	0	2	0	0	2
玉石	0	0	0	0	1	0	0	1
合計	0	石₂	石₂	0	石₁ 石玉₂ 玉石₁	0	玉₁	9

42. 池沼，池澤

	九店	睡簡	放簡	周秦	孔簡	港簡	其他	合計
池	0	3	0	0	0	0	0	3
陂池	0	1②	0	0	0	0	0	1
池澤	0	0	1	0	0	0	0	1
合計	0	池₃ 陂池₁	池澤₁	0	0	0	0	5

43. 堤壩，堤堰

	九店	睡簡	放簡	周秦	孔簡	港簡	其他	合計
堤	0	0	0	0	1（隄）	0	0	1
堨	0	0	2（渴）③	0	0	0	0	2

---

① 嶽山1例，見於牘43正："玉良日：甲午、甲寅。其忌：甲申、乙巳、乙卯。"

② 睡簡日甲25正貳："閉日，可以脩波（陂）池，入臣徒、馬牛、它生（牲）。"脩波池，睡簡整理者釋作"劈決池"；周波先生改釋，"脩（修）陂池"義爲修筑池沼、池塘。見《秦漢簡〈日書〉校讀札記》，載復旦大學出土文獻與古文字研究中心編《出土文獻與傳世典籍的詮釋——紀念譚樸森先生逝世兩周年國際學術研討會論文集》，上海古籍出版社2010年版，第397頁。按："脩波池"或可讀爲"脩陂池"，"陂"用爲動詞，與"脩"類義連用。

③ 見於放簡日書甲乙種《建除》篇閉日條，如日甲簡20："閉日，可以波（陂）渴（堨），入人奴妾。"波渴，放簡整理者釋作"泼沱"（乙種釋作"決沱"）；宋華强先生改釋，見《放馬灘秦簡〈日書〉識小錄》，載陳偉主編《簡帛》第6輯，上海古籍出版社2011年版，第69—70頁。周波先生讀爲"陂堨"，指壅、築堤堰、堰塘，"陂"用作動詞。見《秦漢簡〈日書〉校讀札記》，載復旦大學出土文獻與古文字研究中心編《出土文獻與傳世典籍的詮釋——紀念譚樸森先生逝世兩周年國際學術研討會論文集》，上海古籍出版社2010年版，第396頁。

續表

	九店	睡簡	放簡	周秦	孔簡	港簡	其他	合計
合計	0	0	竭$_2$	0	堤$_1$	0	0	3

44. 糧食作物

	九店	睡簡	放簡	周秦	孔簡	港簡	其他	合計
禾①	0	3	3	0	15	0	1②	22
粟	0	0	0	0	1	0	0	1
百資	0	0	0	0	2	0	0	2
禾稼	0	0	0	0	2	0	0	2
禾黍	0	0	1③	0	1	0	0	2
禾粟	0	3	3	0	2	0	0	8
五穀	0	2	0	0	5	0	0	7
五種	0	2（五種）	1（五種）	0	3（五種）	0	1④	6
合計	0	禾$_3$ 禾粟$_3$ 五穀$_2$ 五種$_2$	禾$_3$ 禾黍$_1$ 禾粟$_3$ 五種$_1$	0	禾$_{15}$ 粟$_1$ 百資$_2$ 禾稼$_2$ 禾黍$_1$ 禾粟$_2$ 五穀$_5$ 五種$_3$	0	禾$_1$ 五種$_1$	50

---

① 合成詞"稙禾""中禾""稺禾"各2例。

② 杜陵1例："禾良日：乙亥、己亥、癸亥、申戌、己、庚，大吉。其忌日，六丙、寅、卯，不可種。"

③ 另放簡日乙354+375："羽之音如野鳴焉。羽，面殹，囚殹。羽音吉，其畜焉，其器□□，其穜（種）禾黍，其事賤，其處實，其味苦，其病頭。"該簡"禾黍"當爲"黍"義，非泛指穀物。

④ 印臺1例，簡文當脱或殘失"五"："種忌日：子麥，丑黍，辰禾，亥稻，戌叔（菽），不可種及賞（嘗）。"

45. 早種穀物

	九店	睡簡	放簡	周秦	孔簡	港簡	其他	合計
稙	0	0	2	0	1	0	0	3
稙禾	0	0	0	0	2	0	0	2
合計	0	0	稙$_2$	0	稙$_1$ 稙禾$_2$	0	0	5

46. 晚種穀物

	九店	睡簡	放簡	周秦	孔簡	港簡	其他	合計
穉	0	0	1	0	1	0	0	2
穉禾	0	0	0	0	2	0	0	2
合計	0	0	穉$_1$	0	穉$_1$ 穉禾$_2$	0	0	4

47. 種植、收穫晚於早種穀物而早於晚種穀物

	九店	睡簡	放簡	周秦	孔簡	港簡	其他	合計
中禾	0	0	0	0	2	0	0	2
中種	0	0	1（中種）	0	0	0	0	1
合計	0	0	中種$_1$	0	中禾$_2$①	0	0	3

48. 小米，穀子

	九店	睡簡	放簡	周秦	孔簡	港簡	其他	合計
禾	0	0	1	0	1	0	0②	2
稷	0	2	2	0	1	0	0	5
粟	0	0	0	0	0	0	1③	1

---

① 孔簡"中禾"又簡稱爲"中"，有2例，如簡444貳："三以乙朔中、穉爲。"

② 印臺有1例"禾"爲具體農作物名："種忌日：子麥，丑黍，辰禾，亥稻，戌叔（菽），不可種及賞（嘗）。"該例"禾"或許爲"麻"之誤，睡簡、放簡、嶽山、孔簡中辰日均爲麻忌日。此處未計入。

③ 杜陵1例："粟良日：戊午、戊戌、甲子、乙亥、甲戌、庚，大吉。其忌日：六壬、五寅、丑，不【可種】。"

続表

	九店	睡簡	放簡	周秦	孔簡	港簡	其他	合計
粱	0	0	0	0	0	0	1（粱）①	1
合計	0	稷₂	禾₁ 稷₂	0	禾₁ 稷₁	0	粟₁ 粱₁	9

49. 糧倉

	九店	睡簡	放簡	周秦	孔簡	港簡	其他	合計
廩	1（箘）	0	0	0	0	0	0	1
囷	0	9	8	1	5②	1	0	24
倉囷③	0	3	2	0	1	0	0	6
合計	廩₁	囷₉ 囷倉₃	囷₈ 囷倉₂	囷₁	囷₅ 囷倉₁	囷₁	0	31

50. 乾肉，肉乾

	九店	睡簡	放簡	周秦	孔簡	港簡	其他	合計
脯脩	0	2	0	0	0	0	0	2
乾肉	0	1	0	0	0	0	0	1
腊腒	0	1（腊居）	0	0	0	0	0	1
腊肉	0	1（昔肉）	0	0	0	0	0	1
合計	0	脯脩₂ 乾肉₁ 腊腒₁ 腊肉₁	0	0	0	0	0	5

---

① 嶽山1例，見於牘44背："☒黍，寅粱（粱），辰靡（麻），戌叔（菽），亥☐，申薔，卯☐"。

② 其中孔簡簡15有1例"囷"，孔簡整理者釋作"築"："盈日，可以築閈（閑）牢、囷、宮室、入六畜、爲嗇【夫】。"劉國勝等先生據紅外影像改釋，見劉國勝、凡國棟、楊芬《孔家坡漢簡日書釋文補正》，載陳偉主編《簡帛》第12輯，上海古籍出版社2016年版，第131頁。

③ 日書中"倉"未有單獨使用者，睡簡、放簡、王簡、孔簡中的《直室門》篇有專名"倉門"。

51. 酒

	九店	睡簡	放簡	周秦	孔簡	港簡	其他	合計
酒①	0	11（酉酒）	1（酉）	0	0	0	0	12
酒醴	0	1（酉醴）	0	0	0	0	0	1
合計	0	酒₁₁ 酒醴₁	酒₁	0	0	0	0	13

52. 草，茅草

	九店	睡簡	放簡	周秦	孔簡	港簡	其他	合計
蔡	0	2	1	0	2	1	1②	7
草③	0	3	0	0	1	1	0	5
薦	0	1（𦬆）④	0	0	0	0	0	1
茅⑤	0	0	1（毛）⑥	0	0	0	0	1
百草	0	1	0	0	0	0	0	1
草茅	0	0	2	0	0	0	0	2
芻稾	0	1	2	0	1	0	0	4

---

① 合成詞"清酒""飲酒"各2例。

② 北漢1例："子……鼠相，……垣內中糞蔡下。"日書"蔡"表示草義，均以"糞蔡"形式出現。

③ 合成詞"草木"21例。

④ 見於睡簡日甲158背："令其口耆（嗜）𦬆（薦）䶊=，耆（嗜）飲律=，弗遏自□，弗畋（驅）自出。"𦬆，睡簡整理者未釋，疑爲"蒻"字。方勇先生釋出，讀爲"薦"，義爲牲畜所吃之草。見《睡虎地秦簡札記二則》，簡帛網2015年11月25日（http://www.bsm.org.cn/show_article.php?id=2375）。

⑤ 合成詞"白茅"3例。

⑥ 見於放簡日乙162："從東南，毛（茅）槀坐坐。"毛槀坐坐，放簡整理者釋作"之槀罜罜"；方勇先生改釋"之"爲"毛"，讀爲"茅"，訓爲茅草。見《天水放馬灘秦簡零拾（四）》，簡帛網2015年4月2日（http://www.bsm.org.cn/show_article.php?id=2180）。晏昌貴先生改釋"罜"爲"坐"，見《天水放馬灘秦簡乙種〈日書〉分篇釋文（稿）》，載陳偉主編《簡帛》第5輯，上海古籍出版社2010年版，第30頁。

續表

	九店	睡簡	放簡	周秦	孔簡	港簡	其他	合計
合計	0	蔡$_2$ 草$_3$ 薦$_1$ 百草$_1$ 芻槀$_1$	蔡$_1$ 茅$_1$ 草茅$_2$ 芻槀$_2$	0	蔡$_2$ 草$_1$ 芻槀$_1$	蔡$_1$ 草$_1$	蔡$_1$	21

53. 昆蟲，蟲豸

	九店	睡簡	放簡	周秦	孔簡	港簡	其他	合計
蟲①	0	6（虫）	2（虫）	0	3（虫）	0	0	11
蟲豸	0	2（虫豸）	0	0	0	0	0	2
合計	0	蟲$_6$ 蟲豸$_2$	蟲$_2$	0	蟲$_3$	0	0	13

54. 陶器

	九店	睡簡	放簡	周秦	孔簡	港簡	其他	合計
瓦②	0	1	0	0	0③	0	0	1
瓦器	0	2	0	0	1	0	0	3
合計	0	瓦$_1$ 瓦器$_2$	0	0	瓦器$_1$	0	0	4

55. 刀，刀子

	九店	睡簡	放簡	周秦	孔簡	港簡	其他	合計
刀	0	2	0	0	0	0	0	2

---

① 合成詞"百蟲"3例。
② 合成詞"瓦石""瓦甕"各1例。
③ 孔簡369"東臧（藏）之史耳若所"。有研究者認爲簡文"耳"爲"瓦"之訛。

續表

	九店	睡簡	放簡	周秦	孔簡	港簡	其他	合計
刀刃	0	0	0	0	0	0	1①	1
合計	0	刀₂	0	0	0	0	刀刃₁	3

56. 木棒，木棍

	九店	睡簡	放簡	周秦	孔簡	港簡	其他	合計
杵	0	1	0	0	0	0	0	1
梗	0	2（更）	0	0	0	0	0	2
杖	0	3（丈）	0	0	0	0	0	3
合計	0	杵₁ 梗₂ 杖₃	0	0	0	0	0	6

57. 器物的把兒

	九店	睡簡	放簡	周秦	孔簡	港簡	其他	合計
秉	0	1	0	0	0	0	0	1
枋	0	1	0	0	0	0	0	1
柶	0	1	0	0	0	0	0	1
合計	0	秉₁ 枋₁ 柶₁	0	0	0	0	0	3

58. 房屋，居室

	九店	睡簡	放簡	周秦	孔簡	港簡	其他	合計
宮②	2	15	0	0	1	0	0	18
家③	1	1	6	0	5	0	1④	14

---

① 懸泉1例，見於簡V1410③：72："其死者，毋持刀刃上冢，死人不敢近也。"
② 合成詞"入宮""宮牆""宮垣""丹宮"各1例。
③ 合成詞"人家"1例。
④ 水簡1例："壬戌、癸亥、庚午不可到家。"

續表

	九店	睡簡	放簡	周秦	孔簡	港簡	其他	合計
內①	0	7	0②	0	5	0	1③	13
室④	5	87	28	0	57	9	36⑤	222
屋	0	15	5⑥	0	9	1	2⑦	32
廡	1	1	3	0	0	0	0	5
序	1（圩）⑧	3（圩）	2	0	2	0	0	8
宇⑨	6（遇）	33	4（于）	0	0	0	0	43
宅⑩	0	2	0	0	0	0	1⑪	3
宫室	0	2	1	0	1	0	0	4
家室	1	3	0	0⑫	0	0	0	4
室家	1	1	0⑬	0	0	0	0	2
室屋	0	1	0	0	2	0	0	3
宇宫	1（遇宫）	0	0	0	0	0	0	1

---

① 合成詞"大內"1例，"小內"2例；詞化結構"大室內"1例。

② 放簡日乙103壹："四灒（廢）日，不可以爲室□內，爲囷倉及蓋。"睡簡日甲101正壹："四灒（廢）日，不可以爲室、復（覆）屋。"放簡、睡簡文意相近，放簡此例"內"或爲居室義；因簡文殘缺，暫未計入。

③ 水簡1例："一月德在內，刑在野。大時在南方午，小時在東北丑，大司空在丑。"

④ 合成詞"居室"5例，"室人"3例，"居室""祠室""祭室""室內""室中"各1例。

⑤ 王簡1例，嶽山2例，阜陽3例，印臺8例，周漢14例，水簡1例，懸泉7例；如嶽山牘43正："久宦毋以庚午到室。"

⑥ 放簡日書甲乙種《地支占盜》篇中巳條、酉條的"屋"有表"屋頂"義的可能，如放簡日甲35："巳，雞殹。以亡，盜者中人殹。臧（藏）囷、屋扆、糞土中、塞木下。"暫將此2例計入。

⑦ 水簡、武威各1例，如武威簡6："午毋蓋屋，必見火光。"

⑧ 見於九店簡48："遇（宇），不可以 圩（序）。"用作動詞。

⑨ 合成詞"田宇"2例。

⑩ 合成詞"田宅"1例。

⑪ 武威有1例，見於簡2："甲毋治宅，不居必荒。"

⑫ 周秦"家室"3例，義爲"家庭"，如簡193："【房：斗乘】房，門有客，所言者家室事，人中子也，多昆弟。"

⑬ 放簡日乙336"室家"有1例，義爲"家庭"："鳳鳴於□□，善母父，若室家，孰諧言語？"

續表

	九店	睡簡	放簡	周秦	孔簡	港簡	其他	合計
合計	宮$_2$ 家$_1$ 室$_5$ 廡$_1$ 序$_1$ 宇$_6$ 家室$_1$ 室家$_1$ 宇宮$_1$①	宮$_{15}$ 家$_1$ 內$_7$ 室$_{87}$ 屋$_{15}$ 廡$_1$ 序$_1$ 宇$_{33}$ 宅$_2$ 宮室$_2$ 家室$_3$ 室家$_1$ 室屋$_1$	家$_6$ 室$_{28}$ 屋$_5$ 廡$_3$ 序$_2$ 宇$_4$ 宮室$_1$②	0	宮$_1$ 家$_5$ 內$_5$ 室$_{57}$ 屋$_9$ 序$_2$ 宮室$_1$ 室屋$_2$	室$_9$ 屋$_1$	家$_1$ 內$_1$ 室$_{36}$ 屋$_2$ 宅$_1$	372

59. 處所, 居處

	九店	睡簡	放簡	周秦	孔簡	港簡	其他	合計
處③	0	0	4	1	0	0	0	5
居	2（凥）	0	0	0	0	0	0	2
所	2	5	8	0	1	0	2④	18
居所	0	1	0	0	0	0	0	1
合計	居$_2$ 所$_2$	所$_5$ 居所$_1$	處$_4$ 所$_8$	處$_1$	所$_1$	0	所$_2$	26

60. 田地房屋

	九店	睡簡	放簡	周秦	孔簡	港簡	其他	合計
田宇	0	1	1	0	0	0	0	2
田宅	0	0	1	0	0	0	0	1

---

① 九店"宅舍"有1例，出現於殘簡，語義不能判斷。此處未計入
② 有研究者認爲放簡"戾"表示屋義，暫未計入。
③ 合成詞"定處"2例。
④ 敦煌、金關各1例，如敦煌1787："有客從遠所來"。

續表

	九店	睡簡	放簡	周秦	孔簡	港簡	其他	合計
合計	0	田宇₁	田宇₁ 田宅₁	0	0	0	0	3

61. 祭室，祠堂

	九店	睡簡	放簡	周秦	孔簡	港簡	其他	合計
祠①	0	0	5	0	0	0	0	5
祭室	1	0	0	0	0	0	0	1
祠室	0	1	0	0	0	0	0	1
合計	祭室₁	祠室₁	祠₅	0	0	0	0	7

62. 公家府庫

	九店	睡簡	放簡	周秦	孔簡	港簡	其他	合計
府	0	0	2	0	1	0	0	3
官府	0	1	0	0	0	0	0	1
合計	0	官府₁	府₂	0	府₁	0	0	4

63. 畜圈，牲圈

	九店	睡簡	放簡	周秦	孔簡	港簡	其他	合計
圂	0	5	0	0	1	0	0	6
廐②	0	1	2	0	3	0	1③	7
圈④	0	5	0	0	0	0	0	5
牢圈	0	0	2	0	0⑤	0	0	2

① 合成詞 "祠木" 1 例。
② 合成詞 "馬廐" "牛廐" 各 2 例。
③ 王簡 1 例，見於簡 667："甲乙黃昏以死，失（魅）圍廐不出。"
④ 合成詞 "羊圈" 2 例。
⑤ 合成詞 "牛牢" 1 例。

續表

	九店	睡簡	放簡	周秦	孔簡	港簡	其他	合計
閑牢	0	1（閒牢）	1（閒牢）	0	2（閒牢）	0	0	4
合計	0	圂$_5$ 廁$_1$ 圈$_5$ 閑牢$_1$	厩$_2$ 牢圈$_2$ 閑牢$_1$	0	圂$_1$ 廁$_3$ 閑牢$_2$	0	厩$_1$	24

64. 厠所

	九店	睡簡	放簡	周秦	孔簡	港簡	其他	合計
厠	0	0	0	0	0	0	2①	2
圂	0	1	0	0	0	0	0	1
圂厠	0	1	0	0	0	0	0	1
屏圂	0	1	2	0	3	0	2②	8
合計	0	圂$_1$ 圂厠$_1$ 屏圂$_1$	屏圂$_2$	0	屏圂$_3$③	0	厠$_2$ 屏圂$_2$	12

65. 墻壁

	九店	睡簡	放簡	周秦	孔簡	港簡	其他	合計
壁	0	2	0	0	0	0	1（辟）④	3
墻⑤	1（牆）	1（牆）	0	0	0	0	0	2

---

① 懸泉2例，見於簡Ⅱ0214③：71："入厠，禹步三，祝曰：入則謂厠哉，陽；謂天大哉，辰。病與惡人，疾去毋顧。"

② 金關2例，見於簡73EJT30.126："爲屏圂良日：五癸及壬申六日。壬辰爲屏圂大富；戊寅、戊辰、大凶。"

③ 孔簡477："五月東井利澍（樹）藍、韭，司清。"司清，孔簡整理者未訓釋；單育辰先生認爲"司"應讀爲"治"，"清"應讀作"圊"，"治圊"即修治厠所。見《佔畢隨錄之十二》，簡帛網2010年3月15日（http://www.bsm.org.cn/show_article.php?id=1232）。

④ 懸泉1例，見於簡I0309③：262壹："酉<子>死，大事離（罹）。東南閒三室，凶<必>或死者。央（殃）凶在北辟（壁）上。"

⑤ 合成詞"宮牆"1例。

續表

	九店	睡簡	放簡	周秦	孔簡	港簡	其他	合計
垣①	0	12	8	0	12	3	2②	37
垣墻	0	1	0	0	0	0	0	1
合計	墻₁	壁₂墻₁垣₁₂垣墻₁	垣₈	0	垣₁₂	垣₃	壁₁垣₂	43

66. 門

	九店	睡簡	放簡	周秦	孔簡	港簡	其他	合計
户③	0	6	2	0	0	3	1④	12
門⑤	0	52	40	0	51	0	17⑥	160
户門	0	0	1	0	0	0	0	1
門關	0	0	1	0	0	0	0	1
門户	0	2	0	0	0	0	0	2
合計	0	户₆門₅₂門户₂	户₂門₄₀户門₁門關₁	0	門₅₁	户₃	户₁門₁₇	176

67. 城門

	九店	睡簡	放簡	周秦	孔簡	港簡	其他	合計
邦門	0	3	1	0	0	0	1⑦	5

---

① 合成詞"宫垣"1例。

② 北漢、印臺各1例；如印臺："七月午爲門及垣，長女死。"

③ 合成詞"户牖"4例。另五祀之一4例。

④ 王簡1例，見於簡264："甲申、庚申、乙酉，户之良日也。"

⑤ 合成詞"邦門"4例，"門竇""門閭""門牖""邑門"各1例。另五祀之一7例。

⑥ 王簡8例，印臺3例，居新4例，金關2例；如王簡264："☐甲申、甲辰，門之良日也。"

⑦ 印臺1例："即行，之邦門之困（閫），禹步三，言曰：門左、門右、中央君子，某有行，擇道。"

續表

	九店	睡簡	放簡	周秦	孔簡	港簡	其他	合計
邑門	0	0	2	0	0	0	0	2
合計	0	邦門₃	邦門₁ 邑門₂	0	0	0	邦門₁	7

68. 門窗

	九店	睡簡	放簡	周秦	孔簡	港簡	其他	合計
户牖	1（户秀）	2	0	0	1	0	0	4
門牖	0	0	0	0	1	0	0	1
合計	户牖₁	户牖₂	0	0	户牖₁ 門牖₁	0	0	5

69. 孔穴

	九店	睡簡	放簡	周秦	孔簡	港簡	其他	合計
竇①	0	0	0	0	2	0	0	2
穴	0	0②	6	1	0③	0	0④	7
合計	0	0	穴₆	穴₁	竇₂	0	0	9

---

① 合成詞"門竇"1例。

② 睡簡日甲69背"臧（藏）於垣内中糞蔡下"，簡文"内"，復旦大學讀書會改釋爲"穴"，認爲此字恐爲"穴"字之訛。見《天水放馬灘秦簡〈日書·盜篇〉研讀》，復旦大學出土文獻與古文字研究中心網2009年10月24日（http://www.gwz.fudan.edu.cn/Web/Show/951）。

③ 孔簡367"臧（藏）安（垣）内中糞蔡下"，簡文"内"，復旦大學讀書會改釋爲"穴"，認爲此字恐爲"穴"字之訛。見《天水放馬灘秦簡〈日書·盜篇〉研讀》，復旦大學出土文獻與古文字研究中心網2009年10月24日（http://www.gwz.fudan.edu.cn/Web/Show/951）。

④ 北漢、居漢各有1例"内"，表示藏匿之處，或當釋爲"穴"；如居漢簡458.1A："臧（藏）之内中、要（腰）間、土中。"

70. 地窖

	九店	睡簡	放簡	周秦	孔簡	港簡	其他	合計
窌	0	0	2	0	1	0	0	3
窨	0	0	1	0	0	0	0	1
合計	0	0	窌$_2$ 窨$_1$	0	窌$_1$	0	0	4

71. 山谷，溝壑

	九店	睡簡	放簡	周秦	孔簡	港簡	其他	合計
谷	0	0	1	0	1	0	0	2
山谷	0	0	5	0	0	0	0	5
谿谷	0	0	1	0	1①	0	0	2
合計	0	0	谷$_1$ 山谷$_5$ 谿谷$_1$	0	谷$_1$ 谿谷$_1$	0	0	9

72. 裏面，内部②

	九店	睡簡	放簡	周秦	孔簡	港簡	其他	合計
間	0	0	2（閒）	0	0	0	0	2
内	0	2	0	0	1	0	0	3
中	1	24	35	0	13	9	6③	88
合計	中$_1$	内$_2$ 中$_{24}$	間$_2$ 中$_{35}$	0	内$_1$ 中$_{13}$	中$_9$	中$_6$	93

---

① 孔簡 371 "辰，蠱也。☐谷中"。"谷"前文字殘去，放簡日甲 34 與之對應的文字作 "取者臧（藏）谿谷"，暫將孔簡此處義字計入 "谿谷" 例。

② 日書中 "内" 只有空間義，未有時間義；此處只統計與 "内" 同義的 "間" "中" 的空間義。

③ 居漢、居新、懸泉各 2 例；如懸泉 I0309③:335 壹："丑死，家益富，東南間一室，必有死者，央（殃）凶在牛厩中。"

73. 周圍，四方

	九店	睡簡	放簡	周秦	孔簡	港簡	其他	合計
四方	2	2	0	0	0	0	0	4
四鄰	0	1	0	0	0	0	0	1
四旁	0	3	0	0	0	0	0	3
四周	0	0	0	0	1	0	0	1
合計	四方$_2$	四方$_2$ 四鄰$_1$ 四旁$_3$	0	0	四周$_1$	0	0	9

74. 野外，外野

	九店	睡簡	放簡	周秦	孔簡	港簡	其他	合計
野①	1（埜）	1	2	0	2	0	6②	12
外野	0	0	1	0	0	0	0	1
野外	2（埜外）	6（埜外）	0	0	0	0	0	8
合計	野$_1$ 野外$_2$	野$_1$ 野外$_6$	野$_2$ 外野$_1$	0	野$_2$	0	野$_6$	21

75. 邊界，邊境

	九店	睡簡	放簡	周秦	孔簡	港簡	其他	合計
界	0	0	1（畍）	0	0	0	0	1
邊境	0	0	0	1（邊竸）	0	0	0	1
合計	0	0	界$_1$	邊境$_1$	0	0	0	2

---

① 合成詞"野林"2例。

② 水簡、居新各2例，金關、懸泉各1例；如懸泉 I0112②：28："自將野死，不葬，取若陰葬，若陽【葬】，凡爲▢"。

76. 南方和北方

	九店	睡簡	放簡	周秦	孔簡	港簡	其他	合計
北南	0	1	0	0	0①	0	0	1
南北	1	0	0	0	0	0	0	1
合計	南北₁	北南₁	0	0	0	0	0	2

77. 土功，土建

	九店	睡簡	放簡	周秦	孔簡	港簡	其他	合計
土	0	5	1	0	6	0	1②	13
土功	0	12（土攻）	9（土攻）	0	9（土功/土攻）③	0	1④	31
土事	0	4	0	0	1	0	0	5
合計	0	土₅ 土功₁₂ 土事₄	土功₉	0	土₆ 土功₉ 土事₁	0	土₁ 土功₁	49

78. 木功，木材加工

	九店	睡簡	放簡	周秦	孔簡	港簡	其他	合計
木	0	2	0	0	0	0	1⑤	3
木功	0	0	2（木攻）	0	1⑥	0	0	3
木事	0	1	0	0	0	0	0	1

---

① 孔簡 101—102"北南西東，必擊（繫）是時"，方位以"北南西東"排列。

② 嶽山 1 例，見於牘 44 正："土良日：癸巳、乙巳、甲戌。其忌：癸酉、庚申。"

③ 其中 2 例作"土功事"，如簡 240："入月旬，不可操土功事，命胃（謂）黃帝。""土功事"或與詞彙複音化有關，因其組合略鬆散，暫未將其計入該組同義詞。

④ 敦煌 1 例，見於簡 894："六月卯毋起土功，□二三□人。"

⑤ 嶽山 1 例，見於牘 43 正："木良日：庚寅、辛卯、壬辰。其忌：丁未、癸酉、癸亥。"

⑥ 以"木功事"形式出現，見於簡 476—477："其青也，有木功事。""木功事"或與複音化有關，因其組合略鬆散，暫未將其計入該組同義詞。

續表

	九店	睡簡	放簡	周秦	孔簡	港簡	其他	合計
合計	0	木₂ 木事₁	木功₂	0	木功₁	0	木₁	7

79. 豬

	九店	睡簡	放簡	周秦	孔簡	港簡	其他	合計
豕①	1	9	5	0	7② （豕豙）	0	6③	28
豛	0	0	1	0	0	0	0	1
彘	0	0	2	0	0	0	0	2
豬	0	4	0	0	0	0	0	4
合計	豕₁	豕₉ 豬₄④	豕₅ 豛₁ 彘₂	0	豕₇	0	豕₆	35

80. 狗

	九店	睡簡	放簡	周秦	孔簡	港簡	其他	合計
狗	0	2	0	0	0	0	2⑤	4
犬	0	13	11	0	1	0	4⑥	29

---

① 合成詞"封豕"1例。

② 孔簡2例"豙"見於簡239，與"豕"同簡共現，或爲"豕"訛字，亦或爲與"豕"同類的同義詞。此處暫計入"豕"詞。

③ 王簡2例，嶽山3例，水簡1例；如王簡380："豕之良日：壬戌、甲辰、癸未、可出入豕。"

④ 睡簡日甲80背："亥，豕也。盜者大鼻而票行，長脊，其面不全，疵在要（腰），臧（藏）於囷中垣下。夙得莫（暮）不得。名豚孤夏穀□亥。"該簡出自《盜者》篇，"豚"爲盜者名；該篇其他日支也有與日支所配動物或日支名稱有關的盜者名：如子條盜者名有鼠鼹，"鼹"是小鼠，午條盜者名有徹達，"徹""達"同義，未條盜者名有建章，"建""章（彰）"義近等；不過，因這些詞在睡簡日書中只用於人名，未有其他用例，未計入各組同義詞。

⑤ 水簡、居新各1例；如水簡："戌、巳、午、亥，不可殺豕狗，不可祭六畜。"

⑥ 嶽山2例，張M249、金關各1例；如嶽山牘43正："犬良日：丁丑、未、丙辰、己巳、亥。其忌：辛巳、未。"

续表

	九店	睡简	放简	周秦	孔简	港简	其他	合计
合计	0	狗₂犬₁₃	犬₁₁	0	犬₁	0	狗₂犬₄	33

81. 馬牛，牛馬

	九店	睡简	放简	周秦	孔简	港简	其他	合计
馬牛	0	5	2	1	5	2	1①	16
牛馬	0	0	1	0	0	0	1②	2
合计	0	馬牛₅	馬牛₂牛馬₁	馬牛₁	馬牛₅	馬牛₂	馬牛₁牛馬₁	18

82. 牲畜，六畜

	九店	睡简	放简	周秦	孔简	港简	其他	合计
産	0	1④	0	0	2	0	0	3
畜	0	1	5	0	1③	0	3④	10
生⑤	0	17	2	0	1	0	0	20
畜産	0	0	0	0	4	0	4⑥	8
畜生	0	11	5	0	6	1	1⑦	24
六畜	0	9	1	0	5	1	17⑧	33
六畜生	0	0	0	0	1	0	0	1

① 周漢1例，見於簡105壹："辰死，其室必有言語，有，在五室馬牛。"
② 居新1例，見於簡EPT40.38："占牛馬毛物"。
③ 見於孔簡228："五月庚寅畜畜，一爲十，十爲百。"孔簡整理者釋文作："五月庚寅□一爲□爲百。"王强先生改釋，見《孔家坡漢墓竹簡校釋》，碩士學位論文，吉林大學，2014年，第182—183頁。
④ 嶽山、水簡、武威各1例；如武威簡7："戌毋内畜，不死必亡。"
⑤ 合成詞"大生（牲）"4例，"小生（牲）"2例。
⑥ 周漢2例，水簡、金關各1例；如金關73EJT7.60："☐畜産自死，家當有妖。"
⑦ 額簡1例，見於簡2000ES7S：11："凶，訟、畜生、飲食事。"
⑧ 王簡、印臺各1例，周漢2例，水簡4例，居新9例；如周漢248壹："亥死，其咎在室、六畜、北二室。"

續表

	九店	睡簡	放簡	周秦	孔簡	港簡	其他	合計
六擾	1（六膉）	0	0	0	0	0	0	1
六牲擾	1（六牲膉）	0	0	0	0	0	0	1
合計	六擾$_1$ 六牲擾$_1$	産$_1$ 畜$_1$ 生$_{17}$ 畜生$_{11}$ 六畜$_9$	畜$_5$ 生$_2$ 畜生$_5$ 六畜$_1$	0	産$_2$ 畜$_1$ 生$_1$ 畜産$_4$ 畜生$_6$ 六畜$_5$ 六畜生$_1$	畜生$_1$ 六畜$_1$	畜$_3$ 畜産$_4$ 畜生$_1$ 六畜$_{17}$	101

83. 財物，錢物

	九店	睡簡	放簡	周秦	孔簡	港簡	其他	合計
財	0	1（材）	5	0	1	0	5①	12
貨	7	21	1	0	10	0	3②	42
財物	0	0	0	0	0	0	1③	1
貨貝	0	1	0	0	0	0	0	1
貨財	0	0	0	1	0	0	0	1
金財	0	1（金材）④	0	0	0	0	0	1
錢財	0	0	0	1	1	4	0	6
資財	0	0	1	0	0	0	0	1
資貨	0	1	0	0	0	0	0	1

---

① 武威3例，金關2例，如武威簡2："乙毋内財，不保必亡。"
② 嶽山、周漢、居新各1例；如嶽山牘43背："丙午，不可殺羊，不隱貨。"
③ 水簡1例："天賜財物，不出三日必復得賜，所得必負而止，不復得賜而悔之，必復□得。"
④ 見於睡甲110正貳"毋以申出入臣妾、馬牛、金材（財）"，睡簡整理者釋作"貨財"；劉樂賢先生據紅外影像改釋，訓爲金錢財貨，見陳偉主編，彭浩、劉樂賢、萬全文等著《秦簡牘合集〔壹〕》，武漢大學出版社2014年版，第406頁。

續表

	九店	睡簡	放簡	周秦	孔簡	港簡	其他	合計
合計	貨$_7$	財$_1$ 貨$_{21}$ 貨貝$_1$ 金財$_1$ 資貨$_1$	財$_5$ 貨$_1$ 資財$_1$	貨財$_1$ 錢財$_1$	財$_1$ 貨$_{10}$ 錢財$_1$	錢財$_4$	財$_5$ 貨$_3$ 財物$_1$	66

84. 金錢，貨幣

	九店	睡簡	放簡	周秦	孔簡	港簡	其他	合計
布	0	4	1	0	2	0	0	7
錢	0	2	0	0	0	0	0	2
金錢	0	1	0	0	1	0	0	2
錢金	0	1	0	0	0	0	0	1
合計	0	布$_4$ 錢$_2$ 金錢$_1$ 錢金$_1$	布$_1$	0	布$_2$ 金錢$_1$	0	0	12

85. 道路，街道

	九店	睡簡	放簡	周秦	孔簡	港簡	其他	合計
道①	0	14	0	0	1	0	2②	17
路	0	0	0	0	0	1	1③	2
術	0	1	0	0	5	0	6④	12
街⑤	0	0	0	1	1	0	0	2
巷	0	0	0	0	4	0	6⑥	10

---

① 合成詞"除道"3例，"辟除道""行道"各1例。

② 印臺、額簡各1例，如印臺："即行，之邦門之困（閫），禹步三，言曰：門左、門右、中央君子，某有行，擇道。"

③ 水簡1例："病者在頭，見血□死，祟在亡火，窜當路□亡人正東百九十里得縣官。"

④ 居簡4例，金關2例；如居新EPT43.185："刑：術、巷、門、庭、堂、内申<中>、堂、庭、門、巷、術、野。"

⑤ 路神"街"3例，"街行"1例，"尚行"4例。

⑥ 居新4例，金關2例；如金關73EJT23.879："刑德：堂、庭、門、巷、術、野、術、巷、門、庭、堂、内。"

續表

	九店	睡簡	放簡	周秦	孔簡	港簡	其他	合計
合計	0	道₁₄ 術₁	0	街₁	道₁ 術₅ 街₁ 巷₄	0	道₂ 路₁ 術₆ 巷₆	43

86. 初始，開端①

	九店	睡簡	放簡	周秦	孔簡	港簡	其他	合計
初	0	1	3	0	1	0	0	5
始	0	0	1	0	0	0	0	1
首	0	0	2	0	0	0	0	2
合計	0	初₁	初₃ 始₁ 首₂	0	初₁	0	0	8

87. 好事，福事

	九店	睡簡	放簡	周秦	孔簡	港簡	其他	合計
福	0	4（福 幅畐）	1	0	0	0	0②	5
喜	0	21 （喜熹）	8 （喜憙）	0	0	0	3③	32
好事	0	0	0	1	0	0	0	1
美事	0	0	0	0	0	0	1④	1

---

① "初""始"均可以用於動詞謂語前表示開始、起初義，一般認爲這種用法爲副詞用法，亦有認爲是動詞用法的觀點。日書中這種用法的"初""始"各有15例，24例，未計入動詞用法。

② 阜陽有1例"福"，簡文殘缺，意義不明："☐☐☐亡禍不日☐☐☐日福星☐在☐"。

③ 北秦1例，虎簡2例；如北秦："甲子、乙丑、丙寅、丁卯、戊辰、己巳，聞憂不憂，聞喜不喜，聞兵不行。"

④ 王簡1例，見於簡112："☐（作）美事，吉。"

續表

	九店	睡簡	放簡	周秦	孔簡	港簡	其他	合計
喜事	0	0	0	0	0	0	2（熹事）①	2
合計	0	福$_4$ 喜$_{21}$	福$_1$ 喜$_8$	好事$_1$	0	0	喜$_3$ 美事$_1$ 喜事$_2$	41

88. 病，疾病②

	九店	睡簡	放簡	周秦	孔簡	港簡	其他	合計
病③	0	1④	2	0	3	0	4⑤	10
疾⑥	9	30	11	0	30⑦	4	13⑧	97
病疕	0	0	1	0	0	0	0	1
疾病	0	0	1	0	1	0	0	2
疴疕	0	0	1（苛疕）	0	0	0	0	1

---

① 武威2例，見於簡9："□有熹（喜）事，君思之。君子思之，有熹（喜）事，令人得財。"

② "疾""病"均爲兼類詞，暫將"者"字結構、非判斷句中的謂語、表生病義的定語等情況下的"疾""病"都計入動詞。

③ 合成詞"癉病"2例，"除病""問病"各1例。

④ 睡簡日乙108："人日：凡子、卯、寅、酉，男子日；午、未、申、丑、亥，女子日。以女子日病，病瘳，必復之；以女子日死，死以葬，必復之。男子日如是。""病瘳"之"病"爲重文，可看作名詞。

⑤ 王簡2例，周漢、懸泉各1例；如懸泉Ⅱ0214③：71："病與惡人，疾去毋顧。"

⑥ 合成詞"癉疾"5例，"問疾"3例，"除疾"2例，"棄疾""惡疾"各1例。

⑦ 孔殘22"不可問病"中的"病"，孔簡整理者釋作"疾"；劉國勝等先生據紅外影像改釋，見劉國勝、凡國棟、楊芬《孔家坡漢簡日書釋文補正》，載陳偉主編《簡帛》第12輯，上海古籍出版2016年版，第137頁。孔簡此例殘損，"病"詞性不能確定。

⑧ 王簡8例，張M249有3例、金關2例；如王簡401："丙丁有疾，赤色當日出死。不赤色，壬有瘳，癸汗（閒）。"

278

續表

	九店	睡簡	放簡	周秦	孔簡	港簡	其他	合計
合計	疾$_9$	病$_1$ 疾$_{30}$①	病$_2$ 疾$_{11}$ 病疕$_1$ 疾病$_1$ 疴疕$_1$	0	病$_3$ 疾$_{30}$ 疾病$_1$	疾$_4$	病$_4$ 疾$_{13}$	111

89. 熱病

	九店	睡簡	放簡	周秦	孔簡	港簡	其他	合計
瘴病	0	1②	0	0	1	0	0	2
瘴疾	0	0	2	0	3（戰疾）	0	0	5
合計	0	瘴病$_1$	瘴疾$_2$	0	瘴病$_1$ 瘴疾$_3$	0	0	7

90. 痣疣

	九店	睡簡	放簡	周秦	孔簡	港簡	其他	合計
瘊	0	0	2（矦）③	0	0	0	0	2

---

① 睡簡日書"傅""煩"亦有解作疾病義的觀點。睡簡日甲1背："蓋屋，燔；行，傅；毋（無）可有爲。"睡簡整理者疑"傅"讀爲痛，爲"人疲不能行之病"。睡簡日甲70正貳—71正貳："丙丁有疾，王父爲祟，得之赤肉、雄鶏、酉（酒）。庚辛病，壬有間，癸酢；若不酢，煩居南方，歲在南方，赤色死。""傅""煩"訓讀意見不一，暫未計入。

② 睡簡日甲15正貳："除日，臣妾亡，不得。有瘴病，不死。"劉樂賢先生指出該簡"瘴"字"圖版欠清晰"，或如孔簡日書簡14，爲"瘴"字。見陳偉主編，彭浩、劉樂賢、萬全文等著《秦簡牘合集〔壹〕》，武漢大學出版社2014年版，第362頁。按：放簡日書甲乙種除日均作"瘴疾"，病之類型亦爲"瘴"。

③ 放簡2例"矦（瘊）"，見於日甲39、日乙75壹，放簡整理者分别作"殹""侯"；孫占宇先生改釋，見張德芳主編，孫占宇著《天水放馬灘秦簡集釋》，甘肅文化出版社2013年版，第78、122頁；陳偉主編，孫占宇、晏昌貴著《秦簡牘合集〔肆〕》，武漢大學出版社2014年版，第19、55頁。關於"矦"字訓讀，還有不同意見，如復旦大學讀書會指出從上下文看，每條最末一般叙述"得""不得"，此處作"侯"爲何義不明。一説"侯"可讀爲"候"，等候的意思。姑存疑。見《天水放馬灘秦簡〈日書·盜篇〉研讀》，復旦大學出土文獻與古文字研究中心網2009年10月24日（http://www.gwz.fudan.edu.cn/Web/Show/951）。按：正如復旦讀書會所言，放簡《地支占盜》篇每條末一般有"得""不得"，"矦"存在通"候"的可能，抑或爲"得"字誤書。如果"矦"書寫無誤，而又確訓爲"瘊"，則"黑子"與"瘊"同義連用；先秦文獻"瘊"未見用例，放簡"瘊"當是較早用例。

續表

	九店	睡簡	放簡	周秦	孔簡	港簡	其他	合計
黑子	0	1	2	0	2	0	1①	6
合計	0	黑子₁	瘊₂ 黑子₂	0	黑子₂	0	黑子₁	8

91. 禍患；災害

	九店	睡簡	放簡	周秦	孔簡	港簡	其他	合計
敗	0	0	0	1	3	1	0	5
害	0	2	1	0	1	0	0	4
患	0	0	1	0	0	0	0	1
禍	0	0	0	0	0	0	1②	1
咎③	2	14	2	0	8④	2	9⑤	37
難	0	0	1	0	0	0	0	1
喪	0	1	0	0	1	0	0	2
眚	0	18（姓）	0	0	0	0	0	18
凶	0	0	1	0	1	0	0	2
兇⑥	1	8	5	0	0	0	1⑦	15
殃	0	21（央英）	6（央）	0	6（央）	2（央）	3（央）⑧	38

---

① 張 M249 有 1 例："寅，虎也。盜者虎狀，希（稀）須，大面，面有黑子，不☐"。
② 阜陽 1 例："☐☐☐亡禍不日☐☐☐日福星☐在☐"。
③ 合成詞"大咎"2 例。
④ 其中 1 例訛作"客"，見於簡 148 壹："以到室，有客<咎>。"
⑤ 王簡、嶽山各 1 例，周漢 7 例；如王簡 143："爲事不吉，亦毋大咎也。"王簡、嶽山均爲"大咎"。
⑥ 一般認爲"兇"之禍患、不吉祥義通"凶"。"兇"从"凶"表意，與"凶"義有相通處，暫將"兇""凶"分開統計。在不涉及詞目討論的情況下，簡牘引文依慣例採用了"兇（凶）"的常規標寫方式。
⑦ 印臺 1 例："利友（祓）除兇、出逮<逐>、飲樂（藥）、除病。以毄（繫），無罪。"
⑧ 居新、水簡、武威各 1 例；如武威簡 3："己毋射矦（侯），還受其央（殃）。"

續表

	九店	睡簡	放簡	周秦	孔簡	港簡	其他	合計
恙	0	2	0	0	1	0	0	3
夭	0	0	0	0	1	0	0	1
憂	0	0	2	0	1	0	2①	5
禍喪	0	0	1（既喪）	0	0	0	0	1
喪禍	0	0	1（喪過）	0	0	0	0	1
兇咎	0	0	0	0	0	1	0	1
凶厲	0	1（凶廣）	0	0	0	0	0	1
兇殃	0	1（兇央）	0	0	0	0	0	1
殃凶	0	0	0	0	0	0	8（央凶）②	8
殃邪	0	0	0	0	1（央邪）	0	0	1
合計	咎₂ 兇₁	害₂ 咎₁₄ 喪₁ 告₁₈ 兇₈ 殃₂₁ 恙₂ 凶厲₁ 兇殃₁	害₁ 患₁ 咎₂₁ 難₁ 凶₁ 兇₅ 殃₁ 憂₂ 禍喪₁ 喪禍₁	敗₁	敗₃ 害₁ 咎₈ 喪₁ 凶₁ 殃₆ 恙₁ 夭₁ 憂₂ 殃邪₁	敗₁ 咎₂ 殃₁ 兇咎₁	禍₁ 咎₉ 兇₁ 殃₃ 憂₁ 殃凶₈	147

92. 喪事，白事

	九店	睡簡	放簡	周秦	孔簡	港簡	其他	合計
喪	0	0	1	0	0	0	3③	4
喪事	0	0	0	0	0	0	1④	1

---

① 北秦、周漢各 1 例；如周漢 203 壹："子取（娶）妻，有憂。西嫁，三更夫。"

② 懸泉 8 例，如簡 I0309③：335 壹："丑死，家益富，東南間一室，必有死者，央（殃）凶在牛厩中。"

③ 周漢 1 例，懸泉 2 例；如周漢 174 壹："卯死，其室必有弟若子死。死外，有外喪。"

④ 阜陽 1 例："▨凶▨▨東方，喪事，死之。"

・281・

續表

	九店	睡簡	放簡	周秦	孔簡	港簡	其他	合計
合計	0	0	喪$_1$	0	0	0	喪$_3$ 喪事$_1$	5

93. 戰爭，戰事

	九店	睡簡	放簡	周秦	孔簡	港簡	其他	合計
兵①	0	13	0	0	24	1	2②	40
兵革	0	0	0	0	3	0	0	3
合計	0	兵$_{13}$	0	0	兵$_{24}$ 兵革$_3$	兵$_1$	兵$_2$	43

94. 一生，終身

	九店	睡簡	放簡	周秦	孔簡	港簡	其他	合計
歲	0	1	0	0	0	0	0	1
終身	0	2	0	0	0	0	0	2
終世	0	1（終逝）	0	0	0	0	0	1
合計	0	歲$_1$ 終身$_2$ 終世$_1$	0	0	0	0	0	4

95. 整年，終年

	九店	睡簡	放簡	周秦	孔簡	港簡	其他	合計
終歲	0	0	0	0	1	0	0	1
卒歲	0	3	0	0	0	0	2③	5

---

① 合成詞"大兵""小兵"各 2 例。
② 北秦、王簡各 1 例，如王簡 721："正月以朔，歲美，毋（無）兵。"
③ 印臺 2 例，如："招搖：牽牛、亢、輿鬼、婁，不可以祠、入室，卒歲中必有死者。"
王簡有 1 例"更歲"表示連年，見於簡 44+46："風雨畾（雷），日月宜飤（食），邦君更歲不朝，邦多廷獄作，民多寡〈患〉陽疾，亡人得戰。"

續表

	九店	睡簡	放簡	周秦	孔簡	港簡	其他	合計
合計	0	卒歲₃	0	0	終歲₁	0	卒歲₂	6

96. 舊曆每月十五

	九店	睡簡	放簡	周秦	孔簡	港簡	其他	合計
望	0	5	0	0	3	0	2①	10
望日②	0	0	0	0	2	0	0	2
月望	0	1	0	0	0	0	0	1
合計	0	望₅ 月望₁	0	0	望₃ 望日₂	0	望₂	13

97. 清晨，早晨

	九店	睡簡	放簡	周秦	孔簡	港簡	其他	合計
晨③	0	0	10	0	0	0	0	10
旦④	0	10	118	0	29	10	5⑤	172
夙	0	4	0	0	0	0	0	4
早	0	0	3（蚤）	0	0	0	0	3
朝	15	33	2	1	1	0	1⑥	53

---

① 王簡、嶽山各1例；如嶽山牘43背："入月六日市日剌，七日市日剌，望、後三日市日剌，四日市日有剌，剌己，有五剌一番。"

② 日書文獻中時間詞後面綴加"日"，有雙音節發展趨勢的影響，詞義精確表達應是更爲重要的促發因素，如"庚"即可記日，又可記時，"庚日"則明確了語義。其他詞如神煞值日等也有單言神煞名稱與後綴"日"兩種形式，如"四廢""四廢日"。也有時間詞後面綴加"時"，如"日夕時""日昳時"等。這些原詞與附加類屬義"日"或"時"所構成的複合詞均屬同義詞，若這些同義詞群中除去原詞與綴加"日"或"時"所構成的複合詞外，未有其他同義詞成員，則不予單列。

③ 合成詞"大晨"5例。

④ 合成詞"纔旦"1例。

⑤ 王簡5例，如簡347："五未旦閉夕啓，西南吉，東得北凶。"

⑥ 北秦1例："見人：朝見人，莫食見人，夕見人。"

續表

	九店	睡簡	放簡	周秦	孔簡	港簡	其他	合計
平旦	0	0	6	5	3	0	8①	22
清旦	0	1	0	0	0	0	0	1
合計	朝$_{15}$	旦$_{10}$ 夙$_4$ 朝$_{33}$ 清旦$_1$	晨$_{10}$ 旦$_{118}$ 早$_3$ 朝$_2$ 平旦$_6$	朝$_1$ 平旦$_5$	旦$_{29}$ 朝$_1$ 平旦$_3$	旦$_{10}$	旦$_5$ 朝$_1$ 平旦$_8$	265

98. 略早於早餐時刻②

	九店	睡簡	放簡	周秦	孔簡	港簡	其他	合計
夙食	0	0	2	0	6	0	0	8
蚤食	0	0	1	1	1	0	1③	4
合計	0	0	夙食$_2$ 蚤食$_1$	蚤食$_1$	夙食$_6$ 蚤食$_1$	0	蚤食$_1$	12

99. 略晚於早餐時刻

	九店	睡簡	放簡	周秦	孔簡	港簡	其他	合計
晏	0	0	22（安）	0	0	0	0	22
莫食	0	2	4④	1	7	0	2⑤	16

---

① 王簡1例，阜陽4例，水簡3例；如水簡："時□：夜半、雞鳴、平旦、日出、食時、隅中、日中、日失、莫鋪、【日入、昏時、人定】。"

② 因時段劃分不同，蚤食、食時、晏食的具體所指有所不同，如孔簡"蚤食"，大致與睡簡日乙十二時中的"食時"相當，表示早餐時；而時段劃分較細的周家臺秦簡中蚤食、食時、晏食爲三個不同時段，分別表示早於食時、食時和晚於食時，三者統稱爲"食時"。詳見蘇建洲《試論〈放馬灘秦簡〉的"莫食"時稱》，復旦大學出土文獻與古文字研究中心網2010年5月10日（http://www.gwz.fudan.edu.cn/Web/Show/1146）。此處未統計"食時"用例。

③ 水簡1例："時：平旦、日出、蚤食、莫食、日中、日失（昳）、鋪時、莫（暮）鋪、夜食、日入、夕時、☒"。

④ 其中放簡日乙81壹有1例作"日莫食"："丙寅、丁卯、甲戌、乙亥、戊子、己丑、丙申、丁酉、甲辰、乙巳、戊午、己未，日莫食北<行>，三意（喜）。"

⑤ 北秦、水簡各1例，如北秦："見人：朝見人，莫食見人，夕見人。"

續表

	九店	睡簡	放簡	周秦	孔簡	港簡	其他	合計
晏食	0	0	21（安食）	1	12	6	0	40
合計	0	莫食₂	晏₂₂ 莫食₄ 晏食₂₁	莫食₁ 晏食₁	莫食₇ 晏食₁₂	晏食₆	莫食₂	78

100. 中午，午間

	九店	睡簡	放簡	周秦	孔簡	港簡	其他	合計
晝	5①	10	21	0	1②	5	0	42
日中	0	6	113	3	32	5	8③	167
合計	晝₅	晝₁₀ 日中₆	晝₂₁ 日中₁₁₃	日中₃	晝₁ 日中₃₂	晝₅ 日中₅	日中₈	209

101. 太陽偏西時

	九店	睡簡	放簡	周秦	孔簡	港簡	其他	合計
日昳	0	10（日虒）	22（日失）	2（日失）	23（日失/日是）	10（日失/日虒）	2（日失）④	69
日昃	0	1（日則）	2（日則）	0	0	0	0	3
市日	0	1	1	0	0	1	4⑤	7
合計	0	日昳₁₀ 日昃₁ 市日₁	日昳₂₂ 日昃₂ 市日₁、	日昳₂	日昳₂₃	日昳₉ 市日₁	日昳₂ 市日₄	79

---

① 九店時間詞"晝"與"朝、夕"共現。

② 孔簡時間詞"晝"與"旦、夕"共現。

③ 王簡、阜陽各2例，印臺1例，水簡3例；如王簡706："庚午日中以死，失（魃）西北五六步，小子也取其父，大人也不去，必傷其家。"

④ 水簡2例，如"時：平旦、日出、蚤食、莫食、日中、日失（昳）、餔時、莫（暮）餔、夜食、日入、夕時、☐"。原釋文徑作"日昳"，圖版文字作"日失"。

⑤ 嶽山4例，見於牘43背："入月六日市日刺，七日市日刺，望、後三日市日刺，四日市日有刺，刺已，有五刺一番。"

102. 傍晚；黄昏

	九店	睡簡	放簡	周秦	孔簡	港簡	其他	合計
晦①	0	0	2	0	1	0	0	3
昏	0	0	62	0	12	0	0	74
暮	0	6（莫）	2（莫）	0	3（莫）	1（莫）	1（莫）②	13
夕③	15	41	26	0	11	12	8④	113
舖時	0	1	0	2	0	0	1⑤	4
黄昏	0	1	0	1	6	0	2⑥	10
昏時	0	0	1	0	0	0	1⑦	2
暮市	0	1（莫市）	0	0	0	0	0	1
暮中	0	0	1（莫中）	0	0	0	0	1
日夕	0	0	0	1⑧	0	0	0	1
夕日	0	0	22	0	12	0	0	34

---

① 合成詞"晦食"2例。

② 王簡1例，見於簡395："五亥旦莫（暮）不閉，北吉，東凶，□會飲飤（食），百具□。"

③ 合成詞"夕食"1例。

④ 王簡4例，北秦1例，印臺3例；如王簡718："乙酉之旦到夕以死，失不出，出而西南，其日中才（在）東北間一室。"

⑤ 水簡1例："時：平旦、日出、蚤食、莫食、日中、日失（昳）、舖時、莫（暮）舖、夜食、日入、夕時、囗"。

⑥ 王簡、水簡各1例，如王簡667："甲乙黄昏以死，失（魅）圍厥不出，先西而北□□□人之。"

⑦ 水簡1例："日中、日昳、莫（暮）舖、日入、昏時、人定、夜半、雞鳴、平旦、【日出、食時、隅中】"。

⑧ 周秦作"日夕時"，時間詞後綴"時"有明確時間的作用，一般與無原詞無意義差別。李天虹先生指出西北漢簡中出現的以"時"作尾碼的時稱，綴尾碼"時"的時稱與不綴"時"的時稱所表示的時間含義相同。見《秦漢時紀時制綜論》，《考古學報》2012年第3期。簡牘中有的時間詞後是否綴"時"略有差別；李明曉先生指出周秦日書"日出"與"日出時"分記兩欄，"日出"表示太陽完全昇上地表之後的一小段時間，與睡簡日甲52背"日始出時"時間相當；而"日出時"則指太陽昇起後至蚤食之間的一段時間。周秦日書用"日出""日出時"對日出這一時段進行了細分，它們所指的時間有先後之別。見《周家臺秦簡〈日書〉中的"日出時"再考察》，載中國古文字研究會、中山大學古文字研究所編《古文字研究》第30輯，中華書局2014年版，第426—427頁。按：時間詞前綴以"日"的形式，放簡日乙81壹有1例，作"日莫食"；其他簡牘也有出現，如居漢有"日東中、日西中"。

續表

	九店	睡簡	放簡	周秦	孔簡	港簡	其他	合計
夕時	0	0	1	1	2	0	2①	6
夕市	0	0	1	1②	0	0	0	2
合計	夕$_{15}$	暮$_6$ 夕$_{41}$ 餔時$_1$ 黃昏$_1$ 暮市$_1$	晦$_2$ 昏$_{62}$ 暮$_2$ 夕$_{26}$ 昏時$_1$ 暮中$_1$ 夕日$_{22}$ 夕時$_1$ 夕市$_1$	餔時$_2$ 黃昏$_1$ 日夕$_1$ 夕時$_1$ 夕市$_1$	晦$_1$ 昏$_{12}$ 暮$_3$ 夕$_{11}$ 黃昏$_6$ 夕日$_{12}$ 夕時$_2$	暮$_1$ 夕$_{12}$	暮$_1$ 夕$_8$ 餔時$_1$ 黃昏$_2$ 昏時$_1$ 夕時$_2$	264

103. 晚飯時間

	九店	睡簡	放簡	周秦	孔簡	港簡	其他	合計
晦食	0	0	2	0	0	0	1③	3
夕食	0	0	0	1	0	0	0	1
夜食	0	0	0	0	0	0	1④	1
合計	0	0	晦食$_2$	夕食$_1$	0	0	晦食$_1$ 夜食$_1$	5

104. 略晚於晚飯時間

	九店	睡簡	放簡	周秦	孔簡	港簡	其他	合計
暮食⑤	0	0	2（莫食）	0	0	0	0	2

---

① 水簡2例，如"時：平旦、日出、蚤食、莫食、日中、日失（昳）、餔時、莫（暮）餔、夜食、日入、夕時、☐"。

② 周秦作"夕市時"，見於簡367："平旦晉，日出俊，食時錢，日中式（一），餔時浚兒，夕市時發□，日入雞，雞。"

③ 水簡1例："夕時、黃昏、晦食、人定、遒人定、夜半、夜過半、雞剛鳴、中鳴、後鳴、東方作☐"。

④ 水簡1例："平旦、日出、蚤食、莫食、日中、日失（昳）、餔時、莫（暮）餔、夜食、日入、夕時、☐"。

⑤ "莫（暮）食"位於"晦食"後，應略晚於"晦食"。

續表

	九店	睡簡	放簡	周秦	孔簡	港簡	其他	合計
下舖	0	0	0	1	0	0	0	1
合計	0	0	暮食₂	下舖₁	0	0	0	3

105. 夜間，夜晚

	九店	睡簡	放簡	周秦	孔簡	港簡	其他	合計
夕	0	35	0	0	0	0	0	35
夜①	0	4	23	0	0	6	0	33
合計	0	夕₃₅ 夜₄	夜₂₃	0	0	夜₆	0	68

106. 半夜，夜半

	九店	睡簡	放簡	周秦	孔簡	港簡	其他	合計
夜半②	0	0	4	1	10	0	8③	23
夜中④	0	0	2	0	0	0	0	2
中宵	0	0	1	0	0	0	0	1
中夜	0	0	58	0	5	0	0	63
合計	0	0	夜半₄ 夜中₂ 中宵₁ 中夜₅₈	夜半₁	夜半₁₀ 中夜₅	0	夜半₈	89

---

① 時間詞"中夜"63例，"夜半"23例，"夜過半、夜中、夜未中、夜過中、夜莫（暮）"各2例，"夜未半、夜三分之一"各1例。
② 時間詞"夜過半"2例，"夜未半"1例。
③ 阜陽4例，水簡3例，居新1例；如阜陽："夜半至平旦西南鄉（向），平旦至日☐"。
④ 時間詞"夜過中""夜未中"各2例。

107. 黑色，黑的顏色

	九店	睡簡	放簡	周秦	孔簡	港簡	其他	合計
黑色	0	3	2	0	3	1	0	9
青色①	0	0	4	0	0	0	0	4
合計	0	黑色$_3$	黑色$_2$ 青色$_4$	0	黑色$_3$	黑色$_1$	0	13

108. 吉日，良日

	九店	睡簡	放簡	周秦	孔簡	港簡	其他	合計
成日	5（城日）	0	0	0	0	0	0	5
吉日	1	1	10	0	1	0	1②	14
良日	0	28	8	2	13	1	35③	87
合計	成日$_5$ 吉日$_1$	吉日$_1$ 良日$_{28}$	吉日$_{10}$ 良日$_8$	良日$_2$	吉日$_1$ 良日$_{13}$	良日$_1$	吉日$_1$ 良日$_{35}$	106

109. 忌日，禁日

	九店	睡簡	放簡	周秦	孔簡	港簡	其他	合計
忌	0	21	16	0	13	0	22④	72
龍	0	11	0	0	8	0	1⑤	20
忌日	0	7	2	0	2	0	10⑥	21
龍日	0⑦	2	2	0	1	0	1⑧	6

---

① 日書中"青色"表黑色義不多，多遵循五行原則，與東方相配。
② 印臺 1 例："行吉日，甲申、丙申、乙亥、庚戌、辛丑、辛亥。"
③ 王簡 5 例，嶽山 15 例，虎簡 2 例，張 M249、水簡、金關各 1 例，杜陵 7 例，居新 3 例；如王簡 264："甲申、庚申、乙酉，戶之良日也。"
④ 王簡 2 例，嶽山 17 例，虎簡、印臺、居新各 1 例；如居新 EPT65.57："□午、丙申大吉。忌：五戌、庚申、辛卯、癸亥。"
⑤ 嶽山 1 例，見於牘 43 背："巫龍：丙申、丁酉、己丑、己亥、戊戌。"
⑥ 王簡 2 例，印臺、水簡各 1 例，杜陵 6 例；如王簡 380："豕之良日：壬戌、甲辰、癸未、可出入豕。其忌日：丁丑、未、丙寅、辰、乙亥。"
⑦ 九店殘簡 108 有 1 例"龍日"，或爲忌日義："⌂□龍日□□⌂"。簡文殘缺，未計入。
⑧ 水簡 1 例："此黃神龍日，不可入官、居室⌂"。

續表

	九店	睡簡	放簡	周秦	孔簡	港簡	其他	合計
合計	0	忌$_{21}$ 龍$_{11}$ 忌日$_7$ 龍日$_2$	忌$_{16}$ 忌日$_2$ 龍日$_2$	0	忌$_{13}$ 龍$_8$ 忌日$_2$ 龍日$_1$	0	忌$_{22}$ 龍$_1$ 忌日$_{10}$ 龍日$_1$	119

110. 陰陽

	九店	睡簡	放簡	周秦	孔簡	港簡	其他	合計
剛柔	0	0	2（岡棅）	0	0	0	0	2
陰陽	1	0	3	0	2	0	0	6
合計	陰陽$_1$	0	剛柔$_2$ 陰陽$_3$	0	陰陽$_2$	0	0	8

111. 陽日

	九店	睡簡	放簡	周秦	孔簡	港簡	其他	合計
牡日	0	2	5	0	2	0	0	9
剛日	0	0	1（崗日）	0	0	0	0	1
男日	0	1	4	0	0	0	1①	6
男子日	0	0	4	0	0	0	0	4
陽日	0	0	1	0	0	0	0	1
合計	0	牡日$_2$ 男日$_1$	牡日$_5$ 剛日$_1$ 男日$_4$ 男子日$_4$ 陽日$_1$	0	牡日$_2$	0	男日$_1$	21

112. 陰日

	九店	睡簡	放簡	周秦	孔簡	港簡	其他	合計
牝日	0	2	6	0	3	0	0	11

---

① 印臺1例："言：以男日與人言，立右，先言。以女日，立左，後言。"

續表

	九店	睡簡	放簡	周秦	孔簡	港簡	其他	合計
柔日	0	0	1	0	0	0	0	1
女日	0	3	12	0	0	0	1①	16
女子日	0	0	4	0	0	0	0	4
陰日	0	0	1	0	0	0	0	1
合計	0	牝日$_2$ 女日$_3$	牝日$_6$ 柔日$_1$ 女日$_{12}$ 女子日$_4$ 陰日$_1$	0	牝日$_3$	0	女日$_1$	33

113. 婺女，星宿名

	九店	睡簡	放簡	周秦	孔簡	港簡	其他	合計
婺女	0	1	0	4（婺=）	1	1	1②	8
須女	0	6（須女/女=）③	0	0	0	0	3④	9
合計	0	婺女$_1$ 須女$_6$	0	婺女$_4$	婺女$_1$	婺女$_1$	婺女$_1$ 須女$_3$	17

---

① 印臺1例："言：以男日與人言，立右，先言。以女日，立左，後言。"

② 印臺1例："二月，牴、房、翼大凶，柳、七星致死，胃、昴小吉，婺女、虛大【吉】。"

③ "女="見於睡簡日甲4背貳，睡簡整理者徑釋作"須女"。李均明先生認爲"女="爲須女合文是約定俗成的事。見《簡牘符號考述》，載饒宗頤主編《華學》第2輯，中山大學出版社1996年版，第97頁。趙逵夫先生認爲"女="有可能是二十八宿中的女宿，"日者和民間有可能就叫'女女'，如同牛星也稱'牛牛'一樣。"見《由秦簡〈日書〉看牛女傳說在先秦時代的面貌》，《清華大學學報》2012年第4期。另睡簡日甲《除》篇建除表簡寫作"須"1例。

④ 敦煌3例，如簡235："☐斗　須女　營　奎　☐"。

114. 東井，星宿名

	九店	睡簡	放簡	周秦	孔簡	港簡	其他	合計
東井	1	9①	2	3	2	0	3②	20
天候	0	0	0	0	0	0	1③	1
合計	東井$_1$	東井$_9$	東井$_2$	東井$_3$	東井$_2$	0	東井$_3$ 天候$_1$	21

115. 帝堯

	九店	睡簡	放簡	周秦	孔簡	港簡	其他	合計
帝堯	0	0	1	0	0	0	0	1
陶唐	0	0	1	0	0	0	0	1
合計	0	0	帝堯$_1$ 陶唐$_1$	0	0	0	0	2

116. 巫師，巫覡

	九店	睡簡	放簡	周秦	孔簡	港簡	其他	合計
巫	0	13	4	0	12	1	7④	37
覡	0	2	0	0	1	0	0	3
靈巫	0	0	2	0	0	0	0	2
合計	0	巫$_{13}$ 覡$_2$	巫$_4$ 靈巫$_2$	0	巫$_{12}$ 覡$_1$	巫$_1$	巫$_7$	42

---

① 另睡簡日甲《除》篇建除表略寫作"東"1例。

② 印臺3例，如："星忌：東井、奎、斗、角，以祠，二歲中必有死者。"

③ 居新1例，見於簡EPT5.57A："五月□反合，須功天下□。天候在中。五月移徙吉凶，吏卒失亡。西北殷光，正北吉昌。"

④ 嶽山、周漢各2例，印臺3例；如嶽山牘43背："巫咸乙巳死，勿以祠巫。巫龍：丙申、丁酉、己丑、己亥、戊戌。"

117. 巫之首領，群巫之長

	九店	睡簡	放簡	周秦	孔簡	港簡	其他	合計
大巫	0	0	0	0	1	0	1①	2
巫帝	0	0	1（巫竟）	0	0	0	0	1
合計	0	0	巫帝₁	0	大巫₁	0	大巫₁	3

118. 鬼怪，鬼魅

	九店	睡簡	放簡	周秦	孔簡	港簡	其他	合計
魅	0	0	6（失）	0	53（失）	0	10（失魅）②	69
鬼③	0	77	2	0	3	0	1④	83
魃	0	1（袜）	0	0	0	0	0	1
妖	0	1（夭）	0	0	0	0	1⑤	2
百鬼	0	0	0	0	2	0	0	2
鬼神	1	0	1	0	0	0	0	2
合計	鬼神₁	鬼₇₇ 魃₁ 妖₁	魅₆ 鬼₂ 鬼神₁	0	魅₅₃ 鬼₃ 百鬼₂	0	魅₁₀ 鬼₁ 妖₁	159

119. 早死鬼

	九店	睡簡	放簡	周秦	孔簡	港簡	其他	合計
殤	0	0	1	1（陽）	0	0	0	2

---

① 周漢1例，見於簡279貳："女，一日、四月不死，爲大巫，卅九年以丁丑死。"

② 王簡4例，周漢、居新各3例；如王簡718："乙酉之旦到夕以死，失（魅）不出，出而西南，其日中才（在）東北間一室。"

③ 合成詞"鬼火"1例。

④ 居新1例，見於簡EPT49.3："厭魅書，家長以制日疏（疏）魅名，魅名爲天牧，鬼之精，即滅亡。有敢苛者，反受其央（殃）。以除爲之。"

⑤ 金關1例，見於簡73EJT7.60："☐畜産自死，家當有妖。"

續表

	九店	睡簡	放簡	周秦	孔簡	港簡	其他	合計
殤早	0	0	0	0	0	0	1（傷早<早>）①	1
先殤	0	0	1②	0	0	0	0	1
幼殤死	0	1	0	0	0	0	0	1
早殤	0	0	0	0	1（旱<早>殤）	0	0	1
合計	0	幼殤死$_1$	殤$_1$先殤$_1$	殤$_1$	早殤$_1$	0	殤早$_1$	6

120. 神，神靈

	九店	睡簡	放簡	周秦	孔簡	港簡	其他	合計
神③	0	9	0	0	0	0	1④	10
上神	0	2	0	0	0	0	0	2
神靈	0	0	1	0	0	0	0	1
合計	0	神$_9$上神$_2$	神靈$_1$	0	0	0	神$_1$	13

121. 咸池，神煞名

	九店	睡簡	放簡	周秦	孔簡	港簡	其他	合計
大時	0	0	0	0	6	0	3⑤	9
咸池	0	0	2	0	2	0	1⑥	5

---

① 水簡1例："䈞（禱）日：木日疾，祟在社；火日疾，祟在強死、傷（殤）早<早>。"

② 見於放簡日乙260—261："其祟上君、先殤。"殤，放簡整理者未釋；程少軒先生釋出，疑"先殤"與楚簡所見之"殤"有關。見《放馬灘簡式占古佚書研究》，博士學位論文，復旦大學，2011年。

③ 合成詞"鬼神""黃神""土神"各2例，"竈神"1例。

④ 嶽山1例，見於牘43正："凡七畜，以五卯祠之，必有得也。其入神行，歲再祠之，吉。"

⑤ 水簡、居新、懸泉各1例，如水簡："大時在南方午，小時在東北丑，大司空在丑。"

⑥ 水簡1例："欲取（娶）婦嫁女，不辟（避）咸池，家室空。"

續表

	九店	睡簡	放簡	周秦	孔簡	港簡	其他	合計
合計	0	0	咸池$_2$	0	大時$_6$ 咸池$_2$	0	大時$_3$ 咸池$_1$	14

122. 死於戰爭之鬼，死於兵器之鬼

	九店	睡簡	放簡	周秦	孔簡	港簡	其他	合計
兵	0	0	0	0	1	0	0	1
兵死	1①	0②	0	1	0	0	0	2
合計	兵死$_1$	0	0	兵死$_1$	兵$_1$	0	0	3

123. 室內神，五祀之一

	九店	睡簡	放簡	周秦	孔簡	港簡	其他	合計
室	0	0	0	0	1	0	0	1
室中	0	1	1	0	0	0	0	2
內中	0	1	0	0	0	0	0	1
合計	0	室中$_1$ 內中$_1$	室中$_1$	0	室$_1$	0	0	4

124. 竈神，五祀之一

	九店	睡簡	放簡	周秦	孔簡	港簡	其他	合計
竈	0	1③	0	0	0	0	1④	2

---

① 九店作"兵死者"，見於簡43："帝胃（謂）尔無事，命尔司兵死者。"
② 睡簡有3例"兵死"爲動詞，表死於戰爭，死於兵器之義；如睡簡日乙250："庚失火，君子兵死。"
③ 另睡簡日乙39貳："祠□日，己亥，辛丑，乙亥，丁丑，吉。龍，辛□。""祠"後字殘泐，據文意當爲"竈"。
④ 嶽山1例，見於牘43背："祠竈良〖日〗：乙丑、酉、未、己丑、酉、癸丑、甲辰。忌：辛、壬。"

續表

	九店	睡簡	放簡	周秦	孔簡	港簡	其他	合計
竈神	0	0	0	0	1（蚤神）	0	0	1
合計	0	竈₁	0	0	竈神₁	0	竈₁	3

125. 掌管人間炊事之神

	九店	睡簡	放簡	周秦	孔簡	港簡	其他	合計
炊	0	0	0	1	0	0	0	1
炊者	0	0	1	0	0	0	0	1
人炊	0	0	0	0	5	0	0	5
合計	0	0	炊者₁	炊₁	人炊₅	0	0	7

126. 土地神

	九店	睡簡	放簡	周秦	孔簡	港簡	其他	合計
社	0	0	2	0	0	0	1①	3
社主	0	1（杜主）	0	0	0	0	0	1
司空	0	0	0	0	9	0	0②	9
田社	0	0	0	1（田秫）	0	0	0	1
土皇	0	1	0	0	0	0	0	1
土君	0	0	0	0	1	0	0	1
土神	0	1	0	0	1	0	0	2
地司空	0	0	1	0	0	0	0	1
合計	0	社主₁ 土皇₁ 土神₁	社₂ 地司空₁	田社₁	司空₉ 土君₁ 土神₁	0	社₁	19

① 水簡1例："木日疾，票在社；火日疾，票在彊死、傷（殤）旱<早>。"
② 水簡有1例"大司空"，未言宜忌，掌管事務不明。

127. 田神

	九店	睡簡	放簡	周秦	孔簡	港簡	其他	合計
田	0	0	1	0	0	0	0	1
田大人	0	1	0	0	0	0	0	1
田社	0	0	0	2（田秝）	0	0	0	2
合計	0	田大人$_1$	田$_1$	田社$_2$	0	0	0	4

128. 道路神

	九店	睡簡	放簡	周秦	孔簡	港簡	其他	合計
街	0	0	2①	0	1	0	0	3
行	2	4	0	1	0	0	0	7
街行	0	0	0	0	1	0	0	1
尚行	0	3（常行）②	0	0	1	0	0	4
合計	行$_2$	行$_1$ 尚行$_3$③	街$_2$	行$_1$	街$_1$ 街行$_1$ 尚行$_1$	0	0	15

129. 樂音，音樂

	九店	睡簡	放簡	周秦	孔簡	港簡	其他	合計
聲④	0	0	2	0	0	0	0	2
音⑤	0	1	14	0	0	0	4⑥	19

---

① 見於放簡日乙 262+267、265 放簡整理者分別釋作"再""徵"；孫占宇、程少軒先生改釋，見陳偉主編，孫占宇、晏昌貴著《秦簡牘合集〔肆〕》，武漢大學出版社 2014 年版，第 183 頁；程少軒《放馬灘簡式占古佚書研究》，博士學位論文，復旦大學，2011 年。其中放簡日乙 262+267 作"大街"，爲道路神"街"中的高級道路神或道路神"街"的尊稱。

② 其中睡簡日乙 145 作"大常行"，爲道路神"常行"中的高級道路神。

③ 睡簡日甲 49 背貳："人毋（無）故而鬼祠（伺）其宫，不可去，是祖囗游。""祖"後字殘泐，"祖"可能與道路神或路祭有關。

④ 合成詞"宫聲""金聲""十二聲"各 1 例。

⑤ 合成詞"五音"5 例，"宫音""徵音""羽音""角音"各 1 例。

⑥ 居新 3 例，懸泉 1 例；如懸泉簡Ⅱ0215②：204："天一、地二、人三、時四、音五、律六、星七、風八、州九。"

续表

	九店	睡簡	放簡	周秦	孔簡	港簡	其他	合計
合計	0	音$_1$	聲$_2$ 音$_{14}$	0	0	0	音$_4$	21

130. 宮音

	九店	睡簡	放簡	周秦	孔簡	港簡	其他	合計
宮聲	0	0	1	0	0	0	0	1
宮音	0	0	1	0	0	0	0	1
合計	0	0	宮聲$_1$ 宮音$_1$	0	0	0	0	2

二 動詞類

1. 動作, 活動

	九店	睡簡	放簡	周秦	孔簡	港簡	其他	合計
動	0	1（歱）	0	0	0	0	0	1
動作	0	1（童作）	0	0	0	0	0	1
合計	0	動$_1$ 動作$_1$	0	0	0	0	0	2

2. 發動, 舉動

	九店	睡簡	放簡	周秦	孔簡	港簡	其他	合計
舉①	0	0	0	1	0	0	2②	3
起	0	8	4	0	18	0	1③	31
爲	2	31	1	8	0	5	3④	50

---

① 合成詞"舉喪""舉事"各1例。
② 水簡、敦煌各1例；如敦2369："☐壬、癸、亥、子入官，視事及舉百事，凶。"
③ 周漢1例，見於簡168壹："寅死，其咎在西四室，必有火起。"
④ 王簡2例、水簡1例；如水簡："禁毋可以爲，入官有罪，入室亡後世盡，行軍吏不吉。"

續表

	九店	睡簡	放簡	周秦	孔簡	港簡	其他	合計
興	0	1	0	0	1	0	0	2
作	4	3	3	0	4	2	3①	19
合計	爲$_2$ 作$_4$	起$_8$ 爲$_{31}$ 興$_1$ 作$_3$	起$_4$ 爲$_1$ 作$_3$	舉$_1$ 爲$_8$	起$_{18}$ 興$_1$ 作$_4$	爲$_5$ 作$_2$	舉$_2$ 起$_1$ 爲$_3$ 作$_3$	105

3. 行事，辦事

	九店	睡簡	放簡	周秦	孔簡	港簡	其他	合計
發事	0	0	0	0	0	0	2②	2
舉事	0	0	0	0	1	0	2③	3
起事	0	1	0	0	1	0	0	2
爲事	0	0	1	0	0	0	1④	2
作事	1	10	4	0	0	1	0	16
合計	作事$_1$	起事$_1$ 作事$_{10}$	爲事$_1$ 作事$_4$	0	舉事$_1$ 起事$_1$	作事$_1$	發事$_2$ 舉事$_2$ 爲事$_1$	25

4. 祭祀，禱告

	九店	睡簡	放簡	周秦	孔簡	港簡	其他	合計
祠⑤	0	70	5	0	9	0	24⑥	108
禱	0	2（壽鑄）	0	0	1	0	1（擣）⑦	4

---

① 王簡3例，如："十五日曰載，是胃（謂）望。以作，百事大凶。"

② 王簡2例，見於簡242："☒□月九日以發事不成；成，凶。甲乙、戊己、壬癸，發事不成。"

③ 虎簡2例："壬寅日，加子舉事有大喜。甲戌日，加子舉事不成。"

④ 王簡1例，見於簡143："夢言也，有命來，爲事不吉，亦毋大咎也。"

⑤ 合成詞"祠室"1例。

⑥ 嶽山8例，王簡5例，印臺9例，水簡、武威各1例；如嶽山牘43背："巫咸乙巳死，勿以祠巫。巫龍：丙申、丁酉、己丑、己亥、戊戌。"

⑦ 水簡1例："擣（禱）日：木日疾，祟在社；火日疾，祟在殭死、傷（殤）早<旱>；土日疾，祟在木☒"。

· 299 ·

續表

	九店	睡簡	放簡	周秦	孔簡	港簡	其他	合計
祭	8	14（祭蔡）	0	0	0	0	4①	26
祠祀	0	4	2	0	13	4	3②	26
祠主	0	0	0	0	1	0	0	1
禱祠	2	1	0	0	2	0	1（擣祠）③	6
祭祀	5	4	0	0	0	0	2④	11
祝祠	0	0	6	0	0	0	0	6
合計	祭₈ 禱祠₂ 祭祀₅	祠₇₀ 祭₁₄ 祠祀₄ 禱祠₁ 祭祀₄	祠₅ 祠祀₂ 祝祠₆	0	祠₉ 禱₁ 祠祀₁₃ 祠主₁ 禱祠₂	祠祀₄	祠₂₄ 禱₁ 祭₄ 祠祀₃ 禱祠₁ 祭祀₂	188

5. 占卜，貞卜

	九店	睡簡	放簡	周秦	孔簡	港簡	其他	合計
卜	0	0	16	0	0	0	0	16
占	0	0	27	228	3	0	6⑤	264
貞	0	0	16	0	0	0	0	16
卜筮	0	2	0	0	0	0	0	2
卜箅	0	1	0	0	0	0	0	1
貞卜	0	0	1	0	0	0	0	1

---

① 王簡2例，水簡、居新各1例；如水簡："戌、巳、午、亥，不可殺豕狗，不可祭六畜。"

② 水簡1例，居新2例；如居新EPT40.38："☐車祭者，占牛馬毛物，黃白青驄，以取（娶）婦、嫁女、祠祀、遠行、入官、遷徙、初疾☐"。另居新EPT43.175"祠祀"，原釋作"祠社"；謝桂華先生改釋，見《西北漢簡所見祠社稷考補》，載卜憲群、楊振紅主編《簡帛研究2004》，廣西師範大學出版社2006年版，第268頁。

③ 水簡1例："☐□甲辰、乙巳、丙寅、丁未、庚戌、辛亥、壬寅、癸丑，擣（禱）祠、飲食、行作、吏事、取（娶）婦、嫁女，不吉。"

④ 王簡、阜陽各1例；如王簡286："凡祭祀之凶日，甲寅、庚寅、丙寅、戊☐"。

⑤ 王簡、北漢、周漢各1例，居新3例；如王簡104："占五矢（失），得。疾人，凶。"

續表

	九店	睡簡	放簡	周秦	孔簡	港簡	其他	合計
合計	0	卜筮₂ 卜筭₁	卜₁₆ 占₂₇ 貞₁₆ 貞卜₁	占₂₂₈	占₃	0	占₆	300

6. 出兵，發兵

	九店	睡簡	放簡	周秦	孔簡	港簡	其他	合計
出征	0	1（出正）	0	0	0	0	0	1
行師	0	1（行帥）<師>	0	0	0	0	0	1
合計	0	出征₁ 行師₁	0	0	0	0	0	2

7. 建造，建築

	九店	睡簡	放簡	周秦	孔簡	港簡	其他	合計
覆	0	4（復）	0	0	1（復）	1（復）	0	6
蓋	5（盍）	8	1	0	9	2	2①	27
起	0	16	2	0	3	0	1②	22
爲③	2	36	17	0	28	2	7④	92
興	0	6	3	0	2	0	0	11
治⑤	0	0	1	0	0	0	1⑥	2

---

① 水簡、武威各1例，如武威簡6："午毋蓋屋，必見火光。"
② 敦煌1例，見於簡89："六月卯毋起土功，□二三□人。"
③ "爲"是泛義動詞，不同語境中有不同的義位變體，如九店簡20"爲門（蒙）膚"中表製作義，九店簡29"利以爲室家"中表建築義。《大詞典》《大字典》"爲"均收製作義，又均未收建築義。日書中，"爲"與建築同義詞合成搆成"爲蓋""爲興"各1例。
④ 阜陽1例，周漢、印臺、金關各2例；如金關73EJT30.126："爲屏圂良日：五癸及壬申六日，壬辰爲屏圂大富。"
⑤ 合成詞"不治"1例。
⑥ 武威1例，見於簡2："甲毋治宅，不居必荒。"

· 301 ·

續表

	九店	睡簡	放簡	周秦	孔簡	港簡	其他	合計
築	2（竺）	15（筑）	12	0	24	0	2①	55
作	2	0	2	0	0	0	1②	5
蓋覆	0	0	0	0	0	1（蓋復）	0	1
爲蓋	0	1	0	0	0	0	0	1
爲興	0	0	1③	0	0	0	0	1
築興	0	1（筑興）	0	0	0	0	0	1
合計	蓋$_5$ 爲$_2$ 築$_2$ 作$_2$	覆$_4$ 蓋$_8$ 起$_{16}$ 爲$_{36}$ 興$_6$ 築$_{15}$ 爲蓋$_1$ 築興$_1$	蓋$_1$ 起$_1$ 爲$_{17}$ 興$_3$ 治$_{12}$ 作$_2$ 爲興$_1$	0	覆$_1$ 蓋$_9$ 起$_3$ 爲$_{28}$ 興$_1$ 築$_{24}$	覆$_1$ 蓋$_1$ 爲$_2$ 蓋覆$_1$	蓋$_2$ 起$_1$ 爲$_7$ 治$_1$ 築$_2$ 作$_1$	224

8. 居住，居留

	九店	睡簡	放簡	周秦	孔簡	港簡	其他	合計
處	0	1	2	0	0	0	0	3
居④	9（凥居）	15	6	0	14⑤	0	2⑥	46
居處	0	0	2	0	0	0	2⑦	4

---

① 阜陽、印臺各 1 例；如印臺："築東方，東行，百事不吉。"

② 阜陽 1 例："☐日辰星皆大凶，不可祭祀、作土事、起重、益地☐"。

③ 放簡日乙 21 叁+20 叁有殘缺："刑門：主必富，不爲興☐，爲左吏；十二歲不更，不耐乃刑。"簡文"興"蓋爲建築義。

④ 合成詞"居室"5 例，"居家"3 例，"借居"2 例，"居所""從居""同居"各 1 例。

⑤ 孔簡 370："是胃（謂）不居，居之，死。"簡文"居"下有重文符號，孔簡整理者脫釋，劉國勝等先生據紅外影像補出，見劉國勝、凡國棟、楊芬《孔家坡漢簡日書釋文補正》，載陳偉主編《簡帛》第 12 輯，上海古籍出版社 2016 年版，第 136 頁。

⑥ 周漢、武威各 1 例；如武威簡 2："甲毋治宅，不居必荒。"

⑦ 印臺 2 例："五月者居處五兑，居處甲子、乙丑、丙寅、丁卯、戊辰、己卯、庚辰、辛巳、壬午、癸未、甲午、乙未、丙申、丁酉、戊戌。"

續表

	九店	睡簡	放簡	周秦	孔簡	港簡	其他	合計
營居	0	0	0	0	1	0	1①	2
合計	居$_9$	處$_1$ 居$_{15}$	處$_2$、居$_6$ 居處$_2$	0	居$_{14}$ 營居$_1$	0	居$_2$ 居處$_2$ 營居$_1$	55

9. 處於，居於

	九店	睡簡	放簡	周秦	孔簡	港簡	其他	合計
處	0	1	1	0	0	0	0	2
居	7（尻）	42	12	4	13	0	0	78
舍	0	0	0	0	0	0	2②	2
在	14（才）	68	57（在才）	1	72	0	33（在才）③	245
合計	居$_7$在$_{14}$	處$_1$居$_{42}$在$_{68}$	處$_2$居$_{12}$在$_{57}$	居$_4$在$_1$	居$_{13}$在$_{72}$	0	舍$_2$在$_{33}$	327

10. 共同居住

	九店	睡簡	放簡	周秦	孔簡	港簡	其他	合計
從居	0	1	0	0	0	0	0	1
居室	0	0	2	0	0	0	0	2
同居	0	1	0	0	0	0	0	1
偕居	0	1（皆居）	1（皆居）	0	0	0	0	2
合計	0	從居$_1$ 同居$_1$ 偕居$_1$	居室$_2$ 偕居$_1$	0	0	0	0	6

---

① 周秦1例，見於簡40貳+52貳："凡日與月同，營居者死，失（魅）不出。"

② 敦煌2例，見於簡2121："☐月　舍酉　舍子　☐"。

③ 王簡1例，周漢9例，印臺4例，水簡6例，居新6例，懸泉7例；如周漢40壹："巳死，其凶在室中。"

11. 寄居，使寄居

	九店	睡簡	放簡	周秦	孔簡	港簡	其他	合計
寄	0	19	0	0	0	0	2①	21
寓	1（堣）	2（寓遇）	0	0	0	0	0	3
合計	寓$_1$	寄$_{19}$ 寓$_2$	0	0	0	0	寄$_2$	24

12. 製作，製造

	九店	睡簡	放簡	周秦	孔簡	港簡	其他	合計
爲	1	14	1	0	0	1	0	17
製	4（折）	11（裂折）	0	0	0	0	3（裂）②	18
合計	爲$_1$ 製$_4$	爲$_{14}$ 製$_{11}$	爲$_1$	0	0	爲$_1$	製$_3$	35

13. 上，升

	九店	睡簡	放簡	周秦	孔簡	港簡	其他	合計
登③	0	0	4	0	0	0	0	4
襄	0	1	0	0	0	0	0	1
合計	0	襄$_1$	登$_4$	0	0	0	0	5

14. 看，望

	九店	睡簡	放簡	周秦	孔簡	港簡	其他	合計
視	0	0	2	0	0	0	0	2
望	0	0	1	0	0	0	0	1

---

① 水簡2例，如："不可内人及寄者。"
② 嶽山3例，如牘43背："裂（製）衣良日：丙辰、庚辰、辛未、乙酉、甲辰、乙巳、己巳、辛巳，可以裂（製）衣，吉。"
③ 合成詞"登高"1例。

續表

	九店	睡簡	放簡	周秦	孔簡	港簡	其他	合計
合計	0	0	視$_2$ 望$_1$	0	0	0	0	3

15. 砍伐，斬殺

	九店	睡簡	放簡	周秦	孔簡	港簡	其他	合計
伐	0	4	5	0	16	1	0	26
刊	0	1	0	0	0	0	0	1
戮	1（翏）	0	0	0	0	0	0	1
殺	0	28	7	0	16	0	21①	72
新	0	0	1（亲）	0	0	0	0	1
斬	0	1	0	0	0	0	0	1
殺戮	0	0	1	0	0	0	0	1
合計	戮$_1$	伐$_4$ 刊$_1$ 殺$_{28}$ 斬$_1$	伐$_5$ 殺$_7$ 新$_1$ 殺戮$_1$	0	伐$_{16}$ 殺$_{16}$	伐$_1$	殺$_{21}$	103

16. 穿鑿，挖掘

	九店	睡簡	放簡	周秦	孔簡	港簡	其他	合計
除	0	1（徐）	0	0	0	0	0	1
穿	1（串）②	6	1	1	7	0	8③	24
開	0	0	1	0	0	0	0	1
掘	0	5（屈）	0	0	0	0	0	5

---

① 嶽山5例，水簡4例，敦煌1例，居新9例，懸泉2例；如嶽山牘43背："辛，不可殺雞，不利田邑。"

② 見於九店27："利以串（穿）戻（户）秀（牖）。"串，原釋爲"申"；李守奎先生改釋，讀爲"穿"，訓爲穿鑿、貫通。見《讀〈説文〉札記一則》，《古籍整理研究學刊》1997年第3期。

③ 水簡1例，懸泉7例；如水簡："可以穿井、行水、蓋屋、飲藥。"

續表

	九店	睡簡	放簡	周秦	孔簡	港簡	其他	合計
啓	1	0	1	0	1	0	4①	7
鑿	1（啓）	4	0	0	2	0	0	7
合計	穿₁啓₁鑿₁	除₁穿₆掘₅鑿₄	穿₁開₁啓₁	穿₁	穿₇啓₁鑿₂	0	穿₈啓₄	45

17. 喘息，呼吸

	九店	睡簡	放簡	周秦	孔簡	港簡	其他	合計
息②	0	1	0	0	0	0	0	1
呬	0	1	0	0	0	0	0	1
合計	0	息₁呬₁	0	0	0	0	0	2

18. 填塞，堵塞

	九店	睡簡	放簡	周秦	孔簡	港簡	其他	合計
封	0	1（風）	0	0	0	0	0	1
塞	0	0	2	0	1	0	0	3
填	0	0	1（實）	0	0	0	0	1
堙	0	0	1（闉）	0	0	0	0	1
壅	0	0	0	0	1（墉）	0	0	1
窒	0	1	1（置）	1（垤）	0	0	0	3

---

① 王簡4例，見於簡351、352、370：" 春三月可以南啓門，壬戌、壬子、癸丑、癸未，以黑祠。夏三月可以西啓門，☑午以青祠。秋三月可以北啓門，丁酉、丙辰、丁巳、丙申、丙戌，以赤祠。☑【冬三月可】以東啓東（門），□申、辛亥、庚戌、辛巳，以帛（白）祠。"

② 合成詞 "大息" 3例。

續表

	九店	睡簡	放簡	周秦	孔簡	港簡	其他	合計
合計	0	封₁ 窒₁	塞₂ 填₁ 埋₁ 窒₁	室₁	塞₁ 壅₁	0	0	10

19. 收藏，貯藏

	九店	睡簡	放簡	周秦	孔簡	港簡	其他	合計
藏	1①	4（臧）	2（臧）	0	5（臧）	0	0	12
藏蓋	0	2（臧蓋）	0	0	0	0	0	2
稱藏	0	0	0	0	1（稱臧）	0	0	1
蓋藏	0	1（蓋臧）	0	0	0	0	0	1
受藏	0	0	0	0	1（受臧）	0	0	1
合計	藏₁	藏₄ 藏蓋₂ 蓋藏₁	藏₂	0	藏₅ 稱藏₁ 受藏₁	0	0	17

20. 藏匿，隱藏

	九店	睡簡	放簡	周秦	孔簡	港簡	其他	合計
藏	0	11（臧）	9（臧）	1（臧）	13（臧）	2（臧）	3（臧）②	39
稱	1（再）	0	11（再）	0	0	0	0	12
匿	0	0	0	0	0	2（若）	0	2
合計	稱₁	藏₁₁	藏₉ 稱₁₁	藏₁	藏₁₃③	藏₂ 匿₂	藏₃	53

---

① 見於九店簡 50"無藏貨"，藏貨，九店整理者未釋；劉國勝先生釋出，此字似從宀、從臧、從貝，讀爲"藏"。見《九店〈日書〉"相宅"篇釋文校補》，載李學勤、謝桂華主編《簡帛研究 2002、2003》，廣西師範大學出版社 2005 年版，第 111 頁。

② 張 M249、水簡、居新各 1 例；如張 M249："盜者大目、短頸、長耳、高尻，臧（藏）草木☒"。

③ 孔簡 371"嗭於器閒"中的"嗭"，孔簡整理者未釋；陳炫瑋先生指出此字右旁爲"雹"，讀爲"包"，表藏義。見《孔家坡漢簡日書研究》，碩士學位論文，臺灣清華大學，2007 年。王強先生又疑此字從雹，或可讀"伏"，表示藏匿、隱藏之義。見《孔家坡漢墓竹簡校釋》，碩士學位論文，吉林大學，2014 年。按：據文意、文例，此"嗭"當與藏匿義有關，因字形未定，暫未計入。

21. 纏繞，包裹

	九店	睡簡	放簡	周秦	孔簡	港簡	其他	合計
包	0	1（苞）	0	0	0	0	0	1
纏	0	0	0	0	1	0	0	1
裹	0	3（裹果）	0	0	1	0	0	4
合計	0	包$_1$裹$_3$	0	0	纏$_1$裹$_1$	0	0	6

22. 執持，拿著

	九店	睡簡	放簡	周秦	孔簡	港簡	其他	合計
把	0	6	1①	0	0	0	0	7
操	0	1	0	0	5	0	0	6
持	0	0	0	0	0	0	3②	3
拈	0	1③	0	0	0	0	0	1
以	0	0	0	0	1	0	0	1
執	0	1	4	0	0	0	0	5
合計	0	把$_6$操$_1$拈$_1$執$_1$	把$_1$執$_4$	0	操$_5$以$_1$	0	持$_3$	23

23. 抓取，取物

	九店	睡簡	放簡	周秦	孔簡	港簡	其他	合計
撮	0	1	0	0	0	0	0	1

---

① 見於放簡日乙 144 壹："惡主笱（苟）把毒殹。"把，放簡整理者釋作"杞"；方勇先生改釋，訓爲握，見《天水放馬灘秦簡零拾（三）》，簡帛網 2013 年 10 月 11 日（http://www.bsm.org.cn/show_article.php?id=1929）。

② 額簡 2 例，懸泉 1 例；如懸泉 V1410③：72："其死者，毋持刀刃上冢，死人不敢近也。"

③ 見於睡簡日甲 46 背貳："取女筆以拈之。"拈，睡簡整理者釋作"拓"；劉樂賢先生據紅外影像改釋，訓爲持，見陳偉主編，彭浩、劉樂賢、萬全文等著《秦簡牘合集〔壹〕》，武漢大學出版社 2014 年版，第 444、464—465 頁。

續表

	九店	睡簡	放簡	周秦	孔簡	港簡	其他	合計
掇	0	1	0	0	0	0	0	1
取	1	10	6	0	2	2	3①	24
掫	0	1	0	0	0	0	0	1
合計	取 1	撮$_1$ 掇$_1$ 取$_{10}$ 掫$_1$	取$_6$	0	取$_2$	取$_2$	取$_3$	27

24. 洗頭、洗澡

	九店	睡簡	放簡	周秦	孔簡	港簡	其他	合計
沐	0	0	0	0	0	0	1②	1
浴	0	2（浴谷）③	0	0	0	0	0	2
沐浴	0	1	0	0	0	0	0	1
合計	0	浴$_1$ 沐浴$_1$	0	0	0	0	沐$_1$	4

25. 祝賀，賀喜

	九店	睡簡	放簡	周秦	孔簡	港簡	其他	合計
賀	0	0	0	0	2	0	4④	6
賀喜	0	0	1	0	0	0	0	1
合計	0	0	賀喜$_1$	0	賀$_2$	0	賀$_4$	7

---

① 王簡、水簡、居新各 1 例，如王簡 113+114：" 凡人亡故而心哀矣，乃取桂盛尊而中折之，以望始出而飲（飼）之而寢，則止矣。"

② 水簡 1 例：" 沐忌日：辰、戌、寅、卯、午。"

③ 見於睡簡日乙 189 壹：" 甲乙夢被黑裘衣寇〈冠〉，喜，人〈入〉水中及谷（浴），得也。" 谷，整理者無訓釋。劉文英、曹田玉先生認爲 " 谷 " 或爲 " 浴 "，這種占夢法是將十干日按五行之序分爲五組，從之事也按五行分類，洗浴爲水事，夢黑色者則有得。見《夢與中國文化》，人民出版社 2003 年版，第 123 頁。

④ 嶽山、周漢各 2 例，如嶽山牘 44 正：" 以賀人，人必賀之。"

26. 滿意，得志

	九店	睡簡	放簡	周秦	孔簡	港簡	其他	合計
盈志	0	1	0	0	0	0	0	1
逞志	1（盈志）	0	0	0	0	0	0	1
得志	0	1	0	0	1	0	0	2
合計	逞志₁	盈志₁ 得志₁	0	0	得志₁	0	0	4

27. 達到，滿足

	九店	睡簡	放簡	周秦	孔簡	港簡	其他	合計
到	0	1	0	0	0	0	0	1
盈	0	1	1	0	2	0	0	4
贏①	0	0	0	0	1	0	0	1
合計	0	到₁ 盈₁	盈₁	0	盈₂ 贏₁	0	0	6

28. 喜歡，愛慕

	九店	睡簡	放簡	周秦	孔簡	港簡	其他	合計
愛	0	11	0	0	4	1	0	16
媚	1	4	0	0	0	0	0	5
合計	媚₁	愛₁₁ 媚₄	0	0	愛₄	愛₁	0	21

29. 喜好，嗜好

	九店	睡簡	放簡	周秦	孔簡	港簡	其他	合計
好	0	18	1	0	2	0	2②	23
樂	0	2	0	0	0	0	0	2

---

① "贏" "盈" 爲以母耕部字，有研究者認爲 "贏" 表示 "達到，滿足" 義，爲 "盈" 的通假用法。從詞義引申角度看，兩詞均可產生 "達到，滿足" 義，此處暫將兩詞分列。

② 王簡2例，如："好歌舞，必佩<施>衣常（裳）。"

續表

	九店	睡簡	放簡	周秦	孔簡	港簡	其他	合計
利	0	1	0	0	0	0	0	1
善	0	3	6	0	1	1	0	11
嗜	0	5（耆）	0	0	0	0	0	5
喜	0	4	0	0	1	1	0	6
陷	0	1（臽）	0	0	0	0	0	1
合計	0	好$_{18}$ 樂$_2$ 利$_1$ 善$_3$ 嗜$_5$ 喜$_4$ 陷$_1$	好$_1$ 善$_6$	0	好$_2$ 善$_1$ 喜$_1$	善$_1$ 喜$_1$	好$_2$	49

30. 厭惡，憎恨

	九店	睡簡	放簡	周秦	孔簡	港簡	其他	合計
惡	0	1	1	0	1	0	0	3
憎	0	0	1（增）	0	0	0	0	1
合計	0	惡$_1$	惡$_1$ 憎$_1$	0	惡$_1$	0	0	4

31. 命名，叫做

	九店	睡簡	放簡	周秦	孔簡	港簡	其他	合計
名	1	1	0	0	5	0	0	7
命	0	6	0	0	6	2	0	14
謂①	0	0	0	0	4	0	0	4
曰	1	10	25	1	9	0	2②	48
名曰③	0	1	0	0	1	0	0	2

---

① 此處統計不含固定結構"是胃（謂）、此胃（謂）"中的"胃（謂）"。

② 王簡2例，如簡46："十五日旦載，是胃（謂）望。"

③ 《大詞典》"名曰、命曰、命謂"均未收錄，"名、命、謂、曰"四詞均有稱作、命名之義，日書中四詞有多種組合形式，是當時複音詞快速發展的體現。

續表

	九店	睡簡	放簡	周秦	孔簡	港簡	其他	合計
命謂	0	1（命胃）	0	0	3（命胃）	0	0	4
命曰	0	4	0	0	3	2	1①	10
合計	名₁ 曰₁	名₁ 命₆ 曰₁₀ 名₁ 命謂₁ 命曰₄	曰₂₅	曰₁	名₅ 命₆ 謂₄ 曰₉ 名₁ 命謂₃ 命曰₃	命₂ 命曰₂	曰₂ 命曰₁	89

32. 喊叫，呼喊

	九店	睡簡	放簡	周秦	孔簡	港簡	其他	合計
號	0	2（號謞）	0	0	0	0	1（嘑）②	3
呼	0	4（謼）	0	0	0	0	0	4
合計	0	號₂ 呼₄	0	0	0	0	號₁	7

33. 回復，答復

	九店	睡簡	放簡	周秦	孔簡	港簡	其他	合計
答	0	2（合）	0	0	1（合）	0	0	3
復	0	1	0	0	0	0	0	1
合計	0	答₂ 復₂	0	0	答₁	0	0	4

---

① 王簡1例，見於簡673："偺時以戰，命曰三勝。"
② 額簡1例，見於簡2002ESCSF1.2："欲急行出邑，禹步三，嘑（號）'皋'。"

34. 賜給，給予

	九店	睡簡	放簡	周秦	孔簡	港簡	其他	合計
賜	0	2	0	0	0	0	3①	5
遺	0	0	1	0	0	0	0	1
予	1（舍）	9（鼠）	0	0	3	1	0	14
布賜	0	0	1	0	0	0	0	1
賞賜	0	0	0	1	0	0	0	1
合計	予$_1$	賜$_2$ 予$_9$	遺$_1$ 布賜$_1$	賞賜$_1$	予$_3$	予$_1$	賜$_3$	22

35. 成功，實現

	九店	睡簡	放簡	周秦	孔簡	港簡	其他	合計
成②	1（城）	6	5	34	6	0	7③	59
達	0	1	0	0	0	0	0	1
果	1	4	0	0	1	1	0	7
遂	0	0	2	0	0	0	0	2
果成	0	1	0	0	1	0	1④	3
合計	成$_1$ 果$_1$	成$_6$ 達$_1$ 果$_4$ 果成$_1$	成$_5$ 遂$_2$	成$_{34}$	成$_6$ 果$_1$ 果成$_1$	果$_1$	成$_7$ 果成$_1$	72

---

① 水簡 3 例："天賜財物，不出三日必復得賜，所得必負而止，不復得賜而悔之，必復□得。"

② 合成詞"順成"1 例。

③ 王簡 4 例，虎簡 2 例，金關 1 例；如王簡 242："☑□月九日以發事不成；成，凶。甲乙、戊己、壬癸，發事不成。"

④ 王簡 1 例，見於簡 673："正陽，是＝番昌，小事果成，大事有慶，它事毋小大盡吉。"

36. 完成，結束

	九店	睡簡	放簡	周秦	孔簡	港簡	其他	合計
敝	0	0	0	0	0	0	1（幣）①	1
成	0	2	7	0	0	0	0	9
盡	0	2	0	0	1	0	1②	4
就	0	0	1	0	1（歔）③	0	0	2
已	0	3	0	2	1	0	0	6
卒	0	2	0	0	1	0	0	3
合計	0	成$_2$ 盡$_2$ 已$_3$ 卒$_2$	成$_7$ 就$_1$	已$_2$	盡$_1$ 就$_1$ 已$_1$ 卒$_1$	0	敝$_1$ 盡$_1$	25

37. 停止，終止

	九店	睡簡	放簡	周秦	孔簡	港簡	其他	合計
盡	0	0	0	0	0	0	1④	1
已	0	17	1	0	1	0	0	19
止	0	30	7	0	4	0	3⑤	44
合計	0	已$_{17}$ 止$_{30}$	已$_1$ 止$_7$	0	已$_1$ 止$_4$	0	盡$_1$ 止$_3$	64

---

① 金關1例，見於簡73EJT11.23："【毋予□疾，以□】脊強；毋予皮毛疾，以幣身剛；毋予脅疾，以成【身張】。"幣，金關整理者釋；"幣"字訓讀及釋文改動從劉嬌先生，見《讀肩水金關漢簡"馬裚祝辭"小札》，《文匯報》2016年8月19日第W11版。

② 周漢1例，見於簡202貳+143貳+294："數之，從上右方數朔初日，日及字（支）各居一日。盡，復道上右方數。"

③ 見於簡278貳："辟門：歔（就）之蓋，廿歲其主必富，僕屬吉。"整理者釋爲"㧈"，讀爲"掩"。劉樂賢先生改釋，讀爲"就"，與"成"同義，如此訓讀與睡簡"成之即之蓋"關係就清楚了。見《孔家坡漢簡〈日書〉"直室門"補釋》，載陳偉主編《簡帛》第4輯，上海古籍出版社2009年版，第288頁。

④ 水簡1例："天李、子、卯、午、酉，子、卯、午、酉，子、卯、午、酉，禁毋（無）可以爲。入官有罪，入室亡後世盡，行軍吏不吉。"

⑤ 王簡2例，水簡1例，如王簡113—114："凡人亡故而心哀矣，乃取桂盛尊而中折之，以望始出而飤（飼）之而寝，則止矣。"

38. 等，等待

	九店	睡簡	放簡	周秦	孔簡	港簡	其他	合計
待	0	2（寺）	0	0	0	0	0	2
須	0	0	0	2	0	0	0	2
合計	0	待$_2$	0	須$_2$	0	0	0	4

39. 克制，勝過

	九店	睡簡	放簡	周秦	孔簡	港簡	其他	合計
勝	0	13	5	0	9	1	2①	30
越	0	0	0	4	0	0	1②	5
合計	0	勝$_{13}$	勝$_5$	越$_4$	勝$_9$	勝$_1$	勝$_2$越$_1$	35

40. 有，具有

	九店	睡簡	放簡	周秦	孔簡	港簡	其他	合計
或③	1	3	2	0	5	0	2④	13
有	27（又）	219（有又）	106	56	96	22	71⑤	597
合計	或$_1$有$_{27}$	或$_3$有$_{219}$	或$_2$有$_{106}$	有$_{56}$	或$_5$有$_{96}$	有$_{22}$	或$_2$有$_{71}$	610

---

① 虎簡2例："火<u>勝</u>其金，木<u>勝</u>其土，加寅成有小喜。"

② 見於額簡2002ESCSF1.4："☐南方火，即急行者，<u>越</u>此物行吉。"

③ "或""有"爲匣母職部字，有研究者認爲"或"表"有"義，爲"有"的通假用法。

④ 懸泉2例，如簡I0309③：268壹："亥死者，不主。西南間一室，必<u>或</u>死者。央（殃）凶在馬厩中。"

⑤ 王簡23例，嶽山3例，懸泉10例，周漢、武威各8例，印臺、額簡各4例，虎簡、水簡各2例，張M249、阜陽、居新、金關各1例；如王簡104："以戰，<u>有</u>和<u>有</u>得。"

· 315 ·

41. 無，沒有

	九店	睡簡	放簡	周秦	孔簡	港簡	其他	合計
無	10①	1	0	0	0	0	0	11
毋②	0	66	10	0	22	3	10③	111
合計	無₁₀	無₁ 毋₆₆	毋₁₀	0	毋₂₂	毋₃	毋₁₀	122

42. 調職（多指升職）

	九店	睡簡	放簡	周秦	孔簡	港簡	其他	合計
遷	0	0	1	0	0	1	1④	3
徙	0	3	1	0	1	0	0	5
徙官	0	3	1⑤	0	2	0	0	6
合計	0	徙₃ 徙官₃	遷₁ 徙₁ 徙官₁	0	徙₁ 徙官₂	遷₁	遷₁	14

43. 遷移，搬遷

	九店	睡簡	放簡	周秦	孔簡	港簡	其他	合計
遷	0	0	0	0	0	0	1⑥	1

---

① 其中1例爲衍文，見於簡32："必｛無｝堝（遇）寇逃（盜）。"

② 研究者多認爲"毋"的動詞用法，與"無"相通；不過，動詞沒有義，記作"無"本也是"無"字的假借用法。殷商甲骨文中沒有義動詞常記作"亡"，秦漢時期"毋"動詞、副詞用法泛化；沒有義動詞的文字書寫形式可能有時代或文體之別。此處暫將沒有義的"無""毋"作爲同義動詞處理，文中所引簡牘釋文依通常處理方式，於"毋"後括注"無"。合成詞"毋（無）後" 2例。

③ 王簡、周漢各3例，水簡4例；如周漢402壹："甲寅旬，此胃（謂）星辰季也，不可嫁，毋（無）子。"

④ 金關1例，見於簡73EJT23.563+73EJT23.643："宮日數遷，羽日安，商、角日可，徵日兇（凶）。"

⑤ 放簡日乙128："是胃反只（支）。以徙官，十徙；以受憂者，十喜；以亡者，得十；轂（繫）囚，亟出。"從上下文意看，"徙官"爲官吏調整中的降職。

⑥ 虎簡1例："遷與娶婦、嫁女良日：甲子、甲辰。"

續表

	九店	睡簡	放簡	周秦	孔簡	港簡	其他	合計
徙	4	15	1	0	22	0	0	42
遷徙	0	0	1（䙴徙）①	0	2	0	2②	5
移徙	0	0	0	0	0	0	1③	1
合計	徙₄	徙₁₅	徙₁ 遷徙₁	0	徙₂₂ 遷徙₂	0	遷₁ 遷徙₂ 移徙₁	49

44. 免職，辭官

	九店	睡簡	放簡	周秦	孔簡	港簡	其他	合計
除	0	0	0	0	1	0	0	1
廢	0	0	0	0	1（法）	0	0	1
免	0	3	0	0	3	0	0	6
休	0	0	0	0	1	0	0	1
去官	0	0	0	0	0	1	0	1
合計	0	免₃	0	0	除₁廢₁免₃休₁	去官₁	0	10

45. 返回，歸來

	九店	睡簡	放簡	周秦	孔簡	港簡	其他	合計
返	0	8（反）	0	0	9（反）	0	0	17
復	0	1	2	0	0	0	0	3
歸	1（遝）	8	5	0	7	1	2④	24

---

① 見於放簡日乙 252："室或䙴（遷）徙，投其戶門"。䙴徙，放簡整理者釋作"遷從"；蔡偉先生改釋"從"爲"徙"，轉引自程少軒《放馬灘簡式占古佚書研究》，博士學位論文，復旦大學，2011年。孫占宇先生改釋"遷"爲"䙴"，見陳偉主編，孫占宇、晏昌貴著《秦簡牘合集〔肆〕》，武漢大學出版社 2014 年版，第 172 頁。

② 居新2例，如簡 EPT40.38："☒車祭者，占牛馬毛物，黃白青驪，以取（娶）婦、嫁女、祠祀、遠行、入官、遷徙、初疾☒"。

③ 居新1例，見於簡 EPT5.57A："五月移徙吉凶，吏卒失亡。"

④ 王簡、水簡各1例，如王簡93："亡人，曰歸也。"

續表

	九店	睡簡	放簡	周秦	孔簡	港簡	其他	合計
還	0	2（環）	2（環）	0	0	0	0	4
復歸	0	0	1	0	0	0	0	1
還返	0	0	0	0	0	1（環反）	0	1
來歸	1	0	1	0	0	0	1①	3
合計	歸₁ 來歸₁	返₈ 復₁ 歸₈ 還₂	復₂ 歸₅ 還₂ 復歸₁ 來歸₁	0	返₉ 歸₇	歸₁ 還反₁	歸₂ 來歸₁	53

46. 重複，再現

	九店	睡簡	放簡	周秦	孔簡	港簡	其他	合計
報②	0	0	0	0	5	0	0	5
復③	0	4	5	0	1	0	0	10
合計	0	復₄	復₅	0	報₅ 復₁	0	0	15

47. 環繞，圍繞

	九店	睡簡	放簡	周秦	孔簡	港簡	其他	合計
環	0	2（睘還）	0	1	0	0	0	3
匝	0	0	0	1（雜）	0	0	0	1
周	0	1	1	0	0	0	0	2
周環	0	1	0	0	0	0	0	1

---

① 嶽山1例，見於牘44正："壬戌、癸亥不可以之遠役及來歸人室，必見大咎。"

② 宜忌名稱"報日"1例，報日所行之事，會重複出現，其中"報"詞素義爲重複出現。

③ 宜忌名稱"復日"3例，含義與"報日"相同。

續表

	九店	睡簡	放簡	周秦	孔簡	港簡	其他	合計
合計	0	環₂周₁周環₁	周₁	環₁匝₁	0	0	0	7

48. 面向，朝向

	九店	睡簡	放簡	周秦	孔簡	港簡	其他	合計
首	0	1	4	4	0	0	4①	13
向	0	28（鄉）	3（鄉）	1（鄉）	9（鄉）	0	15（鄉）②	56
合計	0	首₁向₂₈	首₄向₃	首₄向₁	向₉	0	首₄向₁₅	69

49. 步行，行走

	九店	睡簡	放簡	周秦	孔簡	港簡	其他	合計
步	0	0	4	0	1	0	0	5
行	0	23	22	0	3	1	0	49
合計	0	行₂₃	步₄行₂₂	0	步₁行₃	行₁	0	54

50. 前往，前去

	九店	睡簡	放簡	周秦	孔簡	港簡	其他	合計
往	1	2	3（往王）	0	1③	0	1④	8

---

① 敦煌4例，見於簡2056："生子：東首者富，南首者貴，西首者貧，北首者不壽。"這4例"首"可能指頭的朝向。

② 王簡1例，阜陽7例，敦煌5例，額簡2例；如額簡2002ESCSF1.3正："冬三月毋北鄉（向），鄉（向）者凶☒"。

③ "往"字書寫或有訛誤，見於簡178貳，整理者釋文作："戊戌、己亥不可嫁人，始生日，夫妻相惡，乃塗奧，乃止。"張林先生斷句爲："戊戌、己亥不可嫁，人始生日，夫妻相惡，乃塗奧，乃止。"孔簡無"嫁人"的說法，"人"屬下讀，"生"或爲"往"字之省訛，"人始往日"表示如果嫁女，新娘從過去的那一天開始，夫妻便彼此相惡。見《孔家坡漢簡〈日書〉札記》，《浙江海洋學院學報》2016年第5期。

④ 水簡1例："☒【十月】十日、【十一月】廿日、【十二月】卅日，不可遠行，往亡歸死。"

续表

	九店	睡簡	放簡	周秦	孔簡	港簡	其他	合計
蹠	1（迈）	2（遮）①	0	0	0	0	0	3
之	0	4	1	0	2	0	1②	8
合計	往₁蹠₁	往₂蹠₂之₄	往₃之₁	0	往₁之₂	0	往₁之₁	19

51. 跑，疾趨

	九店	睡簡	放簡	周秦	孔簡	港簡	其他	合計
趣	0	1	0	0	0	0	0	1
走	0	1	0	0	0	0	0	1
合計	0	趣₁走₁	0	0	0	0	0	2

52. 相遇，相逢

	九店	睡簡	放簡	周秦	孔簡	港簡	其他	合計
逢	0	2	1	0	0	0	0	3
遇③	0	0	1	0	1（禺）	0	0	2
合計	0	逢₂	逢₁遇₁	0	遇₁	0	0	5

---

① 睡簡日甲8正貳："【外】陽日，利以遮（蹠）壄（野）外，可以田邋（獵）。"睡簡日甲12正貳："夬光日，利以登高、飲食、遮（蹠）四方壄（野）外。"兩處"遮"，睡簡整理者分別釋作"建"和"邋"。李家浩先生改釋，讀爲"蹠"，訓爲"適"。見《睡虎地秦簡〈日書〉"楚除"的性質及其他》，載史語所集刊編輯出版部編《歷史語言研究所集刊》1999年第70本第4分，第186頁。陳偉先生亦將外陽日中的"遮"讀爲"蹠"。見《九店楚日書校讀及其相關問題》，載馮天瑜主編《人文論叢（1998年卷）》，武漢大學出版社1998年版，第151頁。

② 印臺1例："即行，之邦門之困（閫），禹步三，言曰：門左、門右、中央君子，某有行，擇道。"

③ 日書"遇"基本用於表示遭遇不好的事情，如"遇寇盜""遇殃""遇惡言""遇雨""遇戎"等；我們將這種"遇"歸入遭遇用法。

53. 遭受，遭遇

	九店	睡簡	放簡	周秦	孔簡	港簡	其他	合計
被	0	1	0	0	1（彼）	0	0	2
逢	0	0	1	0	0	0	0	1
獲	0	0	1	0	0	0	0	1
罹	0	1（麗）	0	0	0	0	1（離）①	2
遇	1（堣）	10（遇禺耦）	1	4	1	0	0	17
詣	0	2	2	0	1	0	0	5
合計	遇$_1$	被$_1$ 罹$_1$ 遇$_{10}$ 詣$_2$	獲$_1$ 逢$_1$ 遇$_1$ 詣$_2$	遇$_4$	被$_1$ 遇$_1$ 詣$_1$	0	0	28

54. 差錯，失誤

	九店	睡簡	放簡	周秦	孔簡	港簡	其他	合計
差	0	0	1	0	0	0	0	1
忒	0	0	1	0	0	0	0	1
合計	0	0	差$_1$ 忒$_1$	0	0	0	0	2

55. 聚集，聚合

	九店	睡簡	放簡	周秦	孔簡	港簡	其他	合計
合	0	0	1	0	1	0	0	2
聚	2	2	1	0	3（取冣）	1（取）	0	9
合聚	0	0	1	0	0	0	0	1
合計	聚$_2$	聚$_2$	合$_1$ 聚$_1$ 合聚$_1$	0	合$_1$ 聚$_3$	聚$_1$	0	12

---

① 懸泉1例，見於簡 I0309③：262 壹："酉<子>死，大事離（罹）。東南間三室，凶<必>或死者。央（殃）凶在北辟（壁）上。"

· 321 ·

56. 合併，加合

	九店	睡簡	放簡	周秦	孔簡	港簡	其他	合計
并	0	1	7	0	0	0	0	8
合	0	4	4	0	0	0	0	8
合計	0	并$_1$ 合$_4$	并$_7$ 合$_4$	0	0	0	0	16

57. 增加，增益

	九店	睡簡	放簡	周秦	孔簡	港簡	其他	合計
益	0	1	1	0	0	0	1①	3
增	1（嬒）	1	0	0	0	0	0	2
合計	增$_1$	益$_1$ 增$_1$	益$_1$	0	0	0	0	5

58. 贏利，獲利

	九店	睡簡	放簡	周秦	孔簡	港簡	其他	合計
利	0	0	2	0	0	0	0	2
贏	0	0	1	0	0	0	0	1
合計	0	0	利$_2$ 贏$_1$	0	0	0	0	3

59. 折損，損毀

	九店	睡簡	放簡	周秦	孔簡	港簡	其他	合計
毀	0	5	3	0	6	0	0	14
喪	0	1	1	0	1	0	0	3
折	0	2	0	0	0	0	0	2
合計	0	毀$_5$ 喪$_1$ 折$_2$	毀$_3$ 喪$_1$	0	毀$_6$ 喪$_1$	0	0	19

---

① 阜陽1例："☐日辰星皆大凶，不可祭祀、作土事、起重、益地☐"。

60. 經商，營商

	九店	睡簡	放簡	周秦	孔簡	港簡	其他	合計
賈市	0	8	8	0	4	0	0	20
市旅	0	0	2	28	0	0	0	30
行販	0	0	3	0	0	0	0	3
行賈	0	2	0	0	0	0	0	2
合計	0	賈市$_8$ 行賈$_2$	賈市$_8$ 市旅$_2$ 行販$_3$	市旅$_{28}$	賈市$_4$	0	0	55

61. 比較，比照

	九店	睡簡	放簡	周秦	孔簡	港簡	其他	合計
比	0	0	3	0	0	0	0	3
視	0	0	1	0	0	0	0	1
合計	0	0	比$_3$ 視$_1$	0	0	0	0	4

62. 追逐，驅逐

	九店	睡簡	放簡	周秦	孔簡	港簡	其他	合計
驅	0	2（毆）	0	0	0	0	0	2
追	0	0	0	27	0	0	0	27
逐	0	1	1	27	1	0	0	30
出逐	0	1	0	0	0	0	0	1
卻逐	0	2（郄逐）	0	0	4	1（谷逐）	0	7
合計	0	驅$_2$ 逐$_1$ 出逐$_1$ 卻逐$_2$	逐 1	追$_{27}$ 逐$_{27}$	逐$_1$ 卻逐$_4$	卻逐$_1$	0	67

63. 來到，到達

	九店	睡簡	放簡	周秦	孔簡	港簡	其他	合計
到①	0	9	20	6	21	1	9②	66
至	0	6（至致）	49③	25	30	3	10④	123
合計	0	到$_9$ 至$_6$	到$_{20}$ 至$_{49}$	到$_6$ 至$_{25}$	到$_{21}$ 至$_{30}$	到$_1$ 至$_3$	到$_9$ 至$_{10}$	189

64. 遠行，出遠門

	九店	睡簡	放簡	周秦	孔簡	港簡	其他	合計
長行	0	2	0	0	0	0	0	2
遠行	2	7	1	1	3	0	4⑤	18
征行	0	0	1（延行）⑥	0	0	0	0	1
合計	遠行$_2$	長行$_2$ 遠行$_7$	遠行$_1$ 征行$_1$	遠行$_1$	遠行$_3$	0	遠行$_4$	21

65. 回頭看，回視

	九店	睡簡	放簡	周秦	孔簡	港簡	其他	合計
顧	0	4	1	0	0	0	1⑦	6

---

① 合成詞"到家"3 例，"到官"1 例。

② 王簡 2 例，嶽山 1 例，印臺 3 例，金關 3 例；如嶽山牘 44 正："久宦毋以庚午到室。"

③ 其中有 1 例書寫或隸釋有誤，見於放簡日乙 359："凡陰陽鐘，各受（投）所卜大婁（數）曰置婁（數）者，旦至日中從多，日中至晦從少。"前一"至"字，放簡整理者釋作"自"，陳劍先生改釋爲"到"，轉引自程少軒《放馬灘簡式占古佚書研究》，博士學位論文，復旦大學，2011 年。

④ 阜陽 6 例，敦煌 3 例，金關 1 例；如阜陽："夜半至平旦西方鄉（向），平旦至日中東方鄉（向），日中至日入▨。"

⑤ 居新 2 例，水簡、武威各 1 例；如武威 8："有諦（啼）泣，令人遠行。"

⑥ 見於簡日乙 137："延（征）行以杓辰鄉（向），必死亡。"征行，放簡整理者釋作"延行"；孫占宇先生改釋，讀爲"征"。見陳偉主編，孫占宇、晏昌貴著《秦簡牘合集〔肆〕》，武漢大學出版社 2014 年版，第 86 頁。

⑦ 懸泉 1 例，見於簡 II 0214③：71："入廁，禹步三，祝曰：入則謂廁哉，陽；謂天大哉，辰。病與惡人，疾去毋顧。"

續表

	九店	睡簡	放簡	周秦	孔簡	港簡	其他	合計
後顧	0	0	1	0	0	0	0	1
合計	0	顧₄	顧₁ 後顧₁	0	0	0	顧₁	7

66. 尋求，搜尋

	九店	睡簡	放簡	周秦	孔簡	港簡	其他	合計
求	0	3	1	7	7	0	1①	19
循求	0	0	0	1	0	0	0	1
合計	0	求₃	求₁	求₇ 循求₁	求₇	0	求₁	20

67. 請求，祈求

	九店	睡簡	放簡	周秦	孔簡	港簡	其他	合計
求	0	3	5	1	0	0	0	9
求頪	0	1	0	0	0	0	0	1
合計	0	求₃ 求頪₁	求₅	求₁	0	0	0	10

68. 撫摩，摩擦

	九店	睡簡	放簡	周秦	孔簡	港簡	其他	合計
砥	0	1（紙)②	0	0	0	0	0	1

---

① 周漢1例，見於簡174貳+105貳："以死者室爲死者求【子】擊之。"求，原釋作"來"；孔簡有相同簡文，孔簡整理者亦將"求"釋作"來"，並將"擊"釋作"數"。王強先生改釋孔簡"來"爲"求"，見《孔家坡漢墓竹簡校釋》，碩士學位論文，吉林大學，2014年。王貴元先生據圖版改釋孔簡"數"爲"擊"；見《讀孔家坡漢簡札記》，載中國人民大學文學院編《語言論集》第6輯，中國社會科學出版社2009年版，第26頁。

② 見於睡簡日甲60背貳—61背貳："鬻（煮）莝（莝）屢以紙。""紙"訓讀意見不一：睡簡整理者於釋文"紙"後括注"抵"，注曰"抵"表側擊義，一說讀爲"抵"，義爲投。邱亮、王焕林先生認爲"紙"理當訓爲"砥"，義爲"磨"，見《睡虎地秦簡"紙"字新釋》，《現代語文》2011年第8期。按：該例"紙"釋文或存疑。

· 325 ·

續表

	九店	睡簡	放簡	周秦	孔簡	港簡	其他	合計
揩	0	1（啟）	0	0	0	0	0	1
合計	0	砥₁揩₁	0	0	0	0	0	2

69. 嫁出，出嫁

	九店	睡簡	放簡	周秦	孔簡	港簡	其他	合計
出	0	7	1	0	0	0	0	8
嫁	4（家）	26（家嫁）	6	1	23	3	15（家嫁）①	78
合計	嫁₄	出₇嫁₂₆	出₁嫁₆	嫁₁	嫁₂₃	嫁₃	嫁₁₅	86

70. 行房事，發生性行爲

	九店	睡簡	放簡	周秦	孔簡	港簡	其他	合計
入宮	0	1	0	0	0	0	0	1
同衣	0	2	0	0	0	0	0	2
合計	0	入宮₁同衣₂	0	0	0	0	0	3

71. 生育，生養

	九店	睡簡	放簡	周秦	孔簡	港簡	其他	合計
產②	0	0	0	0	0	7	13③	20

---

① 虎簡、居新各1例，周漢7例，印臺、水簡各3例；如水簡："☑□甲辰、乙巳、丙寅、丁未、庚戌、辛亥、壬寅、癸丑，禱（禱）祠、飲食、行作、吏事、取（娶）婦、嫁女，不吉。"

② 合成詞"產子"4例。

③ 阜陽1例，周漢12例；如阜陽："因東南隅爲室，胃（謂）敝□，其子產必有大鷩。"

續表

	九店	睡簡	放簡	周秦	孔簡	港簡	其他	合計
乳	0	0	0	0	0	0	1①	1
生②	1	61	5③	0	13	1	9④	90
字	0	3	0	0	1	0	1⑤	5
合計	生$_1$	生$_{61}$字$_3$	生$_5$	0	生$_{13}$字$_1$	產$_7$生$_1$	產$_{13}$乳$_1$生$_9$字$_1$	116

72. 生養孩子

	九店	睡簡	放簡	周秦	孔簡	港簡	其他	合計
產子	0	0	0	1	0	0	3⑥	4
生子	4	132	0	0	27	0	8⑦	171
合計	生子$_4$	生子$_{132}$	0	產子$_1$	生子$_{27}$	0	產子$_3$生子$_8$	175

73. 飼養，餵養

	九店	睡簡	放簡	周秦	孔簡	港簡	其他	合計
食	0	7	0	0	1	0	0	8

---

① 印臺1例："乙亥、丁亥、辛亥、癸亥，不可祠、家（嫁）女取（娶）婦，女子壹乳而死。"

② 合成詞"生子"171例，"同生"4例。另孔簡有2例殘簡，"生""生子"不能判斷。

③ 其中放乙293"節有生者，而欲智（知）其男女"之"生"，放簡整理者釋作"壬"；孫占宇先生改釋，見《天水放馬灘秦簡集釋》，甘肅文化出版社2013年版，第211頁；陳偉主編，孫占宇、晏昌貴著《秦簡牘合集〔肆〕》，武漢大學出版社2014年版，第195頁。

④ 王簡9例，如："壬申生，必聞邦。"

⑤ 周漢1例，見於簡141壹："☐婦日也，以之，不字，夫恐死。"

⑥ 北漢、周漢、金關各1例；如周漢375貳："產子不中此日，不死，瘈（瘛），不行。"

⑦ 王簡、嶽山、虎簡、印臺、周漢各1例，敦煌3例；如嶽山牘44正："辛卯生子，不弟。"

續表

	九店	睡簡	放簡	周秦	孔簡	港簡	其他	合計
畜	1	4	2	0	2	1	0	10
合計	畜$_1$	食$_7$ 畜$_4$	畜$_2$	0	食$_1$ 畜$_2$	畜$_1$	0	18

74. 烹煮，燒煮

	九店	睡簡	放簡	周秦	孔簡	港簡	其他	合計
烹	0	3（亯）	0	0	0	0	0	3
煮	0	1（鬻）	0	0	0	0	0	1
合計	0	烹$_3$ 煮$_1$	0	0	0	0	0	4

75. 吃，進食

	九店	睡簡	放簡	周秦	孔簡	港簡	其他	合計
舖	0	1（庯）	0	0	0	0	0	1
茹	0	1（如）	0	0	0	0	0	1
食①	4（飤）	14	10	0	5	3	1②	37
合計	食$_4$	舖$_1$ 茹$_1$ 食$_{14}$	食$_{10}$	0	食$_5$	食$_3$	食$_1$	39

76. 設網，張網

	九店	睡簡	放簡	周秦	孔簡	港簡	其他	合計
張	1	0	0	0	0	0	0	1
置	0	2	0	0	0	0	0	2
設網	1（埶罔）	1（埶罔）	0	0	0	0	0	2
合計	張$_1$ 設網$_1$	置$_2$ 設網$_1$	0	0	0	0	0	5

---

① 合成詞"飲食"19例，"肉食"4例，"強飲強食"1例，"蚤食"等時間詞多例。

② 懸泉1例，見於簡 V1410③：72："上冢，不欲哭；哭者，死人不敢食，去。"

77. 獵得，捕獲

	九店	睡簡	放簡	周秦	孔簡	港簡	其他	合計
得①	22	53	47	29	11	7	4②	173
獲	1（隻）	1	0	0	0	0	0	2
得獲	0	0	0	0	0	0	1③	1
合計	得22 獲1	得53 獲1	得47	得29	得11	得7	得4 得獲1	176

78. 發射，射箭

	九店	睡簡	放簡	周秦	孔簡	港簡	其他	合計
發	0	0	0	0	1	0	0	1
射④	0	0	2	0	1	0	1⑤	4
弋⑥	0	3（鳶）⑦	0	0	0	0	0	3
合計	0	弋3	射2	0	發1 射1	0	射1	8

79. 打獵，捕獵

	九店	睡簡	放簡	周秦	孔簡	港簡	其他	合計
獵	0	5（邋）	0	0	0	0	0	5
漁	0	0	0	0	0	1⑧	0	1

---

① 日書"得"基本用於捕獲逃亡、盜竊之人，用於捕獲獵物僅九店1例，而"獲"僅指捕獲獵物。

② 王簡、印臺各1例，水簡2例；如水簡："亡者，不得。"

③ 王簡1例，見於簡290："☐而更，田邋得獲。"

④ 合成詞"射候"1例。

⑤ 嶽山1例，見於牘43背："丙寅，羿射封豕，不可入豕及殺之。"

⑥ 合成詞"弋獵"5例。

⑦ 王輝先生認爲"鳶""弋"古音差別較大，疑整理者所釋"鳶"字當釋爲"雉"，表繳射飛鳥之義。見《傅説之名再考辨》，《文史哲》2016年第4期。

⑧ 港簡51："☐，不果。亡者，得。利漁弋獵，吉。可以取，不可予。"孔簡41—42與之對應的簡文作："介日，是胃（謂）其群不拜，以辭不合（答），私☐必閉，有爲不果。亡者，得。利以田魚（漁）、弋獵、報讎。可以攻軍、圍城、始（答）殺。可以取，不可予。"港簡"漁弋獵"或爲"漁獵、弋獵"的簡寫，或爲"田漁、弋獵"的脱漏；與孔簡比較而言，有文字脱漏的可能性較大。

續表

	九店	睡簡	放簡	周秦	孔簡	港簡	其他	合計
田獵	1	5（田邋）	0	0	1	0	0	7
田漁	0	0	0	0	1（田魚）	0	0	1
弋獵	0	1（弋邋）	0	0	3	1	0	5
漁獵	0	2（漁邋/魚邋）	0	0	0	0	1（魚邋）①	3
合計	田獵₁	獵₅ 田獵₅ 弋邋₁ 漁獵₂	0	0	田獵₁ 田漁₁ 弋獵₃	漁₁ 弋獵₁	漁獵₁	22

80. 澆灌，澆注

	九店	睡簡	放簡	周秦	孔簡	港簡	其他	合計
沃	0	2	0	0	0	0	0	2
注	0	1	0	0	0	0	0	1
合計	0	沃₂ 注₁	0	0	0	0	0	3

81. 命令，下令

	九店	睡簡	放簡	周秦	孔簡	港簡	其他	合計
命	2	0	0	0	0	0	0	2
使	1（囟）	0	0	0	0	0	0	1
合計	命₂ 使₁	0	0	0	0	0	0	3

82. 掌管，主持

	九店	睡簡	放簡	周秦	孔簡	港簡	其他	合計
司	1	1	4	0	10	0	0	16
主	0	0	5	5	4	0	0	14

---

① 印臺1例："妻，利以祠、家（嫁）女取（娶）婦，魚（漁）邋（獵），入人、六畜，利入不利出。"

續表

	九店	睡簡	放簡	周秦	孔簡	港簡	其他	合計
合計	司$_1$	司$_1$	司$_4$ 主$_5$①	主$_5$	司$_{10}$ 主$_4$	0	0	30

83. 打算，謀劃

	九店	睡簡	放簡	周秦	孔簡	港簡	其他	合計
計	0	0	0	0	1	0	0	1
謀	0	1	0	0	1	0	0	2
計數	0	0	0	0	1	0	0	1
謀事	0	1	2	0	1	0	1②	5
合計	0	謀$_1$ 謀事$_1$	謀事$_2$	0	計$_1$ 謀$_1$ 計數$_1$ 謀事$_1$	0	謀事$_1$	9

84. 盜取，搶奪

	九店	睡簡	放簡	周秦	孔簡	港簡	其他	合計
盜	0	14	10	0	13	0	5③	42
奪	1（敓）	2	0	0	2	0	0	5
攘	0	1（襄）	0	0	0	0	0	1
寇盜	1（寇逃）	0	0	0	0	0	0	1
合計	奪$_1$ 寇盜$_1$	盜$_{14}$ 奪$_2$ 攘$_1$	盜$_{10}$	0	盜$_{13}$ 奪$_2$	0	盜$_5$	49

---

① 放簡有 2 例 "司主" 連用，見於乙種日書 339："午□□□東方司主員司大男□□□司主承居□□□□司東方長司日方司火司成司陰司損月"，惜簡文殘缺，文意不明；《大詞典》收 "主司"，其 "主管" 義，首證《山海經》。

② 王簡 1 例，見於簡 242："甲乙、戊己、壬癸，發事不成。□戊午己未謀事□"。

③ 張 M249、周漢各 2 例，敦煌 1 例；如周漢 159 貳："女，二日、五月六日不死，善盜，五十年以辛未死，善田。"

85. 敲，敲擊

	九店	睡簡	放簡	周秦	孔簡	港簡	其他	合計
楿	0	2	0	0	0	0	0	2
擊	0	2（毃）	0	0	0	0	0	2
控	0	1	0	0	0	0	0	1
合計	0	楿₂ 擊₂ 控₁ ①	0	0	0	0	0	5

86. 攻擊，攻伐

	九店	睡簡	放簡	周秦	孔簡	港簡	其他	合計
攻	0	7	0	0	2（攻功）	0	0	9
擊	0	7（毃）	0	0	0	0	0	7
徼	0	5（敫）	0	0	0	0	0	5
攻伐	0	1	0	0	1（功伐）	0	0	2
攻擊	0	3（攻毃）	0	1（攻毃）	0	0	0	4
攻戮	0	0	0	0	1（功翏）	0	0	1
合計	0	攻₇ 擊₇ 徼₅ 攻伐₁ 攻擊₃	0	攻擊₁	攻₂ 攻伐₁ 攻戮₁	0	0	28

87. 征戰，征伐

	九店	睡簡	放簡	周秦	孔簡	港簡	其他	合計
戰②	0	1	1	0	3	0	2③	7

---

① 睡簡日甲36背壹："以棘椎桃秉以䢔（敲）其心，則不來。"研究者多認爲簡文"䢔（敲）"表示敲擊義，也有研究者認爲其表示投擲義。從簡文文意看，當與普通敲擊有別，此處未計入。

② 合成詞"野戰"1例。

③ 王簡2例，如簡104："以戰，有和有得。"

续表

	九店	睡簡	放簡	周秦	孔簡	港簡	其他	合計
斬伐	0	0	1	0	0	0	0	1
戰鬭	0	0	0	29（戰鬭）	0	0	0	29
戰伐	0	2（戰伐/單伐）	0	0	1	0	0	3
合計	0	戰$_1$ 戰伐$_2$	戰$_1$ 斬伐$_1$	戰鬭$_{29}$	戰$_3$ 戰伐$_1$	0	戰$_2$	40

88. 戲弄，擺弄

	九店	睡簡	放簡	周秦	孔簡	港簡	其他	合計
戲	0	2	0	0	0	0	0	2
弄	0	0	2	0	0	0	0	2
合計	0	戲$_2$	弄$_2$	0	0	0	0	4

89. 斗柄指向

	九店	睡簡	放簡	周秦	孔簡	港簡	其他	合計
乘	0	0	0	24	0	0	0	24
繫	0	24（縠）	0	2（縠）	14（擊）	0	0	40
合計	0	繫$_{24}$	0	乘$_{24}$ 繫$_2$	繫$_{14}$	0	0	64

90. 解開，解脫

	九店	睡簡	放簡	周秦	孔簡	港簡	其他	合計
解	0	2	0	0	0	0	0	2
釋	0	5（繹擇）	0	0	0	0	0	5
合計	0	解$_2$ 釋$_5$	0	0	0	0	0	7

91. 禳除、消除

	九店	睡簡	放簡	周秦	孔簡	港簡	其他	合計
除①	2（叙）	1	1	0	0	0	1②	5
祓	0	1（百）③	1（发）	0	0	0	0	2
解	1（违）	1	0	0	1	2	0	5
驅	0	1（敺）	0	0	0	0	0	1
去	0	5	0	0	0	0	0	5
說	0	4（兑說）	0	0	0	0	0	4
祓除	0	0	0	0	0	0	1④	1
啓除	0	0	0	0	1	0	0	1
合計	除₂解₁	除₁祓₁解₁驅₁去₅說₄	除₁祓₁	0	解₁啓除₁	解₂	除₁祓除₁	24

92. 分開，離別

	九店	睡簡	放簡	周秦	孔簡	港簡	其他	合計
别	0	1	0	0	0	0	0	1
剌	0	1	0	0	0	0	0	1
去	0⑤	19	1	0	17	0	4⑥	41

---

① 合成詞"除罪""除疾"各2例，"除病"1例。

② 居新1例，見於簡EPT49.3："厭魅書，家長以制曰疎（疏）魅名，魅名爲天牧，鬼之精，即滅亡。有敢苛者，反受其央（殃）。以除爲之。"

③ 睡簡日甲11正貳："利以兑（說）明（盟）組（詛），百不羊（祥）。"何有祖先生指出"百"可讀爲"祓"，爲"祓除"之意。見《新蔡簡"百之"試解》，簡帛網2007年1月23日（http://www.bsm.org.cn/show_article.php?id=510）。

④ 印臺1例："利发（祓）除兑、出逮<逐>、飲樂（藥）、除病。"

⑤ 九店15下："凡敗日，悷（戰）壘（懼）之日，不利以祭祀，聚衆，□去，徙家。"從文意看"去"或有離去義，因其前文字不清，"去"字意義未能確定，此處未計入。

⑥ 王簡、印臺各1例，懸泉2例；如懸泉V1410③：72："上家，不欲哭；哭者，死人不敢食，去。"

續表

	九店	睡簡	放簡	周秦	孔簡	港簡	其他	合計
離①	1	0	0	0	0	1	0	2
別離	0	0	1	0	4	0	0	5
出離	0	0	1（出麗）	0	0	0	0	0
刺離	0	4②	0	0	0	0	0	4
分離	0	2	0	0	0	0	0	2
分異	0	1	0	0	1	0	1（分翼）③	3
決離	0	4（夬麗）	0	0	0	1	0	5
離別	0	0	1	0	0	0	0	1
合計	離$_1$	別$_1$ 刺$_1$ 去$_{19}$ 刺離$_4$ 分離$_2$ 分異$_1$ 決離$_4$	去$_1$ 別離$_1$ 出離$_1$ 離別$_1$	0	去$_{17}$ 別離$_4$ 分異$_1$	離$_1$ 決離$_1$	去$_4$ 分異$_1$	65

93. 開闢，開道

	九店	睡簡	放簡	周秦	孔簡	港簡	其他	合計
除道	0	1	2	0	0	0	0	3
辟除道	0	0	0	0	0	0	1④	1

---

① 禁忌專名"（禹之）離日"11例。

② 王强先生認爲"刺離"之"刺"或可讀爲析，"析離"或即"蕩析離居"之義。見《孔家坡漢墓竹簡校釋》，碩士學位論文，吉林大學，2014年。按：若此説成立，可爲《大詞典》提供"析離"的更早書證；不管"刺離"作何解，其表分離義可確證。"刺離"均見於睡簡《詰》篇，該篇簡文自釋"刺"爲"室人妻子父母分離"，可見"刺"有分離義。

③ 見於周漢 216+殘 1 貳+291+殘 2 貳："離日不可取（娶）妻、嫁女及入人、畜產、貨，可分翼（異）。"

④ 額簡1例，見於簡 2002ESCSF1.2："己辟除道，莫敢義（我）當，獄史、壯者皆道道旁。"

續表

	九店	睡簡	放簡	周秦	孔簡	港簡	其他	合計
合計	0	除道₁	除道₂	0	0	0	辟除道₁	4

94. 拆毀，拆除

	九店	睡簡	放簡	周秦	孔簡	港簡	其他	合計
徹	0	2	0	0	2（劈）	0	0	4
壞	0	5	2	0	9	0	0	16
毀	0	3	0	0	2	0	0	5
壞徹	0	0	1①	0	0	0	0	1
合計	0	徹₂壞₅毀₃	壞₂壞徹₁	0	徹₂壞₉毀₂	0	0	26

95. 倒塌，崩塌

	九店	睡簡	放簡	周秦	孔簡	港簡	其他	合計
廢	0	0	1（法）	0	1（發）	0	0	2
壞	0	2	2	0	1	0	0	5
阤	0	1＜臣＞②	3（匜）③	0	0	0	0	4
壞折	0	1	0	0	0	0	0	1

---

① 見於放簡日乙94壹："雖（唯）利壞徹，是＝日衝（衝）。"壞，放簡整理者釋作"壞"；孫占宇先生改釋，訓爲拆毀，見張德芳主編，孫占宇著《天水放馬灘秦簡集釋》，甘肅文化出版社2013年版，第132頁；陳偉主編，孫占宇、晏昌貴著《秦簡牘合集〔肆〕》，武漢大學出版社2014年版，第65頁。

② 睡簡日乙259："庚亡，盜丈夫，其室在西方，其北壁臣，其人擅黑。"臣，"匜"字訛寫或誤釋，"匜"通"阤"。

③ 放簡日乙118壹："乙亥啻（帝）築室而匜不成。"匜，放簡整理者釋作"臣"；孫占宇先生改釋，"疑當讀爲'阤'"，爲崩壞義。見陳偉主編，孫占宇、晏昌貴著《秦簡牘合集〔肆〕》，武漢大學出版社2014年版，第77頁。

續表

	九店	睡簡	放簡	周秦	孔簡	港簡	其他	合計
合計	0	壞₂ 阤₁	廢₁ 壞₂ 阤₃	0	廢₁ 壞₁	0	0	12

96. 焚燒，燒掉

	九店	睡簡	放簡	周秦	孔簡	港簡	其他	合計
燔	0	9	1	0	2	0	1（煩）①	13
焚	0	1	0	0	0	0	0	1
爇	0	1	0	0	0	0	0	1
合計	0	燔₉ 焚₁ 爇₁	燔₁	0	燔₂	0	燔₁	15

97. 丟失，丟掉

	九店	睡簡	放簡	周秦	孔簡	港簡	其他	合計
失	0	0	1	2	0	0	0	3
亡	1	12	31	1	3	1	3②	52
失亡	0	0	0	0	0	0	1③	1
合計	亡₁	亡₁₂	失₁ 亡₃₁	失₂ 亡₁	亡₃	亡₁	亡₃ 失亡₁	56

98. 拘捕，逮捕

	九店	睡簡	放簡	周秦	孔簡	港簡	其他	合計
捕	0	0	0	0	1	0	0	1
執	0	11（摯執）	4（摯執）	0	6	1	0	22
逐捕	0	0	0	0	0	0	1④	1

---

① 武威1例，見於簡6："申毋財（裁）衣，不煩（燔）必亡。"
② 水簡、武威、居新各1例；如居新EPT11.6A："戍失〚火〛，亡貨，負。"
③ 居新1例，見於簡EPT5.57A："五月移徙吉凶，吏卒失亡。"
④ 水簡1例："☐四☐，戌、丑、辰、未，不可祠祀、取（娶）婦嫁女，可以相約結及逐捕人。不可殺六畜，大凶。"

續表

	九店	睡簡	放簡	周秦	孔簡	港簡	其他	合計
合計	0	執₁₁	執₄	0	捕₁ 執₆	執₁	逐捕₁	24

99. 拘囚，拘禁

	九店	睡簡	放簡	周秦	孔簡	港簡	其他	合計
拘	0	1（狗）	0	0	0	0	0	1
牢	0	1	0	0	0	0	0	1
繫	0	7（毄）	2（毄）	0	5（毄繫）	0	1（毄）①	15
繫囚	0	1（毄囚）	6（毄囚）	0	0	0	0	7
合計	0	拘₁ 牢₁ 繫₇ 繫囚₁	繫₂ 繫囚₆	0	繫₅	0	繫₁	24

100. 癲狂，瘋狂

	九店	睡簡	放簡	周秦	孔簡	港簡	其他	合計
狂	0	1	0	0	2	0	1②	4
狂癲	0	1	0	0	0	0	0	1
合計	0	狂₁ 狂癲₁	0	0	狂₂	0	狂₁	5

101. 嫉妒，妒忌

	九店	睡簡	放簡	周秦	孔簡	港簡	其他	合計
妒	0	2	0	0	1	0	0	3
疾	0	0	1	0	0	0	0	1
媢	0	0	0	0	1	0	0	1

---

① 印漢1例："利友（祓）除咎、出逮<逐>、飲樂（藥）、除病。以 毄（繫），無罪，除之□☒"。

② 周漢1例，見於簡279貳："酉產：子，九日、〖二月〗不死，狂，卅三年以丙子死。"

續表

	九店	睡簡	放簡	周秦	孔簡	港簡	其他	合計
合計	0	妎₂①	疾₁	0	妎₁ 嫺₁	0	0	5

102. 憂患，憂慮

	九店	睡簡	放簡	周秦	孔簡	港簡	其他	合計
憂	0	2	8	1	1	1	1②	14
痍疾	0	0	0	1	0	0	0	1
怮懯	1（幽悇）	0	0	0	0	0	0	1
憂病	0	0	0	3	0	0	0	3
憂心	0	0	2	0	0	0	0	2
合計	怮懯₁	憂₂	憂₈ 憂心₂	憂₁ 痍疾₁ 憂病₃	憂₁	憂₁	憂₁	21

103. 恐懼，恐嚇

	九店	睡簡	放簡	周秦	孔簡	港簡	其他	合計
恐	0	3	1	0	0	0	0	4
畏	0	2③	0	0	0	0	0	2
怵惕	0	1（宋傷）④	0	0	0	0	0	1

---

① 另睡簡日甲4背壹："壬辰、癸巳，橐婦以出，夫先死，不出二歲。"有研究者認爲簡文"橐"可讀作"妎"。

② 北秦1例："甲子、乙丑、丙寅、丁卯、戊辰、己巳，聞憂不憂，聞喜不喜，聞兵不行。"

③ 另衍文1例，見於睡簡日甲24背貳："故丘鬼恒畏人｛畏人｝所"，"畏人"有重文符，當爲衍符。

④ 見於睡簡日甲36背叄："鬼恒宋傷人，是不辜鬼，以牡棘之劍刺之，則止矣。"宋傷，研究者訓讀不一，睡簡整理者疑讀爲聳惕，意爲恐嚇。按：文獻中未見"聳惕"其他用例，"怵"與"宋"形體有關，如中山王壺"怵"作"𢛢"；疑"宋傷"爲"怵惕"誤書或誤釋。"怵惕"文獻多見，如《楚辭·九辯》："心怵惕而震盪兮，何所憂之多方！"

· 339 ·

續表

	九店	睡簡	放簡	周秦	孔簡	港簡	其他	合計
畏忌	0	0	1	0	0	0	0	1
戰懼	1（悕夒）	0	0	0	0	0	0	1
合計	戰懼₁	恐₃ 畏₂ 伏惕₁	恐₁ 畏忌₁	0	0	0	0	9

104. 傷害，損害

	九店	睡簡	放簡	周秦	孔簡	港簡	其他	合計
害	0	8	0	1	0	0	0	9
傷	0	2	0	0	7	0	4①	13
合計	0	害₈ 傷₂	0	害₁	傷₇	0	傷₄	22

105. 生病，患病

	九店	睡簡	放簡	周秦	孔簡	港簡	其他	合計
病	0	11②	52	25	1	1	9③	99
疾④	0	6	0	0	0	0	4⑤	10

---

① 王簡1例，武威3例；如王簡706："庚午日中以死，失西北五六步，小子也取其父，大人也不去，必傷其家。"

② 另睡簡日乙183："丙丁有疾，王父爲姓（眚），得〔於〕赤肉、雄鷄、酒。庚辛病，壬閒，癸酢，煩及歲皆在南方，其人赤色，死火日。"有研究者認爲該語境下的"病"表示疾病加重，這種與"疾"並列對舉，占測不同時日"有疾""病"狀況的"病"有8例，未計入。

③ 王簡、嶽山各3例，周漢1例，水簡2例；如嶽山牘44正："寅、卯不可問病者，問之必病。"

④ 合成詞"疾人"8例。

⑤ 水簡4例，如："木日疾，巢在社。火日疾，巢在强死、傷（殤）早<旱>。"

續表

	九店	睡簡	放簡	周秦	孔簡	港簡	其他	合計
合計	0	病$_{19}$疾$_6$	病$_{52}$	病$_{25}$	病$_1$	病$_1$	病$_9$疾$_4$	109

106. 醫治，祛病

	九店	睡簡	放簡	周秦	孔簡	港簡	其他	合計
除病	0	0	0	0	0	0	1①	1
除疾	1（叙疾）	0	0	0	1	0	0	2
棄疾	0	1	0	0	0	0	0	1
合計	除疾$_1$	棄疾$_1$	0	0	除疾$_1$	0	0	4

107. 病愈，痊癒

	九店	睡簡	放簡	周秦	孔簡	港簡	其他	合計
瘥	0	15（酢）	0	0	0	0	0	15
瘳	15（瘳）	25（瘳瘳）	5	1	3	0	9②	58
起	0	1	0	0	1③	5	0	7
間	0	10	3	0	20（汗）	0	2（汗）④	35
已	0	0	7	8	0	0	0	15
合計	瘳$_{15}$	瘥$_{15}$瘳$_{25}$起$_1$間$_{10}$	瘳$_5$間$_3$已$_7$	瘳$_1$已$_8$	瘳$_3$起$_1$間$_{20}$	起$_5$	瘳$_9$間$_2$	130

---

① 印臺1例："利炆（祓）除兇、出逑<逐>、飲樂（藥）、除病。"
② 王簡9例，如簡399："子有病，不五日乃七日有瘳，雞鳴病，死。"
③ 見於簡15："【有】病者，不死，□難起。"起，孔簡整理者未釋；劉國勝等先生據紅外影像改釋，見劉國勝、凡國棟、楊芬《孔家坡漢簡日書釋文補正》，載陳偉主編《簡帛》第12輯，上海古籍出版社2016年版，第131—132頁。
④ 王簡2例，如簡401："丙丁有疾，赤色當日出死。不赤色，壬有瘳，癸汗（間）。"

108. 問候病人，探問疾病

	九店	睡簡	放簡	周秦	孔簡	港簡	其他	合計
問病	0	0	0	0	1①	0	0	1
問疾	0	0	0	0	1	0	2②	3
合計	0	0	0	0	問病₁問疾₁	0	問疾₂	4

109. 生存，保全

	九店	睡簡	放簡	周秦	孔簡	港簡	其他	合計
產	0	2	0	0	4	1	0	7
全	0	1	0	0	1	0	0	2
生	4	4	0	0	0	0	0	8
合計	生₄	產₂全₁生₄	0	0	產₄全₁	產₁	0	17

110. 哭，哭泣

	九店	睡簡	放簡	周秦	孔簡	港簡	其他	合計
哭③	0	3	2（哭毃）	0	0	0	4④	9
泣	0	0	0	0	0	0	1⑤	1
哭臨	0	0	0	0	1	0	0	1
哭泣	0	0	0	0	0	0	4⑥	4

---

① 見於孔簡殘簡 22 "不可問病"。病，孔簡整理者釋作 "疾"；劉國勝等先生據紅外影像改釋。見劉國勝、凡國棟、楊芬《孔家坡漢簡日書釋文補正》，載陳偉主編《簡帛》第 12 輯，上海古籍出版 2016 年版，第 137 頁。

② 張 M249、周漢各 1 例，如周漢 33 貳+162 貳："辛亥、辛卯、壬午不可以寧人及問疾，人必反代之。"

③ 合成詞 "哭靈" 1 例。

④ 懸泉 4 例，如簡 V1410③：72："上冢，不欲哭；哭者，死人不敢食，去。"

⑤ 懸泉 1 例，見於簡 IT309③：274 正貳："三<正>月寅不可以哭泣；泣，不出三月復哭。"

⑥ 懸泉 4 例，如簡 I0309③：266 正貳："毋以哭泣；以哭泣，不出三月復哭。"

續表

	九店	睡簡	放簡	周秦	孔簡	港簡	其他	合計
啼泣	0	0	0	0	0	0	1（諦泣）①	1
合計	0	哭$_3$	哭$_2$	0	哭臨$_1$	0	哭$_4$ 泣$_1$ 哭泣$_4$ 啼哭$_1$	16

111. 死亡，喪生

	九店	睡簡	放簡	周秦	孔簡	港簡	其他	合計
奠	0	0	0	0	1（鄭）	0	0	1
擊	0	5（縠）	0	0	0	0	0	5
盡	0	4	0	0	0	0	0	4
老	0	0	0	0	1	0	0	1
喪	0	1	4	0	2	0	0	7
死②	4	140	97	3	214③	21	123④	602
畏	0	1	0	0	0	0	0	1
亡	0	1	0	0	0	1	0	2
殫亡	0	4（旦亡）	0	0	0	0	0	4
喪生	0	0	0	0	0	0	1	1
死喪	0	0	0	0	0	1	0	1
死亡	0	2	11	0	5	1	3⑤	22

---

① 武威1例，見於簡3："有諦（啼）泣，令人遠行。"

② 合成詞 "致死" 15例， "死生" 22例， "兵死" 5例， "殤死" "良死" 各2例， "暴死" "歸死" "經死" "強死" "野死" "夭死" "死人" "死喪" "幼殤死" 各1例。另，金關73EJT26.258 "⊘□□從東鄉□□□□到必死□"，簡文殘泐不清，這1例 "死" 不能判斷是否單用，未計入。

③ 其中有1例孔簡整理者釋作 "起"，見於簡15： "【有】病者，不死，□難起"；劉國勝等先生據紅外影像改釋，見劉國勝、凡國棟、楊芬《孔家坡漢簡日書釋文補正》，載陳偉主編《簡帛》第12輯，上海古籍出版社2016年版，第131頁。

④ 王簡14例，嶽山2例，周漢79例，水簡7例，懸泉18例，武威、額簡、金關各1例；如印臺： "七月午爲門及垣，長女死。"

⑤ 武威1例，懸泉2例，如懸泉I0309③：335正貳： "丁丑不可入喪，喪，不出三年有人三死亡。"

· 343 ·

续表

	九店	睡簡	放簡	周秦	孔簡	港簡	其他	合計
合計	死₄	擊₅ 盡₄喪₄ 死₁₄₀畏₁ 亡₁殫亡₄ 死亡₂	老₄喪₄ 死₉₇ 死亡₁₁	死₃	奠₁老₁ 喪₂死₂₁₄ 死亡₅	死₂₁亡₁ 喪生₁ 死喪₁ 死亡₁	死₁₂₃ 死亡₃	651

112. 夭亡，早亡

	九店	睡簡	放簡	周秦	孔簡	港簡	其他	合計
夭	0	0	0	0	2①	0	0	2
殤死	0	2（傷死）	0	0	0	0	0	2
夭死	0	0	0	0	1	0	0	1
合計	0	殤死₂	0	0	夭₂ 夭死₁	0	0	5

113. 滅亡，消失

	九店	睡簡	放簡	周秦	孔簡	港簡	其他	合計
覆	0	0	0	0	1（復）	0	0	1
滅	0	1（威）	0	0	1	0	0	2
絕亡	0	0	0	0	1	0	0	1
滅亡	0	0	0	0	0	1（威亡）	1②	2
破亡	0	0	0	0	2	0	0	2
合計	0	滅₁	0	0	覆₁滅₁絕亡₁破亡₂	滅亡₁	滅亡₁	8

---

① 其中 1 例訛作 "不"，見於簡 100："以生子，不<夭>"。王强先生疑 "不" 爲 "夭" 訛寫，漢簡中不、夭二字字形相近，存在互訛的可能；臨日百事皆凶，生子而夭折與之相符。見《孔家坡漢墓竹簡校釋》，碩士學位論文，吉林大學，2014 年。

② 居新 1 例，見於簡 EPT49.3："厭魅書，家長以制日疏（疏）魅名，魅名爲天牧，鬼之精，即滅亡。"

114. 辦理喪事

	九店	睡簡	放簡	周秦	孔簡	港簡	其他	合計
舉喪	0	0	0	0	1	0	0	1
治喪	0	0	0	0	0	0	1①	1
合計	0	0	0	0	舉喪$_1$	0	治喪$_1$	2

115. 埋葬，掩埋

	九店	睡簡	放簡	周秦	孔簡	港簡	其他	合計
埋	0	3（貍）	0	0	0	2（貍）	2（貍）②	7
葬	0	10	4	0	7	0	3③	24
葬埋	0	5（葬貍）	0	0	0	0	1（葬貍）④	6
合計	0	埋$_3$ 葬$_{10}$ 葬埋$_5$	葬$_4$	0	葬$_7$	埋$_2$	埋$_2$、葬$_3$、葬埋$_1$	37

116. 沒有後代

	九店	睡簡	放簡	周秦	孔簡	港簡	其他	合計
絕後	0	2	0	0	0	0	0	2
無後	0	1（毋後）	0	0	0	1（毋後）	1（亡後）⑤	3
合計	0	絕後$_2$ 無後$_1$	0	0	0	無後$_1$	無後$_1$	5

---

① 武威1例，見於簡5："【辰】毋治喪。"
② 水簡、金關各1例，如水簡："病者主母也，粜□也，貍（埋）之野。"
③ 懸泉3例，如簡10112②：28："自將野死，不葬。"
④ 王簡1例，見於簡721："可以 葬（葬）貍（埋）。"
⑤ 水簡1例："天李，子、卯、午、酉，子、卯、午、酉，子、卯、午、酉。禁毋可以爲，入官有罪，入室亡（無）後世盡，行軍吏不吉。"

· 345 ·

117. 訴訟，申訴

	九店	睡簡	放簡	周秦	孔簡	港簡	其他	合計
訟	0	0	2	0	0	0	0	2
言	0	3	1	0	2	0	0	6
獄訟	0	0	4	29①	0	0	0	33
合計	0	言$_3$	訟$_2$ 言$_1$ 獄訟$_4$	獄訟$_{29}$	言$_2$	0	0	41

118. 拋棄，丟棄

	九店	睡簡	放簡	周秦	孔簡	港簡	其他	合計
出	0	1	0	0	0	0	0	1
棄	0	10	0	0	4	0	2②	16
合計	0	出$_1$ 棄$_{10}$	0	0	棄$_4$	0	棄$_2$	17

119. 逃亡，流亡

	九店	睡簡	放簡	周秦	孔簡	港簡	其他	合計
流	0	0	0	0	1	0	0	1
亡③	1	24	21	0	21	2	6④	75
奔亡	0	1	0	0	0	0	0	1
逃遁	0	0	1	0	0	0	0	1
逃亡	0	0	4	0	0	1（桃亡）	0	5

---

① "獄訟"爲名詞、動詞兼類詞，周秦"獄訟"見於《繫行》篇，爲占卜事項之一，與"約結""逐盜"等事項並列，且有"獄訟事"的組合，如簡203"牽牛：斗乘牽牛，門有客，所言者請謁、獄訟事也。占獄訟，不勝；占約結，凶事成，吉事不成。"故將周秦中的"獄訟"看作動詞。

② 周秦2例，如簡350貳："戊申、己酉以取（娶）妻，妻不出三歲棄、亡。"

③ 合成詞"亡人"41例。另，周秦簡226："占亡，不得；占斲（鬭），不合。"該簡出自《繫行》篇，全篇以星宿占卜"約結、逐盜、追亡人、戰斲（鬭）、病"等事項，簡文此例"占亡"應爲"占〖逐盜、追〗亡〖人〗"的脫文或省文，未計入。

④ 水簡、武威各2例，周漢、印臺各1例；如武威7："戌毋内畜，不死必亡。"

续表

	九店	睡簡	放簡	周秦	孔簡	港簡	其他	合計
合計	亡₁	亡₂₄ 奔亡₁	亡₂₁ 逃遁₁ 逃亡₄	0	流₁ 亡₂₁	亡₂ 逃亡₁	亡₆	83

120. 耕田，耕種

	九店	睡簡	放簡	周秦	孔簡	港簡	其他	合計
田	0	2	0	0	2	0	2①	6
耕田	0	0	0	0	1	0	0	1
合計	0	田₂	0	0	田₂ 耕田₁	0	田₂	7

121. 種植，栽種

	九店	睡簡	放簡	周秦	孔簡	港簡	其他	合計
稼	0	0	1	0	0	0	0	1
樹	1	5（尌澍）	0	0	3（尌澍）	0	0	9
種	0	4（穜）	1（穜）	0	4（穜）	0	6②	15
下土	0	0	0	0	0	0	1③	1
播種	0	0	0	0	0	0	1④	1
合計	樹₁	樹₅ 種₄	稼₁ 種₁	0	樹₃ 種₄	0	種₆ 下土₁ 播種₁	27

---

① 周漢 2 例，如簡 159 貳："女，二日、五月六日不死，善盜，五十年以辛未死，善田。"

② 印臺 1 例，杜陵 5 例；如杜陵："麥良日：丙午、戊午、庚午、壬午，大吉。其忌日：甲、乙、五子，不可種。"

③ 見於額簡 99ES16ST1.24B："☒下土種良☒"。下土種良，原釋作"侯望不得"；孫家洲先生改釋，見《額濟納漢簡釋文校正》，文物出版社 2007 年版，第 9 頁。"下土種"或爲同義組合。

④ 杜陵 1 例："始田良日：乙未、乙亥、己亥、已未。利一（以）播種、出糞，家大富。"

122. 收穫（莊稼），收割

	九店	睡簡	放簡	周秦	孔簡	港簡	其他	合計
穭	0	0	1	0	0	0	0	1
收	0	0	0	0	4	0	0	4
合計	0	0	穭₁	0	收₄	0	0	5

123. 豐收，成熟

	九店	睡簡	放簡	周秦	孔簡	港簡	其他	合計
成	0	0	0	0	4	0	0	4
濟	0	0	0	0	1	0	0	1
熟①	0	0	0	0	2（孰）	0	0	2
爲②	0	0	0	0	21	0	0	21
歲美	0	2	0	0	2	0	1③	5
歲善	0	6	0	0	0	0	0	6
有年	0	0	4	0	4	0	0	8
有歲	0	0	0	0	5	0	0	5
合計	0	歲美₂ 歲善₆	有年₄	0	成₄ 濟₁ 熟₂ 爲₂₁ 歲美₂ 有年₄ 有歲₅	0	歲美₁	52

124. 大豐收

	九店	睡簡	放簡	周秦	孔簡	港簡	其他	合計
大熟	0	0	0	0	3（大孰）	0	0	3

---

① 合成詞"大熟"3例。
② 合成詞"大爲"1例。
③ 王簡1例，見於簡721："正月以朔，歲美，毋兵。"

續表

	九店	睡簡	放簡	周秦	孔簡	港簡	其他	合計
大歲	0	0	0	0	1	0	0	1
大爲	0	0	0	0	1	0	0	1
合計	0	0	0	0	大熟$_3$ 大歲$_1$ 大爲$_1$	0	0	5

125. 歉收，饑荒

	九店	睡簡	放簡	周秦	孔簡	港簡	其他	合計
饑①	0	0	1（飢）	0	3（飢幾）②	0	0	4
不熟	0	0	0	0	2（不孰）③	0	0	2
歲饑	0	0	0	0	1（歲幾）	0	0	1
合計	0	0	饑$_1$	0	饑$_3$ 不熟$_2$ 歲饑$_1$	0	0	7

126. 收縮，收斂

	九店	睡簡	放簡	周秦	孔簡	港簡	其他	合計
縮	0	2（夙）	0	0	0	0	0	2
翕	0	0	1	0	0	0	0	1
合計	0	縮$_2$	翕$_1$	0	0	0	0	3

---

① 合成詞"大饑"2例，"小饑"1例。
② 其中孔簡442有1例："〚寅〛卯朔户幾（饑）。""户幾"可能讀爲"惡饑"。
③ 其中孔簡445叁有1例作"歲不孰"："三以庚朔歲不孰（熟）。"

127. 結盟，訂約

	九店	睡簡	放簡	周秦	孔簡	港簡	其他	合計
盟	0	0	1（明）	0	0	0	0	1
盟詛	1（票禮）	3（孟誹/明組）	0	0	0	0	0	4
約結	0	0	0	27	0	0	0	27
詛盟	0	0	0	0	1（組明）	0	0	1
合計	盟詛$_1$	盟詛$_3$	盟$_1$	約結$_{27}$	詛盟$_1$	0	0	33

128. 多嘴，多說

	九店	睡簡	放簡	周秦	孔簡	港簡	其他	合計
多舌	0	2	0	0	0	0	0	2
多言	0	0	2	0	0	0	0	2
合計	0	多舌$_2$	多言$_2$	0	0	0	0	4

129. 當值，正合（時間）

	九店	睡簡	放簡	周秦	孔簡	港簡	其他	合計
當	0	0	0	0	2	0	1①	3
直	0	11	8	7	4	0	8②	38
中	0	0	0	0	2	0	1③	3
合計	0	直$_{11}$	直$_8$	直$_7$	當$_2$ 直$_4$ 中$_2$	0	當$_1$ 直$_8$ 中$_1$	44

---

① 王簡1例，見於簡401："丙丁有疾，赤色當日出死。不赤色，壬有瘳，癸汗（閒）。"
② 北漢、周漢各4例；如周漢159壹："直夜（腋），富。"
③ 周漢1例，見於簡375貳："產子不中此日，不死，瘺（癃），不行。"

三 形容詞

1. 美好，良好

	九店	睡簡	放簡	周秦	孔簡	港簡	其他	合計
穀	0	17（穀穀轂）	0	0	0	0	0	17
好	0	0	1	1	0	0	1①	3
嘉	0	2（駕賀）②	0	0	1（駕）	0	1（孜）③	4
良	0	2	0	0	0	0	0	2
善④	0	0	5	0	0	0	0	5
合計	0	穀$_{17}$ 嘉$_2$ 良$_2$	好$_1$ 善$_5$	好$_1$	嘉$_1$	0	好$_1$ 嘉$_1$	31

2. 吉祥，吉利

	九店	睡簡	放簡	周秦	孔簡	港簡	其他	合計
吉⑤	23	148	302	14	0	0	3⑥	490
吉祥	0	0	1	0	0	0	0	1
合計	吉$_{23}$	吉$_{148}$	吉$_{302}$ 吉祥$_1$	吉$_{14}$	0	0	0	491

---

① 王簡1例："戊辰生，好。"
② 另睡簡日乙42壹"敫日，可以入臣妾、駕駒□☒"中"駕駒"之"駕"可能通"嘉"，表示良好義。因簡文殘缺，未計入。
③ 王簡1例："甲子生，孜（嘉）。"
④ 合成詞"歲善"6例。
⑤ 合成詞"不吉"84例，"大吉"43例，"少吉"16例。
⑥ 見於額簡，如簡2000ES7SF1.15："瞢（夢）長者，吉，言治。"

3. 非常吉利，非常吉祥

	九店	睡簡	放簡	周秦	孔簡	港簡	其他	合計
大吉	5	19	3	0	3	0	13①	43
大祥	0	4（大羊）	0	0	0	0	0	4
合計	0	大吉$_{19}$ 大祥$_4$	大吉$_3$	0	大吉$_3$	0	大吉$_{13}$	47

4. 不吉利，不吉祥

	九店	睡簡	放簡	周秦	孔簡	港簡	其他	合計
凶②	0	29	56	0	9	2	17③	113
兇④	2	21	16	0	1	6	3⑤	49
不吉	14	27	7	24	4	0	8⑥	84
不祥	1（不羊）	7（不羊/不恙）	0	0	1（不羊）	0	0	9
合計	兇$_2$ 不吉$_{14}$ 不祥$_1$	凶$_{29}$ 兇$_{21}$ 不吉$_{27}$ 不祥$_7$	凶$_{56}$ 兇$_{16}$ 不吉$_7$	不吉$_{24}$	凶$_9$ 兇$_1$ 不吉$_4$ 不祥$_1$	凶$_2$ 兇$_6$	凶$_{17}$ 兇$_3$ 不吉$_8$	255

5. 非常不吉，非常不祥

	九店	睡簡	放簡	周秦	孔簡	港簡	其他	合計
大凶	0	21	1	0	1	0	5⑦	28

---

① 王簡、水簡、居新各 1 例，印臺、額簡各 2 例，杜陵 6 例；如杜陵："豆良日：庚、辛、壬、癸、五子、丑、寅，大吉"。

② 合成詞"大凶"28 例。

③ 北秦、水簡、敦煌各 1 例，王簡 8 例，印臺 2 例，額簡 4 例；如額簡 2002ESCSF1.5 正："卯東、南有得、西、北凶"。

④ 合成詞"大兇"7 例。

⑤ 周漢、印臺、金關各 1 例，如金關 73EJT23.563+73EJT23.643："宮日數遷，羽日安，商、角日可，徵日兇。"

⑥ 王簡 2 例，水簡 3 例，印臺、居新、懸泉各 1 例；如印臺："東壁，不可祠、爲室。築東方，東行，百事不吉"。

⑦ 王簡、阜陽、金關各 1 例，水簡 2 例；如王簡 46："以作，百事大凶"。

續表

	九店	睡簡	放簡	周秦	孔簡	港簡	其他	合計
大兇	0	1	3	0	0	0	3①	7
合計	0	大凶₂₁ 大兇₁	大凶₁ 大兇₃	0	大凶₁	0	大凶₅ 大兇₃	35

6. 困難，窘迫

	九店	睡簡	放簡	周秦	孔簡	港簡	其他	合計
急	0	1	0	0	0	0	0	1
吝	2（笒）	5（繭闇吝）	1	0	0	0	1（各<吝>)②	9
難	0	0	1	1	0	0	0	2
合計	吝₂	急₁ 吝₅	吝₁ 難₁	難₁	0	0	吝₁	12

7. 卑賤，卑下

	九店	睡簡	放簡	周秦	孔簡	港簡	其他	合計
鄙	0	2（北）	0	1（北）	0	0	0	3
賤③	0	3	2	0	1	0	0	6
合計	0	鄙₂ 賤₃	賤₂	鄙₁	賤₁	0	0	9

8. 乾燥，乾旱

	九店	睡簡	放簡	周秦	孔簡	港簡	其他	合計
乾	0	3	0	0	0	0	0	3
旱	0	6	8	1	12	0	0	27
索	0	3	0	0	0	0	0	3

---

① 印臺漢簡3例，如："二月，牴、房、翼大兇，柳、七星致死，胃、昴小吉，婺女、虛大【吉】。"
② 王簡1例，見於簡23："以行，各<吝>。"
③ 合成詞"賤人"1例。

續表

	九店	睡簡	放簡	周秦	孔簡	港簡	其他	合計
燥	0	0	0	0	1	0	0	1
合計	0	乾$_3$ 旱$_6$ 索$_3$	旱$_8$	旱$_1$	旱$_{12}$ 燥$_1$	0	0	34

9. 肢體完整，齊全

	九店	睡簡	放簡	周秦	孔簡	港簡	其他	合計
全	0	3	0	0	2	0	0	5
牷	0	1	2	0	0	0	0	3
完	0	3	0	0	1	0	0	4
合計	0	全$_3$ 牷$_1$ 完$_3$	牷$_2$	0	全$_2$ 完$_1$	0	0	12

10. 彎曲，不直（平）

	九店	睡簡	放簡	周秦	孔簡	港簡	其他	合計
俛	0	0	3（免）	0	0	0	0	3
僂	0	2（僂婁）	4	0	0	0	1（數）①	7
曲	0	0	0	0	1	0	0	1
俛僂	0	0	4（免僂）	0	0	0	0	4
僂僂	0	0	1（僂=）	0	0	0	0	1
合計	0	僂$_1$	俛$_3$ 僂$_4$ 俛僂$_4$ 僂僂$_1$	0	曲$_1$	0	僂$_1$	16

---

① 居漢1例，見於簡458.1A："☐屬夜半者，男子取之，其人兌喙，長須（鬚），出目，善☐亂人事，<u>數（僂）</u>人也。"

11. 大（體積、面積超過一般）

	九店	睡簡	放簡	周秦	孔簡	港簡	其他	合計
大	0	8	23	0	9	0	3①	43
廣	0	0	8	0	0	0	0	8
善	0	0	0	0	1	0	0	1
合計	0	大$_8$	大$_{23}$ 廣$_8$	0	大$_9$ 善$_1$	0	大$_3$	52

12. 小，細小

	九店	睡簡	放簡	周秦	孔簡	港簡	其他	合計
細②	0	2	1	0	2	0	0	6
小③	1（少）	9	13	0	4	1	3④	31
合計	小$_1$	細$_2$ 小$_9$	細$_1$ 小$_{13}$	0	細$_2$ 小$_4$	小$_1$	小$_3$	37

13. 少，數量少

	九店	睡簡	放簡	周秦	孔簡	港簡	其他	合計
寡	0	1	0	0	1	0	0	2
少	1	0	5	0	3	0	0	9
希	0	2	0	0	2	0	1⑤	5
合計	少$_1$	寡$_1$ 希$_2$	少$_5$	0	寡$_1$ 少$_3$ 希$_2$	0	希$_1$	16

---

① 張 M249 有 2 例，懸泉 1 例；如張 M249："卯，象<兔>也。盜者大目、短頸、長耳、高尻，臧（藏）草木囗"。

② 合成詞"細利"1 例。

③ 合成詞"小兵、小劈（徹）、小大、小短、小夫、小幾（饑）、小吉、小内、小人、小嗇夫、小牡、小時、小童、小兇、小雨、小子"各有用例。

④ 王簡、虎簡、水簡各 1 例，如虎簡："火勝其金，木勝其土，加寅成有小喜。"

⑤ 張 M249 有 1 例："寅，虎也。盜者虎狀，希須（鬚），大面，面有黑子。"

14. 多，數量多

	九店	睡簡	放簡	周秦	孔簡	港簡	其他	合計
多	2	16	16	1	21	0	4①	60
衆	0	1	0	0	0	0	0	1
合計	0	多16 衆1	多16	多1	多21	0	多4	61

15. 長（空間、距離大）

	九店	睡簡	放簡	周秦	孔簡	港簡	其他	合計
長②	0	9	25	0	8	0	2③	44
恒	0	0	2	0	0	0	0	2
連	0	0	4	0	0	0	0	4
袤	0	0	1④	0	0	0	0	1
合計	0	長9	長25 恒2 連4 袤1	0	長8	0	長2	51

16. 瘦，瘦弱

	九店	睡簡	放簡	周秦	孔簡	港簡	其他	合計
瘠	0	0	0	0	1	0	0	1
痤	0	1	0	0	1（徃）	0	0	2
合計	0	痤1	0	0	瘠1、痤1	0	0	3

---

① 王簡、北秦、敦煌、周漢各1例，如北秦："子奚（雞）鳴雨<u>多</u>，三日不星（晴）乃四日。"

② 合成詞"長大""短長"各1例。

③ 張M249、水簡各1例，如張M249："卯，象<兔>也。盜者大目、短頸、<u>長</u>耳、高尻。"

④ 見於放簡日乙217："袤痤（膚），長喙而脱。"袤，放簡整理者釋作"衷"；施謝捷、陳劍先生改釋，轉引自程少軒《放馬灘簡式占古佚書研究》，博士學位論文，復旦大學，2011年。

17. 病情嚴重

	九店	睡簡	放簡	周秦	孔簡	港簡	其他	合計
篤	0	0	1	10	0	0	1①	12
勮	0	0	0	1	0	0	0	1
合計	0	0	篤₁	篤₁₀勮₁	0	0	0	13

18. 強壯，壯大

	九店	睡簡	放簡	周秦	孔簡	港簡	其他	合計
將	0	0	1	0	0	0	0	1
壯	0	0	4	0	4	0	1②	9
合計	0	0	將₁壯₄	0	壯₄	0	壯₁	10

19. 晴朗，天清

	九店	睡簡	放簡	周秦	孔簡	港簡	其他	合計
晴	0	0	0	0	1（星）	0	2（星）③	3
晏	0	0	0	0	1	0	0	1
合計	0	0	0	0	晴₁晏₁	0	晴₂	4

20. 昌盛，興盛

	九店	睡簡	放簡	周秦	孔簡	港簡	其他	合計
昌	0	5	1	0	4	0	2④	12

---

① 王簡1例，見於簡49："甲乙病，雞鳴到日出，篤，不死☐"。

② 額簡1例，見於簡2002ESCSF1.2："己辟除道，莫敢義（我）當，獄史、壯者皆道道旁。"

③ 北秦2例："子風五日而雨，雨三日不星（晴）乃四日。子奚（雞）鳴雨多，三日不星（晴）乃四日。"

④ 王簡2例，如簡673："可以爲嗇夫，三昌。"

續表

	九店	睡簡	放簡	周秦	孔簡	港簡	其他	合計
番昌	0	0	2（燔昌）	0	1	0	1①	4
滋昌	0	1	0	0	0	0	0	1
合計	0	昌₅ 滋昌₁	昌₁ 番昌₂	0	昌₄ 番昌₁	0	昌₂ 番昌₁	17

21. 勉力，努力

	九店	睡簡	放簡	周秦	孔簡	港簡	其他	合計
勉	0	4	0	0	0	0	0	4
强	0	1	0	0	0	0	0	1
合計	0	勉₄、强₁	0	0	0	0	0	5

22. 虛空，空無

	九店	睡簡	放簡	周秦	孔簡	港簡	其他	合計
荒	0	0	0	0	0	0	1②	1
空	0	0	0	0	0	0	1③	1
娶	0	0	1④	0	0	0	0	1
虛⑤	1	2	1	0	1	3	0	8
空虛	0	1	0	0	0	0	0	1
合計	虛₁	虛₂ 空虛₁	娶₁ 虛₁	0	虛₁	虛₃	荒₁ 空₁	12

---

① 王簡1例，見於簡673："陽，是=番昌，小事果成，大事有慶，它事毋小大盡吉。"
② 武威1例，見於簡2："甲毋治宅，不居必荒。"
③ 水簡1例："欲取（娶）婦嫁女，不辟咸池，家室空。"
④ 寫作合文形式，見於放簡日乙18叁："徙門，數實數=，并黔首家。"
⑤ 數術"孤虛"之"虛"得名於虛空義，睡簡、放簡、周秦、孔簡均有"孤虛"之"虛"。

23. 新，新鮮

	九店	睡簡	放簡	周秦	孔簡	港簡	其他	合計
鮮	0	4	0	0	0	0	0	4
新	0	0	0	0	1	0	0	1
合計	0	鮮$_4$	0	0	新$_1$	0	0	5

24. 味美的，美味的

	九店	睡簡	放簡	周秦	孔簡	港簡	其他	合計
甘	0	0	1	0	0	0	0	1
美①	0	3	0	0	0	0	0	3
合計	0	美$_3$	甘$_1$	0	0	0	0	4

25. 愉悅，高興

	九店	睡簡	放簡	周秦	孔簡	港簡	其他	合計
喜	0	1	3	0	0	0	0	4
怡	0	2（詒）	0	0	0	0	0	2
悅	0	5（說）	9（說）	7（說）	0	0	0	21
合計	0	喜$_1$ 怡$_2$ 悅$_5$	喜$_3$ 悅$_9$	悅$_7$	0	0	0	27

26. 勇武，英勇

	九店	睡簡	放簡	周秦	孔簡	港簡	其他	合計
武	0	13	0	0	0	0	2②	15
勇	0	5（惠）	0	0	0	0	0	5

---

① 合成詞"美味"1例。

② 王簡2例："乙丑生，不武，巧。丙寅生，武聖。"

續表

	九店	睡簡	放簡	周秦	孔簡	港簡	其他	合計
合計	0	武₁₃勇₅	0	0	0	0	武₂	20

27. 迅速，快捷

	九店	睡簡	放簡	周秦	孔簡	港簡	其他	合計
忽	0	1（勿）	0	0	0	0	0	1
環	0	0	0	0	1	0	0	1
疾	0	2	1	0	1	0	1①	5
遽	0	2	0	0	0	0	0	2
票	0	1	0	0	0	0	0	1
數	0	6	0	0	1	0	2②	9
搖	0	0	1（榣）	0	0	0	0	1
合計	0	忽₁疾₂遽₂票₁數₆	疾₁搖₁	0	環₁疾₁數₁	0	疾₁數₂	20

28. 安定，安穩

	九店	睡簡	放簡	周秦	孔簡	港簡	其他	合計
安	0	1	0	0	1	0	1③	3
隱	0	0	0	0	0	0	3④	3
合計	0	安₁	0	0	安₁	0	安₁隱₃	6

---

① 懸泉1例，見於簡Ⅱ0214③：71："入厠，禹步三，祝曰：入則謂厠哉，陽；謂天大哉，辰。病與惡入，疾去毋顧。"

② 金關2例，如簡73EJT23：80A："☒吉，利數見貴人。"

③ 金關1例，見於簡73EJT23.563+73EJT23.643："宮日數遷，羽日安，商、角日可，徵日兇。"

④ 嶽山3例，如牘43背："壬辰、壬戌，不可殺犬，不隱妻子。"

29. 巧，工巧

	九店	睡簡	放簡	周秦	孔簡	港簡	其他	合計
巧	0	5	0	0	0	0	1①	6
工巧	0	3（攻巧/工考）	0	0	0	0	0	3
合計	0	巧₅ 工巧₃	0	0	0	0	巧₁	9

第二節　簡牘日書同義詞音節分類梳理與分析

簡牘日書同義詞共有 288 組，名詞同義詞 130 組，動詞同義詞 129 組，形容詞同義詞 29 組。

一　簡牘日書同義詞構成狀況反映了複音詞的發展趨勢

同義詞根據義場成員的音節，可以分爲三類：全部成員均爲單音節（單音同義詞）、全部成員均爲複音詞（複音同義詞）、成員單複音詞共存（單複音同義詞）。

單音同義詞有 104 組：名詞 20 組，動詞 63 組，形容詞 21 組。

複音同義詞有 53 組：名詞 36 組，動詞 15 組，形容詞 2 組。

單複音同義詞有 131 組：名詞 74 組，動詞 51 組，形容詞 6 組。

包含複音詞的同義詞組，是單音同義詞組的近兩倍。"漢語裏的詞，大多數是單音節或雙音節；論數量，雙音詞多，但是最常用的詞多數是單音節。"② 日書同義詞中的部分單音詞歷代沿用或一直到近現代漢語都是常用詞，如"頭、眼、胸、豬、狗、馬、夜、路、裏、到、嫁、愛、好、大、多、少、小、長"等，有些同義詞雖然發生了歷時

---

① 王簡 1 例："乙丑生，不武，巧。"另周漢《禹湯生子占》篇簡 222 壹："〔直〕手，勞、盜。""手"與"勞""巧"都有關聯；"勞"，或通"巧"，或兼表巧、盜之義。睡簡日甲 154 正貳、北漢均有"在手者巧、盜。"

② 呂叔湘主編：《現代漢語八百詞》，商務印書館 1980 年版，第 4 頁。

替換，也是單音詞替換單音詞，如"面—臉""食—吃""走—跑""把—拿""取—抓""燔—燒"等。陸錫興先生認爲合成詞在詞彙中比例的提高並沒有促使整個詞彙系統發生質變，漢語基本詞彙的核心是單音節根詞，它們使用最廣、歷時最穩定，是一般詞彙的構成基礎；單音節詞彙作爲核心、主體，古今相同，到目前爲止，單音節詞還有明顯的優勢[①]。日書中同義複音詞比重較高，有全部成員均爲複音詞的同義詞組，是該時段複音詞快速發展的一個表現。

我們以幾組同義詞爲例，說明日書所呈現出來的複音化趨勢。

(一)"房屋，居室"同義詞

日書中"房屋，居室"義同義詞有"宮、家、内、室、屋、廡、序、宇、宅、宮室、家室、室家、室屋、宇宮"14個，其中複音詞有5個。"室、宇、屋"使用數量較多，幾個複音詞使用頻率都不高，"宮室、家室、室家、室屋"有重複使用，"宇宮"僅有1例；雖然如此，該組同義詞中複音詞所佔比重較大，且"宇宮"爲日書中出現的新詞。

九店日書"宇宮"有1例。

(1) 東、北高，二方下，黃帝遇(宇)宮，庶民尻(居)之☐ 九店47下

"宇宮"由同義詞素合成構成。南北朝時期其同素異序詞"宮宇"出現，專指稱帝王居所，這與"宮"詞義縮小有關。

日書中"大内""小内"也爲居室名稱："大内"是正房，是家長夫婦居住的内室；"小内"是成年非家長夫婦居住的内室（詳見第三章）。

(2) 凡爲室日，不可以筑(築)室。筑(築)大内，大人死。筑(築)右圩(序)，長子婦死。筑(築)左圩(序)，中子

---

① 陸錫興：《睡虎地秦簡合成詞研究》，《江西社會科學》2004年第10期。

婦死。筑（築）外垣，孫子死。筑（築）北垣，牛羊死。睡甲100正

放簡日書與上例對應的簡文作：

(3) 凡四時，啻（帝）爲室日殹，不可築大室内，大人死之。以築右序，長子□□□□之。□□□中子□□□死之。築宮垣，孫子死。築外垣，牛馬及羊死之。放乙100壹—101壹

"室"是日書"房屋，居室"同義詞中使用數量最多的一個，並具有很的強構詞能力，構成了"宮室、家室、室家、室屋"4個同義複音詞。"大内"本已固定成詞，表示特定意義；或受複音發展趨勢的影響，以空間義爲主體的"内"爲明確其居室義，有與強勢同義詞"室"拼合的需求，而"大"又與同義並列形式"室内"構成"大室内"，表示正房之義。同樣受複音化影響，"大室内"並未通行，曇花一現；"大内"後世沿用，並衍生出其他意義。

"大内"因複音化而增衍爲"大室内"的現象，在日書中並不是孤例。日書有"大女子""女子日""男子日"的用例，與"大室内"形成原因相同。

(4) 甲子死，室氏，男子死，不出卒歲，必有大女子死。睡甲96背壹

(5) 男子日：男子日，寅、卯、子、巳、戌、酉；女子日，辰、午、未、申、亥、丑。睡乙109

"大女"爲成年女子之義，里耶簡、西北簡牘中常見。

"女"和"女子"在"女性"義位上構成同義詞；日書中女性義的"女""女子"各有5例、56例，以"女子"爲主，複音詞"女子"基本上實現了對單音同義詞"女"的替換。"女子"對"女"的替換也滲入了由詞素"女"參與構成的"大女"一詞中；"大女子"的產生是"女"複音化的深入與強化，但與"大室内"一樣，"大女子"

又受到複音化的影響而未能通行。"男日"又稱"陽日""牡日",指處於奇位的天干地支;"女日"又稱"陰日""牝日",指處於偶位的天干地支,日書中多見;"男子日""女子日"同樣是複音詞"男子""女子"替換同義單音詞"男""女"的深入與強化。

"除道"與"辟除道",亦屬此類情況。

(6) 行到邦門困（閫），禹步三，勉壹步，諱（呼）："皋，敢告曰：某行毋（無）咎，先爲禹除道。"即五畫地，掫其畫中央土而懷之。睡甲111背—112背

(7) 禹須臾行不得擇日：出邑門，禹步三，鄉（向）北斗。質（契）畫地，祝之曰："禹有直五橫，今利行，行毋咎，爲禹前除道。"放甲66貳—67貳

(8) 欲急行出邑，禹步三，唬皋，祝曰：士五（伍）光今日利以行，行毋死。已辟除道，莫敢義（我）當，獄史、壯者皆道道旁。額2002ESCSF1.2

"行師"與"行師徒",或亦屬此類情況。

(9) 達日，利以行帥〈師〉出正（征）、見人。以祭上下，皆吉。生子，男吉，女必出於邦。睡甲7正貳

(10) 平、達之日，利以行師徒、見人、入邦，皆吉。生，男女必☒。睡乙19A+16B+19C

"裁衣"與"裁衣裳",或亦屬此類情況。"裁衣裳"有1例,見於孔簡。

(11) 八月、九月癸丑、寅、申、亥，不可裁衣常（裳）；以之，死。孔195

日書"裁衣"有18例,睡簡10例、放簡2例、嶽山1例,孔簡2

例，武威1例，懸泉2例；分佈普遍，用例較多，應已凝固成詞。日書中"衣""衣裳"爲同義詞，各有18例、19例，複音詞"衣裳"用例已多，"衣裳"對"衣"的替換也滲入到"裁衣"中。

"土功""土事"與"土功事"，"木功""木事"與"木功事"，或亦屬此類情況。"土功事""木功事"這兩種組合形式均見於孔簡日書，各有2例、1例。

（12）入月旬，不可操<u>土功事</u>，命胃（謂）黃帝。十一月先望日、望日、後望一日毋操土功，此土大忌也。孔240

（13）其黃也，有<u>土功事</u>；其黑也，有憂；其白，有兵；其青也，有<u>木功事</u>；其赤也，民多戰（癉）疾，鬼火哀。孔476—477

日書中"土、土功、土事"在"土功、土建"義位上構成同義詞，"土"13例，"土功"31例，"土事"5例。"土功""土事"是"土"複音化精準表義的結果，"土功"取代"土"勢頭強勁，可能會滲入以"土"爲詞素的"土事"中。日書中"木、木功、木事"在"木功，木材加工"義位上構成同義詞，"木"3例，"木功"3例，"木事"1例。"木功事"組合的形成路徑與"土功事"相同。

日書中出現的三音節組合形式如"六牲擾""六畜生"，也應與複音詞中詞素複音化的影響有關。

（14）五亥，不可以畜<u>六牲胹（擾）</u>，帝之所以翏（戮）<u>六胹（擾）</u>之日。九店39下—40下

（15）【昴】，利以弋獵，賈市，吉。不可食<u>六畜生</u>。孔66

（16）卯（昴），邋（獵）、賈市，吉。不可食<u>六畜</u>。睡甲85正壹

例（14）"六牲擾"與"六擾"同辭共現，例（15）、例（16）事項相同，"六畜生"與"六畜"用詞不同。"六牲擾""六畜生"是縮略而來的固化用詞，其中詞素"牲擾"對"牲"的擴展，"畜生"對"畜"的擴展，均應有複音化的作用。

放簡日書有"邦君子"。

（17）東門：是=邦君子門，賤人居之凶，不吉。放乙18貳+21貳

睡簡相應簡文作：

（18）東門：是胃（謂）邦君門，賤人弗敢居，居之凶。睡甲119正叁

惜孔簡殘缺，無法比較。
"邦君子"即"邦君"，與"賤人"相對；"子"若非"之"字誤抄，則"邦君子"的出現可能受到"君"複音化爲"君子"的影響。
（二）"建造，建築"同義詞
日書中"建造，建築"義同義詞有"覆、蓋、起、爲、興、治、築、作、蓋覆、爲蓋、爲興、築興" 12個，其中複音詞有4個。使用數量較多的是"爲、築、蓋、起"，幾個複音詞使用頻率都不高，均僅出現1例；雖然如此，該組同義詞中複音詞所佔比重較大，且均爲日書中出現的新詞，呈現了複音化的發展態勢。

（1）☐乙、丙丁、四廢，日衝之日。不可入官，爲室、囷，蓋復（覆）內及行☐。港61
（2）【蓋屋：☐】☐春庚辛，夏壬癸，季秋甲乙，季冬丙丁，勿以作事、復（覆）內、暴屋；以此日暴屋{屋}，以此日爲蓋屋，屋不壞折，主人必大傷。睡乙111—112
（3）刑門，主必富，不爲興☐，爲左吏，十二歲不更，不耐乃刑。放乙21叁+20叁
（4）甲子、乙丑，可以家（嫁）女、取（娶）婦、寇〈冠〉帶、祠，不可築興土攻（功），命日毋（無）後。睡乙125

"蓋覆、爲蓋、爲興、築興"均由同義詞素合成構成。"爲""興"

· 366 ·

屬泛義動詞，它們分別與建築專用動詞"蓋""築"組合成詞，建造意義凸顯。

日書中與"爲蓋"構詞理據相同，泛義動詞"爲"加於專用動詞前，構成的組合詞語還有"爲張、爲行"。

(5) 凡鞿日，不利以□□，利以爲張罔（網）。九店14下
(6) 凡爲行者，毋犯其鄉（向）之忌日：西毋犯亥，東毋犯巳，北毋犯戌寅，南毋犯辰申。放乙315

不過這些詞的意義都有冗餘之嫌，後世文獻幾無沿用，日書文獻存留的這種結構是複音化發展的印迹。

日書中與"覆蓋""築興"構詞方式相同，由同義詞素聯合構成的複音詞常見。

(7) 戊子以有求也，必得之。雖求頩啻（帝）必得。睡甲153正叁
(8) 千里外顧復歸，不可以壬癸到家。以壬癸到家，必死。放乙319
(9) 禹須臾行不得擇日：出邑門，禹步三，鄉（向）北斗。質（契）畫地①，祝之曰："禹有直五橫，今利行，行毋咎，爲禹前除道。"放甲66貳—67貳

(三)"夭亡，早死"同義詞

日書中"夭死、早亡"義同義詞有"夭、殤死、夭死"3個，另"殤、殤早、先殤、幼殤死、早殤"5個詞在日書中是早死鬼之義，由動詞名物化而成；這些詞都與夭亡、早死有關，其中複音詞有6個。複音詞中"殤死"有2例，其他詞均僅出現1例；除"夭死"外，其他5

———————

① "質畫"訓讀意見不同，"質"或當讀爲"契"，"契""畫"同義。見張國艷《放馬灘秦簡〈日書〉詞語札記四則》，陳偉主編《簡帛》第16輯，上海古籍出版社2018年版，第92—94頁。

個均爲日書中出現的新詞。

（1）四月并居卯＜巳＞，以受夏氣，必溫；不溫，五穀夏夭，草木不實、夏洛（落），民多戰（癉）疾。孔471—472

（2）庚辛有疾，外鬼傷（殤）死爲祟，得之犬肉、鮮卵白色。甲乙病，丙有閒，丁酢。睡甲74正貳

（3）七月并居申，以行秋氣，必寒；溫，民多疾病，五穀夭死。孔474

（4）火日疾，祟在強死、傷（殤）旱＜早＞。水《文物》封三：13

（5）其祟上君、先殤。卜疾人三禺（遇）黃鐘死，卜事君吉。放乙260—261

（6）【申有疾】☐祟旱＜早＞殤。壬申莫（暮）市有疾，黑色死。孔360

（7）鬼恒羸（裸）入人宮，是幼殤死不葬，以灰潰之，則不來矣。睡甲50背貳

例（3）至例（6）中的"殤早""先殤""早殤""幼殤死"均爲早亡之鬼，是作祟主體。

"殤""夭"本有夭死、早亡之義。"殤"前後附加"先"或"早"，均是凸顯"殤"之修飾義；"殤""夭"後附加"死"，均是彰顯"殤"之核心義。"幼殤死"則於"殤"之前後同時附加成分，完整呈現了"殤"之早亡義。

"殤""夭"作爲詞素參與構成同義複音詞，應是在複音化趨勢下強化明確其修飾義素或核心義素的結果。

日書中與"殤""夭"複音化路徑相同的還有"顧"。"顧"本義爲回頭看，"顧"與"後顧"在回頭看義位上構成同義詞。

（8）入廁，禹步三，祝曰：入則謂廁哉，陽；謂天大哉，辰。病與惡入，疾去毋顧。懸泉Ⅱ0214③：71

（9）日中至日入投中夾鐘，☐殹。廣顏，大唇、目、大瘇

(膚），善□步，善後顧，土色。善病心、腸。放乙216

"後顧"也是日書中新出現的詞，先秦文獻未見使用。

日書中還有一種複音詞產生路徑，即將原有複音詞以兩個構成詞素爲基礎分别擴展爲兩個複音詞。如日書"田邑"3例：九店2例，嶽山1例。

（1）凡城（成）日，利以取（娶）妻、家（嫁）女、冠，利以城（成）事，利以内（入）邦中，利以内（入）室，利以内（入）田邑，利以内（入）人民，利。九店41

（2）辛，不可殺雞，不利田邑。嶽山43背壹4

睡簡日書有：

（3）戊戌生子，好田壄（野）邑屋。睡甲144正叁

"田邑"有一定使用量，已凝固成詞；不過"田""邑"均爲多義詞，《大詞典》"田邑"釋義爲"田野與都邑"，以《楚辭》爲書證。從睡簡"田邑"擴展爲"田野邑屋"的情況看，《大詞典》"田邑"釋義需修正或補充。

再如日書"臨官莅政"3例：睡簡2例，孔簡1例。同時也有"臨端"的説法。

（1）甲子到乙亥是右〈君〉也，利以臨官立（莅）政，是胃（謂）貴勝賤。睡乙236貳—237貳

（2）臨官立（莅）正（政）相宜，以徙官，免事。孔32

（3）不周門：其主必富，臨端；八十歲弗更，必休。孔285貳

"臨端"即"臨政"，避諱而改。

單從日書用例看，"臨政"是"臨官莅政"的縮略形式；不過從

· 369 ·

《左傳》已有"臨政"一詞看,"臨官苙政"應該也是一種擴展形式。"臨官"與"苙政"均爲動賓結構,兩者表義相同,即使不擴展,"臨政"也不會造成誤解。"臨政"的擴展也可以看作複音化趨勢的結果。

二 複音詞與同義單音詞多存在關聯

複音詞與同義單音詞除意義相同相近外,其構成與單音詞也有關係。

複音詞與同義單音詞多有共同詞根①,這種情況有120組:名詞66組,動詞48組,形容詞6組;如"女性"義位同義詞"婦、女、婦女、婦人、女子","土壤"義位同義詞"壤、土、土地、土壤","收藏"義位同義詞"藏、藏蓋、稱藏、蓋藏、受藏","虛空"義位同義詞"荒、婁、空、虛、空虛"等。而複音詞與其同義單音詞異根,如"丈夫""官府""張網"等同義詞,僅有10組:名詞9組,動詞1組。

複音詞由同義詞素並列構成,日書中這種複音詞常見。如"臣—臣徒""盜—盜賊""吏—吏宦""巫—靈巫""藏—藏蓋""遷—遷徙""吉—吉祥""巧—工巧"等。

複音詞由其同義單音詞附加其他詞根構成。或於同義單音詞後增加類屬義的詞根構成,如"瓦—瓦器""竈—竈神""田—田大人""龍—龍日""喪—喪事""喜—喜事""穧—穧禾";或於同義單音詞前增加修飾限定性詞根構成,如"民—下民""神—上神""望—月望""旦—清旦""昏—黃昏""炊—人炊""行—尚行""顧—後顧""捕—逐捕""殤—先殤、幼殤—早殤";或於同義單音詞後增加附屬功能的詞根構成,如"兵—兵死""賀—賀喜"。在同義單音詞基礎上附加詞綴派生構成的,僅有表男性義的"男"與"男子",表女性義的"女"與"女子"兩組。

可見,日書中使用同義複音詞,尤重精確表義,音律追求的目的不

---

① 同義語義場中包含幾個不同的複音詞和單音詞,只要其中有一個單音詞與一個複音詞存在共同詞素,我們即歸入此類;如"毛,毛髮"同義詞群包含"毛、髮、鬢、毛鬣","毛鬣"與"毛"有共同詞素。

突出。準確表義可能也是早期複音詞產生的重要原因，與後世注重韻律有別，"先秦的很多單音詞，到了東漢均有與之相應的一個雙音形式。這正是韻律作用結果，致使一批新型雙音詞的誕生與使用。如果説現代漢語中有'一義二形'（如'蒜：大蒜'、'冰：涼冰'……）的詞彙現象的話，那麽追其始，當肇於東漢；溯其源，當出於韻律。"①

構成複音詞的兩個詞素在日書中都有獨立使用的單音詞形式，複音詞由與其同義的單音詞作爲詞素複合構成，這種情況數量也較多。

"兒子"義位同義詞"男—子—男子"，"女性"義位同義詞"婦—女—婦女"，"女兒"義位同義詞"女—子—女子"，"家庭"義位同義詞"家—門—家門"，"家業"義位同義詞"家—室—家室"，"奴婢"義位同義詞"奴—婢—奴婢""臣—妾—臣妾""奴—妾—奴妾""奴—僕—奴僕"，"脖子"義位同義詞"頸—項—頸項—項頸"，"嘴"義位同義詞"口—喙—口喙""衣裳"義位同義詞"衣—裳—衣裳"，"田地"義位同義詞"田—土—土田"，"土壤"義位同義詞"壤—土—土壤"，"石頭，美石"義位同義詞"石—玉—石玉—玉石"，"糧食作物"義位同義詞"禾—粟—禾粟"，"房屋"義位同義詞"宮—室—宮室""家—室—家室—室家""室—屋—室屋""宮—宇—宇宮"，"廁所"義位同義詞"圂—厠—圂厠"，"墻壁"義位同義詞"墻—垣—垣墻"，"門"義位同義詞"門—户—門户—户門"，"牲畜"義位同義詞"産—畜—畜産""畜—生—畜生"，"財物"義位同義詞"財—貨—貨財"，"疾病"義位同義詞"病—疾—疾病"，"禍患"義位同義詞"禍—喪—禍喪—喪禍""凶—殃—殃凶"，"道路神"義位同義詞"街—行—街行"，"祭禱"義位的"祠—禱—禱祠"，"占卜"義位同義詞"卜—貞—貞卜"，"建築"義位同義詞"覆—蓋—蓋覆""蓋—爲—爲蓋""爲—興—爲興""興—築—築興"，"居住"義位同義詞"處—居—居處"，"斬殺"義位同義詞"戮—殺—殺戮"，"洗澡"義位同義詞"沐—浴—沐浴"，"命名"義位同義詞"名—曰—名曰""命—謂—命謂""命—曰—命曰"，"成功"義位同義詞"成—

---

① 馮勝利：《從韻律看漢語"詞""語"分流之大界》，《中國語文》2001年第1期。

果—果成", "返回"義位同義詞"復—歸—復歸""返—還—還返", "環繞"義位同義詞"環—周—周環", "聚合"義位同義詞"合—聚—合聚", "捕獲"義位同義詞"得—獲—得獲", "捕獵"義位同義詞"獵—漁—漁獵", "攻擊"義位同義詞"攻—擊—攻擊", "攘除"義位同義詞"除—祓—祓除", "離別"義位同義詞"別—離—別離—離別", "毀壞"義位同義詞"徹—壞—壞徹", "丟失"義位同義詞"失—亡—失亡", "拘囚"義位同義詞"繫—囚—繫囚", "哭泣"義位同義詞"哭—泣—哭泣", "死亡"義位同義詞"喪—死—死喪""亡—死—死亡", "埋葬"義位同義詞"埋—葬—葬埋", "彎曲"義位同義詞"俛—僂—俛僂", "虛空"義位同義詞"空—虛—空虛", 共46個義位中的60組複音詞均由其單音同義詞作爲詞素並列合成構成。這些複音詞在日書中與其"分身"詞素所構成的單音同義詞共同使用。

全部成員都是複音詞的同義詞組, 其成員之間或有共同詞素, 如"乾肉"義位同義詞"腊肉、腊脯", "祖父"義位同義詞"大父、王父"等; 或含有同義詞素, 如"嬰兒"義位同義詞"赤子、嬰兒", "陰陽"義位同義詞"剛柔、陰陽", "醫治、祛除(疾病)"義位同義詞"除病、棄疾"等。

可見, 單音詞與複音詞之間關聯密切, 這種關聯使得某些常用單音詞在複音化背景下改換地位繼續存活, 並成爲新產生的複音詞的接受與理解的中介。新詞舊素並存, 這是語言中變化最快的要素——詞彙體現語言漸變發展特點的重要表現。

第三節 簡牘日書同素異序同義詞梳理與分析

簡牘日書中的同義詞有一部分是同素異序詞。同素異序詞又稱同素逆序詞, 或簡稱同素詞, 是構詞詞素相同, 詞素排列順序不同的一組詞。同素異序詞是漢語的詞彙特點之一。

複音詞的發展是同素異序詞產生的必要條件; 短語詞彙化的過程中, 詞素順序不固定, 尤其是靜態語言中獨立並列存在的同義詞、反義詞，當它們連用或作爲詞素始用於構詞時，排列順序變動較大。由於複音化的推動與詞素間順序的不固定，"在詞組轉化爲單詞的過程當中也就產生了同素詞，同素詞的起源是和合成詞總的起源同樣古老的"①。"字序對換的雙音詞是伴隨着漢語最早的一批複音詞產生的。義同義近的詞而異序使用，在不同的典籍中很常見；在前後相承的文獻或同一著作的不同版本中也時時見到，……甚至在同一著作的不同篇目中同詞異序"。這種現象產生的"主要原因當在於隨心所欲表達的需要，跟文字的使用一樣，還遠遠談不上任何規範"②。異序詞與原詞具有不同的語音形式，應看作不同的詞；同素異序詞是一種歷史語言現象，是漢語詞彙自身發展的產物，語言有其自身的制約機制，根據簡約化原則和表達精密化的要求，會自然淘汰掉一些冗餘成分，保留下來的會發生分化，或者意義上有所差異，或者語用上有所分工；歷時同素異序詞研究可以反映不同時期的語言風格、詞彙演變軌迹，共時同素異序詞研究可以了解其分佈特點、修辭特色③。

中古漢語時期，"新增加的複音詞中，由同義、近義詞構成的並列式複音詞佔了相當大的比重，這部分詞在產生之初，往往存在着同素異序現象。這種情況雖然先秦已經見到，但在漢代尤其是東漢文獻中特別常見。"④ 簡牘日書主要是秦漢時期的文獻，這一時期語言變動迅速，處於從上古漢語到中古漢語的發展期；日書文獻口語性強，其中的同素異序詞是這一時段文獻同序異序詞的重要組成部分；對該類語料同素異序詞進行梳理，有助於全面認識該時段詞彙的共時特點及歷史地位。

簡牘日書中的同素異序同義詞有兩詞共現和一詞獨現兩種情況，即分爲"共現同素異序同義詞"和"獨現同素異序同義詞"兩類。

---

① 丁勉哉：《同素詞的結構形式和意義的關係》，《學術月刊》1957年第2期。
② 伍宗文：《先秦漢語中字序對換的雙音詞》，載四川大學漢語史研究所編《漢語史研究集刊》第3輯，巴蜀書社2000年版，第95頁。
③ 張薇：《中古漢語同素逆序詞演變研究》，博士學位論文，復旦大學，2005年。
④ 方一新：《東漢語料與詞彙史研究芻議》，《中國語文》1996年第2期。

一 共現同素異序同義詞

同素異序詞的兩種順序組合而成的詞在日書文獻中都有出現。

1. 北南—南北

兩詞在"南方和北方"義位上是同素異序同義詞。日書"北南""南北"各1例,分別見於睡簡和九店。

(1) 月中旬,毋起<u>北南</u>陳垣及矰(增)之,大凶。睡甲138背—139背
(2) ☐尻(居)祭室之後,窮尻(居)<u>南北</u>,不利人民;尻(居)西北,利〖人民〗,不利豕。九店49

孔簡有1例"北"位於"南"前的方位排列簡文。

<u>北南</u>西東,必擊(繫)是時;春秋冬夏之日,雖吉,而不見是時,其事必不久,有不成。孔101—102

先秦文獻"北南"未見用例,"南北"常見[1]。《大詞典》未收"北南";"南北"之"南與北;南方與北方"義項,首證《史記》。

2. 夫妻—妻夫

兩詞在"夫妻"義位上是同素異序同義詞。日書"夫妻"6例:睡簡3例,放簡2例,孔簡1例。"妻夫"1例,見於放簡。

(1) 正月、七月朔日,以出母〈女〉、取(娶)婦,<u>夫妻</u>必有死者。以筑(築)室,室不居。睡乙117
(2) 戊戌、己亥不可嫁人,始生日,<u>夫妻</u>相惡,乃涂奧,乃止。孔178貳

---

[1] 如不加特殊說明,本研究所指的先秦文獻是《尚書》《詩經》《周易》《儀禮》《周禮》《禮記》《左傳》《老子》《論語》《孫子》《墨子》《管子》《商君書》《孟子》《莊子》《荀子》《楚辭》《韓非子》《呂氏春秋》《晏子春秋》《戰國策》21部典籍。

(3) 九與八，七與六，五與四，皆妻夫毆。日爲夫，晨（辰）爲妻，星爲子。欲夫妻之和而中數毆，甚衆者盍（合），少者失。放乙344

先秦文獻"妻夫"未見用例；"夫妻"有 15 例，見於《周易》《儀禮》《商君書》《管子》《孟子》《莊子》《韓非子》《吕氏春秋》。《大詞典》"妻夫"釋義爲"夫妻"，首證金董解元《西廂記諸宫調》；"夫妻"釋義爲"丈夫和妻子"，首證《易》。

3. 父母—母父

兩詞在"父母"義位上是同素異序同義詞。日書"父母"11 例：睡簡 8 例，放簡 2 例，港簡 1 例。"母父"2 例，均見於放簡。

(1) 凡己巳生，勿舉，不利父母，男子爲人臣，女子爲人妾。睡乙247

(2) 春三月甲乙不可伐大榆東方，父母死。放乙129貳

(3) 穿地井：到郄（膝），少子死；到要（腰），中子死；到夜（腋），長子死；到巠（頸），妻死；没人，母父死。放乙放乙136—137

先秦文獻"母父"未見用例；"父母"用例多，分佈廣。《大詞典》未收"母父"；"父母"之"父親和母親"義項，首證《詩》。

4. 公王—王公

兩詞在"國君，諸侯"義位上是同素異序同義詞。日書"公王""王公"各 1 例，分别見於九店、睡簡。

(1) 不吉日，利以見公王與貴人。九店41—42
(2) 己丑，以見王公，必有拜也。睡甲166正陸

先秦文獻"公王"不見用例；"王公"有 99 例，用例多，分佈廣。《大詞典》"公王"釋義爲"君主"，孤證《史記》；"王公"之"天子與諸侯"義項，首證《易》。

5. 禍喪—喪禍

兩詞在"喪禍"義位上是同素異序同義詞。日書"禍喪""喪禍"各1例,均見於放簡。

(1) 食毓(禍)門:〖毋〗所利,數出毓(禍)喪,必瘁(癉)。○放乙20貳+22貳

(2) 其築日必有喪過(禍)之,必以壬午築之。○放乙23叁

"禍喪"寫作"毓喪","毓"即"禍"古字;"喪禍"寫作"喪過","過"爲"禍"的通假字。

先秦文獻"禍喪"有1例,見於《管子》;"喪禍"未見用例。《大詞典》未收"禍喪";收"喪禍",釋義爲"喪亂",首證《後漢書》。

6. 家室—室家

兩詞在"家庭,家眷""房屋,居室"義位上分別構成同素異序同義詞。

"家庭,家眷"義位。日書"家室"4例:周秦3例,王簡1例。"室家"1例,見於放簡。

(1)【東井】:斗乘東井,門有客,所言者家室、請謁事也。○周秦229

(2) 鳳鳴於□□,善母父,若室家,孰諧言語?○放乙336

"房屋,居室"義位。日書"家室"4例:九店1例,睡簡3例。"室家"2例:九店、睡簡各1例。

(3) 凡盈日,利以取(娶)妻,内(入)人,徙家室。○九店17下

(4) 丙申生子,好家室。○睡甲142正叁

(5) 午、未、申、酉、戌、亥、子、丑、寅、卯、辰、巳,是胃(謂)陰日,利以爲室家,祭,取(娶)妻,家(嫁)女,

內（入）貨，吉。九店29

日書中"家室"還可表家業義，水簡日書1例。

欲取（娶）婦嫁女，不辟（避）咸池，家室空。水《文物》封三:8

"室家"未有此用法。

先秦文獻"家室""室家"均有使用。"家室"21例，見於《詩經》《儀禮》《管子》《墨子》《荀子》《韓非子》《晏子春秋》《呂氏春秋》；"室家"15例，見於《尚書》《詩經》《禮記》《論語》《管子》《墨子》《呂氏春秋》。《大詞典》"家室"之"家庭；家眷"義項，首證《詩》；"房舍；住宅"義項，首證《淮南子》。"室家"之"泛指家庭或家庭中的人"，首證《詩》；"房舍；宅院"義項，首證《書》。

7. 金錢—錢金

兩詞在"金錢"義位上是同素異序同義詞。日書"金錢"2例：睡簡、孔簡各1例。"錢金"1例，見於睡簡。

(1) 金錢良日：甲申、乙巳。申不可出貨，午不可入貨，貨必後絕。睡甲93正貳

(2) 金錢良日：甲寅、乙卯。龍：戊寅、午，不可出入財，乃後絕。孔7貳—9貳

(3) 大吉門：宜錢金而入易虛，其主爲巫；十二歲更。睡甲122正叁—123正叁

先秦文獻"金錢""錢金"均有使用。"金錢"10例，見於《管子》《墨子》《韓非子》《戰國策》；"錢金"3例，見於《墨子》。《大詞典》"金錢"之"金屬鑄成的錢。後泛指貨幣"義項，首證《管子》；"錢金"釋義爲"金錢"，孤證《漢書》。

8. 頸項—項頸

兩詞在"脖子，頸項"義位上是同素異序同義詞。日書"頸項"

"項頸"各1例,均見於放簡。

(1) 日入至晨投中大呂,旄牛殹。免(俛)顏,大頸,長面,其行丘丘殹,蒼皙色。善病頸項。放乙211

(2) 貞在夾鐘,之北之東、【之西】之南,皋陶出令,是以爲凶,室有病者,□□作□□,□在項頸,不見大患,乃見死人。放乙266+269

先秦漢語"頸項""項頸"均未見用例。《大詞典》"頸項""項頸",均釋義爲"脖子",前者首證宋孔平仲《和常父望吳亭》,後者首證殷夫《梅兒的母親》。

9. 馬牛—牛馬

兩詞在"馬和牛"義位上是同素異序同義詞。日書"馬牛"16例:睡簡5例,放簡2例,周秦、周漢各1例,港簡2例,孔簡5例。"牛馬"2例:放簡、居新各1例。

(1) 收日,可以入人民、馬牛、禾粟、入室、取(娶)妻及它物。睡甲23正貳

(2) 甲子亡馬牛,求西北方;甲戌旬,求西方;甲申旬,求南方;甲午旬,求東南方;甲辰旬,求東方;甲寅旬,求北方。周秦361—362

(3) 築宮垣,孫子死。築外垣,牛馬及羊死之。放乙101壹

(4) ☐車祭者,占牛馬毛物,黃白青聊,以取(娶)婦、嫁女、祠祀、遠行、入官、遷徙、初疾☐居新EPT40.38

先秦文獻"馬牛""牛馬"均有使用。"馬牛"16例,"牛馬"64例,兩者均分佈較廣,"牛馬"用例佔優。《大詞典》"馬牛"之"馬和牛"義項,首證《書》;"牛馬"之"牛和馬"義項,首證《周禮》。

10. 門户—户門

兩詞在"門"義位上是同素異序同義詞。日書"門户"2例,見

於睡簡;"戶門"1例,見於放簡。

(1) 穿戶忌:毋以丑穿門戶,不見其光。睡乙196壹
(2) 毋射、大族、蔟賓之卦曰:是=水火之貧貧,雖憂以云,奎□可論,可言□□,室或罷(遷)徙,投其戶門,□□認認,婦是熒熒。婦是熒熒,施(弛)登於城,朝作而夕不成。放乙252+351

例(2)"戶門",與韻律有關。

先秦文獻"戶門"未見用例;"門戶"有17例,見於《禮記》《管子》《墨子》《孟子》《莊子》《荀子》《韓非子》《呂氏春秋》《戰國策》,已有引申義。《大詞典》"門戶"之"房屋牆院的出入處"義項,首證《孟子》;"戶門"僅"門戶"義項,孤證漢嚴遵《道德指歸論》。

11. 日夕—夕日

兩詞在"傍晚;黃昏"義位上是同素異序同義詞。日書"日夕"1例,見於周秦;"夕日"34例:放簡22例,孔簡12例。

(1) 朝莫食日中日失(昳)時日夕時周秦245貳—245陸
(2) 子,旦吉,安(晏)食吉,日中凶,日失(昳)吉,夕日凶。放甲43貳
(3) 子,旦吉,晏食凶,日中吉,日失(昳)吉,夕日吉。孔160貳

先秦文獻"日夕""夕日"均未見用例。《大詞典》"日夕"之"傍晚"義項,首證《史記》;"夕日"釋義爲"夕陽",未收時間詞用法。

12. 石玉—玉石

兩詞在"石頭,未雕琢之玉"義位上是同素異序同義詞。日書"石玉"2例,"玉石"1例,均見於孔簡。

· 379 ·

（1）申不可功（攻）石玉，石玉不出，人必破亡。孔395

（2）申，玉石也。盜者曲身而頸（邪）行，有病足胼，依販（阪）險稼之，其盜女子也，禿。從臧（藏）西方，瘷（壓）以石。孔375

傳統十二生肖中"申"與猴相配。睡簡、放簡與例（2）對應的簡文分別作：

申，環也。盜者圜（圓）面，其爲人也鞞鞞然，夙得莫（暮）不得。名責環貉豻干都寅。睡甲77背

申，石殹。盜從西方〖入〗，禺在山谷。爲人美，不全（全），名曰環，遠所殹，不得。放甲38

放簡"石"與例（2）孔簡"玉石"搭配狀況基本相同；睡簡中的"環"亦屬玉類，盜賊名"環"與"石"也有關係；孔簡"玉石"當非誤字，簡文後文言"壓以石"，亦可證申日與"石"關聯密切。

先秦文獻"石玉"未見用例；"玉石"4例，見於《尚書》《周禮》《楚辭》。《大詞典》未收"石玉"；"玉石"之"未經雕琢之玉"義項，首證《周禮》。

13. 外野—野外

兩詞在"野外"義位上是同素異序同義詞。日書"外野"1例，見於放簡；"野外"6例：九店2例，睡簡4例。

（1）蒙賓，□殹，別離、上事殹，外野某殹。放乙272

（2）人生子未能行而死，恒然，是不辜鬼處之。以庚日日始出時漬門以灰，卒，有祭，十日收祭，裹以白茅，貍（埋）埜（野）外，則毋（無）央（殃）矣。睡甲52背貳—53背貳

先秦文獻"外野""野外"均有使用。"外野"1例，見於《左傳》；"野外"3例，見於《周禮》《禮記》。《大詞典》"外野"之"猶

野外"義項,首證《左傳》;"野外"釋義爲"郊外;人煙稀少的地方",首證《周禮》。

14. 夜中——中夜

兩詞在"半夜"義位上是同素異序同義詞。日書"夜中"2例,見於放簡;"中夜"63例:放簡58例,孔簡5例。

(1) 平旦生女,日出生男,夙食女,莫食男,日中女,日過中男,日則（昃）女,日下則（昃）男,日未入女,日入男;昏（昏）女,夜莫（暮）男,夜未中女,<u>夜中</u>男,夜過中女,雞鳴男。放乙142—143

(2) 入月二日,旦,西吉。日中,北吉。昏,東吉。<u>中夜</u>,南吉。放甲44壹

(3) 入月廿六日、廿七日、廿八日、廿九日、卅日,旦西吉,日中北吉,昏東吉,<u>中夜</u>南吉。孔166壹—167壹

日書文獻"中夜"雖數量遠多於"夜中",但均出自《禹須臾行日》篇,該篇重複詢問每月一至三十日不同時段的方位吉凶。放簡日書中有以"夜中"爲基點的時段名稱"夜未中""夜過中","夜中"在表時段意義上,應比"中夜"更有優勢。

先秦文獻"夜中""中夜"均有使用。"夜中"2例,見於《左傳》《墨子》;"中夜"1例,見於《尚書》。《大詞典》"夜中""中夜"均釋義爲"夜半",前者首證《春秋》,後者首證《書》。

15. 子孫——孫子

兩詞在"子孫後代"義位上是同素異序同義詞。日書"子孫"1例,見於放簡;"孫子"2例:睡簡、放簡各1例。

(1) 官日,卜父及兄以死,<u>子孫</u>燔（番）昌;母死,有毀;少者〖死〗,小有（又）死。放乙108上壹+107壹

(2) 凡爲室日,不可以筑（築）室。筑（築）大內,大人死。筑（築）右圩（序）,長子婦死。筑（築）左圩（序）,中子

· 381 ·

婦死。筑（築）外垣，孫子死。筑（築）北垣，牛羊死。睡甲100正壹

先秦文獻"子孫後代"義的"子孫""孫子"均有較多使用。《大詞典》"子孫"之"兒子和孫子，泛指後代"義項，首證《書》；"孫子"之"子孫後代"義項，首證《詩》。

16. 別離—離別

兩詞在"分離"義位上是同素異序同義詞。日書"別離"5例：放簡1例，孔簡4例。"離別"1例，見於放簡。

（1）正月五月九月，西北啓光，正北吉昌，〖東北反鄉〗，東死亡，東南斲（鬭），正南別離，西南執辱，正西卻逐。孔97

（2）應鐘、夾鐘、林鐘之卦曰：是＝大木有槐，其水耐耐，居室離別，囗三在方，寇盜且起，大備耐耐，先是毋（無）事，囗放乙255

先秦文獻"別離""離別"均有使用。"別離"2例，"離別"1例，均見於《楚辭》。《大詞典》"別離"釋義爲"離別"，"離別"釋義爲"比較長久地跟人或地方分開"，首證均出自《楚辭》。

17. 藏蓋—蓋藏

兩詞在"收藏"義位上是同素異序同義詞。日書"藏蓋"2例，"蓋藏"1例，均見於睡簡。

（1）虛日，不可以臧（藏）蓋；臧（藏）蓋，它人必發之。毋（無）可有爲也。用得，必復出。睡乙45壹

（2）閨〈閉〉日，可以蓋臧（藏）及謀，毋（無）可有爲也。睡乙46壹

先秦文獻"藏蓋"未見用例；"蓋藏"5例，見於《禮記》《吕氏春秋》。《大詞典》"藏蓋"釋義爲"儲藏"，首證《史記》；"蓋藏"之"儲藏"義項，首證《禮記》。

18. 盟詛—詛盟

兩詞在"結盟"義位上構成同素異序同義詞。日書"盟詛"4例：九店1例，睡簡3例。"詛盟"1例，見於孔簡。

（1）亥、子、丑、寅、卯、辰、巳、午、未、申、酉、戌，是胃（謂）絶日，無爲而可，名之曰死日。生子，男不菌（留）。逃人，不得。利以叙（除）䘚（盟）禮（詛）。九店34

（2）窨、羅之日，利以説孟（盟）詐（詛）、棄疾、鑿宇、葬，吉。睡乙17

（3）酉不可寇〈冠〉、𫞚（城），出入三歲，人必有詛明（盟）。孔395

先秦文獻"盟詛""詛盟"均有使用。"盟詛"4例，見於《周禮》《荀子》，均爲動詞用法；"詛盟"2例，見於《尚書》《莊子》，均爲名詞用法，表盟約義。《大詞典》"盟詛"之"結盟立誓"義項，首證《周禮》；"詛盟"之"謂歃血結盟"義項，首證劉勰《文心雕龍》。

19. 早殤—殤早

兩詞在"早死鬼"義位上構成同素異序同義詞。日書"早殤""殤早"各有1例，分別見於孔簡、水簡。

（1）【申有疾】☐祟旱<早>殤。壬申莫（暮）市有疾，黑色死。孔360

（2）檮（禱）曰：木日疾，祟在社。火日疾，祟在強死、傷（殤）旱<早>。土日疾，祟在木☐水泉子《文物》封三:13

先秦文獻"早殤""殤早"均未見用例，《大詞典》亦均未收錄。

二 獨現同素異序同義詞

同素異序同義詞在日書文獻中僅出現一種組合形式，另一種組合形式在其他文獻中有使用。日書中出現的詞列於前，未出現的詞列於後。

1. 奔亡—亡奔

睡簡日書"奔亡"1例。

在足下者賤。在外者奔亡。睡甲151正叁—152正叁

另，北漢或有1例"奔亡"：

在手者巧盜，在足下者賤，在外者（兩肩）奔亡。

該段文字可能不是圖版原文①，暫未計入。

先秦文獻"奔亡"1例，見於《管子》；"亡奔"未見用例。《大詞典》"奔亡"釋義爲"逃亡"，首證《管子》；"亡奔"釋義爲"逃奔"，首證《史記》。

2. 卜筮—筮卜

睡簡日書"卜筮"2例。

(1) 毋以子卜筮，害於上皇。睡甲101正貳
(2) 毋以子卜筮，視□□□□，命曰毋（無）上剛。睡乙126

先秦文獻"卜筮"18例，分佈較廣；"筮卜"未見用例。《大詞典》"卜筮"之"古時預測吉凶，用龜甲稱卜，用蓍草稱筮，合稱卜筮"義項，首證《易》；"筮卜"釋義爲"以蓍草占卜休咎之術"，首證《漢書》。

3. 草茅—茅草

放簡日書"草茅"2例。

---

① 該段釋文見於朱步衝《北大漢簡——填補歷史空白的佚本》，《三聯生活周刊》2009年第43期。未配圖版，釋文介詞用"在"，與《北京大學藏漢代簡牘書迹選粹》所公佈的《占產子圖》圖版作"直"不同；從"在外者（兩肩）奔亡"看，這段釋文有意譯成分，當非圖版原文文字。

卯，兔殴。以亡，盜從東方入，復從出，臧（藏）野林、草茅中，爲人短面，出〖目〗，不得。放甲33

睡簡、孔簡日書相應的簡文作：

卯，兔也。盜者大面，頭穎，疵在鼻。臧（藏）於草中，旦閉夕啓北方。睡甲72背

卯，鬼<兔>也。盜者大面，短家（喙），臧（藏）草□□。盜者小短，大目，勉（兔）口，女子也。孔370

張 M249 漢簡日書也有殘文：

卯，象<兔>也。盜者大目、短頸、長耳、高尻，臧（藏）草木□ 張M249《書》圖1-2

孔簡有殘缺，不能確定殘文是否爲"草茅"，其他簡作"草"或"草木"。

先秦文獻"草茅"7例，見於《儀禮》《管子》《商君書》《楚辭》《韓非子》《戰國策》。"茅草"未見用例。《大詞典》"草茅"之"雜草"義項，首證《楚辭》；未收"茅草"，文獻中"茅草"用例常見。

（1）帝后衣袂單薄，病起骨立，不能飲食，有如鬼狀。塗中監者作木格，付以茅草，肩輿而行；皆垂死而復甦。（《新刊大宋宣和遺事》）

（2）山邊茅草，亂絲絲攢遍地刀鎗；滿地石頭，磣可可睡兩行虎豹。（《水滸傳》第十七回）

4. 材木—木材

放簡日書"材木"1例。

丁未、癸亥、酉、甲寅、五月申不可之山谷亲（新）以材木及伐空桑。放乙305

先秦文獻"材木""木材"都有使用。"材木"8例，見於《墨子》《孟子》《韓非子》《吕氏春秋》；"木材"5例，見於《周禮》《戰國策》。《大詞典》"材木"釋義爲"可作木材的樹；木材"，首證《孟子》；"木材"釋義爲"樹木砍伐後，經初步加工，可供建築及製造器物用的材料"，首證《周禮》。

5. 畜生—生畜

日書"畜生"24例：睡簡11例，放簡5例，孔簡6例，港簡、額簡各1例。

（1）雲門：其主富三枼（世），之後乃宜畜生，利〖毋〗爵禄〖者〗。放乙14貳

（2）凡月望，不可取（娶）婦、家（嫁）女、入畜生。睡乙118

（3）劈（徹）日，是胃（謂）六甲相逆，利以戰伐。不可見人、取（娶）妻、嫁女、出入人、畜生。孔46

（4）畜生不息者，人虛也。取里社□者土以爲禺（偶）人，男女各一，貍（埋）之户下。港35

先秦文獻"畜生"有使用，"生畜"未見用例。"畜生"3例，見於《管子》《韓非子》；另《左傳》"畜牲"2例，"牲畜"亦未見用例。《大詞典》"畜生"之"畜養的禽獸"義項，首證《韓非子》；"生畜"釋義爲"牲畜"，孤證明李東陽《西北備邊事宜狀》。

6. 得獲—獲得

王簡日書"得獲"1例。

□而更，田邋得獲。王290

先秦文獻"得獲""獲得"均有使用。"得獲"2例，見於《周禮》

《晏子春秋》;"獲得"2例,見於《吕氏春秋》。《大詞典》"得獲"釋義爲"獲取;捕獲",首證《周禮》;"獲得"之"捕得;捉到"義項,首證《詩》唐孔穎達疏。

7. 弟兄—兄弟

日書"弟兄"3例:放簡2例,孔簡1例。

(1)有親弟兄,或死或亡。君子往役,來歸爲喪。放乙254+294
(2)大伍門:宜車馬,宗族,弟兄,婦女,吉;八歲而更。孔279貳

先秦文獻"弟兄""兄弟"都有使用。"弟兄"15例,見於《管子》《墨子》《荀子》《韓非子》《吕氏春秋》;"兄弟"更爲常見,分佈較廣。《大詞典》"弟兄"之"弟弟和哥哥"義項,首證《墨子》;"兄弟"之"哥哥和弟弟"義項,首證《詩》。

8. 短長—長短

放簡日書"短長"1例。

黄鐘,音殹。貞在黄鐘,天下清明,以視陶陽(唐)。啻乃詐(作)之,分其短長,比于宫聲,以爲音尚,久乃處。放乙260

"長短""短長"先秦文獻均數量較多,分佈較廣。《大詞典》均有收録:"短長"之"短與長;矮與高"義項,首證《管子》;"長短"之"長和短,指距離和時間"義項,首證《孟子》。

9. 分離—離分

睡簡日書"分離"2例。

(1)戌興〈與〉亥是胃(謂)分離日,不可取(娶)妻。取(娶)妻,不終,死若棄。睡甲10背壹
(2)刺者,室人妻子父母分離。睡甲63正

先秦文獻"分離"1例，見於《戰國策》；"離分"未見用例。《大詞典》"分離"之"分開"義項，首證《戰國策》；"離分"釋義爲"分離；別離"，首證漢劉楨《贈五官中郎將》詩。

10. 斧斤—斤斧

孔簡日書"斧斤"1例。

　　未不可行作，不可上山，斧斤不折，四支（肢）必傷。孔394—395

先秦文獻"斧斤""斤斧"均有使用。"斧斤"9例，見於《周禮》《左傳》《孟子》《莊子》《荀子》；"斤斧"5例，見於《管子》《莊子》。《大詞典》"斧斤"之"泛指各種斧子"義項，首證《孟子》；"斤斧"之"斧頭"義項，首證《管子》。

11. 復歸—歸復

放簡日書"復歸"1例。

　　役居□若有所□使，千里外顧復歸[①]，不可以壬癸到家。以壬癸到家，必死。放乙319

先秦文獻"復歸""歸復"均有使用。"復歸"意義已有引申分化，其中表示返回、返歸義17例，見於《左傳》《老子》《韓非子》《吕氏春秋》；"歸復"1例，表示返回義，見於《禮記》。《大詞典》"復歸"之"回復；返回"義項，首證《老子》；"歸復"之"回歸；歸還"義項，首證《漢書》。

12. 婦女—女婦

日書"婦女"4例：放簡1例，孔簡3例。

[①] 歸，放簡整理者釋作"還"；孫占宇先生改釋，見張德芳主編，孫占宇著《天水放馬灘秦簡集釋》，甘肅文化出版社2013年版，第149頁；陳偉主編，孫占宇、晏昌貴著《秦簡牘合集〔肆〕》，武漢大學出版社2014年版，第81頁。

(1) 大伍門：宜車馬，宗族、弟兄、婦女，吉；十二月〈歲〉更。放乙5貳—6貳

(2) 屈門：必昌以富，婦女媽族人婦女，是胃（謂）鬼責門；三歲弗更，必爲巫。孔281貳

先秦文獻"婦女"12例，見於《禮記》《管子》《墨子》《莊子》《荀子》《吕氏春秋》；"女婦"未見用例。《大詞典》"婦女"釋義爲"成年女子的通稱"，首證《禮記》；未收"女婦"，文獻中"女婦"有使用，目前所見最早用例出自《後漢書》。

(1) 并、涼之士，特衝殘斃，壯悍則委身於兵場，女婦則徽纆而爲虜，發冢露胔，死生塗炭。(《後漢書·西羌傳》)

(2) 丈夫索髮，用角弓，其箭尤長。女婦束髮，作叉手髻。(《魏書·失韋國傳》)

13. 攻擊—擊攻

日書"攻擊"4例：睡簡3例，周秦1例。

(1) 危日，可以責、摯（執）、攻敲（擊）。睡甲21正貳
(2) 凡大艻（徹）之日，利以遠行、絶邊竞（境）、攻敲（擊），亡人不得，利以舉大事。周秦139貳—140貳

先秦文獻"攻擊"4例，見於《韓非子》《吕氏春秋》《管子》《戰國策》；"擊攻"未見用例。《大詞典》"攻擊"之"進攻打擊"義項，首證《史記》；"擊攻"釋義爲"攻擊"，孤證清孔尚任《桃花扇》。

14. 鬼神—神鬼

日書"鬼神"2例：九店、放簡各1例。

(1) 以爲上下之禱祠，鬼神鄉（饗）之，乃㳄（逞）

· 389 ·

其志。九店26

（2）丙丁雨，大旱，鬼神北行，多疾。放乙154

先秦文獻"鬼神"用例多，分佈廣，如《墨子》即有102例；"神鬼"未見用例。《大詞典》"鬼神"之"鬼與神的合稱"義項，首證《易》；"神鬼"釋義爲"迷信者所謂神靈和鬼怪"，首證北魏酈道元《水經注》。

15. 合聚—聚合
放簡日書"合聚"1例。

□訟克，若龍鳴□=，□雖（唯）合聚，登于天，一夜十□，直此卦者利以合人。放乙300

先秦文獻"合聚"1例，見於《禮記》；"聚合"未見用例。《大詞典》"合聚"釋義爲"聚集；合攏"，首證《禮記》；"聚合"之"結合，團聚"義項，首證《南史》。

16. 和應—應和
放簡日書"和應"1例。

是=大□，以□三，以子爲貞，不失水火，安懸大敬，不歌不哭，□室有言，聲有□聖，和應神靈。放乙244+332

先秦文獻"和應""應和"均未見用例。《大詞典》"和應"釋義爲"猶應和。相呼應"，首證《爾雅》郝懿行義疏引三國魏孫炎；"應和"之"呼應；回應"義項，首證《漢書》。

17. 侯王—王侯
睡簡日書"侯王"1例。

秀，是胃（謂）重光，利壬（野）戰，必得侯王。睡甲32正孔簡日書簡文有殘缺，或爲"侯王"。

秀日，是胃（謂）重光，☐王。孔31—32

先秦文獻"侯王""王侯"均有使用。"侯王"8例，見於《老子》《莊子》《戰國策》；"王侯"4例，見於《周易》《禮記》《戰國策》。《大詞典》"侯王"釋義爲"泛指諸侯"，首證《老子》；"王侯"釋義爲"謂天子與諸侯。後多指王爵與侯爵，或泛指顯貴者"，首證《易》。

18. 户牖—牖户

日書"户牖"4例：九店1例，睡簡2例，孔簡1例。

（1）辰、巳、午、未、申、酉、戌、亥、子、丑、寅、卯，是胃（謂）交日，利以串（穿）户秀（牖），鑿井，行水事，吉。九店27

（2）井當户牖間，富。睡甲18背肆

（3）丑不可穿户牖，相奪日光，長子失明。孔392

先秦文獻"户牖""牖户"均有使用。"户牖"6例，見於《儀禮》《左傳》《老子》《韓非子》《呂氏春秋》；"牖户"8例，見於《詩經》《儀禮》《孟子》。《大詞典》"户牖"之"門窗"義項，首證《老子》；"牖户"之"窗與門"義項，首證《詩》。

19. 還返—返還

港簡日書"還返"1例。

出一得十，亡人環（還）反（返），以史（事）憂者得惠，去官十遷。港53

先秦文獻"還反""反還"均有使用。"還反"15例，見於《禮記》《管子》《韓非子》《呂氏春秋》《戰國策》；"反還"1例，見於《禮記》。"反"是"返"的古字，《大詞典》"還反""還返"

· 391 ·

均收，以"還反"爲主詞條，其"返回"義項，首證《禮記》；未收"反還"，"返還"未列返回義項。文獻中"反還"有返回義用例：

> 陳夏徵舒弑其君，楚莊王伐之，陳人聽令。莊王以討有罪，遣卒戍陳，大夫畢賀。申叔時使於齊，反還而不賀。(《淮南子·人間訓》)

20. 貨財—財貨

周秦日書"貨財"1例。

> 冒：斗乘冒，門有客，所言凶事也。占得利、貨財，必後失之；占獄訟，不勝；占約結，不成。周秦219

先秦文獻"貨財""財貨"均有使用。"貨財"49例，見於《儀禮》《周禮》《禮記》《商君書》《管子》《墨子》《孟子》《莊子》《荀子》《晏子春秋》《韓非子》；"財貨"13例，見於《老子》《商君書》《管子》《荀子》《晏子春秋》《韓非子》。《大詞典》"貨財"之"貨物，財物"義項，首證《禮記》；"財貨"釋義爲"錢財貨物；財物"，首證《老子》。

21. 疾病—病疾

日書"疾病"2例：放簡、孔簡各1例。

> (1) 自天降令，乃出六正，閒吕六律，皋陶所出。以五音十二聲，爲某貞卜，某自首春夏到十月，黨（倘）有囗獲辠（罪）蠱、言語、疾病、爽（創）死者。放乙285
>
> (2) 七月并居申，以行秋氣，必寒；温，民多疾病，五穀夭死。孔474

孔簡相同語境的簡文，亦有用"疾"者。

· 392 ·

正月并居寅，以謀春事，必溫；不溫，民多疾，草木、五穀生不齊（濟）。孔469

先秦文獻"疾病""病疾"均有使用，以"疾病"爲主。"疾病"在《儀禮》《周禮》《禮記》《左傳》《墨子》《管子》《孟子》《荀子》《韓非子》《吕氏春秋》等文獻中都有使用；"病疾"僅1例，見於《墨子》。《大詞典》"疾病"之"泛指病"義項，首證《周禮》；"病疾"之"疾病"義項，首證《墨子》。

22. 家邦—邦家

武威日書"家邦"1例。

河魁以祠，家邦必揚（傷）。《武威》1正

該簡"家邦"應偏指家庭或指家庭與國家。

先秦文獻"家邦""邦家"均有使用。"家邦"3例，見於《尚書》《詩經》，另《左傳》《孟子》《荀子》各引《詩經》1例；"邦家"7例，見於《尚書》《詩經》《論語》，另《左傳》引《詩經》2例。《大詞典》"家邦"釋爲作"本指家與國，亦泛指國家"，"邦家"釋義爲"國家"，首證均出自《詩》。

23. 家人—人家

放簡日書平民義"家人"1例。

北門：利爲邦門，訕以爲家人之門，其主弗居。放乙23叁—24貳

睡簡、孔簡有與放簡對應的簡文，惜孔簡殘缺。睡簡作：

北門：利爲邦門，賤人弗敢居。睡甲126正貳

睡簡"賤人"爲地位低下之人，放簡"家人"即地位低下無官職之平民。

先秦文獻中平民義的"家人""人家"都有使用。"家人"7例，見於《左傳》《韓非子》；"人家"1例，見於《管子》。《大詞典》"家人"之"平民；平民之家"義項，首證《左傳》；"人家"之"民家，民宅"義項，首證《史記》。

24. 潔清—清潔

睡簡"潔清"1例。

人毋（無）故而鬼取爲膠，是=哀鬼，毋（無）家，與人爲徒，令人色柏（白）然毋（無）氣，喜契（潔）清，不飲食。₃₄背壹—₃₆背壹

先秦文獻"潔清""清潔"均有使用。"潔清"1例，見於《晏子春秋》；"清潔"4例，見於《韓非子》，爲廉潔義。《大詞典》"潔清"之"清潔"義項，首證《晏子春秋》；"清潔"之"清白；潔净無塵"義項，首證漢劉向《説苑》。

25. 居所—所居

睡簡日書"居所"1例。

人毋（無）故一室人皆箠（垂）延（涎），爰母處其室，大如杵，赤白，其居所水則乾，旱則淳，屈（掘）其室中三尺，燔豕矢（屎）焉，則止矣。睡甲50背叁—51背叁

先秦文獻"居所""所居"均未見用例。《大詞典》未收"居所"；"所居"釋義爲"住宅；住處"，首證《剪燈新話》。睡簡日書有疑似該意義的"所居"1例。

鬼恒召人之宫，是=遽鬼，毋（無）所居。睡甲28背叁

類似簡文如：

人毋（無）故而鬼取爲膠（謬），是=哀鬼，毋（無）家，與人爲徒，令人色柏（白）然毋（無）氣，喜契（潔）清，不飲食。睡甲34背壹—36背壹

"毋所居""毋家"，描述的是擾人之鬼的狀況；"所居"或表示居所義。不過結構助詞"所"與動詞"居"組合而成的名詞性結構，同樣可作"毋"之賓語，表示没有居處之義，文獻中這種用法多見；睡簡中的"所居"更可能爲助詞與動詞的臨時組合。

26. 空虛—虛空
放簡日書"空虛"1例。

大赤言曰：鼠食户以□，其室空虛，取土地以連之，得財及肉，□□有□殹。放乙122貳

先秦文獻"空虛""虛空"均有使用。"空虛"16例，見於《管子》《莊子》《孟子》《荀子》《韓非子》《吕氏春秋》《晏子春秋》《戰國策》；"虛空"2例，見於《莊子》《管子》；其中《莊子》中用例爲空曠義。《大詞典》"空虛"之"空無；不充實"義項，首證《管子》；"虛空"之"空虛"義項，首證《漢書》。

27. 寇盜—盜寇
日書"寇盜"4例：九店2例，睡簡、放簡各1例。

（1）外害日，不可以行作，之四方墊外，必耦（遇）寇盜，見兵。睡甲9正貳
（2）是=大木有槐，其水耐耐，居室離别，□三在方，寇盜且起，大備耐耐，先是毋（無）事，□放乙255
（3）逃人，不得，利於寇逃（盜）。九店30

例（1）、例（2）"寇盜"爲名詞；日書中"寇盜"動詞表示侵擾劫掠義1例，見例（3）。

· 395 ·

先秦文獻"寇盜"3例，見於《左傳》《莊子》；"盜寇"未見使用。《大詞典》"寇盜"之"盜賊"義項，首證《左傳》；"侵擾劫掠"義項，首證《史記》。《大詞典》"盜寇"釋義爲"猶盜匪"，首證漢董仲舒《春秋繁露》；未列動詞義項，我們亦未發現"盜寇"的動詞用例。名詞義的"寇盜""盜寇"爲同素異序同義詞。

28. 哭臨—臨哭

孔簡日書"哭臨"1例。

入月二旬齒（蚩）尤死日也，不可哭臨、聚衆、合卒。○孔183壹

先秦文獻"哭臨""臨哭"均未見用例。《大詞典》"哭臨"有兩個義項："帝后死喪，集衆定時舉哀叫哭臨"義項，首證《史記》；"泛稱人死後集衆舉哀或至靈前吊祭"義項，首證《三國志》。《大詞典》未收"臨哭"，"臨哭"用例常見，與"哭臨"一樣，可指哀哭帝后、常人之死喪。

（1）固弟子汝南郭亮，年始成童，遊學洛陽，乃左提章鉞，右秉鈇鑕，詣闕上書，乞收固屍。不許，因往臨哭，陳辭於前，遂守喪不去。（《後漢書·李固傳》）

（2）文惠皇太子薨，昭業每臨哭，輒號咷不自勝，俄爾還内，歡笑極樂。（《南齊書·鬱林王本紀》）

29. 哭泣—泣哭

懸泉日書"哭泣"4例。

（1）毋以哭泣；以哭泣，不出三月復哭。懸泉10309③:266正貳
（2）辰不可穿；穿，不出三月有五喪。毋以死者；以死者，不出三年有五喪。毋以哭泣；以哭泣，不出三月復哭。懸泉10309③:266正貳

先秦文獻"哭泣"22例，分佈較廣；"泣哭"未見用例。《大詞

典》"哭泣"釋義爲"哭和泣。後泛指哭",首證《禮記》;"泣哭"釋義爲"哭泣",孤證《四遊記》。其他文獻"泣哭"尚有用例:

(1) 余及陝郊,聞公之喪。失聲泣哭,若火煎腸。(李皋《祭中書韋相公文》)

(2) 有人大小便不通,不能坐臥,泣哭呻吟七晝夜,百藥不效,服此三劑全愈。(《驗方新編》卷六)

現代作品中,仍有用例。

(3) 此時的後院,正好空寂無人,金狗沒有立即爬起來,淚水肆流,嗚嗚泣哭。(賈平凹《浮躁》)

(4) 四爺爺來到的時候,正趕上含章在泣哭。(張煒《古船》)

30. 腊腒——腒腊
睡簡日書"腊腒"1例。

大祠,以大生(牲)大凶,以小生(牲)小凶,以腊古(腒)吉。睡甲113正壹

"腊"本義爲乾肉,"腒"本義爲鳥乾肉,"腊腒"同義詞素合成構詞。

先秦文獻"腊腒""腒腊",均未見用例。《大詞典》未收"腊腒";"腒腊"釋義爲"形容辛勞之狀",書證有二:晉葛洪《抱朴子·博喻》:"仗策去幽者,形如腒腊;夜以待旦者,勤憂損命。"南朝陳徐陵《陳文帝哀策文》:"大禹胼胝,重華腒腊。"這兩例書證中的"腒腊"當爲乾肉義,與"腊腒"爲同素異序合成詞。

31. 來歸——歸來
日書"來歸"3例:九店、放簡、嶽山各1例。

(1) 君向（享），受某之璧肖（幣）芳糧，囟（使）某逑（來）遑（歸），飤（食）〖如〗故。九店44

(2) 壬戌、癸亥不可以之遠役及來歸入室，必見大咎。嶽山44正貳4

先秦文獻"來歸""歸來"均有使用。"來歸"9例，見於《詩經》《左傳》；"歸來"23例，見於《楚辭》《戰國策》。《大詞典》"來歸"之"回來；歸來"義項，首證《詩》；"歸來"之"回來"義項，首證《楚辭》。

32. 牢圈—圈牢

放簡日書"牢圈"2例。

未，羊〖殴〗。盜者從南方〖入〗，有（又）從出。再在牢圈中，其爲人小頸、大復（腹）、出目，必得。放甲37

先秦文獻"牢圈""圈牢"均未見用例。《大詞典》未收"牢圈"；"圈牢"釋義爲"關養家畜的地方"，首證三國魏曹植《求自試表》。

33. 毛鬣—鬣毛

睡簡日書"毛鬣"1例。

鳥獸恒鳴人之室，燔蠶（蠶）及六畜毛邋（鬣）其止所，則止矣。睡甲47背叁

先秦文獻"毛鬣""鬣毛"均未見用例。《大詞典》"毛鬣"釋義爲"馬或野獸的鬃毛"，首證漢應劭《風俗通》；"鬣毛"釋義爲"動物頭頸部長毛"，首證馮至《鹽馬》詩。古文獻有早於《大詞典》書證的"鬣毛"的用例：

再教軍士搭蓋涼廡，安頓馬匹。令皇甫端調治，刻剮鬣毛。（《水滸傳》第一百五回）

34. 滅亡—亡滅

日書"滅亡"2例：港簡、居新各1例。

(1) 用者咸（滅）亡，毋（無）後。港72

(2) 厭魅書，家長以制日疏（疏）魅名，魅名爲天牧，鬼之精，即滅亡。有敢苟者，反受其央（殃）。以除爲之。居新EPT49.3

先秦文獻"滅亡"27例，分佈較爲廣泛；"亡滅"未見用例。《大詞典》"滅亡"之"不復存在"義項，首證《書》；"亡滅"釋義爲"滅亡"，首證《魏書》。

35. 沐浴—浴沐

睡簡日書"沐浴"1例。

毋以卯沐浴，是謂血明，不可□井池。睡甲104正貳

先秦文獻"沐浴"25例，分佈較爲廣泛，可以用於表示古時婚喪禮俗；"浴沐"未見用例。《大詞典》"沐浴"之"濯髮洗身。泛指洗澡"義項，首證《周禮》；"浴沐"之"沐浴，洗澡"義項，孤證郭沫若《女神》。"浴沐"古代文獻亦有用例：

(1) 下舶登陸，作五月節，兼浴沐浣衣。（《入唐求法巡禮行記》卷二）

(2) 我老孫陪伴師父浴沐更衣，打點朝王，何嘗登大人府？（《續西遊記》第九十回）

36. 男女—女男

日書兒女義的"男女"5例：睡簡4例，放簡1例。

(1) 節有生者，而欲智（知）其男女，投日、辰、星而參（三）合之，奇者男殹，禺（偶）者女殹。放乙293

(2) 夬光日，利以登高、飲食、遮（蹠）四方埜（野）外。居有食，行有得。以生子，<u>男女</u>必美。睡甲12正貳

先秦文獻"男女"表男人女人義常見，而"男女""女男"均未見兒女義用例。《大詞典》"男女"之"兒女"義項，首證《史記》；"女男"釋義爲"兒女"，首證《敦煌變文集》。

37. 男子—子男
日書中兒子義的"男子"2例：睡簡、周漢各1例。

(1) 凡己巳生，勿舉，不利父母，<u>男子</u>爲人臣，女子爲人妾。庚子生，不出三日必死。睡乙247

(2) 此禹湯生子占也。直頭、肩上、貴；直夜（腋），富；足，<u>男子</u>賤、女子貴。周漢9+34壹+159壹+187壹

先秦文獻"兒子"義的"男子""子男"均有使用。"男子"4例，見於《詩經》《莊子》《禮記》；"子男"1例，見於《戰國策》。《大詞典》"男子"之"兒子"義項，首證《詩》；"子男"之"兒子"義項，首證《史記》。

38. 遷徙—徙遷
日書"遷徙"5例：放簡1例，孔簡、居新各2例。

(1) 室或<u>𨙻（遷）徙</u>，投其戶門①。放乙252
(2) 亥不可<u>遷徙</u>，必反（返）其鄉。孔396
(3) ☐車祭者，占牛馬毛物，黃白青騩，以取（娶）婦、嫁女、祠祀、遠行、入官、<u>遷徙</u>、初疾☐居新EPT40.38

---

① 或𨙻徙，放簡整理者釋作"可遷徙"；孫占宇先生改釋"可"爲"或"，改釋"遷"爲"𨙻"，見陳偉主編，孫占宇、晏昌貴著《秦簡牘合集〔肆〕》，武漢大學出版社2014年版，第172頁；蔡偉先生改釋"從"爲"徙"，轉引自程少軒《放馬灘簡式占古佚書研究》，博士學位論文，復旦大學，2011年。

先秦文獻"遷徙"有使用，意義已有引申分化，其中表示搬遷義 8 例，見於《禮記》《管子》《商君書》《呂氏春秋》；"徙遷"未見用例。《大詞典》"遷徙"之"搬家；從一處搬到另一處"義項，首證漢應劭《風俗通》；"徙遷"釋義爲"遷徙"，首證《國語》。

39. 錢財—財錢

日書"錢財"6 例：周秦、孔簡各 1 例，港簡 4 例。

(1) 此（觜）觿：斗乘此（觜）觿，門有客，所言者錢財事也。周秦225

(2) 巳不可入錢財，人必破亡。不可殺雞、祠主，人毋（無）傷巫，受其央（殃）。孔394

先秦文獻"錢財"2 例，見於《莊子》《戰國策》；"財錢"未見用例。《大詞典》"錢財"釋義爲"金錢財物"，首證《莊子》；"財錢"釋義爲"錢財"，首證《百喻經》。

40. 人民—民人

日書中百姓，平民義的"人民"12 例：九店 5 例，睡簡 6 例，嶽山 1 例。

(1) 北方高，三方下，尻（居）之安壽，宜人民，土田聚（驟）得。九店45下

(2) 收日，可以入人民、馬牛、禾粟，入室、取（娶）妻及它物。睡甲23正貳

(3) 丙辰、丁未，不可殺豕，不隱人民。嶽山43背壹1

先秦文獻"人民""民人"均有使用。"人民"65 例，"民人"46 例，均有較爲廣泛的分佈，"人民"略佔優；至《史記》仍是如此，"人民"41 例，"民人"17 例。《大詞典》"人民"之"百姓；平民"義項；"民人"釋義爲"人民，百姓"，首證均出自《詩》。

41. 殺戮—戮殺

放簡日書"殺戮"1例。

貞在蕤賓，是謂始新，啇（帝）堯乃韋（圍）九州，以政下黔首，斬伐冥冥，殺戮申申，死不生憂心，毋（無）所從容。放乙.272+280

先秦文獻"殺戮"25例，分佈較爲廣泛；"戮殺"未見用例。《大詞典》"殺戮"釋義爲"殺害；屠殺"，首證《書》；"戮殺"釋義爲"殺戮"，首證《司馬法》。

42. 失亡—亡失

居新日書"失亡"1例

五月移徙吉凶，吏卒失亡。居新EPT5.57A

先秦文獻"失亡""亡失"各僅見1例，分別見於《荀子》《墨子》。《大詞典》"失亡"釋義爲"亡失；喪失"，首證《荀子》；"亡失"之"喪失；丟失；散失"義項，首證《墨子》。

43. 使僕—僕使

放簡日書"使僕"1例。

辟門：廿歲更，主必富，使羕（僕）善①。放乙4貳—5貳

睡簡、孔簡相應簡文作：

---

① 使羕善，放簡整理者釋作"使僕羕□"；劉青先生改釋爲"使僕善"，見《放馬灘秦簡〈日書〉乙種集釋》，碩士學位論文，武漢大學，2010年。方勇先生改釋爲"使羕善"，"羕"後括注"僕"，見《天水放馬灘秦簡零拾（四）》，簡帛網2015年4月2日（http：//www.bsm.org.cn/show_article.php？id=2180）。

辟門：成之，即之蓋，廿歲必富，大吉；廿歲更。睡甲117正貳
辟門：歇（就）之蓋，廿歲其主必富，僕屬吉。孔278貳

孔簡"僕屬"與放簡"使僕"同義。"使"有僕使義，"僕"本義爲侍從，"使僕"爲同義詞素合成構詞。

先秦文獻"使僕""僕使"均未見用例。《大詞典》未收"使僕"；"僕使"釋義爲"僕人"，首證爲漢焦贛《易林》。

44. 室屋—屋室

日書"室屋"3例：睡簡1例，孔簡2例。

(1) 房，取（娶）婦、家（嫁）女、出入貨及祠，吉。可爲室屋。生子，富。睡甲71正壹
(2) □□□月所在，爲室屋，死。孔207貳—208貳

先秦文獻"室屋""屋室"均有使用。"室屋"13例，見於《左傳》《禮記》《管子》《荀子》《吕氏春秋》；"屋室"1例，見於《戰國策》。《大詞典》未收"室屋"；"屋室"釋義爲"房屋，住宅"，首證《戰國策》。

45. 室中—中室

日書中室内神義的"室中"2例：睡簡、放簡各1例。

(1) 祠室中日，辛丑，癸亥，乙酉，己酉，吉。龍，壬辰，申。睡乙31貳—32貳
(2) 應鐘，音殷。貞在應鐘，是胃（謂）彝（仇）人兢兢（兢兢），有惡有增（憎）。室有法（廢）祠，口舌不墜，不死不亡，恐弗能勝。其崇友、布、室中，祠有不治者。放乙281+263

例（1）"室中"是祭祀對象，出自《祠五祀》篇，該篇有"室中、户、門、行、竈"五種祭祀對象①，這五種祭祀對象統稱"五

---

① 其中"竈"字殘泐，字跡不清。

祀","五祀"一詞見於《祠五祀》篇簡 40 貳:"祠五祀日:丙丁竈,戊己內中,土<甲>乙户,壬癸行,庚辛□。"該篇前文分述祭祀宜忌時日時稱"室中",總述時又稱"內中",應與"室""內"同義有關。

其他文獻也有室内神"五祀"的記載。

(1)〔孟冬之月〕天子乃祈來年於天宗,大割祠於公社及門閭,臘先祖五祀。(《禮記·月令》)

(2)五祀報門、户、井、竈、室中霤之功。門、户,人所出入,井、竈,人所欲食,中霤,人所託處,五者功鈞,故俱祀之。(《論衡·祭意》)

"室中"即"中霤""室中霤",而"中霤"又稱"中室";"室中""中室"爲同素異序同義詞。

先秦文獻"室中""中室"作爲室内神,未見使用。《大詞典》收"室中、中室","室中"釋義爲"複姓","中室"釋義爲"室中";二詞均未列室内神義項。

46. 庶民—民庶

九店日書"庶民"1 例。

東、北高,二方下,黃帝遇(寓)宮,庶民尻(居)之□ 九店47下

先秦文獻"庶民""民庶"都有使用。"庶民"42 例,分佈普遍;"民庶"僅 1 例,見於《管子》。《大詞典》"庶民"釋義爲"衆民;平民",首證《詩》;"民庶"釋義爲"庶民,百姓",首證《管子》。

47. 私公—公私

睡簡日書"私公"1 例。

禹，是胃（謂）其羣不捀（拜），以辭不合（答），<u>私公</u>必閉，有爲不成。睡甲40正

孔簡與之對應的簡文作：

介日，是胃（謂）其群不拜，以辭不合（答），<u>私□</u>必閉，有爲不果。孔41

"私"後文字殘泐，或爲"私公"。

先秦文獻"私公"未見用例；"公私"11例，見於《商君書》《韓非子》。《大詞典》未收"私公"；"公私"釋義爲"公家和私人"，未列書證。

48. 思哀—哀思

睡簡日書"思哀"1例。

人有<u>思哀</u>也弗忘，取丘下之蕘，完掇其葉二七，東北鄉（嚮）如（茹）之乃臥，則止矣。睡甲63背壹—64背壹

"思"有"悲傷，哀愁"義，"思哀"爲同義詞素合成構詞。

先秦文獻"思哀""哀思"均未見用例。《大詞典》未收"思哀"；"哀思"之"悲傷；悲愁"義項，首證《禮記》孔穎達疏。

49. 死生—生死

日書"死生"20例：九店、睡簡各10例。

（1）以又（有）疾，酉少翏（瘳），戌大翏（瘳），<u>死生</u>才（在）子。九店64

（2）以有疾，巳少翏（瘳），酉大翏（瘳），<u>死生</u>在子。睡乙179

先秦文獻"死生""生死"均有使用。"死生"70例，用例多，分佈廣；"生死"12例，見於《墨子》《荀子》《韓非子》。《大詞典》

· 405 ·

"死生"之"死亡和生存"義項,首證《易》;"生死"之"生和死;生或死"義項,首證《荀子》。

50. 死亡—亡死

日書"死亡"22例:睡簡2例,放簡11例,港簡1例,孔簡5例,武威1例,懸泉2例。

(1) 春乙卯、夏丙午、秋辛酉、冬壬子,是=咸池、招搖合日殹,不可垣其鄉,必死亡。放乙130壹

(2) 乙巳不可殺;殺,不出三年三人死亡。懸泉IT309③:196貳

先秦文獻"死亡"52例,用例多,分佈廣;"亡死"未見用例。《大詞典》"死亡"之"喪失生命"義項,首證《左傳》;"亡死"釋義爲"死亡",首證漢袁康《越絕書》。

51. 逃遁—遁逃

放簡日書"逃遁"1例。

慮臣妾逃遁①,出財租,口舌者誣(?),非(飛)烏□□,其黑如烏,皆相争斲,立死其□,一目不乘(剩),很□□□。放乙296

先秦文獻"逃遁"未見用例;"遁逃"3例,見於《尚書》《左傳》。《大詞典》"逃遁"釋義爲"猶遁逃",首證宋王庭珪《送駱仲武》詩;"遁逃"之"逃亡;流亡"義項,首證《書》。

52. 逃亡—亡逃

日書"逃亡"5例:放簡4例,港簡1例。

(1) 開日,逃亡,不得。可以言盜,盜必得。放甲18貳

---

① 遁,放簡整理者釋作"作";宋華强先生改釋,見《放馬灘秦簡〈日書〉識小錄》,載陳偉主編《簡帛》第6輯,上海古籍出版社2011年版,第85頁。

（2）□□土令者行至路，桃（逃）亡不歸，而室散爲邦□。港54

先秦文獻"逃亡"2例，見於《荀子》《管子》；"亡逃"未見用例。《大詞典》"逃亡"之"逃走流亡"義項，首證《管子》；"亡逃"釋義爲"逃亡"，首證漢晁錯《論貴粟疏》。

53. 啼泣—泣啼
武威日書"啼泣"1例。

有諦（啼）泣，令人遠行。《武威》8

先秦文獻"啼泣""泣啼"均未見用例。《大詞典》"啼泣"釋義爲"哭泣"，首證《史記》；"泣啼""泣嗁"均有收錄，以"泣嗁"爲主詞條，釋義爲"哭泣"，孤證漢荀悅《漢紀》，其中"嗁"字，一本作"啼"。

54. 土地—地土
放簡日書土壤義的"土地"1例。

大赤言曰：鼠食户以□，其室空虛，取土地以連之，得財及肉，□□有□殹①。放乙122貳

先秦文獻"土地"用例較多，分佈較廣；"地土"未見用例。《大詞典》"土地"之"田地；土壤"義項，首證《周禮》；"地土"之"猶土地；土壤"義項，首證《新唐書》。

55. 土壤—壤土
港簡日書泥土義的"土壤"1例。

---

① 釋文從陳偉主編，孫占宇、晏昌貴著《秦簡牘合集〔肆〕》，武漢大學出版社2014年版，第79頁。

☑□足，喜笑。西北垣下，糞蔡、土裏（壤）下若（匿）。善與人斯（聞），旦得夕不得。港23

睡簡、孔簡與之相似的簡文作：

戌，老羊也。盜者赤色，其爲人也剛履（愎），疵在頰。臧於糞蔡中、土中。夙得莫（暮）不得。睡甲79背

戌，老火＜羊＞也。盜者赤色，短頸，其爲人也剛履（愎）。臧（藏）之糞蔡之中，裏（壤）下。其盜出目，大面，短頭，男子也。孔377

港簡"土壤"與睡簡"土"、孔簡"壤"對應，"土、壤、土壤"同義。

先秦文獻"土壤"1例，見於《戰國策》，爲封地、疆土義；"壤土"未見用例。《大詞典》"土壤"之"泥土；土地"義項，首證《淮南子》；"壤土"之"猶泥土"義項，首證《詩》鄭玄箋。

56. 土田—田土

九店日書"土田"1例。

北方高，三方下，尻（居）之安壽，宜人民，土田聚（驟）得。九店45下

相關簡文作：

北、南高，二方下，不可尻（居），是胃（謂）離，土聚（驟）喪。九店46

"土田"與"土"爲土地、田地義。

先秦文獻"土田""田土"均有使用。"土田"10例，見於《詩經》《左傳》《禮記》《呂氏春秋》；"田土"3例，均見於《管子》。

《大詞典》"土田"釋義爲"土地；田地"，首證《詩》；"田土"釋義爲"田地"，首證《後漢書》。

57. 繫囚—囚繫

日書"繫囚"7例：睡簡1例，放簡6例。

（1）丁未生子，不吉，毋（無）母，必賞（嘗）毄（繫）囚。睡甲143正肆

（2）黃鐘、大吕、姑先、中吕、林鐘皆曰：請謁得，有爲成，取（娶）婦嫁女者吉，病者不死，毄（繫）囚者免。放乙257

先秦文獻"繫囚""囚繫"均未見用例。《大詞典》"繫囚"釋義爲"在押的囚犯"，首證《漢書》；日書"繫囚"爲動詞，表示拘押義。《大詞典》"囚繫"有"拘禁；拘押"和"囚犯"兩個義項，其動詞義項首證《史記》。"繫囚""囚繫"爲同素異序同義詞，日書之外的其他文獻中"繫囚"亦有動詞用例。

斷獄不爲文書約束，口決於庭。其繫囚無年限，唯王者代立則釋之。(《舊唐書·西戎傳》)

58. 小大—大小

日書"小大"10例：九店1例，睡簡4例，王簡1例，港簡、孔簡各2例。

（1）以祭，少（小）大吉。九店30
（2）正陽，是胃（謂）滋昌，小事果成，大事又（有）慶，它毋（無）小大盡吉。睡甲34正
（3）逢時不產，倍（背）時致死，它邑用時，邑中不用時，室中垣毋（無）小大用時。港48貳
（4）不可遠行、酓（飲）食、歌（歌）樂、取（聚）衆、畜生，凡百事皆凶。以有爲，不出歲，其央（殃）小大必至。孔109

先秦文獻"小大""大小"均有使用,"小大"用例略早於"大小"。《大詞典》"小大""大小"均有收錄,"小大"之"小的和大的"義項,首證《書》;"大小"之"大與小;大或小"義項,首證《禮記》。

59. 小短—短小

孔簡日書"小短"1例。

盗者小短,大目,勉(兔)口,女子也。孔370

先秦文獻"小短""短小"均未見用例。《大詞典》未收"小短";"短小"之"身材矮小"義項,首證《漢書》。

60. 凶吉—吉凶

孔簡日書"凶吉"1例。

囗雲爲水,白雲爲凶,青雲爲兵。凡以凶吉,雲高終歲。孔423

先秦文獻"凶吉""吉凶"均有使用。"凶吉"僅4例,分佈範圍不廣,均見於《管子》;"吉凶"用例多,分佈廣,出現早。《大詞典》未收"凶吉";"吉凶"之"猶禍福"義項,首證《易》。

61. 鬚眉—眉鬚

睡簡日書"鬚眉"1例。

人毋(無)故而髮撟若虫(蟲)及須(鬚)眉(眉),是=恙氣處之,乃鬻(煮)萃(黃)屨以紙(砥),即止矣。睡甲60背貳—61背貳

先秦文獻"鬚眉"3例,見於《左傳》《莊子》《韓非子》;"眉鬚"未見用例。《大詞典》"鬚眉"之"鬍鬚和眉毛"義項,首證《左傳》;"眉鬚"釋義爲"猶鬚眉。常借指男子",孤證康有爲《自題三十影象》詩。

62. 殃邪—邪殃

孔簡日書"殃邪"1例。

今日庚午爲雞血社，此（雌）毋（無）央（殃）邪，雄毋彼（疲）堵（瘏），令雞毋（無）亡老。孔226貳—227貳

"殃邪"指災禍和邪祟①。"央（殃）邪"又可作"邪央（殃）"，山東蒼山元嘉元年畫像石北壁中柱正面銘文載："中直柱，雙結龍，主守中雷辟邪央（殃）"②。

"殃邪""邪殃"先秦文獻均未見使用，後世文獻也未發現新用例；或爲漢時俗語。《大詞典》"殃邪""邪殃"均未收錄。

63. 殃凶—凶殃

懸泉日書"殃凶"8例。

（1）辰死者，不幸。西南間一室，必有死者。央（殃）凶不出西井上。懸泉10309③：266壹

（2）亥死者，不主。西南間一室，必或死者。央（殃）凶在馬厩中。懸泉10309③：268壹

先秦文獻"殃凶""凶殃"均未見用例。《大詞典》未收"殃凶"；"凶殃"釋義爲"災禍"，首證漢焦贛《易林》。

64. 夜半—半夜

日書"夜半"23例：放簡4例，周秦1例，孔簡10例，阜陽4例，水簡3例，居新1例。

（1）夜半而斲（斵），□金聲分分。放乙277

---

① 何有祖：《孔家坡漢簡叢考》，《中國國家博物館館刊》2012年第12期。
② 陳炫瑋：《孔家坡漢簡〈日書·雞〉篇補釋》，簡帛網2007年8月14日（http://www.bsm.org.cn/show_article.php?id=696）。

(2) 乙亥夜半死，失（魃）不出。孔329

先秦文獻"夜半"10例，見於《左傳》《莊子》《韓非子》《呂氏春秋》《戰國策》；"半夜"未見用例。《大詞典》"夜半"之"半夜"義項，首證《左傳》；"半夜"之"一夜的一半"，首證唐皎然《宿山寺寄李中丞洪》詩。

65. 夜暮—暮夜
放簡日書"夜暮"2例。

平旦生女，日出生男，夙食女，莫食男，日中女，日過中男。旦<日>則（昃）女，日下則（昃）男，日未入女，日入男，昏女，夜莫（暮）男，夜未中女，夜中男，夜過中女，雞鳴男。放甲16貳—19貳

先秦文獻"夜暮"未見用例；"暮夜"1例，見於《晏子春秋》。《大詞典》未收"夜暮"；"暮夜"之"夜"義項，首證《晏子春秋》。

66. 衣冠—冠衣
日書"衣冠"2例：睡簡、放簡各1例。

(1) 甲乙夢被黑裘衣寇〈冠〉，喜，人〈入〉水中及谷，得也。睡乙189壹
(2) 入月十四日、十七日、廿三日，不可裝（製）衣冠、帶劍、乘車馬、□□□□。放乙362壹

先秦文獻"衣冠""冠衣"均有使用。"衣冠"31例，見於《左傳》《管子》《論語》《莊子》《荀子》《墨子》《呂氏春秋》《晏子春秋》《禮記》《戰國策》；"冠衣"2例，見於《禮記》。《大詞典》未收"冠衣"；"衣冠"之"衣和冠。古代士以上戴冠，因用以指士以上的服裝"義項，首證《管子》；"穿衣戴冠"義項，首證漢劉向

·412·

《説苑》。

67. 移徙—徙移

居新日書"移徙"1例。

　　五月移徙吉凶，吏卒失亡。居新EPT5.57A

先秦文獻"移徙""徙移"均未見用例，《史記》《淮南子》等漢初文獻中"移徙"已有一定用例。《大詞典》"移徙"之"搬動住處；遷移"義項，首證《史記》；"徙移"釋義爲"遷移。多指河流改道"，首證宋蘇軾《議學校貢舉狀》。

68. 飲食—食飲

日書"飲食"18例：睡簡11例，放簡1例，孔簡5例，水簡1例。

　　（1）夬光日，利以登高、飲食、遮（蹠）四方壄（野）外。居有食，行有得。以生子，男女必美。睡甲12正貳
　　（2）【敫日】☒，利以穿井、溝，寶，行水，蓋屋，會（飲）藥，外除。亡者，不得。不可以取（娶）妻、嫁女、出入畜生、爲嗇夫、臨官、會（飲）食、歌樂、祠祀、見人；若以之，有小喪，毋（無）央（殃）。孔38—39

先秦文獻"飲食""食飲"均有使用。"飲食"用例多，分佈廣；"食飲"26例，見於《周禮》《禮記》《管子》《墨子》《荀子》《戰國策》。《大詞典》"飲食"之"吃喝"義項，首證《書》；"食飲"之"吃喝"義項，首證《周禮》。

69. 漁獵—獵漁

日書"漁獵"3例：睡簡2例，印臺1例。

　　（1）可魚（漁）邋（獵），不可攻。睡乙59
　　（2）婁，利以祠、家（嫁）女取（娶）婦、魚（漁）邋

· 413 ·

（獵），入人、六畜，利入不利出。印臺《荆州》圖2-1壹

先秦文獻"漁獵""獵漁"各1例，均見於《管子》，《管子》"獵漁"用例，一本作"漁獵"。《大詞典》"獵漁"釋義爲"猶漁獵。比喻泛覽博涉（書卷）"，孤證清吴暻《奉和座主東海公山居》。嶽麓書院秦簡《爲獄等狀四種》簡51"與猩等獵漁"已有"獵漁"用例。

70. 宇宫—宫宇
九店日書"宇宫"1例。

東、北高，二方下，黄帝遇（宇）宫，庶民尻（居）之☐。九店47下

先秦文獻"宇宫""宫宇"均未見用例。《大詞典》未收"宇宫"；"宫宇"釋義爲"宫殿"，首證《後漢書》。

71. 葬埋—埋葬
日書"葬埋"6例：睡簡5例，王簡1例。

（1）結，是胃（謂）利以出貨，不可以入。可以取（娶）婦、家（嫁）女。以免，弗復。毄（繫），久不已。不可又（有）爲也，而可以葬貍（埋）。睡甲46正

（2）正陽，是=番昌，小事果成，大事有慶，它事毋小大盡吉。可以爲嗇夫，三昌。侸時以戰，命曰三勝。以祠，吉。以有爲毆，美惡自成毆。以生子，吉。可以葬（葬）貍（埋）。王673+721

先秦文獻"葬埋"15例，見於《周禮》《荀子》《墨子》；"埋葬""薶葬"均無用例。《大詞典》"葬埋"釋義爲"埋葬"，首證《周禮》；"葬薶"釋義爲"葬埋"，首證《荀子》；"埋葬"之"掩埋屍體"義項，首證晉張華《博物志》；未收"薶葬"。

· 414 ·

72. 中道—道中
睡簡日書"中道"2例。

票（飄）風入人宫而有取焉，乃投以屨，得其所，取益之<u>中道</u>；若弗得，乃棄其屨於<u>中道</u>，則亡恙矣。睡甲57背叁—59背叁

先秦文獻"中道""道中"均有使用。"中道"用例多，分佈廣，意義豐富；"道中"僅1例，見於《戰國策》，表示半途義。《大詞典》"中道"之"道路的中央；路上"義項，首證《禮記》；"道中"之"路上"義項，首證《後漢書》。

73. 中澤—澤中
放簡日書"中澤"1例。

貞在中呂，是謂<u>中澤</u>，有水不脉（湍），有言不惡，利以賈市，可受田宅。放乙270

先秦文獻"中澤""澤中"均有使用。"中澤"2例，見於《詩經》《周禮》；"澤中"3例，《周易》《周禮》有用例。《大詞典》"中澤"之"沼澤之中；草澤之中"義項，首證《詩》；未收"澤中"。

74. 周環—環周
睡簡日書"周環"1例。

道<u>周環</u>宇，不吉。睡甲21背貳

"周""環"均有環繞義，"周環"爲同義詞素合成構詞。
先秦文獻"周環""環周"均未見用例。《大詞典》未收"周環"；"環周"之"環繞四周；周圍"義項，首證唐柳宗元《石渠記》。

· 415 ·

75. 築興—興築

睡簡日書"築興"1例。

　　甲子、乙丑，可以家（嫁）女、取（娶）婦、寇〈冠〉帶、祠，不可築興土攻（功），命曰毋（無）後。睡乙125

"築""興"均有建築義，"築興"爲同義詞素合成構詞。

先秦文獻"築興""興築"均未見用例。《大詞典》未收"築興"；"興築"釋義爲"猶興建"，首證宋蘇轍《民政》。

76. 資財—財資

放簡日書"資財"1例。

　　林鐘，行殹。貞在林鐘，日有人將來，來遺錢資財，飲食□□，□□□□，以□行者，遠至于南。放乙274

先秦文獻"資財""財資"均有使用。"資財"5例，見於《管子》《荀子》《韓非子》；"財資"1例，見於《韓非子》。《大詞典》"資財"之"錢財物資"義項，首證《管子》；"財資"釋義爲"錢財"，首證《韓非子》。

77. 資貨—貨資

睡簡日書"資貨"1例。

　　作<彼>、陰之日，利以入室，必入資貨。睡乙18壹

先秦文獻"資貨""貨資"各1例，均見於《韓非子》。《大詞典》"資貨"釋義爲"錢財貨物"，"貨資"釋義爲"貨物資財"，首證均出自《韓非子》。《韓非子》"貨資"用例，一本作"資貨"。

78. 右左—左右

九店日書"右左"1例。

· 416 ·

凡室不可以盇（蓋）<u>右左</u>之牆，是胃（謂）□☑ 九店48下

右左，合文書寫，九店整理者未釋，認爲似是"右卿"的合文，讀爲"右嚮"。何有祖先生認爲當是"左右"合文；左右之墻，即左向和右向之墻①。石小力先生認同何有祖先生將合文釋爲上"右"下"左"的觀點，但認爲需依合文自上而下的釋讀原則讀爲"右左"；"右左"是"左右"的同素異序同義詞。古人常以"左""右"來指代方位"東""西"，秦簡"左序""右序"即"東牆""西牆"，九店"蓋右左之牆"猶睡簡"築右序""築左序"②。

放簡日書有1例"左右"，非方向義，爲近臣，侍從之義。

林鐘、應鐘、夾鐘之卦日：是＝作（乍）居作（乍）行，<u>左右</u>可（何）望？ 放乙254

先秦文獻"右左"未見用例，"左右"常見。《大詞典》未收"右左"；"左右"之"左面和右面"義項，首證《史記》。

三 簡牘日書同素異序詞的使用

（一）同素異序詞的使用與構詞詞素的語音關聯密切

日書同素異序詞的選用，多與先秦文獻常用順序詞相合，如"草茅、畜生、婦女、男女、鬼神、貨財、疾病、寇盜、室屋、衣冠、中道、資財、卜筮、哭泣、死亡、沐浴、殺戮、死生、飲食、埋葬、空虛"等。

"從古到今漢語並列式雙音詞字序的排列，因別義而異序，倒文以協韻、強制性意義制約以及約定俗成等原因造成的逆序排列者總是少數，同調和異調而順序排列者始終占大多數。"③ 中古同素逆序詞的淘

---

① 何有祖：《九店楚簡〈日書〉校讀三則》，《江漢考古》2012年第3期。
② 石小力：《楚簡字詞考釋三則》，《江漢考古》2015年第3期。
③ 伍宗文：《先秦漢語中字序對換的雙音詞》，載四川大學漢語史研究所編《漢語史研究集刊》第3輯，巴蜀書社2000年版，第98頁。

汰選擇跟語音密切相關：被淘汰的一序絕大多數不符合平、上、去、入四個聲調的順序，而保留下來的一序則大都符合；對於同調同素逆序詞而言，聲母的清濁是制約因素之一，一部分同調同素逆序詞最終得以保留下來的 AB 式清音詞素在前，濁音詞素在後①。

（二）同素異序詞的使用，有滿足韻律和諧的要求

如"侯王""逃逋""中澤"。

（1）秀，是胃（謂）重光，利圣（野）戰，必得侯王。以生子，既美且長，有賢等。利見人及畜畜生。可取（娶）婦、家（嫁）女、尋衣常（裳）。○睡甲32正

（2）慮臣妾逃逋，出財租，口舌者誣（?），非（飛）鳥□□，其黑如烏，皆相争斷，立死其□，一目不乘（剩），很□□□。放乙296

（3）貞在中呂，是謂中澤，有水不腺（湍），有言不惡，利以賈市，可受田宅。放乙270

"逃逋"先秦文獻未見用例，放簡用例彌足珍貴；不過一直到宋代文獻才復現用例，也説明放簡"逃逋"有因韻律和諧而臨時組合的因素。

（三）同素異序詞的使用與語義、語用也有一定關聯

如"北南、右左、私公、家邦、凶吉"與一般文獻優選詞不同。

"北南"出現於睡簡《土忌》篇，"右左"出現於九店《相宅》篇：秦處北方，秦簡墙之朝向以"北南"表述；楚處東方，楚簡墙之朝向以"右左"表示；"北南""右左"的使用或受日書主體方位優先選擇的影響。

"私公""家邦"由個人至集體，由小到大，或與日書多關注個體人生命運，而少涉國家格局的文獻性質有關。先秦文獻"小大""大小"都是常見詞，而在日書獨用"小大"，也應有從小處着眼，關注細

---

① 張薇：《中古漢語同素逆序詞演變研究》，博士學位論文，復旦大學，2005 年。

微吉凶的意義。

"凶吉",傳統文獻用例不多,而日書多見;"凶吉"使用與日書性質也應有關。日書是趨吉避凶的實用手冊;趨吉避凶,首先是避凶,人們對於"凶"的避忌要重於對"吉"的追尋。文獻中"死生"使用較多,與日書多見"凶吉"有共通之處,因畏"死"而重"死","死生"用例多於"生死"。

當然有的同素異序詞的使用可能僅是出於習慣或臨時性搭配,難以進行理據性解析①。

附:簡牘日書同素異序同義詞簡表

一 共現同素異序同義詞

		簡牘日書 出現情況	先秦文獻 出現情況	《大詞典》 收詞釋義情況及首證
1	北南	1例:睡簡1	0	未收
	南北	1例:九店1	多見	南與北;南方與北方//《史記》
2	夫妻	6例:睡簡3、放簡2、孔簡1	15	丈夫和妻子//《易》
	妻夫	1例:放簡1	0	夫妻//《西廂記諸宮調》
3	父母	11例:睡簡8、放簡2、港簡1	多見	父親和母親//《詩》
	母父	2例:放簡2	0	未收
4	公王	1例:九店1	0	君主//《史記》;孤證
	王公	1例:睡簡1	99	天子與諸侯//《易》
5	禍喪	1例:放簡1	1	未收
	喪禍	1例:放簡1	0	喪亂//《後漢書》

---

① 陳偉武先生指出一個並列結構內容不同詞素的排列,可能出於詞素義的考慮,也可能出於韻律的考慮,或者純粹出乎自然,難以講出詞素順序的理據。見《從楚簡和秦簡看上古漢語詞彙研究的若干問題》,載中國社會科學院語言研究所《歷史語言學研究》編輯部編《歷史語言學研究》第7輯,商務印書館2014年版,第95頁。

續表

		簡牘日書 出現情況	先秦文獻 出現情況	《大詞典》 收詞釋義情況及首證
6	家室	4例：周秦3、王簡1	21	家庭；家眷//《詩》
		4例：九店1、睡簡3		房舍；住宅//《淮南子》
	室家	1例：放簡1	15	家庭或家庭中的人//《詩》
		2例：九店1、睡簡1		房舍；宅院//《書》
7	金錢	2例：睡簡1、孔簡1	10	金屬鑄成的錢。後泛指貨幣//《管子》
	錢金	1例：睡簡1	3	金錢//《漢書》；孤證
8	頸項	1例：放簡1	0	脖子//《和常父望吳亭》
	項頸	1例：放簡1	0	脖子//《梅兒的母親》
9	馬牛	16例：睡簡5、放簡2、周秦1、港簡2、孔簡5、周漢1	16	馬和牛//《書》
	牛馬	2例：放簡1、居新1	64	牛和馬//《周禮》
10	門戶	2例：睡簡2	17	房屋牆院的出入處//《孟子》
	戶門	1例：放簡1	0	門戶//《道德指歸論》；孤證
11	日夕	1例：周秦1	0	傍晚//《史記》
	夕日	34例：放簡22、孔簡12	0	未收時間詞義項
12	石玉	2例：孔簡2	0	未收
	玉石	1例：孔簡1	4	未經雕琢之玉//《周禮》
13	外野	1例：放簡1	1	猶野外//《左傳》
	野外	6例：九店2、睡簡4	3	郊外；人煙稀少的地方//《周禮》
14	夜中	2例：放簡2	2	夜半//《春秋》
	中夜	63例：放簡58、孔簡5	1	夜半//《書》
15	子孫	1例：放簡1	多見	兒子和孫子，泛指後代//《書》
	孫子	2例：睡簡1、放簡1	多見	子孫後代//《詩》
16	別離	5例：放簡1、孔簡4	2	離別//《楚辭》
	離別	1例：放簡1	1	比較長久地跟人或地方分開//《楚辭》
17	藏蓋	2例：睡簡2	0	儲藏//《史記》
	蓋藏	1例：睡簡1	5	儲藏//《禮記》

· 420 ·

第二章 簡牘日書同義詞研究

續表

		簡牘日書出現情況	先秦文獻出現情況	《大詞典》收詞釋義情況及首證
18	盟詛	4例：九店1、睡簡3	4	結盟立誓//《周禮》
	詛盟	1例：孔簡1	0①	謂歃血結盟//《文心雕龍》
19	早殤	1例：孔簡1	0	未收
	殤早	1例：水簡1	0	未收

二 獨現同素異序同義詞

		簡牘日書出現情況	先秦文獻出現情況	《大詞典》收詞釋義情況及首證
1	奔亡	1例：睡簡1	1	逃亡//《管子》
	亡奔	0	0	逃奔//《史記》
2	卜筮	2例：睡簡2	18	古時預測吉凶，用龜甲稱卜，用蓍草稱筮，合稱卜筮//《易》
	筮卜	0	0	以蓍草占卜休咎之術//《漢書》
3	草茅	2例：放簡1	7	雜草//《楚辭》
	茅草	0	0	未收
4	材木	1例：放簡1	8	可作木材的樹；木材//《孟子》
	木材	0	5	樹木砍伐後，經初步加工，可供建築及製造器物用的材料//《周禮》
5	畜生	24例：睡簡11、放簡5、港簡1、孔簡6、額簡1	3	畜養的禽獸//《韓非子》
	生畜	0	0	牲畜//《西北備邊事宜狀》，孤證
6	得獲	1例：王簡1	2	獲取；捕獲//《周禮》
	獲得	0	2	捕得；捉到//《詩》孔穎達疏
7	弟兄	3例：放簡2、孔簡1	15	弟弟和哥哥//《墨子》
	兄弟	0	多見	哥哥和弟弟//《詩》

---

① 動詞意義未見用例；名詞用法有2例。

续表

		简牍日书出现情况	先秦文献出现情况	《大词典》收词释义情况及首证
8	短长	1例：放简1	多见	短与长；矮与高//《管子》
	长短	0	多见	长和短。指距离、时间//《孟子》
9	分离	2例：睡简2	1	分开//《战国策》
	离分	0	0	分离；别离//《赠五官中郎将》诗
10	斧斤	1例：孔简1	9	泛指各种斧子//《孟子》
	斤斧	0	5	斧头//《管子》
11	复归	1例：放简1	17	回复；返回//《老子》
	归复	0	1	回归；归还//《汉书》
12	妇女	4例：放简1、孔简3	12	成年女子的通称//《礼记》
	女妇	0	0	未收
13	攻击	4例：睡简3、周秦1	4	进攻打击//《史记》
	击攻	0	0	攻击//《桃花扇》，孤证
14	鬼神	2例：九店1、放简1	大量	鬼与神的合称//《易》
	神鬼	0	0	迷信者所谓神灵和鬼怪//《水经注》
15	合聚	1例：放简1	1	聚集；合拢//《礼记》
	聚合	0	0	结合，团聚//《南史》
16	和应	1例：放简1	0	犹应和。相呼应//《尔雅》郝懿行义疏引三国魏孙炎
	应和	0	0	呼应；回应//《汉书》
17	侯王	1例：睡简1	8	泛指诸侯//《老子》
	王侯	0	4	谓天子与诸侯//《易》
18	户牖	4例：九店1、睡简2、孔简1	6	门窗//《老子》
	牖户	0	8	窗与门//《诗》
19	还返	1例：港简1	15	返回//《礼记·月令》
	返还	0	1	未收"返回"义
20	货财	1例：周秦1	49	货物，财物//《礼记》
	财货	0	13	钱财货物；财物//《老子》
21	疾病	2例：放简1、孔简1	多见	泛指病//《周礼》
	病疾	0	1	疾病//《墨子》

續表

		簡牘日書 出現情況	先秦文獻 出現情況	《大詞典》 收詞釋義情況及首證
22	家邦	1例：武威1	3	本指家與國，亦泛指國家//《詩》
	邦家	0	7	國家//《詩》
23	家人	1例：放簡1	7	平民；平民之家//《左傳》
	人家	0	1	民家，民宅//《史記》
24	潔清	1例：睡簡1	0	清潔//《晏子春秋》
	清潔	0	0①	清白；潔净無塵//《説苑》
25	居所	1例：睡簡1	0	未收
	所居	0	0	住宅；住處//《剪燈新話》
26	空虛	1例：放簡1	16	空無；不充實//《管子》
	虛空	0	1②	空虛//《漢書》
27	寇盜	3例③：九店1、睡簡1、放簡1	3	盜賊//《左傳》
	盜寇	0	0	猶盜匪//《春秋繁露》
28	哭臨	1例：孔簡1	0	帝后死喪，集衆定時舉哀叫哭臨//《史記》
	臨哭	0	0	未收
29	哭泣	4例：懸泉4	22	哭和泣。後泛指哭//《禮記》
	泣哭	0	0	哭泣//《四遊記》，孤證
30	腊腒	1例：睡簡1	0	未收
	腒腊	0	0	形容辛勞之狀//《抱朴子》
31	來歸	3例：九店1、放簡1、嶽山1	9	回來；歸來//《詩》
	歸來	0	23	回來//《楚辭》
32	牢圈	2例：放簡2	0	未收
	圈牢	0	0	關養家畜的地方//《求自試表》
33	毛鬣	1例：睡簡1	0	馬或野獸的鬃毛//《風俗通》
	鬣毛	0	0	動物頭頸部長毛//《鬣馬》詩

---

① 《韓非子》有4例"清潔"，均爲廉潔義，而非清潔、潔净義。

② 見於《管子》，而《莊子》中的"虛空"爲空曠義，而非空無義。

③ 不含動詞義項。

續表

		簡牘日書出現情況	先秦文獻出現情況	《大詞典》收詞釋義情況及首證
34	滅亡	2例：港簡1、居新1	27	不復存在//《書》
	亡滅	0	0	滅亡//《魏書》
35	沐浴	1例：睡簡1	25	濯髮洗身。泛指洗澡//《周禮》
	浴沐	0	0	沐浴，洗澡//《女神》
36	男女	5例：睡簡4、放簡1	0	兒女//《史記》
	女男	0	0	兒女//《敦煌變文集》
37	男子	2例：睡簡1、周漢1	4	兒子//《詩》
	子男	0	1	兒子//《史記》
38	遷徙	5例：放簡1、孔簡2、居新2	8	搬家；從一處搬到另一處//《風俗通》
	徙遷	0	0	遷徙//《國語》
39	錢財	6例：周秦1、港簡4、孔簡1	2	金錢財物//《莊子》
	財錢	0	0	錢財//《百喻經》
40	人民	12例：九店5、睡簡6、嶽山1	65	百姓；平民//《詩》
	民人	0	46	人民，百姓//《詩》
41	殺戮	1例：放簡1	25	殺害；屠殺//《書》
	戮殺	0	0	殺戮//《司馬法》
42	失亡	1例：居新1	1	亡失；喪失//《荀子》
	亡失	0	1	喪失；丟失；散失//《墨子》
43	使僕	1例：放簡1	0	未收
	僕使	0	0	僕人//《易林》
44	室屋	3例：睡簡1、孔簡2	13	未收
	屋室	0	1	房屋，住宅//《戰國策》
45	室中	2例：睡簡1、放簡1	0	未收宅神義
	中室	0	0	未收宅神義
46	庶民	1例：九店1	42	衆民；平民//《詩》
	民庶	0	1	庶民，百姓//《管子》
47	私公	1例：睡簡1	0	未收
	公私	0	11	公家和私人；无書證

續表

		簡牘日書出現情況	先秦文獻出現情況	《大詞典》收詞釋義情況及首證
48	思哀	1例：睡簡1	0	未收
	哀思	0	0	悲傷；悲愁//《禮記》孔穎達疏
49	死生	20例：九店10、睡簡10	70	死亡和生存//《易》；
	生死	0	12	生和死；生或死//《荀子》
50	死亡	22例：睡簡2、放簡11、孔簡5、港簡1、武威1、懸泉2	52	喪失生命//《左傳》
	亡死	0	0	死亡//《越絕書》
51	逃逋	1例：放簡1	0	猶逋逃//《送駱仲武》詩
	逋逃	0	3	逃亡；流亡//《書》
52	逃亡	5例：放簡4、港簡1	2	逃走流亡//《管子》
	亡逃	0	0	逃亡//《論貴粟疏》
53	啼泣	1例：武威1	0	哭泣//《史記》
	泣啼	0	0	見"泣唬"，"哭泣"//《漢紀》
54	土地	1例：放簡1	較多	田地；土壤//《周禮》
	地土	0	0	猶土地；土壤//《新唐書》
55	土壤	1例：港簡1	1①	泥土；土地//《淮南子》
	壤土	0	0	猶泥土//《詩》鄭玄箋
56	土田	1例：九店1	10	土地；田地//《詩》
	田土	0	3	田地//《後漢書》
57	繫囚	7例：睡簡1、放簡6	0	未收動詞義項；"在押的囚犯"義項首證《漢書》
	囚繫	0	0	拘禁；拘押//《史記》
58	小大	10例：九店1、睡簡4、王簡1、孔簡2、港簡1	多見	小的和大的。有時猶云一切、所有//《書》
	大小	0	多見	大與小；大或小//《禮記》
59	小短	1例：孔簡1	0	未收
	短小	0	0	身材矮小//《漢書》
60	凶吉	1例：孔簡1	4	未收
	吉凶	0	多見	猶禍福//《易》

---

① 見於《戰國策》，爲封地、疆土義。

續表

		簡牘日書出現情況	先秦文獻出現情況	《大詞典》收詞釋義情況及首證
61	鬚眉	1例：睡簡1	3	鬍鬚和眉毛//《左傳》
	眉鬚	0	0	猶鬚眉。常借指男子。《自題三十影象》詩，孤證
62	殃邪	1例：孔簡1	0	未收
	邪殃	0	0	未收
63	殃凶	8例：懸泉8	0	未收
	凶殃	0	0	災禍//《易林》
64	夜半	23例：放簡4、周秦1、孔10、阜陽4、水簡3、居新1	10	半夜//《左傳》
	半夜	0	0	一夜的一半//《宿山寺寄李中丞洪》詩
65	夜暮	2例：放簡2	0	未收
	暮夜	0	1	夜//《晏子春秋》
66	衣冠	2例：睡簡1、放簡1	31	衣和冠//《管子》
	冠衣	0	2	未收
67	移徙	1例：居新1	0	搬動住處；遷移//《史記》
	徙移	0	0	遷移//《議學校貢舉狀》
68	飲食	18例：睡簡11、放簡1、孔簡5、水簡1	多見	吃喝//《書》
	食飲	0	26	吃喝//《周禮》
69	漁獵	3例：睡簡2、印臺1	1	捕魚打獵//《管子》
	獵漁	0	1	猶漁獵//《奉和座主東海公山居》
70	宇宮	1例：九店1	0	未收
	宮宇	0	0	宮殿//《後漢書》
71	葬埋	6例：睡簡5、王簡1	15	埋葬//《周禮》
	埋葬	0	0	掩埋屍體//《博物志》
72	中道	2例：睡簡2	多見	道路的中央；路上//《禮記》
	道中	0	0①	路上//《後漢書》
73	中澤	1例：放簡1	2	沼澤之中；草澤之中//《詩》
	澤中	0	3	未收

① 《戰國策》有1例"道中"，爲半路義，而非道路中央，路上義。

續表

		簡牘日書 出現情況	先秦文獻 出現情況	《大詞典》 收詞釋義情況及首證
74	周環	1例：睡簡1	0	未收
	環周	0	0	環繞四周；周圍//《石渠記》
75	築興	1例：睡簡1	0	未收
	興築	0	0	猶興建//《民政》
76	資財	1例：放簡1	5	錢財物資//《管子》
	財資	0	1	錢財//《韓非子》
77	資貨	1例：睡簡1	1	錢財貨物//《韓非子》
	貨資	0	1	貨物資財//《韓非子》
78	右左	1例：九店1	0	未收
	左右	0	多見	左面和右面//《史記》

第四節　簡牘日書歷時替換同義詞梳理與分析

常用詞替換是漢語詞彙史研究的重要內容，20世紀90年代以來逐漸發展成爲漢語詞彙史研究的熱點，取得了豐碩的研究成果。

簡牘日書中具有歷時替換關係的同義詞有"首—頭""目—眼""豕—豬""犬—狗""夕—夜""疾—病""啓—開""焚—燔""生—產""至—到"10組①。這些詞都屬常用詞，其替換關係目前已多有較豐富的研究成果，我們擇代表性觀點列舉如下。

一　已有研究成果舉例

1. 首—頭

	"首"與"頭"
兩者關係	"頭"可能爲方言，由方言進入通語②

---

① 不含歷時替換關係的同義合稱詞，如"畜生"與"畜產"。
② 王力：《漢語史稿》，中華書局1980年版，第478頁；王鳳陽：《古辭辨》，吉林文史出版社1993年版，第115頁。

續表

	"首"與"頭"
替換時間	①戰國時期① ②戰國末期至西漢② ③秦漢時期③ ④西漢後期④ ⑤東漢中後期⑤
替換原因	①語義表達⑥

2. 目—眼

	"目"與"眼"
兩者關係	①初非同義,"目"是眼睛,"眼"是眼球⑦ ②語體色彩與語法功能有別⑧ ③"眼"等同於"目"⑨④"眼""目"未有明確界限,"眼"常表眼珠,"目"也有眼珠義⑩
同義時間	①上古時期⑪ ②戰國⑫ ③戰國末期⑬ ④戰國時期到漢末⑭ ⑤漢魏六朝⑮ ⑥唐以後⑯

① 魏德勝:《〈韓非子〉語言研究》,北京語言學院出版社 1995 年版,第 56 頁。

② 吳寶安:《西漢"頭"的語義場研究》,《語言研究》2006 年第 4 期;趙岩:《利用秦漢簡帛文獻訂補常用詞演變研究二則》,載張顯成主編《簡帛語言文字研究》第 5 輯,巴蜀書社 2010 年版,第 389—392 頁。

③ 池昌海:《〈史記〉同義詞研究》,上海古籍出版社 2002 年版,第 180 頁。

④ 汪維輝:《〈説苑〉與西漢口語》,載四川大學漢語史研究所編《漢語史研究集刊》第 10 輯,巴蜀書社 2007 年版,第 22—23 頁。

⑤ 于飛:《兩漢常用詞研究》,博士學位論文,吉林大學,2008 年。

⑥ 吳寶安:《西漢"頭"的語義場研究》,《語言研究》2006 年第 4 期。

⑦ 王力:《〈古漢語字典〉序》,《語文研究》1986 年第 2 期;王鳳陽:《古辭辨》,吉林文史出版社 1993 年版,第 119 頁;尹戴忠:《"目"、"眼"、"眼睛"歷時演變研究》,《古漢語研究》2013 年第 2 期;張美蘭:《漢語常用詞歷時演變的新視角》,《合肥師範學院學報》2013 年第 2 期。

⑧ 黄金貴:《古代文化詞義集類辨考》,上海教育出版社 1995 年版,第 509—512 頁。

⑨ 張永言、汪維輝:《關於漢語詞彙史研究的一點思考》,《中國語文》1995 年第 6 期。

⑩ 吳寶安:《小議"眼、目"上古即同義》,《現代語文》2010 年第 9 期。

⑪ 同上。

⑫ 汪維輝:《東漢—隋常用詞演變研究》,南京大學出版社 2000 年版,第 24 頁;管錫華:《〈史記〉單音詞研究》,巴蜀書社 2001 年版,第 203—207 頁;尹戴忠:《"目"、"眼"、"眼睛"歷時演變研究》,《古漢語研究》2013 年第 2 期。

⑬ 唐鈺明:《廣東民族學院學報》,1990 年第 2 期。

⑭ 張美蘭:《漢語常用詞歷時演變的新視角》,《合肥師範學院學報》2013 年第 2 期。

⑮ 方一新:《"眼"當"目"講始於唐代嗎?》,《語文研究》1987 年第 3 期。

⑯ 王力:《〈古漢語字典〉序》,《語文研究》1986 年第 2 期。

<<< 第二章 簡牘日書同義詞研究

續表

	"目"與"眼"
替換時間	①至晚漢末① ②唐代以後② ③明清時期③
替換原因	①"目"詞義泛化④ ②"眼"意義單一⑤ ③語義減負，求新求異⑥

3. 豕—豬⑦

	"豕"與"豬"
兩者關係	①方言不同⑧ ②"豕""豬"有地域及語義區別⑨ ③"豕"是書面語、方言，"豬"是口語、通語⑩ ④"豕"是古代豬的通稱，"豬"指小豬⑪ ⑤先秦時期"豕"爲通稱，"豬"指家豬，用例很少；西漢時期"豬"行用於口語，到東漢時期可指家豬，又可指野豬⑫ ⑥"豕"指野豬，"豬"指飼養而供食用的家豬⑬

---

① 汪維輝：《東漢—隋常用詞演變研究》，南京大學出版社2000年版，第24—31頁；吳寶安：《小議"眼、目"上古即同義》，《現代語文》2010年第9期。

② 張美蘭：《漢語常用詞歷時演變的新視角》，《合肥師範學院學報》2013年第2期。

③ 尹戴忠：《"目"、"眼"、"眼睛"歷時演變研究》，《古漢語研究》2013年第2期。

④ 王鳳陽：《古辭辨》，吉林文史出版社1993年版，第118—119頁。

⑤ 吳寶安：《小議"眼、目"上古即同義》，《現代語文》2010年第9期。

⑥ 尹戴忠：《"目"、"眼"、"眼睛"歷時演變研究》，《古漢語研究》2013年第2期。

⑦ 研究者多將"豕、彘、豬"一併討論，討論焦點主要是"彘"本爲野豬，還是家豬的問題。如黃金貴先生認爲"豕"是家豬，"彘"爲野豬："'豕'見於甲骨文常作㣇，是豬的象形，其大肚短尾，正顯示了家豬而非野豬的主要特徵。""甲骨文'彘'字皆作平肚之豕（與肥肚之'豕'異），貫箭狀，既無肥奔的肚腹，又靠箭捕獲，顯爲野豬"。見《古代文化詞義集類辨考》，上海教育出版社1995年版，第418—419頁。王彤偉先生指出"彘"大概到戰國中晚期才進入"豕豬"語義範疇，到漢代以前，"彘"基本只指家豬。見《"豕、彘、豬"的歷時演變》，《四川大學學報》2010年第1期。

⑧ 王力：《古語的死亡殘留和轉生》，《國文月刊》1941年第9期；陳長書：《〈國語〉方言詞研究》，《古籍整理研究學刊》2007年第2期。

⑨ 趙岩：《簡帛文獻詞語歷時演變專題研究》，中國社會科學出版社2013年版，第60頁。

⑩ 胡琳、張顯成：《"豕、彘、豬"的歷史演替：基於出土簡帛新材料》，《探索》2015年第2期。

⑪ 王鳳陽：《古辭辨》，吉林文史出版社1993年版，第99—100頁。

⑫ 王彤偉：《"豕、彘、豬"的歷時演變》，《古籍整理研究學刊》2007年第2期。

⑬ 陸忠發：《現代訓詁學探論》，浙江大學出版社2008年版，第25頁；郭洪義：《"豬"字命名研究》，《重慶科技學院學報》2011年第3期。

續表

	"豕"與"豬"
替換時間	①秦漢之後①　②西漢晚期②　③至晚三國時期③　④至晚西漢末東漢初④
替換原因	"豬"具有通語的優勢，組合能力強⑤

4. 犬—狗

	"犬"與"狗"
兩者關係	①小犬爲狗⑥　②"犬""狗"同源，或存在方言或詞義區別⑦　③所搭配的詞褒貶有別⑧
替換時間	①戰國⑨　②戰國到西漢⑩　③至晚到漢代中期⑪　④中古⑫
替換原因	①"狗"搭配範圍廣，組合能力強⑬　②人類心理特點的影響⑭

---

① 王鳳陽：《古辭辨》，吉林文史出版社1993年版，第99—100頁。
② 胡琳、張顯成：《"豕、彘、豬"的歷史演替：基於出土簡帛新材料》，《探索》2015年第2期。
③ 王彤偉：《"豕、彘、豬"的歷時演變》，《四川大學學報》2010年第1期。
④ 趙岩：《簡帛文獻詞語歷時演變專題研究》，中國社會科學出版社2013年版，第66—67頁。
⑤ 王彤偉：《"豕、彘、豬"的歷時演變》，《古籍整理研究學刊》2007年第2期；胡琳、張顯成：《"豕、彘、豬"的歷史演替：基於出土簡帛新材料》，《探索》2015年第2期。
⑥ 王鳳陽：《古辭辨》，吉林文史出版社1993年版，第100頁；孟曉妍：《若干組先秦同義詞的研究》，博士學位論文，蘇州大學，2008年；夏業梅：《常用詞"犬"與"狗"的演變研究》，《現代語文》2012年第9期。
⑦ 趙岩：《簡帛文獻詞語歷時演變專題研究》，中國社會科學出版社2013年版，第68頁。
⑧ 孟曉妍：《若干組先秦同義詞的研究》，博士學位論文，蘇州大學，2008年。
⑨ 王鳳陽：《古辭辨》，吉林文史出版社1993年版，第100頁；孟曉妍：《若干組先秦同義詞的研究》，博士學位論文，蘇州大學，2008年；夏業梅：《常用詞"犬"與"狗"的演變研究》，《現代語文》2012年第9期。
⑩ 王彤偉：《常用詞"犬、狗"的遞擅演變》，《語文研究》2013年第2期。
⑪ 趙岩：《簡帛文獻詞語歷時演變專題研究》，中國社會科學出版社2013年版，第73—74頁。
⑫ 唐鈺明：《上古口語詞溯源》，《廣東民族學院學報》1990年第2期。
⑬ 王彤偉：《常用詞"犬、狗"的遞擅演變》，《語文研究》2013年第2期。
⑭ 夏業梅：《常用詞"犬"與"狗"的演變研究》，《現代語文》2012年第9期。

5. 疾—病

	"疾"與"病"
兩者關係	①"疾"輕,"病"重① ②"疾""病"無輕重之別② ③"病"側重慢性病,"疾"初義指外傷或急病③ ④"病"本義爲動詞,指病情加重④ ⑤"病"本義是困苦,"疾"是疾病、生病義,戰國以前兩者義別⑤
替換時間	①西漢初⑥ ②漢代⑦ ③兩漢時期⑧ ④東漢後期⑨
替換原因	①二者本同義;"疾"的表義沒有"病"準確單純⑩

6. 啓—開

	"啓"與"開"
兩者關係	兩者在"打開,開啓"義上構成同義詞,具有歷時替換關係
替換時間	漢代⑪

---

① 疾輕病重多見於古代訓釋,現代研究有循古說者,如孟曉妍《若干組先秦同義詞的研究》,博士學位論文,蘇州大學,2008年。
② 王力:《古代漢語》,中華書局2009年第3版重印,第148頁。李人鑒《釋"疾""病""疾病"》、張俊文《"疾""病"詁訓質疑》、洪華志《"疾"輕"病"重辨》、徐時儀《也談"疾"與"病"》、胡繼明《"疾"有"重病義"》、王彤偉《"疾"輕"病"重質疑》等,均不認同"疾"輕"病"重的說法;或提出"疾"也有重病義,或提出"病"也可指輕病或一般的病,從而認爲"疾"和"病"沒有輕重的區別。
③ 王鳳陽:《古辭辨》,吉林文史出版社1993年版,第135頁。
④ 張雙棣:《呂氏春秋詞彙研究》,山東教育出版社1989年版,第117頁。
⑤ 黃金貴、姚柏舟:《"病"之本義考》,《杭州師範大學學報》2009年第5期;又黃金貴、唐莉莉:《辭書誤解古代訓詁語三例》,《古漢語研究》2011年第2期。
⑥ 王彤偉:《〈史記〉同義常用詞先秦兩漢演變淺析》,碩士學位論文,陝西師範大學,2004年;又《常用詞"疾"、"病"的歷時替代》,《北方論叢》2005年第2期。
⑦ 夏業梅:《常用詞"疾"與"病"的演變研究》,《現代語文》2012年第9期。
⑧ 黃成:《上古漢語三組常用詞演變研究》,碩士學位論文,西南大學,2011年。
⑨ 于飛:《兩漢常用詞研究》,博士學位論文,吉林大學,2008年。
⑩ 王彤偉:《〈史記〉同義常用詞先秦兩漢演變淺析》,碩士學位論文,陝西師範大學,2004年;又《常用詞"疾"、"病"的歷時替代》,《北方論叢》2005年第2期。夏業梅:《常用詞"疾"與"病"的演變研究》,《現代語文》2012年第9期;黃成:《上古漢語三組常用詞演變研究》,碩士學位論文,西南大學,2011年。
⑪ 王彤偉:《〈三國志〉同義詞及其歷時演變研究》,巴蜀書社2010年版,第365頁;趙岩:《論簡帛文獻歷時演變專題研究》,中國社會科學出版社2013年版,第82頁。

7. 焚—燔①

	"焚"與"燔"
兩者關係	①兩者是一對方言詞②
替換時間	①漢初③
替換原因	①秦系語言的發展④

8. 至—到

	"至"與"到"
兩者關係	①兩者語法功能不同,上古漢語"至"往往不帶賓語,"到"往往帶賓語⑤ ②兩者有地域之別,"至"爲古通語,"到"爲秦口語⑥
替換時間	①至晚秦代⑦ ②兩漢時期⑧ ③魏晉以後⑨ ④宋代⑩
替換原因	"至"詞義泛化,語義繁複;"到"詞義系統簡單,組合簡潔⑪

從以上8組歷時詞語替換的研究成果來看,研究者因佔有的材料不

---

① 研究者多討論同義詞"焚"與"燒"的替換,雖或有提及"燔",也多與"焚"歸爲一起與"燒"比照。
② 趙岩:《簡帛文獻詞語歷時演變專題研究》,中國社會科學出版社2013年版,第87、91頁。
③ 同上書,第92頁。
④ 同上。
⑤ 王力:《古代漢語》,中華書局2009年版,第811頁;王鳳陽:《古辭辨》,吉林文史出版社1993年版,第725頁;于飛:《兩漢常用詞研究》,博士學位論文,吉林大學,2008年。
⑥ 周守晉:《出土戰國文獻語法研究》,北京大學出版社2005年版,第60頁;張國艷:《居延漢簡虛詞通釋》,中華書局2012年版,第357—358頁。
⑦ 田啓濤:《〈睡虎地秦墓竹簡〉中兩組同義詞研究》,《重慶三峽學院學報》2010年第6期。
⑧ 于飛:《兩漢常用詞研究》,博士學位論文,吉林大學,2008年。
⑨ 張美蘭:《漢語常用詞歷時演變的新視角》,《合肥師範學院學報》2013年第2期。
⑩ 陳練軍:《"至"和"到"的歷時更替》,《南京理工大學學報》2009年第1期。
⑪ 秦曉華:《"各(格)"、"至"、"到"的演變與更替》,《河北廣播電視大學學報》2010年第4期;張國艷:《居延漢簡虛詞通釋》,中華書局版2012年版,第359頁。

同，截取的時段不同，對相同組詞的詞義關係有不同判斷；因對替換内涵的理解不同，對相同組詞的替换時間認定不盡一致；因採用的語言理論不同，對相同組詞的替换解釋也有差别。

二 簡牘日書歷時替换同義詞的分佈

方一新先生指出常用詞研究要注意：第一，在研究詞彙特别是基本詞彙時，要區别語料的性質，不可一概而論。第二，研究常用詞的更替，要區分可以單用的詞和不能單用的構詞詞素。通常新詞取代舊詞，在單音節詞中最爲明顯，在雙音節或固定結構中，舊詞作爲詞素會頑强地保留下來。第三，基本詞和口語的關係，也呈現出複雜多樣的情況。基本詞更替演變，在一定程度上揭示了口語演變的實際面貌，但有時候未能同步，常有"滯後"的情形，要注意它往往比其他詞語要慢半拍的情形[1]。

簡牘日書是上古漢語語言研究中需要投入精力的材料，上古重要常用詞的歷史替换在這類材料中都有體現。在此，我們將日書材料中具有歷時替换關係的同義詞的分佈細節做一介紹（據各組詞實際情況選擇介紹點），爲上古常用詞研究提供語料、數據支持。

（一）首—頭

1. 數量分佈

"首"9例：睡簡3例，放簡4例，港簡2例。

"頭"8例：睡簡1例，放簡3例，孔簡、北漢、周漢、水簡各1例。

2. 意義表達

"首"指人的頭，有6例；指動物的頭，有3例。"頭"祇指人的"頭"。睡簡《詰》篇"首""頭"均有出現："首"2例，指動物頭；"頭"1例，指人頭。

---

[1] 方一新：《從〈抱朴子〉4組名詞看中古基本詞的更替演變》，載王雲路主編《漢語史學報》第10輯，上海古籍出版社2010年版，第269頁。

（1）人卧而鬼夜屈其頭，以若（箬）便（鞭）擊之，則已矣。睡甲48背叁

（2）一室人皆毋（無）氣以息，不能童（動）作，是狀神在其室，屈（掘）遝泉，有赤豕，馬尾犬首，享（烹）而食之，美氣。睡甲36背貳—38背貳

（3）一室人皆夗（縮）筋，是會虫（蟲）居其室西臂，取西南隅，去地五尺，以鐵椎椯之，必中虫（蟲）首，屈（掘）而去之。弗去，不出三年，一室皆夗（縮）筋。睡甲39背貳—41背貳

（二）目—眼

1. 數量分佈

"目" 40 例：睡簡 5 例，放簡 28 例，孔簡 4 例，港簡、張 M249、居新各 1 例。

"眼" 2 例，見於放簡，均記作 "艮"。

2. 意義表達

"目" 指眼珠，有 5 例，主要指眼睛，有 35 例；"眼" 意義單一，指眼珠。放簡《黃鐘》篇 "目" "眼" 均有出現："目" 14 例，均指眼睛；"眼" 2 例，指眼珠。

（1）旦至日中投中大呂，牛殹。廣顔、恒鼻、緣<喙>，大目，肩僂，惡，行微微殹，{土}色白黑。善病風痹。放乙209

（2）日中至日入投中黃鐘，胎濡（燕）殹。小面，多黑艮（眼）①，善下視，黑色。善弄，〖行〗隋隋，不旬（徇）人。放乙207

"目" 也可以指眼珠。

---

① 艮，放簡整理者釋作 "髮"；方勇先生改釋，見《讀〈天水放馬灘秦簡〉小札（三）》，復旦大學出土文獻與古文字研究中心網 2009 年 10 月 17 日（http://www.gwz.fudan.edu.cn/Web/Show/942）。宋華強先生讀 "艮" 爲 "眼"，"多黑眼" 就是黑眼珠多，白眼珠少；見《放馬灘秦簡〈日書〉識小錄》，載陳偉主編《簡帛》第 6 輯，上海古籍出版社 2011 年版，第 77 頁。

(3) 人毋（無）故一室人皆疫，或死或病，丈夫女子隋（墮）須（鬚）贏（裸）髮黄目，是宾宾人〈是=宾人〉生爲鬼。以沙人（砂仁）一升，捏其舂臼，以黍肉食宾人，則止矣。睡甲43背壹—46背壹

（三）豕—豬

1. 數量分佈

"豕"28例：九店1例，睡簡9例，放簡5例，王簡2例，嶽山3例，孔簡7例，水簡1例。另合成詞"封豕"1例，見於嶽山。

"豬"4例，見於睡簡。

2. 語法功能

日書"豕"數量多，組合靈活，可以作定語、賓語、謂語，其前可以有定語；"豬"數量少，基本出現於"豬日""豬良日"語境下作定語，另作賓語1例。

(1) 窮屍（居）南北，不利人民；屍（居）西北，利〖人民〗，不利豕；屍（居）西南□☒九店49下

(2) 圂居西北匧，利豬，不利人。圂居正北，吉。圂居東北，妻善病。圂居南，宜犬，多惡言。睡甲20背伍—23背伍

(3) 豕：豕良日，丁丑、未，己巳、亥，丙辰。忌，丙午，乙巳，壬辰，癸未、巳。孔227壹

(4) 豬日：豬良日，壬辰、壬戌、癸未。忌，丁丑、丁未，丙辰，丙申。睡乙73A+75壹

(5) 甲乙有疾，禺（遇）御於豕肉，王父欲殺生人爲姓（眚）。睡乙181

(6) 竈毋（無）故不可以孰（熟）食，陽鬼取其氣。燔豕矢（屎）室中，則止矣。睡甲54背壹—55背壹

嶽山日書合成詞"封豕"1例：

· 435 ·

(7) 丙寅, 羿射封豕, 不可入豕及殺之。嶽山43背壹2

日書"豬"出現的語境,"豕"都有相應的簡文。例(1)、例(2)語境相同,九店用"豕",睡簡用"豬";例(3)、例(4)語境相同,孔簡用"豕",睡簡用"豬"。

日書《地支占盜》篇中,睡簡豕條盜者"票行""長脊",孔簡豕條盜者"長脊",放簡豕條盜者"長髮"。

(8) 亥, 豕也。盜者大鼻而票行, 長脊, 其面不全, 疵在要, 臧(藏)於囷中垣下。夙得莫(暮)不得。睡甲80背

(9) 亥, 豕殹。盜者中人殹。再在屏囷方(旁)及矢(屎)。其爲人長面、折鞎, 赤目、長髮。得。放甲41

(10) 亥, 豕也。盜者大鼻而細胅, 長脊, 其面有黑子, 臧(藏)囷中壞垣下。其盜女子也, 出首, 臧(藏)室西北。孔378

"豕"或許表野豬義。地支搭配中有"虎""蛇"等非畜養生物。另日書"豬"之同義詞"毚"2例,"豯"1例,均見於放簡。

(四)犬—狗

1. 數量分佈

"犬"29例:睡簡13例,放簡11例,嶽山2例,孔簡、張M249、金關各1例。

"狗"4例:睡簡2例,水簡、居新各1例。

2. 語法功能

日書"犬"可作主語、定語、賓語、謂語;"狗"可作主語、定語、賓語。

(1) 犬恒夜入人室, 執丈夫, 戲女子, 不可得也, 是神狗僞=鬼。以桑皮爲之, 焊而食之, 則止矣。睡甲47背壹—49背壹

(2) 犬良日:丁丑、未、丙辰、己巳、亥。其忌:辛巳、未。嶽山43正貳2

(3) 犾（狗）良日：□□□□、戊申、五戌。居新EPT48.1444

(4) 庚辛有疾，外鬼傷（殤）死爲祟，得之犬肉、鮮卵白色。睡甲74正貳

(5) 狗肉從東方來，中鬼見社爲姓（眚）。睡乙164

(6) 毋以己巳、壬寅殺犬，有央（殃）。睡甲91正貳

(7) 戊巳、辛亥，不可殺豕狗，不可祭六畜。水《文物》封三:11

例（1）"犬""狗"同見，"狗"爲神狗，"犬"爲神狗所化之狗①。例（2）、例（3）語境相同，嶽山用"犬"，居新用"狗"；例（4）、例（5）"犬肉""狗肉"都爲作祟之物；例（6）、例（7）不可殺犬牲之日，睡簡用"犬"，水簡用"狗"。

睡簡另有1例寫作"狗"，通"拘"。

赤肉從北方來，外鬼父某（世）見而欲，巫爲姓（眚），室鬼欲狗（拘）。睡乙176

（五）夕—夜
夜間、夜晚義的"夕""夜"。

1. 數量分佈
"夕"35例，均見於睡簡。
"夜"33例：睡簡4例，放簡23例，港簡6例。

(1) 正月日七夕九，二月日八夕八，三月日九夕七，四月日十夕六，五月日十一夕五，六月日十夕六，七月日九夕七，八月日八夕八，九月日七夕九，睡甲60背叁—68背叁 十月日六夕十，十一月日五夕

---

① 劉青先生指出甲骨文有一"茍"字，正是一個狗首人身的形狀，爲神祇名；可以證明至少在殷商時代，這種犬首人身的圖騰神就已經存在了。見《從甲骨卜辭看十二生肖之衍生》，《思想戰線》2008年第5期。按：睡簡"神狗"稱謂不知是出於避複需求，還是使用當時的非常見詞"狗"來突出與"人犬"的不同，還是與圖騰信仰有關。

十一，十二月日六夕十。睡甲60背肆—62背肆

(2) 正月日七夜九，二月日八夜八，三月日九夜七，四月日十夜六，五月日十一夜五，六月日十夜六，七月日九夜七，八月日八夜八，九月日七夜九，放乙56貳—64貳 十月日六夜十，十一月日五夜十一，十二月日六夜十。放乙56叄—58叄

(3)【十一月大】，日五夜十一。正月大，日七夜九。三月大，日九夜七。五月大，日十一夜五。七月大，日九夜七。九月【大】，日七夜九。港76

(4) 鬼恒夜鼓人門，以歌若哭，人見之，是兇（凶）鬼，鳶（弋）以芻矢，則不來矣。睡甲29背貳—30背貳

2. 語法功能

表夜間、夜晚義的"夕"出現語境單一，均與"日"對舉出現，充當主語；"夜"除這種用法外，還單獨出現，充當狀語。

（六）疾—病

"疾""病"在"疾病"與"生病"義位上均構成同義詞。

1. 數量分佈

"疾"表疾病義97例，九店9例，睡簡30例，放簡11例，王簡8例，港簡4例，張M249簡3例，孔簡30例，金關2例。另合成詞14例："癉疾"5例，"疾病"2例，"惡疾"1例，"除疾"2例，"棄疾"1例，"問疾"3例；"疾"詞素合成詞見於九店、放簡、港簡、張M249、孔簡、周漢。

"病"表疾病義10例：睡簡、周漢、懸泉各1例，放簡、王簡各2例，孔簡3例。另合成詞7例："癉病""疾病"各2例，"病疕""除病""問病"各1例；"病"詞素合成詞見於見於睡簡、放簡、孔簡。

"疾"表生病義10例：睡簡6例，水簡4例。另放簡、王簡合成詞"疾人"各有6例、2例，其中的"疾"為動詞義素；不過單純詞"疾"，在這兩種文獻中未有動詞用法。

"病"表生病義99例：睡簡11例，放簡52例，周秦25例，王簡、嶽山各3例，港簡、孔簡、周漢各1例，水簡2例。

· 438 ·

（1）盈日，可以筑（築）閒（閑）牢，可以〖入〗產，可以筑（築）宫室、爲畜夫。有疾，難起。睡甲16正貳

（2）占疾，投其病日、辰、時，以其所中之辰閒，中其後爲已閒，中其前爲未閒。放乙338

（3）【毋予□疾，以□】毋予皮毛疾，以幣身剛；毋予脅疾，以成【身張】①。金關73EJT11.23

（4）人日：凡子、卯、寅、酉，男子日；午、未、申、丑、亥，女子日。以女子日病，病瘳，必復之；以女子日死，死以葬，必復之。男子日如是。睡乙108

（5）乙未生，少疾，後富。睡乙242—243

（6）乙未生子，有疾，少孤，後富。睡甲141正叁

2. 意義表達

日書中生病義的"疾""病"無輕重之別。

（7）甲乙病，雞鳴到日出，篤，不死。王49

（8）丙丁有疾，赤色當日出死。不赤色，壬有瘳，癸汗（閒）。王401

日書中"疾"除疾病、生病義外，尚有其他意義。

（9）屈門：其主必昌富，婦人必宜疾，是＝鬼束（責）之{之}門；三歲更。放乙8貳+13貳

（10）一室中卧者眯也，不可以居，是□鬼居之。取桃枱椯四隅中央，以牡棘刀刊其宫藩（牆），譁（呼）之曰："復，疾趣出。

---

① 金關整理者釋作"囗肖强毋予皮毛疾以幣剛毋予脅疾以成囗"。王子今先生改釋"肖"爲"脊"。見《河西漢簡所見"馬祰祝"禮俗與"馬醫""馬下卒"職任》，載梁安和、徐衛民主編《秦漢研究》第8輯，陝西人民出版社2014年版，第12頁。劉嬌先生參照秦簡《馬祰祝》篇及王子今先生的釋讀，改釋金關釋文，並句讀、解說。見《讀肩水金關漢簡"馬祰祝辭"小札》，《文匯報》2016年8月19日第W11版。此處釋文依劉嬌。

· 439 ·

今日不出，以牡〖棘〗刀皮而衣。"則毋（無）央（殃）矣。睡甲24背叁—26背叁

（11）壬名曰黑疾齊誣。癸名曰陽生先智丙。睡甲82背

以上3例"疾"分別爲嫉妒義、迅疾義、人名用字。
日書中的"病"除疾病，生病義外，還可指病情加重。

（12）甲乙有疾，父母爲祟，得之於肉，從東方來，裹以桼（漆）器。戊己病，庚有〖間〗，辛酢。若不〖酢〗，煩居東方，歲在東方，青色死。睡甲68正貳—69正貳

（13）丙丁有疾，王父爲姓（眚），得〖於〗赤肉、雄鷄、酒。庚辛病，壬間，癸酢；煩及歲皆在南方，其人赤色，死火日。睡乙183

這種用法的"病"有8例，出自睡簡《病》和《有疾》篇，這兩篇簡文文字多相一致。劉樂賢先生指出睡簡《病》篇與敦煌數術古籍《發病書》有許多相同之處，《病》篇的"病"，《發病書》叫"小重"，是病情加重的意思；《病》篇的"有疾"與"病"兩個詞有程度不同的差異①。研究者多將睡簡《病》和《有疾》篇中這種用法的"病"理解作病情加重義。

（七）啓—開
日書"啓""開"在穿鑿義位上形成同義詞。
1. 數量分佈
"啓"7例：九店、放簡、孔簡各1例，王簡4例。
"開"1例，見於放簡。

（1）夏三月，啓於北得，大吉。九店54
（2）凡啓門，以七星、張、翼、亢、奎皆〖吉〗。放乙133貳

---

① 劉樂賢：《睡虎地秦簡日書研究》，臺灣文津出版社1994年版，第119—120頁。

(3) 命曰八星，是胃（謂）孤辰，月之大伍也，咸池之敗也。取（娶）妻、嫁女、遷徙、啓門，北南西東，必聽是時，春秋冬夏之日，雖吉，而不見是時，其事必不久，有（又）不成。孔101—102

(4) 門忌：乙、辛、戊，宿直胃、氐，不可開門竇及祠。放乙53貳

2. 意義表達

日書"啓"除穿鑿義外，還有本義開門及引申義打開的用例。

(5) 狼恒譁（呼）人門，曰："啓吾。"非鬼也。殺而享（烹）食之，有美味。睡甲33背叁

(6) 春心，夏輿鬼，秋妻，冬處<虛>，不可出血若傷，必死。血忌，帝啓百虫（蟲）口日也。孔397

"開"未有以上用法，僅在建除簡中有專名"開日"，其中"開"的詞素義爲打開。

(7) 開日，逃亡，不得。可以言盜，盜必得。放甲18貳

(八) 焚—燔

1. 數量分佈

"焚"1例，見於睡簡。

"燔"13例：睡簡9例，放簡1例，孔簡2例，武威1例。

(1) 雷焚人，不可止，以人火鄉（向）之，則已矣。睡甲42背叁

(2) 天火燔人宮，不可御（禦），以白沙救之，則止矣。睡甲41背叁

(3) 犬忌：癸未、酉，庚申、戌，已燔園中犬矢（屎），犬弗尼（昵）。放甲72貳

· 441 ·

放簡有 2 例 "燔" 通 "番"。

(4) 宮日，卜父及兄以死，子孫<u>燔（番）</u>昌；母死，有毀；少者〔死〕，小有（又）死。放乙108上壹+107壹

2. 語法功能

"焚" 僅 1 例，出自睡簡《詰》篇，"焚" 的對象爲 "人"；《詰》篇另有 7 例 "燔"，其對象可以是人宮、屎、糞、屋、辨（瓣）、戟、蚕（鬃）及六畜毛邋（鬣）、生桐、衣冠。

趙岩先生據楚簡僅見 "焚"，睡簡以 "燔" 爲主，放簡、周秦、嶽山僅見 "燔" 的狀況，得出 "'燔' 是秦地的方言詞。'燔' 適用於秦地及周邊地區，東方各國則主要使用 '焚'" 的結論；並指出由於秦系語言的發展，"燔" 替代了 "焚"，成爲本範疇的基本範疇詞[①]。睡簡《詰》篇應爲楚系日書，其中 "燔" "焚" 共現，有頻率差別，無語義不同。此外，趙岩先生將馬王堆醫簡 "燔" 多見而 "焚" 未見的現象作爲 "燔" 漢初迅速擴大的一個證據，而張顯成等先生認爲 "馬王堆醫書成書時代最早爲戰國末期"[②]。馬王堆醫書中有楚方言詞，如《十問》："禹於是飲潼，以安后姚。" "潼" 爲乳汁義，《玉篇·水部》："江東人呼乳爲潼。" 研究者也多將馬王堆帛書作爲楚地語言文字、文化思想等諸研究的語料。"燔" 在睡簡楚系日書《詰》篇及受楚語言影響的馬王堆帛書醫書中高頻出現，其爲秦方言的說法可作商榷。

先秦傳世文獻 "燔" 字使用較多，《詩經》7 例，《禮儀》27 例，《周禮》5 例，《禮記》4 例，《左傳》2 例，《孟子》1 例，《莊子》1 例，《墨子》7 例，《商君書》1 例，《韓非子》2 例，《戰國策》2 例。雖有多例用於表示燒烤、烤肉、焚柴祭祀，但均與燔燒之義相關。且具有楚語色彩的《莊子》有燔燒義的 "燔"。

[①] 趙岩：《簡帛文獻詞語歷時演變專題研究》，中國社會科學出版社 2013 年版，第 87—94 頁。

[②] 張顯成、程文文：《從副詞發展史角度考馬王堆醫書成書時代》，《文獻》2016 年第 2 期。

(5) 介子推至忠也, 自割其股以食文公, 文公後背之, 子推怒而去, 抱木而燔死。(《莊子·盜跖》)

"焚"於《韓非子》中有9例,《呂氏春秋》中有10例; 所以, 若考察傳世文獻, "焚"爲東方各國方言的說法也需重新考慮。

就傳世文獻與出土文獻 "焚" "燔" 的使用情况看, 兩者應是一對具有歷時替換關係的異時同義詞, "焚" 於甲骨文中已有用例, "燔" 春秋戰國時期始出現。"燔" 早期常用於表示與焚燒相關的焚柴祭祀、烤肉等義, 多不表示純粹的焚燒義; 後來或因祭祀方式變更, 戰國後期 "燔" 主要表示焚燒義, 擠壓了 "焚" 的使用空間。

(九) 生—産

日書 "生" "産" 在 "畜生" 與 "生育" 義位上均構成同義詞。

1. 數量分佈

牲畜義位: "生" 20例: 睡簡17例, 放簡2例, 孔簡1例。"産" 3例: 睡簡1例, 孔簡2例。

生育義位: "生" 90例: 九店1例, 睡簡61例, 放簡5例, 王簡9例, 孔簡13例, 港簡1例。另有合成詞 "生子" 171例。"産" 20例: 港簡7例, 阜陽1例, 周漢12例。另有合成詞 "産子" 4例。

2. 意義表達

除牲畜、生育義外, 日書 "生" 還有 "濕而未乾" "活" 義, "産" 也可表示 "活" 義。

(1) 一室人皆養(癢)膿(體), 癘鬼居之, 燔生桐其室中, 則已矣。睡甲52背叁

(2) 甲乙有疾, 禺(遇)御於豕肉, 王父欲殺生人爲姓(眚)。睡乙181

(3) 五未不可尌(樹)官中; 澍(樹), 産人死。孔188貳

(4) 以生子, 子死, 不産。孔39—40

例 (4) "生" "産" 同現, "生" 表生育, "産" 表存活。

（十）至—到
（見本章簡牘日書同義詞研究意義之論述内容）

三 簡牘日書同義詞歷時替換原因臆測

常用詞歷史替換研究成果豐富，詞語替換之間的原因與規律論述已多，雖具體替換詞語不同，原因有別，但總體而言所論及原因主要有如下幾個：

第一，被替換詞詞義核心義位轉移，因語義表達準確而發生替換。

第二，被替換詞詞義負擔過重，因詞義減負、語義表達準確而發展替換。

第三、被替換詞語法組合存有局限，因組合簡潔或適應新組合形式要求而發生替換。

第四，被替換詞與替換詞無區別或區別很小，因語言經濟原則而發生替換。

第五，被替換詞沿用時間過長，因求新求異而發生替換。

詞語替換理論歸納總結，除參照傳世文獻外，出土文獻也是重要的研究語料。因此簡牘日書中的歷時替換同義詞也必然符合一般詞彙替換理論，如"夕""夜"核心義皆爲時間詞，但均可指傍晚與夜間，有時會出現語境也避不開的歧解。所以"夕""夜"時間義分工，"夜"擠佔換"夕"之夜間義，而"夕"則主要表示傍晚義，這種替換主要是追求表義的精確性。不過綜合分析歷時替換詞會發現，文字的書寫形式對於詞語替換的發生與進程也應存有一定影響。

"首—頭""目—眼""豕—豬""犬—狗""夕—夜""生—產""疾—病""啓—開""焚—燔""至—到"，這10組詞共有的特點就是形聲字對純表意字實現了替換。雖未在簡牘日書中構成同義關係，但在其他文獻中卻爲歷時替換同義詞，如"足—腳""木—樹""舟—船""矢—箭""斤—斧""根—本""盈—滿""寒—冷"等，這些詞在書寫書形式上也均是形聲字替換了純表意字。簡牘日書中存在的同義詞，如"旦—晨""穴—竇""音—聲""爲—作""封—填""以、執—把、操、持""包—裹""利—贏""益—增""亡—逃""令—命"

"息—呬"等等，它們之間是否存在替換尚不明確，但在共時語料中同現，應該存在競爭關係。這些詞的文字書寫形式均有純表意與意音表意之別。

　　文字書寫形式應該對詞語替換有影響，尤其是在書面語中；戰國秦漢時期相當數量的詞語發生、實現替換，而新舊詞的轉換，其書寫形式有不少屬於形聲字取代象形、會意等純表意字，這與該時段形聲字大發展存在一定關聯。社會普及度高的淺層應用性文獻，吸收口語及影響口語更爲直接；而典雅文獻，廟堂文學則主要影響社會高層次群體，由局部人群共時輻射，並流傳後世。所以不拘文獻的題材、水平，其語言文字的使用，總歸會對社會人群産生影響。

　　常用詞的替換，要聯繫文字形體發展；同時文字形體的發展也會受到所記錄語言的影響。形聲字在戰國秦漢時期大量產生，既因意音文字是記錄音義結合的語言符號的最理想形式，同時也有字形區別意義的因素。漢字是表意體系的文字，字形在相當程度上有區別語義的功能；如九店日書部分文字在存古、存方、表意方面特點鮮明，就表意性而言，如：葲（行神之行）、櫰（鬼神之鬼）、𦤀（伯益之益）、嶨（大禹之禹）、壾（武夷之夷）、倀（長子之長）、㕻（幼子之幼）、俤（兄弟之弟）、渿（水井之井）、宋（門户之户）、繡（冠帶之帶）、繈（衣裳之裳）、裳（祭祀等所著之裳）、唇（地支之辰）、歲（歲月之歲）、遛（星宿之柳）、曐（星辰之星）、萩（秋天之秋）、宐（居中之中）、逨（來去之來）、达（來去之去）、瑞（佩玉之佩）、䚄（盟詛之盟）、禣（盟詛之詛）、𢼒（祭祀之攻）、覓（消失不見之亡）、閟（閉門之閉）。簡帛文獻中部分常用詞的替換應也有文字表意的因素在內，如"豕—豬""犬—狗"。

	豕	彘	豬	犬	狗
睡簡	9	0	4	13	2
馬王堆帛書醫書	4	19	9	25	3
放簡	5	2	0	11	0

續表

	豕	彘	豬	犬	狗
龍崗秦簡	0	3	0	3	0
周秦	0	0	0	0	1
嶽麓書院秦簡〔壹〕〔貳〕	1	2	0	1	0
里耶秦簡〔壹〕	0①	6	0	4	2②
銀雀山漢簡〔壹〕〔貳〕	2	2	0	2	10
張家山漢簡〔二四七〕	0	6	0	9	0
居新	0	1③	3④	1⑤	15
武威醫簡	0	0	5	0	1
東牌樓漢簡	0	0	2	0	0

　　成書於戰國晚期的馬王堆醫書中"豬"超過"豕"的數量，睡簡中"豬"也有4例；說明"豬"曾在戰國晚期活躍過，該時段的傳世文獻中"豬"也有出現，目前所見有《左傳》《管子》《墨子》各1例，《荀子》2例。唐鈺明先生指出"據年代確鑿而絕無刪改移易之嫌的簡帛資料與傳世文獻相互印證，足以說明'豬'早在先秦就活躍在口語中了"⑥。《方言》卷八："豬，北燕朝鮮之間謂之豭，關東西或謂之彘，或謂之豕，南楚謂之豨。其子或謂之豚，或謂之貕，吳揚之間謂豬子。"《方言》將"豬"作爲通語，說明漢代"豬"應已有了廣泛的使用空間。

　　"豬"在秦代及漢初沉寂不顯，後於漢代中後期才重新起用。這與

---

① 人名用字1例，"犬"誤釋爲"豕"1例；均未計入。
② 人名用字2例，未計入。
③ 見於字書《蒼頡篇》中。
④ 有1例見於字書《蒼頡篇》中。
⑤ 另習字簡1枚，"犬犬犬"連寫。事物名稱"犬觟"4例，"犬皮觟"1例；敦煌1686"狗衣觟二兩，一出。""狗""犬"替換已深入到詞語名稱領域。居漢"狗"26例，有3例爲人名用字，"犬"只出現在事物名稱詞"犬觟"中。
⑥ 唐鈺明：《上古口語詞溯源》，《廣東民族學院學報》1990年第2期。

秦始皇語言文字政策有關，里耶秦簡 8—461 更名牘有"毋敢曰豬，曰彘"，即不要説"豬"，要説"彘"。秦代關中有"豬、彘、豕"等説法，木牘所録規定用"彘"是公文用語的統一，算是一種正名①。

里耶秦簡 8—461 更名牘還有"王犬曰皇帝犬"。從上表統計數字可以看出，在受始皇政策影響的"豬"消失不見的周秦、里耶簡中"狗"並未消失；算上人名用字，里耶簡"狗"的數量甚至超過"犬"，而周秦未出現"犬"。"王犬"更名"皇帝犬"目的在於改"王"爲"皇帝"，並不限定"狗"要改稱"犬"。

《墨子·經説上》："同：二名一實，重同也。"提及一物二名現象。《墨子·經下》："知狗而自謂不知犬，過也，説在重。"這句話的意思是説知道狗這個事物卻説不知道犬，是錯誤的。它們是二名一實。"犬""狗"内涵相同，衹是名稱不同。《墨子》還有"犬""狗"比較的句子，《經下》："狗，犬也，而殺狗非殺犬也，不可，説在重。"《經説下》："狗，犬也。謂之殺犬，可。"《經説下》："謂：所謂非同也，則異也。同則或謂之狗，其或謂之犬也；異則或謂之牛，牛或謂之馬也。"人們所説的，不是相同，就是相異。有人説是"狗"，有人説是"犬"，就是相同；有人説是"牛"，有人説是"馬"，就是相異。《墨子》中"狗"用例多見，有 29 例，其中見於《備城門》以下秦語特徵明顯的篇章中有 11 例。

傳世文獻和出土文獻皆表明，戰國晚期"狗"開始進入｛狗｝語義場，與"犬"共存，並在一定範圍内取得了較快增長，如記載先秦典籍較多的馬王堆醫書和銀雀山漢簡②；但漢代初期基本消失，至漢代中後期才重新復興。"狗"與"豬"的歷時情況雖有細節差異，但兩者發展軌迹基本相同。秦始皇改"豬"爲"彘"對於"犬""狗"的自然替換過程也産生了影響；比較"豕—彘豬""犬—狗"的分佈，可以

---

① ［日］大西克也：《從里耶秦簡和秦封泥探討"秦"字的造字意義》，載陳偉主編《簡帛》第 8 輯，上海古籍出版社 2013 年版，第 142 頁。

② 銀雀山漢簡雖爲漢初之物，但竹簡内容爲先秦古書。張顯成先生認爲銀雀山漢簡抄寫於文、景武帝初期，而各典籍的成書年代都不會晚於戰國時期。見《簡帛文獻論集·已刊佈簡帛及其成書時代》，巴蜀書社 2008 年版，第 647 頁。

發現文獻中"犬""豕"有此消彼長之勢：文獻中"犬"多，則"豕"少而"彘豬"多；"豕"多，則"犬"少而"狗"多。

"犬""豕"是古代重要家畜，同屬六畜，多種場合下會共現；而兩字形體自甲骨文起就比較接近，甲骨文"❏""❏"祇是尾巴曲垂、身子肥扁的局部細節對立。戰國時期文字符號性增強，"犬""豕"二字的區別特徵未能增強，反而有弱化的趨勢。如里耶秦簡 8—2491"牡彘一、牡豕四"，其中的"豕"與 10—4"牝犬一""牡犬一"中的"犬"形體相近，也有研究者認爲"豕"字或當改釋爲"犬"。"豕"非但與"犬"易混，與"亥"也形體近似。《呂氏春秋·慎行》："子夏之晉，過衛，有讀史記者曰：'晉師三豕涉河。'子夏曰：'非也，是己亥也。夫"己"與"三"相近，"豕"與"亥"相似。'至於晉而問之，則曰'晉師己亥涉河'也。""豕"是生活中的常見動物，但其文字形體又與常見動物"犬"、常用地支"亥"易混；解決"豕"的訛混問題，在當時應是非常迫切事情。"彘、豬、狗"可能就是爲了區分"豕"與"犬""亥"而產生的字形①。在與"豕"字形有區分的"豬、彘"兩字中，秦選用了"彘"。因此改書"彘"的簡牘中，"犬"多存留未改；而沿用"豕"的簡牘中，"犬"多改爲"狗"。你改我留，你留我改，祇要能區分相近字形即可。如《銀雀山漢墓竹簡〔壹〕·田法》簡 946—947："上家畜一豕、一狗、雞一雄一雌。上使公人可使畜長者，養牛馬及狗豕雞。"銀雀山漢簡《曹氏陰陽》簡 1656—1657："六畜：牛羊，陰也，馬犬彘雞，陽也。"有"狗豕""犬彘"兩種搭配形式，銀雀山漢簡"狗"有 10 例，"犬"僅 2 例，且均與"彘"連用。

從這個層面講，秦文獻用"彘"代替"豕"，一定程度上延緩了"狗"對"犬"替換的歷程。但是"狗"畢竟是適應漢字構形發展趨勢的新字形，且在一定時間空間内有較多使用；至漢代中後期逐漸替代了"犬"。

---

① 甲骨文"❏、❏、❏"，一般認爲是"彘"字，該字多被看作會意，即中矢之豕。形聲字"彘"產生較晚，《大字典》所列侯馬盟書中的字形可看作形聲字。

· 448 ·

至於秦始皇取"彘"捨"豬",《方言》卷八有"關東西或謂之彘,或謂之豕",有研究者因此並綜合出土文獻"彘"之用例,將"彘"看作秦方言詞。不過銀雀山漢簡有2例"彘",《禮記》《左傳》《孟子》《荀子》《管子》等未有秦方言背景的文獻中"彘"也有用例,"彘"可能非僅爲秦方言詞。對於秦取"彘"棄"豬",暫推測如下:

(1) 大野既豬,東原厎平。(《尚書·禹貢》)

(2) 寡人嘗學斷斯獄矣:臣弑君,凡在官者,殺無赦。子弑父,凡在官者,殺無赦。殺其人,壞其室,洿其宮而豬焉。(《禮記·檀弓下》)

(3) 野人歌之曰:"既定爾婁豬,盍歸吾艾豭?"(《左傳·定公十四年》)

(4) 農乃登麥。天子乃以彘嘗麥,先薦寢、廟。(《禮記·月令》)

(5) 五畝之宅,樹之以桑,五十者可以衣帛矣;雞豚狗彘之畜,無失其時,七十者可以食肉矣。(《孟子·梁惠王上》)

《禹貢》篇一般認爲是戰國時期的作品。戰國時期的重要文獻《禹貢》《禮記》中"豬"被用作"瀦"的通假字。牲畜義的"豬",可能最初是野人口中語,即百姓口語詞;但《左傳》"婁豬"組合又給"豬"帶來了貶義色彩。牲畜義的"彘",可作祭牲,是百姓富足的重要象徵,與"豬"色彩義相反。秦始皇時期"彘"應有優於"豬"的語義特徵。不過"豬"在構形上比"彘"有先天優勢,它於該義場中歷史悠久的"豕"之字形上添注聲符,形成更易操作的形聲記詞。漢中期以後,"豬"突破戰國時期的語義局限及秦代的政策束縛,另加可能與漢武帝劉徹小字"彘兒"相關的避諱因素,最終實現了對"豕""彘"的替換。

再如"焚、燔、燒"有歷時替換關係。從文獻用例看,"焚"最早使用,"燔"又早於"燒","燔""燒"同時擠壓過"焚"的空間,且"燔"曾經在短期內佔據優勢。但東漢以後的文獻"燔"卻難尋踪迹,

· 449 ·

字書訓釋也直接以"燒"訓"焚",越過了"燔";如《廣雅·釋詁》:"焚,燒也。"《周禮·秋官·掌戮》:"凡殺人親者焚之。"鄭玄注:"焚,燒也。""燔"替换"焚"失利,與同爲形聲字的"燒"强勢發展有關。"燔"僅是在形聲字構形發展背景下替换"焚"的音近形聲字,但形旁"番"表音先天不足。同爲形聲字的"燒"應有優於"燔"的發展條件,疑"燒"受同時期產生的"澆"字影響,兩者形體對比鮮明,互相影響,同步發展,皆成爲各自同義詞場中的常用詞。東漢以後書面語中"焚"的復興,以及方言中的延續生存,或有政治中心東移和經學文獻影響的因素①,也應與"焚"形體的表義明確及其詞義的單一有關;就形體而言,"焚"字燃火燒林,表義明確,在焚燒氣勢方面具有天然優勢。

再如"啓"和"開"具有歷時替换關係。"啓"造字意圖明顯,表義明確,且引申義與本義關聯密切,語境中不易混淆;所以,儘管形聲字同義詞"開"進入"開門、打開、穿鑿"等語義範疇,但早期"開"替换"啓"的進程緩慢而艱難。"開""啓"替换,與"燔""焚"有相近之處,都是形聲字替代會意字,而被替换的會意字又都表義明確。"開"成功替换了"啓",或有"閉、關、闔"字形的類推作用,其中更重要的是"避諱"這種社會政治因素的影響。

可見,因文字形體符號化的推進,象形字的符號化形體不能很好地呈現所蘊含的意義,造字理據逐漸不顯;在形聲字發展背景下,更難以與新興的同義形聲字抗衡,難以規避被替换的局面。"最早的形聲字不是直接用意符和音符組成的,而是通過在假借字上加注意符或在表意字上加注音符而產生的。……大部分形聲字是從已有的表意字和形聲字中分化出來的。"②而這也是記錄新舊詞替换所呈現出的文字形體的主要變化形式。會意字表義借助於構件的形體關聯或意義綜合,即使文字符號化,其造字理據還在,因而如無外力影響,一般替换難度大,且容易

---

① 趙岩:《簡帛文獻詞語歷時演變專題研究》,中國社會科學出版社 2013 年版,第 94 頁。
② 裘錫圭:《文字學概説》,商務印書館 1988 年版,第 151 頁。

出現反復。

　　文字形體的發展與所記錄的語言關聯密切，文字一經創造出來，就會對語言產生影響，加速或延緩語言的發展①，"漢語是用具有表意特徵的漢字記錄的語言，較其他民族的語言，詞義與詞的書寫形式（即漢字）有着更爲密切的聯繫""堅持漢語詞彙形（這裏指書寫形式）、音、義的綜合研究，是深刻地理解和準確地説明漢語詞義的一個關鍵所在。"②

　　書面語、口語相互影響，文字是記錄語言的書寫工具；詞彙具有系統性，相關詞語替換可能會產生連鎖反應。探尋同義詞歷時替換的原因，除追究同義詞之間語義、語法以及語言使用者的心理因素外，亦可跳出同義詞場的圈子，在文字形體、詞彙系統中尋找相關綫索。

---

① 陳偉武，《甲骨文反義詞研究》，《中山大學學報》1996年第3期。
② 馮凌宇，《漢語人體詞彙研究》，中國廣播影視出版社2008年版，第44頁。

第三章　簡牘日書歷時異文的語言學觀察

　　古書流傳過程中，會產生共時異文和歷時異文①。吴辛丑先生從文字價值、詞彙與訓詁、語法、古音與古籍校勘等角度對簡帛典籍異文進行了系統研究，既有共時異文、也有歷時異文的比較；吴辛丑先生的研究對象爲"簡帛典籍"，因日書"雖是書籍"，但"在歷史上未取得經典的地位，屬於逸失的古籍"，所以未將日書作爲主要研究對象，同時也指出這些材料很有價值，"可以進行專門的研究"。②

　　日書爲現行黄曆的前身，在古代人類對於外界、自身認識都極爲有限的情況下，日書必然有廣泛使用和深遠影響。《史記·太史公自序》："齊、楚、秦、趙爲日者，各有俗所用。"由於占卜事項的共通性與日書内容的沿襲性和匯抄特點，相同篇章的内容見於不同地域、不同批次出土的不同時代的日書。日書作爲占卜日常生活宜忌的實用手册，當直接即時服務於當地之時人③；"'日書'在當時有各種各樣的傳抄本，來源不一，流傳各異，有古今的不同，也有南北的差異。"④ 所以，即使是相同篇章的日書，因時間、空間發生了變化，其語言文字也有相應的

---

① 馮勝君：《有關出土文獻的"閱讀習慣"問題》，《吉林大學學報》2015 年第 1 期。
② 吴辛丑：《簡帛典籍異文研究》，中山大學出版社 2002 年版，第 7 頁。
③ 如睡簡日甲 101 正壹："四灋（廢）日，不可以爲室、復（覆）屋。"居新 EPT22：372："又今日囚廢日，天雨，恐有戎兵。""囚廢日"當爲"四廢日"。這兩枚簡雖均爲四廢日宜忌，但内陸與邊境，禁忌事項或預判事態有別。再如居新 EPT43.181："☐☐日丙戌直平，可封功、計☐"，雖非日書，但將建除術用於選擇戍邊行爲舉措中。
④ 魏德勝：《居延新簡、敦煌漢簡中的"日書"殘簡》，《中國文化研究》2000 年第 1 期。

改動。

　　就現有簡牘日書文獻而言，大宗語料爲睡簡、放簡和孔簡，其他批次日書的數量較少。睡簡雜糅楚秦兩地日書，非單一地域的文獻；睡簡日書和放簡日書的全面共時比較存在困難，且嚴格來講兩者還有時代先後之別。睡簡日書甲乙種重合篇目較多，"造成甲種、乙種在具體細節上不同的原因，很可能是因爲這兩種本子所載内容的時代不同"①。放簡日書甲乙種的相同篇目不多，而相同篇目的語言文字多相一致，甲種日書可能是乙種日書的摘抄或乙種日書在甲種日書基礎上擴充而成。總之，簡牘日書的共時異文比較存在資料不對稱的弊端。

　　歷時異文是漢語歷時演變研究的重要語料。古代漢語學界非常重視利用版本異文進行漢語史，尤其是詞彙史研究，並已取得了較多成果②，如吴辛丑《簡帛典籍異文研究》（2002）、汪維輝《〈老乞大〉諸版本所反映的基本詞歷時更替》（2005）、李索《敦煌寫卷〈春秋經傳集解〉異文研究》（2007）、劉寶霞《程高本〈紅樓夢〉異文與詞彙研究》（2012）、李曉敏《〈潛夫論〉佚文及明前版本情況》（2014）。就歷時層面的日書文獻而言，研究者的觀點不同。有研究者認爲數術方技類古籍有一個明顯的特點，就是從内容到形式都有着相對的穩定性，持續的時間比較長③；"日書都是世代相傳、反復使用的手册，内容完全是設計好的和程式化的，幾千年來很少變化。它們並不是實際的占卜記録，更不是社會生活的寫實"④；日書中的有些基本差異乃是由於曆法的不同所造成的，"從《日書》的書寫形態和表現内容看，不同時代的日書彼此之間的差别其實是很小的"⑤，日書的特點之一是"内容相似

---

　　① 劉樂賢：《睡虎地秦簡日書研究》，臺灣文津出版社1994年版，第414頁。

　　② 我們曾撰文討論異文不但於古代漢語研究意義重大，現代漢語研究和辭書編纂也應重視現代作品的異文。見《現代作品早期版本的漢語詞彙學研究價值》，《河南科技大學學報》2015年第2期。

　　③ 劉釗：《出土簡帛的分類及其在歷史文獻學上的意義》，《厦門大學學報》2003年第6期。

　　④ 李零：《中國方術考（修訂本）》，東方出版社2001年版，第216頁。

　　⑤ 晏昌貴：《簡帛〈日書〉與古代社會生活研究》，《光明日報》2006年7月10日第11版。

性大。從先秦一直到後代，內容的穩定性較强"①。也有研究者認爲日書爲流傳於民間的日常擇日之書，"在流傳的過程中會不斷地發生變易；可以説，《日書》從來衹是一個動態的文本，而從來不存在一個固定的文本，即從來也没有一部統一的《日書》文本"②；"人們對技術的追求一向是'喜新厭舊'，講技術的書雖不斷遭淘汰，没法像'高談闊論'那樣傳之長久，但它們的傳統没有斷，後世還有類似的書，晚期的'杯'中還有早期的'酒'。"③《隋書·經籍志》所著録的數術類文獻絶大部分都是魏晉南北朝時期編纂而成的，可以説是人們對數術文獻"喜新厭舊"的必然結果④。由於曆忌之書爲指導民間日常生活的實用手册，而生活的基本行爲一般不會改變；再加上人們一般不敢輕易違逆曆忌之書所規定的行事宜忌，這就導致其內容無論是行爲對象還是行爲模式都具有很强的延續性。同時，日書又屬應用性文獻，即時服務於特定時空下的人群；所以，日書又具有與時俱進的特點。就現已發現的日書來看，其內容具有獨特性與現時性，因實際情況的改變在後世被自然廢棄。即便是後世擇日通書，在內容上也並非一成不變⑤。

　　日書文本是動態發展的，其"時代差異要大於地域差異"⑥；日書時代差異既有內容的增補，也有語言文字的時代變遷。而當前即使主張日書會隨時代變遷而發生變化的研究者也多着眼於日書內容的變化。受限於日書共時異文比較的困難，本章我們衹討論日書歷時異文現象，研究目的也簡化爲，從語言學角度透視相同篇章、不同批次的日書歷時異文，冀望據語言文字的細微變化來討論簡牘日書語言隨時異動的特點。

---

　　① 宋艷萍：《居延新簡〈厭魅書〉考析》，載張德芳主編《甘肅省第二屆簡牘學國際學術研討會論文集》，上海古籍出版社 2012 年版，第 221 頁。
　　② 胡文輝：《〈日書〉起源考》，載李學勤主編《簡帛研究》第 2 輯，法律出版社 1996 年版，第 130 頁。
　　③ 李零：《道家與"帛書"》，載陳鼓應主編《道家文化研究》第 3 輯，上海古籍出版社 1993 年版，第 390 頁。
　　④ 劉樂賢：《簡帛數術文獻探論》，湖北教育出版社 2003 年版，第 14 頁。
　　⑤ 王光華：《簡帛禁忌研究》，博士學位論文，四川大學，2007 年。
　　⑥ 晏昌貴：《放馬灘、睡虎地、孔家坡三種〈日書〉之比較》，載張德芳主編《甘肅省第二屆簡牘學國際學術研討會論文集》，上海古籍出版社 2012 年版，第 512 頁。

需要説明的是，我們討論日書異文，不在於考證疑難詞，根本目的在於說明簡牘日書雖記載核心内容高度一致的生活、生產内容，有累積匯編的性質，亦有程式化的書寫格式；但作爲服務於不同時代人群具有"流行讀物"性質的日書文本而言，它會順時變化，記録並能反映當時的語言面貌。馮勝君先生指出先秦兩漢文獻主要通過輾轉傳抄的方式傳佈①；日書文獻具有累積性質，其流傳主要借助於輾轉傳抄；日書文獻中語言文字因時代不同而發生的變化，更能顯現抄寫者用時語更改舊語的事實。日書中的歷時異文彰顯了語言的歷時變遷，更能證明日書文獻的漢語史研究價值。

根據日書的篇幅、時代，我們重點比較九店、睡簡、放簡、孔簡這四批代表了戰國晚期早段、戰國晚期至秦、漢三個歷時層面的相同篇章中語言文字的異同，將周秦、王簡、嶽山、港簡、印臺、水簡等日書作爲輔助材料，不作系統比較。

詞彙是語言中發展變化最快的要素，日書中最明顯、最易感知的異文就是詞語的替換；此外也有語法、文字方面的異文。本章選取異文中的詞彙、語法、文字的幾個語言點，來透視日書文獻的歷時發展②。

第一節　簡牘日書歷時異文中的詞彙現象

一　詞語替換

(一) 因語言演變而產生的詞語替換

1. 疾—病

"疾""病"在生病、疾病意義上存在歷時替換關係，爲歷時同義詞。

---

①　馮勝君：《從出土文獻看抄手在先秦文獻傳佈過程中所產生的影響》，載陳偉主編《簡帛》第4輯，上海古籍出版社2009年版，第415頁。

②　日書歷時異文研究有多方面的意義，除語言學研究意義之外，還可以幫助校對、訓讀日書文獻等，我們將在今後的工作中另作細緻研究。

表一　　　　　　　　日書中"疾""病"的分佈

		九店	睡簡	放簡	孔簡	其他秦簡①	其他漢簡②	合計
生病義	疾	0	6	0	0	0	4	10
	病	0	11	52	1	31	4	99
疾病義	疾	9	30	11	30	8	9	97
	病	0	1	2	3	2	2	10

日書有"疾""病"歷時異文。

表二　　　　　　　　日書中"疾""病"的歷時異文

建除③	睡簡	盈日，可以筑（築）閈（閑）牢，可以〖入〗産，可以筑（築）宮室、爲嗇夫。有疾，難起。睡甲16正貳
	放簡	盈日，可築閈（閑）牢，可入生（牲）、利築宮室、爲小嗇夫。有疾，難瘳。放甲15
	孔簡	盈日，可以築閈（閑）牢、築宮室、入六畜、爲嗇【夫。有】病者，不起，□□。孔15
稷辰④	睡簡	危陽，是胃（謂）不成行。以爲嗇夫，必三徙官；徙官自如，其後乃昌。免，復事。亡人，自歸。又（有）疾，不死。睡甲36正
	孔簡	【危陽】 ☒三徙〈徙〉官自如，其後乃昌。以免，復爲。有病，不死。孔36

---

①　具體分佈情況見第二章同義詞，此處不再詳列分見於各簡牘中的數量。下列表格中統計數字，同。
②　同上。
③　睡簡楚系日甲自題篇名"除"，秦系日書自題篇名"秦除"；楚系日乙未存篇題，秦系日書自題篇名"徐"；放簡日書未存篇題，整理者擬題爲"建除"；孔簡日書自題篇名"建除"。睡簡《秦除》與放簡"建除"和孔簡《建除》內容相近。
④　睡簡日甲自題爲"稷辰"，日乙自題爲"秦"；孔簡自有篇題，惜字迹不清，蓋爲"辰"；港簡未存篇題，整理者擬題爲"稷辰篇"。睡簡《秦》篇文字簡略，《稷辰》篇與孔簡、港簡文字相近。

· 456 ·

續表

病①	睡簡	凡酉、午、巳、寅，以問病者，必代病。睡乙188壹 辛卯、壬午不可寧人，人反寧之。睡乙192貳	凡酉、午、巳、寅、辛亥、辛卯問病者，代之。睡乙193貳
	嶽山	〔毋〕以辛亥、卯、壬午問病者。以寧人，人必寧之。以賀人，人必賀之。嶽山44正壹	寅、卯不可問病者，問之必病。嶽山44正壹2
	周漢	辛亥、辛卯、壬午不可以寧人及問疾，人必反代之。利以賀人，人必反賀之，此報日。周漢33貳+162貳+224貳	
	孔簡	辛亥、辛卯、壬午不可以寧人及問疾，人必反代之。利以賀人，人必反賀之。此報日也。孔305叁—306叁	酉、午、卯、巳，不可問病☐孔殘22
	張M249	☐卯、壬午，不可以問疾，必代有疾。張M249《文物》圖壹-16	

　　日書《建除》篇、《稷辰》篇中對應占辭"疾""病"的歷時異文符合兩者歷時發展規律。而日書《病》篇中對應占辭中的"疾""病"異文，從表面看，有違背於兩詞歷時替换的事實與認知；不過，細緻分析簡文"疾""病"的運用細節，可以發現"疾""病"在漢簡、秦簡中的"逆時替换"是名詞"疾"對名詞性結構"病者"的替换，謂詞性結構"有疾"對動詞"病"的替换，兩者不是詞與詞的對等替换。可見直至漢代，名詞"疾"與相同功能的同義詞"病"相比，還佔有優勢。除去異文，《日書》"疾""病"的用例也體現了兩者用法的這種區別特點：《日書》中兩詞單用總數量幾乎相同，"疾"有107例，名詞用法97例，而"病"有109例，動詞用法99例。

　　日書中"病"主要表生病義，"疾"主要表疾病義。

　　名詞"病"的用例列舉如下：

　　(1) 人日：凡子、卯、寅、酉，男子日；午、未、申、丑、

---

① 睡簡存篇題"病"，其他簡牘均未存篇題，周漢簡歸入《死失（魅）》篇，孔簡整理者擬題爲"報日"。

亥，女子日。以女子日病，病瘳，必復之；以女子日死，死以葬，必復之。男子日如是。睡乙108

（2）得其月之剽，恐死；得其歇，瘁（瘥）；得其吉，善；得其閉，病中□□；得其建，多餘病；得除，恐死；得其盈，駕（加）病；得其吉，善；得其危，病久不□□□，乃復病。放乙338+335+358上+364下

（3）子有病，不五日乃七日有瘳，雞鳴病，死。王399

（4）丑有病，不四日乃九日有瘳，平旦病，死。王396

（5）【危陽】☐三徙〈徙〉官自如，其後乃昌。以免，復爲。有病，不死。孔36

（6）申，玉石也。盜者曲身而頪（邪）行，有病足胻，依販（阪）險稷之，其盜女子也，禿。孔375

（7）辰生子，七日、三月不死，多病，一十三年以辛卯死。孔383貳

（8）病與惡入，疾去毋顧。懸泉Ⅱ0214③:71

（9）辰產：子，七日、三月不死，多病，七十三年以辛卯死。周漢102貳

例（1）"病瘳"之"病"爲重文，後一"病"字可看作名詞，名詞"病"的使用，語境特殊。王簡也有如下的句子：

（10）五子有疾，四日不瘳乃七日。雞鳴有疾，死。王360

例（3）、例（4）前文"有病"與後文"病"對應，而例（10）前文"有疾"與後文"有疾"對應。也許名詞"病"的出現與語言表述的整齊經濟有關。漢簡日書中"病"的名詞功能明顯，不過例（6）中的"病"處於"動詞'病'+器官名詞"和動詞"有+名詞'病'"的套合結構中，有動詞向名詞過度的遺迹。

動詞"疾"的用例列舉如下：

（11）己丑生子，貧而疾。睡甲145正貳

(12) 丙午生子，者（嗜）酉（酒）而疾，後富。睡甲142正肆

(13) 癸丑生子，好水，少疾，必爲吏。睡甲149正肆

(14) 己丑生，疾。睡乙242

(15) 丙午〔生〕，疾。睡乙243

(16) 乙未生，少疾，後富。睡乙242—243

(17) 擣（禱）日：木日疾，祟在社；火日疾，祟在强死、傷（殤）旱<早>；土日疾，祟在木☐衡、水、暴死者；水日疾，祟在游死者。水《文物》封三：13+12

睡簡中動詞"疾"均出現於《生子》《生》篇。例（11）、例（12）中的"疾"用連詞"而"與謂詞相連，動詞用法外顯。但是例（13）至例（16）中的"疾"則名詞、動詞兩可。如：

(18) 禾不孰（熟），水不大出，民少疾。孔436貳

例（18）中"疾"名詞意義明顯，例（13）、例（16）中的"少疾"不能排除有相同的用法。

睡簡《生子》篇"疾"也有用作名詞的用例。

(19) 乙未生子，有疾，少孤，後富。睡甲141正叁

例（14）、例（15）中的"疾"訓作廢疾也未嘗不可。

總之，日書"疾"主要作名詞，而"病"主要作動詞。動詞"疾"數量少，但漢簡中還有殘留；名詞"病"數量少，漢簡中名詞用法凸顯，未見上下文表述方式的影響。

"疾""病"語法功能上的差異，在日書同條簡文中共現時表現的尤爲突出。

睡簡日甲有《病》篇，日乙有《有疾》篇，兩篇"性質相同，文句也基本一致"[①]，應爲相同篇章的異時書寫。從篇題"病"和"有

---

① 劉樂賢：《睡虎地秦簡日書研究》，臺灣文津出版社1994年版，第378頁。

疾"可以看出，"病"爲動詞，"疾"爲名詞。而篇章中簡文的具體行文也表現出這一點。

(20) 甲乙有疾，父母爲祟，得之於肉，從東方來，裹以桼（漆）器。戊己病，庚有〖閒〗，辛酢。若不〖酢〗，煩居東方，歲在東方，青色死。睡甲68正貳—69正貳

(21) 丙丁有疾，王父爲姓（眚），得〖於〗赤肉、雄鷄、酒。庚辛病，壬閒，癸酢；煩及歲皆在南方，其人赤色，死火日。○睡乙183

放簡有《占疾》篇。

(22) 占疾，投其病日、辰、時，以其所中之辰閒，中其後爲已閒，中其前爲未閒。放乙338

"疾"爲名詞，表疾病義，作"占"的賓語；"病"爲動詞，表生病義，作"日、辰、時"的定語。

放簡亦有《占病》篇。

(23) 占病者，以其來問時直日、辰、時，因而三之，即直六結四百五，而以所三□□除焉，令不足除殹，乃□□者日久易。如其餘□以九者首殹，八者肩、肘殹，七六者匈（胸）、腹、腸殹，五者股、脾殹，四者卻（膝）、足殹。此所以智（知）病疕之所殹。放乙355+343

放簡此2例"占"的賓語，一爲"疾"，一爲"病者"。"疾""病"用法區別分明。從這個角度看，放簡《占病》篇或當擬題作"占病者"。

"疾"的名詞用法在合成詞中也有表現，如九店、孔簡"除疾"各1例，睡簡"棄疾"1例，張M249、孔簡、周漢"問疾"各1例，港簡"惡疾"1例，放簡、孔簡"瘅疾"各2例、3例。

睡簡日書《病》《有疾》篇中的"病"可作病情加重義解。有研究

者提出"病"之本義爲"困苦"①,秦漢時期"病"動詞用法突出且首先在動詞領域發生對"疾"的替換,與其本義爲"困苦"義有關。"疾"本爲動詞,由困苦義衍生出病重義,又由病重擴展到生病,它對"疾"的替換首先從動詞領域開始,進而轉入對名詞疾病義的替換。就日書來看,在動詞領域,自戰國晚期始"病"的優勢已經凸顯;而名詞"病"對"疾"的替換,在睡簡中初見端倪②。除上舉例(1)受重文影響而致名詞用法的1例,睡簡還有1例合成詞中的"病",爲名詞詞素義。

(24)除日,臣妾亡,不得。有瘇病,不死。利市賣、劙(徹)□□□、除地、飲樂(藥)。攻鼓(擊),不可以執。睡甲15正貳

"病"借助合成詞而逐漸獲得名詞義;另,放簡有"病疕""疾病"各1例,孔簡"瘇病""疾病""間病"各1例,印臺"除病"1例。

例(24)"病"前一字,圖版字迹不清;孫占宇先生疑爲"瘇",與孔簡文字一致。孔簡相應簡文作:

(25)除日,奴婢亡,不得。有瘇病者,死。可以□□□,□言君子,可以啓除。可以飲樂(藥)。以功(攻),不報<執>。孔14

孔簡"瘇病"爲疾病名稱,但其後出現了"者"字,或是"病"尚未完全擺脫動詞用法的殘存",亦疑爲"不"誤書。

關於"疾""病"替換的原因,研究者多提及與"疾"詞義較多,疾病義不顯有關;日書中"疾"主要表示疾病、生病,也有迅疾義(5例)、嫉妒義(1例),其詞義系統不算複雜,而且名詞疾病義凸顯,但其仍然被"病"所替換;所以,"病"對"疾"的替換,也當考慮文字方面的原因,"病"爲形聲字,"疾"爲會意字,"病"合於戰國

---

① 黃金貴、姚柏舟:《"病"之本義考》,《杭州師範大學學報》2009年第5期。
② 也有研究者注意到簡牘文獻中"疾""病"語法功能有別。如田啓濤《〈睡虎地秦墓竹簡〉中兩組同義詞研究》,《重慶三峽學院學報》2010年第6期;黃成《上古漢語三組常用詞演變研究》,碩士學位論文,西南大學,2011年。

秦漢形聲字大量興起的文字發展歷程。

"病"替換名詞"疾"的用法發生晚，且受政策的影響①，比替換動詞"疾"的進程緩慢且有反復。"疾""病"人名用字情況也可說明名詞"疾""病"替換遲緩的事實：秦已有"棄疾""去疾"人名，《珍秦齋秦私印》有江棄疾、江去疾，里耶秦簡8—159故楚地洞庭郡有御史丞"去疾"；漢代始見"去病""病已"等人名。不過漢代"病"字人名多見，除西漢名將霍去病外，《漢印文字徵》有筍去病、臣去病、東門去病、邯鄲去病、張病去、李病已、公孫去病、王病已、周去病、臨去病、東門去病、李病已、臣去病、吳去病，居延漢簡有鄭去病，等等，而"疾"字人名已罕見，説明漢代通語中名詞"病""疾"的替換也已基本完成。

日書異文保存了動詞"疾"與"病"的此消彼長的替換現象和名詞"疾"頹勢下的短暫逆襲。

2. 生—產

"生""產"在多個意義上存在歷時替換關係，爲歷時同義詞。

表一　　　　　　　　日書中"生""產"的分佈

		九店	睡簡	放簡	孔簡	其他秦簡	其他漢簡	合計
牲畜義	生	0	17	2	1	0	0	20
	產	0	1	0	2	0	0	3
生育義	生	1	61	5	13	9	1	90
	產	0	0	0	0	0	20	20
生存生長義	生	4	4	4	9	0	0	21
	產	0	4	0	7	0	1	12
滋長	生	0	0	22	0	0	0	22
	產	0	0	0	0	0	0	0

---

① 里耶秦簡8—461更名牘有"曰產曰疾，曰瘅曰荊"。若整理者釋讀不誤，名詞"病"對名詞"疾"替換的反復性，與秦始皇語言文字政策有關。"瘅""荊"名詞名稱，"產""疾"或應相同；如此，則"產"應與"生"相對，"曰產"即牲畜義要説"產"而不要説"生"；"曰疾"當與"病"相對，"曰疾"即疾病義要説"疾"而不要説"病"。不過該"疾"字又被改釋爲"族"（見陳偉主編《里耶秦簡牘校釋（第一卷）》，武漢大學出版社2012年版，第156頁）。若更名牘未涉"疾""病"更替，那麼名詞詞義"疾""病"替換出現反復，原因只能是舊詞沿襲，新詞未穩，替換不易。

續表

		九店	睡簡	放簡	孔簡	其他秦簡	其他漢簡	合計
活的	生	0	1	0	0	0	0	1
	產	0	0	0	1	0	0	1
濕而未乾	生	0	1	0	0	0	0	1
	產	0	0	0	0	0	0	0

日書中有"生、產"在牲畜、生育、生存意義上的歷時異文材料。

表二　　　　　　　　牲畜義的"生"和"產"

睡甲《星》	東井，百事凶。以死，必五人死。以殺<u>生（牲）</u>，必五<u>生（牲）</u>死。睡甲89正壹
睡乙《官》	東井，百事兇（凶）。以【死】，必五人。殺<u>生（牲）</u>，必五<u>生（牲）</u>死。睡乙89壹
孔簡《星官》	東井，百事凶。以死，必五人。殺<u>產</u>，必五<u>產</u>。孔70—71

表三　　　　　　　　生育義的"生"和"產"

生子	孔簡《生》	子生：子，三日、二月五日不死，必爲上君，五十八年以〼。孔379貳
		【丑生：子，】〼死，史（吏），六十八年以丙寅死；女，二日、一月不〔死〕，必爲巫，五十六年以丙寅死。孔380貳
		寅生：子，五日、四月不死，卅五年以丁卯死；女，四日、七月、十月不死，三夫，六十七年以庚午死。孔381貳
		卯生：子，三日、六月不死，貧，三妻，八十年以已死；女，三日、三月不死，貧，卅一年以甲辰死；一日八十年庚寅死。孔382貳
		辰生：子，七日、三月不死，多病，一十三年以辛卯死；女，三日、五月不死，爲巫，七十二年以壬午死。女復寡。孔383貳
		【巳】生：子，三日、三月不死，富，六十一年以己巳死；女，一日、八月不死，毋（無）子，八十九年以辛卯死。孔384貳
		午生：子，八日、二月二日不死，爲大夫，六十九年以辛未死；女，二日、五月六日不死，善盜，五十年以辛未死；一曰善田。孔385貳
		未生：子，三日、二月一日不死，必臨國，六十五年以壬申死；女，五日、三年不死，必爲上君妻，七十六年以庚申死。孔386貳
		申生：子，七日、三月不死，史（吏），五十一年以甲戌死；女，七日、六月不死，大富，卅九年以己巳死。孔387貳
		酉生：子，九月〈日〉、二月不死，狂，卅三年以丙子死；女，一日、四月不死，爲大巫，卅九年以丁丑死。孔388貳
		【戌生：子，】〼日、三月二日不死，大富，七十四年以寅死；女，三日、五月不死，必奸，卅五年以壬子死；一曰廿年死。孔389貳
		【亥生：】子，三日、三月不死，善田，六十七年以庚午死；女，五日、九月不死，十年以丁亥死。孔390貳

續表

港簡《產》	產一日、八十日不死，毋（無）子，八十九歲辛亥死。港78壹 產一日、三月不死，貧，八十歲甲寅死。港79貳 產二日、二旬不死，爲吏，五十歲甲戌死。產七日、四月不死，大富，卅九歲己巳死。港80壹一貳 產三日、二旬、一月不死，二夫，卅九歲申申死。港81貳 ☐【辛】卯死。產三日、五月不死，爲人巫，七十二歲壬午死。港82壹一貳 產五日、九月不死，恐☐，十歲丁酉死。港83貳
周漢《產》①	子產：子，三日、二月五日不死，必爲上君，五十八年以甲子死；女子，三日、二月不死，三夫，卅九年甲子死。周漢100貳 丑產：子，四月、五月不死，史，六十八年以丙寅死；女子，二日、一月、五月不死，必爲巫，五十六年以丙寅死。周漢24+37貳 寅產：子，五月、四月不死，卅五年以丁卯死；女子，四月、七月、十月不死，三夫，六十七年以庚午死。周漢42+50貳 卯產：子，三日、六月不死，貧，三妻，八十年以己巳死；女，三日不死，貧，卅一年以甲辰死；一日八十年庚寅死。周漢70貳 辰產：子，七日、三月不死，多病，七十三年以辛卯死；女，三日、五月不死，爲巫，七十二年以壬午死。女【復寡】。周漢102貳 巳產：子，三日、旬、三月不死，寡，六十一年以己巳死；女，一日、八月不死，毋（無）子，八十九年辛卯死。周漢9+34貳 午產：子，八日、二月二日不死，爲大夫，六十九年以辛未死；女，二日、五月六日不死，善盜，五十年以辛未死，善田。周漢159貳 未產：子，三日、二月一日不死，必臨邦，六十五年以壬申死；女，五日、三年不死，必爲上君妻，七十六年以庚申死。周漢187貳 申產：子，七日、三月不死，史，五十一年以甲戌死；女，七日、六月不死，大富，卅九年以己巳死。周漢222貳 酉產：子，九日、〖二月〗不死，狂，卅三年以丙子死；女，一日、四月不死，爲大巫，卅九年以丁丑死。周漢279貳 戌產：子，七日、三月二日不死，大富，七十四年以寅死；女，三日、五月不死，必奸，卅五年以壬子死，一日廿年死。周漢310貳 亥產：子，三日、四月不死，善田，六十七年以庚午死；女，五日、九月不死，十年以丁亥死。周漢343貳

---

① 周家寨漢簡發掘簡報公佈了39枚簡文釋文和圖版，其中有15枚竹簡內容被歸入《禹湯生子占》篇。這15枚簡分兩欄書寫：上欄與睡簡日甲《人字》篇的兩幅人形圖類似，兩圖之間配有説明文字；下欄記載了通過十二地支日產子女在若干日不死來占斷未來吉凶命運的內容。見湖北省文物考古研究所、隨州市曾都區考古隊《湖北隨州市周家寨墓地M8發掘簡報》，《考古》2017年第8期。紀歡歡先生將上欄人形圖與占辭擬題爲《禹湯生子占》，將下欄內容單獨擬題爲《產子》。見《秦漢日書同篇異文的文本研究》，碩士學位論文，武漢大學，2016年。轉引自高一致《周家寨簡日書〈禹湯生子占〉試解》，簡帛網2017年10月1日（http://www.bsm.org.cn/show_article.php?id=2903）。按：因所產"子""女"相對，我們將此篇擬題爲"產"。

續表

四向占生子	睡簡《四向占生子》	生：東鄉（向）者貴，南鄉（向）者富，西鄉（向）〖者〗壽，北鄉（向）者賤，西北鄉（向）者被刑。睡乙74貳—76貳
	睡簡《生子》	凡生子北首西鄉（向），必爲上卿，女子爲邦君妻。睡乙248
	周秦《產子占》	產子占：東首者貴，南首者富，西首者壽，北首者北（鄙）。周秦145貳—151貳
	敦煌《四向占生子》	生子：東首者富，南首者貴，西首者貧，北首者不壽。生子見天者☐敦煌2056

表四　　　　　　生存、生長義的"生"和"產"

放簡《五行》	火生寅，壯午，老戌。金生巳，壯酉，老丑。水生申，壯子，老辰。木生亥，壯卯，老未。放乙73貳—76貳
孔簡 《勿（物）生》①	水生申，壯子，老辰。木生亥，壯卯，老未。火生寅，壯午，老戌。金生巳，壯酉，老丑。孔103—104
日廷圖三	【子】水【長】，丑金死，寅火產，卯水長，辰水死，【巳金產】，【午火長】，未木死，申水產，酉金民，戌火死，亥木產。

　　日書相同篇章呈現出"產"在牲畜，生育、生存、生長意義上對"生"的歷時異文狀態；就日書用例來看，"產"的這三個意義戰國晚期已產生。"生""產"有多個意義在戰國晚期並存，所以里耶秦簡8—461更名牘有"曰產曰疾"，這應是對名詞牲畜義和疾病義的統一規定。牲畜義"產"對"生"的替換，也表現在合成詞"畜產"對"畜生"的替換上。

表五　　　　　　牲畜義的"畜生"和"畜產"

睡簡	《秦除》	收日，可以入人民、馬牛、禾粟，入室、取（娶）妻及它物。睡甲23正貳
	《稷辰》	秀，是胃（謂）重光，利至（野）戰，必得侯王。以生子，既美且長，有賢等。利見人及畜畜生。睡甲32正
		敫，是胃（謂）又（有）小逆，毋（無）大央（殃）。可以穿井、行水、蓋屋、飲樂（藥）、外除。亡者，不得。不可取（娶）婦、家（嫁）女、出入貨及生（牲）。不可臨官、飲食〖歌〗樂、祠祀。睡甲38正
		陰，是胃（謂）乍陰乍陽，先辱而後又（有）慶。利居室、入貨及生（牲）。睡甲42正

---

① "勿（物）生"篇題釋讀，從劉國勝等先生。見劉國勝、凡國棟、楊芬《孔家坡漢簡日書釋文補正》，載陳偉主編《簡帛》第12輯，上海古籍出版社2016年版，第134頁。

· 465 ·

續表

睡簡	《秦》	【采（秀）】，□□□車，見〖人〗，入人民、畜生，取（娶）妻、嫁女，□□□□□□不可復（覆）室。睡乙53壹壹
		敫，有細喪，□□央（殃），利以穿井、蓋屋，不可取（娶）妻、嫁女，祠，出入人民、畜生。睡乙57—58
		陰，先辱後慶。利居室，入貨、人民、畜生；可取（娶）婦□葬貍（埋）、祠。睡乙60—61
	《艮山》	離日不可以家（嫁）女、取（娶）婦及入人民、畜生，唯利以分異。睡甲49正叁—51正叁
	《十二支占死咎》	申，石也。其咎在二室，生子不牷（全）。睡甲91背壹
放簡	建除	收〖日〗，可以〖入〗氏<民>、馬牛、畜生，盡可，及入禾粟，可以居處。放甲21貳
孔簡	《建除》	收日，可以入人、馬牛、畜產、禾稼，可以入室、取（娶）妻。孔22
		秀日，是胃（謂）重光，□王。以生子，美且長，賢其等。利見人及入畜產。孔31
	《辰?》	【敫日】□，利以穿井、溝、竇、行水、蓋屋，舍（飲）藥，外除。亡者，不得。不可以取（娶）妻、嫁女、出入畜生、爲嗇夫、臨官、舍（飲）食、歌樂、祠祀、見人；若以之，有小喪，毋（無）央（殃）。孔38—39
		陰日，是胃（謂）作（乍）陰作（乍）陽，先辱後有慶。利以居室、入貨、見人、畜產。孔44
	《死咎》	申死，其咎在二室畜產。孔308
水簡	《稷辰》	□敫、卯、巳、□未、酉、亥、丑，是謂小逆，毋大央（殃），可以穿井、行水、蓋屋、飲藥。亡者，不得。不□畜產、爲嗇夫。臨官、見人不吉。水《文物》封三:5
周漢	《離日》	離日不可取（娶）妻、嫁女及入人、畜產、貨，可分翼（異）。周漢216+殘1貳+291+殘2貳
	《死失（魃）》	申死，其咎在三室畜產。周漢33壹

"畜產"在漢簡日書中始有用例，數量雖不多，共有8例：孔簡4例，周漢2例，水簡、金關各1例；但主要出現於《日書》常規篇目《建除》《稷辰》和《艮山》《死咎》（《死失（魃）》）的異文材料中。僅金關73EJT7.60"□畜產自死，家當有妖"1例屬《詰》篇類內容，其他日書中未有對應語句，其"畜產"屬未有新舊詞抗衡，新起爐灶而成；其他7例均有對應的語句，秦簡日書或作"畜生"或作"生"，這些

· 466 ·

"畜産"是替换日書常規篇中的常用詞"畜生""生"而來。

新詞産生的路徑多，有突現的可能；但一般而言新詞對舊詞的替換是長期過程，尤其是對常用詞的替換難度更大。作爲匯抄性質的實用手册，漢簡日書"畜産"實現了對日書常規篇章中常用詞"畜生""生"的部分替換，是"畜産"强勢發展的體現，也是"産"替換"生"的深化。趙岩先生指出戰國早期文獻"畜生（牲）"已使用，"畜産"最早可能在戰國中晚期産生，戰國晚期文獻中"畜生（牲）""畜産"並用，《史記》則祇用"畜産"，睡簡"畜生"，孔簡作"畜産"，説明至晚在漢初時"畜産"已經完全替代"畜生（牲）"。"畜産"代替"畜生"與戰國晚期至漢初秦地"産"代替"生"的趨勢相應①。

不同日書的相同篇章中相同占辭用詞的歷時變化也有"畜生""畜産"對"生"的替換現象，這是詞彙複音化發展的表現。日書中也有"六畜"替換"生"或"産"所形成的歷時異文，這同樣體現了複音詞發展趨勢。

（1）盈日，可以筑（築）閒（閑）牢，可以〖入〗産，可以筑（築）宫室、爲嗇夫。有疾，難起。睡甲16正貳

（2）盈日，可築閒（閑）牢，可入生（牲）、利築宫室、爲小嗇夫。有疾，難瘳。放甲15

（3）盈日，可以築閒（閑）牢、築宫室、入六畜、爲嗇【夫。有】病者，不起，□□。孔15

日書中"牲畜、生育"義的"産""生"異文多見，同時也留有"産"和"生"在"生存"意義上的替换痕迹。而了解"産"有生存義對於理解日書簡文有積極意義。

（4）敫，是胃（謂）又（有）小逆，毋（無）大央（殃）。

---

① 趙岩：《簡帛文獻詞語歷史演變專題研究》，社會科學出版社2013年版，第103—107頁。

可以穿井、行水、蓋屋、飲樂（藥）、外除。亡者，不得。不可取（娶）婦、家（嫁）女、出入貨及生（牲）。不可臨官、飲食〖歌〗樂、祠祀。以生子，子不產。取（娶）婦、家（嫁）女，兩寡相當。正月以朔多雨，歲善而被不產，有兵。睡甲38正—39正

（5）敫，有細喪，□□央（殃），利以穿井、蓋屋，不可取（娶）妻、嫁女、祠，出入人民、畜生。正月以朔多雨，歲善而抉<被>不全，有兵。雨，白〈日〉也。睡乙57—58

（6）【敫日】☒，利以穿井、溝、竇、行水、蓋屋、會（飲）藥，外除。亡者，不得。不可以取（娶）妻、嫁女、出入畜生、爲嗇夫、臨官、會（飲）食、歌樂、祠祀、見人；若以之，有小喪，毋（無）央（殃）。以生子，子死，不產。取（娶）妻、嫁女，兩寡相當。正月以朔，多雨，□歲而被不全，有兵。孔38—40

以上3例，例（4）與例（6）的關係密切；例（4）"以生子，子不產"與例（6）"以生子，子死，不產"表述不同，意思應一致。有研究者將例（4）中的"以生子，子不產"譯爲"在這一天生孩子，孩子生不出來"，將其中的"歲善而被不產"譯爲"莊稼雖好。但由於病困折磨，婦女不生孩子"，將例（5）中的"歲善而抉<被>不全"譯爲"莊稼收成好，但婦女因病而不生孩子"[①]。"子不產"與"孩子生不出來"的句式不合，"歲善而被不產"與"莊稼雖好。但由於病困折磨，婦女不生孩子"語義出入更大。例（4）占辭中的兩處"產"都是生存、保全義；"以生子，子不產"即在敫日生孩子，孩子不能存活，"歲善而被不產"即收成雖好但部分作物不能保全。"被"爲頗義，表示或多或少，學界多認同；例（4）"被不產"與例（5）、例（6）"被不全"表義相同。孔簡日書簡433貳—434貳中有"庚辛朔，白帝（帝）主歲，風柏（伯）行沒。白禾爲上，赤中，黃下，兵不起，民多疾。"同一年份，作物不同，收成狀況也有不同。孔簡中"以生子，子死，不產"，"死"與"不產"表義相同。港簡有"不產"與"死"相對爲文的句子。

[①] 吳小強：《秦簡日書集釋》，嶽麓書社2000年版，第39、193頁。

<<< 第三章 簡牘日書歷時異文的語言學觀察

(7) 逢時不產,倍(背)時致死。它邑用時,邑中不用時,室中垣毋(無)小大用時。港48貳

"不產"即"死",與"致死"相對爲文。"逢時""背時"皆不吉,參如下簡文:

(8) 凡生子,毋迎日,毋倍(背)日。虎(《初步研究》)

"逢、迎"同義,"逢時"即"迎時","迎時、背時"爲生子避忌之日。"時"蓋爲神煞名"大時""小時"之"時"。

睡簡和孔簡、周漢均有十二支占斷死咎簡文,三批日書有的簡文內容較爲一致,有學者利用孔簡《死咎》簡文來解讀睡簡字詞。三批日書"申"條簡文爲:

(9) 申,石也。其咎在二室,生子不悛(全)。睡甲91背壹
(10) 申死,其咎在二室畜產。孔308
(11) 申死,其咎在三室畜產。周漢33壹

這3例簡文存在關聯,但"生子不悛"與"畜產"差異較大。睡簡整理者讀"悛"爲"全",研究者多遵從此說。疑睡簡"生"當指畜生,"生子"非指人生產。

這3批日書中的同篇簡文確有占斷牲畜吉凶的內容。

(12) 戌,就也。其咎在室馬牛豕也,日中死,兇(凶)。睡甲93背壹
(13) 戌死,其咎在室六畜。孔310
(14) 戌死,其咎在室六畜。周漢224壹

頗疑睡簡"生"受習語"生子"影響而衍"子","生不悛"即

· 469 ·

"牲不牷",因表述對象爲"牲",所以"全"記作"牷"①。另孔簡、周漢"畜產"若與睡簡採用一致的表達方式的話,"畜產"應與前文點斷;中間或脱"不"字,如前文所述"產"有保全義,則"畜不產"可理解爲"畜不全"。不過,周漢同篇簡 224 壹又有"戌死,其咎在室六畜","畜產"與前文連讀的可能性更大;如此孔簡、周漢僅言申死對畜產有危害,而睡簡則言及危害的具體表現。

日書中"產"除以上意義外,還有"活的""生長"之義。

(15) 五未不可尌(樹)宫中;澍(樹),<u>產人</u>死。○孔188貳

睡簡有基本一致的簡文。

(16) 未不可以澍(樹)木,木長,澍(樹)者死。○睡甲124正叁

"產人"即活人,也就是睡簡的"樹者",即種樹人。睡簡有"生人"表示"活人"的用例。

(17) 甲乙有疾,禺(遇)御於豕肉,王父欲殺<u>生人</u>爲姓(眚)。○睡乙181

"產"於秦漢時期在多個意義上發生了替換"生"的現象②,勢力

---

① "牷"又見於放簡《地支占盗》篇日甲 38 和日乙 74 壹:"申,石殹。盗從西方〔入〕,再在山谷。爲人美,不牷(全),名曰環,遠所殹。不得。"放簡中,"牷"的陳述主語雖爲"人",但《地支占盗》篇多以地支與禽相配,其對盗者形貌、品性的判斷也多源於所匹配之禽,所以"牷"作"人"的述語,也可説通。

② 除上文所提及的"產""生"幾種意義替換外,張顯成先生指出"產"與"生"常常互訓,"產"受到"生"影響"感染"上了"生"的意義,具有了"生(與'死'或'熟'相對)、活、鮮"義。見《簡帛所見"產"有"生、活、鮮"義》,《文史知識》1995 年第 2 期。"產"表示"生的(與熟相對)"雖不見於日書,但趙岩先生指出"產"的這一意義在戰國末年至漢初的某一段時期至少在醫藥類文獻中幾乎代替了"生",不過很快就發生了反復,"生"在這一義位上又取得優勢地位,使得"產"的形容詞用法不見於傳世文獻。見《論簡帛文獻在常用詞演變研究中的語料價值》,《勵耘學刊(語言卷)》2010 年第 2 期。

<<< 第三章 簡牘日書歷時異文的語言學觀察

強盛。

田煒先生指出"'產'的用例增多最早源於秦的用語習慣，秦始皇推動'書同文字'政策把這種用語習慣推廣到了其他地區，而西漢早期文獻中'產'的用法大部分繼承自秦文獻。"① 我們同意這個看法，不過田煒先生同時又提到秦代屬於被禁之列的文獻，其流傳在秦代受到了限制，"在缺少'書同文字'政策的約束下，漢代人並不熱衷於改'生'爲'產'"。就《日書》文獻而言，這個觀點可作討論。孔簡有1例"產"字誤書，也能反映出"產"的強勢發展。

(18) 丙丁朔，赤畜（帝）產〚歲〛，高者行没。赤禾爲上，黄中，白下，少早。吏（事）高者。孔429貳—430貳

例（18）中的"產"與同篇其他4條中的"主歲"處於相同位置，如甲乙條簡文作：

(19) 甲乙朔，青畜（帝）主歲，人炊行没。青禾爲上，白中，{中}，黄下，麥不收。吏（事）人炊。孔427貳—428貳

例（18）丙丁條中的"產"於語義不合；當爲抄寫者改寫"生"（"主"的誤字）而來，又抄漏了"生<主>"後的"歲"，便產生了"赤帝產"這樣語義不通的簡文。

"產"的迅速發展，還表現在它與其他同義詞，如與"字"也形成了異文②。

(20) 人字：其日在首，富難勝殹。夾頸者貴。在奎者富。在

---

① 田煒：《論出土秦和西漢早期文獻中的"生"和"產"》，《中國語文》2016年第2期。
② 有研究者認爲"生育"義的"字"爲"娩（娩）"字；如季旭昇《從〈新蔡葛陵〉簡談戰國楚簡"娩"字》，載王建生、朱歧祥合編《2004年文字學學術研討會論文集》，臺灣里仁書局2005年版，第71—85頁。

· 471 ·

掖（腋）者愛。在手者巧盜。睡甲150正貳—154正貳 在足下者賤。在外者奔亡。女子以巳字，不復字。睡甲150正叁—152正叁

（21）人字：午未申酉戌　則以孝惠三年十一月辛巳夕生。港17叁

（22）此禹湯生子占也。直頭、肩上、貴；直夜（腋），富；足，男子賤、女子貴；耳，聖；奎，嫪；手，勞、盜。周漢9+34壹+159壹+187壹+222壹

（23）占產子：直頭上者□，直耳者聖，直肩上者□，直手者善……北漢《選粹》右3—7

雖然"產"發展迅速，但常用詞的替換是個緩慢過程，而且詞語替換過程中也會發生詞義重新分配的調整變化；尤其是合成詞中詞素的替換難度更大。下面附上"生""產"所構成的合成詞在日書中的使用情況；需要說明的是日書中"產"所未表現出來的用法，"產"所未構成的合成詞，未必不見於其他同期文獻，如"同產"。

日書"生""產"所構成的合成詞分佈情況

	畜生	畜產
名詞合成詞	24例：睡簡11、放簡5、港簡1、孔簡6、額簡1	8例：孔簡4、周漢2、水簡1、金關1
	六畜生	六畜產
	1例：孔簡1	0例
	六牲擾	六產擾
	1例：九店1	0例
	大生（牲）	大產
	4例：睡簡2、放簡2	0例
	小生（牲）	小產
	2例：睡簡2	0例
	同生	同產
	4例：睡簡3、孔簡1	0例
	生人	產人
	1例：睡簡1	1例：孔簡1

續表

動詞合成詞	生子	產子
	171 例：九店 4、睡簡 132、王簡 1、嶽山 1、孔簡 27、虎簡 1、印臺 1、周漢 1、敦煌 3	4 例：周秦 1、北漢 1、周漢 1、金關 1
	死生	死產
	22 例：九店 10、睡簡 12	0 例

3. 歲—年

"歲""年"在時間單位、年齡單位意義上有歷時替換關係。《爾雅·釋天》："載，歲也。夏曰歲，商曰祀，周曰年，唐虞曰載。"日書中時間單位詞"年"有 14 例：睡簡 2 例，放簡 1 例，周秦 1 例，港簡 3 例，孔簡 2 例，敦煌 1 例，懸泉 4 例；"歲"有 76 例：睡簡 35 例，放簡 15 例，王簡 3 例，嶽山 1 例，港簡 1 例，孔簡 18 例，印臺 3 例。日書中年齡單位詞"歲"有 7 例，見於港簡；"年"有 52 例：孔簡、周漢各 26 例。日書中有兩者時間單位詞和年齡單位詞的歷時異文材料。

睡簡、放簡和孔簡都有較完整的《直室門》篇，且均存自書篇題，分別記述 22 個門的宜忌①；另王簡已公佈 4 條相關簡文，未見篇題。《直室門》篇時間單位詞使用較多，如睡簡有 16 條占辭提及門的改建，時間單位詞均使用"歲"。放簡有 13 條占辭提及門的改建，時間單位詞也均使用"歲"，另有 2 例寫作"月"，爲"歲"之訛寫或省寫，楚簡"歲"多從"月"，如九店、楚帛書等，"歲"作"𣍘"形。王簡已公佈的 3 條簡文，時間單位詞同樣均使用"歲"。孔簡有 10 條占辭提及門的改建，其中有 2 條改用"年"。

表一　　　　　　　　時間單位詞"年"和"歲"

睡簡	放簡	王簡	孔簡
倉門	富，井居西南，囷居北鄉（向）廥，廥毋絕縣（懸）肉。睡甲115正貳	是＝富〖門〗，井居西南，囷居西北，廥必南鄉（向）。毋絕縣（懸）肉，絕之必有經〖死〗焉。放乙貳2—3貳	☒北鄉（向）廥。王291	富門，囷居西南而北鄉（向）廥，毋絕縣（懸）肉，絕縣（懸）肉必有經死焉。孔276貳

① 睡簡、孔簡 22 門，放簡無"曲門"，爲 21 門。

續表

	睡簡	放簡	王簡	孔簡
南門	將軍門，賤人弗敢居。睡甲116正貳	是＝將軍門，可聚邦<客>、使客<邦>；八歲更。放乙4貳		將軍門，吉；冣（聚）衆、使國，八歲如虛。孔277貳
辟門	成之，即之蓋，廿歲必富，大吉；廿歲更。睡甲117正貳	廿歲更，主必富，使羮（僕）善。放乙4貳—5貳		欪（就）之蓋，廿歲其主必富，僕屬吉。孔278貳
大伍門	命曰吉恙（祥）門；十二歲更。睡甲118正貳	宜車馬、宗族、弟兄、婦女，吉；十二月<歲>更。放乙5貳—6貳		宜車馬、宗族、弟兄、婦女，吉；八歲而更。孔279貳
則光門①	其主昌，柂衣常（裳）；十六歲弗更，乃狂。睡甲119正貳	其主必昌，好歌舞，必施衣常（裳）；十六歲更，不殹，必爲巫。放乙6貳—7貳	☒昌，好歌舞，必佩<施>衣常（裳）；十六歲弗更，不爲☒	必昌，好歌（歌）舞，必施衣常（裳）；十六歲弗更，不爲巫乃狂。孔280貳
屈門	其主昌富，女子爲巫，四歲更。睡甲120正貳	其主必昌富，婦人必宜疾，是＝鬼束（責）之{之}門；三歲更。放乙8貳+13貳		必昌以富，婦女媽族人婦女，是胃（謂）鬼責門；三歲弗更，必爲巫。孔281貳
雲門	其主必富三渫（世），八歲更，利毋（無）爵者。睡甲122正貳	其主富三葉（世），之後乃宜畜生，利〖毋〗爵禄〖者〗。放乙14貳		其主必富三世，貧；宜六畜，利毋（無）爵者。孔284貳
不周門	其主富，八歲更。睡甲123正貳	其富，臨邦政；八歲更，弗更必☒☒，大人必盡。放乙16貳—17貳+19貳		其主必富，臨端；八十歲弗更，必休。孔285貳
食禍門	大凶；五歲弗更，其主瘙（癃）。睡甲124正貳	〖毋〗所利，數出旣（禍）喪，必瘙（癃）。放乙20貳+22貳		☒喪，家門乃多恙；反是，主必倒（佚）。孔288壹
曲門	前富後貧；五歲更，凶。睡甲125正貳			☒更，前富後貧。孔289壹

---

① 睡簡作"則夯門"，"夯"爲"光"之誤。雲門、食禍門、顧門、貨門，日書命名也有區別，此處取常規門名。

續表

	睡簡	放簡	王簡	孔簡
顧門	成之，三歲中日入一布；三歲中弗更，日出一布。睡甲114正叁	是非甚多，毋與居；三歲而更，弗更，日出一布。放乙15貳—16叁		大□□□☒☒布；三歲弗更，日出一布，爲闕。孔殘46+291壹
起門	八歲昌；十六歲弗更，乃去。睡甲115正叁	八歲始富，男子若木攻（功）；十六歲更。放乙17叁+19叁	☒起門，八歲始富，其☒	☒□必蓋之。孔292壹
徙門	數富數虛，必并人家；五歲更。睡甲116正叁	數實數＝，并黔首家。放乙18叁		☒□□□。孔293壹
刑門	其主必富；十二歲更，弗〖更〗，而<不>耐乃刑。睡甲117正叁	主必富，不爲興□，爲左吏；十二歲不更，不耐乃刑。放乙21叁+20叁		☒耐乃刑；外毀孫，内毀子。孔294壹
貨門	所利買市，入貨吉；十一歲更。睡甲120正叁	所利雖（唯）{利}買市，入財大吉；十二月<歲>更。放乙22叁		所利唯買市；反，入貨不吉。十一年而更。孔297壹
獲門	其主必富；八歲更，左井右困，困北鄉（嚮）廥。睡甲118正叁	□□臨邦；八歲而更，弗更，并居左，困居右。放乙20叁下—24叁		其□□□□□☒ 孔295壹
高門	宜豕；五歲弗更，其主且爲巫。睡甲121正叁	宜豕；五歲更，弗更，必爲巫，有宜央（殃）。放乙91下叁	是不<夭？>，五歲弗☒ 王290	宜豕；五歲弗更，其主爲巫，有夭。孔298壹
大吉門	宜錢金而入易虛，其主爲巫；十二歲更。睡甲122正叁—123正叁	宜車馬，必爲嗇夫，□數入輒虛，□☒ 放乙13貳+10貳		宜車馬，必爲嗇夫；貨數虛，必爲巫；十三年而更。孔282貳

王簡有《直室門》篇殘簡，其時間單位詞均用"歲"：

(1) 是不<夭？>，五歲弗☒ 王290
(2) ☒起門，八歲始富，其☒
(3) ☒昌，好歌舞，必佩<施>衣常（裳）。十六歲弗更，不爲☒

孔簡"大吉門""貨門"時間單位詞改作"年"，其他均沿用"歲"。時間單位詞在日書中的歷時改動，符合詞語替換規律的僅此

· 475 ·

2例。

　　孔簡《直室門》篇的詞語改動還有"失行門"名稱改爲"失伍門"，占辭中以"國"代"邦"，以"端"代"政"。孔簡"失伍門"，睡簡和放簡均作"失行門"，"行""伍"雖同義，不過三批日書《直室門》篇另有"大伍門"，孔簡改"失行門"爲"失伍門"有實現相同意義用詞統一的目的。南門占辭，孔簡作"使國"，放簡作"使客<邦>"；不周門占辭，孔簡作"臨端"，放簡作"臨邦政"①；這兩處改動都有避諱的因素。

　　總之，《直室門》篇在不同日書中出現，時代在後的孔簡雖行文以沿襲爲主，但語言也有順時變化。

　　日書中"年"作時間詞、時間單位詞除以上孔簡中的2例外，其他用例如：

　　　　(4) 占長年不定家，占男子榣妻，女子去夫，百事榣。放乙310

　　　　(5) 弗去，不出三年，一室皆夙（縮）筋。睡甲41背貳

　　　　(6) 斗，利祠及行賈、賈市，吉。取（娶）妻，妻爲巫。生子，不到三年死。睡乙103壹

　　　　(7) 不可取（娶）妻嫁女，父母三年有大咎。港26

　　　　(8) 丁丑不可入喪，喪，不出三年有人三死亡。懸泉I0309③:335正貳

　　例（6）在睡簡日甲和孔簡日書中有相應簡文。

　　　　(9) 斗，利祠及行賈、賈市，吉。取（娶）妻，妻爲巫。生

---

① 放簡《直室門》改"民"爲"黔首"，但依然保留"政"，可能表明這批簡抄寫於秦始皇二十八年至秦二世元年之間。孔簡"臨端"，不作"臨政"，其底本當出於秦二世之後。陳偉先生指出"在秦統一之初，即始皇二十六、二十七年，或許還有二十八年稱'端月'而非'正月'，如果是因避諱之故，那也只是短短兩年或者三年的事情。到二十九年，或許早至二十八年，這一規定即已撤銷。""二世即位後爲避諱在元年將'正月'改稱'端月'的可能性應該非常大"。見《秦避諱"正"字問題再考察》，載中國文物遺產研究院編《出土文獻研究》第14輯，中西書局2015年版，第106頁。

子，不盈三歲死。睡甲75正壹

（10）斗，利祠及行、賈市，吉。取（娶）妻，妻爲□，【司】□。以生子，不贏三歲死。孔56

例（7）出自《取（娶）妻出女》篇，睡簡日書亦有《取（娶）妻出女》篇，時間單位詞均用"歲"。

（11）戊申、己酉，牽牛以取（娶）織女而不果，不出三歲，棄若亡。睡甲3背壹
（12）壬辰、癸巳，橐婦以出，夫先死，不出二歲。睡甲4背壹

一般認爲睡簡日甲略晚於日乙，甲種日書"歲"對"年"的更改，以及孔簡"歲"的使用，都不合於時間詞、時間單位詞"年"替代"歲"的發展趨勢。時間單位詞"歲"於漢簡日書中也有用例。

（13）星忌：東井、奎、斗、角，以祠，二歲中必有死者。印臺《荆州》圖2-6壹

日書時間單位詞"歲"使用頻率高於"年"。"年"本義爲穀物成熟，甲骨文中有大量用例；"歲"本義爲歲星，用來表示時間單位詞早於"年"。從傳世文獻看，《尚書·商書》中"年"已有時間單位詞的個別用例；該義位的同義詞"年""歲"長期並用，兩者在年歲、收成義位上也同義並存，"歲"的年歲、收成義應受"年"的同步引申而來。就日書文獻來看，時間詞"年"對"歲"的替換在漢代才佔優勢，因爲此時"年"已發展出年齡單位詞的意義，滲入到"歲"的獨有領域。"歲"表示年齡單位，《詩經》中已有用例；而"年"雖春秋晚期已有表示年齡的意義，但該意義產生較晚，先秦罕見，《大詞典》以《後漢書》爲首證。日書異文體現了"年"對"歲"年齡意義的侵入。

表二　　　　　　　　　　年齡單位詞"年"和"歲"

日期	港簡①	孔簡	周漢
子	產三日、二旬、一月不死，二夫，卅九歲甲申死。港81貳	子生：子，三日、二月五日不死，必爲上君，五十八年以孔379貳	子產：子，三日、二月五日不死，必爲上君，五十八年以甲子死；女子，三日、二月不死，三夫，卅九年甲子死。周漢100貳
卯	產一日、三月不死，貧，八十歲甲寅死。港79貳	卯生：子，三日、六月不死，貧，三妻，八十年以己巳死；女，三日、三月不死，貧，卅一年以甲辰死；一曰八十年庚寅死。孔382貳	卯產：子，三日、六月不死，貧，三妻，八十年以己巳死；女，三日、三月不死，貧，卅一年以甲辰死；一曰八十年庚寅死。周漢70貳
辰	☐【辛】卯死。產三日、五月不死，爲人巫，七十二歲壬午死。港82壹—貳	辰生：子，七日、三月不死，多病，一十三年以辛卯死；女，三日、五月不死，爲巫，七十二年以壬午死。女復寡。孔383貳	辰產：子，七日、三月不死，多病，七十三年以辛卯死；女，三日、五月不死，爲巫，七十二年以壬午死。女【復寡】。周漢102貳
巳	產一日、八十日不死，毋（無）子，八十九歲辛亥死。港78壹	【巳】生：子，三日、三月不死，富，六十一年以己巳死；女，一日、八月不死，毋（無）子，八十九年以辛卯死。孔384貳	女，一日、八月不死，毋（無）巳產；子，三日、旬、三月不死，寡<富>，六十一年以己巳死；女，一日、八月不死，毋（無）子，八十九年辛卯死。周漢9+34貳
申	產二日、二旬不死，爲吏，五十歲甲戌死。產七日、四月不死，大富，卅九歲己巳死。港80壹—貳	申生：子，七日、三月不死，史（吏），五十一年以甲戌死；女，七日、六月不死，大富，卅九年以己巳死。孔387貳	申產：子，七日、三月不死，史（吏），五十一年以甲戌死。女，七日、六月不死，大富，卅九年以己巳死。周漢222貳
亥	產五、九月不死，恐☐，十歲丁酉死。港83貳	【亥生：】子，三日、三月不死，善田，六十七年以庚午死；女，五日、九月不死，十年以丁亥死。孔390貳	亥產：子，三日、四月不死，善田，六十七年以庚午死；女，五日、九月不死，十年以丁亥死。周漢343貳

　　港簡雖時日不全，從現存占辭來看，年齡單位詞均用"歲"，而孔簡、周漢均用"年"。港簡抄寫於漢惠帝後，孔簡抄寫於景帝時，周漢抄寫於武帝時，就詞語替換而言，港簡年齡單位詞沿用"歲"，但生育

---

① 港簡《產》篇殘缺，產子占辭日期不存；此處排列參照陸平先生的研究，見《港中大館藏漢簡〈日書〉校釋》，載陳偉主編《簡帛》第4輯，上海古籍出版社2009年版，第317頁。

義動詞改用了"產";孔簡年齡單位詞改用了"年",但生育義動詞沿用"生";周漢成書稍晚,年齡單位詞、生育意義的動詞均發生了替換。但是"年"的年齡單位義又很快隱退,轉而表示年齡義;而"歲"逐漸退出時間詞、時間單位詞義場後,主攻年齡單位義。西北簡牘時段主要是西漢中後期至東漢早期,"年"表年齡,"歲"表年齡單位,分工明確,"年""歲"同時出現時,區別尤爲明顯,如居新EPT68.4:"甲渠塞百石士吏居延安國里公乘馮匡年卅二歲始建國天鳳上戊六年。"

年齡單位詞"歲"一直沿用至今,在漢語史上,"年"在時間詞、時間單位詞等諸義替換"歲"的大趨勢下,曾於漢代短時入侵"歲"的年齡單位義。"年""歲"時間單位詞、年齡單位詞意義的分工應與語義表達精確,詞義負擔不宜過重有關。

4. 夕—夜

"夕""夜"在夜間意義上具有歷時替換關係①。日書夜間義的"夕"有35例,見於睡簡;"夜"有33例:睡簡4例,放簡23例,港簡6例。"夕、夜"在傍晚、夜間意義上長期並存,後來分工,"夕"主要表傍晚義,"夜"主要指夜間義。日書歷時異文即體現了兩詞分工替換的變化歷程。

睡簡《日夕》	十月楚冬夕,日六夕七〈十〉。十一月楚屈夕,日五夕十一。十二月楚援夕,日六夕十。正月楚刑夷,日七夕九。二月楚夏•;日八夕八。三月楚紡月,日九夕七。四月楚七月,日十夕六。五月楚八月,日十一夕五。六月楚九月,日十夕六。七月楚十月,日九夕七。八月楚爨月,日八夕八。九月楚臏(獻)馬,日七夕九。睡甲64正貳叁肆—睡甲67正貳叁肆
	正月,日七夕九。二月,日八夕八。三月,日九夕七。四月,日十夕六。五月,日十一夕五。六月,日十夕六。七月,日九夕七。八月,日八夕八。九月,日七夕九。睡甲60背叁—68背叁。十月,日六夕十。十一月,日五夕十一。十二月,日六夕十。睡甲60背肆—62背肆
	五〈正〉月,日七夕九。二月,日八〔夕八〕。三月,日九夕七。四月,日十夕六。五月,日十一夕五。六月,日十夕六。七月,日九夕七。八月,日八夕八。九月,日七夕九。十月,日六夕十。十一月,日五夕十一。十二月,日六夕十。睡乙18貳—29貳
港簡《日夜》	【十一月大】,日五夜十一。正月大,日七夜九。三月大,日九夜七。五月大,日十一夜五。七月大,日九夜七。九月【大】,日七夜九。港76

---

① 鄧飛先生從王襄説,指出甲骨文中"亦"可假借爲"夜",已有夜間義。見《商代甲金文時間範疇研究》,人民出版社2013年版,第20頁。按:甲骨文夜間義以"夕"爲常,"夜"字尚未產生,"夜"之古字"亦"用於夜間義罕見。

• 479 •

日書中"夕"表示傍晚義有 113 例，廣泛分佈於各批次的日書，以"夕"爲詞素構成的合成詞"日夕、夕時、夕市、夕日"中"夕"的詞素義也均爲傍晚義；"夕"之夜間義僅見於睡簡《日夕》篇。而"夜"單用祇有夜間義，以"夜"爲詞素構成的合成詞"中夜、夜半、夜中、夜未中、夜過中"中"夜"的詞素義也均爲夜間義；"夜"之傍晚義僅在放簡 2 例"夜莫（暮）"中有存留。

"夕、夜"的替換分工應與詞義表達的準確性有關。

5. 首—頭

"首""頭"在頭部意義上具有歷時替換關係。日書表示頭部義的"首"9 例：睡簡 3 例，放簡 4 例，港簡 2 例；"頭"8 例：睡簡 1 例，放簡 3 例，孔簡、北漢、周漢、水簡各 1 例。日書有兩者用例的歷時異文。

睡簡《人字》	人字：其日在首，富難勝殹，夾頸者貴，在奎者富，在掖（腋）者愛，在手者巧盜。睡甲150正貳—154正貳
北漢《占產子》	占產子：直頭上者□，直耳者聖，直肩上者□，直手者善……北漢《選粹》右3—7
周漢《禹湯生子占》	此禹湯生子占也。直頭、肩、上、貴；直夜（腋），富，足，男子賤、女子貴；耳、聖；奎、嫪；手、勞、盜。周漢9+34壹+159壹+187壹+222壹

"頭"於漢簡日書中用例多見。周漢另有《五龍》篇以日干在五龍身體的不同部位爲占，出現部位有頭、頸、奎（胯）、腋、手等，占斷方式與《禹湯生子占》篇近似。

周漢篇題"禹湯生子占"爲數術名稱，相當於專有名詞，這類詞語一般使用範圍廣，沿襲時間長，變化速度慢，該篇題沿用了生育義的"生"而未改爲"產"；但篇内占辭用"頭"而不用"首"，滲入了時代新質成分。就日書來看，睡簡已有"頭"字出現，戰國晚期"頭"已開始替換"首"的歷程，西漢中期的北漢、周漢日書與睡簡類似篇章中出現"頭""首"異文用例，表明"頭"對"首"的替換已很深入。

6. 臣妾—奴妾—奴婢

"臣妾""奴妾""奴婢"在奴隸意義上有歷時替換關係。日書

"臣妾"14例：睡簡10例，放簡2例，孔簡、印臺各1例。"奴妾"2例，見於放簡。"奴婢"8例：港簡2例，孔簡5例，居新1例。日書歷時異文中有三者演變替換的資料。

	睡簡日甲	睡簡日乙	放簡	孔簡	港簡
建除	除日，臣妾亡，不得。睡甲15正貳	徐日，可以請謁，有□……□。睡乙39壹	除日，逃亡，不得。放甲14(又放乙15壹)	除日，奴婢亡，不得。孔14	
	定日，可以臧（藏），爲官府、室，祠。睡甲18正貳	窖日，可以入馬牛、臣【妾】☒。睡乙41壹	定日，可以臧（藏），爲府，可以祝祠。放甲17壹(又放乙17壹)	定日，可以臧（藏），爲府，□☒。孔17	利祠祀、人錢財、奴婢、馬牛☒。港45貳
	閉日，可以脩波（陂）池，入臣徒、馬牛、它生（牲）。睡甲25正貳	閒〈閉〉日，可以蓋臧（藏）及謀，毋（無）可有爲也。睡乙46壹	閉日，可以波（陂）渴（堨）、人人奴妾。放甲20貳(又放乙24貳)	閉日，可以入馬牛、畜生、禾粟，居室，取（娶）妻，入奴婢，波（陂）隄（堤）。孔24	

日書中"奴婢"除上表所列有異文對比的用例外，其他用例有：

（1）斗，利祠及行、賈市，吉。取（娶）妻，妻爲□，【司】□。以生子，不贏三歲死。可以功（攻）伐，入奴婢、馬牛。孔56

（2）☒丁，以入奴婢，必代主。甲寅、癸丑、壬辰、辛酉、辛卯，不可入奴婢，必代主有室。孔191

（3）出入奴婢、馬牛、錢財，爲羊圈，吉。港56

（4）出入奴婢良日，乙丑、辛☒。居新EPT65. 165A

例（1）出自《星官》篇，睡簡有與之對應的簡文，但未有與"奴婢"對應的詞。

（5）斗，利祠及行賈、賈市，吉。取（娶）妻，妻爲巫。生子，不盈三歲死。可以攻伐。睡甲75正壹

（6）斗，利祠及行賈、賈市，吉。取（娶）妻，妻爲巫。生

子，不到三年死。{不}可攻。睡乙103壹

"奴婢"均見於漢簡日書文獻，有對應簡文的秦簡日書中，或作"臣妾"，或作"奴妾"。

趙岩先生對同義詞"臣妾、奴妾、奴婢"的替換有詳細描寫，概括轉述如下："臣妾"出現較早，"臣妾"一詞中"臣"的詞素義爲"男性奴隸"，後來該詞素義漸漸消失，至晚在春秋時期已用"奴"這個詞來指男性奴隸。"奴妾"是男女奴隸的泛稱，應該是"奴"代替"臣"的結果；戰國中期"奴妾"一詞尚未興起，上古漢語傳世文獻未見使用，秦官方語言中至晚在戰國晚期表示"私人奴婢"義的"奴妾"已經基本替代了"臣妾"。"婢"是表示"女性奴隸"義的新詞，隨着"婢"的廣泛使用，至晚秦代泛指"男女奴隸"義的"奴婢"已出現，漢初的口語中取代"臣妾""奴妾"成爲常用詞。《戰國策》《史記》等傳世文獻屢見"僕妾"，在"僕妾""奴婢"二詞的雙重作用下，"奴妾"一詞消減。"奴妾"是"臣妾"向"奴婢""僕妾"過渡的重要一環[①]。趙岩先生對"臣妾、奴妾、奴婢"替換過程、替換原因的闡釋細緻合理，此外"奴妾"的消減除了受到"奴婢""僕妾"的擠佔外，或與"妾"漢代起較多用於指稱側室有關。雖然我國納妾制度起源很早，大汶口文化時期就出現了丈夫與妻妾合葬的現象；但是早期社會納妾的衹是富裕人家及官宦人家，是少數人的特權，"妾"之側室義不顯。後來社會發展，納妾現象增多，"妾"之側室義便也凸顯出來，這應是漢代以來的事情。後世文獻中"奴妾"也可見用例，或有奴婢、妾侍的雙重並指義。

漢簡日書中有2例"臣妾"，未見"奴妾"。

（7）五辰利澤臬及入臣妾。孔185貳

（8）以癸丑、壬辰、甲寅、辛酉入臣妾，大殄。印臺《荆州》圖1-6壹

[①] 趙岩：《簡帛文獻詞語歷時演變專題研究》，中國社會科學出版社2013年版，第17—22頁。

例（7）可能與睡簡日甲 126 正叁 "庚辰、壬辰、癸未，不可燔糞" 有關，睡簡未出現與 "奴妾" 對應的詞語。例（8）則與上舉例（2）有關，印臺作 "臣妾"，孔簡作 "奴婢"。

印臺、孔簡墓葬時間接近，均屬古楚地。印臺沿襲古語 "臣妾"；如此則孔簡的 5 例 "奴婢"，有 4 例屬於改古而來，另外 1 例 "奴婢" 占辭在秦簡日書也有相近簡文。漢初孔簡以 "奴婢" 改寫原有 "臣妾" 或 "奴妾"，呈現出 "奴婢" 的強大生命力。

7. 祠——祠祀

"祠" 與 "祠祀" 均有祭祀之義，"祠祀" 最初應指立祠祭祀，後泛指祭祀。日書祭祀義的 "祠" 有 108 例：睡簡 70 例，放簡 5 例，嶽山 8 例，王簡 5 例，孔簡 9 例，印臺 9 例，水簡 1 例，武威 1 例，分佈普遍。"祠祀" 有 26 例：睡簡 4 例，放簡 2 例，港簡 4 例，孔簡 13 例，水簡 1 例，居新 2 例。日書歷時異文中有 "祠祀" 替換 "祠" 的現象，這種替換受複音詞發展的影響。

	睡簡日甲	睡簡日乙	放簡	孔簡	港簡及其他
建除	定日，可以臧（藏），爲官府、室，祠。睡甲18正貳	窨日，可以入馬牛、臣〖妾〗☐睡乙41壹	定日，可以臧（藏），爲府，可以祝祠。放甲17壹（又放乙17壹）	定日，可以臧（藏），爲府，☐☐孔17	利祠祀、入錢財、奴婢、馬牛☐港45貳
稷辰	敫，是胃（謂）又（有）小逆，毋（無）大央（殃）。可以穿井、行水、蓋屋、飲樂（藥）、外除。亡者，不得。不可取（娶）婦家（嫁）女、出入貨及生（牲）。不可臨官、飲食〖歌〗樂、祠祀。睡甲38正	敫，有細喪，☐☐央（殃）。利以穿井、蓋屋，不可取（娶）妻、嫁女、祠，出入人民、畜生。睡乙57—58		【敫日】☐，利以穿井、溝、寶、行水、蓋屋、酓（飲）藥、外除。亡者，不得。不可以取（娶）妻、嫁女、出入畜生、爲嗇夫、臨官、酓（飲）食、歌樂、祠祀、見人。孔38—39	

續表

	睡簡日甲	睡簡日乙	放簡	孔簡	港簡及其他
	禹，是胃（謂）其羣不捧（拜），以辭不合（答），私公必閉，有爲不成。亡者，得。利弋邋（獵）、報讎、攻軍、韋（圍）城、始（答）殺。可取，不可鼠（予）。不可飲食哥（歌）樂。利以祠外。睡甲40正	憂，群不捧（拜），【以辭】不合（答）。亡者，得。可魚（漁）邋（獵），可攻。可取，不可鼠（予）。利祠外。睡乙59		介日，是胃（謂）其群不拜，以辭不合（答），私□必閉，有爲不果。亡者，得。利以田魚（漁）、弋獵、報讎。可以攻軍、圍城、始（答）殺。可以取，不可予。〖不可〗歌（歌）樂會（飲）食。利以祠祀外。孔41—42	☐□車，祠祀、臨官〖莅〗衆。港50
稷辰	陰，是胃（謂）乍陰乍陽，先辱而後又（有）慶。利居室、入貨及生（牲）。可取（娶）婦家（嫁）女、葬貍（埋）。以祠祀、飲食哥（歌）樂，吉。睡甲42正	陰，先辱後慶。利居室，入貨、人民、畜生；可取（娶）婦☐葬貍（埋）、祠。睡乙60—61		陰日，是胃（謂）作（乍）陰作（乍）陽，先辱後有慶。利以居室、入貨、見人、畜產。可以取（娶）妻、嫁女、葬。以祠祀、會（飲）食歌（歌）樂，吉。孔44—45	
	徹，是胃（謂）六甲相逆，利以戰伐。不可以見人、取（娶）婦、家（嫁）女、出入貨及生（牲）。不可祠祀、哥（歌）樂。睡甲44正	徹，大徹，利單（戰）伐，不可以見人、取（娶）妻、嫁女，出入人民、畜生。祠，必鬭見血。睡乙62壹		劵（徹）日，是胃（謂）六甲相逆，利以戰伐。不可見人、取（娶）妻、嫁女、出入人、畜生。祠祀、歌（歌）樂，必鬭見血。孔46	

·484·

續表

	睡簡日甲	睡簡日乙	放簡	孔簡	港簡及其他
玄戈①	十月，心、危、營室大凶，心、尾致死，畢、此（觜）觽大吉，張、翼少吉，招（招）搖（摇）毄（繫）未，玄戈（繫）尾。睡甲47正壹				☐☐尾，壬寅、癸丑。玄戈毄（繫），不可作百事，以行必傷兵。不可祠祀、寇（冠）☐衣☐☐港57貳
	心，不可祠及行，凶。可以行水。睡甲72正壹	心，不可祠及行，兇（凶）。睡乙100壹		心，不可祠祀。行，凶。孔53	
	尾，百事凶。以祠，必有敗（微）。睡甲73正壹	尾，百事兇（凶）。以祠，必有敗（微）。睡乙101壹		尾，百事凶。以祠祀，必有敗。孔54	☐凶，不可祠祀，有敗。港52壹
	箕，不可祠。百事凶。睡甲74正壹	箕，不可祠。百事兇（凶）。睡乙102壹		箕，不可祠祀，百事凶。孔55	
星官②	牽牛，可祠及行，吉。睡甲76正壹	牽【牛，可祠及行】，吉。睡乙104壹		牽牛，利以祠祀及行、人貨、馬☐☐☐☐為嗇夫妻。孔57	
	須女，祠、賈市、取（娶）妻，吉。睡甲77正壹	婺女，祠、賈市、取（娶）妻，吉。睡乙105壹		婺女，利祠祀、賈市，皆吉。孔58	
	奎，祠及行，吉。睡甲82正壹	奎，祠及行，吉。睡乙82壹		奎，利祠祀及行，吉。孔63	
	婁，利祠及行。百事吉。睡甲83正壹	婁，祠及【行】，百事吉。睡乙83壹		婁，利以祠祀及行，百事吉。孔64	

---

① 睡簡日甲自題為"玄戈"。港簡未存篇題，整理者擬題為"玄戈篇"。

② 睡簡日甲題為"星"，日乙自題為"官"；孔簡未存篇題，整理者擬題為"星官"；港簡未存篇題，整理者歸入《稷辰篇》，從簡文內容看，當與睡簡《星》《官》，孔簡《星官》相近。

· 485 ·

續表

	睡簡日甲	睡簡日乙	放簡	孔簡	港簡及其他
星官	胄，利入禾粟及爲囷倉，吉。以取（娶）妻，妻愛。睡甲84正壹	胄，利入禾粟{=}及爲囷倉，吉。以取（娶）妻，妻愛。睡乙84壹		【胄】，利入禾粟及爲囷倉，吉。以取（娶）妻，妻愛而棄。利以祠祀，復（覆）內，入馬牛。孔65	
	輿鬼，祠及行，吉。睡甲90正壹	輿鬼，祠及行，吉。睡乙90壹		輿鬼，利祠祀及行，吉。孔71	
啻①	殺日，勿以殺六畜，不可以取（娶）婦、家（嫁）女、禱祠、出貨。睡甲100正—101正壹		殺日，勿以殺六畜，不可出女、取（娶）妻、祠祀、出財。放乙102壹		
四徹日②	凡敫日，利以漁邋（獵）、請謁、責人、摯（執）盜賊，不可祠祀、殺生（牲）。睡甲138正捌—139正捌	兒（敫）：春三月戌、夏丑、秋三月辰、冬未，皆不可以大祠，可有求也。睡乙77			☐四☐，戊、丑、辰、未，不可祠祀、取（娶）婦嫁女，可以相約結及逐捕人。不可殺六畜，大凶。水《文物》封三:4

秦簡日書中"祠"用例多，但漢簡日書中數量很少。"祠祀"主要見於漢代簡牘，《大詞典》"祠祀"釋義爲"祭祀；立祠祭神或祭祖"，首證《史記·孝文本紀》。除以上表格中所列舉的有異文對比的"祠祀"用例，日書"祠祀"用例還有：

(1) 其祟恒輅公、社。卜祠祀不吉。放乙278
(2) ☐車祭者，占牛馬毛物，黃白青䭈，以取（娶）婦、嫁女、祠祀、遠行、入官、遷徙、初疾☐居新EPT40.38

---

① 睡簡自題篇名"啻"；放簡未存篇題，放簡整理者擬題爲"四廢日"。
② 這幾枚簡均未有篇題，據内容暫以"四徹日"稱之。

(3) ☐祠祀、遠行、入官、遷徙☐ 居新EPT43.175

這3例"祠祀"簡文，其他日書中未有相近簡文可作比較。不過放簡及睡簡"祠祀"的使用，可證明該詞戰國晚期已出現。"祠祀"在睡簡中僅見於日甲，日乙相應簡文均爲"祠"，可以作爲日甲晚於日乙的一個證據①；"祠祀"基本分佈於秦系日書中的《稷辰》篇，研究者已推測"祠祀"爲秦地用詞。

上表所列"祠祀"簡對比的占辭：秦簡中的"祠祀"，漢簡均予以保留；而秦簡中的"祠"，漢簡均改爲"祠祀"。這些改動詞語的篇章有日書標誌性篇目《建除》，還有重要日書中都出現的《稷辰》《星》《官》篇。如港簡《建除》篇出現了"祠祀"，惜孔簡日書與之對應的簡文殘缺。孔簡日書"祠祀"使用數量最多，有13例：《辰?》篇4例，《星官》篇9例；其中《星官》篇的8例，睡簡日書作"祠"，有些占辭的文字基本相同，唯"祠"改爲"祠祀"，可見這種改動是有意爲之。

睡簡日甲《星》	睡簡日乙《官》	孔簡《星官》
箕，不可祠。百事凶。取（娶）妻，妻多舌。生子，貧富半。睡甲74正壹	箕，不可祠。百事兇（凶）。取（娶）妻，妻多舌。生子，貧富半。睡乙102壹	箕，不可祠祀，百事凶。取（娶）妻、妻□□。司棄。以生子，貧富半。孔55
奎，祠及行，吉。以取（娶）妻，女子愛而口臭。生子，爲吏。睡甲82正壹	奎，祠及行，吉。以取（娶）妻，女子愛之。生〖子〗，爲吏。睡乙82壹	奎，利祠祀及行，吉。以取（娶）妻，妻愛而口臭。司寇。以生子，爲吏。不可穿井。孔63
輿鬼，祠及行，吉。以生子，瘇（癰）。可以送鬼。睡甲90正壹	輿鬼，祠及行，吉。以生子，瘇（癰）。可以從〈送〉鬼。睡乙90壹	輿鬼，利祠祀及行，吉。生子，子瘇（癰）。可以□□。孔71

① 鄭剛先生據日書文字、內容，認爲睡簡日乙的時代早於日甲，日甲是更成熟的本子。見《論睡虎地秦簡日書的結構特徵》，《中山大學學報》1993年第3期。劉樂賢先生也有相同論斷，"兩種《日書》中，乙種的寫成時代似乎要比甲種稍早一些。"見《睡虎地秦簡日書研究》，臺灣文津出版社1994年版，第407頁。

• 487 •

漢簡其他日書的情況也多有秦簡日書可資對應，漢簡日書以"祠祀"改秦簡日書"祠"的情況普遍。這應是受複音化趨勢的影響而發生的詞語替換。當然"祠"表義明確，漢簡日書仍有沿用：孔簡9例，印臺9例，水簡、武威各1例。印臺《星官》篇已公佈的5枚簡均使用"祠"。

受複音化影響而實現的詞語替換，我們在"簡牘日書同義詞研究"中提及"田邑"與"田野、邑屋"，"臨官苻政"與"臨端"；還有"財"與"錢財"，"田獵"與"田漁、弋獵"等亦屬此類情況。

(1) 陰日，利以家室。祭祀、家（嫁）子、取（娶）婦、入材（財），大吉。睡甲6正貳

(2) 利祠祀、入錢財、奴婢、馬牛☒。港45貳

(3) 禹，是胃（謂）其羣不摔（拜），以辭不合（答），私公必閉，有爲不成。亡者，得。利弋邋（獵）、報讎、攻軍、韋（圍）城、始（答）殺。睡甲40正

(4) 憂，群不摔（拜），【以辭】不合（答）。亡者，得。可魚（漁）邋（獵），不可攻。睡乙59

(5) 介日，是胃（謂）其群不拜，以辭不合（答），私□必閉，有爲不果。亡者，得。利以田魚（漁）、弋獵、報讎。孔41

(6) ☒，不果。亡者，得。利【田】漁、弋獵，吉。港51

睡簡日書《除》篇和九店日書《叢辰》篇、王簡《直室門》篇也有"田獵"一詞。

(7) 【申】、酉、戌、亥、子、丑、寅、卯、辰、巳、午、未，是胃（謂）外陽日，利以行作，〖迓（臚）〗四方埜（野）外，吉。以田獵，隻（獲）。九店31

(8) 【外】陽日，利以遮（臚）埜（野）外，可以田邋（獵）。睡甲8正貳

(9) ☒而更，田邋（獵）得獲。王290

(二) 受社會因素影響而產生的詞語替換

1. 邦—國

"邦""國"在封國、國家意義上具有歷時替換關係，兩者爲歷時同義詞。

日書"邦"字有45例，其中單純詞"邦"26例，合成詞"邦君"9例，"邦門"5例，"臨邦"2例，"邦政""□邦""家邦"各1例；漢簡日書"邦"字僅存4例，見於港簡、印臺、周漢、武威各1例，均出現於合成詞中，未有單用例。

日書"國"字有5例，其中單純詞"國"3例，合成詞"臨國"2例，均見於漢簡日書。

日書的《直室門》篇和"侯歲"類篇章有"邦""國"的歷時異文材料。

表一　　　　　　《直室門》中的"邦"和"國"

	睡簡	放簡	王簡	孔簡
南門	將軍門，賤人弗敢居。睡甲116正貳	是＝將軍門，可聚邦＜客＞、使客＜邦＞；八歲更。放乙4貳		將軍門，吉；冣（聚）衆、使國，八歲如虛。孔277貳
不周門	其主富，八歲更。睡甲123正貳	其主富，臨邦政；八歲更，弗更必□□，大人必盡。放乙16貳—17貳+19貳		其主必富，臨端；八十歲弗更，必休。孔285貳
東門	是胃（謂）邦君門，賤人弗敢居，居之凶。睡甲119正叁	是＝邦君子門，賤人居之凶，不吉。放乙18貳+21貳	是胃邦君之門，☑王291	☑孔296
獲門	其主必富；八歲更，左井右囷，囷北鄉（嚮）廥。睡甲118正叁	□□臨邦；八歲而更，弗更，井居左，囷居右。放乙20叁下—24叁		其□□□□□☑孔295壹
北門	利爲邦門，賤人弗敢居。睡甲126正貳	利爲邦門，詘以爲家人之門，其主弗居。放乙23叁上—24貳		☑孔290壹

日書《直室門》篇，睡簡"邦"字2例，放簡"邦"字5例，王簡"邦"字1例，孔簡未見"邦"用例。孔簡"南門"條與放簡文字

· 489 ·

相近，放簡作"邦"而孔簡作"國"；"不周門"條亦與放簡文字相近，放簡作"臨邦政"而孔簡作"臨端"，"端"當是對"政"的避諱改寫。可見漢簡日書與秦簡日書的關聯，同時避"邦"不書，又體現了漢代書寫的特點。惜孔簡"東門、獲門、北門"占辭殘缺，不能呈現對睡簡、放簡中"邦"的沿襲或改動情況。不過，簡文完整的兩條，均未沿用"邦"字，或改作"國"，或避"邦"不用。

孔簡有合成詞"臨國"1例，"臨國"與放簡"臨邦"的意義應有關聯，祇是改"邦"爲"國"。

(1) 未生：子，三日、二月一日不死，必臨國，六十五年以壬申死。女，五日、三年不死，必爲上君妻，七十六年以庚申死。○孔386貳

周漢簡有與孔簡對應的簡文，作"臨邦"。

(2) 未產：子，三日、二月一日不死，必臨邦，六十五年以壬申死；女，五日、三年不死，必爲上君妻，七十六年以庚申死。○周漢187貳

表二　　　　　"侯歲"類篇章中的"邦"與"國"

	放簡	孔簡
侯歲	入正月一日風，風道東北，禾黍將；從正東，衣者丈夫；從東南，毛（茅）梟坐坐；從正南，衣之必死；【從西南……從正西……從西北……】兵，邦君必或死之；從正北，水潦來。放乙162上+93上+313	正月朔日，風從南方來，五日不更，炊（吹）地瓦石見，是胃（謂）燕風，飢（饑）。從東方，五日不更，是胃（謂）襄〔風〕，國有大歲。孔418—418
	正月甲乙雨，禾不享（孰），邦有木攻（功）；丙丁雨，大旱，鬼神北行，多疾；戊己雨，大有年，邦有土攻（功）；庚辛雨，有年，大作邦中；壬癸雨，大水，禾粟□起，民多疾。放乙154+158	☒□至三日有陰，君子死，民多疾。三日晏暑，國安，五穀皆孰（熟）。孔405

放簡、孔簡雖內容差異較大，但均與"侯歲"有關，放簡用"邦"

字，孔簡用"國"字。

漢簡日書中的"邦"，就現有資料看，應均出於複音詞中。

(3) 即行，之<u>邦</u>門之困（閫），禹步三，言曰：門左、門右、中央君子，某有行，擇道。印臺《荊州》圖1-3

(4) □□□土令者行至路，桃（逃）亡不歸，而室散爲<u>邦</u>□。港54

(5) 河魁以祠，<u>家邦</u>必揚（傷）。《武威》1正

港簡殘缺，"邦"後有一字，應爲含有"邦"詞素的複音詞。港簡、印臺、孔簡三批簡的抄寫年代相近，都在西漢早期景帝前後；《隋書·禮儀志》載："漢法，天子登位，佈名於天下，四海之內，無不咸避。"依照避諱的一般規律，這幾批漢簡均需避諱"邦"；但古人有不甚觸諱或不盡避諱的情況①，且日書有匯編傳抄性質，加上複音詞凝固性較強，港簡、印臺沿襲了複音詞中的"邦"。孔簡則未有"邦"用例，以複音詞"臨端"去對應放簡的"臨邦政"。雖然戰國時期"邦""國"已發生替換，但日書異文中兩者的有意替換應受到了避諱的影響。武威書於西漢晚期，"邦"又重新啓用。孔簡以"國"代"邦"而未以"産"代"生"，周漢則相反；兩地地緣相近，時代相續，出土日書內容相近，更可見"産"代"生"之自然發生而"國"代"邦"之人爲推動。

就日書文獻"國""邦"的用例看，漢簡日書的"國"，在秦簡日書中作"邦"或存在作"邦"的可能；漢簡日書"國"的使用應有避諱的因素。"國""邦"於漢、秦文獻中發生替換的現象不獨見於日書，如《老子》乙本及卷前古佚書避劉邦諱，漢初公文存在以"國"代"邦"的避劉邦諱事例②。趙岩先生甚至認爲"國"代替"邦"是突變，是避漢高祖劉邦的諱所致③。

---

① 張國艷：《居延漢簡虛詞通釋》，中華書局2012年版，第55—57頁。
② 魏德勝：《〈睡虎地秦墓竹簡〉詞彙研究》，華夏出版社2003年版，第131頁。
③ 趙岩：《簡帛文獻詞語歷時演變專題研究》，中國社會科學出版社2013年版，第251頁。

"或"爲"國"古字。《説文·戈部》："或，邦也。從囗，戈以守其一。一，地也。域，或，或從土。"段玉裁注："蓋或、國在周時爲古今字。古文衹有'或'字，既乃復製'國'字。"楊樹達先生認爲"或、國二字許君同訓爲邦，明本是一字，域字加義旁土，國字加義旁囗耳。"①《説文·邑部》："邦，國也。从邑丰聲。"甲骨文"邦""國"均有，"邦"尚爲會意字，寫作"󰀀"，西周金文始見形聲構形，如"󰀁"。"邦""國"最初可能有大小之別，《周禮》注："大曰邦，小曰國。"《六書故·工事》："邦，國也。别耳言之，則城郭之内曰國，四境之内曰邦。"不過兩者經常通用無別。甲骨文中"或"作邦國義常見，後"邦"漸替换"或"，或有疆域擴大影響，同時也有形聲字替代會意字的因素。"或"於周時亦增"囗"而成"國"，《説文·囗部》："國，邦也。从囗从或。""國"爲會意兼形聲字，且"國"之古字"或"的封國義甲骨文中使用較多，有一定的認知基礎；戰國時期"邦""國"又產生競爭關係，黃金貴先生指出戰國時"國"已經成爲使用最廣的國家通稱②。

　　綜上，詞彙意義、構形理據相同的"邦""國"替换，始於戰國，漢初避"邦"諱，加速了兩者的替换進程，並促使"國"最終勝出。

　　戰國時期本已形成同義競爭關係，避諱加速替换進程的詞亦有他例，如"常"與"恒"，"滿"與"盈"，"徹"與"達"等。秦簡日書中"恒"已有恒久、長義，"達"已見與"徹"相通之義（如睡簡日甲75背"名徹達禄得獲錯"）。日書中雖未見"滿"用例，但戰國後期傳世文獻"滿"已有使用，並表現出強勁的勢頭③。

　　2. 公—縣官

　　"公""縣官"在朝廷、官府意義上具有歷時替换關係。日書中"公"表示朝廷、官府義有 3 例：睡簡 1 例，放簡 2 例。該意義的"縣官"有 2 例：孔簡、水簡各 1 例。日書歷時異文有兩者替换的資料。

---

①　楊樹達：《積微居小學述林·文字初義不屬初形屬後起字考》，中華書局 1983 年版，第 197 頁。
②　黃金貴：《古代文化詞義集類辨考》，上海教育出版社 1995 年版，第 7 頁。
③　魏德勝：《〈睡虎地秦墓竹簡〉詞彙研究》，華夏出版社 2003 年版，第 211—216 頁。

睡簡《秦除》	摯（執）日，不可以行。以亡，必摯（執）而入公而止。睡甲19正貳
放簡《建除》	執日，不可行，行遠，必執而於公。放甲18壹
	摯（執）日，不可行，行遠，必摯（執）而於公。放乙18壹
孔簡《建除》	執日，不可以行，以是，不亡，必執入縣官。可以逐盗，圍得。孔18

"公"即"公室"。睡簡《法律答問》簡25有"公祠"，整理者指出"公祠"即"公室祠"；《法律答問》還有"王室"的説法。

（1）王室祠，貍（薶）其具，是謂"崖"。法律答問28
（2）王室所當祠固有矣，擅有鬼立（位）殹（也），爲"奇"，它不爲。法律答問161

日書中另1例"縣官"用例：

（3）病者在頭，見血□死，祟在亡火，寗當路□亡人正東百九十里得縣官。盗者男子，毋妻；北女子毋夫。水《文物》

從日書用例看，"縣官"表示朝廷，官府義，始見於漢簡；《大詞典》"縣官"有"朝廷；縣官"義項，首證《史記·孝景本紀》。先秦時期該種意義的"縣官"，目前所見有2例，見於睡簡秦王政二十年（前227）發佈的《語書》和具有秦方言特徵的《墨子·雜守》。

里耶秦簡8—461更名牘有"王室曰縣官，公室曰縣官"。先秦文獻幾無"縣官"一詞，秦更名牘似乎揭示"縣官"指稱皇帝、朝廷，爲秦始皇的創舉。"公室""王室"分别用於秦國君主稱"公"、稱"王"時（不過秦惠王稱"王"後，"公室"稱謂仍未消失），至秦始皇稱"皇帝"，皆改稱"縣官"；周代家國難分，本指統治者之私家的"王室"自然具有政府、朝廷的意藴，"縣官"取代"王室"，便繼承其義，所以"縣官"既指皇室，又指政府[①]。日書中2例"縣官"均指

---

① 游逸飛：《里耶8—461號"秦更名方"選釋》，簡帛網2013年8月1日（http://www.bsm.org.cn/show_article.php?id=1875）。

地方政府，其中孔簡"縣官"出自《建除》篇，秦簡對應文字作"公"，"縣官"是對"公"的歷時替換。

3. 王父—大父

"王父""大父"在祖父意義上具有歷時替換關係。

日書"王父"5例，均見於睡簡。另睡簡"高王父"3例。

日書"大父"6例：放簡2例，嶽山1例，港簡1例，孔簡2例。另水簡"大父母"1例。

日書有"大父""王父"的歷時異文。

睡簡《病》	丙丁有疾，<u>王父</u>爲祟，得之赤肉、雄鷄、酉（酒）。庚辛病，壬有閒，癸酢；若不酢，煩居南方，歲在南方，赤色死。睡甲70正貳—71正貳
睡簡《有疾》	丙丁有疾，<u>王父</u>爲姓（眚），得〖於〗赤肉、雄鷄、酒。庚辛病，壬閒，癸酢；煩及歲皆在南方，其人赤色，死火日。睡乙183
孔簡《有疾》	☐癸汗（閒）。<u>大父</u>祟。孔347壹

另有5例"大父"未有關聯密切的對應簡文。

（1）占病祟除：一天殹，公外；二〖地〗，社及立（位）；三人，鬼<u>大父</u>及殤；四〖時〗，大遏及北公；五音，巫衆<帝>、陰、雨公；六律，司命、天☐；七星，死者；八風，相莥者；九水，大水殹。放乙350+192

（2）其祟<u>大父</u>、親及布。卜行歸及事君不吉。放乙280

（3）祠<u>大父</u>良日：己亥、癸亥、辛丑。嶽山43背貳1

（4）辰有疾，四日小汗（閒），七日大汗（閒）。祟<u>大父</u>。戊辰莫食有疾，黃色死。孔356壹

（5）☐女子青色，市日有疾，旬起，<u>大父</u>爲☐港68

睡簡《有疾》篇有辰日占辭，但未有與孔簡"大父"對應之詞。

水簡日書有1例"大父母"。

（6）祠<u>大父母</u>良日：己亥、辛丑、未、乙丑，大吉，不出三月必有大得。水《文物》

· 494 ·

睡簡日書"王父、高王父、王母"均見於楚系日書《病》篇和《有疾》篇。

（7）丙丁有疾，<u>王父</u>爲祟，得之赤肉、雄雞、酉（酒）。○睡甲70正貳

（8）甲乙有疾，禺（遇）御於豕肉，<u>王父</u>欲殺生人爲姓（眚）。○睡乙181

（9）赤肉從東方來，<u>高王父</u>譴姓（眚）。○睡乙168

（10）戊己有疾，巫堪行，<u>王母</u>爲祟。○睡甲73正貳

睡簡法律文獻不見"王父、王母"，祇有"大父、大母"，且有"大父母、高大父母、外大母"等稱謂語。傳世文獻"大父、大母"見於《韓非子》和具有秦語特徵的《墨子》篇章中。

（11）今人有五子不爲多，子又有五子，<u>大父</u>未死而有二十五孫，是以人民衆而貨財寡，事力勞而供養薄，故民争，雖倍賞累罰而不免於亂。（《韓非子·五蠹》）

（12）昔者越之東，有輆沐之国者，其長子生，則解而食之，謂之宜弟。其<u>大父</u>死，負其<u>大母</u>而棄之，曰鬼妻不可與居處。（《墨子·節葬》）

先秦傳世文獻"王父、大父"，包括"王母、大母"均不多見。"王父"7例：《尚書》1例，《禮記》6例（另"王父母"4例）。"王母"4例：《周易》1例，《禮記》2例，《管子》1例；另《莊子》"西王母"1例。"大父"2例：《韓非子》《墨子》各1例；另《禮記》"大父母"1例。"大母"1例，見於《墨子》。

"王父""大父"的替換進程和替換原因，趙岩先生有梳理、歸納：戰國以前主要用"王父"，戰國時期是"大父"的發展期，"可以確定戰國中期左右開始，'大父'與'王父'的分佈存在一定的區域性，即楚地還在使用'王父'，而秦地則主要用'大父'。""大

· 495 ·

父"至晚在漢初時已居於本範疇的中心地位。"王"是"皇"的古字,"皇"有"大"義;後來因"王"的"大"義失落,"王父"構詞理據漸不明朗。"大父"可能在秦地語言中率先實現對"王父"的代替,隨着秦的統一及漢定都關中,秦方言借助律令文獻等得到廣泛傳播①。

"大父"取代"王父"可能在秦地語言中率先發生應符合歷史事實,"王父"被"大父"取代,因"王(皇)"之"大"義失落,"王父"構詞理據不明所致,也有合理性。《爾雅·釋親》:"父之考爲王父,父之妣爲王母,王父之考爲曾祖王父,王父之妣爲曾祖王母,曾祖王父之考,爲高祖王父,曾祖王父之妣爲高祖王母。"郭璞注:"加王者,尊之也。"郝懿行疏義:"祖父母而曰王者,王,大也,君也,尊上之稱。"戰國以後"王"表示諸侯王的核心意義日漸凸顯,在等級分明的社會,平民百姓的祖父、祖母稱爲王父、王母,必然不合時宜;較早稱王的秦國率先改用表意更爲明確而又不觸犯諸侯國最高統治者"王"的"大父""大母"稱謂②。六國"王父"之稱至始秦皇統一時尚未消失,里耶秦簡8—461更名牘有"毋敢曰王父,曰泰父",規定"王父"要改爲"泰父"。目前簡牘文獻所見"泰父"僅周秦1例:

(13) 人皆祠泰父,我獨祠先農。周秦347

此例"泰父"與"先農"同時出現,是祭祀對象,或爲泰山神。

嶽麓簡1238、1668、1884等有"泰父母"稱謂,這些簡文內容是

---

① 趙岩:《簡帛文獻詞語歷時演變專題研究》,中國社會科學出版社2013年版,第100—103頁。

② 秦率先改"王父"爲"大父","王父"改動必有觸犯最高統治者"王"的原因。避諱經常採用同義詞置換的方式,"王""大"或有語義關聯。近代方言中"大"有父親義,明沈榜《宛署雜記·民風二·方言》:"父曰爹,又曰別,又曰大。"若先秦方言"大"已有父親義,"大父"或可解作"父父",表示"父之父"義,如同"孫子"爲"子之子"。從古文字字形看,"王""父"均摹"斧"形,"王父"或亦可解作"父父"。惜尚未發現先秦文獻"大"有父親義,不過有"大"義的"皇"可以作爲亡父的簡稱,如《楚辭·離騷》:"皇覽揆余於初度兮,肇錫余以嘉名。"王逸注:"皇,皇考也。"

吏卒歸寧的律令，爲官方文書。"泰"字是秦朝爲了炫耀天下統一而創造的新字，用於有關國家制度或帶有權威性的一些詞彙，體現了秦國的政治主張："秦"可解釋爲"大"字加"卅""水"兩個部件，"水"代表了水德，體現了秦行水德的理論化和制度化；"泰"字字形像"秦"，代表"用水德達成一統的大秦"①。

秦簡"大父"多見，秦統一前後的放簡和嶽山已有用例。里耶秦牘亦有"大如故，更泰守"，言明表示"大"義仍用"大"，大守之"大"改爲"泰"；"毋敢曰王父，曰泰父"中"王父""泰父"這一組稱謂更改的主要目的是規避"王父"稱謂，人世普通稱謂"大父""大母"與"大男""大女"等詞一樣，均屬一般意義詞彙，"大"可不必改寫爲"泰"。里耶秦牘抄寫者將"王父"的替代稱謂記作"泰父"，或受到秦改"大"爲"泰"的影響；秦官方文書中的"泰父（母）"與"皇"之改寫爲"罪"一樣，屬於文字形體的變更，與詞語替換不同。

游逸飛先生認爲"王父"改稱"泰父"的原因有二，一是"泰父"爲秦人用語，二是秦始皇統一天下後，取消"王"，改稱"皇帝"的配套措施；漢初以後，"泰父"便逐漸銷聲匿迹，"大父"與"王父"重新普及②。有兩點可做討論：一是秦統一前"大父"接管"王父"已然發生，秦棄"王父"主要目的是規避使用"王"字，與"公室"取代"王室"有相近之處，秦始皇統一天下後取消"王"又強化了對"王父"稱謂詞的捨棄。二是漢初之後，"王父"稱謂即使再現，也祇是少數，不會形成社會主流稱謂；漢初分封同姓王，"王"也是高層統治者，且"王""皇"音近，高層統治者不會提倡"王父"普現於平常百姓家。平民家即使有"王父"稱謂，也應是私下尊稱；"大父"稱謂無關階級，不影響上層權威，其生存力要強於"王父"。

西王母是中國古代神話傳說中的女仙人，先秦文獻見於《莊子》1例。

---

① ［日］大西克也：《從里耶秦簡和秦封泥探討"泰"字的造字意義》，載陳偉主編《簡帛》第 8 輯，上海古籍出版社 2013 年版，第 139—148 頁。

② 游逸飛：《里耶 8—461 號"秦更名方"選釋》，簡帛網 2013 年 8 月 1 日（http：//www.bsm.org.cn/show_article.php?id=1875）。

(14) 西王母得之，坐乎少廣，莫知其始，莫知其終；彭祖得之，上及有虞，下及五伯；傅説得之，以相武丁，奄有天下，乘東維，騎箕尾，而比於列星。(《莊子·大宗師》)

孔簡日書則作"西大母"。

(15) 西大母以丁酉西不反（返），綸<綸>以壬戌北不反（返），禹以丙戌南不反（返），女過（媧）與天子以庚東不反（返）。孔149壹—150壹

"王母"本爲祖母之義，後被"大母"取代；"西王母"中的"王母"也置換爲"大母"，是"大母"替換"王母"的深化。"西王母"終究不同於人間普通"大母"，"西大母"在文獻中並未見其他用例；孔簡"西大母"用例是秦漢時期"大母"強勢替換"王母"的寶貴資料。

二 詞義變化

(一) 詞義的擴大

如"厩"。

"牢"在先秦漢語中是畜圈的通稱。甲骨文中因圈養牲畜不同，"牢"有不同形體，可以從"馬"，從"牛"，從"羊"。馬牛羊雞狗豬六畜中，除狗外，其他五畜一般農家均可集中多量飼養，如此則需要爲這些家畜提供食宿的處所。"厩、圈、圂、塒"應是順應家畜飼養而產生的分化詞。"厩"最初指圈養馬的處所，即馬圈。

日書中"厩"多表示馬厩義。如：

(1) 馬禖，祝曰："先牧日丙，馬禖合神。"東鄉（向）南鄉（向）各一馬□□□□□中土，以爲馬禖，穿壁直中，中三腏，四厩行。睡甲156背—157背

(2) 午，馬殹。盜從南方入，有（又）從之出。耎才（在）厩、廡、芻稾中。放乙72

(3) 未，馬也。盜者長頸而長耳，其爲人我我（峨峨）然，好歌（歌）舞。臧（藏）之芻槀、厩中。孔374

以上幾例"厩"均與"馬"有關。

日書有體現"厩"詞義擴大的異文材料。

睡簡	丑，牛也。盜者大鼻，長頸，大辟（臂）臑而僂，疵在目。臧（藏）牛厩中草木下。睡甲70背
孔簡	丑，牛也。盜者大鼻，☐。臧（藏）牛牢中。孔368

這兩則簡文均與地支占盜有關，放簡亦有相關簡文。

(4) 丑，牛殹。以亡，其盜從北方〖入〗，憙（喜）大息。盜不遠，旁桑殹，得。放甲31

放簡日乙67也有相同簡文，惜放簡均未出現與"牛厩""牛牢"對應的處所名稱。睡簡、孔簡占盜簡文字更爲相近，睡簡"牛厩"與孔簡"牛牢"對應；日書中的"牢"已泛指畜圈，不單獨使用：或者跟其他同義詞素構成合成詞，表示畜圈通稱，如"閒牢"；或者其前出現名詞修飾語，構成偏正結構，特指某種畜圈，如"牛牢、羊牢"。睡簡"牛厩"與孔簡"牛牢"對應，"厩"或也泛指畜圈。

日書中"牛厩"還有1例。

(5) 丑死，家益富，東南間一室，必有死者，央（殃）凶在牛厩中。懸泉I0309③:335壹

本爲畜馬之所的"厩"，因詞義擴大，日書出現了"馬厩"指稱"厩"的說法。

(6) 凡入月五日，月不盡五日，以筑（築）室，不居；爲羊牢馬厩，亦弗居；以用垣宇，閉貨貝。睡甲103正壹

· 499 ·

(7) 亥死者，不主。西南間一室，必或死者。央（殃）凶在馬厩中。懸泉I0309③:268壹

例（7）爲亥日占辭，殃凶在馬厩中，"馬厩"或可容冢。

由於"厩"詞義的擴大，下列簡文中的"厩"或可作畜圈義解。

(8) 甲乙黃昏以死，失（魅）圍厩不出，先西而北□□□□人之。王667

(9) 己卯會庚辰死，失（魅）韋（圍）厩，不去北，西南入之。孔330—331

(10) 甲辰雞鳴至黃昏死，韋（圍）厩不出。去之西，而從門入之。孔338

(二) 詞義的縮小

如"子"。

"子"，象形字，本爲嬰兒義，可指兒女。早期日書中的"子"多泛指兒女，如九店日書"生子"占辭有4條，其中3條語境充足，泛指兒女的意義顯明，另外1條也應指兒女；這4例"子"指"兒女"的占辭均見於《叢辰》篇，睡簡楚系日書《除》篇中保留這些占辭，"子"也泛指兒女義。

	九店《叢辰》	睡簡《除》
結日	生子，無弟；女（如）又（有）弟，必死。九店25	生子，毋（無）弟；有弟，必死。睡甲2正貳
達日	生子，男吉，女必出其邦。九店30	生子，男吉，女必出於邦。睡甲7正貳
絕日	生子，男不蕾（留）。九店34	以生子，數孤。睡甲11正貳
央光日	生子，男必散（媚）於人。九店35	以生子，男女必美。睡甲12正貳

睡簡秦系日書《稷辰》篇，"生子"出現7例。

(1) 以生子，既美且長，有賢等。睡甲32正

(2) 生子，吉。睡甲34正

(3) 生子，子死。睡甲37正

(4) 以生子，子不產。睡甲38正—39正

(5) 以生子，吉。睡甲40正—41正

(6) 生子，男女爲盜。睡甲42正

(7) 以生子，子死。睡甲44正

　　這幾例占辭，僅例（1）中"子"表示兒子義語境充足；而例（6）中"子"顯見爲兒女義，其他5例中的"子"也可作兒女義解。可見"子"仍以泛指兒女義爲主。

　　同樣具有秦系背景的睡簡《星》篇，"生子"占辭28條：有7條占辭提示"子"爲兒子義，這幾條占辭"子"的命運是"爲吏、有爵、爲大夫、爲大吏、使人、邑傑"；另外有幾條命運占測是"富、貧、貧富半、老爲人治"等詞，"子"指兒子的可能性也很大；有1例語境充足，提示"子"爲兒女義，見於睡簡日甲94正壹："生子，男爲見（覡），〖女〗爲巫。""子"依然可以泛指兒女。

　　睡簡、港簡、孔簡、周漢日書中均有對生子命運的專門占測，其用語不同，呈現了"子"由兒女義到偏指兒子義的變化。

　　睡簡日甲有《生子》篇，日乙有《生》篇，標題"生子"中的"子"指兒女義。《生子》《生》篇主要是男孩命運的占辭，簡文"子"多指兒子，如日甲146正壹："庚辰生子，好女子。"日甲140正伍："甲寅生子，必爲吏。""子"也有兼指兒女義的用例，如日甲146正貳："庚寅生子，女爲賈，男好衣佩而貴。"日甲148正貳："壬寅生子，不〖吉〗，女爲醫，女子爲也<醫>。"睡簡"子"未實現專指兒子意義的分化。

　　孔簡《生》篇，周漢《產》篇，占斷兒女命運，"子""女"分述，"子"專指兒子。港簡《產》篇，簡上端殘去，不過"子""女"命運分述，與孔簡、周漢相同；疑港簡該篇開頭有1枚上下分欄領起全篇的"子""女"簡。

　　對即將出生的孩子的性別作出預判，歷來受到國人關注，尤其古代社會生兒、生女能引發連鎖反應。"子"的具體意義需要靠語境來限

定，顯然不適合生子預判類占辭。放簡中的這種占辭即採用"男""女"分述的方式加以區分。

(8) 平旦生女，日出生男，夙食女，莫食男，日中女，日過中男，旦<日>則（昃）女，日下則（昃）男，日未入女，日入男，昏女，夜莫（暮）男，夜未中女，夜中男，夜過中女，雞鳴男。放甲16貳—19貳

對子女命運進行占測，因語言表達的簡約性，表述中使用"子"來泛指兒女；不過，很顯然古人更加關注兒子的命運，秦簡日書兒女命運占辭中的"子"便也逐漸發生了專指兒子的詞義變化。日書數術受陰陽五行學說影響大，又加上實際生活中家庭對女兒命運有預判需求，社會對女性命運也需關注；所以，漢簡日書則在女子命運占辭中使用女孩專詞"女"，"女"與由兒女義縮減而來的"子"構成兒女語義場的基本成員。"子"也實現了詞義的縮小。

(三) 義位的增加

如"休"。

"休"表示免職、辭官義，見於孔簡日書1例。睡簡、放簡有相應簡文，"休"不見使用。

睡簡《直室門》	不周門：其主富，八歲更。睡甲123正貳
放簡《直室門》	不周門：其主富，臨邦政；八歲更，弗更必□□，大人必盡。放乙16貳—17貳+19貳
孔簡《直室門》	不周門：其主必富，臨端；八十歲弗更，必休。孔285貳

"休"的免職、辭官義，未見於先秦文獻。放簡、孔簡相近，放簡"弗更必"後有兩字殘泐，非"休"字無疑。

再如"牢"。

《日書》"牢"有"囚禁""監獄"義各1例。

(1) 人恒亡赤子，是水亡傷取之，乃爲灰室而牢之，縣（懸）以葦，則得矣；刊之以葦，則死矣；享（烹）而食之，不

害矣。睡甲65背貳—66背貳

(2) 此天牢。擊（繫）者，一日除；二日貲；三日耐；四日刑；五日死。居官、宦禦，一日進大取；二日多前毋【□】，三日【□□□】句；四日深入多取；五日臣代其主。孔352叁—359叁

例（1）中"牢"用連詞"而"與"爲灰室"連接，用作動詞，爲圈禁義。《大詞典》"牢"之"囚禁；關"義項，首證漢桓寬《鹽鐵論》。日書雖未有例（1）異文，不過就《大詞典》書證來看，"牢"之圈禁義產生較晚；睡簡"牢"的用例，體現了其義位的增加。

例（2）中"天牢"爲神煞名稱，掌管牢獄之事。簡文附圖是五個環環相套的圓圈，可能象徵牢獄①。"天牢"中"牢"的詞素義爲監獄。孔簡整理者認爲"天牢"爲"貴人之牢"。"天牢"占辭中"擊（繫）者"的五種結局是"除、貲、耐、刑、死"，"居官、宦禦"的五種結局是"進大取；多前毋【□】，【□□□】句，深入多取，臣代其主"，後果均是逐層加重。《大詞典》"牢"之"監獄"義項，首證《漢書》；睡簡法律文獻中"牢"已有監獄義，如在牢獄服役的隸臣稱作"牢隸臣"，官方公文性質的里耶秦簡也有"牢人""牢臣"稱謂。《大詞典》"牢"之"監獄"義書證稍晚，不過也説明"牢"之監獄義產生較晚。日書雖未有例（2）的異文，但孔簡"牢"之用例，體現了其"監獄"義位在民間通書中的滲透、使用情況。

有研究者認爲孔簡"天牢"與睡簡"天李"有關，睡簡"天李"簡文作：

(3) 天李：正月居子，二月居子<卯>，三月居午，四月居酉，五月居子，六月居卯，七月居午，八月居酉，九月居子，十月居卯，十一月居午，十二月居辰<酉>。凡此日不可入官及入室，入室必威（滅），入官必有辠（罪）。睡甲145背—146背

---

① 李天虹：《孔家坡漢簡〈日書〉"星"篇初探》，簡帛網2005年11月14日（http://www.bsm.org.cn/show_article.php?id=85）。

擇日神煞借名於星官。《史記·天官書》稱斗魁六星"六曰司禄，在斗魁中，貴人之牢"，《集解》引孟康曰："《傳》曰'天理四星，在斗魁中，貴人牢，名曰天理'"。《索隱》引《樂汁圖》云："天理，理貴人牢。""天李"通常被認爲即"天理"，爲"貴人之牢"。馬王堆帛書《陰陽五行》乙篇"天一圖"中"天獄""天李"同現，"天獄"多被認爲是賤人之牢，《史記·天官書》："有句圜十五星，屬杓，曰賤人之牢。"《索隱》引《詩記曆樞》云："賤人牢，一曰天獄。"天李、天獄，一貴一賤，適用人群有別。孔簡日書"天牢"未有貴賤之別。

"天牢""天李""天獄"，均是掌管牢獄之事的神煞。"天李"即"天理"，"理"爲治理義，"天李"作爲神煞名稱，掌管治理之事；附會於人事，最初可能爲貴人之牢。睡簡"天李"占辭無關乎一般百姓牢獄之災，貴人之牢義明顯。"天牢""天獄"禁錮義明顯，作爲神煞，掌管牢獄之事。馬王堆帛書"天獄""天李"共存，或内涵有別。孔簡"天牢"用於占斷"擊（繫）者"和"居官、宦禦"的五種結局，"擊（繫）者"蓋指已犯案事者，"居官、宦禦"指處於官位者；"天牢"有監獄、牢籠的象徵義。"天李、天牢、天獄"用於占斷牢獄之事的神煞名稱，後世擇日數術官民通用，無所謂貴賤，"天李""天獄"混同，單取"天獄"之名。"有些神煞的名稱和内涵會因時代的不同而發生變化"，後世有可能將它們混而爲一①。從命名看，"天李"側重於獄事的處理過程，"天牢、天獄"側重於獄事的處理結果，"獄"之監獄義先秦已產生，"牢""獄"同義，"天獄"擺脱賤人之牢的限制，後又取代了"天牢"，成爲後世擇日數術中的重要神煞；而"天牢"轉而指稱設置於京城由朝廷掌管的人間監獄。

（四）義位的減少

如"子"。

"子"在古代漢語中有女兒義，日書中"家（嫁）子"組合即是"子"女兒義的運用；"家（嫁）子"有8例：九店1例，睡簡7例。漢簡日書不見"家（嫁）子"組合，"子"的女兒義消失。日書歷時異文體現了"子"該義位消失的動態變化。

---

① 劉樂賢：《簡帛數術文獻探論》，湖北教育出版社2003年版，第383頁。

陰日	九店《叢辰》	利以爲室家，祭，取（娶）妻、家（嫁）女，内（入）貨，吉。以見邦君，不吉，亦無咎。九店29
	睡甲《除》①	利以家室。祭祀、家（嫁）子、取（娶）婦、人材（財），大吉。以見君上，數達，毋（無）咎。睡甲6正貳
	睡乙《除》	利以入室，必入資貨。家（嫁）子、攻敻（繫），吉、勝。睡乙18壹
	睡甲《稷辰》	是胃（謂）乍陰乍陽，先辱而後又（有）慶。利居室、入貨及生（牲）。可取（娶）婦、家（嫁）女、葬貍（埋）。睡甲42正
	睡乙《秦》	先辱後慶。利居室，入貨、人民、畜生；可取（娶）婦▨葬貍（埋）、祠。睡乙60—61
	孔簡《辰?》	是胃（謂）作（乍）陰作（乍）陽，先辱後有慶。利以居室、入貨、見人、畜產。可以取（娶）妻、嫁女、葬。孔44—45
央光日②	九店《叢辰》	利於酓（飲）飤（食）；女（如）遠行，剉（坐）。日居又（有）飤（食），行又（有）得。生子，男必敖（媚）於人。九店35
	睡甲《徐（除）》	利以登高、飲食、遮（蹠）四方埜（野）外。居食，行有得。以生子，男女必美。睡甲12正貳
	睡乙《除》	利以起大事，祭、家（嫁）子，吉。居有食，行有得。生子，美。睡乙224壹
秀日③	九店《叢辰》	利以大祭，之日利以冠，尋車馬，折（製）衣綀（裳）、表紙。長者吉，幼者不吉。帶劍，冠，吉。以生，吉。九店36
	睡甲《徐（除）》	利以起大事。大祭，吉。寇〈冠〉、尋車、折（製）衣常（裳）、服帶，吉。生子吉，弟凶。睡甲13正貳
	睡乙《除》	利以乘車、寇〈冠〉、帶劍、裂（製）衣常（裳）、祭、作大事、家（嫁）子，皆可，吉。睡乙25壹
	睡甲《稷辰》	是胃（謂）重光，利至（野）戰，必得侯王。以生子，既美且長，有賢等。利見人及畜畜生。可取（娶）婦、家（嫁）女、尋衣常（裳）。睡甲32正
	睡乙《秦》	□□□車，見〚人〛，入人民、畜生，取（娶）妻、嫁女，□□□□□□不可復（覆）室。睡乙53壹
	孔簡《辰?》	是胃（謂）重光，▨王。以生子，美且長，賢其等。利見人及入畜產。可以取（娶）妻、嫁女、□衣常（裳）。冠帶，▨以酓（飲），歌（歌）樂。孔31—32

① 睡簡日甲《除》篇和日乙《除》篇，保留了建除和稷辰的神煞名稱，占辭與九店《叢辰》篇基本相同；而日甲自題爲"除"，可見睡簡楚系建除篇章是建除與稷辰數術的合抄。

② 九店訛作"**䅬**日"，睡簡日乙《除》篇作"決光之日"。睡簡秦系日書《稷辰》，孔簡日書《辰?》未有對應簡文。

③ 九店訛作"釆"，當爲"采"，通"秀"。睡簡日乙《秦》篇作"采"。

· 505 ·

睡簡日甲、日乙《除》篇"家（嫁）子"有4例，均出現於楚系日書，秦系日書《稷辰》、孔簡《辰?》篇相應簡文均作"家（嫁）女""嫁女"（除去未有相應簡文的"決光日"條）。值得注意的是九店《叢辰》篇"陰日"作"家（嫁）女"，而睡簡日甲、日乙《除》篇均作"家（嫁）子"，這應是"子"的女兒義直至戰國晚期仍常見或仍在某地域常見的反映；而睡簡秦系日書、孔簡日書改"子"爲"女"，則呈現了"子"的女兒義消減的發展趨勢。日書中還有幾例"家（嫁）子"組合簡文：

（1）凡城日，大吉，利以結言，取（娶）妻，家（嫁）子，内（入）人，城（成）言。九店21下
（2）毋以戌亥家（嫁）子、取（娶）婦，是謂相（霜）。睡甲156正貳
（3）甲子午、庚辰、丁巳，不可取（娶）妻、家（嫁）子。睡甲8背壹
（4）☐祭祀、嫁子、作大事，皆可。睡乙155

"家（嫁）子"僅見於九店和睡簡，又以睡簡日乙爲主，時代往後的放簡、嶽山、王簡以至漢簡日書均未有用例。日書中"子"女兒義位的消減與傳世文獻同步；《史記》中"女""子"在"女兒"義位上構成同義詞，兩者語用有别，"'子'僅5例，且多爲引用秦漢前典籍，……而'女'則爲37例。另一方面，《史記》在採錄先秦典籍時，有的'子'被替換爲'女'，如《戰國策·秦五》有'嫁子取婦'，《史記》作'今秦楚嫁女娶婦'（2295-5），這一切都表明西漢時，'子'的活動能力減弱，出現被'女'代替的趨勢。"[①]

再如"婦"。

"婦"有"妻子"義，又有"婦女"義，是女性在家庭、社會中的不同身份的屬性詞。"婦""妻"在妻子義位上重合，日書中"取

---

① 池昌海：《〈史記〉同義詞研究》，上海古籍出版社2002年版，第172頁。

（娶）婦""取（娶）妻"都有使用；妻子義"婦""妻"有重疊而個別語境中"婦"的詞義或有不明。就日書來看，時代越往後，"婦"表示妻子義用例越少。日書"婦"表妻子義48例，睡簡21例，至孔簡僅存4例。日書歷時異文也説明了"婦"表示"妻子"義的消退。

（1）陰，先辱後慶。利居室，入貨、人民、畜生。可取（娶）婦☐葬貍（埋）、祠。睡乙60—61
（2）陰日，是胃（謂）作（乍）陰作（乍）陽，先辱後有慶。利以居室、入貨、見人、畜產。可以取（娶）妻、嫁女、葬。孔44

另有1例，有對應簡文，但孔簡殘缺。

（3）方（房），取（娶）婦、家（嫁）女、出入貨，吉。可以爲室。生子，寡<富>。祠，吉。睡乙99壹
（4）房，利取☐祠，吉。可爲室屋。以生子，富。孔52

例（3）出自睡簡《官》篇，例（4）出自孔簡《星官》篇。孔簡《星官》篇完整簡文，凡娶妻占辭均爲"妻"，不作"婦"；且孔簡"婦"作妻子義不多。此例殘簡，可能也存在"婦""妻"替換現象。

此外，詞的詞素化也是詞彙發展的表現，日書中"牢"本義"畜圈"義，未有單獨用例，已經詞素化，該意義"牢"的詞的地位已然弱化或退化；惜未有異文對比資料，不過也可見日書語言的價值。

三 新詞產生

日書文獻提供了不少新詞，"簡牘日書詞彙應用研究"一章有梳理。在此僅選取有歷時異文的新詞，來説明日書語言與時代密切貼合、隨時即時變化的特點。

如"畜產"。

"畜產"表示牲畜義，均見於漢簡日書，有8例。其中7例在秦簡

日書中有對應簡文（見本章"生—產"替換），與之對應的詞作"畜生"；"產"和"生（牲）"；儘管"畜產"可能戰國中晚期產生，但漢簡中有意識地用這個新詞去替換沿用已久的同義詞，說明新詞"畜產"在當時有廣泛的接受度。這其實是同義詞"產"對"生"的替換領域的拓展與層次的深化。

再如"六畜生"。

"六畜生"表示牲畜義，孔簡日書1例。睡簡有相應簡文，"六畜生"不見使用。

睡甲《星》	卯（昴），邋（獵）、賈市，吉。不可食六畜。以生子，喜鬻（鬭）。睡甲85正壹
睡乙《官》	卯（昴），邋（獵）、賈市，吉。不可食六畜。以生〖子〗，喜鬻（鬭）。睡乙85壹
孔簡《星官》	【昴】，利以弋獵，賈市，吉。不可食六畜生。可以築室及開（閑）牢。孔66

與孔簡"六畜生"相對應之詞，睡簡作"六畜"。"六畜、六牲、畜生"爲同義詞，"六畜生"的產生蓋是複音詞"畜生"對單音詞"畜""生（牲）"替換深入從而滲入到合成詞"六畜"或"六生（牲）"的結果。但是"六畜生"畢竟與漢語複音化的趨勢不合，"六畜生"一詞於漢語發展史上曇花一現。

又如"牛牢"。

"牛牢"表示牛圈，孔簡日書1例。睡簡、放簡有相應簡文，"牛牢"不見使用。

睡甲《盜者》	丑，牛也。盜者大鼻，長頸，大辟（臂）臑而僂，疵在目。臧（藏）牛厩中草木下。睡甲70背
放簡《地支占盜》	丑，牛殹。以亡，其盜從北方〖入〗，意（喜）大息。盜不遠，旁桑殹，得。放甲31(又見於放乙67)
孔簡《盜日》	丑，牛也。盜者大鼻，☐。臧（藏）牛牢中。孔368

"牛牢"一詞先秦文獻不見用例。《大詞典》"牛牢"，以李時珍《本草綱目》中的用例爲首證，且爲孤證。

又如"除病"。

"除病"表示醫治、袪除疾病義,印臺日書1例。印臺"除病"所處簡文中的"犮(袚)除""無罪",均有解除義,簡文當爲《建除》篇"除日"占辭。睡簡、放簡、孔簡相應簡文中未使用"除病"一詞。

睡甲《秦除》	除日,臣妾亡,不得。有瘴病,不死。利市賈、劈(徹)□□□、除地、飲樂(藥)。攻毁(擊),不可以執。睡甲15正貳
睡乙《徐(除)》	徐(除)日,可以請謁,有□……□。睡乙39壹
放簡《建除》	除日,逃亡,不得。瘴疾,死。可以治嗇夫,可以徹言君子、除罪。放甲14 除日,逃亡,不得。瘴疾,死。可以治嗇夫,可以劈(徹)言君子、除睾(罪)。放乙15壹
孔簡《建除》	除日,奴婢亡,不得。有瘴病者,死。可以□□□、□言君子,可以啓除。可以飲樂(藥)。以功(攻),不報<執>。孔14
印臺《建除》	利犮(袚)除兇、出逮<逐>、飲樂(藥)、除病。以毁(繫),無罪,除之□ ☒ 印臺《荊州》圖2-3貳

"除病"先秦文獻未見用例。醫治、袪除疾病義,早期日書有"除疾"的説法,"除病"是名詞用法"病"替換"疾"滲入到合成詞中實現詞素替換的結果。因"病"替換"疾"先從動詞用法開始,名詞"疾病"義替換發生晚;"除病"一詞產生晚於"除疾"。《大詞典》未收"除病"。

又如"舉喪"與"治喪"。

"舉喪""治喪"均表示辦理喪事義,分別見於孔簡和武威,各有1例。睡簡有相近簡文。

睡簡	辰不可以哭、穿肆(肂),且有二喪,不可卜筭、爲屋。睡乙191貳
孔簡	辰不可舉喪,出入三月,必復有喪。孔393
武威	【辰】毋治喪。《武威》5

睡簡"辰"日宜忌其實亦爲治喪事宜,是治喪事宜的細化。孔簡、武威採用了概括的説法。先秦文獻"舉喪""治喪"均未見用例,《大詞典》收"治喪",未收"舉喪"。

第二節　簡牘日書歷時異文中的語法現象

語法是語言中最穩固的因素，短期内變化因素不多，變化速度不快。不過，日書異文也體現了該時段内語法變化的某些現象。

一　代詞"是"的衰落

代詞"是"的衰落表現在"此胃""此"對"是＝""是胃"的替代，"是胃"的省略不用幾個方面。

（1）正月二月丁庚癸，三月四月丙己壬，五月六月乙戊辛，七月八月甲丁庚，九月十月丙己庚＜癸＞，十一月十二月甲戊辛，凡是＝九忌，不可垣。一堵必有死□。放乙141

（2）土忌：正月二月丁庚，三月四月丙己，五月六月乙戊辛，七月八月丁庚，九月十月丙己癸，十一月十二月甲戊辛，此胃（謂）九忌，不可立垣。孔207叁—209叁

（3）春之乙亥，〖夏之丁亥〗，秋之辛亥，冬之癸亥，是胃（謂）牝日，百事不吉。以起土攻（功），有女喪。睡甲136背

（4）春乙亥、夏丁亥、秋辛亥、冬癸亥，是＝牝日，不可操土攻（攻），必死亡。放乙131壹

（5）□亥，此牝日，起土功，有女喪。孔262

（6）□癸亥，牝日，不可□爲也，□□□，不出三月必有喪。港12

例（1）秦簡作"是＝"，例（2）漢簡作"此胃"；例（3）、例（4）秦簡作"是胃""是＝"，例（5）、例（6）漢簡或作"此"或省而不用，直接用名詞性謂語句。《日書》中代詞"此"的用例也遠多於"是"，且句法成分多樣，而"是"基本作定語或出現在"是＝""是胃"結構中，也説明代詞"是"於戰國晚期已出現衰退迹象。

二　助詞"之"的衰落

助詞"之"的衰落在日書中的多個篇章的異文中均有體現。如：

《建除》篇

睡簡日乙楚系《除》篇十二神煞值日均用"之"連接："窓、結之日 睡乙14 贏、陽之日 睡乙15 建、交之日 睡乙16A 窨、羅之日 睡乙17 作＜彼＞、陰之日 睡乙18壹 平、達之日 睡乙19 成、外陽之日 睡乙20 空、外遠之日 睡乙21壹 坒、外陰之日 睡乙22壹 蓋、絕紀之日 睡乙23 成、決光之日 睡乙224壹 復、秀之日 睡乙25壹"。而日甲楚系《除》篇十二神煞值日均未用"之"連接："結日 睡甲2正貳 陽日 睡甲3正貳 交日 睡甲4正貳 害日 睡甲5正貳 陰日 睡甲6正貳 達日 睡甲7正貳【外】陽日 睡甲8正貳 外害日 睡甲9正貳 外陰日 睡甲10正貳【絕日】睡甲11正貳 夬光日 睡甲12正貳 秀日 睡甲13正貳。睡簡甲種日書晚於乙種日書。

其他批次日書《建除》篇的神煞值日也均未用"之"連接。

《艮山》篇

(1) 此所胃（謂）艮山，禹之離日也。睡甲47正叁
(2) 是胃（謂）根（艮）山，禹離日也。孔139叁

《土忌》篇

(3) 春之乙亥，〖夏之丁亥〗，秋之辛亥，冬之癸亥，是胃（謂）牝日，百事不吉。以起土攻（功），有女喪。睡甲136背
(4) 春乙亥、夏丁亥、秋辛亥、冬癸亥，是=牝日，不可操土攻（功），必死亡。放乙131壹

《死失（魅）》篇

(5) 已巳之日以死，其失（魅）不出，小子必二人死，大人其家室□□ 王703
(6) 乙酉之旦到夕以死，失（魅）不出，出而西南，其日中

· 511 ·

才（在）東北間一室。王718

（7）己巳夕死，失（魅）不出，小子必二人☐孔325

（8）乙酉死，其失（魅）不出，出乃西南，日中東北閒一室。孔332—333

王簡已公佈《死失（魅）》篇尚有兩枚簡。

（9）甲乙黃昏以死，失（魅）圍厩不出，先西而北☐☐☐☐人之王667

（10）庚午日中以死，失（魅）西北五六步，小子也取其父，大人也不去，必傷其家。王706

從王簡"己巳之日""乙酉之旦"與"甲乙黃昏""庚午日中"的組合搭配看，"之"有協調音節的作用。不過即使有韻律作用的"之"，孔簡日書也未有保留。如例（7）"己巳夕"未有"之"連接。

（11）丁酉旦死，失（魅）北孔336

例（11）與例（6）的時間詞均爲某日之"旦"，王簡用"之"，而孔簡未用。孔簡《死失（魅）》篇的時間詞之間均未使用"之"。

《諸良日》篇

（12）馬之良日：己丑、酉，辛未、庚辰、申，壬申、辰，乙丑、戊申，可出入馬。其忌日：戊午、庚午☐王363

（13）豕之良日：壬戌、甲辰、癸未、可出入豕。其忌日：丁丑、未、丙寅、辰、乙亥。王380

（14）馬良日：己亥、己酉、庚辰、壬辰、己未、己丑、戊戌、庚申。其忌：戊午、庚午、甲寅、丁未、丙寅。嶽山43正壹9

（15）豕良日，丁丑、未、己巳、亥、丙辰。忌，丙午、乙巳、壬辰、癸未、巳。孔227壹

三 動詞、副詞 "毋" 的通行

"毋"於秦漢時期使用普遍,《説文·毋部》:"毋,止之也。"段玉裁注:"其意禁止,其言曰'毋'也。古通用'無'。《詩》《書》皆用'無'。《士昏禮》:'夙夜毋違命。'注曰:'古文'毋'爲'無'。'是古文《禮》作'無',今文《禮》作'毋'也。漢人多用'毋'。故《小戴禮記》、今文《尚書》皆用'毋'。《史記》則竟用'毋'爲有'無'字。"段玉裁注指明漢代禁止副詞和動詞以用"毋"爲常。"毋"否定副詞的用例甲骨文已多見,但動詞用例戰國時期才始增多。大西克也先生指出秦漢出土文獻中,思想或歷史方面的作品,動詞用"無",副詞用"毋";科技或法律、行政方面的實用性著作,不管是動詞或副詞,都用"毋";後者從前者演變而來,高文典册從古雅,巫醫、刀筆之吏從流俗,不是偶然的①。秦漢出土文獻中的"思想或歷史方面的作品"多是先秦文獻的抄録,其中"無"的用法,除與"科技或法律、行政方面的實用性著作"存在文體不同外,還應有文獻成書時代早晚之别。動詞用"無"時代早,而動詞用"毋"時代相對較晚。

日書動詞"無"有11例:九店10例,睡簡1例。"毋"表示有没有之義,有111例,普遍見於九店以外的各批次日書。日書中有動詞"無""毋"的歷時異文。

九店《叢辰》篇,動詞"無"有5例;睡簡日甲楚系《除》篇除去修正衍文、殘缺外,均作"毋"。

結日"無弟_{九店25}""毋弟_{睡甲2正貳}",陰日"無咎_{九店29}""毋咎_{睡甲6正貳}",外陽日"無聞_{九店31}""毋門_{睡甲8正貳}",外害日"{無}塢(遇)寇逃(盗)_{九店32}""必耦(遇)寇盗_{睡甲9正貳}",絶日"無爲而可_{九店34}",殘缺_{睡甲11正貳}。除九店"外害日"中"無"爲衍文和睡簡"絶日"有殘缺,九店其他3例動詞"無",睡簡均作"毋"。

九店《相宅》篇,動詞"無"有1例;睡簡《相宅》篇有1例語境相同的簡文,動詞作"毋"。

---

① [日]大西克也:《論"毋""無"》,《古漢語研究》1989年第4期。

（1）垟於西北，不利於子，三增三殊（沮）不相志（持），無藏貨。西流（游），君朕（憯）。_{九店50上}

（2）水瀆（竇）北出，毋（無）臧（藏）貨。_{睡甲17背叁}

九店中的動詞"無"還有：

（3）凡工日，不吉，是胃（謂）無紅（功）。_{九店18下}

（4）凡坐日，無爲而可，女（如）以祭祀，必又（有）三□。_{九店19下}

（5）凡復日，不吉，無爲而可。_{九店22下}

（6）尔居復山之既（阯），不周之埜（野），帝胃（謂）尔無事，命尔司兵死者。_{九店43}

睡簡日乙秦系《徐（除）》篇殘存1例動詞"無"。

（7）吉、寶日，皆利日也，無不可有爲也。_{睡乙40壹}

而該篇還有3例動詞，均作"毋"。

（8）剽日，不可以使人及畜六畜，它毋（無）有爲也。_{睡乙44壹}

（9）虛日，不可以臧（藏）蓋；臧（藏）蓋，它人必發之。毋（無）可有爲也。用得，必復出。_{睡乙45壹}

（10）閏〈閉〉日，可以蓋臧（藏）及謀，毋（無）可有爲也。_{睡乙46壹}

四 介詞"於"的衰落

介詞"於"雖戰國中晚期基本取代了"于"，但在戰國晚期的睡簡中用例已不多。鳳儀誠先生對戰國簡帛、金文"於""于"的使用情況作了梳理，指出郭錫良先生歸納的"於"用法的發展情況，即"戰國

第三章 簡牘日書歷時異文的語言學觀察

中晚期以後於基本上代替了于，此後典籍，大多祇在引古書籍時才用於于字，或者是方音或仿古的影響"不僅符合典籍的情況，而且也符合當時大多數的書籍資料①。

介詞"於"的衰落在簡牘日書的多篇異文中有體現。如：

建除表。《建除》篇是日書的重要標誌，由建除表和宜忌占辭構成。建除表在九店、睡簡、放簡和孔簡中均有完整保留。介詞"於"僅在九店有出現，以"正月建寅"條爲例。

(1) 屈欒，建於寅，鞎於卯，敝（彼）於辰，坪於巳，盜於午，工於未，坐於申，盍於酉，城於戌，復於亥，荀於子，散於丑。九店23上

(2) 正月，建寅，除卯，盈辰，平巳，定午，摯（執）未，被（破）申，危酉，成戌，收亥，開子，閉丑。睡甲14正壹

(3) 正月，建寅、除卯、盈辰、平巳、定午、摯（執）未、彼申、危酉、成戌、收亥、開子、閉丑。放甲1壹

(4) 正月，建寅，除卯，盈辰，平巳，定午，執未，破申，危酉，成戌，收亥，開子，閉丑。孔1壹

地支占盜篇。地支占盜在睡簡、放簡、孔簡有完整篇章，港簡、北漢、張M249、居漢有殘簡。地支占盜一般每條簡文都會有占測藏匿之處的文字，就已發佈的簡文看，僅有睡簡的某些簡文動詞"臧（藏）"後使用介詞"於"。以"卯"條爲例。

(5) 卯，兔也。盜者大面，頭穎，疵在鼻。臧（藏）於草中，旦閉夕啓北方。睡甲72背

(6) 卯，兔殹。以亡，盜從東方入，復從出。臧（藏）野林、草茅中。爲人短面，出〚目〛。不得。放甲33

---

① ［法］鳳儀誠：《戰國兩漢"于"、"於"二字的用法與古書的傳寫習慣》，載陳偉主編《簡帛》第2輯，上海古籍出版社2007年版，第92頁。

· 515 ·

(7) 卯，鬼<兔>也。盜者大面，短豙（喙），臧（藏）草
□□。盜者小短，大目，勉（兔）口，女子也。孔370

(8) 卯，象<兔>也。盜者大目、短頸、長耳、高尻，臧
（藏）草木☒ 張M249《書》圖1-2

睡簡《盜者》篇12條占辭，"丑、辰、申"3條"臧（藏）"後
未有介詞"於"。

(9) 丑，牛也。盜者大鼻，長頸，大辟（臂）臑而僂，疵在
目。臧（藏）牛厩中草木下。多〈名〉徐善遽以未。睡甲70背

(10) 辰，盜者男子，青赤色，爲人不穀（穀），要（腰）有
疵。臧（藏）東南反（坂）下。車人，親也，勿言已。睡甲73背

(11) 申，環也。盜者圜（圓）面，其爲人也鞞鞞然，夙得莫
（暮）不得。名責環貉豺干都寅。睡甲77背

有研究者疑"丑"條"牛厩"之"牛"爲"于"字訛寫，"辰"
條未書所配事物名稱，與其他簡文敘述方式不同，"申"
條未有藏身藏物占辭；總之，未使用"於"的三條簡文可能都有原因。放簡"丑"
條未書藏匿之所，其他占辭藏匿之所前均未出現"於"；孔簡有2例藏
匿之所前有介詞"於"，動詞謂語均非"臧（藏）"。

(12) 辰，蟲也。☒谷中，噬於器間。其盜女子也，爲巫，門
西出。孔371

孔簡10例"藏"占辭，"臧（藏）"後均未使用介詞"於"。

(13) 亥，豕也。盜者大鼻而細胏，長脊，其面有黑子，臧
（藏）圂中壞垣下。其盜女子也，出首，臧（藏）室西北。孔378

港簡有4條簡文與占盜有關，簡文出現"旦不得""夕不得""旦

得夕不得"類敘述文字，可見港簡此篇與睡簡關係密切；港簡 3 例簡文提及藏匿之所，"臧（藏）"後均未使用介詞"於"。

（14）☒□。□目，行□□然，旦不得。臧（藏）西南衣（依）取（聚）園中木下，若（匿）小首。港21

（15）☒□。旦得夕不得。外善，上下睢。臧（藏）東方園中及草中，及草☒港22

（16）☒□足，喜笑。西北垣下糞蔡土裏（壤）下若（匿）。善與人斯（聞），旦得夕不得。港23

居漢有 1 例占盜殘簡，"臧（藏）"後未使用介詞"於"。

（17）☒屬夜半者，男子取之，其人兌（銳）喙，長須（鬚），出目，善□亂人事，數（僂）人也。姓孤氏，字子☒孫□臧（藏）之内中、嬰（甖）閒、土中。居漢458.1A

北漢亦有占盜簡文，目前公佈 1 枚："子……鼠相，……垣内中糞蔡下。"簡文不連貫，不好判斷是否使用介詞"於"，從漢語史發展規律來看，以不用爲常。

《有疾》篇。睡簡完整，王簡公佈 4 枚簡文，港簡有 3 枚簡文，孔簡篇章完整而簡文有殘缺。介詞"於"同樣僅見於睡簡。

（18）庚辛有疾，外鬼傷（殤）死爲姓（眚），得<u>於</u>肥肉、鮮魚卵。睡乙185

（19）戊己有疾，黃色中子死。不黃色，甲有瘳，乙汗（聞）。王397

（20）【女子】□色，日中有疾，九日起，司禄爲祟，侖（論）之，丁起。莫（暮）疾，非良死也。港69

（21）庚辛金也，有疾，白色日中死。非白色，丙有瘳，丁汗（聞）。街行、人炊、兵祟。孔350壹

各批日書《有疾》篇行文差別較大，嚴格來説不算歷時異文；不過秦漢時期介詞"於"逐漸消失應是漢語發展事實。鳳儀誠先生據睡簡介詞"于""於"總體用例較少，尤其是法律簡更少，而較少的用例也集中見於日書文獻的情況，得出結論："在秦的文獻裏，'于'與'於'並不像在楚的文獻中那樣普遍地被使用。……在這方面楚和秦有着一定的差別"，戰國晚期楚國資料裏，介詞"於"使用相當普遍，然而在秦代與漢代的資料裏，無論是"于"還是"於"字都比較少用①。睡簡日書介詞"於"有34例：日甲《除》1例，《衣》1例，《病》3例，《十二支忌》2例，《生子》2例，《相宅》6例，《詰》3例，《盜者》10例，日乙《有疾》3例，《生》3例。這些篇章多是楚系日書，其中《除》《衣》《病》《有疾》篇，在九店中有相近簡文，我們前文對《十二支忌》《詰》《盜者》篇的楚系性質有過討論。《相宅》篇的楚系、秦系屬性，研究者意見不同：如劉樂賢、李家浩先生據九店有相同篇章，將其歸入楚系日書②；晏昌貴等先生據該篇所及具體建築物性質，將其歸入秦系日書③。《生子》和《生》內容基本一致，研究者對於兩篇爲楚、爲秦日書的看法也有不同，如劉信芳先生將之歸入楚系日書，大西克也先生將之歸入楚人抄寫的秦系日書④。睡簡《相宅》篇有"祠木、祠室"，秦、楚兩地的祭祀動詞有別，"祠"有秦語特點；不過《相宅》篇出現了1例"豬"，里耶秦簡8—461更名牘有"毋敢曰豬，曰彘"，即不要稱"豬"，要稱"彘"；秦始皇更名，雖不至於説"豬"的説法不見於秦地，但秦地"彘"使用應較爲普及。所以睡簡、九店

---

① 鳳儀誠：《戰國兩漢"于"、"於"二字的用法與古書的傳寫習慣》，載陳偉主編《簡帛》第2輯，上海古籍出版社2007年版，第87、92頁。

② 劉樂賢：《九店楚簡日書研究》，載饒宗頤主編《華學》第2輯，中山大學出版社1996年版，第68頁；湖北省文物考古研究所、北京大學中文系：《九店楚簡》，中華書局2000年版，第110頁。

③ 晏昌貴、梅莉：《楚秦〈日書〉所見的居住習俗》，《民俗研究》2002年第2期。

④ 劉信芳：《秦簡〈日書〉與〈楚辭〉類徵》，《江漢考古》1990年第1期；[日]大西克也：《從方言的角度看時間副詞"將""且"在戰國秦漢出土文獻中的分佈》，載《紀念王力先生百年誕辰學術論文集》編委會編《紀念王力先生百年誕辰學術論文集》，商務印書館2002年版，第157頁。

《相宅》篇應有關聯，睡簡《相宅》篇應在楚地日書基礎上增補改動而成，而抄寫者又爲楚人，其中必然殘留楚地語言現象；因而不能排除該篇介詞"於"的運用有楚語特點。《生子》《生》篇對於生子命運的占辭，與楚人風俗信仰或地域特點更爲貼合，如"好衣佩、好田壄（野）邑屋、好樂、好水"，這些命運占斷用詞關注生活細節，與秦系生子多關注人生大事也有所區別；《生子》《生》更有可能源自楚系日書。

可見睡簡日書介詞"於"儘管有一定使用量，但多出自楚系日書。介詞"於"的衰落蓋從秦開始，發展至漢代，"於"最終慢慢退出活語言使用領域。需要説明的是放簡日書有 16 例介詞"於"，均出自《鐘律式占》古佚書篇章。

(22) 婦是熒熒，施（弛）登於城，朝作而夕不成。放乙351

(23) 大吕，音殹。貞在大吕，陰陽溥（薄）氣，翼凡三□，居引其心，牝牡相求，徐得其音，後相得殹，説（悦）於黔首心。放乙262

這些占辭，文辭典雅，與日書語言淺顯直白不同，應有存古博雅的因素。

五　"復"語法意義的增强

"復"本是位移動詞，動作性强，甲骨文有用例。春秋戰國時期"復"已產生頻率副詞用法，表示重複。日書中"復"多作副詞：睡簡 25 例"復"，副詞重複義 10 例，動詞再現義 5 例，動詞恢復義 3 例，動詞答復義、返回義各 1 例，通"覆"5 例；放簡 21 例"復"，副詞重複義 12 例，動詞再現義 5 例，動詞返回義 2 例，通"腹"2 例；周秦"復"5 例，均爲副詞重複義；周漢"復"1 例，爲副詞重複義；孔簡 10 例"復"，副詞重複義 7 例，動詞再現義 1 例，通"覆"2 例；水簡、懸泉等其他漢簡日書 8 例"復"，均爲副詞重複義。日書異時異文也有"復"副詞功能增强，而動詞用法減退的迹象。

· 519 ·

如睡簡《稷辰》篇 "復" 有 3 例動詞用法, 表示恢復義; 孔簡對應篇章中有 1 例異文 "復", 用作副詞。

(1) 危陽, 是胃 (謂) 不成行。以爲嗇夫, 必三徙官; 徙官自如, 其後乃昌。免, 復事。睡甲36正

(2)【危陽】☐三徙〈徙〉官自如, 其後乃昌。以免, 復爲。有病, 不死。死者, 有毀。孔36

這種異文, 是 "復" 副詞功能增強的表現。

日書中有宜忌時日稱作 "復日", 又稱作 "報日", 它們是同一禁忌時日的不同稱呼, 命名均與 "復" "報" 表示重複發生有關。日書 "復日" 3 例, 見於居新、額簡、懸泉; "報日" 1 例, 見於港簡。

(3) 復日: 甲庚、乙辛、戊己、丙壬、丁癸、〖戊己〗、未、戊己、甲庚、乙辛、戊己、丙壬、丁癸、〖戊己〗。居新EPT27.2

(4) ☐【戊】己、甲庚、乙辛、戊己、丙壬、癸丁、戊己, 報日。以得, 必三; 以亡, 必五; 以喪生, 凡三。可以畜六畜。港75

另孔簡、周漢亦有 "報日"。

(5) 辛亥、辛卯、壬午不可以寧人及問疾, 人必反代之; 利以賀人, 人必反賀之。此報日也。孔305叁—306叁

(6) 辛亥、辛卯、壬午不可以寧人及問疾, 人必反代之; 利以賀人, 人必反賀之, 此報日。周漢33貳+162貳+224貳

這 2 例 "報日", 與宜忌時日 "報日" 不同; 被稱爲 "報日", 應源自 "報" 的動詞回報、返回義。

孔簡動詞 "報" 表示重複出現有 5 例, 而相同用法的 "復" 僅有 1 例。

(7) 正月旦西風，三日不報，兵起在春三月中。入月二日而風，三日不報，兵起在夏三月中。入月三日而風，三日不報，兵起在秋三月中。入月五日而風，三日不報，兵起在冬三月中。孔425—426

(8) 亥朔，赤奮若司歲，大風，報，兵革起，火行。孔438

一般而言，宜忌名稱多相沿習用，從港簡"報日"以及孔簡重複出現義動詞"報"的多量使用情況來看，動詞"報"在漢初或曾有替換同義詞"復"的趨勢。而"復"則發展了其語法化功能。

語法的歷時變遷，還表現在詞語組合關係的變化方面，而組合關係的變化又與詞義變動密切相關。美好意義的"美""善"異文，及"美"組合關係的變化在日書中有明顯表現。趙岩先生已有討論，不再贅述①。

第三節 簡牘日書歷時異文中的文字現象

上古文獻，尤其是上古出土文獻，文字使用規範意識不強，通假字、古今字、異體字出現頻率高。秦書同文政策是政府層面語言文字規範使用的開端。日書異文中的文字現象體現了漢字形體的演變規律和寫者對漢字形體表意性的追求。現舉例說明。

一 形聲造字的發展

形聲造字法的大發展是戰國秦漢時期漢字發展的突出特點。我們在"簡牘日書同義詞研究"一章中提及常用詞替換的完成不應完全拋開字形因素的影響。日書文獻中有非形聲字、形聲字的歷時異文，這也體現了漢字形體的形聲造字發展。

如"埜""壄""野"異文。

日書"埜"有4例，均見於九店；"壄"有10例，均見於睡簡；

---

① 趙岩：《簡帛文獻詞語歷時演變專題研究》，中國社會科學出版社2013年版，第37—42頁。

"野"有18例：睡簡1例，放簡9例，孔簡、水簡、居新各2例，懸泉、金關各1例。

"埜""壄"字形有前後相承關係，"壄"是形聲字，是在"埜"字基礎上加注聲符"予"而成。九店《叢辰》篇"埜"有3例，睡簡日甲楚系《除》篇相應簡文均作"壄"。

外陽日	九店《叢辰》	利以行作，〚远（遮）〛四方埜（野）外，吉。以田獵，隻（獲）。九店31
	睡甲《除》	利以遮（遮）壄（野）外，可以田邋（獵）。睡甲8正貳
外害日	九店《叢辰》	不利以行作，远（遮）四方埜（野）外，必｛無｝塌（遇）寇逃（盜），必〚見〛兵。是古（故）胃（謂）不利於行作，埜（野）事不吉。九店32
	睡甲《除》	不可以行作，之四方壄（野）外，必耦（遇）寇盜，見兵。睡甲9正貳

睡簡《除》篇還有2例"壄"。

（1）外陰日，利以祭祀。作事、入材，皆吉。不可以之壄（野）外。睡甲10正貳

（2）夬光日，利以登高、飲食、遮（遮）四方壄（野）外。睡甲12正貳

這2例"壄外"，九店33、35相應簡文均作"遠方"，非文字形體所形成的異文。

九店還有1例"埜"。

（3）尔居復山之臥（阯），不周之埜（野），帝胃（謂）尔無事，命尔司兵死者。九店43

睡簡日書無對應簡文。

睡簡"壄"除見於《除》篇，還見於《生子》篇1例，《詰》篇3例，《十二支占出入盜疾》篇1例。這些篇章均屬楚系日書。

(4) 戊戌生子，好田壄（野）邑屋。睡甲144正叁

(5) 壄（野）獸若六畜逢人而言，是票（飄）風之氣。睡甲52背壹

(6) 人生子未能行而死，恒然，是不辜鬼處之。以庚日日始出時漬門以灰，卒，有祭，十日收祭，裹以白茅，貍（埋）壄（野）外，則毋（無）央（殃）矣。睡甲52背貳—53背貳

(7) 有衆虫（蟲）襲入人室，是壄（野）火僞＝虫（蟲），以人火應之，則已矣。睡甲35背叁

(8) 鮮魚從西方來，把者白色，高王父爲姓（眚），壄（野）立（位）爲☐睡乙178

睡簡日甲32正有1例"野"，見於秦系《稷辰》篇；放簡有9例"野"，即使是存有古文字特點的《鐘律式占》古佚書中也寫作"野"。里耶秦簡8—461更名牘有"以此爲野"，意思是"將過去習用的幾種'野'字歸併起來，統一作此從'田'的野形"①。"壄""野"可看作具有楚、秦地域區別的不同字形，漢簡日書均寫作"野"，沿用了秦地寫法。

"埜"和"壄""野"有時代先後之別，"埜"甲骨文已見，而"壄""野"戰國時期才始見用例。"壄"是"埜"的聲符添加字，"野"是音義合成字或改換"埜"字表意構件而成。簡牘日書同篇中的"埜""壄"歷時異文，體現了漢字形聲化發展的趨勢。

二 追求漢字形體的表意性

形聲字的發展主要出於對文字記錄語言表意兼表音功能的重視，簡牘日書文字的使用細節也體現了書寫者對文字形體表意功能的自覺追求。

通常而言，書面文獻借助文字傳情達意，意義蘊含於文字形體所記載的言語之中。注重文字形體表意的準確性與區別性應是書面文獻，尤其是應用性書面文獻的共同特徵。不同時空下的日書寫本也體現了文字

---

① 陳侃理：《里耶秦方與"書同文字"》，《文物》2014年第9期。

形體表意的重要功能。現今所見最早的日書文獻——九店日書中文字使用即有此傾向。九店日書中部分常見字的文字形體與常規寫法不同，而是突出了對精確表意的追求，參見"簡牘日書同義詞研究"一章中介紹。其他還有如象形字"眉"是古今常用字形，睡簡日書也出現了會意構形字"瞦"（日甲60背貳），"瞦"爲"目"上之"須"。再如日書文獻中時間詞"日昳"常見，有69例，除睡簡10例，港簡1例寫作"日昃"外，其他多作"日失"，如放簡、周秦等均是；孔簡也多寫作"日失"，唯《死失（魅）》篇7例寫作"日是"，因《死失（魅）》篇中"失"爲"魅"的通假字，寫者遂將"日昳"的常規通假形式"日失"改寫作"日是"，如簡339"丁未日出至<u>日是（昳）</u>死，<u>失（魅）</u>西北，去一里。"如此，則避免了文字記錄可能引發的歧義。

除文字細節的使用外，日書異文也體現了書寫者追求文字表意的規律性變化。

1. 減少使用通假字

簡帛文獻通假字常見，是研究古代語音的寶貴資料。不過通假字的使用在一定程度上會造成漢字形體與意義的脫節。

如"樂"與"藥"。

"樂"是"藥"的通假字。日書"樂"通"藥"有4例：睡簡2例，王簡、孔簡各1例。本字"藥"有3例：孔簡、武威、水簡各1例。睡簡和孔簡有1例"樂""藥"異文，出自稷辰篇章。

(1) 敫，是胃（謂）又（有）小逆，毋（無）大央（殃）。可以穿井、行水、蓋屋、飲<u>樂</u>（藥）、外除。亡者，不得。不可取（娶）婦、家（嫁）女、出入貨及生（牲）。不可臨官、飲食【歌】樂、祠祀。睡甲38正

(2)【敫日】☑，利以穿井、溝、竇，行水，蓋屋，會（飲）<u>藥</u>，外除。亡者，不得。不可以取（娶）妻、嫁女、出入畜生、爲嗇夫、臨官、會（飲）食、歌樂、祠祀、見人；若以之，有小喪，毋（無）央（殃）。孔38—39

>>> 第三章 簡牘日書歷時異文的語言學觀察 ◆

孔簡整理者於"敫日"條"飲藥"注曰：睡簡日甲作"飲樂"；孔簡本條下文尚有"飲食、歌樂"之語，可證秦簡的"飲樂"當讀作"飲藥"。

孔簡《建除》中簡14"除日"條有1例"藥"記作通假字"樂"，當屬文字的保守沿襲現象。漢簡日書已多使用本字"藥"，寫作通假字"樂"，目前所見僅孔簡1例。

再如"材"與"財"。

"材"與"財"可以互相通假，其中在財產義上，"財"爲本字。日書"材"通"財"，表財產義有2例，見於睡簡。本字"財"有19例：放簡7例，周秦2例，港簡3例，孔簡2例，武威3例，水簡、敦煌各1例。孔簡與睡簡有1例"財""材"所出現的篇章性質相近，可看作廣義異文。

（1）毋以申出入臣妾、馬牛、金材（財），是胃（謂）□□□。睡甲110正貳—111正貳

（2）巳不可入錢財，人必破亡。不可殺雞、祠主，人毋（無）傷巫，受其央（殃）。孔394

兩枚簡文均屬於十二支忌的内容，睡簡《十二支忌》篇有楚地用字特點。睡簡另一例"材"通"財"，見於楚系日書《除》篇，"財"作"材"也許有地域之別。

（3）陰日，利以家室。祭祀、家（嫁）子、取（娶）婦、入材（財），大吉。以見君上，數達，毋（無）咎。睡甲6正貳

漢簡日書作"財"，類似篇章中"材""財"異用，說明書寫者使用本字的有意追求。

又如"安"與"晏"。

時間詞"安"是"晏"的通假字，又稱"晏食"，是稍晚於早飯之時。放簡中的"晏（食）"均寫作"安（食）"，其他簡牘均作本字"晏（食）"。放簡日書甲乙種、孔簡日書有完整的《禹須臾所以見

· 525 ·

人日》篇,以十二地支記日的形式占卜每天旦、晏食、日昳、夕日四個時段的吉凶;港簡也有《禹須臾所以見人日》篇殘簡。港簡、孔簡均記作"晏食"。我們以三批簡均有的"辰"日占辭爲例。

(1) 辰,旦凶,安(晏)食吉,〖日中凶〗,日失(昳)凶,夕日吉。放甲47貳

(2) 辰,旦兇(凶),晏食吉,日中、日失(昳)兇(凶),夕吉。港84貳

(3) 辰,旦凶,晏食吉,日中凶,日失(昳)凶,夕日吉。孔164貳

"晏"从"日",時間意義更明確。

又如"鼠"與"予"。

給予義"鼠"是"予"的通假字。日書"鼠"通"予"9例,均見於睡簡;本字"予"4例:港簡1例,孔簡3例。其中1例出自日書異文中。

(1) 禹,是胃(謂)其羣不捽(拜),以辭不合(答),私公必閉,有爲不成。亡者,得。利弋邋(獵)、報讎、攻軍、韋(圍)城、始(答)殺。可取,不可鼠(予)。睡甲40正

(2) 夏,群不捽(拜),〖以辭〗不合(答)。亡者,得。可魚(漁)邋(獵),不可攻。可取,不可鼠(予)。睡乙59

(3) ☒,不果。亡者,得。利〖田〗漁、弋獵,吉。可以取,不可予。港51

(4) 介日,是胃(謂)其群不拜,以辭不合(答),私□必閉,有爲不果。亡者,得。利以田魚(漁)、弋獵、報讎。可以攻軍、圍城、始(答)殺。可以取,不可予。孔41—42

日書中本字"予"用例還有:

(5) 風從□□□糧(糧)尤賤,毋予也。孔450

(6) 始耕田之良日，牽牛、酉、亥。辰、巳不可穜（種）、出穜（種），乙巳、壬〖辰〗不可予、入五穜（種）。孔453

陈侃理先生將里耶秦簡 8—461 更名牘"□如故更予□"釋爲"鼠如故，更予人"，認爲簡文的意思是保留"鼠"的鼠義，其給予義更改爲"予"①。如此，動詞"予"字的使用與秦政府的推動關係密切。

又如"有"與"又"。

"有""又"可以互相通假。"有"通"又"，作副詞，表示重複"又"通"有"，作動詞，表示有無。

日書重複意義副詞基本寫作"有"，有 20 例：九店 1 例，睡簡 5 例，放簡 12 例，孔簡 2 例。僅放簡日乙 246 "又若虎棘，上下行往，莫中吾步" 1 例疑似重複副詞寫作"又"。"有"通"又"，用作副詞，在日書中是常見現象。

日書"又"也有通動詞"有"的用例，見於九店和睡簡；其中九店 27 例動詞"有"均寫作"又"；睡簡動詞主要寫作本字"有"，也有寫作"又"者，見於《穆辰》篇，有 11 例。九店有的"又（有）"用例，與睡簡形成異文，睡簡或省去或寫作"有"。以九店《十二支占出入盜疾》篇中比較完整的幾例簡文爲例說明。

卯	九店	☒北見疾，西吉，南又（有）得。卯，【朝閱（閉）夕啓。凡五【卯，朝盜（逃）得，夕不得】。以内（入），必又（有）大死。以又（有）【疾】，未少翏（瘳），申大翏（瘳），死生才（在）丑。九店63
	睡簡	卯以東吉，北見疾，西、南得，朝閉夕啓，朝兆（盜）得，晝夕不得。以入，必有大亡。以有疾，未少翏（瘳），申大翏（瘳），死生在亥。睡乙163
辰	九店	☒【南】又（有）【得】。辰，朝啓夕閱（閉）。凡五辰，朝【逃（盜）不】得，晝得，夕得。以内（入），吉。以又（有）疾，西少翏（瘳），戌大翏（瘳），死生才（在）子。九店64
	睡簡	辰以東吉，北兇（凶），〖西〗先〈无〉行，南得，朝閉夕啓，朝兆（盜）不得，夕晝得。以入，吉。以有疾，酉少翏（瘳），戌大翏（瘳），死生在子。睡乙165

---

① 陳侃理：《里耶秦方與"書同文字"》，《文物》2014 年第 9 期。

續表

午	九店	☐北得，西聞言，南【兇（凶）。午，朝閼（閉）夕啓。凡五】午，朝逃（盜）得，夕不得。以又（有）疾，丑少瘳（瘳），【子大瘳（瘳）】，死生才（在）寅。九店66
	睡簡	午以東先〈无〉行，北得，西聞言，南兇（凶），朝閉夕啓，朝兆（盜）得，晝夕不得。以人，吉。有疾，戌少瘳（瘳），子大瘳（瘳），死生在寅。睡乙169A+175B+170
未	九店	以東吉，又（有）得，北兇（凶），西【南吉。未，朝】啓夕閼（閉）。凡五未，朝逃（盜）不得，晝得，夕得。以内（入），吉。以又（有）疾，子少瘳（瘳），卯大瘳（瘳），死生才（在）寅。九店67
	睡簡	未以東得，北兇（凶），西、南吉，朝閉{多}夕啓，朝兆（盜）不得，晝夕得。以人，吉。以有疾，子少瘳（瘳），卯大瘳（瘳），〚死〛生在寅。睡乙171

睡簡《稷辰》篇動詞"有"16例，寫作"又"11例，寫作"有"5例，兩種書寫形式並存；而孔簡相應簡文均寫作"有"。

　　（1）秀，是胃（謂）重光，利壬（野）戰，必得侯王。以生子，既美且長，有賢等。利見人及畜畜生。可取（娶）婦、家（嫁）女、尋衣常（裳）。利祠、飲食歌樂。臨官立（莅）正（政）相宜也，利徙官，免，復事。毄（繫），亟出。雖雨，齊（霽）。不可復（覆）室蓋屋。正月以朔旱，歲善，有兵。睡甲32正—33正

　　（2）正陽，是胃（謂）滋昌，小事果成，大事又（有）慶，它毋（無）小大盡吉。利爲嗇夫，是胃（謂）三昌。㤅時以戰，命胃（謂）三勝。以祠，吉。有爲也，美惡自成。睡甲34正

　　（3）敫，是胃（謂）又（有）小逆，毋（無）大央（殃）。可以穿井、行水、蓋屋、飲樂（藥）、外除。亡者，不得。不可取（娶）婦、家（嫁）女、出入貨及生（牲）。不可臨官、飲食〚歌〛樂、祠祀。以生子，子不産。取（娶）婦、家（嫁）女，兩寡相當。正月以朔多雨，歲善而柀不産，有兵。睡甲38正—39正

　　（4）禹，是胃（謂）其羣不捽（摔），以辭不合（答），私公必閉，有爲不成。亡者，得。利弋邋（獵）、報讎、攻軍、韋（圍）城、始（笞）殺。可取，不可鼠（予）。不可飲食哥（歌）

· 528 ·

樂。利以祠外。以生子，吉。鼓（擊），亟出。雖雨，見日。正月以朔旱，又（有）歲，又（有）小兵，毋（無）大兵。睡甲40正—41正

改換通假字"又"爲本字"有"，適應了語義精確表達的需求。放簡日書未有動詞"有"寫作"又"的用例；睡簡《稷辰》篇屬秦系日書，《稷辰》篇中動詞"有"的書寫形式"又""有"混用，應與睡簡日書來源複雜有關。睡簡中的楚系日書動詞均記作"有"，與九店用字已有不同；睡簡日甲抄寫者爲楚人，秦系日書《稷辰》篇中動詞"有"受楚人用字習慣影響被多數改寫作"又"的説法，不能解釋睡簡楚系日書中動詞已寫作"有"而秦系日書動詞反而記作"又"的現象。不過，同爲秦系日書的睡簡《秦》篇動詞存3例，均寫作本字"有"，與《稷辰》篇"有""又"混用記錄動詞"有"的情況不同。《秦》《稷辰》篇中其他意義的文字書寫也有不同，如出嫁之"嫁"，《秦》篇5例均寫作"嫁"，《稷辰》篇9例均寫作"家"，相比而言《稷辰》篇在用字方面有"復古"成分。《稷辰》篇同一語義，用字不盡統一，除了動詞"有"外，再如歌唱之"歌"，4例中3例作"哥"，1例作"歌"。這些現象可能透視出抄寫者確實對《稷辰》篇有文字改動，而這些改動又有不盡改動的殘留。

也有一些簡文，雖不能找到比較貼合的異文，但歷時用字不同，時代在後者使用本字。如表示病愈義的"瘳"，日書有58例，九店15例、睡簡楚系日書24例均作通假字"翏"；睡簡1例、王簡9例、放簡5例、周秦1例、孔簡3例作本字"瘳"。這種歷時用字現象也是書者追求文字準確表意而有意用本字記本義的表現，也可以説是社會用字愈來愈規範的時代特徵的呈現。

日書也有與追求文字表意性相反的個別異文。

【外】陽日，利以遮（蹠）埜（野）外，可以田邋（獵）。以亡，不得，毋（無）門（聞）。睡甲8正貳

睡簡用通假字"門"，而九店用本字"聞"。

以田獵，隻（獲）。逃人，不得，無聞。執（設）罔（網），得，大吉。九店31

睡簡還有"問"通"聞"的用例。

壬申生，有問（聞）邦。睡乙239

不過這種逆文字發展趨勢的字少，且使用頻率低，如"門""問"通"聞"，日書僅此2例；非規律性的替換，不能因這種個別字的變更得出文字書寫的規律性發展趨勢。

2. 使用表意更爲準確的今字

古今字是歷史發展過程中因時代先後不同産生的表義或表詞相同的不同文字形體，一般情况是今字分擔了古字的部分意義。古字一字多義或一字多詞適應了文字初期字量不足情况下表情達意的需求；今字産生後，與今字並存的古字在表義準確性方面有不及今字處。

如"莫"與"暮"。

傍晚義的"莫"是"暮"的古字。日書中傍晚義的"暮"多記作"莫"，包括由詞素義爲傍晚的"暮"所構成的合成詞，如放簡"夜莫"，水簡"莫餔"等。但是傍晚義記作"莫"有時會引起誤解，如日書中"莫食"有兩個含義：一是表示略晚於蚤食，爲上午時段；一是表示傍晚飲食時間，爲下午時段。上午時段的"莫食"之"莫"與"暮"没有意義關聯。早期研究對日書"莫食"的多義性理解不足，如睡簡日乙156："【雞鳴丑，平旦】寅，日出卯，食時辰，莫食巳，日中午，暴未，下市申，舂日酉，牛羊入戌，黄昏亥，人定【子】。"睡簡整理者於釋文"莫"後括注"暮"。

睡簡、孔簡有1例"暮""莫"異文，應與詞義準確表述有關。

(1) 建日，良日也。可以爲嗇夫，可以祠。利棗（早）不利莫（暮）。可以入人、始寇<冠>、乘車。有爲也，吉。睡甲14正貳

(2) 建日，可爲大嗇夫、冠帶、乘車。不可以□□夫。可以

禱祠，利朝不利暮。可以入人。孔13

再如"韋"與"圍"。

包圍意義的"韋"是"圍"的古字。日書"韋"表包圍義5例：睡簡、放簡、王簡各1例，孔簡2例。"圍"2例，見於孔簡。"韋""圍"有1例歷時異文。

（1）禹，是胃（謂）其羣不摔（拜），以辭不合（答），私公必閉，有爲不成。亡者，得。利弋邋（獵）、報雠、攻軍、<u>韋</u>（圍）城、始（答）殺。睡甲40正

（2）介日，是胃（謂）其群不拜，以辭不合（答），私□必閉，有爲不果。亡者，得。利以田魚（漁）、弋獵、報雠。可以攻軍、<u>圍</u>城、始（答）殺。孔41—42

另1例"圍"見於孔簡《建除》篇：

（3）執日，不可以行，以是{不}亡，必執入縣官。可以逐盜，<u>圍</u>得。孔18

又如"隻"和"獲"。

捕獲義的"隻"是"獲"的古字。日書"隻"表捕獲義1例，見於九店；"獲"2例，見於睡簡和放簡，"獲"另有5例作人名、門名用字等。

（1）【申】、酉、戌、亥、子、丑、寅、卯、辰、巳、午、未，是胃（謂）外陽日，利以行作，逐（邋）四方埜（野）外，吉。以田獵，<u>隻</u>（獲）。九店31

（2）戌、外陽之日，利以祭，之四旁埜（野）外，埶（設）罔（網）邋（獵），<u>獲</u>。睡乙20A+19B

複音詞的書寫形式，其歷時異文有的也體現了表意增強的趨勢。如

· 531 ·

"歌舞"一詞，睡簡寫作"歌無"，孔簡寫作"歌舞"；"歌樂"，睡簡寫作"哥樂"，孔簡寫作"歌樂"等。

也有一些簡文，雖不能找到比較貼合的異文；但歷時用字不同，時代在後者使用今字，如表示建築義的"蓋"，九店5例，均寫作"盍"，其他日書則作今字"蓋"。

需要指出的是秦簡日書有"是＝"句，而漢簡日書"是＝"不見使用。這也是文字書寫形式的變化，這種變化應與準確表意有關。

日書中"是＝"的讀法，學界觀點不一，主要有如下幾種：第一，讀爲"是是"，將後一"是"看作判斷詞①；第二，讀爲"此是"，將後一"是"看作判斷詞②；第三，讀爲"是寔"，認爲後一"是"通"寔"，爲副詞③；第四，讀爲"是謂"，認爲"＝"是省代用法④，或

---

① 如睡簡整理者直接將"是＝"釋作"是是"，未對"是是"的性質進行解説。郭錫良《關於係詞"是"產生時代和來源論爭的幾點認識》，載《王力先生紀念論文集》編委會編《王力先生紀念論文集》，商務印書館1990年版，第222—239頁。唐鈺明《上古漢語判斷句的變換考察》，《中國語文》1991年第5期（唐先生後來觀點有變化，認爲"第二個'是'字有可能是副詞'實'。"見梁冬青《出土文獻"是是"句新解》，《中國語文》2002年第2期）。汪維輝《係詞"是"發展成熟的時代》，《中國語文》1998年第2期。魏德勝《〈睡虎地秦墓竹簡〉語法研究》，首都師範學院出版社2000年版，第332頁。石峰《〈睡虎地秦墓竹簡〉的係詞"是"》，《古漢語研究》2000年第3期。鍾如雄《秦簡〈日書〉中的判斷詞"是"》，《西南民族學院學報》2002年第2期。朱城《出土文獻"是是"連用後一"是"字的訓釋問題》，《古漢語研究》2004年第4期；又《出土文獻"是是"句後一"是"字的訓釋問題再議》，《古漢語研究》2008年第4期。胡平生、李天虹《長江流域出土簡牘與研究》，湖北教育出版社2004年版，第277—278頁。張顯成《簡帛文獻論集·論簡帛的漢語史研究價值》，巴蜀書社2008年版，第231頁。

② 如劉信芳《秦簡〈日書〉與〈楚辭〉類徵》，《江漢考古》1990年第1期；張德芳主編、孫占宇著《天水放馬灘秦簡集釋》，甘肅文化出版社2013年版，第245、103頁。

③ 如梁冬青《出土文獻"是是"句新解》，《中國語文》2002年第2期；又《出土文獻"是是"句的再探討》《出土文獻"是是"句三議》《出土文獻"是＝"句中"＝"之釋讀》《古代漢語語法變換分析同義結構關係確定之條件》等系列論文。肖瑜《上古至中古漢語判斷句研究》，碩士學位論文，廣西師範大學，2003年。肖瑜、姜永琢《對秦漢出土文獻"是是……"句討論的再思考》，《廣西大學學報》2007年增刊。

④ 楊錫全：《出土文獻"是＝"句淺析》，復旦大學出土文獻與古文字研究中心網2009年11月3日（http://www.gwz.fudan.edu.cn/Web/Show/958）。

"是＝"是"是謂"的習慣性的縮寫①；第五，認爲"是＝"與"此是""是謂"關聯密切，"是＝"句具有判斷句過渡形態的意義②。其中"是＝"讀爲"是謂"的觀點近幾年影響較大，也有一定的認同度③。楊錫全先生詳細考證了日書"是＝"句，通過異文文獻和同種文獻對比、同種文獻"是＝"句和"是謂"句出現順序分析，借助其他出土文獻"是謂"句和重文符號的使用情況，認爲"是＝"即爲"是謂"，"是＝"中"＝"當是省代用法，而非傳統認爲的重文用法④。楊錫全先生的論證運用到了異文比較法，觀點受到關注，是利用共時異文來解決疑難問題的案例。學界將"是＝"讀爲"是謂"者，亦多據異文立論。

日書文獻"是＝"當讀爲"是謂"。出土文獻中"＝"有特殊省代功能，以"＝"號代替另外一個（或一些）不必全部寫出的文字，以提高書寫效率⑤；如睡甲 4 背貳"須女"寫作"女＝"，鳳凰山漢簡"卑虜"寫作"卑＝"⑥。"是＝"讀爲"是謂"，"＝"所起作用也是省代功能，據目前文獻資料看，這種省代可能並未遵從"承前省略"的規則。目前已發佈的日書文獻"是＝"有 39 例，其中睡簡 9 例，放簡 29 例，王簡 1 例；另外馬王堆帛書還有 5 例，可以發現漢簡日書已沒有"是＝"形式。書寫簡易應是"是＝"產生的動因，而其消失應與表意準確的交際職能有關，書寫簡易和表意準確均是文字書寫形式的制約

---

① 柯秋白：《〈天水放馬灘秦簡〉札記》，簡帛網 2010 年 6 月 28 日（http：//www.bsm.org.cn/show_article.php?id=1269）。

② 劉信芳、王箐：《戰國簡牘帛書標點符號釋例》，《文獻》2012 年第 2 期。

③ 如秦簡整理的"善本"《秦簡牘合集》即採用了這種釋讀方式。

④ 楊錫全：《出土文獻"是＝"句淺析》，復旦大學出土文獻與古文字研究中心網站 2009 年 11 月 3 日（http：//www.gwz.fudan.edu.cn/Web/Show/958）。

⑤ 月下聽泉：《簡帛特殊省代號的又一個例證》，復旦大學出土文獻與古文字研究中心論壇 2013 年 2 月 28 日（http：//www.gwz.fudan.edu.cn/forum/forum.php?mod=viewthread&tid=6177&page=1#pid39580）。

⑥ 陳劍先生於《簡帛特殊省代號的又一個例證》後跟帖，復旦大學出土文獻與古文字研究中心論壇 2013 年 2 月 28 日（http：//www.gwz.fudan.edu.cn/forum/forum.php?mod=viewthread&tid=6177&page=1#pid39580）。

要素。就秦漢出土文獻來看，除了"是="及其他少數語境中"="表示省代外，"="的常見用法是表示重文和合文。"="表示省代的功能，這種書寫方式對讀者有更高的要求，需要讀者了解被省代詞語所記載事項的整體，其省代功能有主客觀條件的限制，在當時可能並未或不能在大範圍內"約定俗成"；而"="表示重文或合文的功能，語義可據上下文來推斷，語句的提示功能強。所以文獻中"="表示重文、合文的功能多見，而表示省代的用法不多；即便如此，"="的省代用法與重文、合文功能發生重合，增加了閱讀的難度，語義準確表達需要"="的作用瘦身以凸顯其主要功能；"是="表示"是謂"受到波及，漢簡日書消失不見，便也可以解釋了。

日書異文除了可以提供詞彙、語法、文字方面的發展信息外，在語言表達方式上也有表現，一定程度上可以看出語言表達追求整齊嚴密、經濟簡潔的自覺意識。

如諸良日類內容在多批日書中都有出現；時代在後者，其書寫格式往往更整齊。

睡簡日乙《諸良日》篇。

(1) 木日：木良日，庚寅、辛卯、壬辰，利爲木事。其忌，甲戌、乙巳、癸酉、丁未、癸丑。睡乙66

(2) 人良日：甲子、申，乙丑、戊子、寅、己亥，庚寅、辰、午，辛丑，壬辰，癸未。其忌，壬午，戊午、戌，丁□睡乙78+73B

(3) 馬日：馬良日，甲申，乙丑、亥，己丑、酉、亥、未，庚辰、申，壬辰，戊辰、未□□□乘之。其忌，甲寅、午，丙辰，丁巳、未，戌□睡乙68—69

(4) 牛日：牛良日，甲午、寅，戊午，庚午、寅，丙寅，壬寅，丁酉、未。甲辰，可以出入牛、服之。其忌，乙巳，□□□□未，辛丑，戊辰，壬午。睡乙70—71

(5) 羊日：羊良日，辛巳、未，庚寅、申、辰，戊辰，癸未。忌日，甲子、辰，乙亥、酉，丙寅，丁酉，己巳。睡乙72

(6) 犬日：犬良日，丁丑，丁未，丙辰，己巳，己亥。忌，

· 534 ·

壬戌，癸未，辛巳。睡乙74壹

（7）豬日：豬良日，壬辰、壬戌、癸未。忌，丁丑，丁未，丙辰，丙申。睡乙73A+75壹

（8）雞日：雞良日，甲辰、乙巳、丙午、丙辰、庚辰。忌，辛巳，卯，庚寅，丁未。睡乙76壹

這8段文字敘述與"良日"相對的"忌日"時，使用了三種表述方式："其忌"4例，"忌日"1例，"忌"3例。睡簡日甲《諸良日》篇，表示方式也不一致。

放簡、嶽山、杜陵日書避免了這種表述不一的情況。

嶽山均使用"某物+良日"與"其忌"的表述方式。

（9）人良日：乙丑、己丑、亥、庚辰、壬辰。其忌：丁未、戊戌、壬午。嶽山43正壹7

（10）牛良日：甲午、庚午、戊午、甲寅、丙寅。其忌：壬辰、戊戌、癸亥、未、己丑、乙卯。嶽山43正壹8

（11）馬良日：己亥、己酉、庚辰、壬辰、己未、己丑、戊戌、庚申。其忌：戊午、庚午、甲寅、丁未、丙寅。嶽山43正壹9

（12）羊良日：辛巳、未、庚寅、癸未、庚辰。其忌：乙巳、丙午、丁未、☐。嶽山43正壹10

（13）犬良日：丁丑、未、丙辰、己巳、亥。其忌：辛巳、未。嶽山43正貳2

（14）豕良日：壬辰、戌、癸未。其忌：丁未、丑、丙辰、申。嶽山43正貳3

（15）雞良日：丙辰、乙巳、丙午。其忌：庚寅。嶽山43正貳4

放簡日書有殘缺，從保留完整的簡文看，其表示方式也一致，採用了"某物+忌"與"吉日"對應的方式。

（16）人忌：丁未、戊戌、壬戌、壬午、戊午、壬申。吉日：

· 535 ·

乙丑、庚辰、壬辰、己亥、己丑、未、己酉。放乙153壹

(17) 羊忌：壬辰、戌、丁酉、癸亥、未、乙巳、丙申。吉日：辛巳、未卯、庚寅、辰。放乙150壹

(18) □忌：丙午、戌、庚午、乙卯、巳、丙戌、壬辰、癸卯、五寅。吉日：乙巳、未、亥、甲午、乙未、丑、丙辰、丁亥。放乙148壹

(19) 彘忌：丁丑、未、亥、乙亥、丙辰。吉日：庚寅、乙丑、癸未、壬辰、戌、戊辰。放乙149壹

(20) 雞忌：辛巳、庚辰、未、卯、寅、丙辰、丁亥。吉日：乙巳、丙戌、辰、庚午、甲辰。放乙147壹

(21) 井忌：己巳、庚申、壬戌。吉日：乙丑、乙未、甲辰、辛丑、亥、丑、丙申、丁酉、辛巳。146壹

(22) 衣忌：丁酉、丁亥、丙午、辰、戊戌、五寅。吉日：辛巳、辛丑、丁丑、丁巳、癸丑。放乙145壹

杜陵日書的表述方式則更爲對稱，"某物+良日"與"其忌日"整齊對應。

(23) 禾良日：乙亥、己亥、癸亥、申戌、己、庚，大吉。其忌日：六丙、寅、卯，不可種。杜陵2

(24) 粟良日：戊午、戊戌、甲子、乙亥、甲戌、庚，大吉。其忌日：六壬、五寅、丑，不【可種】。杜陵3

(25) 豆良日：庚、辛、壬、癸、五子、丑、寅，大吉。其忌日：戊、己、戌、亥，不可種。杜陵4

(26) 麻良日：六丙、辛、五□、子、癸丑，大吉。其忌日：己、庚、壬、癸、五□，不可種。杜陵5

(27) 麥良日：丙午、戊午、庚午、壬午，大吉。其忌日：甲、乙、五子，不可種。杜陵6

(28) 稻良日：甲子、乙、庚子、辛丑、癸丑，大吉。其忌日：丙、丁□□□□□【不】可種。杜陵7

第三章 簡牘日書歷時異文的語言學觀察

語言表達追求經濟、簡明，不拖沓，也是日書傳承過程中的發展現象。

如九店、睡簡均有《十二支占出入盗疾》篇。

九店"晝、夕"能否抓獲的占辭分説，即使"晝、夕"結果一致。如：

(1)【子☒。子，朝】悶（閉）夕啓。凡五子，朝逃（盗）得，<u>晝不得，夕不得</u>。以内（入），見（現）疾。九店60

(2)【辰】☒【南又（有）得】。辰，朝啓夕悶（閉）。凡五辰，朝【逃（盗）不】得，<u>晝得，夕得</u>。九店64

(3)【未】以東吉，又（有）得，北兇（凶），西【南吉。未，朝】啓夕悶（閉）。凡五未，朝逃（盗）不得，<u>晝得，夕得</u>。九店67

睡簡占辭則祗要"晝、夕"結果一致，則採用"晝夕"或"夕晝"合説的方式。如：

(4) 子以東吉，北得，西聞言，〚南〛兇（凶），朝啓夕閉，朝兆（盗）不得，<u>晝夕得</u>。睡乙157—158

(5) 辰以東吉，北兇（凶），〚西〛先<无>行，南得，朝閉夕啓，朝兆（盗）不得，<u>夕晝得</u>。睡乙165

(6) 未以東得，北兇（凶），西、南吉，朝閉｛多｝夕啓，朝兆（盗）不得，<u>晝夕得</u>。睡乙171

有的簡文採用辭條歸併的方式。如放簡、孔簡中均有《禹須臾行日》篇。

放簡將一月三十天的每日四個時段的方位吉凶一一列出，採用了分述的表達方式。如：

(1) 入月一日，旦西吉，日中北吉，昏東吉，〚中夜〛南吉。放甲43壹

· 537 ·

(2) 入月五日，旦南吉，日中西吉，昏北吉，中夜東吉。放甲47壹

(3) 入月十八日，旦東吉，日中南吉，昏西吉，中夜北吉。放甲60壹

(4) 入月廿五日，旦北吉，日中東吉，昏南吉，中夜西吉。放甲67壹

(5) 入月卅日，旦西吉，日中北吉，昏東吉，中夜南吉。放甲72壹

孔簡則將方位吉凶相同的時日歸併在一起分組叙述。

(6) ☑□，中夜南吉。孔159壹

(7) ☑吉。孔160壹

(8) ☑吉，昏北吉，中夜東吉。孔161壹

(9) 入月十一日、十二日、十三日、十四日、十五日、十六日、十七日、十八日，旦東吉，日中南吉，孔162壹—163壹昏西吉，中夜北〖吉〗。孔162叁

(10) 入月十九日、〖廿日〗、廿一日、廿二日、廿三日、廿四日、廿五日，旦北吉，日中東吉，昏南吉，中夜西吉。164壹—165壹

(11) 入月廿六日、廿七日、廿八日、廿九日、卅日，旦西吉，日中北吉，昏東吉，中夜南吉。孔166壹—167壹

孔簡有殘缺，例 (9) 至例 (11) 這幾例完整簡文表明孔簡採用了分組叙述的方式。由放簡可知，一日至三日、四日至十日、十一日至十八日、十九日至廿五日、廿六日至卅日的方位吉凶相同[①]；孔簡當分成五組表述三十天的方位吉凶。孔簡前三組殘泐簡文中，例 (6) 當爲一日至三日的方位吉凶，簡文可據放簡補足如例 (1)；據每日時段名稱起於旦終於中夜的範式，例 (7) 與例 (8) 需綴合，簡文爲四日至十日的方位吉

---

① 放簡《禹須臾行日》篇的四日、七日、八日、九日、十日、十一日占辭有訛誤。

凶，簡文可補爲"旦南吉，日中西吉，昏北吉，中夜東吉。"

有的簡文採用刪除相同内容的方式。如臨日篇章在睡簡和孔簡中均有出現。

（1）【凡旦】有大行、遠行若飲食歌樂，聚具＜衆＞、畜生及夫妻同衣，毋以正月上旬午，二月上旬亥，三月上旬〖申〗，四月上旬丑，五月上旬戌，六月上旬卯，七月上旬子，八月七旬巳，九月上旬寅，十月上旬未，十一月上旬辰，十二月上旬丑＜酉＞，凡是日赤窅（帝）恒以開臨下民而降央（殃），不可具爲，百〖事〗皆毋（無）所利。節（即）以有爲也，其央（殃）不出歲，小大必致（至）。有爲也而遇雨，命之央（殃）蚤（早）至，不出三月，有死亡之志致（至）。凡且有爲也，必先計月中閒日，【旬（苟）毋】直赤窅（帝）臨日，它日唯（雖）有不吉之名，〖毋（無）所〗大害。睡乙132—137

（2）臨日：正月上旬午，二月亥，三月申，四月丑，五月戌，六月卯，七月子，八月巳，九月寅，十月未，十一月辰，十二月酉，帝以此日開臨下〖民〗降央（殃），不可遠行、會（飲）食、歌（歌）樂、取（聚）衆、畜生，凡百事皆凶。以有爲，不出歲，其央（殃）小大必至。以有爲而遇雨，命曰央（殃）蚤（早）至，不出三月，必有死亡之志。凡舉事，苟毋直臨日，它雖不吉，毋（無）大害。以生子，不＜夭＞。孔108—110

睡簡每月地支前均有"上旬"，孔簡則採用了簡化的表達方式，祇保留了起首正月地支前的"上旬"。

同時，該篇簡文睡簡、孔簡還有細微差別：睡簡"節（即）以有爲也，其央（殃）不出歲，小大必致（至）。"孔簡對應文字作"以有爲，不出歲，其央（殃）小大必至。"孔簡省略了假設聯詞"節（即）"，口語性更強。尤爲重要的是孔簡將"不出歲"前移，使得"其央（殃）"與"小大"直接相連，構成主謂謂語句，突出了"其央（殃）"與"小大必至"之間的關係。

· 539 ·

第四章 簡牘日書詞彙應用研究
——從對《大詞典》的修正角度

第一節 辭書收詞釋義原則概述

詞條、義項、例證是語文辭書的基本構成要素。辭書編纂者對辭書的收詞、義項、舉證均有明確的體例説明，而研究者也多從辭書的收詞、義項、舉證等層面對辭書進行評價。

大型辭書是一個時代詞彙研究成果的集中呈現，《漢語大詞典》（以下簡稱"《大詞典》"），《漢語大字典》（以下簡稱"《大字典》"）綜合呈現了我國當前詞典、字典編纂水平。

本章"簡牘日書詞彙研究與辭書修訂"主要針對《大詞典》，現將《大詞典》及專家學者在在收詞、釋義、舉證方面的原則與觀點概述如下[1]。

一 關於收詞

（一）《大詞典》的收詞原則

1. 單字收詞原則

有音有義，而且有書證可引的單字，凡已楷化定形的，應予收列。未經楷化的，不予收列。

---

[1] 《大詞典·前言》：收詞"祇收漢語的一般語詞""單字則以有文獻例證者爲限，没有例證的僻字、死字一般不收列""專科詞只收已進入一般語詞範圍的，以與其他專科辭書相區別"；釋義"力求義項完備，釋義準確，層次清楚，文字簡煉。下文所列原則，均取自《漢語大詞典編纂手冊》，主要節取與本章所討論詞語相關的各項原則。

僅見於甲、金、碑刻及其他古器物而不見於一般古籍的單字，不論楷化與否，均不予收列。

雖有音有義，但僅見於字書、韻書而無書證可引的單字，不予收列。

音或義未詳，以及音義均未詳的單字，雖有書證可引，也不予收列。

不單獨使用的詞素，不表示意義的音節，祇要它們組成的複音詞有書證可引，應予收列①。

2. 複詞和詞組收詞原則

雙音詞應當盡可能廣泛收列。

多音節的自由詞組，一般不收。

雙音詞組。古代漢語中的雙音節詞組：詞組意義祇是兩個單字常用字常用義項的拼合，比較淺顯易懂，一般不收；詞組意義雖是兩個單字義項的拼合，但其中一個或兩個單字的一些冷僻，造成理解困難，可以酌收；詞組的意義不等於兩個單字常用義項的拼合，已有引申轉化，應予收列。現代漢語中的雙音節詞組：見於重要作家作品，有一定使用頻率，詞或詞組界限難以劃分，應予收列；意義較淺顯，結構較鬆散，或臨時組合，無須特作解釋，可以不收。

同一複詞的變化形式。雙音單純詞：變換用字、顛倒字序，均應收列。雙音合成詞詞素順序變化：變式與常式同樣通行，應予收列；變式在近現代白話文中已經不用或極少使用，一般祇見於古代文言作品中，擇結構較緊密，形式較多見，詞義較費解者，予以收列；變式目前一般已經不用，但"五四"前後常見於著名作家作品，也可收列；近代白話文中的變式，偶或一用，一般不收。

現代漢語中的派生詞：詞根不能單獨使用，或雖可單獨使用，但加上詞綴後意義有引申轉化，應予以收列，其他一般不收。現代漢語中的

---

① 《大詞典》編纂手册還規定了姓氏名用字、地名用字、方言字、繁簡字、異體字、合體字、域外漢字等單字類型的收列原則。見漢語大詞典編纂處《漢語大詞典編纂手册》，漢語大詞典編纂處 1981 年版，第 1—4 頁。

<u>同族詞</u>：合成形式結構固定，且意義已經引申轉换，不等於詞素意義簡單相加的，應予以收列，其他一般不收。

<u>兩個意義相反的單字組成的結構</u>，在語境中轉换爲一個完整概念使用或作爲一個偏義複詞使用，應予以收列；任何情況下都衹有兩個相反概念的拼合，不表示一個完整意義的，不予收列。

<u>古代方言詞</u>，見於一般作品而有例證可引，應予以收列①。

3. 古代專科詞語。人物類：歷史人物的正名，基本不收；一般文學中常用作典故的神話傳說及歷史人物的正名，應廣泛收列；文藝作品中所造的典型人物，經後人引用已産生比喻意義，應予收列；常見於一般文學作品的歷史人物、神話人物的别名（字）、别號、别稱、省稱，應予收列；常見於一般文史著作的歷史人物、神話傳說人物姓名、别名、爵號的並稱或合稱，應廣泛收列；見於正史及其他一般著作的複姓，應予收列。一般文學作品中習見常用的宗教、法律、軍事、文藝、生物等詞語，應予收列。重要歷史、哲學著作中習見常用的政治、經濟、宗法倫理、典章制度、天文律曆、哲學等詞語，應予收列②。

（二）學者觀點舉例

金文明先生指出："要確定古漢語中大量雙音節結構哪些是詞、哪些是自由詞組，是非常困難的。""一部大型語文詞典的編纂者，如果真正能够從讀者的實際需要出發，就會認識到擴大選收雙音節結構是十分必要的。""在現有辭書的基礎上，進一步擴大雙音節結構的選收，對於提高《漢語大詞典》的實用價值，有着十分重要的意義。"③

張顯成先生認爲簡帛文獻中，辭書未曾涉獵的詞語甚多，若整理搜

---

① 《大詞典》編纂手册還規定了"然"字結構、迭音附加成分的形容詞性質結構，現代漢語方言詞、借詞和譯詞、署詞、熟語、典故等語言單位的收詞原則。見漢語大詞典編纂處《漢語大詞典編纂手册》，漢語大詞典編纂處1981年版，第4—18頁。

② 《大詞典》編纂手册還規定了地理類、職官類、書名類等古代專科詞語及現代專科詞語的收詞原則。見漢語大詞典編纂處《漢語大詞典編纂手册》，漢語大詞典編纂處1981年版，第19—24頁。

③ 金文明：《哪些方面有所出新》，《辭書研究》1981年第1期。

集，可大大豐富辭書收詞①。

趙岩先生指出每部辭書都有其收錄原則，如《大詞典·前言》講到"祇收漢語的一般語詞""所收條目力求義項完備，釋義確切，層次清楚，文字簡練，符合辭書科學性、知識性、穩定性的要求。單字則以有文獻例證者爲限，没有例證的僻字、死字一般不收列。專科詞祇收已進入一般語詞範圍的，以與其他專科辭書相區别"。以此來衡量，簡帛文獻中的新詞新義並非都適合《大詞典》收錄，以專科詞等補正《大詞典》是不合適的②。

二 關於義項

義項完備，釋義準確是衡量辭書編纂科學性的重要標準，也是辭書編纂追求的重要目標。

（一）《大詞典》的釋義體例

1. 義項的收列："條目的義項要力求齊備。凡是在古今著作中有用例，能概括確立的義項，都應盡量收列。""要根據廣泛積累的語言資料，對詞的普遍意義作適當的概況，而不要被詞運用於某一語句中的具體意義所拘束。"

2. 義項的分合："準確清楚""適當概括"。

3. 義項的排列："理清其源流演變"。

4. 釋義的要求："準確、簡煉""廣泛吸收古今學者在語言文字方面的研究成果"。③

（二）學者觀點舉例

王力先生指出詞彙研究和辭書編纂對於詞義的把握要有歷史觀念，明確詞義之間的關聯和先後順序："無論是研究詞彙史，還是編寫字典，歷史觀點都應該是重要的指導思想、重要的原則。"首先是"明字

---

① 張顯成：《簡帛文獻對辭書編纂的價值》，《辭書研究》1998年第1期。
② 趙岩：《利用簡帛文獻訂補辭書應注意的若干問題》，《辭書研究》2014年第6期。
③ 《大詞典》編纂手册尚有確立立項、詞義和詞的修飾用法、詞組義與詞義、新義，釋義方式等方面的原則。見漢語大詞典編纂處《漢語大詞典編纂手册》，漢語大詞典編纂處1981年版，第30—39頁。

義孳乳",即要明確字義間的關係,"本義最早,引申義次之,引申義的引申義又次之。"字義排列應"分時代先後"①。同時王力先生也指出"理想的字典,並非一個人所能辦到的。單說考證字義的時代,非但是數十人、數百人的事,而且恐怕是數十年或數百年的事"。

呂叔湘先生在《現代漢語規範字典·序》中講到"詞義發展的脈絡,詞性的標注等問題,却不簡單。……但做總比不做好。萬事起頭難,祇要開了頭,隨着科學的發展和研究的深入,總有一天會完備起來的"②。

張履祥先生指出準確釋義需"準確地概括詞義,科學地分合、排列義項,力求釋義方式的多樣性和釋文風格的一致性"。義項力求齊備,"凡是古今著作中有用例的且能概括確立義項的,都應該努力加以概括,盡量收列","義項的排列,要體現'源流分明'的要求,科學地排列,建立每一個詞的詞義'譜系'來"③。

金文明先生提到所謂義項"力求齊備",並不僅在以量多取勝,而在收列的義項應能最大限度地幫助人們解决實際閱讀中遇到的疑難問題④。

劉釗先生指出出土文獻"提供許多以往不見記載的詞義"⑤。

三 關於書證

書證是辭書中不可或缺的重要内容,是辭書編纂者提取詞義的依據,是辭書釋義的必要説明和補充,也是讀者閲讀理解詞義的重要參考。書證引用是否恰當,直接影響辭書的編纂水平。

(一)《大詞典》的編纂原則

1. 例句選用的作用:"例句能反映出詞義的源流演變。""例句的

---

① 王力:《理想的字典》,《國文月刊》1945年第33期(又收録於《龍蟲並雕齋文集》,中華書局1980年版,第371頁)。
② 李行健主編:《現代漢語規範字典》,語文出版社1998年版。
③ 張履祥:《語文辭典釋義初探》,《辭書研究》1981年第1期。
④ 金文明:《哪些方面有所出新》,《辭書研究》1981年第1期。
⑤ 劉釗:《談古文字資料在古漢語研究中的重要性》,《古漢語研究》2005年第3期。

語言環境能準確而清楚地襯托出被解釋的詞的意義和使用範圍。""例句補充了釋義裏所沒有的內容。"

2. 例句選用的注意事項:"意義明確""注意多樣性,盡可能選用不同文體的例句""適當注意其思想內容""按照黨和政府的政策和策略慎重選用""盡量簡短而完整"。

3. 例句的數量:"一個義項一般以引三個例句爲宜,必要時還可多引一兩個。""日常用品名稱,專門術語,歷史名物、典章制度等詞語,釋義已經比較清楚具體的,一般可以不舉例。"

4. 例句的排列:"例句按時代先後排列。第一個例句應盡可能選用時代最早的,以下選用比較晚的直到近代現代的。"[①]

(二)學者觀點舉例

王力先生提及書證對於辭書非常重要,選取最早書證是字典的最高理想:"沒有例證,就不知道它們始見於何書(字典舉例,向來以始見之書爲限……),也就不知道它們是什麼時代的產品。這是極艱難的工作,但是,字典如果做不到這一點,決不能達到最高的理想。"[②]之後又從追溯語義源流的角度,強調了辭書選取最早書證的重要性,指出:"我們對於每一個語義,都應該研究它在何時產生,何時死亡。雖然古今書籍有限,不能十分確定某一個詞語必係產生在它首次出現的著作時代,但至少我們可以斷定它的出世不晚於某時期。"[③]

趙振鐸先生指出辭書書證的一個作用"是提示語源。某一意義什麼時候產生?某一個字什麼時候出現?對於從事研究工作的人來說有非常重要的意義""一個詞義到底什麼時候見於文獻,說起來簡單,要真正落實還很不容易。要從浩如烟海的文獻裏去找某個詞義的始見書,的

---

① 《大詞典》編纂手冊尚有多義詞、成語、典故、現代書證、古例等方面舉例方式的原則。見漢語大詞典編纂處《漢語大詞典編纂手冊》,漢語大詞典編纂處1981年版,第39—43頁。

② 王力:《理想的字典》,《國文月刊》1945年第33期(又收錄於《龍蟲並雕斋文集》,中華書局1980年版,第371頁)。

③ 王力:《新訓詁學》,載葉聖陶編《開明書店二十周年紀念文集》,開明書店1947年版(又收錄於《龍蟲並雕齋文集》,中華書局1980年版,第321頁)。

確無異大海撈針"①。

王濤先生認爲書證可以"體現詞目的源流關係"。《大詞典》書證"要求'源流並重',即不但溯源,還要明流,並因而規定每一義項原則上宜引三條書證"。"時代最早的書證,表示着該詞的源,即該詞進入漢語的時代,以及最早的出處(最早見於某書)。反之,同樣可以將某詞時代最晚的書證斷爲已知的流末。""書證所反映的漢語詞彙的源流演變情況,乃是相對的、近似的,不是絕對的準確的表述。……《漢語大詞典》所反映的漢語語言源流關係的深度、廣度與確切程度,同書證資料是成正比的。資料愈豐富,愈易於找到接近或代表源頭的書證,愈便於找到後世的用例和判斷其沿用以至被淘汰的情況。"書證選擇要注重典範性、權威性,盡可能選用來自著名作品中的書證。對名家名著的作品,也要挑選。一般説,文學性的,應優先於政論性的;聲望卓著的,應優先於名望一般的。②

唐鈺明先生指出《大詞典》忽略了大量甲金文詞彙、近代外來詞,等等③。

第二節 簡牘文獻對辭書的訂補作用研究概述

一 取得的成績

(一)思想重視

簡牘日書文獻真實且多不見於傳世古籍,對簡牘日書文獻詞彙進行

---

① 趙振鐸:《辭書學綱要》,四川辭書出版社 1998 年版,第 134 頁。
② 王濤:《談書證》,《辭書研究》1981 年第 1 期。
③ 唐鈺明先生指出:(一)辭書雖然可以給我們帶來極大的方便,但即使是最權威的工具書,也並非盡善盡美,不可奉爲金科玉律,篤信不疑。(二)不怕不識貨、只怕貨比貨。使用《大字典》和《大詞典》兩部大工具書,最好採用"對讀法",注意其中的異同,然後追尋其原因。(三)隨着出土文獻的不斷面世,王國維首倡的"二重證據法"不僅沒有過時,而且日顯重要,前景廣闊。見《據出土文獻評論兩部辭書釋義得失三則》,《中國語文》2003 年第 1 期。

細緻分析、靜態描寫，能爲當下正在進行的《漢語大詞典》修訂工作提供"新詞""新義"及確實可靠的書證來源。

20世紀90年代以後，簡牘材料大量出土，簡牘語料整理公佈加速，簡牘語料研究日漸成果，簡牘詞彙研究也獲得大發展，這些情況爲兩部大型辭書的修訂提供了便利條件。

張顯成先生指出"出土簡牘帛書是長期埋在地下而至後世才被發現的文獻。它們未經後人傳抄刊改'校勘'"，保留原貌的程度很高，具有極強的語言真實性，甚至往往就是當時活語言的記錄，口語性很強，具有極高的文獻價值。所以，祇要是保存基本完好、文字音義清楚、文意清楚明白的簡帛材料，就應該成爲辭書編纂的文獻材料而加以充分利用，這大有利於辭書編纂。"①

劉釗先生認爲古文字資料可爲字典詞典記載的義項提供或提前書證，"字典和詞典的編纂歷來存在繼承和創新兩大問題。從歷史上看，總是繼承有餘而創新不足。其中一個表現就是書證的輾轉相抄而不注意挖掘新的資料。所謂新資料包括兩個方面，一個是傳世典籍中以往被忽視的書證，一個是地下新出土的古文字資料中的書證。"②

王穎先生也講到"當前戰國秦漢簡牘帛書的研究方興未艾，出土文獻詞彙研究也蔚然成風，這爲辭書編纂提供了更爲便利的資源。辭書編纂工作者需要進一步認識和瞭解戰國秦漢出土簡牘帛書的重要價值，使辭書的編纂工作進入一個新的階段。"③

(二) 成果豐富

隨着簡牘的大量發掘出土，簡牘語言研究取得良好發展。自20世紀90年代以來的簡牘詞彙研究論著多涉及對《大詞典》等大型辭書的校補，即使是專門研究文字、語法的論著也間或涉及辭書的收詞、釋義或書證。

這些研究成果或以宏觀簡牘語料爲對象，列舉簡牘語料對《大詞

---

① 張顯成：《簡帛文獻對辭書編纂的價值》，《辭書研究》1998年第1期。
② 劉釗：《談古文字資料在古漢語研究中的重要性》，《古漢語研究》2005年第3期。
③ 王穎：《戰國秦漢出土簡牘帛書對辭書編纂的重要意義》，《海外華人教育》2009年第2期。

典》編纂的重要意義。如王穎先生指出編纂辭書時如果注意運用出土文獻並參考與之相關的研究成果，將會使辭書編纂在收詞、釋義等方面更加完善；戰國秦漢簡牘帛書對辭書編纂的重要意義，主要表現有：可以提供大量不見於傳世古籍或見於傳世典籍但以往辭書未曾收錄的詞彙、可以補充其詞義、可以提供大量書證或將原有書證提前、可以修正其釋義偏誤、可以提供更爲準確可靠的語料①。

或以批次、專書簡牘語料爲對象，系統討論《大詞典》之疏失。如吉仕梅先生以睡簡詞彙爲例，討論了《大字典》《大詞典》對睡簡語料運用的七大不足，即詞條失收、義項漏收、書證年代早晚有違語言規律、引例失當、囿於字形、誤釋語源、書證晚出②。曹小雲先生以張家山漢簡語料爲對象，討論了其在《大詞典》補充詞條、補充新義、提前始見書證三個方面的作用③。這類研究最爲常見④。

或以題材簡牘語料爲對象，討論《大詞典》專類詞語收詞、釋義、書證的問題。如張顯成先生以馬王堆漢墓帛書、張家山漢簡、武威醫簡等的醫學簡帛爲語料，從書證補闕、書證補晚、釋義訂正、詞語增補、

---

① 王穎：《戰國秦漢出土簡牘帛書對辭書編纂的重要意義》，《海外華人教育》2009年第2期。

② 吉仕梅：《〈睡虎地秦墓竹簡〉語料的運用語料與大型語文辭書之編纂》，《中國語文通訊》第54期（該文修改版以"《〈睡虎地秦墓竹簡〉語料與辭書編纂》"爲題收錄於《秦漢簡帛語言研究》，巴蜀書社2004年版，第48—82頁）。吉仕梅先生此前也發表有此類研究成果，較早從事以簡牘語料修正大型辭書的研究，見《〈睡虎地秦墓竹簡〉語料的利用與漢語詞彙語法之研究》，《樂山師專學報》1997年第1期。

③ 曹小雲：《試論張家山漢簡〈二年律令〉的語料價值》，《古漢語研究》2008年第3期。

④ 屬於此類型的研究成果，如王建民、趙立偉《〈睡虎地秦墓竹簡〉對大型語文辭書編纂的價值》，載西北師範大學文學院歷史系、甘肅省文物考古研究所編《簡牘學研究》第3輯，甘肅人民出版社2002年版，第33—43頁；李明曉《〈睡虎地秦墓竹簡〉詞語札記》，載張顯成《簡帛語言文字研究》第1輯，巴蜀書社2002年版，第399—412頁；王明明《〈睡虎地秦墓竹簡〉的辭書學價值》，《莆田學院學報》2014年第4期；王明明《〈嶽麓書院藏秦簡〉的辭書學價值》，《瓊州學院學報》2014年第4期；孔德超《里耶秦簡（一）》對語文辭書修訂的價值》，《荊楚學刊》2015年第5期。

義項增補五個方面舉例説明了簡帛語料對辭書編纂的重要性①。沈祖春先生以先秦簡牘《日書》詞語爲關照點，討論了其對《大字典》《大詞典》收詞釋義方面的補正意義②。

或以簡牘中專類詞語、個案詞語爲對象，細緻補正《大詞典》之疏漏。如張顯成先生討論了簡牘中醫學詞彙訂補辭書誤例、增補辭書詞語詞義、補缺辭書詞語用例、提前辭書始見書四個方面的作用③。魏德勝先生就睡簡中的複音詞，對《大詞典》"詞條""義項""例句"三個方面作了拾遺補缺工作④。張顯成先生討論了尹灣武庫集簿名物詞彙在辭書中訂正傳統訓釋、增補漢語詞彙、彌補詞語用例缺無、更正詞語産生時代認知四個方面的作用⑤。李建平先生據先秦簡牘中 20 個量詞的使用情況，從增補義項、提前始見書、訂補釋義三個方面論述先秦簡牘料對《大詞典》的修訂價值⑥。龍仕平先生括大語料範圍，梳理出當時已公佈 78 批簡帛文獻中的 188 個量詞，從增補詞語義項、訂補詞語訓釋、量詞用例補闕、提前始見書四個方面討論了簡帛量詞研究對漢語詞彙史研究及對辭書編纂的價值；指出近 40%的簡帛量詞改寫了原來從傳世文獻研究中得出的結論⑦。梁超、魏鵬飛先生以簡牘同義複合詞

---

① 張顯成：《簡帛文獻對辭書編纂的價值》，《辭書研究》1998 年第 1 期（未刪節文以《論簡帛對語文辭書編纂的價值》爲題收録於《簡帛文獻論集》，巴蜀書社 2008 年版，第 343—371 頁）。

② 沈祖春：《先秦簡牘〈日書〉詞語札記》，《重慶文理學院學報》2006 年第 6 期。

③ 張顯成：《論中醫文獻對語文辭書編纂的價值》，載四川大學漢語史研究所編《漢語史研究集刊》第 1 輯，巴蜀書社 1998 年版，第 132—159 頁。

④ 魏德勝：《〈睡虎地秦墓竹簡〉中的複音詞對〈漢語大詞典〉的補充》，《辭書研究》2000 年第 5 期。

⑤ 張顯成：《從〈武庫永始四年兵車器集簿〉看尹灣漢簡在歷史詞彙學上的價值》，載西北師範大學文學院歷史系、甘肅省文物考古研究所編《簡牘學研究》第 3 輯，甘肅人民出版社 2002 年版，第 16-32 頁。

⑥ 李建平：《從先秦簡牘看〈漢語大詞典〉量詞釋義的闕失》，《廣西社會科學》2005 年第 10 期。

⑦ 龍仕平：《以量詞爲域論簡帛文獻的辭書學價值》，《古漢語研究》2009 年第 4 期。

爲關注點，討論了《大詞典》詞條失收、詞義誤釋、例證偏晚三類缺憾①。朱湘蓉先生以12種秦簡語料爲研究對象，與《大詞典》的收詞釋義進行了比對，清理出其中的單音新詞65個、單音新義153個，複音新詞590個、複音新義58個②。趙岩先生整理了周家臺秦簡新詞新義45個、里耶秦簡新詞新義120個、張家山漢簡新詞新義70個，並從詞語釋義、詞目設立、義項設立、更早書證四個方面討論簡帛文獻新詞新義對《大詞典》的訂補作用③。馬克冬、張顯成先生據簡帛醫書、簡帛兵書等衆多出土文獻材料，具體分析了《大詞典》等大型語文辭書中"久"字的釋義問題④。此類研究成果日漸豐富。

二 存在的不足

（一）辭書編纂吸收簡牘研究成果滯後

劉釗先生指出20世紀70年代以來，大量層出不窮的地下資料，爲古漢語研究提供了大量新鮮的素材，但是語言學界，尤其是古漢語學界對這些資料的重視程度還很不夠，大型字典詞典對古文字學界成果的吸收利用也頗爲滯後⑤。曲文軍先生指出《大詞典》在問世之前雖然也注意了出土簡帛的語料價值，但在實際編寫過程中落實得還不盡如人意。《大詞典》問世之後，又失去喜迎新出土簡帛語料的機會。這兩方綜合表現在詞典裏面，就是能夠立目的詞目未能立目，能夠立項的義項未能立項，能夠利用的書證未能利用起來⑥。

《大字典》第二版於2010年出版，延續了第一版中出土文獻古文

---

① 梁超、魏鵬飛：《秦簡同義複合詞與〈漢語大詞典〉收詞釋義》，《重慶文理學院學報》2014年第6期。
② 朱湘蓉：《秦簡詞彙初探》，中國社會科學出版社2012年版，第67—136頁。
③ 趙岩：《簡帛文獻詞語歷時演變專題研究》，中國社會科學出版社2013年版，第180—237頁。
④ 馬克冬、張顯成：《從簡帛文獻看大型語文辭書"久"字釋義問題》，《辭書研究》2015年第2期。
⑤ 劉釗：《談古文字資料在古漢語研究中的重要性》，《古漢語研究》2005年第3期。
⑥ 曲文軍：《〈漢語大詞典〉疏誤與修訂研究》，山東人民出版社2012年版，第257—258頁。

字字形、釋義、書證的徵引；不過此時簡牘語料已大量出土，簡牘語言學研究成果已有積累，《大字典》在吸收新語料、新研究成果方面仍有提升空間。

（二）簡牘詞彙研究對辭書修正的研究成果存在不足

趙岩先生全面分析了學者在分析簡帛文獻新詞新義及利用其補正辭書時存在的不能正確補録詞條、不能正確確定詞目、錯誤分析描寫詞義、不能準確辨析字詞之間的關係、首見書證把握不當五個方面的問題①。

下面以目前所見學界利用簡牘日書文獻詞語修正《大詞典》研究成果中所存疏失，管窺當前簡牘詞彙研究成果對辭書修正方面的不足。

1. 提前書證不當

因短語與詞界定不同而致。如：

日書"病者"多見，有35例。

（1）凡酉、午、巳、寅，以問病者，必代病。睡乙188壹
（2）黄鐘、大呂、姑先、中呂、林鐘皆曰：請謁得，有爲成，取（娶）婦嫁女者吉，病者不死，毄（繫）囚者免。放乙257

《大詞典》"病者"釋義爲"有病的人；衰弱的人"，首證《魏書》，有研究者據簡牘用例來提前"病者"書證時代。

日書中"病"主要作動詞，"病者"爲動詞"病"與助詞"者"的臨時組合；如上舉例（2）"病者"與"繫囚者"並列，尤爲明顯。

因詞義理解不同而致。如：

日書"閏牢"有4例。

（1）盈日，可以筑（築）閏（閑）牢，可以〖入〗産，可以筑（築）宫室、爲嗇夫。有疾，難起。睡甲16正貳

---

① 趙岩：《利用簡帛文獻訂補辭書應注意的若干問題》，《辭書研究》2014年第6期。

· 551 ·

(2) 盈日，可築閒（閑）牢，可入生（牲）、利築宫室、爲小嗇夫。有疾，難瘳。放甲15

(3) 盈日，可以築閒（閑）牢、築宫室、入六畜、爲嗇【夫。有】病者，不起，□□。孔15

"築閒牢"與"入產""入生""入六畜"配合使用，當讀爲"閑牢"，爲豢養牲畜之所。有研究者將"閒牢"讀爲"監牢"，以提前《大詞典》"監牢"書證時代。

因文字誤釋而致。如：

日書"宫室"有4例。

(1) 盈日，可築閒（閑）牢，可入生（牲）、利築宫室、爲小嗇夫。有疾，難瘳。放甲15

(2) 鬼入人宫室，勿（忽）見而亡，亡（無）已，以脩（滫）康（糠），寺（待）其來也，沃之，則止矣。睡甲59背貳

"宫室"爲同義詞素合成構詞，先秦文獻亦有用例。有研究者釋例(1)"宫室"爲"官室"，訓爲官署，以提前《大詞典》"官室"書證時代。

2. 增補義項不當

因釋文不確而致。如：

正陽，是胃（謂）番昌，小事果成，大事有慶，它事无小大盡吉。孔34

"无"，孔簡整理者釋作"未"。研究者或據孔簡釋文，認爲孔簡34"未"呈現出其他文獻未見的新義，即"無論"的意思。單育辰先生指出"未小大"不辭，查圖版，應即"无"，讀爲"無"①。

---

① 單育辰：《佔畢隨錄之十二》，簡帛網2010年3月15日（http：//www.bsm.org.cn/show_ article.php? id=1232）。

因理解有誤而致。如：

日書時段名稱"晏食"多見，有40例，其中放簡日書21例均寫作"安食"，"安"通"晏"。

(1) 子，旦吉，<u>安（晏）食</u>吉，日中凶，日失（昳）吉，夕日凶。○放甲43貳

(2) 戌，旦凶，<u>安（晏）食</u>凶，日中吉，日失（昳）吉，夕日凶。○放乙34貳

有研究者將"安食"釋義爲時段名，表示早上義；以增補《大詞典》"安食"義項。

"安（晏）食"可簡稱"安（晏）"。

(3) 丑，旦，有言，怒。<u>安（晏）</u>，得美言。晝，遇惡言。夕，惡言。○放甲55貳

(4) 亥，旦，有求，得後言。<u>安（晏）</u>，不聽。晝、夕有求，後【見之】。○放乙46貳

有研究者將"安"理解爲疑問代詞，把例(3)理解爲："丑日的早晨，有言辭，内心恐懼。什麽時候得到好的言辭？白天遇到不好的言辭，晚上（遇到）不好的言辭。"與"安（晏）"之意義相差更遠。

再如，睡簡日書有"邑屋"1例。

戊戌生子，好田埜（野）<u>邑屋</u>。○睡甲144正叁

有研究者將簡文"邑屋"理解爲代指家鄉，看作新詞（義）。該"邑屋"作動詞"好"的賓語，作一般意義的"邑里的房舍；村舍"義解。

因短語與詞界定不同而致。如：

日書"入貨"表示納入財貨，在九店、睡簡、孔簡中都有出現。

· 553 ·

(1) 午、未、申、酉、戌、亥、子、丑、寅、卯、辰、巳，是胃（謂）陰日，利以爲室家，祭，取（娶）妻，家（嫁）女，內（入）貨，吉。以見邦君，不吉，亦無咎。_{九店29}

(2) 亢，祠、爲門、行，吉。可入貨。生子，必有爵。_{睡甲69正壹}

(3) 【軫】，☐，可以築室。司家。以生子，必駕（嘉）。可以入貨。_{孔76}

還可以"出入貨"連言。

(4) 牴（氐），祠及行、出入貨，吉。取（娶）妻，妻貧。生子，巧。_{睡甲70正壹}

有研究者以例（4）中"入貨"用例，增補《大詞典》"入貨"義項。日書中"出入""出""入"表示交易、買賣義常見，其對象可以是"人、馬、牛、資貨、禾粟"等；"入貨"爲短語，尤其是例（4）中"出入貨"，爲動詞"出入"與名詞"貨"組成的動賓短語。

因語言理論系統性標準不同而致。如：

日書"至"後可出現時間詞語，表示時間的終點。

(1) 旦至日中，投中蕤賓，馬殹。_{放乙94}
(2) 日入至晨，投中大呂，旄牛殹。_{放乙211}
(3) 丁丑莫食至日中死，女子取其夫，男子傷其家。_{孔329—330}

有研究者將秦簡表示動作行爲起始發生時間或終結時間的"至"，歸入介詞；以補充《大詞典》"至"介詞義項的缺無。

其實後跟時間詞的用法，"到"亦有。

(4) 某自首春夏到十月，黨（儻）有☐獲皋（罪）蠱、言語、疾病、爽（創）死者。_{放乙285}
(5) ☐食到隅中丁，日中戊，日失（昳）已，日失（昳）到

夕時庚，夕時到日入辛，日入到人鄭（定）〖壬〗，人鄭（定）到夜半癸。○孔365—366

《大詞典》"到"同樣無介詞用法。不少介詞與動詞關聯密切，兩者之間的界限與認定，不同的語法系統標準不同。《大詞典》將這種語境下的"至""到"均歸入了動詞。

因隨文釋義，將義位變體當作義位而致。如：

日書"（出）入人""（出）入人民"中的"人""人民"表示交易的對象。

（1）建日，良日也。可以爲嗇夫，可以祠。利棗（早）不利莫（暮）。可以入人、始寇<冠>、乘車。有爲也，吉。睡甲14正貳

（2）離日不可取（娶）妻、嫁女及入人、畜生、貨。○孔143叁—44叁

（3）收日，可以入人民、馬牛、禾粟，入室、取（娶）妻及它物。○睡甲23正貳

有研究者認爲這種"人""人民"常與"畜生""馬牛"等相提並論，可以買賣，很明顯指的是奴隸。

"人"是"人類"生物學意義上的命名，"民"是"人類"社會學意義上的命名；"人民"是社會群體的主要構成人員①；在階級分化的社會，人與動物均可作爲交易對象，從而成爲奴隸、奴婢。而奴隸、奴婢的來源複雜，如戰俘、罪人及其家屬。而源自戰俘、罪人及其家屬的奴隸也必然可以交易，但交易對象語境下的戰俘、罪人卻不宜理解爲奴隸義。

3. 增補詞目不當

因短語與詞界定不同而致。如：

---

① 另，甲骨文"民"之構形爲盲目，本義或爲盲其目的奴隸。日書中有"入人醯醬、潞將（漿）中"（睡甲26背貳）、"入人宮"（睡甲50背貳）、"入人室"（睡甲27背叁）、"入人奴妾"（放甲20叁）。"人"經常置於名詞中心語前作類屬或限定性定語，"入人民"或與"入人奴妾"結構相同，"民"表示奴隸義，而非"人民"表示奴隸義。

放簡日書有"外盜"2例。

(1) 辛亡，盜不得。<u>外盜</u>殹，女子殹。_{放甲29壹}

"外盜"與"內盜""盜者中人"相對，指外來的盜賊，而"內盜""中人"指內賊。

(2) 乙亡，盜□□□□□□□□方，<u>內盜</u>有□□人在其室□。_{睡乙254}

(3) 巳，雞殹。以亡，盜者<u>中人</u>殹。臧（藏）囷、屋辰、糞土中、塞木下。_{放甲35}

有研究者據放簡用例提出《大詞典》未收"外盜"。《大詞典》收詞原則中有"詞組意義祇是兩個單字常用義項的拼合，比較淺顯易懂的，一般不收"①。
其他如"死者""圜面"等情況相同。

壬亡，其盜可得殹；若得，必有<u>死者</u>。男子，青色。_{放乙63壹}
申，環也。盜者<u>圜</u>（圓）面，其為人也韡韡然，夙得莫（暮）不得。名責環貉豺干都寅。_{睡甲77背}

因同族詞把握不確而致。如：
睡簡日書有"人臣"2例，"人妾"1例。

(1) 凡己巳生，勿舉，不利父母，男子為<u>人臣</u>，女子為<u>人妾</u>。_{睡乙247}

日書還有"人臣妾"1例。

---

① 漢語大詞典編纂處：《漢語大詞典編纂手冊》，漢語大詞典編纂處1981年版，第5頁。

第四章 簡牘日書詞彙應用研究

(2) 己巳生子，鬼（傀），必爲<u>人臣妾</u>。○睡甲145正陸

有研究者因《大詞典》收"人臣"，認爲據詞義的系統和思維的邏輯性，亦當收"人妾"。按此理解，"人臣""人妾"爲《漢語大詞典編纂條例》中所稱"同族詞"，《大詞典》相關選詞原則是："合成形式結構固定，而且意義已經引申轉化，不等於詞素意義簡單相加的，應予收列，其他一般不收。"[①] 作爲奴隸義的"人臣""人妾"意義未"引申轉化"[②]，屬於"不收"之類。《大詞典》雖收"人臣"，但釋義爲"臣下，臣子"，非與"人妾"相關之義。

因理解有誤而致。如：

放簡日書有"日下則（昃）"表示"日昃"之後的一個時段。

(1) 平旦生女，日出生男，夙食女，莫食男，日中女，日過中男。旦<日>則（昃）女，<u>日下則（昃）</u>男，日未入女，日入男，昏女，夜莫（暮）男，夜未中女，夜中男，夜過中女，雞鳴男。○放甲16貳—19貳

(2) 平旦生女，日出生男，夙食女，莫食男，日中女，日過中男，日則（昃）女，<u>日下則（昃）</u>男，日未入女，日入男；昏（昏）女，夜莫（暮）男，夜未中女，夜中男，夜過中女，雞鳴男。○放乙142—143

有研究者將例（1）中的"日下"理解爲"落日之時"，指出"日下"爲《大詞典》未收之詞；同時亦將例（1）中的"日下則（昃）"理解爲"日更偏西，下午"，認爲"日下則（昃）"亦爲《大詞典》未收之詞。兩種看法存在矛盾。"日下"不詞，"日下則（昃）"爲"日則（昃）"之後的時段；常規時間詞中可以綴入"上""下"與"未"

---

① 漢語大詞典編纂處：《漢語大詞典編纂手冊》，漢語大詞典編纂處1981年版，第9頁。
② "人臣""人妾"或與"人室""人民"等結構相同，於名詞中心語前加類屬定語"人"。

· 557 ·

"過"和"前""後",指常規時間的先後:如周秦綫圖有"餔時""下餔",有"夜未半""夜半""夜過半",有"日未中""日中""日過中";放簡有"夜未中""夜中""夜過中",有"前鳴""中鳴""後鳴"等。《大詞典》收"日昃""日中""夜中"等主要時段,及單個詞素較難理解之"下餔",而未收以它們爲基點,衍生出來的"日未昃""日未中""日過中""夜未中""夜過中"等詞。

因簡文脱漏而致。如:

睡簡日書《徙》篇"困""辱"因文字有脱漏而連寫在一起有2例。

(1) 二月、六月、十月,東徙大吉,東南少吉,若以〖是〗月殹南徙,西南刺離,西精,西北毇(擊),北困辱。睡甲60正壹

(2) 四月、八月、十二月,西徙大吉,西北少吉,若以是月殹北徙,毇(擊),東北刺離,南精,東南毁,南困辱。睡甲62正

有研究者認爲簡文"困辱"爲窘困、恥辱之義,《大詞典》當收。《徙》篇將一年十二個月分爲四組,來占問八個方向(四維加四方)的遷徙宜忌,"大吉、少吉、刺離"等是吉凶占語,表示吉凶的詞語有一定的順序,"按大吉、小吉、毇、刺離、精、室毁、困、辱的順序循環";篇文最後對吉凶占語進行了解釋。該篇存在不少抄寫問題,"這四條簡文中祇有第一條既準確又完整,其餘三條則各有毛病。"例(1)簡文"方位祇有七個,應補上所缺的'東北'",'辱'前丟了'東北',故此簡最後一項'北困辱'當是'北困、東北辱'之脱文。"例(2)簡文"缺少東、西南兩個方位及其占文",復原當爲"南困,西南辱"。①

該篇最後簡63正:"困者,□□所□□。辱者,不執而爲□人矢□。"分別解釋"困""辱"之義,亦說明"困辱"不當爲詞。

簡文抄寫也會有衍文。如:

---

① 劉樂賢:《睡虎地秦簡日書研究》,臺灣文津出版社1994年版,第87—88頁。

> 土忌：正月丁，九月庚，十月辛。不可鑿地，月剌直法（廢）日。鑿地方丈，丈夫死之；員（圓），女子死之。孔209叁—211叁

"丈"重文，衍文。"方"與後文"員（圓）"對文，未涉面積。若將此例"方丈"理解爲《大詞典》"方丈"所釋"一丈見方"義（首證明陳繼儒《珍珠船》），用之提前《大詞典》該義項的書證，則誤。

因舊釋不確而致。如：

睡簡有1例"拈"原釋爲"拓"。

> 鬼恒從人遊，不可以辭，取女筆以拈之，則不來矣。睡甲46背貳

睡簡整理者訓"拓"爲"有推、舉之義。"有研究者據此將該例"拓"訓爲"手推物"，看作新詞。新出睡簡釋文整理本據紅外影像改釋爲"拈"，《說文》："拈，揶也。"《廣雅·釋詁》："拈，持也。"①

此外，批次、專書簡牘詞彙研究是整體簡牘詞彙研究的基礎和前提；而以批次、專書簡牘詞彙修正辭書研究的成果較多，這是簡牘研究必經階段所自然形成的現象。如果某字詞在不同批次、不同專書的簡牘中出現不同於《大詞典》的義項，或早於《大詞典》的書證；研究者據不同研究語料重複提及這種修正作用，從積極層面講，使得某字詞詞義增補或書證提前更爲可靠，更有說服力，但顯然這種現象也有重複、繁累的消極作用。需要進行斷代、歷時、專題層面的系統整合工作。

（三）《大詞典》中已有簡牘語料運用的失誤尚未得到充分重視

《大詞典》編纂注意到出土文獻的作用，擴大了語料來源。其中引用甲骨文、金文數例，尤其是注意到簡帛資料的重要意義，《大詞典》編纂手册"引書格式"列有"出土帛書竹簡"引書格式，規定了《馬王堆漢帛書》

---

① 陳偉主編，彭浩、劉樂賢等著：《秦簡牘合集釋文注釋修訂本〔貳〕》，武漢大學出版社2016年版，第416、434頁。

《銀雀山漢竹簡》的引用格式①。《大詞典》編纂工作始於 1975 年，1986 年至 1993 年陸續出齊；《大詞典》取得了歷史性突破，同時也難免有時代局限。《大詞典》編纂初期，經濟、科技等物質條件不夠充足，人的思想意識尚未全面解放；簡帛語料識讀難度大，研究尚未形成規模，成果利用有一定困難。所以，簡帛語料雖具有數量龐大、材料真實、斷代明確、體材豐富的優勢，但《大詞典》仍未能夠充分有效利用這類資料。

據初步統計，《大詞典》中有 75 個詞目（義項）徵引了睡簡語句，另有 3 個詞目（義項）釋義與之有關②；有 216 個詞目（義項）徵引了銀雀山漢簡語句；有 292 個詞目（義項）徵引了馬王堆帛書語句，另有 7 個詞目（義項）釋義與之有關；有 8 個詞目（義項）徵引了馬王堆漢簡語句；有 3 個詞目（詞義）徵引了居漢語句，另有 3 個詞目（詞義）釋義與之有關；有 2 個詞目（詞義）徵引了流沙墜簡語句，另有 1 個詞目釋義與之有關；有 1 個詞目徵引了信陽楚簡語句；有 1 個詞目釋義與武威漢簡有關。《大詞典》利用簡帛語料進行詞目提取、詞義訓釋及書證引用等方面存在待完善之處。辭書修正應包括修正已有之失誤，補充未有之缺失。目前對《大詞典》中與簡牘資料相關補證研究尚不豐富，下面僅舉表層的篇名標寫現象加以說明。

1. 書名或篇名標寫有誤

《大詞典》"院"之"圍牆"義項，書證有睡虎地秦墓竹簡《秦律十八種·法律答問》。《法律答問》《秦律十八種》是睡簡 10 種文獻中的兩種獨立文獻，兩者非所屬關係。

《大詞典》"服"之"通'逼'。堵塞"義項，書證有"馬王堆漢墓帛書《十六經·三禁》"；"康沈"釋義爲"享樂無度"，書證有"馬王堆漢墓帛書《十大經·三禁》"。"十大經"曾被釋作"十六經"，現稱爲"十大經"；《大詞典》中《十六經》《十大經》兩種名稱並存，《十六經》48 例，《十大經》7 例。

---

① 漢語大詞典編纂處：《漢語大詞典編纂手冊》，漢語大詞典編纂處 1981 年版，第97頁。
② 雖未引用睡簡例句，但以睡簡材料爲證。如"一甲"義項"一副鎧甲，出土秦簡中常言'貲一甲'，即罰繳一副鎧甲，詳見《睡虎地秦墓竹簡》"。

2. 篇名名稱不一致

《大詞典》"鄉俗"之"鄉土風俗"義項，首證爲"睡虎地秦墓竹簡《南陽守騰文書》"。《南陽守騰文書》通常稱爲《語書》；《大詞典》中《南陽守騰文書》《語書》兩種名稱並存，《語書》3例，《南陽守騰文書》1例。

3. 篇章簡稱、全稱不一致

《大詞典》"瘍"之"田荒蕪不生穀物"義項，書證爲"睡虎地秦墓竹簡《秦律》"中的"雨爲澍，及誘粟，輒以書言澍稼、誘粟及豤田瘍毋稼者頃數。""田瘍"釋義爲"未種禾稼的田地"，書證同爲睡簡此句，文獻名稱標寫爲"睡虎地秦墓竹簡《秦律十八種·田律》"。《大詞典》中全稱《秦律十八種》和簡稱《秦律》兩種名稱並存，《秦律十八種》14例，《秦律》6例。

4. 篇章名稱標寫格式不一致

《大詞典》引用馬王堆漢墓帛書《戰國縱橫家書》書證較多，有92處，篇章名的標寫方式不同：《戰國縱橫家書》前面多標注"馬王堆漢墓帛書"，有90處，如"剚志""大時"等書證；也有未標者，有2處，爲"合""胃"書證。《戰國縱橫家書》有27章，整理者擬定了章名，《大詞典》引用其中的書證，基本標寫章名，有91處，如"須賈説穰侯章""觸龍見趙太后章"；但"傳chuán"之"通'專'"義項標注章號"二六"，未標章名，當爲《見田儋於梁南章》。《戰國縱橫家書》中的各章章名，《大詞典》多標寫"章"字，有87處，如"蘇秦謂陳軫章""朱己謂魏王章"；但章名未標寫"章"字者也有5處，如"攀"之"牽挽；抓住"義項，書證有馬王堆漢墓帛書《戰國縱橫家書·觸龍説趙太后》。《蘇秦謂齊王章》（一）（二）（三）（四），《蘇秦自趙獻書於齊王章》（一）（二）均是獨立篇章，《大詞典》標寫書證來源時一般加以區分，但也有的未加區分，如"歸息""敬"引用《戰國縱橫家書》書證，篇章均僅作"蘇秦謂齊王章"，"合"引用《戰國縱橫家書》書證，篇章僅作"蘇秦自趙獻書於齊王章"。《大詞典》引用《蘇秦謂齊王章》《蘇秦自趙獻書於齊王章》不同章目時，序號"一、二"等，或加括號，或不加括號，也不相同。《大詞典》引用馬王堆漢墓帛書甲乙本《老子》書證較多，有 112 處，標寫方式不完全一致：有 5 處僅書《老子》，未標"德經"或"道經"，如"禺""垣"等書證；有 107 處書作《老子·德經》或《老子·道經》，如"龍""銼"等書證。《大詞典》"引書格式"規定"各書有篇名的，標書名、篇名。篇分上（中）下或計數的，加標上（中）下或數字。"出自"馬王堆漢帛書、銀雀山漢竹簡"的例句，標寫格式爲"馬王堆漢墓帛書《十大經·成法》""馬王堆漢墓帛書古醫方《五十二方·杜痔》""銀雀山漢墓竹簡《孫臏兵法·擒龐涓》"①。可見，《大詞典》在引用簡帛資料書證時，篇章名稱標寫格式未盡一致。

《大詞典》編纂之時，日書文獻尚未大量出土，當時日書也多被看作是封建迷信之物；《大詞典》未把日書文獻納入詞目提取，詞義歸納、例句選用的來源。因此，此處主要討論日書詞彙研究對辭書完善修訂的作用，暫不對《大詞典》中源自簡牘文獻的詞目、義項、例句失誤做系統梳理。

第三節　簡牘日書文獻對辭書的訂補

根據《大詞典》選詞、義項、書證選用的自定原則，結合研究者的討論；我們在簡牘日書詞彙研究的基礎上從提前書證、增補書證、增補詞義、修訂義項、增補詞目五個方面展開描寫②。各部分內容分單音詞、複音詞兩部分，詞條以音序排列；單音節詞同時關照《大字典》書證、釋義情況。

一　提前書證

《大詞典》舉例要求"例句能反映出詞義的源流演變"，"第一個例

---

① 漢語大詞典編纂處：《漢語大詞典編纂手册》，漢語大詞典編纂處 1981 年版，第 58、97 頁。
② 簡牘日書雖有保真存古的優點，但因年代久遠，存在斷簡殘簡，一些字詞的訓釋仍存疑，且屬於實用手册，雖歷時累積，但語言的規範性與典範性存有不足。這應該是出土文獻例句用於辭書書證普遍存在的短板。

句應儘可能選用時代最早的"①。此處所指的提前書證例，需要說明的是，雖簡牘日書中有用例，《大詞典》書證也滯後，但以下幾種情況的"提前"一般不加討論。

第一，基於常識，判斷有更早期的文獻用例者。

如《大詞典》"又"之"副詞。表示整數之外再加零數"義項，首證魯迅《朝花夕拾》；這種用法的"又"先秦早期文獻，如甲金文中常見。再如《大詞典》"殺"之"死，致死"義項，首證《晉書》；先秦文獻"殺"之殺死義亦常見。又如"盟"，表示"發誓、起誓"義，《大詞典》首證《史記》；《尚書》等先秦早期文獻中已有用例。又如"詛盟"，《大詞典》釋義爲"謂歃血結盟"，首證劉勰《文心雕龍》，《尚書》《莊子》中已有用例。不以簡牘日書用例來提前《大詞典》此類書證②。由於文獻龐雜，規模宏大，我們雖盡量去排查更早期的用例，但肯定會有疏漏存在。

第二，因文字通假，本字選取可作商榷者。

辰，盜者男子，青赤色，爲人不穀（穀），要（腰）有疵，臧（藏）東南反（坂）下。睡甲73背

反，睡簡整理者讀爲"坂"，學者多從之。《大詞典》"坂"釋義爲"斜坡；山坡"，首證漢王褒《九懷》。

睡簡此例"反"，可讀爲"阪"，睡簡日書有"阪險"一詞。

午，鹿也。盜者長頸，小胻，其身不全，長耳而操蔡<＝然>，疵在肩。臧（藏）於草木下，必依阪險，旦啟夕閉東方。名徹達祿得獲錯。睡甲75背

《大詞典》"阪"釋義作"亦作'岅'"，其"山坡；斜坡"義項，

---

① 漢語大詞典編纂處：《漢語大詞典編纂手册》，漢語大詞典編纂處1981年版，第40頁。
② 若先秦晚期文獻有用例，《大詞典》首證爲漢代或更晚用例；而日書中有用例的，則列出。

· 563 ·

首證《詩》。

第三，有成書時代相近的先秦傳世文獻或經後世增補而成的跨時段先秦文獻爲首證者。

如《禮記》《公羊傳》《穀梁傳》《管子》《戰國策》等文獻，有後世改動、增補的可能，其用例可能晚於睡簡、放簡、周秦、嶽山等戰國、秦代簡牘。但因《大詞典》中出自這些文獻中的首證數量多，且文獻具體篇章的年代不易坐實；所以此處列出的提前書證條目未涉及這類大致同時代的書證。

（一）單音詞

1. 荴　草木根。《淮南子》①。睡簡日書1例②。

人妻妾若朋友死，其鬼歸之者，以莎茦（荴）、牡棘枋，熱（爇）以寺（待）之，則不來矣。睡甲65背壹—66背壹

《大字典》"荴"之"草木根"義項，首證出處同《大詞典》。

2. 婢　女奴；使女。《漢書》。港簡日書1例。

戊申、丁卯、戊寅不可入奴，丁卯不可入婢。港55

《大字典》"婢"之"古代罪人的眷屬没入官府稱婢""女僕"兩個義項分列，基本與《大詞典》"婢"之"女奴；使女"義項等同；前一義項首證出處同《大詞典》，後一義項首證《墨子·七患》："馬不食粟，婢妾不衣帛"。《大詞典》將《墨子》中這一"婢妾"用例列於詞目"婢妾"下。若將"婢妾"看作合成詞，港簡則提供了早於《漢

---

① 詞目後爲《大詞典》釋義、首證。除非有討論必要或書證出自彙編、類書性質的文獻，只列書名，不列篇章名。下同。

② 本章叙述方式是：詞、詞義的用例若僅出現於單批日書中，則徑寫該批次日書的名稱與詞、詞義的出現次數；詞、詞義的用例若出現於多批日書中，則先寫日書該詞、詞義的出現總次數，後分列各批次日書的出現次數。所補正的詞爲單義詞，則徑書詞的數量，若爲多義詞，則言明"該義項"。簡帛文獻中通假、異體、古今等用字現象複雜，本章以詞爲討論對象，通假字等記録的詞一併計入。

書》的"婢"單用表示"使女、女僕"義的例子。

3. 裁　裁製，剪裁。漢班婕妤《怨歌行》。日書 20 例：睡簡 10 例，放簡 2 例，嶽山 1 例，孔簡 4 例，武威 1 例，懸泉 2 例①。

（1）癸丑、寅、申、亥，秋丙、庚、辛<u>材（裁）</u>衣，必入之。睡甲116背

（2）<u>材（裁）</u>衣良日：丁丑、丁巳、乙巳、己巳、癸酉、乙亥、乙酉、己丑、己卯、辛亥。放甲70貳

（3）凡衣忌：戊申、己未、壬申、戌、丁亥，勿以<u>裝（製）</u>衣，衣。毋以八月、九月丙、辛、癸丑、寅、卯<u>材（裁）</u>衣。嶽山43背貳5

（4）八月、九月癸丑、寅、申、亥，不可<u>裁</u>衣常（裳）；以之，死。孔195

（5）五酉不可蓋室，<u>材（裁）</u>衣常（裳）。孔190貳

（6）申毋<u>財（裁）</u>衣，不煩必亡。武威6

（7）戊子，<u>財（裁）</u>衣，不利出入。戊午，<u>財（裁）</u>衣，不吉。懸I0111②:19

例（3）"製衣""裁衣"共現，"裁衣"有別於"製衣"，重在裁剪。

"裁衣"經常搭配使用，後世凝固成詞，《大詞典》"裁衣"義項"裁剪衣料縫製衣服"，首證《玉臺新詠·古詩爲焦仲卿妻作》。日書中的"裁衣"與合成詞"裁衣"因漢字連寫特徵看上去"外形"相同，尤其是例（1）中的"裁衣"。例（4）與例（3）在裁剪衣服宜忌日的選擇上基本一致，兩簡中的"裁衣裳"與"裁衣"結構類型也當一致；

---

①　"提前書證"部分，若某批日書文獻出現了早於《大詞典》書證的用例，其他批次的日書文獻不管其時代是否早於《大詞典》，也一併列出，目的是指明日書中該詞的出現次數，如此處武威日書的用例未必早於《大詞典》書證，也一併列出。再如"中子"之排行居中的兒子義項，《大詞典》首證爲《史記》，該詞義放簡、睡簡等日書中有出現，可提前《大詞典》書證，港簡、孔簡等漢簡日書"中子"此義也有使用，出現"中子"此義的各批日書及出現次數，一併列出。

而"裁衣裳"是短語，基於此，我們以日書"裁"的用例來修正《大詞典》"裁"書證的遲後，而未置於"裁衣"下討論。不過日書中"裁衣"有18例，已有很強的凝固性。

《大字典》"裁"之"裁剪，用刀剪把紙或布割裂"義項，首證《南齊書》。另，"材"之"通'裁'"義項，釋作"裁奪；安排"。"財"之"通'裁'"義項，雖釋作"剪裁；制裁"，所舉書證均爲"財（裁）"的抽象意義，未體現剪裁（衣服）義。《大詞典》"材"之"通'裁'"義項，列"裁斷；裁度""安排；使用"兩種用法；"財"之"通'裁'"義項，列"裁制；節制；裁斷"一種用法。

《大詞典》《大字典》"裁"之"裁製，裁剪"義項可補充更早書證；"材""財"通"裁"義項的用法可作豐富。

4. 操　做；從事。《老殘遊記》①。日書9例：放簡5例，孔簡4例。

　　（1）春乙亥、夏丁亥、秋辛亥、冬癸亥，是=牝日，不可操土攻（攻），必死亡。放乙131壹

　　（2）卯、丑、寅、午、辰、巳、酉、未、申、子、戌、亥，凡是=地司空，不可操土攻（攻），不死必亡。放乙134壹

　　（3）入月旬，不可操土功事，命胃（謂）黃帝。十一月先望日、望日、後望一日毋操土功，此土大忌也。孔240

日書"做；從事"義的"操"均用於"操土功"組合中。
《大字典》"操"之"從事；擔任"義項，首證《孫子》。
5. 纏　盤繞；縈束。漢班固《西都賦》。孔簡日書1例。

　　操炭，長三寸，以西，纏以布。孔106

《大字典》"纏"之"盤繞"義項，首證同《大詞典》。

---

① 除非有討論必要，書證只列書名，不列章回數、篇卷數。下同。

第四章 簡牘日書詞彙應用研究

6. 辰　地支的第五位。用以紀日。宋黃庭堅《和師厚栽竹》，孤證①。日書用例多見。

　　（1）辰不可以哭、穿肂（肂），且有二喪，不可卜筮、爲屋。睡乙191貳
　　（2）辰不可舉喪，出入三月，必復有喪。孔393
　　（3）辰不可穿；穿，不出三月有五喪。毋以死者；以死者，不出三年有五喪。毋以哭泣；以哭泣，不出三月復哭。懸泉10309③:266正貳

甲骨文中有天干、地支單用以記日的少量用例，日書中已較常見②。《大字典》"辰"之"地支第五位"用以記日用法，孤證宋黃庭堅《和師厚栽竹》。

7. 除　古時建除家以爲天文上的十二辰分別象徵人事上的十二種情況。"除"爲十二辰中與卯相對應的一種表示吉利的代號。《淮南子》。建除數術在各日書中使用普遍，九店中已有，不過九店未出現建除值神"除"。睡簡、放簡、孔簡等多批日書均有建除值神"除"，睡簡日甲有自題篇名"除""秦除"。

　　（1）除日，臣妾亡，不得。有癉病，不死。利市賣、斲（斵）□□□、除地、飲樂（藥）。攻敵（擊），不可以執。睡甲15正貳
　　（2）得其建，多餘病；得除，恐死；得其盈，駕（加）病；得其吉，善；得其㐫，病久不☒☒，乃復病。放乙335+358上+364下

《大字典》"除"之"古時建除家定日的吉凶，把'除'當作十二辰中卯的代號"義項，首證同《大詞典》。

8. 除　數學計算方法之一。均分某數爲若干分。與"乘"相反。

---

① 若詞目所提供書證既遲後，又爲孤證；我們列於"提前書證"，並標注"孤證"。下同。

② 鄧飛：《商代甲金文時間範疇研究》，人民出版社2013年版，第26—27頁。

《漢書》。放簡日書6例。

（1）□日到行日，星道角若奎到行日、星及日、辰、時數皆并其數而以除母，而以餘期之。放乙177叁+172叁

（2）占盜：投□□□，除一到九，有（又）除一□上，復除九。放乙342

《大字典》"除"之"數學的計算方法。用一個數把另一個數分爲若干等分"義項，首證《淮南子》。

9. 祠　祠堂；廟。漢袁康《越絕書》。放簡日書1例。

三月庚辛、六月壬癸、九月乙甲、十二月丙丁，不可興垣、蓋屋、上材、爲祠、大會，兇（凶）；雖（唯）利壞徹，是＝日衝（衝）。放乙94壹

"爲"是泛義動詞，日書中可以表示建築義，如：

四襛（廢）日，不可以爲室□内，爲囷倉及蓋。放乙103壹

"祠"與"垣""屋""材"一樣，作賓語，是某種建築程序的對象。
《大字典》"祠"之"供奉鬼神、祖先或先賢的廟堂"義項，首證《史記》。

10. 荅　小豆。《晉書》，孤證。日書3例：睡簡、嶽山、孔簡各1例。

（1）禾忌日，稷龍寅、秋丑、稻亥，麥子，菽、荅卯，麻辰，葵癸亥，各常□忌，不可種（種）之及初穫、出入之。睡甲18正叁—21正叁

（2）□黍，寅粱（粱），辰麿（麻），戌叔（菽），亥□，申荅，卯□。嶽山44背1

（3）三以戌朔大稙、大中、叔（菽）、蓋（荅）爲。孔445壹

《大字典》"荅"之"小豆"義項，首證《九章算術》，孤證。

· 568 ·

11. 丁　壯盛；强壯。《史記》。孔簡日書2例。

☑□酉亡者，自夜半到日中，丁者不得，老弱得；自日中到夜半，丁者得，老弱不得。孔154

《大字典》"丁"之"壯，强壯"義項，首證同《大詞典》。

12. 篤　甚；達到高度。常形容病勢沉重。《史記》。日書12例：周秦10例，放簡、王簡各1例。

(1) 占病者，篤。周秦190
(2) 甲乙病，雞鳴到日出，篤，不死。王49

《大字典》"篤"之"（病勢）沉重"義項，首證同《大詞典》。

13. 隋　同"墮"。墜落；垂下。《詩》毛傳，孤證。睡簡日書1例。

人毋（無）故一室人皆疫，或死或病，丈夫女子隋須（鬚）贏髮黃目，是宎宎人〈是＝宎人〉生爲鬼。睡甲43背壹—45背壹

"隋""墜"爲古今字，《玉篇·阜部》："隋，落也。墮，同隋。"睡簡整理者釋文"隋"後括注"墜"。

《大字典》"隋"之"同'墮'。墜落，垂下"義項，除《玉篇》釋義外，僅有《史記》書證。

14. 楬　攔水的堰。《三國志》。放簡日書2例。

閉日，可以波（陂）渇（楬），入人奴妾①。放甲20貳

---

① 波渇，放簡整理者釋作"湠池"；宋華強先生改釋，疑讀爲"破堰"，見《放馬灘秦簡〈日書〉識小錄》，載陳偉主編《簡帛》第6輯，上海古籍出版社2011年版，第85頁。周波先生讀爲"陂楬"，指壅、築堤堰、堰塘，見《秦漢簡〈日書〉校對札記》，載復旦大學出土文獻與古文字研究中心編《出土文獻與傳世典籍的詮釋——紀念譚樸森先生逝世兩周年國際學術研討會論文集》，上海古籍出版社2010年版，第396頁。

該簡爲放簡日甲《建除》篇閉日條，"渴（竭）"又見於日乙《建除》篇"閉日"條。"陂"用作動詞，"陂竭"指壅、築堤堰、堰塘，該行爲與建除值神"閉"相合。

《大字典》"竭è"之"堤堰"義項，首證同《大詞典》。

15. 二　再次；兩次。《南齊書》。睡簡日書1例。

辰不可以哭、穿肆（肂），且有二喪，不可卜筮、爲屋。睡乙191貳

辰日喪葬宜忌，日書中多有記載。與該簡相似的內容見於睡簡日甲、孔簡日書和敦煌殘卷陰陽書。

　　（1）毋【以】辰葬，必有重喪。睡甲105正貳
　　（2）辰不可舉喪，出入三月，必復有喪。孔393
　　（3）辰不哭泣，必有重喪。（敦煌《陰陽書》北大 D195V 行 3-8）

"二喪"與"重喪""復有喪"表義相同，義爲再次有死亡之事發生。數量詞直接位於動詞謂語前表示動詞次數，符合先秦時期動量表示法。

有研究者將"且有二喪"譯作"兩個人死亡的事情"，如此譯，語法不合；日書用"二人"表示兩人同時發生、遭遇某事。

　　（1）☒□二人西行，詣虎之斯，或折其首，或□其頸殹。放乙258下
　　（2）己巳之日以死，其失不出，小子必二人死，大人其家室□□。王703

《大字典》"二"未有相關義項。

16. 饋　蒸熟的飯。北魏賈思勰《齊民要術》。睡簡日書1例。

一室井血（洫）而星（腥）臭，地蟲斯（嘶）于下，血（洫）上屚（漏），以沙墊之，更爲井，食之以噴（饙），飲以爽（霜）路（露），三日乃能人矣。○睡甲53背叁—54背叁

睡簡整理者疑"噴"讀爲"饙"，表蒸米之義。
《大字典》"饙"釋義爲"蒸飯"，首證出處同《大詞典》。
17. 符　符書；符籙。晉葛洪《抱朴子》。睡簡日書3例。

【出】邦門，可☐行☐禹符，左行，置，右環（還），曰☐☐☐☐右環（還），曰：行邦☐令行。投符地，禹步三，曰：皋，敢告☐☐符，上車毋顧。○睡乙102叁—107叁

"禹符"應是術士設計的代表大禹敕命的符，這是目前發現的巫術用符的最早文字記錄①。
《大字典》"符"之"符籙"義項，首證《後漢書》。
18. 䆳　鍋。《漢書》。睡簡日書1例。

鬼恒爲人惡薨（夢），譽（覺）而弗占，是圖夫，爲桑丈（杖）奇（倚）户内，復（覆）䆳户外，不來矣。○睡甲44背貳—45背貳

漢長安城南由東起第一門，名"覆盎門"，取穩固安定之義；"復（覆）䆳户外"的做法有擯除鬼魅，辟去不祥，以保證門户安定的神秘主義意識背景②。

"䆳"爲"釜"古文。《說文》正文未收"釜"，《說文·鬲部》："䆳，鍑屬，從鬲甫聲。釜，䆳或從金，父聲。"段玉裁注："今經典多作'釜'。"《漢書·五行志》顏師古注引晉灼曰："䆳，古文釜字。"先秦時期，"䆳"表"鍋"義用例不多。《大字典》"䆳"之"同

---

① 胡新生：《中國古代巫術》，人民出版社2010年版，第62頁。
② 王子今：《睡虎地秦簡〈日書〉甲種疏證》，湖北教育出版2003年版，第405頁。

'釜'……古代的一種鍋"義項,首證《韓非子·說疑》:"以其主爲高天泰山之尊,而以其身爲壑谷鬴洧之卑。"《大詞典》"鬴洧"之"鍋。喻身世卑下"義項亦引《韓非子》中的這一用例作爲書證。睡簡提供了"鬴"的單用例。

19. 傅　塗搽。唐元稹《〈蜹子〉詩序》。睡簡日書2例。

(1) 一室井血(洫)而星(腥)臭,地蟲斯(蟴)于下,血(洫)上扁(漏),以沙墊之,更爲井,食之以噴(饋),飲以爽(霜)路(露),三日乃能人矣。若不,三月食之若<u>傅</u>之,而非人也,必枯骨也。_{睡甲53背叁—55背叁}

(2) 毋以子丑<u>傅</u>戶。_{睡甲154背}

例(1)中的"傅",睡簡整理者無注。"'傅'在這裏是指皮膚接觸,如同擦、拭、塗、抹。'食之若傅之',是說飲用此水以及洗滌用此水。"①

例(2)中的"傅戶",睡簡整理者疑指傅籍,即登記作爲服役依據的戶口名籍。劉增貴先生提出異議,"'傅'從來都用於到了年齡需登記的個人,尤指及齡的服役者,不應指整個'戶'。此簡文是在《反支》篇最後一簡之下端,《反支》結束後,以點隔開書寫,其内容與反支無關,而其下一簡與其墨迹相同,内容也都是建築之事……'傅戶'指的也是門戶建築之事。'傅戶'有兩種可能的解釋:一是將其解釋成粉刷、塗治門戶,'傅'猶如'傅粉'之'傅'。另一解釋,則爲'安裝門戶',即安裝、附著,或'縛',即毋於子、丑之日安門。"② 日書及古文獻建造門及塗刷門的記載多見,而安裝門不常見,且塗抹義之"傅",同批次日書中有使用;因此,例(2)中的"傅"表"塗抹"義可能性更大。

---

① 王子今:《睡虎地秦簡〈日書〉甲種疏證》,湖北教育出版2003年版,第444頁。
② 劉增貴:《放馬灘秦簡〈日書·直室門〉及門户宜忌簡試釋》,載陳偉主編《簡帛》第6輯,上海古籍出版社2011年版,第52頁。

《大字典》將"傅 fū"之"塗擦抹"用法，歸入通"敷"義項下，該義項列有"分佈""陳述"和"塗擦抹"三個用法，其"塗擦抹"用法，首證《墨子·備城門》："板周三面，密傅之。"《大詞典》"傅 fū"之"通'敷'"義項，列有"分佈"與"陳述"兩個用法；將"塗搽"義歸入"傅"本用，書證晚。

合成詞中"傅"的塗抹義唐代以前已產生。如"傅致"（漢陸賈《新語》），"傅粉"（《漢書》），"傅粉何郎"（《世說新語》），"傅粉施朱"（南朝梁費昶《行路難》詩之二）。睡簡"傅"之"塗搽"用法，提供了單音詞"傅"該義項的早期用例。

20. 蓋　建造。漢王褒《僮約》。日書 27 例：九店 5 例，睡簡 8 例，放簡 1 例，港簡 2 例，孔簡 9 例，水簡 1 例，武威 1 例。

(1) 凡室不可以盍（蓋）右左之牆，是胃（謂）□☒。九店48下
(2) 八月：角，利祠及〖行〗，吉。不可蓋室。睡乙96壹
(3) 蓋屋良日，卯、未、丑，皆吉。孔246

戰國晚期到西漢"蓋"的建造義已成爲其常用義項之一①。
《大字典》"蓋"之"搭蓋"義，首證同《大詞典》。

21. 故　陳舊的。北魏賈思勰《齊民要術》，孤證。日書 4 例：睡簡 3 例，放簡 1 例。

(1) 人毋（無）故鬼昔（藉）其宮，是=丘鬼。取故丘之土，以爲僞人犬，置蘠（牆）上，五步一人一犬，景（環）其宮，鬼來陽（揚）灰擊箕以㚔（噪）之，則止。睡甲29背壹—31背壹
(2) 戌亡，盜在南方，故盜。睡乙257
(3) 十月再周，復其故所。放乙260

---

① 朱湘蓉：《秦簡詞彙初探》，中國社會科學出版社 2012 年版，第 168—170 頁。

"故盜是舊盜,即以前盜過東西的人,也就是所謂慣偷。"① 研究者或將例（2）譯作"戊日東西丟失了,偷竊的盜賊位於南方,是個老盜賊,他的牙齒掉了"②。"老盜賊"可以表示經驗足的或年紀大的盜賊,"慣偷"語義更明確。

《大字典》"故"之"原來的；舊時的"義項,首證《楚辭》。

22. 還　表示轉折,相當於"卻""反而"。《漢書》。武威日書1例。

　　已毋射矦（侯），還受其央（殃）。《武威》3

"反而"義,日書多用"反"表示。

　　（1）毋以巳禱（禱），反受其英（殃）。睡甲107正貳
　　（2）有敢苛者，反受其央（殃）。居新EPT49.3

《大字典》"還hái"之副詞義項"表示轉折,相當於'卻','反而'"用法,首證《論衡》。

23. 合　交配；交媾。北齊劉晝《新論》。孔簡日書1例。

　　入月二旬三日，命胃（謂）危，不可合男女，入月旬☐ 孔簡殘7+殘8

孔簡殘7、殘8可綴合,簡文"合男女"爲男女交合之意③；"合男女"房中術術語,入月二旬三日,是月下弦之日,醫書《醫心方》所載與月相變化相關的合陰陽房中術禁忌均載每月弦日不可合陰陽,古書中又稱男歡女愛爲"合陰陽","合男女""合陰陽"這兩種叫法並

---

① 劉樂賢：《睡虎地秦簡日書研究》，臺灣文津出版社1994年版，第403頁。
② 吳小強：《秦簡日書集釋》，嶽麓書社2000年版，第255頁。
③ 王強：《孔家坡漢墓竹簡校釋》，碩士學位論文，吉林大學，2014年。

無區別①。

《大字典》"合"之"結合……特指兩性的交配"義項，首證《老子》。

24. 謼　同"呼"。號叫，大聲喊叫。《漢書》。睡簡日書該義項的"謼"4例。

狼恒謼（呼）人門，曰："啓吾。"非鬼也。殺而享（烹）食之，有美味。○睡甲33背叁

《大字典》"謼"之"大聲號叫。也作'呼'"義項，首證《詩》之陸德明釋文。

25. 圂　豬圈。《漢書》。日書2例：睡簡、孔簡各1例。

（1）亥，豕也。盜者大鼻而票行，長脊，其面不全，疵在要（腰），臧（藏）於圂中垣下。夙得莫（暮）不得。○睡甲80背

（2）亥，豕也。盜者大鼻而細胅，長脊，其面有黑子，臧（藏）圂中壞垣下。其盜女子也，出首，臧（藏）室西北。○孔378

以上兩例簡文均出自地支占盜類篇章，該類篇章據地支所配動物來推斷盜者的體貌特征、藏身之處等信息，藏身之處多與動物居處有關。

（3）丑，牛也。盜者大鼻，長頸，大辟（臂）臑而僂，疵在目。臧（藏）牛厩中草木下。○睡甲70背

（4）丑，牛也。盜者大鼻，☐。臧（藏）牛牢中。○孔368

例（3）、例（4）地支丑與動物牛相配，盜者藏身之處爲"牛厩"或"牛牢"；例（1）、例（2）地支亥所配動物爲"豕"，藏身之處應

---

① 王強：《孔家坡漢簡校讀拾遺》，載陳偉主編《簡帛》第11輯，上海古籍出版社2015年版，第182頁。

爲豬圈。

不過放簡《地支占盜》篇亥條簡文"豕"藏身之處爲"屏圂"。

（5）亥，豕殹。盜者中人殹。再在屏圂方（旁）及矢（屎）。其爲人長面、折鞁，赤目、長髮。得。_{放甲41}

孫占宇先生將此例"屏圂"訓釋爲廁所①。這種廁所應是與豬圈合爲一體的建築，簡文"屏圂"可能是偏義複詞，偏指與廁所連通的豬圈。睡簡日乙"圂忌日"講"圂廁""屏圂"的宜忌。

（6）圂忌日，己丑爲圂廁，長〖者〗死之；以癸丑，少者死之。其吉日，戊寅、戊辰、戊戌、戊申。凡癸爲屏圂，必富。_{睡乙188貳—190貳}

"屏圂""圂廁"與"圂"應有意義關聯。
睡簡日甲《相宅》篇有4例"圂"。

（7）圂居西北匡，利豬，不利人。圂居正北，吉。圂居東北，妻善病。圂居南，宜犬，多惡言。_{睡甲20背伍—23背伍}

從文字構形看，"圂"最初應是指"豕"之居所；由於古人廁所與豬圈合二而一，"圂"實指豬之居所（豬圈）即人的廁所②。古代廁所

---

① 張德芳主編，孫占宇著：《天水放馬灘秦墓竹簡集釋》，甘肅文化出版社2013年版，第81頁；陳偉主編，孫占宇、晏昌貴著：《秦簡牘合集〔肆〕》，武漢大學出版社2014年版，第25頁。

② 陳偉武：《從楚簡和秦簡看上古漢語詞彙研究的若干問題》，載中國社會科學院語言研究所《歷史語言學研究》編輯部編《歷史語言學研究》第7輯，商務印書館2014年版，第92頁。按：劉樂賢先生（《睡虎地秦簡日書研究》，臺灣文津出版社1994年版，第382頁）、王子今先生（《睡虎地秦簡〈日書〉甲種疏證》，湖北教育出版2003年版，第337—338頁）也有類似説法。

和豬圈相連通的情況普遍①；析言之"圂"單指豬圈，而渾言之"圂"則涵蓋豬圈與廁所，其詞義的確定需視語境，因文定義。

《大字典》"圂"之"豬圈"義項，首證同《大詞典》。

26. 忌　指行事不吉利的日子。北魏賈思勰《齊民要術》。日書72例：睡簡21例，放簡16例，王簡2例，嶽山17例，孔簡13例，虎簡1例（訛作"次"），印臺1例，居新1例。

(1) 豬良日：庚申、庚辰、壬辰、壬申、甲申、甲辰、己丑、己酉、己巳。其忌：乙亥、乙巳、乙未、丁巳、丁未。睡甲88正貳—89正貳

(2) 衣忌：丁酉、丁亥、丙午、辰、戊戌、五寅。吉日：辛巳、辛丑、丁丑、丁巳、癸丑。放乙145壹

(3) 囷：囷良日，甲午、乙未、巳。忌：己丑、癸丑。孔229

(4) 西行良日：庚申、辛酉、庚子、辛丑、辛亥。其次<忌>：壬子、癸丑、壬申、癸酉、癸亥、戊子、己丑、戊申、己酉、戊戌、己亥。虎·戌28

以上例中的"忌"與"良日"或"吉日"相對，是行事不吉利的日子；日書也用"忌日"來表示。

(5) 五穜（種）忌日：丙及寅禾，甲及子麥，乙巳及丑黍，辰〖麻〗，卯及戌叔（菽），亥稻；不可以始種穫、始嘗（嘗），其歲或弗食。睡乙46貳—50貳

"忌日"與"忌"意義相同。

(6) 五穜（種）忌：丙及寅禾，甲及子麥，乙巳及丑黍，辰麻，卯及戌叔（菽），亥稻；不可以始種及穫、嘗（嘗），其歲或弗食。睡甲151背—152背

---

① 孫機：《漢代物質文化圖說（增訂本）》，上海古籍出版社2011年版，第247頁。

(7) 五種（種）忌：子麥，丑黍，寅稷，卯叔（菽），辰麻，戌秋，亥稻；不可始種（種）、穫及賞（嘗）。放乙164

例（5）至例（7），所述事項皆五穀忌日，簡文内容多一致，其中2例用"忌"，1例用"忌日"。雖然表示忌日的諸事項之"忌"經常出現在諸事項之"良日""吉日"後，頗像承前省略形式；不過因這種用法的"忌"也能出現在前面，且有不與"良日""吉日"對舉出現而單獨使用的情況；所以我們未將這種用法的"忌"看作"忌日"的省略表達。

有的簡文中"忌"是否表示忌日的意思，不好確定。因擇日是日書的重要内容，此處暫將意義不甚明了的"忌"計入了表示忌日的用法。

《大字典》"忌"之"特指忌日。……也指行事不吉的日子"義項，首證《周禮》鄭玄注。

27. 居　部署；安排。《韓詩外傳》，孤證。放簡日書1例。

邦居軍：丙丁晶（雷），軍後徙；戊己晶（雷），軍敬（警）；庚辛晶（雷），軍前徙，爲雨不徙；壬癸驫＜晶＞（雷），戰。放乙346

《大字典》"居"未有相關義項。

28. 舉　撫養；生育。漢劉向《列女傳》。睡簡日書1例。

凡己巳生，勿舉，不利父母，男子爲人臣，女子爲人妾。睡乙247

《大字典》"舉"之"哺養"義項，首證《史記》。

29. 圈　養牲畜的棚或欄。唐寒山《詩》。睡簡5例，另合成詞"牢圈""羊圈"各2例。

（1）圈居宇西南，貴吉。圈居宇正北，富。圈居宇正東方，敗。圈居宇東南，有寵，不終丗（世）。圈居宇西北，宜子與＜

興〉。睡甲19背叁—23背叁

（2）春三月庚辰可以筑（築）羊巻（圈），即入之，羊必千。睡甲87正貳

（3）出入奴婢、馬牛、錢財，爲羊圈，吉。港56

《說文·囗部》："圈，養畜之閑也。"段玉裁注："畜當作嘼，轉寫改之耳。閑，闌也。《牛部》曰：'牢、閑，養牛馬圈也。'是牢與圈得通偁也。"

《大詞典》將"養獸之所"與"養牲畜的棚或欄"分列兩個義項，前者首證《莊子》。《大字典》將以上兩個義項合併爲"養牲畜、禽獸的有栅欄的地方"，首證《淮南子》中的"圈"爲養虎豹犀象之圈，次證《漢書》中的"圈"爲養虎之圈；所列清納蘭性德《淥水亭雜識》中的例子爲"養牲畜"的有栅欄的地方義。

疑"圈"造字之初主要指羊圈。馬、牛、羊、豕，是古人主要的圈養牲畜。養馬有"廄"，養牛有"牢"，養豕有"圂"，唯養羊無專字①。日書文獻"圈"字用法，或可爲這一假設提供綫索。

首先，日書"羊圈"有2例，此外"圈"之前未出現其他畜生修飾語。

其次，睡簡建築物"圈"與"圂"同現，可見"圈"是豬欄以外的畜欄。

再次，日書"牢圈"表示畜圈，有2例，均出現於未羊條占辭。

（4）未，羊〖殹〗。盜者從南方〖入〗，有（又）從出。再在牢圈中。放甲37

《大詞典》中與養馬有關的欄舍有"馬坊、馬庌、馬苑、馬房、馬

---

① 趙岩先生認爲："秦簡中'圈'、'圂'、'廄'在搭配對象上存在區別，'圈'與'羊'等搭配，'圂'飼養'豬'等小型家畜，'廄'的搭配對象則是'馬'和'牛'。"見《簡帛文獻詞語歷時演變專題研究》，中國社會科學出版社2013年版，第77頁。

屋、馬院、馬圈、馬廄、馬圂、馬棚、馬閑、馬欄"12個詞，多以"馬廄"爲釋詞；與養牛有關的欄舍有"牛囤、牛牢、牛宮、牛屋、牛棚、牛欄"6個詞，多以"牛欄"爲釋詞；與養豕有關的欄舍有"猪牢、猪圈、猪溷、猪欄、豕牢、豕圈"6個詞，多以"猪圈"爲釋詞；與養羊有關的欄舍僅"羊欄"1個詞，以"羊圈"爲釋詞。這種養牲欄舍的組合搭配，大概也能説明"圈"多與豕、羊搭配。

30. 口　量詞。用於人。《真誥》。日書6例：睡簡2例，放簡4例。

(1) 甲亡，盜在西方，一宇閒之食五口。睡乙253
(2) 丁亡，盜女子也，室在東方，疵在足□□□，其食者五口。睡乙256
(3) 戊亡，盜在南方，食者五口一于（宇）閒。放甲26

日書"口"的量詞義，已有多位學者討論過，並據此提出對辭書"口"量詞義書證的滯後的修正作用①。

有研究者不認同秦簡"口"已具有量詞用法。如麻愛民先生認爲秦簡"食者五口"結構中的"口"能否作爲確證使用是個問題：用法極爲少見，且表達形式單一，祇有"食者五口"一種；其轉換形式"×口食者"漢語史見不到，不符合"名數量"結構可以無條件地轉換爲"數量名"結構的特點；把這類用法看作是從名詞向個體量詞過渡的用法比較穩妥②。再如步連增先生認爲先秦時期"口"尚無量詞用法，漢

---

① 如吉仕梅《〈睡虎地秦墓竹簡〉量詞考察》，《樂山師專學報》1996年第3期；王建民《〈睡虎地秦墓竹簡〉量詞研究》，《康定民族師範高等專科學校學報》2001年第3期；李建平《從先秦簡牘看〈漢語大詞典〉量詞釋義的闕失》，《廣西社會科學》2005年第10期；龍仕平《以量詞爲域論簡帛文獻的辭書學價値》，《古漢語研究》2009年第4期；龍仕平、李建平《秦簡中的量詞及其歷時演變》，《西華師範大學學報》2009年第4期；張顯成、李建平《論簡帛量詞的研究價値》，載卜憲群、楊振紅主編《簡帛研究2008》，廣西師範大學出版社2010年版，第219頁。

② 麻愛民：《從認知角度看漢語個體量詞"口"的產生與發展》，《湖北社會科學》2011年第5期。

代"口"作爲量詞的用例還很少,這個階段宜看作是量詞"口"的萌芽期①。田啓濤、俞理明先生也認爲"口"漢代被用來作爲人的計量單位,用"口"指稱或計量人,表示需要供養的對象,並且這個對象具有群體性,他們是一個家庭,或某個特定群體範圍的個體。在語義上,它屬中性略帶不尊重或貶義色彩,多用於一般民衆、俘虜、奴隸等,在表敬的場合中不能使用②。

簡牘文獻中量詞"口"數量少,且出現語境均爲"食者五口";這是"口"量詞用法的早期萌芽狀態。

《大字典》:"口"的"量詞"義,所列《晉書》《天工開物》《高玉寶》三個書證,爲計量牲畜或器物的量詞,未有計量人的量詞書證。

31. 狂　瘋癲,精神失常。《史記》。日書4例:睡簡1例,孔簡2例,周漢1例。

(1) 則岑〈光〉門:其主昌,柂衣常(裳);十六歲弗更,乃狂。睡甲119正貳

(2) 則光門:必昌,好歌(歌)舞,必施衣常(裳);十六歲弗更,不爲巫乃狂。孔280貳

(3) 酉產:子,九日、〖二月〗不死,狂,卅三年以丙子死。周漢279貳

《大字典》"狂"之"精神失常;瘋狂"義項,首證《書》。

32. 閾　門檻。《文選·揚雄〈甘泉賦〉》。日書2例:睡簡、印臺各1例。

(1) 行到邦門困(閾),禹步三,勉壹步,譚(呼):"皋,敢告曰:某行毋(無)咎,先爲禹除道。"即五畫地,掓其畫中央

---

① 步連增:《語言學類型視野下的漢語量詞研究》,博士學位論文,山東大學,2011年。
② 田啓濤、俞理明:《量詞"口"演變的語義分析》,載王雲路主編《漢語史學報》第11輯,上海教育出版社2011年版,第50—51頁。

土而懷之。睡甲111背—112背

（2）即行，之邦門之困（閫），禹步三，言曰：門左、門右、中央君子，某有行，擇道。氣（迄），樂☒ 印臺《荊州》圖1-3

《大字典》"閫"之"門橛；門限"義項，首證同《大詞典》。

33. 牢　囚禁；關。漢桓寬《鹽鐵論》。睡簡日書1例。

人恒亡赤子，是水亡傷取之，乃爲灰室而牢之，縣（懸）以蓙，則得矣；刊之以蓙，則死矣；享（烹）而食之，不害矣。睡甲65背貳—66背貳

《大字典》"牢"未有相關義項。

34. 老　死的婉辭。唐·子蘭《城上吟》。孔簡日書1例。

今日庚午爲雞血社，此（雌）毋（無）央（殃）邪，雄毋彼（疲）堵（瘏），令雞毋（無）亡老。孔226貳—228貳

該簡中的"令雞毋（無）亡老"，孔簡整理者釋文作"旬，雞毋（無）亡。老""令"釋作"旬"，上讀；"老"，下讀。此處釋文、斷句從何有祖先生①。研究者多認爲"老"有死亡之義②。

《大字典》"老"之"死的諱稱"義項，首證《紅樓夢》。

35. 呂　我國古代音樂十二律中的陰律，有六種，總稱六呂。《淮南子》。放簡日書2例。

從天出令，乃下六正，聞呂六律，皋陶所出。以而五音十二

---

① 何有祖：《孔家坡漢簡叢考》，《中國國家博物館館刊》2012年第12期。
② 何有祖：《孔家坡漢簡叢考》，《中國國家博物館館刊》2012年第12期；周群：《也說孔家坡日書簡所見的"雞血社"》，簡帛網2007年7月8日（http://www.bsm.org.cn/show_article.php?id=595）；陳炫瑋：《孔家坡漢簡〈日書·雞〉篇補釋》，簡帛網2007年8月14日（http://www.bsm.org.cn/show_article.php?id=696）。

聲，以求其請（情）。放乙284

放簡該意義的"呂"，均以"閒呂"的組合方式出現。"閒呂"即六律，律有十二。陽六爲律，陰六爲呂，呂亦稱閒，故有六律六呂之説①。

文獻中"閒"表示陰律早於"呂"，"六閒"亦早於"六呂"；《國語·周語下》："爲之六閒，以揚沈伏而黜散越也。"韋昭注："六閒，六呂在陽律之閒……呂，陰律，所以侶閒陽律，成其功，發揚滯伏之氣，而去散越者也。"放簡"閒呂"連用，均用以指陰律，《大詞典》未收"閒呂"。

《大字典》"呂"之"我國古代樂律中的陰律的總稱"義項，首證《漢書》。

36. 閒　古代獸名。《新唐書》，孤證。放簡日書1例。

日中至日入投中蕤賓，閒殹。長面，長頤，兔耳，行□□殹，白皙，善病項。放乙225

該簡出自《黃鐘》篇，爲音律貞卜，全篇講述一晝夜三個時段所投中音律與三十六禽的搭配，該禽獸的狀貌，人生病的部位。"閒"爲禽獸無疑，但具體所指，有讀爲"驢"和本字讀兩種意見。蔡偉、陳玹煒先生讀爲"驢"，程少軒先生從之②；王子今先生認同這種訓讀，又加以申説：大約戰國時期，驢被中原人看作"奇畜"，段玉裁指出"驢"字"蓋秦人造之耳"的意見是正確的。放簡日乙中言三十六禽的内容，從現有資料看，驢大致較早在西北地區用作運輸動力③。子居先生認爲"閒"非驢，先秦時已有大量的名"閒"之獸存在，多見於

---

① 張德芳主編，孫占宇著：《天水放馬灘秦墓竹簡集釋》，甘肅文化出版社2013年版，第227頁；陳偉主編，孫占宇、晏昌貴著：《秦簡牘合集〔肆〕》，武漢大學出版社2014年版，第174頁。

② 程少軒：《放馬灘簡式占古佚書研究》，博士學位論文，復旦大學，2011年。

③ 王子今：《論漢昭帝平陵從葬驢的發現》，《南都學壇》2015年第1期。

《山海經》,"䗊"即今之鬣羚,在今山西、河南、湖北、四川等多地尚存;"驢"的得名,可能是由於先秦時人比較熟悉"䗊"這種動物的緣故,先秦時中原並不産驢,至漢時仍是匈奴北狄"常畜",而爲"中國所鮮"的"奇畜"①。孫占宇先生亦將"䗊"讀如本字,訓爲獸名②。

《大字典》"䗊"之"像驢的獸。一説即今之驢"義項,首證《儀禮》。

37. 免 解職。《史記》③。日書6例:睡簡、孔簡各3例。

(1) 利徙官,<u>免</u>,復事。睡甲33正
(2) 辰,不可爲嗇夫,必以獄事<u>免</u>。孔200
(3) 十二月置<u>免</u>於午。必請(清)風;忘(妄),執正(政)、置官不治,若有大事。孔478

《大字典》"免"之"罷黜"義項,首證《漢書》。

38. 明 用作敬辭。《三國志》裴松之注引晉虞溥《江表傳》。睡簡日書1例。

壬癸死者,<u>明</u>鬼祟之,其東受咎(凶)。睡乙206壹

《大字典》"明"之"敬辭"用法,首證《後漢書》。
先秦時期該義項的"明"也有使用。

命之曰狂僻之民,<u>明</u>上之所禁也。(《晏子春秋·問下》)

---

① 子居:《讀〈略談放馬灘簡所見三十六禽〉零識》,簡帛研究網2009年11月13日(www.bamboosilk.org)。
② 張德芳主編,孫占宇著:《天水放馬灘秦簡集釋》,甘肅文化出版社2013年版,第239—240頁;陳偉主編,孫占宇、晏昌貴著:《秦簡牘合集〔肆〕》,武漢大學出版社2014年版,第166頁。
③ 《大詞典》"免"之"辭職;解職"義項未分釋;辭職用法以《庄子》爲首證,解職用法以《史記》爲首證。

39. 母　數學名詞。指分數中的分母。《九章算術》，孤證。放簡日書2例。

（1）投日、辰、時數，并而三之以爲母，下八而生者，三而爲二；上六而生者，三而爲四。放乙173叁+169叁

（2）日、辰、時數皆并其數而以除母，而以餘期之。放乙177叁+172叁

《大字典》"母"之"數學名詞。指基數或分數中的分母"義項，首證同《大詞典》。

40. 女　指動物中的雌性。參見"女貓"（《大詞典》"女貓"釋義爲"雌貓"，首證《太平廣記》引唐牛僧孺《玄怪錄》）。睡簡日書1例。

人過于丘虛，女鼠抱子逐人，張傘以鄉（向）之，則已矣。睡甲45背叁

《大字典》"女"之"雌性的"義項，首證《敦煌變文集》。

41. 年　歲。計算年齡的單位，今皆用歲。《後漢書》。日書52例：孔簡、周漢各26例。

（1）卯生子，三日、六月不死，貧，三妻，八十年以己巳死。女，三日、三月不死，貧，卅一年以甲辰死；一曰八十年庚寅死。孔382貳

（2）子產子，三日、二月五日不死，必爲上君，五十八年以甲子死。女子三日、二月不死，三夫，卅九年甲子死。周漢M8—1貳《大衆考古》

《大字典》"年"未有該義項。

42. 棲　居處歇息的地方。晉潘嶽《寡婦賦》。孔簡日書1例。

· 585 ·

酉爲雞棲，雞不亡。孔228貳

十二生肖中，酉日配雞（簡文或作水），選擇酉日爲雞舍或許是這個原因①。

《大字典》"棲"之"棲息的地方"義項，首證《戰國策》。

43. 起　興建；建造。《漢書》。日書22例：睡簡16簡，放簡2例，孔簡3例，敦煌1例。

（1）春三月毋起東鄉（向）室，夏三月毋起南鄉（向）室，秋三月毋起西鄉（向）室，冬三月毋起北鄉（向）室；以此起室，大凶，必有死者。睡甲140背—141背

（2）凡甲申、乙酉，絕天氣，不可起土攻（功），不死必亡。放甲24貳

其中"起土功"組合10例。

《大字典》"起"之"興建"義項，首證出處同《大詞典》。

另，《大詞典》"起"之"興兵"義項，書證有《左传》《孫子》，書證《左传》後引楊伯峻先生注："起，漢謂之興，徵召卒乘也。""起"之興兵義，漢及漢以後依然有使用，孔簡用例及後世用例如：

（1）一曰四周是兵起，必戰，得數萬。孔420
（2）錦秀華夷，忽從西北天兵起，覷那關口城池。（關漢卿《怨佳人拜月亭》第一折）

44. 人　果核或果實的心子。北魏賈思勰《齊民要術》。睡簡日書1例。

---

① 陳炫瑋：《孔家坡漢簡〈日書·雞〉篇補釋》，簡帛網2007年8月14日（http://www.bsm.org.cn/show_article.php?id=696）。

人毋（無）故一室人皆疫，或死或病，丈夫女子隋（墮）須（鬚）羸（裸）髮黃目，是㝱㝱人〈是＝㝱人〉生爲鬼。以沙（砂）人（仁）一升，㧗其舂臼，以黍肉食㝱人，則止矣。◦睡甲43背壹—46背壹

《説文・人部》段玉裁注："果人之字，自宋元以前，本艸方書，詩歌紀載，無不作人字。自明成化重刊本艸，乃盡改爲仁字。於理不通。學者所當知也。"《大字典》"人"之"果仁。後作'仁'"義項，首證出處同《大詞典》。

45. 兑　通"鋭"。尖，上小下大。《淮南子》，孤證。日書14例：睡簡、孔簡、居漢各1例，放簡11例。

（1）子，鼠也。盜者兑（鋭）口，希（稀）須（鬚），善弄手，黑色，面有黑子焉，疵在耳。◦睡甲69背

（2）平旦至日中投中黃鐘，鼠殹。兑（鋭）顏，兑（鋭）頤，赤黑，免（俛）僂，善病心、腸。◦放乙206

《大字典》"兑"之"後作'鋭'"義項，僅列"尖鋭"用法，未列"尖，上小下大"用法。

46. 傘　由柄、骨、蓋三部分組成，可以張合的擋雨或遮陽的用具。宋楊萬里《脱歸遇雨》詩。睡簡日書1例。

人過于丘虛，女鼠抱子逐人，張傘以鄉（向）之，則已矣。◦睡甲45背叁

《大字典》"傘"未列古字形，其"擋雨或遮太陽的用具，可張可合"義項，首證《南史》。

"傘"有辟邪功能[①]，原因有二：第一，"傘""散"同音；第二，

---

① 王子今：《睡虎地秦簡〈日書〉甲種疏證》，湖北教育出版社2003年版，第440頁。

· 587 ·

傘有收縮自如的功能。①

47. 善　多,易。《史記》。日書30例:睡簡1例,放簡29例。

（1）囷居西北匽,利豬,不利人。囷居正北,吉。囷居東北,妻<u>善</u>病。囷居南,宜犬,多惡言。_{睡甲20背伍—23背伍}

（2）日入至晨投中大吕,旄牛殹。免（俛）顔,大頸,長面,其行丘丘殹,蒼晢色。<u>善</u>病頸項。_{放乙211}

"善病"即多病,明楊慎《丹鉛雜録》有"善字訓多"條②。
《大字典》"善"未有相關義項。

48. 折　虧損,蝕耗。魯迅《花邊文學》,孤證。放簡日書2例。

（1）投黄鐘:以多,爲病益篤,市旅得,事君吉,敼（繫）者久;以少,病有瘳,市旅<u>折</u>,事君不遂,居家者家毁。_{放乙242}

（2）【上多】下甚少,爲逐有皋（罪）,賈市喪,行販<u>折</u>。下婁（數）多者爲上立（位）,賈市、行販有,諸羣美皆吉。_{放乙288}

《大字典》"折 shé"之"虧損"義項,首證《荀子·修身》:"良農不爲水旱不耕,良賈不爲折閲不市。"《大詞典》將《荀子》該例列於"折閲"下。

49. 身　自身;自己。《楚辭》。九店日書2例。

凡五子,不可以作大事,不城（成）,必毁,其<u>身</u>又（有）大咎,非其<u>身</u>,長子受其咎。_{九店37下—38下}

《大字典》"身"之"自身;自己"義項,首證同《大詞典》。

---

① 吕亞虎:《戰國秦漢簡帛文獻所見巫術研究》,科學出版社2010年版,第154—155頁。
② 王子今:《睡虎地秦簡〈日書〉甲種疏證》,湖北教育出版社2003年版,第337頁。

50. 眚　眼睛生翳。《新唐書》。睡簡日書 2 例。

（1）丁丑生子，好言語，或生（眚）於目。睡甲143正壹
（2）丁丑生，好言五（語），有生（眚）目。睡乙240

《說文·目部》："眚，目病生翳也。"

《大字典》"眚"之"眼睛生翳"義項，首證宋陸遊《歲暮風雨》；"眚"之"又泛指病症"用法，首證《漢書》。清徐灝《說文解字注箋·目部》："眚，目病謂之眚，引申爲凡病之偁。""眚"本爲眼睛疾病，凡病之稱是引申義，"眚"之"眼睛生翳"義項早於《漢書》時代產生；不過先秦秦漢時期文獻中的"眚"字多用作災異、過失義，眼疾之義未見用例。

《大字典》"生"之"通'眚'。病害"義項，首證《管子》；"生"通"眚"義項，未列"眼睛生翳"的用法。《大詞典》"生"未列"生"與"眚"通假義項。睡簡用例可作補充。

51. 澍　雨。多指時雨。《淮南子》。日書 10 例：放簡 6 例，孔簡 4 例。

（1）七月雨爲渣（澍），正月渣（澍）；八月雨，二月渣（澍）；九月雨，三月渣（澍）；十一月雨，五月渣（澍）；十二月雨，六月渣（澍）①。放乙160
（2）入正月三日雨，三月尌（澍）；四日雨，四月尌（澍）；五日雨，五月尌（澍）。孔417
（3）丙丁朔少旱，莫（暮）尌（澍）。孔439壹

《大字典》"澍"之"時雨；透雨"義項，首證《後漢書》。

---

① 渣，放簡整理者釋作"澄"；孫占宇先生改釋，見張德芳主編、孫占宇著《天水放馬灘秦簡集釋》，甘肅文化出版社 2013 年版，第 168 頁；陳偉主編，孫占宇、晏昌貴著《秦簡牘合集〔肆〕》，武漢大學出版社 2014 年版，第 101 頁。

52. 鬊　泛指頭髮。《漢書》。睡簡日書1例。

烏獸恒鳴人之室，燔蠶（鬊）及六畜毛邋（鬣）其止所，則止矣。睡甲47背叁

《大字典》"鬊"之"篦落的頭髮"義項中的"泛指頭髮"意義，首證同《大詞典》。

53. 匴　古代淘米或盛飯用的竹器。《禮記》陸德明釋文，孤證。睡簡日書1例。

凡鬼恒執匴以入人室，曰"氣我食"云，是＝餓鬼。睡甲62背貳

《大字典》"匴"之"古代淘米用具"，僅舉《説文》與段玉裁注，未有書證。《大詞典》"匴"該義項的書證是異文材料，不典型，且爲孤證。睡簡"匴"的用例，可提供典型書證。

54. 徒　同類的人。《漢書》。睡簡日書1例。

人毋（無）故而鬼取爲膠，是＝哀鬼，毋（無）家，與人爲徒，令人色柏（白）然毋（無）氣，喜契（潔）清，不飲食。睡甲34背壹—36背壹

《大字典》"徒"之"徒黨；同一類或同一派別的人"義項，首證《左傳》。

55. 隋　通"橢"。橢圓形。《詩》毛傳。放簡日書1例。

日中至日入投中大族，豹殹，隋（橢）頤，長目，長要（腰），其行延延殹，色蒼赤。善病肩。放乙213

《大字典》"隋"之"通橢。橢圓形"義項，首證同《大詞典》。

56. 韋　通"圍"。圍繞；圍攏。北魏酈道元《水經注》。日書3

例：放簡1例，孔簡2例。

(1) 貞在藜賓，是謂始新，啻（帝）堯乃韋（圍）九州，以政下黔首，斬伐冥冥，殺戮申申，死不生憂心，毋（無）所從容。○放乙272+280

(2) 己卯會庚辰死，失（魅）韋（圍）厰，不去北，西南入之。○孔330—331

王簡有"圍厰"，與例(2)"韋厰"詞義相同。

甲乙黃昏以死，失（魅）圍厰不出。○王667

另睡簡、孔簡各有1例"韋（圍）城"。韋、圍，古本一字，後詞義分化。

《大字典》"韋"之"通'圍'"義項，僅列"計算樹木圓周的單位"用法，未列"圍繞"用法。

57. 息　呼吸。一呼一吸謂之一息。《漢書》。睡簡日書1例。

一室人皆毋（無）氣以息，不能童（動）作，是狀神在其室，屈（掘）遂泉，有赤豕，馬尾犬首，享（烹）而食之，美氣。○睡甲36背貳—38背貳

古漢語"以"作並列連詞常見；不過在睡簡日書中，並列連詞"以"連接形容詞，未有連接名詞者，所以此處未將簡文"息"訓作"氣息"。

《大字典》"息"之"出氣；喘氣"用法，首證同《大詞典》。

59. 徙　升調；調動。《史記》。日書5例：睡簡3例，放簡、孔簡各1例。

(1) 入官良日：子、丑入官，吉，必七徙。○睡甲157正陸—157正陸

（2）入官：寅、巳、子、丑，吉；申，不計徙；亥，易<易>去。◦孔196—孔197

《大字典》"徙"之"調職"義項，首證出處同《大詞典》，且爲孤證。

60. 喜　喜愛；愛好。三國魏嵇康《與山巨源絶交書》。日書6例：睡簡4例，港簡、孔簡各1例。

（1）人毋（無）故而鬼取爲膠（摎），是＝哀鬼，毋（無）家，與人爲徒，令人色柏（白）然毋（無）氣，喜契（潔）清，不飲食。◦睡甲34背壹—36背壹

（2）【昴】，利以弋獵，賈市，吉。不可食六畜生。可以築室及閒（閑）牢。司兵。以生子，喜斯（廝）。◦孔66

"喜"表喜好，愛好義，先秦文獻亦有使用；《大字典》"喜"之"愛好"義項，首證《詩》。

60. 呬　喘息；嘘氣。《後漢書》，孤證。睡簡日書1例。

凡人有惡夢，覺而擇（釋）之，西北鄉（向）擇（釋）髮而駟（呬）。◦睡乙194

《説文·口部》："呬，東夷謂息爲呬……《詩》曰：'犬夷呬矣。'"段玉裁注："疑許襲《方言》，'東夷'當作'東齊'，字之誤也。……蓋三家詩作呬。"今本《詩》作"混夷駾矣，維其喙矣。"

《大字典》"呬"之"喘息；嘘氣"義項，孤證明劉侗、于奕正《帝京景物略》。

61. 新　没有用過的。漢無名氏《古豔歌》。日書4例：睡簡2例，放簡、孔簡各1例。

（1）毋以楚九月己未台（始）被新衣，衣手□必死。◦睡甲26正貳

· 592 ·

（2）以秋禾孰（熟）時，取禾穜（種）數物各一斗粟，盛新瓦罋（甕）中，臧（藏）燥地，到正月敉＜料＞取其息最，穜（種）之。孔456—457

孔簡合成詞"新室"1例，"新"的詞素義與"舊"相對。

五丑不可居新室，不出歲，必有死者☐孔183貳

《大字典》"新"之"沒有用過的"義項，未有書證。
62. 休　辭去（官職）。唐杜甫《旅夜書懷》詩。孔簡日書1例。

不周門：其主必富，臨端。八十歲弗更，必休。孔285貳

臨端，即臨政，親理政務，即從官。休，孔簡整理者訓爲"辭官"。

《大字典》"休"之"辭官"義項，首證《史記》。

《大詞典》"休居""休息""休停"均有辭官義，這些詞在唐以前都有用例。其中"休停"有"罷官停職"義，首證爲《魏書》。嚴格來講，簡文中的"休"應是被辭官，即罷免之義。

63. 虛　虛假，不真實。《史記》。周秦日書1例。

斗乘虛，門有客，所言者虛故事，不害。周秦207

《大詞典》收錄的先秦時期的"虛假、虛詞、虛偽、虛語"等詞，"虛"詞素義均爲虛假，不真實。

《大字典》"虛"之"虛假，不真實"義項，首證《管子》。
64. 言　訴訟。唐柳宗元《段太尉逸事狀》。日書6例：睡簡3例，放簡1例，孔簡2例。

（1）閒日，亡者，不得；請謁，得；言盜，得。睡甲24正貳

（2）辰，盜者男子，青赤色，爲人不獻（穀），要（腰）有疵。臧（藏）東南反（坂）下。車人，親也，勿言已。睡甲73背

（3）辰，樹也，其後必有敬（警），有言見，其咎在五室馬牛。睡甲87背壹

（4）開日，逃亡，不得；可以言盜，盜必得。放甲18貳

（5）失伍門：唯（雖）爲嗇夫，法（廢）；有爵者，耐；使人必賤，唯（雖）人<入>盡出，三日言必大至。孔283貳

睡簡"'言盜'，即舉報、起訴盜竊者"，"言"表示訟義①。

《大詞典》"言訟"釋義爲"訴訟"，首證《後漢書》，可證"言"之訴訟義項當不晚於《後漢書》時代產生。

訴訟、獄訟一類事項是古人關注對象，周秦《繫行》篇，將獄訟與約結、逐盜、病、行、來、市旅、物（顏色）、戰鬥等事項並列一起占斷。《上博九·史蒥問于夫子》簡12也有：

史蒥曰："可（何）胃（謂）八？"夫子曰："納邪偽，幽色與酒，大鐘鼎，美宮室，驅騁畋獵，與（舉）獄訟，此所以失。"

另，九店、睡簡均有十二支占出入盜疾的内容，其中有"聞言"與其他占斷結果並列，如睡簡日乙175："酉，以東繭（吝），南聞言，西兇（凶）。"疑"言"爲訴訟義；共有5例。放簡有十二支占忌的内容，北秦也有該内容的殘簡，其中有"逢言、見言、聞言"與其他占斷結果並列，如放簡日乙103貳："寅，西兇（凶），北得，東、南逢言。"日乙97叁："午，西見言，南兇（凶），北得，東毋行。"北秦："子，南凶，北得，東吉，西聞言。"疑"言"亦爲訴訟義；共有4例。

《大字典》"言yàn"之"訴訟"義項，首證《後漢書》，與《大詞典》中"言訟"首證相同。

---

① 劉樂賢：《睡虎地秦簡日書研究》，臺灣文津出版社1994年版，第34頁。

·594·

第四章　簡牘日書詞彙應用研究

65. 恙　禍患。《史記》。日書3例：睡簡2例，孔簡1例。

(1) 票（飄）風入人官而有取焉，乃投以屨。得其所取盎之中道；若弗得，乃棄其屨於中道，則亡恙矣。不出壹歲，家必有恙。○睡甲57背叁—59背叁

(2)【食過（禍）門】：☐喪，家門乃多恙。反是，主必偑（倓）。○孔288壹

《大詞典》有"亡恙"，義項之一爲"没有病痛。引申爲安然存在"，首證爲漢賈誼《治安策》；睡簡"亡恙"也適用於這一義項，若將睡簡中的"亡恙"看作詞，則可提前《大詞典》"亡恙"書證時代。因《大詞典》未收"有恙"，此處暫將"亡恙""有恙"中的"恙"作爲詞處理。

《大字典》"恙"之"禍患"義項，首證同《大詞典》。

66. 妖　指動物或植物變成的精怪。晉干寶《搜神記》。日書2例：睡簡、金關各1例。

(1)☐鳥獸能言，是夭（妖）也，不過三言。言過三，多益其旁人，則止矣。○睡甲59背壹—60背壹

(2)☐畜產自死，家當有妖。○金關73EJT7.60

《大字典》"妖"相近義項"神話傳說中稱害人的怪物"，首證《風俗通》。

《大詞典》"夭"通"妖"義項，未列書證；但從其後文所述"參見'妖嬈'、'妖艷'"，其"通'妖'"義項，應取"妖"之"艷麗"義。《大字典》"夭"之"妖怪"義項，孤證《水經注》。

67. 窨　地下室；地窖。《後漢書》李賢注。放簡日書1例。

官之音弇，如〖牛〗處窨中。官，腸殹、囷倉殹。○放乙352

· 595 ·

《大字典》"窖"之"地窖；地室"義項，首證同《大詞典》。先秦文獻未見"窖"用例，放簡"窖"是較早的用例。

68. 嬰　通"罌"。《穆天子傳》，孤證。居漢日書1例。

　　　臧（藏）之内中、嬰（罌）閒、土中。居漢458.1A

《大字典》"嬰"之"通'罌'"義項，孤證同《大詞典》；書證後有洪頤烜校："嬰，本作罌。"則"嬰"通"罌"這一孤證，也存疑。居漢"嬰"通"罌"用例，可補充"嬰"該義項的典型書證。

69. 止　地基。後作阯、址。明徐弘祖《徐霞客遊記》，孤證。孔簡日書2例。

　　　☐除止（址），丙子築止（址）、蓋之皆吉，毋（無）烏、鼠。孔264

"除止，築止"即清理、夯實地基。

《大詞典》書證明徐弘祖《徐霞客遊記》後附"一本作'址'"。《大字典》"止"之"地基。後作'阯（址）'"義項，孤證同《大詞典》。孔簡日書提供了"止"地基義的典型用例。

70. 治　修建；修繕。宋曾鞏《刑部郎中致仕王公墓誌銘》，孤證。日書2例：睡簡、武威各1例；另合成詞"不治"1例，見於放簡。

　　（1）正月不可垣，神以治室。睡甲148背
　　（2）甲毋治宅，不居必荒。《武威》2

研究者多將例（1）"治室"理解爲修繕、建造房屋；"當時的數術家們大概相信，上帝或神建房子的那一天，凡民是不能建房子的。這樣的説法，與後代'州官點火行，百姓點燈則不行'的規定，殆出於同

· 596 ·

一心理。"① 例（2）"治宅"與"居"前後相承，"治"爲修建、建築義亦明顯。

《大字典》"治"之"整治；修治"義項，首證《詩》；"製造；建造"義項，首證《史記》。

71. 晝　中午。《初刻拍案驚奇》，孤證。日書42例：九店5例，睡簡10例，放簡21例，港簡5例，孔簡1例。

（1）子，朝見，有告，聽。晏見，有告，不聽。晝見，有美言。日虒見，令復見之。夕見，有美言。睡甲157正壹—157正伍
（2）子，旦，有言，喜，聽。安（晏），不聽。晝，得美言。夕，得美言。放甲54貳
（3）旦見人，有怒。晏食，有美言。晝見人，不得見。日失（昳）見人，得美言。夕見人，有怒。港88

放簡《禹須臾所以見人日》篇與港簡性質相同，其中的時段名稱可與以上簡文對比。

子，旦吉，安（晏）食吉，日中凶，日失（昳）吉，夕日凶。放甲43貳

放簡該篇這幾個時間詞與上引港簡僅"日中"與"晝"有別，其他均同；"晝"表示中午義較爲明顯。

"晝"表示中午義，出現於放簡日書甲乙種《吏》篇，睡簡日甲《吏》篇，港簡《見》篇；這些篇章是十二日支中不同時段拜見長官或他人的宜忌占辭。若篇章完整，"晝"均應出現12次；因簡文殘缺，現該意義"晝"共存36例。

九店、睡簡有《十二支占盜疾》篇，5例"晝"與時間詞"朝、夕"共現。

---

① 劉樂賢：《睡虎地秦簡日書研究》，臺灣文津出版社1994年版，第128—129頁。

(4)【子☐。子，朝】閔（閉）夕啓。凡五子，朝逃（盜）得，晝不得，夕不得。九店60

(5) 子以東吉，北得，西聞言，〖南〗兇（凶），朝啓夕閉，朝兆（盜）不得，晝夕得。睡乙157

這種意義的"晝"，孔簡中也有1例。

(6) 入正月四日，旦温秬禾爲，晝温中禾爲，夕温稺禾爲，終日温三并。孔412

這種"晝"通常被認爲表白天義。日書中"晝"明確表示中午義時，其所處的時間義場中時段劃分並不固定，放簡《吏》篇"晝"與"旦、晏、夕"共存，睡簡《吏》篇"晝"與"朝、晏、日虒、夕"共存，港簡《見》篇"晝"與"旦、晏食、日昳、夕"共存；有四時段和五時段兩種情況。放簡《黃鐘》篇有一晝夜三個時段所投中的音律與三十六禽的搭配情況，三個時段名稱是"平旦、日中、日入"。

平旦至日中投中黃鐘，鼠殹。放乙206 日中至日入投中黃鐘，胎濡（燕）殹。放乙207 旦至日中投中大吕，牛殹。放乙209

日書"晝"多表示中午義，"朝（旦）、晝、夕"三個時段的劃分也許與"平旦、日中、日入"一致；如此則"晝"與"日中"同義，簡文文意也能疏通；也符合古代日出而作、日落而息的行事常規。若將三時段系統中的"晝"也訓作"中午"，則日書"晝"均爲"中午"義。

《大詞典》"晝鋪、晝食、晝眠、晝暑"詞目，其詞素"晝"義均與中午有關，這些詞的用例均早於《初刻拍案驚奇》。《大字典》"晝"未有"中午"義項。

72. 主　主人。奴僕的對稱。《史記》。日書6例：睡簡2例，放簡1例，孔簡3例。

第四章 簡牘日書詞彙應用研究

（1）十五日日臣代主。代主及娶（誤）詢，不可取（娶）妻。睡甲9背貳

（2）辟門：廿歲更，主必富，使業（僕）善。放乙4貳—5貳

（3）甲寅、癸丑、壬辰、辛酉、辛卯，不可入奴婢，必代主有室。孔191

這幾例"主"與"臣、使僕、奴婢"相對，"主"意義明白可辨。放簡日書另有1例表示奴僕對稱的"主"用作動詞。

不可冠帶、見人、取、嫁女，入臣妾，不可主。放乙128+309

《大字典》"主"之"主人"義項下"與奴僕相對"用法，首證同《大詞典》。

另，《大詞典》"主人"收多個義項，其中"接待賓客的人""特指留宿客人的房東""財物或權力的支配者""僕婢及受雇傭者的家主"等均單列義項。單音節詞"主"亦有這幾個意義。《大詞典》"主"之"主人"義項，分列"賓客的對稱""奴僕的對稱""指財物土地的所有者""指當事人"四個用法；《大字典》"主"之"主人"義項，分列"與賓客相對"和"與奴僕相對"兩個用法，"物主"單列為一個義項。《大詞典》《大字典》均未將"留宿客人的房東"歸入"主人"義項或單列義項。日書中"主"表"留宿客人的房東"義有2例，均見於睡簡。

（1）結日，作事不成。以祭，閻（吝）。生子，毋（無）弟；有弟，必死。以寄人，寄人必奪主室。睡甲2正貳

（2）丁、癸不☒巳、未、卯、亥，壬戌、庚申、己亥、壬寅，不可以入臣妾及寄者，有咎主。睡乙123—124

《大詞典》"主"之"主人"義項，詞條"主人"義項，可作對應調整。

·599·

73. 盇　祀穀在器之稱。《清史稿》，孤證。孔簡日書2例。

(1)【十月】心，不可祠祀。行，凶。利以行☐。以生子，人愛之。而可殺☐，可以盇史。孔53

(2) 五巳不可食新禾黍，唯利盇史、爲囷。孔186貳

簡文"盇"殆指以黍稷供祭祀之事①，"可以盇史"即可將黍稷盛於盇器進行策祝②。"盇"本爲盛放於祭器用於祭祀穀物，《說文·皿部》："盇，黍稷在器以祀者。"段玉裁注："黍稷器，所以祀者。"③

《大字典》"盇"之"祀穀在器之稱"義項，孤證同《大詞典》。

(二) 複音詞

1. 八魁　古曆法術語。《後漢書》。日書3例：港簡、孔簡、印臺各1例。④

(1) ☐胃（謂）八魁日，凶。用者威（滅）亡，毋（無）後。港72

(2) ☐☐申、壬辰，秋三月丁☐、☐☐，冬三月壬戌、甲寅，此八桼（魁），不可蓋屋，不出三月。孔251

2. 百鬼　衆神。《漢書》，孤證。孔簡日書2例。

(1) 五子不可以祠百鬼，利爲囷。孔182貳

(2) 寅不可行，出入不至五里，人必見兵。不可禱祠，歸以禮傷，百鬼不鄉（饗）。孔392—393

---

① 陳炫瑋：《孔家坡漢簡日書研究》，碩士學位論文，臺灣清華大學，2007年。
② 王强：《孔家坡漢墓竹簡校釋》，碩士學位論文，吉林大學，2014年。
③ 孔簡日書《五勝》篇有："南方火，水勝火，以籌盛水，操，南。"簡文"籌"不知是否是"盇"字異體；若是，則"盇"所盛物已有擴充。
④ 詞目後的文字，爲《大詞典》釋義、首證出處、日書用例情況。下同。

例（2）"禮傷"疑讀爲"禮餉"，《大詞典》"禮餉"釋義爲"猶禮饋"，孤證北魏酈道元《水經注》："各致禮餉，並辭不受。"

3. 白帝　古神話中五天帝之一，主西方之神。《史記》。孔簡日書1例。

　　庚辛朔，白啻（帝）主歲，風柏（伯）行没。白禾爲上，赤中，黄下，有風雨，兵起。○孔433貳—434貳

4. 白湯　白開水。《水滸傳》。睡簡日書1例。

　　一室中，卧者容席以臽（陷），是地辥（蠚）居之，注白湯，以黄土室，不害矣。○睡甲31背叄

5. 敗辱　失敗與恥辱。唐韓愈《省試顔子不貳過論》，孤證。放簡日書1例。

　　天子失正（政），乃亡其福，作囗以斁（哭），不見大喪，安囗敗辱。○放264+278

辱，放簡整理者釋作"奈"；方勇先生改釋①。研究者或認爲簡文"敗辱"意指敗壞名聲，使遭屈辱②；《大詞典》"敗辱"之"敗壞他人名聲，使遭受污辱"義項，首證爲清蒲松齡《聊齋志異》。

6. 暴死　暴病死亡。《漢書》。水簡日書1例。

　　暴死者，水日疾，祟在遊死者。○水《文物》封三：12

---

① 方勇：《讀〈天水放馬灘秦簡〉小札（三）》，復旦大學出土文獻與古文字研究中心網2009年10月17日（http://www.gwz.fudan.edu.cn/Web/Show/942）。

② 劉玉環：《〈天水放馬灘秦簡〉疑難字試釋》，《寧夏大學學報》2014年第4期。

7. 兵寇　敵兵或亂兵的侵擾。《後漢書》，孤證。放簡日書 1 例。

南呂，賊也，斲（鬭）事也。日貞才（在）南呂，南呂之數，出於大族。□□□□，弞（仇）人相求。夜半而斲（鬭），□金聲分分。其務有血（恤）无（無）塱，如見兵寇。放乙277+276

另，《大詞典》"兵寇"有兩個義項，另一義項爲"亂兵和賊寇"，書證爲宋蘇舜欽《答韓持國書》，亦孤證。放簡日書上下文語境不能限定"兵寇"具體所指，或適用《大詞典》"亂兵和賊寇"義項。

8. 兵死　死於兵刃。《淮南子》。日書 5 例：九店、周秦各 1 例，睡簡 3 例。

(1) 帝胃（謂）尔無事，命尔司兵死者。九店43
(2) 冬三月，甲乙死者，必兵死，其南晉（厭）之。睡乙223壹
(3) 庚失火，君子兵死。睡乙250

周秦"兵死"指死於兵刃者，爲名詞。《大詞典》"兵死"未收名詞義項。

(4) 卅六年，置（德）居金，上公、兵死、陽（殤）主歲，歲在中。周秦297壹—298壹

王穎先生指出包山簡"兵死"亦可直接指死於兵刃的鬼。《大詞典》失收該義①。

9. 餔時　午後三時至五時，傍晚。《淮南子》。日書 3 例：睡簡、周秦、水簡各 1 例。

(1) 庚辛戊己壬癸餔時行，有七喜。壬癸庚辛甲乙夕行，有

---

① 王穎：《包山楚簡詞彙研究》，廈門大學出版社 2008 年版，第 238—239 頁。

第四章 簡牘日書詞彙應用研究

九喜。○睡甲135正

（2）時：平旦、日出、蚤食、莫食、日中、日失（昳）、餔時、莫（暮）餔、夜食、日入、夕時、☐水《文物》封三∶1

周秦日書"餔時"出現於綫圖，位於"日昳"後，"下餔"前；該批簡還有1例"餔時"。

平旦晉，日出俊，食時錢，日中弍（一），餔時浚皃，夕市時發☐，日入雞，雞。○周秦367

這枚簡被歸入"病方及其他"，簡文中"晉、浚皃"意義不明，從簡文形式看，當爲日書內容。

10. 卜算　占卜以推度吉凶。《初刻拍案驚奇》。睡簡日書1例。

辰不可以哭、穿肆（肂），且有二喪，不可卜筭、爲屋。○睡乙191貳

睡簡整理者釋文於"筭"字後用訛字符號標注"筮"，將"筭"看作"筮"字之誤。研究者或認爲"筭"即算，古時有謀劃、占卜之義①，或認爲"筭"本有卜算義，此處用其本義②；或認爲"筭""筮"語音相近，語義密切，爲同源詞③。"筭"本有謀劃義，"卜筭"組合成詞，表占卜推度當爲本用；《大詞典》未收"卜筭"，"筭""算"音同義近，暫將其歸入"卜算"詞目下。

明之前的其他文獻，"卜算"也有使用。

（1）若學種種呪術，卜算吉凶，心術不正，如是等不净活命

---

① 魏德勝：《〈睡虎地秦墓竹簡〉詞彙研究》，華夏出版社2003年版，第86頁。
② 朱湘蓉：《〈睡虎地秦墓竹簡〉詞語札記十則》，《古籍整理研究學刊》2006年第5期；又《秦簡詞彙初探》，中國社會科學出版社2012年版，第222頁。
③ 陳偉武：《楚簡秦簡字詞考釋拾遺》，載陳偉主編《簡帛》第13輯，上海古籍出版社2016年版，第23—24頁。

· 603 ·

者，是名維口食。(《法苑珠林》卷九十)

(2) 括博學善文，於天文、方志、律曆、音樂、醫藥、<u>卜算</u>，無所不通，皆有所論著。(《宋史·沈括傳》)

11. 不靖　不安寧；騷亂。《漢書》。放簡日書1例。

癸亡，其盜女子殹，必得，爲人操（躁）<u>不靖</u>。放甲25貳

該簡"靖"訓讀有不同意見，大致有四種：通"靜"，表安靜義；通"清"，表純潔義；如字讀，訓作謀；如字讀，訓作安。

放簡整理者將"靖"看作是"靜"的假借字，表示安靜義；孫占宇先生曾作此解①，後又訓"靖"爲"安"；操不靖，指盜者性格急躁不安②。吳小強先生認爲"靖"可讀爲"清"，"操不清"指女子缺乏操守③。《中國簡牘集成》引《說文》段玉裁注，訓爲謀④。范常喜先生認爲"靖"可如字讀，"躁不靖"是指盜者性子急躁不安定⑤。宋華強先生指出古書中"不靖"常見，"靖""安"同義，"不靖"就是不安⑥。

"典籍之訓詁，若一字採用本義即得以疏通釋證，當以本義爲優先"⑦；簡文"靖"以本義訓讀，文義順暢，"不靖"當與古書常見"不靖"同樣訓讀。

12. 不行　不成功；無用。晉干寶《搜神記》。日書2例：孔簡、

---

① 孫占宇：《放馬灘秦簡日書整理與研究》，博士學位論文，西北師範大學，2008年。
② 張德芳主編，孫占宇著：《天水放馬灘秦墓竹簡集釋》，甘肅文化出版社2013年版，第76頁。
③ 吳小強：《秦簡日書集釋》，嶽麓書社2000年版，第268頁。
④ 中國簡牘集成編輯委員會編：《中國簡牘集成》第4冊，敦煌文藝出版社2001年版，第262頁。
⑤ 范常喜：《孔家坡漢簡〈日書〉札記四則》，《東南文化》2008年第3期。
⑥ 宋華強：《放馬灘秦簡〈日書〉識小錄》，載陳偉主編《簡帛》第6輯，上海古籍出版社2011年版，第70頁。
⑦ 洪燕梅：《出土秦簡牘文化研究》，臺灣文津出版社2013年版，第9頁。

周漢各1例。

(1)【甲、丙、戊、庚】、壬,男;乙、丁、己、辛、癸,女。生子不中此日,不死,瘁(癃),不行。孔391貳

(2)甲、丙、戊、庚、壬,男;乙、丁、己、辛、癸,女。產子不中此日,不死,瘁(癃),不行。周漢M8—13貳《大衆考古》

13. 不治　不修整。《史記》。放簡日書1例。

應鐘,音殹。貞在應鐘,是胃(謂)夗(仇)人競競(兢兢),有惡有增(憎)。室有法(廢)祠,口舌不墜,不死不亡,恐弗能勝。其祟友、布、室中,祠有不治者。卜獄訟、毄(繫)囚不吉。放乙281+263

"祠有不治者"即前文"法(廢)祠"。

14. 蒼白　白而略微發青;灰白色。唐柳宗元《寄韋珩》詩。放簡日書2例。

(1)日中至日入投中姑洗,蛇殹。兑(鋭)頤,中□,中廣,其行□□,色蒼白。放乙219

(2)日中至日入投中南呂,雛(鶲)殹。連面,不信(伸)而長,善步跨跨殹。病,色蒼白。放乙234

唐之前的其他文獻,"蒼白"也有使用。

(1)十二月,彗星起天菀南,東北指,長六七尺,色蒼白。(《後漢書·天文志中》)

(2)十一年七月丙辰,東面有梗雲,蒼白色,廣二尺三寸,南頭指巳至地,北頭指子至地,久久漸散漫。(《南齊書·天文志下》)

15. 蒼黑　青黑色；灰黑色。《晉書》。放簡日書3例。

(1) 日入至晨投中姑先（洗），□殹。免（俛）顏，□口，大耳，肩僂，行媽媽殹，色蒼黑。放乙220

(2) 日中至日入投中應鐘，䤨殹。長目，大喙，長□，肩僂，行任任殹，色蒼黑。放乙239

《晉書》之前的其他文獻，"蒼黑"也有使用。

兕在舜葬東，湘水南，其狀如牛，蒼黑，一角。（《山海經·海內南經》）

16. 藏蓋　儲藏。《史記》。睡簡日書2例。

虛日，不可以臧（藏）蓋，臧（藏）蓋，它人必發之。毋（無）可有爲也。用得，必復出。睡乙45壹

17. 產子　生孩子。《史記》，孤證。日書4例：周秦、北漢、周漢、金關各1例。

(1) 產子占：東首者貴，南首者富，西首者壽，北首者北（鄙）。周秦145貳—148、151貳

(2) 產子不中此日，不死，瘁（癃），不行。周漢375貳

《說文·生部》："產，生也。"《玉篇·生部》："生，產也。""產""生"在"生育"義上構成同義詞。"產子"即"生子"。

漢之後的文獻，"產子"也有使用。

(1) 此物能別男女氣臭，故取女，男不取也。若取得人女，則爲家室。其無子者，終身不得還。十年之後，形皆類之。意亦迷

惑，不復思歸。若有子者，輒抱送還其家，產子，皆如人形。(《搜神記》卷十二)

(2) 人有產子者復，勿算三歲。(《後漢書·肅宗孝章紀》)

後世"產子"也可用於動物生產。

(3) 〔晉孝武帝太元〕十三年，京都民家豕產子，一頭二身八足。並與建武同妖也。(《宋書·五行志》)

18. 昌富 昌盛富庶。漢焦贛《易林》。日書2例：睡簡、放簡各1例。

(1) 屈門：其主昌富，女子爲巫，四歲更。○睡甲120正貳
(2) 屈門：其主必昌富，婦人必宜疾，是=鬼束（責）之{之}門，三歲更。○放乙8貳+13貳

19. 長年 整年；長期。唐寒山《詩》。放簡日書1例。

占長年不定家，占男子櫾妻，女子去夫，百事櫾。○放乙310

20. 長行 遠行。《舊唐書》。睡簡日書2例。

(1) 久行毋以庚午入室，長行毋以戌、亥遠去室。○睡甲127背
(2) 久行毋以庚午入室，長行毋以戌、亥遠去室。○睡乙43貳

印臺有1例"長"後脱"行"字。

久行毋以庚午、戌、丙到室，戌、亥、丁酉、丙辰入室死。長〖行〗毋以戌、亥遠去室。○印臺《荊州》圖2-9

607

日書中"長行"與"久行"對舉,兩者所指有別;"久行"指長時間,"長行"指長距離①。日書中"長cháng"除"長年"中"長"表示時間久外,其他均指空間距離大,"長行"表長距離出行符合日書"長"的用法。日書有"長行""遠行"異文,更突顯了"長行"表"遠行"義。

遠行者毋以壬戌、癸亥到室;以出,兇(凶)。睡乙140

該簡是上引例(2)的"變體"②。
一般而言遠程則需用長時,而長時則未必達遠程。工藤元男先生亦指出"久行"爲時間概念,"長行"爲時間、空間概念③。"長行"表遠距離出行,不如"遠行"語義明確,文獻中"遠行"用例遠多於"長行"。

21. 侈口　大口。《漢書》,孤證。孔簡日書1例。

未,馬也。盜者長頸而長耳,其爲人我(峨)我(峨)然,好歌(歌)舞。臧(藏)之芻槀厩中。其盜秃而多(侈)口,善數步。○孔374

其他文獻"侈口"也偶有使用。

專諸曰:"夫屈一人之下,必申萬人之上。"胥因而相之,雄貌,深目,侈口,熊背,知其勇士。(《史記·吳太伯世家》孔穎達正義引《吳越春秋》)

---

① 劉增貴:《秦簡〈日書〉中的出行禮俗與信仰》,載臺灣史語所集刊編輯出版部編《歷史語言研究所集刊》2001年第72本第3分,第517頁。
② 劉樂賢:《睡虎地秦簡日書研究》,臺灣文津出版社1994年版,第337頁。
③ [日]工藤元男:《睡虎地秦簡所見秦代國家與社會》,廣瀨薰雄、曹峰譯,上海古籍出版社2010年版,第199頁。

22. 赤白　淺紅色。《史記》。睡簡日書1例。

人毋（無）故一室人皆箠（垂）延（涎），爰母處其室，大如杵，<u>赤白</u>。睡甲50背叁

"赤白"在先秦其他文獻中也有使用。

鹿膠青白，馬膠<u>赤白</u>，牛膠火赤，鼠膠黑，魚膠餌，犀膠黄。凡眤之類不能方。（《周禮·考工記·弓人》）

《大詞典》"青白、赤白、火赤"收錄顔色詞義，其中"青白、赤白"書證均晚，"火赤"首證取"火紅的顔色"義項，首證《周禮》。

23. 重喪　舊謂家屬有兩人相繼死亡。漢王充《論衡》。睡簡日書1例。

毋〔以〕辰葬，必有<u>重喪</u>。睡甲105正貳

辰日喪忌多有記載，如睡簡日乙191貳："辰不可以哭、穿肆（肂），且有二喪，不可卜筮、爲屋。"非日書材料中也有出現，如敦煌殘卷《陰陽書》："辰不哭泣，必有重喪。"《舊唐書·吕才傳》："或云辰日不宜哭泣，遂莞爾對賓客受吊。"王光華先生指出日書十二支忌的原理可能與陰陽五行思想有關，《顔氏家訓·風操篇》載"陰陽説云：辰爲水墓，又爲土墓，故不得哭"；按五行三合論，水、土之墓重合於辰，故辰日哭泣、葬埋則有重喪①。

24. 蟲豸　小蟲的通稱。漢王逸《九思》。睡簡日書1例。

殺虫（蟲）<u>豸</u>，斷而能屬者，漬以灰，則不屬矣。睡甲62背壹

---

① 王光華：《簡帛禁忌研究》，博士學位論文，四川大學，2007年。

25. 出血　血液流出。《漢書》。日書4例：港簡1例，孔簡3例。

(1) ☐婁、虛，是胃（謂）血忌，出血若傷，死。港73
(2) 血忌：春心，夏輿鬼，秋婁，冬處<虛>，不可出血若傷，必死。血忌，帝啓百虫口日也。甲寅、乙卯、乙酉不可出血；出血，不出三歲必死。孔397

26. 除罪　免罪。《史記》。放簡日書2例。

(1) 除日，逃亡，不得。癉疾，死。可以治嗇夫，可以徹言君子、除罪。放甲14
(2) 除日，逃亡，不得。癉疾，死。可以治嗇夫，可以斃（徹）言君子、除辠（罪）。放乙15壹

27. 垂涎　流口水。唐柳宗元《三戒》。睡簡日書1例。

人毋（無）故一室人皆筵（垂）延（涎），妥母處其室。睡甲50背叁

《大詞典》"垂涎"之"流口水"義項釋義爲"因想吃而流口水"；"垂涎"固多因飲食刺激，也有其他促因，如疾病，睡簡"垂涎"現象即是疾病促成。

28. 祠室　即祠堂。《漢書》。睡簡日書1例。

當祠室，依道爲小内，不宜子。睡甲18背伍—19背伍

29. 祠祀　祭祀；立祠祭神或祭祖。《史記》。日書26例：睡簡4例，放簡2例，港簡4例，孔簡13例，水簡1例，居新2例。

(1) 凡敫日，利以漁邋（獵）、請謁、責人、摯（執）盜賊，

· 610 ·

不可祠祀、殺生。○睡甲138正捌—139正捌

（2）殺日，勿以殺六畜，不可出女、取（娶）妻、祠祀、出財。○放乙102壹

（3）尾，百事凶。以祠祀，必有敗。不□取（娶）妻。司亡。以生子，必貧。○孔54

30. 祠主　猶廟祝。唐玄奘《大唐西域記》，孤證。孔簡日書1例。

巳不可入錢財，人必破亡。不可殺雞、祠主；人毋（無）傷巫，受其央（殃）。○孔394

簡文出自《十二支忌日》篇，孔簡整理者釋文斷句作："巳不可入錢財，人必破亡。不可殺雞、祠主人。毋傷巫，受其央（殃）。"整理者以三個完句符號煞尾的斷句方式，與該篇通例不協。該篇述十二支所忌之事，除子日殘缺，另十一支日簡文均先述所忌事項，後敘所忌緣由（或違忌後果）。如：

（1）丑不可穿戶牖，相奪日光，長子失明。○孔392
（2）辰不可舉喪，出入三月，必復有喪。○孔393

巳日條若按整理者斷句，則"不可殺雞，祠主人"爲所忌事項，後應有所忌緣由，其後標以句號，使之成爲相對封閉、完整的語義單位，造成忌由了無着落。

若將"毋傷巫"理解爲忌事，"受其央（殃）"理解爲違忌後果，"毋傷巫，受其央（殃）"符合該篇敘述通例，但其前"不可殺雞，祠主人"則内容不完整。且將"毋"看作禁止副詞，與該篇詞語使用細節不合：該篇忌事前均用"不可"表示禁止，即使敘述同一日的不同忌事，也未加避複。如：

（3）寅不可行，出入不至五里，人必見兵。不可禱祠、歸以

· 611 ·

禮，傷，百鬼不鄉（饗）。孔392—393

（4）卯不可收五種（種），一人弗嘗。不可穿井，百泉不通。孔393

（5）午不可計數，不可臨官，四勢不當。孔394

將兩類忌事並列，然後總述違忌後果，兩類忌事前也均用"不可"。所以，簡文"毋傷巫，受其央（殃）"不當爲首尾完整的忌事、忌果；它與"不可殺雞，祠主人"共同表述巳日"不可入錢財，人必破亡"之外的另一類忌事，是違忌後果，"毋"讀爲"無"。

此外，該篇"人"多次充當違忌後果的主語，如卯日"一人弗嘗"，申日"人必破亡"，酉日"人必有詛明（盟）"，該簡巳日"人必破亡"也是如此；所以簡文"不可殺雞祠主人毋傷巫受其央"中"主人"不當連讀，"主"屬上讀，與"祠"構成"祠主"；"人毋（無）傷巫，受其央（殃）"是轉折複句，後一分句主語"人"承前省略。

綜上，該簡當讀作"巳不可入錢財，人必破亡。不可殺雞、祠主；人毋（無）傷巫，受其央（殃）"。該簡先後分述兩類忌事與忌由，敘述體例與寅日、卯日相同。

"祠主"文獻有用例，《大詞典》"祠主"釋義爲"猶廟祝"，書證爲唐玄奘《大唐西域記》，書證遲後，且爲孤證，該簡用例可作補充。

31. 從居　同住一處。《史記》。睡簡日書1例。

直營＝以出女，父母必從居。睡甲3背貳

《大詞典》兩例書證均出自《史記·淮南衡山列傳》。

後世文獻"從居"也有使用。

（1）請處蜀嚴道邛郵，遣其子、子母從居，縣爲築蓋家室，皆日三食，給薪菜鹽炊食器席蓐。（《漢書·淮南衡山濟北王傳》）

（2）公之生涯，何其困哉！妾居崇仁里，資用稍備。倘能從

居乎？(王世貞《劍俠傳·李龜壽》)

32. 從女　侄女。《晉書》。放簡日書1例。

　　角日：長者死，有從女吉；少男死，毋後央（殃）。○放乙111壹

33. 大忌　重要的禁忌。《後漢書》。日書2例：睡簡、孔簡各1例。

　　（1）凡行者毋犯其大忌，西□丑巳，北毋以戊寅，南毋以辰申。○睡乙142
　　（2）十一月先望日、望日、後望一日毋操土功，此土大忌也。○孔240

34. 大吏　大臣；大官。《史記》。日書2例：睡簡、孔簡各1例。

　　（1）生子，爲大吏。○睡甲80正壹
　　（2）以生子，爲大吏。○孔61

35. 大人　對父母叔伯等長輩的敬稱。《史記》。日書7例：睡簡、放簡各1例，王簡3例，孔簡2例。

　　（1）凡爲室日，不可以筑（築）室。筑（築）大內，大人死。筑（築）右圬（序），長子婦死。筑（築）左圬（序），中子婦死。筑（築）外垣，孫子死。筑（築）北垣，牛羊死。○睡甲100正
　　（2）庚午日中以死，失（魃）西北五六步，小子也取其父，大人也不去，必傷其家。○王706

36. 大巫　指爲首的或法術高明的巫師。《史記》。日書2例：孔簡、周漢各1例。

613

(1) 酉生：子，九月〈日〉、二月不死，狂，卅三年以丙子死；女，一日、四月不死，爲大巫，卅九年以丁丑死。孔388貳

(2) 酉產：子，九日、〚二月〛不死，狂，卅三年以丙子死；女，一日、四月不死，爲大巫，卅九年以丁丑死。周漢279貳

37. 大作　大興土木。《後漢書》，孤證。放簡日書1例

庚辛雨，有年，大作邦中。放乙154+放乙158

孫占宇先生訓"大作"爲大興土木；興作大事①。日書"大作"僅1例；"作"單用，表示興建義，數量稍多，共5例：九店、放簡各2例，阜陽1例。

(1) 秌（秋）三月，作高尻（居）於西得☐ 九.54
(2) 戊已，毋作土攻（功）。放乙97貳

38. 丹宮　帝王的宮殿。顏延之《直東宮答鄭尚書》詩。放簡日書1例。

丁未宮（帝）築丹宮而不成。放乙117壹

孫占宇先生訓"丹宮"爲帝王的宮殿，又訓爲宮殿名②。

39. 癉疾　熱病。漢王充《論衡》，孤證。日書5例：放簡2例，孔簡3例。

---

① 張德芳主編，孫占宇著：《天水放馬灘秦墓竹簡集釋》，甘肅文化出版社2013年版，第170頁；陳偉主編，孫占宇、晏昌貴著：《秦簡牘合集〔肆〕》，武漢大學出版社2014年版，第101頁。

② 張德芳主編，孫占宇著：《天水放馬灘秦墓竹簡集釋》，甘肅文化出版社2013年版，第145頁；陳偉主編，孫占宇、晏昌貴著：《秦簡牘合集〔肆〕》，武漢大學出版社2014年版，第76頁。

第四章 簡牘日書詞彙應用研究

(1) 除日, 逃亡, 不得。瘴疾, 死。可以治嗇夫, 可以徹言君子、除罪。放甲14

(2) 四月并居卯<巳>, 以受夏氣, 必溫; 不溫, 五穀夏夭, 草木不實、夏洛（落）, 民多戰（瘴）疾。孔471—472

(3) 八月止陽氣於未, 是胃（謂）吾已殺矣, 止子氣, 必寒; 不寒, 民多戰（瘴）疾, 禾復（覆）。孔474——475

例（2）、例（3）"戰"通"瘴"。熱病爲中醫病症名, 是冬天受寒, 夏季因熱而促發的疾病; 例（2）是當溫而不溫, 受寒而致"瘴疾"; 例（3）是當寒而不寒, 因熱而致"瘴疾"。
睡簡與例（1）"瘴疾"對應的詞, 整理者釋作"癉病":

除日, 臣妾亡, 不得。有癉病, 不死。睡甲15正貳

該簡"癉"字圖版欠清晰, 或如孔簡對應之詞"癉病", 爲"癉"字①。《大詞典》未收"癉病"。
40. 殫亡　罄盡。唐韓愈《送石處士序》, 孤證。睡簡日書4例。

刑夷、八月、獻馬、歲在東方, 以北大羊（祥）, 東旦（殫）亡, 南禺（遇）英（殃）, 西數反（返）其鄉。睡甲64正壹

該簡見於《歲》篇, 另3例見於同篇;"歲"所居"旦（殫）亡"大凶。睡簡《徙》《嫁子□》與《歲》篇數術原理一致, 祇是使用夏曆月名, 方位宜忌增加爲八個, 這兩篇與上述簡文對應的語句是:

(1) 正月、五月、九月, 北徙大吉, 東北少吉, 若以是月毆東送<徙>, 毄（擊）, 東南刺離, 南精, 西南室毀, 西困, 西

---

① 陳偉主編, 孫占宇、晏昌貴著:《秦簡牘合集〔肆〕》, 武漢大學出版社2014年版, 第362頁。

· 615 ·

北辱。睡甲59正壹

（2）正月、五月、〖九月〗，正東盡，東南〖斲，正南〗夬麗，西南執辱，正西郯（卻）逐，西北繽光，正北吉富，東北〖反鄉〗。睡乙97

這兩例簡文東方占辭"擊""盡"，與《歲》篇"旦（殫）亡"意義相近。《徙》篇自釋"擊"爲"死"。"旦（殫）亡"義爲盡，人之壽盡則爲"死"。

"殫亡"後世文獻也有使用。

（1）羣盜復起岐雍之郊，百千爲曹，以剽發財粟爲業，及既殫亡，無所得，始掠人爲糧。（姚燧《牧庵集》卷二十一）

（2）君臣驕奢，民生殫亡，太倉之粟非其粟，府庫之財非其財，而奚竇于百官之祿！（唐甄《潛書·達政》）

41. 當道　擋路。《史記》。睡簡日書1例。

人行而鬼當道以立，解髮奮以過之，則已矣。睡甲46背叁

先秦文獻該義項的"當道"也偶有用例。

司墓之室有當道者，毀之，則朝而塴；弗毀，則日中而塴。（《左傳·昭公十二年》）

42. 當家　主持家業。《史記》。睡簡日書1例。

毋以戊辰、己巳入寄人，寄人反寄之。辛酉、卯，癸卯，入寄之，必代當家。睡乙131

《大詞典》"當家"尚有義項"主持家業或主持公務事務的人"，

· 616 ·

該義項首證元張國賓《合汗衫》。孤立來看，這一義項也適用於上列簡文。不過日書凡"代"之占斷結果，其後均爲動詞性成分。

  （1）毋以辛酉入寄者，入寄者必代居其室。睡甲57正叁—58正叁
  （2）凡五巳不可入寄者，不出三歲必代寄焉。睡乙42貳
  （3）☐卯、壬午，不可以問疾，必代有疾。張M249《文物》圖壹-16

所以"必代當家"中的"當家"當用爲動詞，"必代當家"意爲必然代替主持家業。

43. 刀刃 刀類兵器的泛稱。《周禮》鄭玄注。懸泉日書1例。

  其死者，毋持刀刃上冢，死人不敢近也。懸V1410③:72

44. 到官 猶到任。上任。《後漢書》。金關日書1例。

  冬以時到官視事，未到☐☐。金關73EJT 23.643

孔簡日書478："十二月置免於午。必請（清）風；忘（妄），執正（政）、置官不治，若有大事。""十二月置免於午"即十二月任免官吏，蓋時有十二月（冬季）任免官吏之常例。

45. 到家 回到家中。唐岑參《送許子擢第歸江寧拜親因寄王大昌齡》詩。日書3例：放簡2例，水簡1例。

  （1）千里外顧復歸，不可以壬癸到家。以壬癸到家，必死。放乙319
  （2）壬戌、癸亥、庚午不可到家。水《文物》封三:10

唐以前的其他文獻，該義項的"到家"也有使用。

  （1）佗久遠家思歸，因曰："當得家書，方欲暫還耳。"到家，

辭以妻病，數乞期不反。(《三國志·魏書·華佗傳》)

(2) 梵志白王："我當歸家，自問其婦，欲何志求。"王即可之。梵志便還。到家問婦："我興異術，令王歡喜，許我所願，汝何所求？以誠告我，爲卿致來。"(《生經》卷五)

46. 定昏　天將黑的時候。《淮南子》，孤證。周秦日書綫圖"定昏"1例，位於"黃昏"之後。

47. 動作　動彈；活動。晉干寶《搜神記》。睡簡日書1例。

一室人皆毋（無）氣以息，不能童（動）作，是狀神在其室。○睡甲36背貳—37背貳

晉之前的文獻該義項的"動作"也有使用。

(1) 凡萬物相刻賊，含血之蟲則相勝服，至於相啖食者，自以齒牙頓利，筋力優劣，動作巧便，氣勢勇桀。(《論衡·物勢》)

(2) 或時惠王吞蛭，蛭偶自出。食生物者，無有不死，腹中熱也。初吞，蛭時未死，而腹中熱，蛭動作，故腹中痛。(《論衡·福虛》)

48. 耳聰目明　聽覺好，視力強。漢焦贛《易林》。睡簡1例。

令其鼻能糗（嗅）鄉（向），令耳恖（聰）目明。○睡甲158背

49. 番昌　昌盛。《隸釋·漢白石神君碑》，孤證。日書4例：放簡2例，王簡、孔簡各1例。

(1) 宫日，卜父及兄以死，子孫燔（蕃）昌；母死，有毀；少者〖死〗，小有（又）死。○放乙108上壹+107壹

(2) 正陽，是=番昌，小事果成，大事有慶，它事毋小大

盡吉。王673

（3）正陽，是胃（謂）番昌，小事果成，大事有慶，它事无小大盡吉。孔34

50. 反支　古術數星命之說，以反支日爲禁忌之日。漢王符《潛夫論》。日書26例：睡簡9例（有1例"支"脫），放簡1例，港簡1例，孔簡15例（有2例殘去"反"）。

（1）反枳（支）：子丑朔，六日反枳（支）；寅卯朔，五日反枳（支）；辰巳朔，四日反枳（支）；午未朔，三日反〖枳（支）〗；申酉朔，二日反枳（支）；戌亥朔，一日反枳（支）；復卒其日，子有（又）復反枳（支）。一月當有三反枳（支）。○睡甲153背—154背

（2）子朔巳亥，丑朔子午，寅朔子午，卯朔丑未，辰朔丑未，巳朔寅甲，午朔寅申，未朔卯酉，申朔【卯酉，酉朔辰戌，戌朔辰戌】，亥朔巳亥，是胃（謂）反只（支）。以徙官，十徙；以受憂者，十喜；以亡者，得十；毄（繫）囚，亟出。不可冠帶、見人、取（娶）婦、嫁女、入臣妾，不可主。歌樂鼓舞，殺畜生見血，人死之。利以出，不利以入，得一失十；以受賀喜，十喜；以〖去〗入官者，必去；以歐（毆）治（笞）人者，必蓐（辱）。○放乙127—放乙128+309+367

（3）申朔，酉反支，卯解衡。港85壹

（4）【子朔，巳亥反】支；【丑朔，午子反】支；寅朔，午子反支；【卯】朔，未丑反支；辰朔，未丑反支；巳朔，申寅反支；午朔，申寅反支；未朔，酉卯反支；申朔，酉卯反支；酉朔，戌辰反支；戌朔，戌辰反支；亥朔，亥巳反支。○孔123貳—134貳　反支：反支日，入一出百，出一入百。求反支日，先道朔日始數。其雌也，從亥始數，右行；誰〈雄〉也，從戌始，左行。前禺（遇），其日爲反【支】，【後禺（遇），其日爲解】衝（衝）。前自得，爲有事；後自得，爲事已。○孔135壹—137壹

額簡日書有 1 例"反支",爲衍文。

(5) 復日:正月甲庚、三月戊己、五月丁癸、七月甲庚、九月戊己、十【一】月丁癸;

{反支}二月乙辛、【四月】丙壬、六月戊己、【八】月乙辛、十月丙壬、十二月戊己。額2000ES9SF4.27+26

睡簡日書記錄了反支的推算方法,放簡日書記錄了反支的分佈情況及行事宜忌,孔簡日書記錄了反支的分佈情況、行事結果及推算方法,港簡日書對反支日進行了細分。從放簡、孔簡所述反支行事情況看,反支日會帶來與行事預期相反的結果,吉事變凶,凶事轉吉。《大詞典》所釋"以反支日爲禁忌之日"的説法不盡合適。港簡還有 1 例記錄了反支日行事宜忌,亦表明反支日行事會帶來相反結果。

出一得十,亡人環(還)反(返),以史(事)憂者得惠,去官十遷。港53

51. 鳳鳴　鳳凰鳴唱。比喻優美的樂聲。漢劉向《列仙傳》,孤證。放簡日書 1 例。

鳳鳴於□□,善母父,若室家。放乙336

鳳鳴於,放簡整理者釋作"訊倉白";孫占宇先生改釋①。《大詞典》"鳳鳴"另有義項"鳳凰鳴唱。比喻夫妻感情和洽。"書證爲宋吳坰《五總志》,孤證。放簡此例有"善母父,若室家",其中的"鳳鳴"應與夫妻、家庭生活有關,不能排除表示"夫妻感情和洽"的可能。

---

① 陳偉主編,孫占宇、晏昌貴著:《秦簡牘合集〔肆〕》,武漢大學出版社 2014 年版,第 173 頁。

52. 俛僂　低頭曲背。《漢書》，孤證。放簡日書4例。

（1）平旦至日中投中黃鐘，鼠殹。兌（銳）顏，兌（銳）頤，赤黑，免（俛）僂，善病心、腸。放乙206

（2）旦至日中投中應鐘，□殹。長頤，折鼻，爲人免（俛）僂，□面，惡，行彼彼殹，色黑。放乙238

53. 腹腸　肚腸，肚子。指吸收、消化食物的器官。《史記》。孔簡日書1例。

二月發春氣於丑，是胃（謂）五（吾）已生矣，發子氣矣；必風，〖不風〗，民多腹腸之疾，草木不實。孔470

放簡日書"腹腸"連用2例。

（1）日入至晨投中毋射，狐殹。啓顏，兌（銳）喙，長要（腰），色黃。善病腹腸、要（腰）脾（髀）。放乙208

（2）旦至日中投中應鐘，□殹。長頤，折鼻，爲人免（俛）僂，□面，惡，行彼彼殹，色黑。善病腹腸。放乙238

放簡"腹""腸"還有其他組合形式。

（3）占病者，以其來問時直日、辰、時，因而三之，即直六結四百五，而以所三□□除焉，令不足除殹，乃□□者日久易。如其餘□以九者首殹，八者肩、肘殹，七六者匈（胸）、腹、腸殹，五者股、胻殹，四者郄（膝）、足殹。此所以智（知）病疵之所殹。放乙355+343

（4）日入至晨投中夷則，黿龜殹，□殹，惡殹。免（俛）顏，□鼻，長靖靖殹。其行隕，黃皙殹。善病肩、腸。放乙232

此處未將放簡日書"腹腸"計入。

54. 歌舞　歌唱和舞蹈。《詩》鄭玄箋。日書5例：睡簡、放簡、王簡各1例，孔簡2例。

(1) 未，馬也。盜者長須（鬚）耳，爲人我我然，好歌無（舞）。○睡甲76背

(2) 則光門：其主必昌，好歌舞，必施衣常（裳）。○放乙6貳—7貳

(3) 未，馬也。盜者長頸而長耳，其爲人我（峨）我（峨）然，好歌（歌）舞。○孔374

55. 攻擊　進攻打擊。《史記》。日書4例：睡簡3例，周秦1例。

(1) 危日，可以責、摯（執）、攻敫（擊）。○睡甲21正貳

(2) 凡大斁（徹）之日，利以遠行、絕邊竞（境）、攻敫（擊），亡人不得，利以舉大事。○周秦139貳—140貳

先秦其他文獻該義項的"攻擊"也有使用。

(1) 天下無道，攻擊不休，相守數年不已，甲冑生蟣蝨，鷰雀處帷幄，而兵不歸，故曰："戎馬生於郊。"（《韓非子·喻老》）

(2) 齊王之所以用兵而不休、攻擊人而不止者，其故何也？（《吕氏春秋·愛類》）

56. 宮音　五音之一。《淮南子》，孤證。放簡日書1例。

宮音賁，其畜牛，其器弇之，其穜（種）重（種），其事貴，{其事貴}，其處安，其味甘，其病中。○放乙353+352

其他文獻"宮音"也有使用。

(1) 弦大者爲宮，而居中央，君也。商張右傍，其餘大小相次，不失其次序，則君臣之位正矣。故聞宮音，使人溫舒而廣大；聞商音，使人方正而好義；聞角音，使人惻隱而愛人；聞徵音，使人樂善而好施；聞羽音，使人整齊而好禮。(《史記·樂書》)

(2) 黃帝歌醻，奏宮音：爰稼作土，順位稱坤。孕金成德，履艮爲尊。黃本內色，宮實聲始。萬物資生，四時咸紀。(《隋書·音樂志》)

57. 孤辰　古代卜者的術語。天干爲日，地支爲辰，六甲中無天干相配之地支稱孤辰。明湯顯祖《牡丹亭》。孔簡日書1例。

甲寅旬，此胃（謂）孤辰存也，不可嫁，毋（無）子。孔177貳

"甲子、甲戌、甲申、甲午、甲辰、甲寅"爲六甲，"甲寅"處於六甲之末，"存"有止義，"甲寅旬，此胃（謂）孤辰存也"蓋意爲甲寅旬是六甲孤辰中最後一個孤辰。"孤虛"術在放簡、周秦、孔簡日書中均有使用，見"孤虛"詞目介紹。

58. 孤虛　古代方術用語。即計日時，以十天干順次與十二地支相配爲一旬，所餘的兩地支稱之爲"孤"，與孤相對者爲"虛"。古時常用以推算吉凶禍福及事之成敗。《史記》。周秦日書1例。

【以】孤虛循求盜所道入者及臧（藏）處。周秦260

放簡、孔簡日書也有六甲"孤虛"數術的運用。

(1) 甲子旬，辰巳虛，戌亥孤，失六。其虛在東南，孤在西北。若有死〖者〗，各六〖兇（凶）〗，不出一歲。放乙115貳

(2) 甲子旬，辰巳虛，虛在東南；戌亥孤，孤在西北。孔116貳凡取（娶）婦、嫁女，毋從孤之虛，出，不吉。從虛之孤，殺夫。孔116叁—119叁

59. 歸老　辭官養老。《史記》。孔簡日書 1 例。

☐小童死，五日中年死，九日是胃（謂）歸老鄭（奠）。孔424

孔簡整理者斷句作："……小童死五日，中年死九日，是胃（謂）歸老鄭（定）。"

"小童、中年、歸老"是三個年齡段的人群。睡簡《法律答問》簡 102 有"免老"，爲免除徭役的老人之義；里耶簡 8—896 有"免歸"，爲免職歸休義。古代有辭官養老制度，《禮記·王制》："五十而爵，六十不親學，七十致政。"致政即致仕，就是辭官。簡文以"歸老"婉稱老年，以祭奠亡靈之"奠"婉稱"死"。

60. 果成　完成。陸友白《孫中山先生傳記》。日書 3 例：睡簡、王簡、孔簡各 1 例。

（1）正陽，是胃（謂）滋昌，小事果成，大事又（有）慶，它毋（無）小大盡吉。睡甲34正

（2）正陽，是＝番昌，小事果成，大事有慶，它事毋小大盡吉。王673

（3）正陽，是胃（謂）番昌，小事果成，大事有慶，它事无小大盡吉。孔34

"果"，有動詞義，與"成"同義；也有副詞用法，表最終、果真等義。王子今先生認爲例（1）"果成"爲"終竟成功"之義，"大事又慶"意爲"小事果成"之後，又有"大事"之"慶"①。

例（1）爲《稷辰》篇簡文，該篇"又"字出現 11 例，除例（1）和簡 42 正"又慶"外，其他均明顯用作"有"，如簡 36 正："又（有）疾，不死。"簡 38 正："是胃（謂）又（有）小逆，毋（無）大央（殃）。"簡 42 正"又慶"所在句子爲"先辱而後又慶"，"先"與

---

① 王子今：《睡虎地秦簡〈日書〉甲種疏證》，湖北教育出版社 2003 年版，第 97 頁。

"後"相對,"辱"與"又慶"相對,"又"當用作動詞"有"。從全篇用字習慣看,例(1)"又慶"之"又"當用爲動詞"有";王簡、孔簡即均作"有慶"。"果成"與"又(有)慶"相對,"又"不是副詞,"果"亦不當爲副詞。荆門左家棋具文字的占測之詞有"順""逆""强""弱""果""和""利""安"等,"果"是占測宜忌吉凶之語。

睡簡日書中"果"也有單獨使用,表示完成義的用例,如:

土良日,癸巳、乙巳、甲戌,凡有土事必果。睡甲129背

後世文獻"果成"也有使用。

(1)吾從是來,修治本心,六度無極,積功累行,四等不倦,高行殊異,忍苦無量,功報無遺,大願果成。(《大藏經·中本起經》卷上)

(2)如有才而無學,猶思兼匠石,巧若公輸,而家無梗枏斧斤,終不果成其宫室者矣。(《舊唐書·劉子玄傳》)

61. 好事　喜慶事。《初刻拍案驚奇》,孤證。周秦日書1例。

凡小劈(徹)之日,利以行作,爲好事,取(娶)婦、嫁女,吉。氏(是)謂小劈(徹),利以羈(羇)謀(媒)。周秦141貳—142貳

周秦整理者讀"羈"爲"奇"。方勇先生將"羈"看作"羇"的異體,讀"羈謀"爲"寄媒",就是托人説媒;簡文意思是,凡是在小徹之日,利於做事,尤其是好事,像娶媳婦、嫁女兒等①。該篇"大劈(徹)之日"占辭爲:"凡大劈(徹)之日,利以遠行、絶邊竟(境)、

---

① 方勇:《秦簡劄記四則》,簡帛網2009年3月20日(http://www.bsm.org.cn/show_article.php? id=1005)。

·625·

攻擊，亡人不得，利以舉大事。""簡文'大事'所指似爲兵役之屬。"①"小徹"中的"羈謀"與"大徹"中的"大事"相應，也當爲具體事務，寄媒之說可信。

另，"好"有結好，示好之義，若聯繫簡文利以"取（娶）婦、嫁女"事項②，及"寄媒"來看，簡文中的"好事"也可解釋爲"和好之事，婚配之事"；《大詞典》"好事"之"特指男女歡會或婚配"義項，首證爲後蜀顧敻《玉樓春》詞，亦晚。

62. 禾黍　禾與黍。泛指黍稷稻麥等糧食作物。《史記》。日書4例：放簡、孔簡各2例。

(1) 羽音吉，其畜馬，其器□□，其種（種）禾黍，其事賤，其處實，其味苦，其病頭。放乙354+375

(2) 入正月一日風，風道東北，禾黍將。放乙162上

(3) 五巳不可食新禾黍，唯利盜史、爲困。孔186貳

例（1）爲《五音》篇簡文，簡文講述五音與五畜、五器、五種、五處、五味、五病等的搭配情況；其他四音搭配的穀物有"華、叔"等。該簡羽音中的"禾黍"不當爲糧食作物的泛稱。例（2），例（3）中的"禾黍"當指糧食作物的泛稱。

63. 和應　猶應和。相呼應。《爾雅》郝懿行《義疏》引三國魏孫炎，孤證。放簡日書1例。

黃鐘、古先、夷則之卦曰：是=大□，以□三，以子爲貞，不失水火，安慇大敬，不歌不哭，□室有言，聲有□聖，和應神靈。放乙244+332

---

① 陳偉主編，劉國勝、彭錦華著：《秦簡牘合集〔叁〕》，武漢大學出版社2014年版，第37頁。

② 陳偉：《讀沙市周秦家臺秦簡札記》，載楚文化研究會編《楚文化研究論集》第5集，黃山書社2003年版，第340—345頁。

64. 賀喜　對吉慶之事表示祝賀。漢焦贛《易林》。放簡日書 1 例。

利以出，不利以入，得一失十；以受賀喜，十憂；以{去}入官者，必去；以歐（毆）治（笞）人者，必蓐（辱）。放乙309+放乙367

日書祝賀義，多用單音詞"賀"，有 6 例：嶽山、孔簡、周漢各 2 例。

65. 黑子　黑痣。《史記》。日書 6 例：放簡、孔簡各 2 例，睡簡、張 M249 各 1 例。

（1）酉，雞殹。盜從西方入，復從西出。再在囷、屋、東辰、糞旁。名曰灌，有黑子矣（痕）。放甲39（又見於放乙75壹）

（2）子，鼠也。盜者兌（銳）口，希（稀）須（鬚），善弄手，黑色，面有黑子焉，疵在耳。睡甲69背

（3）亥，豕也。盜者大鼻而細脁，長脊，其面有黑子，臧（藏）囷中壞垣下。孔378

（4）寅，虎也。盜者虎狀，希（稀）須，大面，面有黑子，不☐。張M249《書》圖2-1

66. 後顧　回頭顧視。北齊顏之推《顏氏家訓》。放簡日書 1 例。

日中至日入投中夾鐘，☐殹。廣顏，大唇、目，大痤（膚），善☐步，善後顧，土色。善病心腸。放乙216

放簡日書"下視" 2 例，"後顧"與"下視"構詞方式相同。

日書表回頭看、回視義，多用單音詞"顧"，有 6 例：睡簡 4 例，放簡、懸泉各 1 例。

（1）凡民將行，出其門，毋（無）敢額（顧），毋止。睡乙130正
（2）入廁，禹步三，祝曰：入則謂厠哉，陽；謂天大哉，辰。

病輿惡入，疾去毋顧。懸泉Ⅱ0214③:71

67. 户門　門户。漢嚴遵《道德指歸論》，孤證。放簡日書1例。

室或罨（遷）徙，投其户門，□□認認，婦是熒熒。婦是熒熒，施（弛）登於城，朝作而夕不成。放乙252+351

其他文獻該義項的"户門"也有使用。

便把户門安鎖鑰，內中更蘊奇略。（《重陽全真集·晝夜樂》）

嚴格來講，放簡"户門"已表達借代義，即家，家門的意思。

68. 壞徹　拆毀；拆除。《漢書》。放簡日書1例。

三月庚辛、六月壬癸、九月乙甲、十二月丙丁，不可興垣、蓋屋、上材、爲祠、大會，兇（凶）；雖（唯）利壞徹，是＝日衝（衝）。放乙94壹

壞，放簡整理者釋作"壞"；孫占宇先生據字形輪廓改釋①。

69. 黃土　土壤的一種。《史記》。睡簡日書3例。

（1）鬼嬰兒恒爲人號曰："鼠（予）我食"。是哀乳之鬼。其骨有在外者，以黃土濆之，則已矣。睡甲29背叁—30背叁

（2）一室中，臥者容席以臽（陷），是地螼（蠁）居之，注白湯，以黃土窒，不害矣。睡甲31背叁

---

① 張德芳主編，孫占宇著：《天水放馬灘秦墓竹簡集釋》，甘肅文化出版社2013年版，第132頁；陳偉主編，孫占宇、晏昌貴著：《秦簡牘合集〔肆〕》，武漢大學出版社2014年版，第65頁。

>>> 第四章 簡牘日書詞彙應用研究

70. **圂厠** 隱僻之處。指廁所。《法苑珠林》。睡簡日書1例。

  圂忌日，己丑爲圂厠，長〖者〗死之；以癸丑，少者死之。其吉日，戊寅、戊辰、戊戌、戊申。睡乙188貳—189貳

71. **箕坐** 猶箕踞。兩腿張開坐着，形如簸箕。漢王充《論衡》。睡簡日書1例。

  鬼之所惡，彼窑（屈）卧箕坐，連行奇（踦）立。睡甲25背壹—26背壹

先秦之前的其他文獻尚未見"箕坐"用例。

72. **吉昌** 吉祥。漢焦贛《易林》。日書5例：孔簡4例，居新1例。

  （1）正月五月九月，西北啓光，正北吉昌，〖東北反鄉〗，〖正〗東死亡，東南斯（廝）、正南別離，西南執辱，正西卻逐。孔97

  （2）西北殷光，正北吉昌。居新EPT5.57A肆

睡簡《嫁子囗》篇有"吉富"，孔簡281貳："屈門：必昌以富。""昌、富"同現，"吉昌""吉富"應有區別。

73. **忌日** 迷信稱不吉利的日子。《漢書》。日書21例：睡簡7例，放簡、王簡、孔簡各2例，印臺1例，杜陵6例，水簡1例。

  （1）衣忌日，己、戊、壬、癸、丙申、丁亥，必鼠（予）死者。睡甲120背

  （2）凡爲行者，毋犯其鄉（向）之忌日：西毋犯亥，東毋犯巳，北毋犯戌寅，南毋犯辰申。放乙315

  （3）豕之良日，壬戌、甲辰、癸未，可出入豕。其忌日，丁

·629·

丑、未，丙寅、辰，乙亥。王380

（4）忌日，☐乙亥、乙未、乙酉、乙丑、己卯、辛亥、辛丑、乙巳。忌日，戊戌、壬戌、癸亥、己丑、丙申。孔222

（5）種忌日，子麥，丑黍，辰禾，亥稻，戌叔（菽），不可種及賞（嘗）。印臺《荊州》圖2-10

（6）沐忌日：辰、戌、寅、卯、午。水《文物》

（7）禾良日，乙亥、己亥、癸亥、申戌、己、庚，大吉。其忌日，六丙、寅、卯，不可種。杜陵2

74. 計數　謀略權術。《三國志》。孔簡日書1例。

午不可計數，不可臨官，四夢（徹）不當。孔394

簡文"計數""臨官"共現，"臨官"即主持官務，"計數"當非一般計算義。孔簡整理者認爲"計數"可能指計謀。

75. 祭祀　祀神供祖的儀式。《史記》。日書11例：九店5例，睡簡4例，王簡、阜陽各1例。

（1）凡吉日，利以祭祀、禱祠。九店41

（2）外陰日，利以祭祀。作事、入材，皆吉。睡甲10正貳

（3）☐大吉。凡祭祀之凶日，甲寅、庚寅、丙寅、戊☐王286

（4）☐日辰星皆大凶，不可祭祀、作土事、起重、益地☐阜陽《阜陽文字編》圖286-9

76. 家門　猶家族。漢焦贛《易林》。孔簡日書1例。

【食過（禍）門】：☐喪，家門及多惡。孔288壹

"食禍門"見於《直室門》篇，該篇其他占辭也提及家族事項，如"大伍門"的"宗族、弟兄"，"屈門"的"族人婦女"等。所以，"食

禍門"條中的"家門"當指家族。

77. 家室　房舍；住宅。《淮南子》。日書 4 例：九店 1 例，睡簡 3 例。

　　（1）凡盔日，利以取（娶）妻，內（入）人，徙家室。九店17下
　　（2）丙申生子，好家室。睡甲142正叁

另，水簡日書有 1 例"家室"表家業義。

　　欲取（娶）婦嫁女，不辟（避）咸池，家室空。水《文物》封三:8

《大詞典》"家室"未收該義項。

78. 蹇人　跛足的人。《後漢書》。武威日書 1 例。

　　不乏蹇人，買席辟（避）壬庚。《武威》1正

放簡日書有"蹇木"一詞，研究者多訓作歪脖樹。

　　巳，雞殹。以亡，盜者中人殹。臧（藏）囷、屋、辰、糞土中，蹇木下。放甲35

79. 經死　上吊而死。《公羊傳》徐彥疏。孔簡日書 1 例。

　　倉門：富門。囷居西南而北鄉（向）詹，毋絕縣（懸）肉，絕縣（懸）必有經死焉。孔276貳

放簡與之對應的簡文作：

　　倉門：是＝富〖門〗，井居西南，囷居西北，詹必南鄉（向）。毋絕縣（懸）肉，絕之必有經〖死〗焉。放乙2貳—3貳

"經"後當脱"死"。"經死"還見於睡簡《封診式》簡63:"里人上伍丙經死其室。"

80. 頸項　脖子。宋孔平仲《和常父望吳亭》。放簡日書1例。

　　日入至晨投中大呂，旄牛殹。免（俛）顔，大頸，長面，其行丘丘殹，蒼晳色。善病頸項。放乙211

放簡日書"項頸"也有1例。

　　□在項頸，不見大患，乃見死人。放乙269

在項頸，放簡整理者未釋；孫占宇先生釋出①。
北宋之前的文獻中"頸項"亦有用例。

　　(1) 病身熱足寒，頸項强急，惡寒，時頭熱面赤，目脈赤，獨頭面摇，卒口噤，背反張者，痙病也。(《傷寒論》卷二)
　　(2) 又有駝鳥，高四尺以上，脚似駝蹄，頸項勝得人騎行五六里，其卵大如三升。(《全唐文·大食國經行記》)

日書中"脖子"義，以"頸"爲主，有19例；"項"表脖子義有2例，均見於放簡。"頸項""項頸"爲同素異序同義詞；放簡兩詞各有1例，應是並列同義詞素構詞尚未定型的表現。

81. 九野　九州的土地。《後漢書》。放簡日書1例。

　　啻（帝）復右之，以政（征）九野，天子大説（悦），布賜天下。放乙268+乙265

---

① 張德芳主編，孫占宇著：《天水放馬灘秦墓竹簡集釋》，甘肅文化出版社2013年版，第254頁；陳偉主編，孫占宇、晏昌貴著：《秦簡牘合集〔肆〕》，武漢大學出版社2014年版，第183頁。

南朝劉宋之前的其他文獻該義項的"九野"也有使用。

卓然獨立，塊然獨處，上通九天，下貫九野，員不中規，方不中矩，大渾而爲一葉，累而無根，懷囊天地，爲道關門，穆忞隱閔，純德獨存，布施而不既，用之而不勤。(《淮南子·原道訓》)

82. 居家　聞居在家。《史記》。放簡日書1例。

市旅折，事君不遂，居家者家毀。放乙242

阜陽《周易》卜辭"居家"有7例，如"居家不吉、居家無咎、居家凶、不可居家、久居家者必衰"①，這些"居家"蓋與"居官"相對而言。

83. 角音　猶角聲。《隋書》。放簡日書1例。

角音榣(摇)，其畜□□，其器棓，其穜(種)村(菽)，其事有皋，〚其〛處榣(摇)，其味鹹，其病久。放乙303中+289下+370

隋唐之前的文獻"角音"也有使用。

弦大者爲宮，而居中央，君也。商張右傍，其餘大小相次，不失其次序，則君臣之位正矣。故聞宮音，使人温舒而廣大；聞商音，使人方正而好義；聞角音，使人惻隱而愛人；聞徵音，使人樂善而好施；聞羽音，使人整齊而好禮。(《史記·樂書》)

84. 絶後　絶嗣，没有後代。元本高明《琵琶記》。睡簡日書2例。

---

① 胡平生：《阜陽雙古堆漢簡數術書簡論》，載中國文物研究所編《出土文獻研究》第4輯，中華書局1998年版，第25頁。

（1）宇多於西北之北，絕後。睡甲17背貳
（2）井居西北匡，必絕後。睡甲20背肆

元代之前的其他文獻"絕後"也有使用。

（1）樂布自破齊還，乃并兵引水灌趙城。趙城壞，趙王自殺，邯鄲遂降。趙幽王絕後。（《史記·楚元王世家》）
（2）〔胡〕叟元妻敦煌宋氏，先亡，無子，後庶養者，亦皆早夭，竟以絕後。叟死，無有家人營主凶事，胡始昌迎而殯之于家，葬於墓次，即令一弟繼之，襲其爵始復男、虎威將軍。（《魏書·胡叟傳》）

85. 絕亡　滅亡。《史記》。孔簡日書1例。

五午〖不〗可入貨，貨後絕亡。孔187貳

86. 軍警　軍事警報。《晉書》，孤證。放簡日書1例。

邦居軍：丙丁晶（雷），軍後徙；戊己晶（雷），軍敬（警）；庚辛晶（雷），軍前徙，爲雨不徙；壬癸纍＜晶＞（雷），戰。放乙346

87. 口舌　言語引起的誤會或糾紛。北魏賈思勰《齊民要術》引《雜五行書》。放簡日書2例。

（1）慮（虜）臣妾逃逋，出財租，口舌者諏，非（飛）鳥□□，其黑如烏，皆相争斷，立死其□，一目不乘（剩），很□□□。放乙296
（2）應鐘，音殹。貞在應鐘，是胃（謂）兓（仇）人競競（兢兢），有惡有增（憎）。室有法（廢）祠，口舌不墊，不死不亡，恐弗能勝。放乙281

北魏之前的文獻該義項的"口舌"偶有用例。

以休熾之聲,彌口舌之患,求無危傾之害,遠矣。(《論衡·累害》)

88. 寇盜　侵擾劫掠。《史記》。九店日書1例。

逃人不得,利於寇逃(盜)。九店30

"寇盜"爲動名兼類詞,日書中"寇盜"以名詞用法爲主;該簡中的"寇盜"之所以看作動詞,是因爲:該例出自《叢辰》篇,該篇使用"利以"和"利於"來表述各神煞值日適宜之事。"利以"12例,其後賓語均爲謂詞性結構,如"利以串(穿)戶秀(牖),鑿井,行水事""利以行帀(師)徒,出正(征)""不利以行作""利以叙(除)盟詛"等。"利於"4例,除該例外,其他3例"利於"後亦均爲謂詞性結構,"利於内(入)室""不利於行作""利於酓(飲)飤(食)"。依篇章行文體例,該簡"利於"後的"寇盜"當爲動詞,表示侵擾劫掠義。

89. 哭臨　帝后死喪,集衆定時舉哀叫哭臨。《史記》。孔簡日書1例。

入月二旬齒(蚩)尤死日也,不可哭臨、聚衆、合卒。孔183壹

90. 狂癡　亦作"狂痴"。癲狂癡呆。亦指癲狂癡呆的人。漢陸賈《新語》。睡簡日書1例。

女子不(丕)狂癡,歌以生(清)商,是陽鬼樂從之。睡甲47背貳

91. 里社　古代里中祭祀土地神的處所。《史記》。港簡日書1例。

畜生不息者，人虛也。取里社□者土以爲禺（偶）人，男女各一，貍（埋）之户下。港35

周秦簡有1例"里社"，指土地神煞。

置（德）居木，里秡（社）、冢主歲，歲爲上。周302壹

92. 立政　涖政；臨政。立，通"涖"。《史記》，孤證。日書3例：睡簡2例，孔簡1例。

（1）臨官立（涖）正（政）相宜也，利徙官，免，復事。睡甲32正
（2）甲子到乙亥是右〈君〉也，利以臨官立（涖）政，是胃（謂）貴勝賤。睡乙236貳—237貳
（3）臨官立（涖）正（政）相宜，以徙官，免事。孔32

睡簡、孔簡整理者均將"立政"讀爲"蒞政"，訓作處理政務。《大詞典》未收"蒞政"，收"涖政"和"莅政"："涖政"釋義爲"臨朝治理政事"，首證《詩·大雅·公劉序》；"莅政"釋義爲"掌管政事"，首證《韓非子》。"蒞"同"莅"，《正字通·艸部》："蒞，俗莅字。"文獻中"蒞政"有使用。

(1) 孝公已死，惠王代後，蒞政有頃，商君告歸。(《戰國策·秦策一》)
(2) 孝景蒞政，諸侯方命，克伐七國，王室以定。(《漢書·序傳》)

"涖政""莅政"表示治理或掌管政事義，與構詞詞素密切相關；"蒞"同"莅"，"蒞政""莅政"是異形詞。"立政"表示治理政事，由"立"通"涖"或"莅"而來。就目前所見用例看，"涖政"早於

· 636 ·

"莅政"。《大詞典》列"立政"詞目,以"蒞政"和"立通'涖'"作解,而又不收"莅政";詞目設立與釋義不協。

93. 良死　猶善終。《史記》。港簡日書1例。

　　【女子】□色,日中有疾,九日起,司禄爲祟,俞之,丁起。莫(暮)疾,非良死也。港69

94. 料取　選取。《三國志》。孔簡日書1例。

　　以秋禾孰(熟)時,取禾穜(種)數物各一斗粟,盛新瓦甕(甕)中,臧(藏)燥地,到正月敉＜料＞取其息最,穜(種)之。孔456—457

"料取"是古代成語,有擇取、選取的意思;孔簡"敉"是"料"的訛字[①]。

95. 流變　變遷,變化。清阮元《文韻説》。放簡日書2例。

　　凡日者天殹,辰者地殹,星者游(流)變殹。【得天】者貴,【得】地者富,得游(流)變者其爲事成。放乙志6

"流""游"音近,可通用。"游變"義爲變化,《周易·繫辭》"變則通"的哲學思想,與簡文"得游變"則"爲事成"吻合[②]。

清之前的文獻"流變"也有使用。

　　(1) 況物運遷回,情數萬化,制則不能隨其流變,品度未足定其滋章,斯固世主所當損益者也。(《後漢書·曹褒傳》)

―――――――

[①] 李天虹、蔡丹:《讀孔家坡漢簡〈日書〉雜記》,載陳偉主編《簡帛》第11輯,上海古籍出版社2015年版,第174頁。

[②] 程少軒:《放馬灘簡式占古佚書研究》,博士學位論文,復旦大學,2011年。

(2) 蓋水性流變不常，久廢不修，舊規漸壞，雖有智者，不能善後。(《元史·河渠志》)

96. 六甲　用天干地支相配計算時日，其中有甲子、甲戌、甲申、甲午、甲辰、甲寅，故稱。《漢書》。日書2例：睡簡、孔簡各1例。

(1) 徹，是胃（謂）六甲相逆，利以戰伐。不可以見人、取（娶）婦、家（嫁）女、出入貨及生（牲）。○睡甲44正
(2) 氒（徹）日，是胃（謂）六甲相逆，利以戰伐。不可見人、取（娶）妻、嫁女、出入人、畜生。○孔46

97. 僂僂　弓身貌。形容恭順。明唐順之《華三山墓表》，孤證。放簡日書1例。

日中至日入投中大呂，蒙（尨）牛殹。廣顏，大鼻，大目，裏重，言閒閒（閑閑），惡，行僂僂要＜殹＞，白色。善病要（腰）。○放乙210

98. 閭衖　里巷。宋徐林《〈韻語陽秋〉序》，孤證。睡簡日書1例。

其後必以子死，其咎在渡衖（閭衖）。○睡甲83背壹

睡簡整理者疑"衖"讀爲澒，即港字；一說衖讀爲巷。研究者或同意整理者疑爲"港"字之說，譯"渡衖"爲"渡口碼頭"①；或同意

---

① 吳小强：《秦簡日書集釋》，嶽麓書社2000年版，第151、154頁。

· 638 ·

整理者讀爲"巷"之説，有的據文意認爲整理者讀爲"巷"的意見更佳①，有的從文字學角度，認爲"衖"乃"巷"的異構字，"巷"即今"巷"②。孔簡出土後，有研究者將睡簡與孔簡對讀，認爲睡簡"渡衖"與孔簡"里中"相當，"渡衖"或可讀作"宅巷"③。不過"宅巷"古書少見；趙平安先生認爲"宅巷"不成詞，"渡衖"應讀爲"閭巷"；閭巷古書常見，指里巷，與"里中"相對④。

經過諸家對簡文文意、文字字形及相關簡的對讀，"渡衖"的含義已漸明朗。我們採用趙平安先生的觀點，將"渡衖"讀爲"閭衖"。"衖"本有"巷"義，"閭衖"即里巷；如此訓讀亦可以與睡簡此簡同篇的其他簡文咎祟多來自"室"相合，也與孔簡"里中"對應。

《大詞典》"衖"有 xiàng、lòng 兩個讀音，合併釋義爲"巷；胡同"。

《大字典》"衖"有 xiàng、lòng 兩個讀音："衖 xiàng"釋義爲"同'巷'。胡同。""衖 lòng"釋義爲"南方呼小巷爲弄，字也作'衖'"。

古漢語中"巷"是胡同義的通語，"衖"爲南方方言詞。清末經學家朱一新在《京師坊巷志稿》中引用《玉篇》《山海經》《南齊書》《廣韻》等文獻記載及楊慎等學者説法，對"衚衕"作過考證："今南方呼巷曰'衖'，北方呼巷曰'衚衕'。'衚衕'合音爲'衖'，'衖'見《爾雅》，'衚'見《説文》，皆古訓也。"⑤ 先秦文獻，我們僅在《楚辭》中發現了"衖"的用例。"巷""衖"是通語和方言詞的關係，文獻中兩詞有連用的例子。

---

① 王子今：《睡虎地秦簡〈日書〉甲種疏證》，湖北教育出版 2003 年版，第 462 頁；朱湘蓉：《秦簡詞彙初探》，中國社會科學出版社 2012 年版，第 252 頁。

② 黃文傑：《睡虎地秦簡異構字探析》，《學術研究》2010 年第 6 期。

③ 劉樂賢：《釋睡虎地秦簡〈日書〉的"渡衖"》，載安徽大學漢字發展與應用研究中心編《漢語言文字研究》第 1 輯，上海古籍出版社 2015 年版，第 48—52 頁；陳偉主編，孫占宇、晏昌貴著：《秦簡牘合集〔壹〕》，武漢大學出版社 2014 年版，第 484 頁。

④ 趙平安：《睡虎地秦簡〈日書〉"渡衖"新解》，載李學勤主編《出土文獻》第 5 輯，中西書局 2014 年版，第 259—261 頁。

⑤ （明）張爵，（清）朱一新：《京師五城坊巷衚衕集　京師坊巷志稿》，北京古籍出版社 1982 年版，第 27 頁。

人於城內街衢巷衖之所若人衆之中，衆謂三人以上，無要速事故，走車馬者，笞五十。(《唐律疏議》卷二十六)

現代南方"弄"，北方"胡同"，均與"衖"有關。明楊慎《升庵記》卷六十七："衖，音閧，所云'弄'者，蓋'衖'字之轉音耳，《元經世大典》所云'火衖'，注：即音'弄'。"清顧炎武《唐韻正》卷十一："衖，古音胡貢反。今京師人謂'巷'爲'胡同'，乃二合之音。""衖"大概元代才始有 xiàng 音，清翟灝《通俗編》卷二十四："〔衖〕實古字，非俗書，特其音義皆與巷通，爲與今別耳。《元經世大典》有所謂'大衖'者，注云：'衖，音弄。'蓋今音乃自元起。"

"衖"表胡同義，南方方言使用較多，且有不少胡同以"衖"命名。如：

卻說這洋涇浜各家客棧，差不多都是開在沿河一帶，只有這謙益棧是開在一個巷子裏面。這巷子叫做嘉記衖。這嘉記衖，前面對著洋涇浜，後面通到五馬路的。(《二十年之目睹怪現狀》第十七回)

《二十年之目睹怪現狀》"衖"出現 10 例，其中用於街道名有 6 例。《海鹽瞰水志》卷四有"坊巷門　阜民坊在鎮前街西　張家衖在鎮市北　張搭衖在鎮市南　義井巷在鎮市南　塘門衖在鎮市南　廣福坊在鎮前街東"，《吳中水利全書》卷五有"茶花衖　蕭田衖　清水衖"。現代南方作家茅盾先生的《子夜》、葉聖陶先生的《倪煥之》等均有街道義"衖"的用例。

睡簡出土於故楚地，日書爲民間用書，受到地語言文字影響較大，且有部分日書本就源自楚地，"衖"字曾見於《楚辭》，這也是睡簡"衖"字本用，不必視作通假的用力支撐。

其他文獻"閭衖"也有使用。

(1) 虜扣便橋，帝倉黃出居陝，京師陷。賊剽府庫，焚閭衖，

· 640 ·

蕭然爲空。(《新唐書·宦者傳上·程元振》)

(2)《詩》三百篇，上而公卿大夫歌於朝廷，薦於郊廟；下而小夫賤隸詠於閭衖，播於田野，莫不傳焉。(宋徐林《〈韻語陽秋〉序》)

99. 馬㢑　養馬的房子。《漢書》。
《大詞典》以"馬廄"爲主詞條，言其亦作"馬廄""馬㢑"。日書2例：睡簡、懸泉各1例。

(1)凡入月五日，月不盡五日，以筑（築）室，不居；爲羊牢馬㢑，亦弗居；以用垣宇，閉貨貝。睡甲103正壹

(2)亥死者，不主。西南間一室，必或死者。央（殃）凶在馬㢑中。懸泉I0309③;268壹

懸泉日書還有"牛㢑"：

丑死，家益富，東南間一室，必有死者，央（殃）凶在牛㢑中。懸泉I0309③;335壹

"丑"與"牛"相對，殃凶於牛㢑中；"亥"與"豕"相對，殃凶或與豕之居所有關，如此則"馬㢑"可能不僅僅指養馬之所。

100. 毛鬣　馬或野獸的鬃毛。漢應劭《風俗通》。睡簡日書1例。

鳥獸恒鳴人之室，燔薵（騫）及六畜毛邋（鬣）其止所，則止矣。睡甲47背叁

101. 美事　好事。漢董仲舒《春秋繁露》。王簡日書1例。

十日日騩，是胃（謂）遝。作美事，吉。王112

102. **美味** 美好的滋味；可口的食品。《漢書》。睡簡日書1例。

狼恒譁（呼）人門曰："啓吾。"非鬼也。殺而享（烹）食之，有美味。睡甲33背叄

《漢書》之前的其他文獻"美味"也有使用。

三牲、魚、腊，四海九州之美味也。（《禮記·禮器》）

103. **美言** 嘉言；美好的言辭。漢揚雄《法言》。日書21例：睡簡3例，放簡10例，周秦、港簡各4例。

(1) 子，朝見，有告，聽。晏見，有告，不聽。晝見，有美言。日虒見，令復見之。夕見，有美言。睡甲157正壹—157正伍

(2) 子，旦，有言，喜，聽。安（晏），不聽。晝，得美言。夕，得美言。放甲54貳

(3) 旦見人，有怒。晏食，有美言。晝見人，不得見。日失（昳）見人，得美言。夕見人，有怒。港88

104. **門關** 門户；門扇。唐岑參《敬酬李判官使院即事見呈》詩。放簡日書1例。

己未不可爲室及門關，先行之者死。放乙121壹

唐以前的其他文獻該義項的"門關"也有使用。

時耶輸陀，從家出已，至大城門，其門名跋陀羅婆提（隋言賢主）。既到於彼賢主城門，其門關閉，門關甚牢。（《佛本行集經》卷三十五）

105. 木功　木材建築、製作工藝。漢揚雄《羽獵賦》。孔簡日書1例。

　　其黄也，有土功事；其黑也，有憂；其白，有兵；其青也，有木功事；其赤也，民多戰疾，鬼火哀。孔476—477

106. 木事　指製造房屋木結構或製造木器等的工藝。唐崔融《代家奉御賀明堂成表》，孤證。睡簡日書1例。

　　木日：木良日，庚寅、辛卯、壬辰，利爲木事。其忌，甲戌、乙巳、癸酉、丁未、癸丑、□□□□寅、己卯，可以伐木。睡乙66—睡乙67

劉樂賢先生認爲"木事指伐木、建築一類事"，"在《日書》中，木事主要指建築、伐木一類事"①。
其他文獻"木事"也有使用。

　　赤角，有戰；白角，有喪；黑圜角，憂，有水事；青圜小角，憂，有木事；黄圜和角，有土事，有年。(《史記·天官書》)

107. 南北　南與北；南方與北方。《史記》。九店日書1例。

　　□尻（居）祭室之後，窮尻（居）南北，不利人民；尻（居）西北，利〖人民〗，不利豕。九店49

先秦文獻"南北"連用的例子較多，不贅舉。
108. 男女　兒女。《史記》。日書5例：睡簡4例，放簡1例。

---

① 劉樂賢：《睡虎地秦簡日書研究》，臺灣文津出版社1994年版，第329—330頁。

· 643 ·

（1）夬光日，利以登高、飲食、遬（蹠）四方壄（野）外。居有食，行有得。以生子，<u>男女</u>必美。睡甲12正貳

（2）節有生者，而欲智（知）其<u>男女</u>，投日、辰、星而參（三）合之，奇者男毆，禺（偶）者女毆。因而參（三）之，即以所中鍾數爲卜囗。放乙293

日書中的"男女"也可指男人和女人，有3例：睡簡2例，孔簡1例。

（1）鬼恒從<u>男女</u>，見它人而去，是神虫（蟲）僞＝人。以良劍刺其頸，則不來矣。睡甲35背貳

（2）入月二旬三日，命胃（謂）危囗囗囗不可合<u>男女</u>，入月旬囗。孔殘7+8

109. 男子　丈夫。清李漁《比目魚》。睡簡日書2例。

（1）妻，利祠及行。百事吉。以取（娶）妻，<u>男子</u>愛。睡甲83正壹
（2）妻，祠及〚行〛，百事吉。以取（娶）妻，<u>男子</u>愛之。睡乙83壹

"男子愛"顯然不能指男人愛，而應是丈夫愛。睡簡日書亦有"夫愛妻"。

凡取（娶）妻、出女之日，冬三月奎、婁吉。以奎，<u>夫愛妻</u>；以婁，妻愛夫。睡甲6背壹

110. 牛牢　牛舍，牛欄。明李時珍《本草綱目》。孔簡日書1例。

丑，牛也。盜者大鼻，囗。<u>臧（藏）牛牢</u>中。孔368

· 644 ·

明代之前的其他文獻"牛牢"也有使用。

　　紹熙四年，饒州民家二小鼠食牛角，三徙牛牢不免，角穿肉瘳以斃，近鼠妖也。(《宋史·五行志》)

111. 奴婢　舊時指喪失自由、爲主人無償服勞役的人。後亦用爲男女僕人的泛稱。《史記》。日書8例：港簡2例，孔簡5例，居新1例。

　　(1) 出入奴婢、馬牛、錢財，爲羊圈，吉。港56
　　(2) 甲寅、癸丑、壬辰、辛酉、辛卯，不可入奴婢，必代主有室。孔191
　　(3) 出入奴婢良日：乙丑、辛☐。居新EPT65.165A

《嶽麓書院藏秦簡〔壹〕》中的《爲吏治官及黔首》《占夢書》"奴婢"已見用例。

　　(1) 奴婢莫之田。爲吏治官及黔首8
　　(2) 夢以弱（溺）灑人，得亓（其）亡奴婢。占夢書32

112. 牝牡　陰陽。漢揚雄《太玄》。放簡日書2例。

　　大吕，音殹。貞在大吕，陰陽溥（薄）氣，翼凡三☐，居引其心，牝牡相求，徐得其音，後相得殹，説於黔首心。其祟大街、交原。卜疾人不死，取（娶）婦嫁女吉。犬豕之勿（物）殹，其命日爲牝牡☐。放乙262+267+327上

簡文"牝牡"與其前的"陰陽"意義相同。

113. 偶人　用土木陶瓷等製成的人形物。《史記》。港簡日書1例。

· 645 ·

畜生不息者，人虚也。取里社□者土以爲禺（偶）人，男女各一，貍（埋）之户下。◦港35

114. 妻夫　夫妻。金董解元《西廂記諸宫調》。放簡日書1例。

九與八，七與六，五與四，皆妻夫殹。日爲夫，晨（辰）爲妻，星爲子。欲夫妻之和而中數殹，甚衆者盇（合），少者失。放乙344

簡文"妻夫""夫妻"共現。
《西廂記諸宫調》之前的文獻，"妻夫"也偶有使用。

所以有間色者，甲己爲妻夫，以黄入青爲緑；丙辛爲妻夫，以白入赤爲紅；丁壬爲妻夫，以赤入黑爲紫；戊癸爲妻夫，以黑入黄爲紺；故今有間色者。(《雲笈七籤》卷六十一)

清華簡《筮法》亦有兩例"妻夫"，《筮法》簡文中分稱有作"死妻者""死夫者"，亦先言"妻"，後言"夫"；似合乎歸藏《易》先坤後乾之次序①。

由於反義詞具有不平衡性特點，"夫""妻"組合的常規詞序是"夫妻"。放簡"妻夫"或者受前文"九與八""七與六""五與四"組合和陰陽相配數術的影響，以陰陽組合形式"妻夫"匹配前文的陽陰數字組合，"妻夫"可能是臨時組合；後文"夫妻"則是常規詞形。《西廂記諸宫調》中的"妻夫"大概也受到了陰陽相配的數術影響。

115. 漆器　塗漆的器物。《資治通鑑》。睡簡日書1例。

甲乙有疾，父母爲祟，得之於肉，從東方來，裹以柒（漆）器。◦睡甲68正貳

---

① 陳偉武：《楚簡秦簡字詞考釋拾遺》，載陳偉主編《簡帛》第13輯，上海古籍出版社2016年版，第22頁。

"桼"爲"漆"本字,《説文·桼部》:"木汁。可以髹物。"段玉裁注:"今字作漆而桼廢矣。"

116. 遷徙　搬家;從一處搬到另一處。漢應劭《風俗通》。日書5例:放簡1例,孔簡、居新各2例。

(1) 取(娶)妻、嫁女、遷徙、啓門,北南西東,必擊(繫)是時。孔101

(2) 亥不可遷徙,必反(返)其鄉。孔396

117. 錢金　金錢。《漢書》,孤證。睡簡日書1例。

大吉門:宜錢金而入易虛,其主爲巫;十二歲更。睡甲122正叁—123正叁

其他文獻"錢金"也有使用。

(1)〔天子〕所過賞賜,用帛百餘萬匹,錢金以巨萬計,皆取足大農。(《史記·平準書》)

(2) 春大郎本擬雇此船歸國,大郎往廣州後,神一郎將錢金付張支信訖,仍春大郎上明州船發去。(《入唐求法巡禮行記》卷四)

118. 青帝　我國古代神話中的五天帝之一,是位於東方的司春之神,又稱蒼帝、木帝。《史記》。孔簡日書1例。

甲乙朔,青當(帝)主歲,人炊行没。青禾爲上,白中,{中},黄下,麥不收。孔427貳—428貳

119. 丘墟　亦作"丘虚"。陵墓;墳墓。北魏酈道元《水經注》。睡簡日書1例。

· 647 ·

人過于丘虛，女鼠抱子逐人，張傘以鄉（向）之，則已矣。睡甲45背叁

《放言》卷十三："冢，自關而東謂之丘。小者謂之塿，大者謂之丘。"睡簡日書出土於楚地，其中有楚系日書，該簡出自《詰》篇，《詰》篇多被認爲是楚日書，簡文"丘虛"表墳墓義，符合楚地方言特點。《大詞典》收"丘虛"，以"丘墟"爲主詞條，各義項所列書證均未有"丘虛"的書寫形式。睡簡"丘虛"用例可提前其"陵墓；墳墓"義項書證，又可補"丘虛"書證缺失。

120. 去官 免除或辭去官職。《後漢書》。港簡日書1例。

出一得十，亡人環（還）反（返），以史（事）憂者得惠，去官十遷。港53

121. 人定 夜深人静時，黄昏之後的子時。《後漢書》。日書9例：睡簡、放簡、周秦各1例，孔簡4例，水簡2例。

（1）【鷄鳴丑，平旦】寅，日出卯，食時辰，莫食巳，日中午，㬜未，下市申，舂日酉，牛羊入戌，黄昏亥，人定【子】。睡乙156

（2）☐食到隅中丁，日中戊，日失（昳）己，日失（昳）到夕時庚，夕時到日入辛，日入到人鄭（定）【壬】，人鄭（定）到夜半癸。孔365—366

（3）夕時、黄昏、晦食、人定、過人定、夜半、夜過半、鷄前鳴、中鳴、後鳴、東方作☐水《文物》

例（2）"人定"寫作"人鄭"；《大詞典》《大字典》"鄭"均未有通"定"的用法。

122. 人家 民家，民宅。《史記》。睡簡日書1例。

徙門：數富數虛，必并人家；五歲更。○睡甲116正叁

放簡日書與之對應的簡文作：

徙門：數實數＝，并黔首家。○放乙18叁

"人家"即"黔首家"，也即民家，民居。

123. 日昳　太陽偏西。《書》孔傳。日書69例：睡簡10例，放簡22例，周秦2例，港簡10例，孔簡23例，水簡2例。

（1）子，朝見，有告，聽。晏見，有告，不聽。晝見，有美言。日虒（昳）見，令復見之。夕見，有美言。○睡甲157正壹—157正伍

（2）子，旦吉，安（晏）食吉，日中凶，日失（昳）吉，夕日凶。○放甲43貳

（3）旦見人，有怒。晏食，有美言。晝見人，有怒。日失（昳）見人，聽言。夕見人，有怒。○港89

（4）丁未日出至日是（昳）死，失西北，去一里。○孔339

（5）時：平旦、日出、蚤食、莫食、日中、日失（昳）、餔時、莫（暮）餔、夜食、日入、夕時、▢○水《文物》封三:1

124. 日色　猶天色。借指時間。唐薛用弱《集異記》。孔簡日書1例。

斗擊（繫）：直前者死，直後者不死。以此與日色少長相參，相中乃可用也。○孔130叁—132叁

孔簡整理者注曰：日色少長，指晝夜消長。日色少長，確切地說應是與時稱相配[1]。

---

[1] 黃儒宣：《式圖與式盤》，《考古》2015年第1期。

125. 日夕　傍晚。《史記》。周秦日書1例。

　　亥，朝，有後言。莫食，不言。日中，令復見之。日失（昳）時，怒言。日夕時，請後見。周秦246壹—246陸①

日書中時間詞"夕日"有34例，"夕日"與"日夕"爲同素異序同義詞。

126. 如故　跟原來一樣。《史記》。孔簡日書1例。

　　不雨，日出不風，占如故。孔449

先秦其他文獻"如故"亦有用例。

　　（1）已守其謝，富商蓄賈不得如故，此之謂國準。（《管子·輕重》）

　　（2）且死者彌久，生者彌疏；生者彌疏，則守者彌怠；守者彌怠而葬器如故，其勢固不安矣。（《呂氏春秋·節葬》）

127. 入官　入朝爲官。《晉書》，孤證。放簡日書1例。

　　入官、遠役，不可到室之日：庚午、丙申、丁亥、戊申、戊戌、壬戌，此六旬龍日殴。放乙125壹

官，放簡整理者釋作"官"；孫占宇先生改釋②。日書中入朝爲官

---

① 簡文出自周秦《吏》篇，該篇採用表格形式，橫向是五個時段名稱，縱向是十二日支每個時段求見長官的宜忌説明。此處引文，將時段名稱與説明文字結合，用文字表述出來。
② 張德芳主編，孫占宇著：《天水放馬灘秦墓竹簡集釋》，甘肅文化出版社2013年版，第149頁；陳偉主編，孫占宇、晏昌貴著：《秦簡牘合集〔肆〕》，武漢大學出版社2014年版，第80頁。

義多用"入官",有39例,見於睡簡、放簡、港簡、孔簡、敦煌、居新、水簡。日書中"宦"字出現次數不多,有6例;不過已有表示任官或官吏義的合成詞"宦禦""吏宦"出現。

128. 桑皮 桑樹的皮。爲造紙的原料。晉王嘉《拾遺記》。睡簡日書1例。

  犬恒夜入人室,執丈夫,戲女子,不可得也,是神狗僞=鬼。以<u>桑皮</u>爲之,烰而食之,則止矣。_{睡甲47背壹—49背壹}

"桑皮"有治病之效,《後漢書·方術列傳·徐登傳》載:"登年長,炳師事之。貴尚清儉,禮神唯以東流水爲酌,削桑皮爲脯。但行禁架,所療皆除。"

日書中桑杖也是是驅鬼工具。劉釗先生指出這與"桑"通"喪","喪"有逃亡之義有關,"桑"可使鬼逃亡①。

  鬼恒爲人惡薔(夢),瞖(覺)而弗占,是圖夫,爲<u>桑丈(杖)</u>奇(倚)户内,復(覆)鬴户外,不來矣。_{睡甲44背貳—45背貳}

129. 喪生 喪失生命。漢禰衡《鸚鵡賦》。港簡日書1例。

  ☒【戊】己、甲庚、乙辛、戊己、丙壬、癸丁、戊己,報日。以得,必三;以亡,必五;以<u>喪生</u>,凡三。可以畜六畜。_{港75}

130. 上車 登車。《史記》。睡簡日書1例。

  <u>上車</u>毋顧,上☒_{睡乙107叁}

---

① 劉釗:《説"魃"》,復旦大學出土文獻與古文字研究中心網2013年8月15日(http://www.gwz.fudan.edu.cn/Web/Show/2096)。

先秦其他文獻"上車"也有使用。

(1) 孔子再拜趨走，出門上車，執轡三失，目芒然无見，色若死灰，據軾低頭，不能出氣。(《莊子·盜跖》)
(2) 今東野畢之馭，上車執轡銜，體正矣；步驟馳騁，朝禮畢矣；歷險致遠，馬力盡矣；然猶求馬不已，是以知之也。(《荀子·哀公》)

131. 上公 即太白星。《史記》。周秦日書 1 例。

卅六年，置(德)居金，上公、兵死、陽(殤)主歲，歲在中。○周秦297壹—298壹

"上公、兵死、陽(殤)"爲"主歲"主體，三者均與"金"，即戰争有關，古星象家以爲太白星主殺伐，多以喻軍事、戰争。《漢書·天文志》："太白經天，乃天下革，民更王。"唐李白《胡無人》詩："雲龍風虎盡交回，太白入月敵可摧。"

132. 上山 登山，到山上。三國魏曹丕《善哉行》。孔簡日書 1 例。

未不可行作，不可上山，斧斤不折，四支(肢)必傷。孔394—395

三國時期之前的其他文獻該義項的"上山"也有使用。

(1) 操釣上山，揭斧入淵，欲得所求，難也。(《淮南子·説山訓》)
(2) 簡子募諸子曰："吾藏寶符於常山之上，先得者賞。"諸子皆上山，無所得。(《論衡·紀妖》)

133. 上歲 豐年。《史記》。孔簡日書1例。

　　正月上旬丁己雨，上歲；中旬丁〖巳〗雨，中歲；下旬丁己雨，下歲；三丁己雨，毋（無）歲。孔410

134. 上旬 十日爲旬。每月第一日至第十日爲上旬。唐段成式《酉陽雜俎》。日書30例：睡簡24例，孔簡6例。

　　（1）凡且有大行、遠行若飲食歌樂，聚〖衆〗、畜生及夫妻同衣，毋以正月上旬午，二月上旬亥，三月上旬申，四月上旬丑，五月上旬戌，六月上旬卯，七月上旬子，八月上旬巳，九月上旬寅，十月上旬未，十一月上旬辰，十二月上旬酉。凡是日赤帘（帝）恒以開臨下民而降其英（殃），不可具爲，百事皆毋（無）所利。睡甲127正—128正

　　（2）春甲申及上旬甲乙不可垣東方，夏丙申及上旬丙丁、酉不可垣南方，秋庚申、上旬庚辛不可垣西方，冬壬申、上旬壬癸不可垣北方。孔244—245

《酉陽雜俎》之前的其他文獻中"上旬"也有使用。

　　（1）十一月上旬，歲星、熒惑西去填星，皆西北逆行。（《漢書·天文志》）

　　（2）六月上旬，雞明時，聞南家哭，即吉。（《搜神記》卷三）

135. 少可 疾病稍愈。《清平山堂話本》，孤證。周秦日書4例，均出現於《繫行》篇。

　　占病者，少可。周秦221

· 653 ·

少可，猶"小可"，疾病稍愈①。周秦日書《繫行》篇疾病占語有"已"7例，"未已"1例，"有瘳"1例，"少可"4例，"篤"10例，"勮"1例，"死"2例，容一字殘辭未知占語2例。其"未已"是副詞修飾謂語中心語的組合形式；"少"有程度副詞用法，若將"少可"看作副詞修飾語與謂語中心語的組合形式，也不違和簡文文意。如放簡日乙100叁："酉，西吉，北兇（凶），東少可，南逢言。"其"少可"即爲程度副詞修飾謂語中心語的形式。若將周秦"少可"看作狀中組合結構，"可"即表痊愈義；《大詞典》"可"之"痊愈"義項，首證《南史》，亦晚。

136. 少男　小兒子。唐楊炯《唐上騎都尉高君神道碑》，孤證。放簡日書1例。

　　角曰：長者死，有從女吉；少男死，毋（無）後央（殃）。放乙111壹

《大詞典》"長男""少男"均引《易·説卦》爲書證："長男"義項"長子，排行最大的兒子"所引爲"震一索而得男，故謂之長男。""少男"義項"指《周易》八卦中的艮卦。艮爲陽卦，第三爻爲陽卦，故稱'少男'"所引爲"艮三索而得男，故謂之少男。"《周易·説卦》原文作："乾，天也，故稱乎父。坤，地也，故稱乎母。震一索而得男，故謂之長男。巽一索而得女，故謂之長女。坎再索而得男，故謂之中男。離再索而得女，故謂之中女。艮三索而得男，故謂之少男。兌三索而得女，故謂之少女。"《大詞典》對《周易》"長男""少男"的處理存在矛盾。

其他文獻"少男"也有作"小兒子"義的用例。

（1）衡山王賜，后乘舒生子三人，長男爽爲太子，次女無采，少男孝。（《漢書·衡山王賜傳》）

（2）文殊普賢，爲諸佛作少男長子。（《祖堂集》卷二十）

---

① 陳偉主編，劉國勝、彭錦華著：《秦簡牘合集〔叁〕》，武漢大學出版社2014年版，第32頁。

第四章 簡牘日書詞彙應用研究

137. 設網　布網；張網。晉成公綏《蜘蛛賦》。日書2例：九店、睡簡各1例。

　　（1）埶（設）罔（網），得，大吉。_{九店31}
　　（2）戌、外陽之日，利以祭，之四旁墜（野）外，埶（設）罔（網）邋（獵），獲。作事，吉。_{睡乙20A+19B+19B}

晉之前的其他文獻"設網"也有使用。

　　成國之道，工無偽事，農無遺力，士無隱行，官無失法。譬若設網者，引其綱而萬目開矣。（《淮南子·繆稱訓》）

138. 參辰　參星和辰星，分別在西方和東方，出沒各不相見。辰星也叫商星。因用以比喻彼此隔絕。漢揚雄《法言》。孔簡日書1例。

　　丙申、丁酉天地相去也，庚申、辛酉漢河相去也，壬申、癸酉參辰相去也，凡是日，不取（娶）妻、嫁女及言事，不成。_{孔179—180}

139. 失明　喪失視力。漢司馬遷《報任少卿書》。孔簡日書1例。

　　丑不可穿戶牖，相奪日光，長子失明。_{孔392}

140. 市販　猶商販。《史記》。放簡日書1例。

　　中呂，利殹，材殹，市販事殹，有合某殹。_{放270}

141. 水竇　水道；水之出入孔道。清顧炎武《濟南》詩。睡簡日書1例。

　　水瀆（竇）西出，貧，有女子言。_{睡甲16背叁}

· 655 ·

《正字通·水部》:"瀆,一説竇,水溝口也。俗作瀆。""瀆"當是"竇"的"水溝;水道口"義的分化字,首見於睡簡。朱湘蓉先生指出"竇"雖有水溝口義,但常用義爲孔穴,"瀆"指水溝口自然而然,"瀆"此處用本義,不必用"竇"來解釋①。文獻中"水道;水之出入孔道"義多作"水竇"。

清代之前的其他文獻"水竇"也有使用。

(1) 宇文化及弑逆之際,倓覺變,欲入奏,恐露其事,因與梁公蕭鉅、千牛宇文晶等穿芳林門側水竇而入。(《隋史·燕王倓傳》)

(2) 王於爾時便從水竇逃入深山,至稠林中,得免怨賊。(《菩薩本緣經》卷上)

142. 順成　順承天施而成功。《文選·顏延之〈宋文皇帝元皇后哀策文〉》,孤證。日書2例:九店、睡簡各1例。

(1)【卯、辰、巳】、午、未、申、酉、戌、亥、子、丑、寅,是胃(謂)陽日,百事訓(順)城(成)。邦君得年,少(小)夫四城(成)。九店26

(2) 陽日,百事順成,邦郡(君)得年,小夫四成。睡甲3正貳

143. 四鄰　四方;周圍。《漢書》。睡簡日書1例。

空、外遣之日,不可以行〖作〗。之四鄰,必見兵。睡乙21壹

九店與睡簡對應的簡文作:

【酉】、戌、亥、子、丑、寅、卯、辰、巳、午、未、申,是

---

① 朱湘蓉:《秦簡詞彙初探》,中國社會科學出版社2012年版,第223頁。

胃（謂）外害日，不利以行作，远赽）四方埜（野）外，必{無}堨（遇）寇逃（盜），必兵。○九店32

睡簡"四鄰"，九店作"四方埜外"。
144. **四周** 周圍。北魏酈道元《水經注》。孔簡日書1例。

（風）從北方，五日不更，是胃（謂）山木入庸，一日四周是兵起，必戰，得數萬。○孔419—420

北魏之前的其他文獻"四周"也有使用。

（1）酒酣，長沙主簿入白堅："前移南陽，而道路不治，軍資不具，請收主簿推問意故。"咨大懼欲去，兵陳四周不得出。（《三國志·吳書·孫堅傳》）

（2）四周爲徼道，通車，其高可以乘馬，又鑄銅人數十，長五尺，皆大冠，朱衣，執劍，侍列。（《搜神記》卷十五）

145. **送鬼** 祭送作祟的鬼怪。元歐陽玄《睽車志》。睡簡日書2例。

輿鬼，祠及行，吉。以生子，瘁（癃）。可以送鬼。○睡甲90正壹

相同簡文見於睡乙90壹，"送鬼"訛作"從鬼"。
孔簡與之對應的簡文殘缺：

輿鬼，利祠祀及行，吉。生子，子瘁（癃）。可以□□。○孔71

"送鬼"一詞不見於同時期其他典籍①，其占辭與星宿輿鬼所值有

---

① 魏德勝：《〈睡虎地秦墓竹簡〉詞彙研究》，華夏出版社2003年版，第87頁。

關，輿鬼即鬼宿。《史記·天官書》："輿鬼，鬼祠事；中白者爲質。"

146. 它人　別人，其他人。唐司空曙《病中遣妓》詩。睡簡日書3例。

(1) 票（飄）風入人室，獨也，<u>它人</u>莫爲，洒以沙，則已矣。睡甲58背壹

(2) 鬼恒從男女，見<u>它人</u>而去，是神虫（蟲）僞=人。以良劍刺其頸，則不來矣。睡甲35背貳

(3) 虛日，不可以臧（藏）蓋，臧（藏）蓋，<u>它人</u>必發之。睡乙45壹

唐以前的其他文獻"它人"也有使用。

(1) 燕王寤，迺詐論<u>它人</u>，脱勝家屬，使得爲匈奴閒，而陰使范齊之陳豨所，欲令久亡，連兵勿決。（《史記·盧綰傳》）

(2) 縱我不得，<u>它人</u>何傷。（《後漢書·淳于恭傳》）

147. 它所　其他地方。《漢書》，孤證。放簡日書2例。

寅，虎殹。以亡，盜從東方入，有（又）從出。臧（藏）山谷中。其爲人方面、廣頰，裹（圜）目。盜<u>它所</u>人殹，不得。放甲32上+30下（又見於放乙68）

148. 唐唐　廣大；浩蕩。漢嚴遵《道德指歸論》。放簡日書1例。

君子往役，來歸爲喪。□支<u>唐唐</u>，哭靈□□。放乙294

149. 逃逋　猶逋逃。宋王庭珪《送駱仲武》詩。放簡日書1例。

<u>慮</u>臣妾<u>逃逋</u>，出財租，口舌者<u>誣</u>，非（飛）烏□□，其黑如

烏，皆相爭斲，立死其□，一目不乘（剩），很□□□。放乙296

逋，放簡整理者釋作"作"；王輝先生改釋，指出逋、逃義近，常連用①，宋華强先生謂"'逃逋'蓋即古書習見的'逋逃'之倒言"②。

放簡"逃逋"出現於韻文中，"逋、租、誣、烏"押韻，"逃逋"的使用與押韻應有關係。日書文獻逃亡、逃跑義多用"亡"，但"亡"在日書中有"逃亡、丟失、死亡、敗亡"等多個意義，且各意義之間聯繫密切，需要靠語境來辨別。爲適應日書占語語義淺顯明確的要求，日書中的逃亡義便有了"逃亡""奔亡"，死亡義便有了"死亡""旦（殫）亡"，滅亡、敗亡義便有了"破亡""絕亡""滅亡"等複合詞來表達。日書中"逃"又記錄"盜"一詞，"逃逋"的使用與準確語義也應有一定關聯。

150. 逃人　猶逃犯。清黄六鴻《福惠全書》。日書4例：九店3例，睡簡1例。

（1）亥、子、丑、寅、卯、辰、巳、午、未、申、酉、戌，是胃（謂）絶日，無爲而可，名之曰死日。生子，男不菌（留）。逃人，不得。九店34

（2）【絶日，毋爲而】可，名曰擊日。以生子，數孤。桃（逃）人，不得。睡甲11正貳

清之前的其他文獻該義項的"逃人"也有使用。

余亦不是仵茄之子，亦不是避難逃人，聽説途之行李。余乃生於巴蜀，長在藿鄉，父是蜈公，生居貝母。（《敦煌變文集·伍子胥變文》）

---

① 王輝：《〈天水放馬灘秦簡〉校讀記》，載陳偉主編《簡帛》第6輯，上海古籍出版社2011年版，第60頁。

② 宋華强：《放馬灘秦簡〈日書〉識小録》，載陳偉主編《簡帛》第6輯，上海古籍出版社2011年版，第85頁。

151. 田邑　田野與都邑。《楚辭》。日書 3 例：九店 2 例，嶽山 1 例。

(1) 凡城（成）日，利以取（娶）妻、家（嫁）女、冠，利以城（成）事，利以內（入）邦中，利以內（入）室，利以內（入）田邑，利以內（入）人民，利。_{九店41}

(2) 辛，不可殺雞，不利田邑。_{嶽山43背壹4}

李家浩先生認爲簡文中的"田邑"與《楚辭·大招》"田邑千畛，人阜昌只"中的"田邑"相同；①《大詞典》據王逸注，將《楚辭》此例"田邑"歸入"田野與都邑"義項。

"田邑"訓作"田地房舍"可能更爲合適。睡簡日甲144正叁："戊戌生子，好田壄（野）邑屋。"其中的"田野邑屋"或與九店、嶽山的"田邑"所指相同，是"田邑"兩個詞素各自複音化的結果；作爲喜好的對象，應理解爲"田地房舍"。日書占卜事項與宜忌影響多涉自身小領域，如是否可購買田地房舍，嶽山"殺雞"對田地房舍影響均屬此類。且將"田邑"訓作田地房舍，"內（入）田邑"與"內（入）人民"中"內（入）"均可訓作購入，符合日書"內（入）"的常規用法；而訓作"田野與都邑"，則很難成爲購入的對象。

152. 田漁　打獵和捕魚。《漢書》。孔簡日書 1 例。

介日，是胃（謂）其群不拜，以辭不合（答），私□必閉，有爲不果。亡者，得。利以田魚（漁）、弋獵、報雠。_{孔41}

睡簡、港簡對應簡文是：

(1) 禹，是胃（謂）其羣不捧（拜），以辭不合（答），私公

---

① 湖北省文物考古研究所、北京大學中文系：《九店楚簡》，中華書局 2000 年版，第 80 頁。

必閉，有爲不成。亡者，得。利弋邋（獵）、報雛、攻軍、韋（圍）城、始殺。睡甲40正

(2) 憂，群不捧（拜），【以辭】不合（答）。亡者，得。可魚（漁）邋（獵），不可攻。睡乙59

(3) ☒，不果。亡者，得。利漁弋獵，吉。港51

睡簡日乙與"田漁"相對應的詞爲"漁"，"獵"當與"弋獵"對應。港簡以"漁弋獵"對應孔簡的"田漁、弋獵"；港簡"漁弋獵"可能爲"漁、弋獵"或者"漁獵、弋獵"簡寫，又可能爲"田漁、弋獵"的脱漏。與孔簡日書比較而言，港簡有文字脱漏的可能性較大。阜陽《周易》卜辭有"田魚（漁）有獲，田魚不獲，田魚（漁）不得，田魚（漁）得而☐【少】"等文字[1]。可見"田漁"用例多見。

《大詞典》"田漁"尚有"耕田和捕魚"義項。以上幾例"田漁"簡文均出自《稷辰》類篇章，這類篇章關涉作物收成情況，如孔簡介日即有"正月以朔，旱，有歲。"孔簡"田漁"不能完全排除"耕田和捕魚"義；《大詞典》"田漁"之"耕田和捕魚"義項，首證《淮南子》，日書用例亦有提前書證作用。

153. 童子　瞳人；眼珠。童，通"瞳"。《漢書》。放簡日書1例。

飲必審䁖栖（杯）中，不見童（瞳）子，勿飲。放乙144壹

《大詞典》"瞳子"釋義爲"瞳人，瞳孔。亦泛指眼睛"，首證《淮南子》。

154. 土黄　黄土的顏色。唐劉恂《嶺表録異》。放簡日書1例。

旦至日中投中姑洗，龍殴。土黄色，折頸，長要（腰），延延善孳步。放乙218

---

[1] 胡平生：《阜陽雙古堆漢簡數術書簡論》，載中國文物研究所編《出土文獻研究》第4輯，中華書局1998年版，第25頁。

155. 土禁　不能動土的禁忌。清錢泳《履園叢話》。放簡日書1例。

　　寅、巳、申、亥、卯、午、酉、子、辰、未、戌、丑，凡是=土禁，不可垣。放乙133壹

放簡"土禁"日期與《大詞典》所述不同，《大詞典》中的"土禁"是"迷信説法，掘土要躲避太歲的方位，否則就要招致災禍"。
放簡動土避開的日期非爲太歲所值。其他日書簡亦有與放簡"土禁"值日相同的動土禁忌：

　　（1）正月寅、二月巳、三月申、四月亥、五月卯、六月午、七月酉、八月子、九月辰、十月未、十一月戌、十二月丑，當其地不可起土攻（功）。放甲131背
　　（2）正月寅，二月巳，三月申，四月亥，五月卯，囗子，九月辰，十月未，十一月戌，十二月丑及諸月戌申、未、囗囗丑、亥及五月、六月、十一月先望一日、後，不可操土功，凶。孔273—274

這兩枚簡動土避忌與放簡"土禁"時日相同，未書神煞名。劉樂賢先生考證睡簡中的凶煞與《永樂大典》所載《陰陽寶鑒擇通書》中的"土忌"神煞運行規律相同①。《大詞典》未收"土忌"。"禁""忌"義同。《大詞典》"土禁"詞目的外延可擴大，書證可提前。
清之前的其他文獻"土禁"也有使用。

　　太子乳母王男、廚監邴吉等以爲聖舍新繕修，犯土禁，不可久御。（《後漢書·來歷傳》）

156. 土壤　泥土；土地。《淮南子》。港簡日書1例。

------

① 劉樂賢：《睡虎地秦簡日書研究》，臺灣文津出版社1994年版，第294頁。

☑□足，喜笑。西北垣下糞蔡<u>土襄（壤）</u>下若（匿）。善與人斯（斯），旦得夕不得。港23

先秦文獻"土壤"，目前所見僅《戰國策》中1例，爲封地、疆土義。

157. 瓦甕　陶制的小口大腹容器。《晉書》。孔簡日書1例。

以秋禾孰（熟）時，取禾種（種）數物各一斗粟，盛新<u>瓦壅（甕）</u>中，臧（藏）燥地，到正月救取其息最，穜（種）之。孔456—457

孔簡"瓦甕"作"瓦壅"；《大字典》《大詞典》"壅"均無通"甕"的用法。

158. 望日　月亮圓的那一天。通常指舊曆每月之十五日。《舊唐書》。孔簡日書2例。

入月旬，不可操土功事，命胃（謂）黃帝。十一月先<u>望日</u>、<u>望日</u>、後望一日毋操土功，此土大忌也。孔240

表示農曆十五的"望日""望"同義，日書以"望"爲主，有10例：睡簡5例，王簡1例，嶽山1例，孔簡3例。在表義準確和複音化趨勢的推動下，自睡簡開始已逐漸發生變化，睡簡日甲68背壹有"望之日"，睡簡日乙118有"月望"一詞。至孔簡"望日"產生，"望日"或是"望之日"結構的簡化固化，同時也受到同一義場時間詞"朔日""晦日"等詞的類化影響。

159. 圍城　指圍攻城市。《水滸傳》。日書2例：睡簡、孔簡各1例。

（1）利弋獵（獵）、報讎、攻軍、<u>韋（圍）</u>城、始（答）殺。睡甲40正

· 663 ·

(2) 利以田魚（漁）、弋獵、報讎。可以攻軍、圍城、始（笞）殺。孔41—孔42

《孫子兵法》《六韜》《尉繚子》《孫臏兵法》均未提及"圍城"，可知其說流行較晚，而睡簡日書可見，值得重視①。

《水滸傳》之前的其他文獻，"圍城"也有使用。

(1) 皆曰圍城之患，患無不盡死而邑。（《商君書·兵守》）
(2) 今兩將圍城，又乖異，以故久不決。（《史記·朝鮮列傳》）

160. 穻洝　低下不平。《文選·馬融〈長笛賦〉》，孤證。九店日書1例。

中坦、中□，又汙（穻）安（洝），凥（居）之不溼（盈）志。九店47上

161. 無歲　荒年。《後漢書》。孔簡日書1例。

正月上旬丁己雨，上歲；中旬丁〖巳〗雨，中歲；下旬丁己雨，下歲；三丁己雨，毋（無）歲。朔日雨，歲幾（饑），有兵。孔410

162. 徙官　遷徙官職。《史記》。日書6例：放簡1例，睡簡3例，孔簡2例。

(1) 以徙官，十徙；以受憂者，十喜；以亡者，得十；數（繫）囚，亟出。放乙12

———
① 王子今：《睡虎地秦簡〈日書〉甲種疏證》，湖北教育出版社2003年版，第112頁。

（2）秀，是胃（謂）重光，利壬（野）戰，必得侯王。以生子，既美且長，有賢等。利見人及畜畜生。可取（娶）婦、家（嫁）女、尋衣常（裳）。利祠、飲食、歌樂。臨官立（涖）正（政）相宜也，利徙官，免，復事。豰（繫），亟出。○睡甲32正—33正

（3）秀日，是胃（謂）重光，☐王。以生子，美且長，賢其等。利見人及入畜產。可以取（娶）妻、嫁女，☐衣常（裳），冠帶。☐以會（飲），歌（歌）樂。臨官立（涖）正（政）相宜，以徙官，免事。以豰（繫），亟出。○孔31—32

163. 㥯詬　謂受辱。《梁書》，孤證。日書2例：睡簡、印臺各1例。

（1）月生五日曰杵，九日曰舉，十二日曰見莫取，十四日〖曰〗㥯詢，十五日曰臣代主。代主及㥯（㥯）詢，不可取（娶）妻。○睡甲8背貳—9背貳

（2）三者㥯（㥯）句（詢），㥯句（詢）癸酉、甲戌、乙亥、戊子、己丑、庚寅、癸卯、甲辰、乙巳、戊午、己未、庚申。○印臺《荊州》圖1-9

"詢""詬"異體，秦漢簡牘"句""后"形體相近，常相通用。

164. 喜事　值得慶賀而使人高興的事。唐韓愈《詠燈花》詩。武威日書2例。

☐有熹（喜）事，君思之。君子思之，有熹（喜）事，令人得財。○《武威》9

"熹"通"喜"。《大詞典》"熹"有"通'喜'。欣喜"義項，首證宋洪适《隸續·漢公乘校官掾王幽題名》附文："漢人作隸好假借，或是借憙作喜、作熹。"

165. 繫留　猶拘留。《漢書》，孤證。周秦日書1例。

【柳：斗乘柳，門有客】，所言者憂病事也。占獄訟，毄（繫）留，不吉；占約結，不成；占逐盜、追亡人，不得。周秦233

166. 下餔　同"下晡"。《史記》（《大詞典》："下晡"釋義爲"申後五刻，即下午五時三刻"）。

周秦日書綫圖有二十八個記時時間詞，其中"下餔"位於"餔時"後，"夕時"前。"下餔"是與餔時臨近的餔後時刻。馬王堆帛書《陰陽五行》和居漢"下餔"也有出現，指晚飯隨後的一段時間。

167. 下旬　每月二十一日到月底的日子。《周禮》賈公彦疏引漢鄭玄《箴膏肓》。孔簡日書1例。

正月上旬丁己雨，上歲；中旬丁〖巳〗雨，中歲；下旬丁己雨，下歲；三丁己雨，毋（無）歲。孔410

東漢鄭玄之前的其他文獻中，"下旬"也有使用。

(1) 擇下旬吉日，大合樂，致歡欣。（《淮南子·時則訓》）
(2) 河平二年十月下旬，填星在東井軒轅南尚大星尺餘，歲星在其西北尺所，熒惑在其西北二尺所，皆從西方來。（《漢書·天文志》）

168. 先是　在此以前。多用於追述往事之詞。《史記》。放簡日書1例。

應鐘、夾鐘、林鐘之卦曰：是=大木有槐，其水耐耐，居室離別，□三在方，寇盜且起，大備耐耐，先是毋（無）事①，□放乙255

---

① 先，放簡整理者釋作"夫"；孫占宇先生改釋，見張德芳主編，孫占宇著《天水放馬灘秦墓竹簡集釋》，甘肅文化出版社2013年版，第244頁；陳偉主編，孫占宇、晏昌貴著《秦簡牘合集〔肆〕》，武漢大學出版社2014年版，第172頁。

先秦其他文獻"先是"偶見用例。

　　齊王不聽即墨大夫而聽陳馳，遂入秦。處之共松柏之間，餓而死。先是齊爲之歌曰："松邪！柏邪！住建共者，客耶！"（《戰國策·齊策六》）

169. 閒日　休閒的日子。《史記》。睡簡日書2例。

　　凡是有爲也，必先計月中閒日，句（苟）毋（無）直赤帝（帝）臨日，它日雖有不吉之名，毋（無）所大害。睡甲129正—130正

簡文中的"閒日"即赤帝臨日之外的其他日子。
170. 閒暇　亦作"閑暇"。泛指閒空；沒有事的時候。晉袁宏《後漢紀》。金關日書1例。

　　不蚤（早）不莫（暮），得主君閒俶（暇）①。肥豚□乳，黍飯清酒，至主君所。金關73EJT11.5

171. 縣官　朝廷；官府。《史記》。日書2例：孔簡、水簡各1例。

　　(1) 執日，不可以行，以是，不亡，必執入縣官。可以逐盜，圍得。孔18
　　(2) 病者在頭，見血□死，祟在亡火，窜當路□亡人正東百九十里得縣官。盜者男子，毋妻；北女子毋夫。水《文物》

172. 相當　相抵。《史記》。日書2例：放簡、孔簡各1例。

---

① 閒暇，金關整理者釋作"閒微"；劉嬌先生改釋，見《讀肩水金關漢簡"馬禖祝辭"小札》，《文匯報》2016年8月19日第W11版。

667

(1) 取（娶）婦、家（嫁）女，兩寡相當。睡甲39正
(2) 取（娶）妻、嫁女，兩寡相當。孔39

173. 相宜　合適。漢蔡邕《獨斷》。日書 2 例：睡簡、孔簡各 1 例。

(1) 利祠、飲食、歌樂，臨官立（莅）正（政）相宜也，利徙官，免，復事。睡甲32正
(2) ☐以會（飲），歌（歌）樂，臨官立（莅）正（政）相宜，以徙官，免事。孔32

174. 項頸　脖子。殷夫《梅兒的母親》。放簡日書 1 例。

夾鐘，憂殹，☐☐殹，☐音殹，疾殹。貞在夾鐘，之北之東、【之西】之南，皋陶出令，是以爲凶，室有病者，☐☐作☐☐，☐在項頸，不見大患，乃見死人。放乙266+269

古代文獻中"項頸"亦有使用。

(1) 假使見骨散在地，東西南北腳骨異處，膝臏項頸胸脇頭體各自異處，則而察之。今此軀體其法如是。(《光讚經》卷七)
(2) 他卻挺了個項頸，大家與玉皇大帝相傲，卻再不尋思你這點子濁骨凡胎，怎能傲得天過？天要處置你，只當是人去處置那螻蟻的一般，有甚難處？(《醒世姻緣傳》第二十七回)

175. 小饑　糧食小歉收。戰國魏李悝平糴法把歉收分爲大饑、中饑、小饑三等。《漢書》，孤證。放簡日書 1 例。

七月甲乙雨，飢（饑）；丙丁雨，小飢（饑）；戊己雨，歲中；庚辛雨，有年。放乙156

《大詞典》"大饑"釋義爲"亦作'大飢'。大饑荒；嚴重的饑荒"，"小饑"釋義與"大饑"不協，可作修整。放簡"小飢（饑）"用例可提前《大詞典》書證，並補充"小飢"詞形。

176. 新室　新的房舍；新的人家。唐戎昱《贈宜陽張使君》詩。孔簡日書1例。

　　　五丑不可居<u>新室</u>，不出歲，必有死者☐。孔183貳

"新室"先秦文獻未見用例，王莽之後多用來指王莽政權。很長一段時間"新室"未見新居舍義。

177. 腥臭　又腥又臭。《韓詩外傳》。睡簡日書1例。

　　　一室井血（洫）而星（<u>腥</u>）<u>臭</u>，地蟲斯（嘶）于下。睡甲53背叁

178. 行販　外出經商。《晉書》。放簡日書1例。

　　　上多下少，事君，有初毋後；賈市、<u>行販</u>皆然。唯利貞辠（罪）蠱、言語。放乙243

179. 行賈　經商。《史記》。睡簡日書2例。

　　　斗，利祠及<u>行賈</u>、賈市，吉。取（娶）妻，妻爲巫。生子，不盈三歲死。睡甲75正壹

180. 凶厲　凶惡暴虐。元周權《九日偕友登東岩定香寺》詩，孤證。睡簡日書1例。

　　　害日，利以除<u>凶厲（厲）</u>，兌（說）不羊（祥）。睡甲5正貳

其他文獻"凶厲"也有使用。

· 669 ·

(1) 今有寶劍一雙，各值千金，可以除辟不祥消彌凶厲也。(《太平廣記》卷三百四十九)

(2) 吾輩處世固不宜必有亨且吉之心，而亦自有免於凶厲之道。(《嚴遵集》卷二十二)

181. 兇日　不吉祥的日子。清紀昀《閱微草堂筆記》。嶽山日書1例。

凡丙申、六旬之兇日也。嶽山44正貳3

一般認爲"兇"之不吉祥義通"凶"，本書在不涉及詞目釋文的情況下也採用了"兇（凶）"的常規標寫方式。《大詞典》未有"凶日"詞目，日書"凶日"有2例。

182. 須女　星宿名。二十八宿之一，北方玄武七宿的第三宿。有星四顆，位於織女星之南。《淮南子》。日書9例：睡簡6例，敦煌3例。

(1) 十二月，須女、斗、牽牛大凶，角、犺（亢）致死，奎、婁大吉，東井、輿鬼少吉，（招）榣（搖）皷（繫）巳，玄戈皷（繫）房。睡甲49正壹

(2) 須女，祠、賈市、取（娶）妻，吉。生子，三月死；不死，毋（無）晨（辰）。睡甲77正壹

183. 須臾　古代陰陽家的一種占卜術。《後漢書》。日書8例：睡簡2例，放簡5例，孔簡1例。

(1) 禹須臾：戊己丙丁庚辛旦行，有二喜。甲乙壬癸丙丁日中行，有五喜。庚辛戊己壬癸餔時行，有七喜。壬癸庚辛甲乙夕行，有九喜。睡甲135正

(2) 禹須臾行日。放甲42壹

（3）禹須臾行不得擇日：出邑門，禹步三，鄉（向）北斗。
質畫地，祝之曰："禹有直五橫，今利行，行毋咎，爲禹前
除道。"放甲66貳—67貳

（4）禹須臾所以見人日。孔159貳

日書均以"禹須臾"的形式出現。"須臾"爲短時、片刻之義，用
於擇日數術中，指一種快速判斷吉凶或行爲速成的巫術。"從睡虎地
《日書》及放馬灘《日書》看來，'禹須臾'這種以大禹名字命名的須
臾術似乎可以理解爲一種讓人能夠快速判斷行事吉凶的方法。"①

184. 學書　學習寫字。《南史》。睡簡日書1例。

悤、結之日，利以結言，不可以作大事，利以學書。睡乙14

有研究者將"利以學書"譯作"有利於學習、練習寫毛筆字"②，
或將"學書"訓爲"讀書，求學"③，或將"學書"訓爲"學習"④；
魏德勝、朱湘蓉兩位先生均將睡簡"學書"的這一用例與《大詞典》
"學書"的義項"讀書"對應，認爲睡簡"學書"用例早於《大詞典》
的首證《史記》。

《大詞典》"書"之"文字"義項亦用《史記》例，與"學書"書
證相同，但詞義訓釋存有矛盾。睡簡"學書"應理解爲學習寫字。睡
簡"日書"之"書"即爲"成本的文字記載之著作"，可見睡簡中
"書"可表書寫，抄寫之義。

古代選拔官吏，文字書寫是重要考察內容，如唐代科舉考試中專門
有"明書"一項。秦漢時期亦對官員書寫有要求，張家山漢簡呂后時
期的《二年律令》即有選拔官吏對書寫的要求：

---

① 劉樂賢：《睡虎地秦簡日書研究》，臺灣文津出版社1994年版，第165頁。
② 吳小强：《秦簡日書集釋》，嶽麓書社2000年版，第182頁。
③ 魏德勝：《〈睡虎地秦墓竹簡〉詞彙研究》，華夏出版社2003年版，第100頁。
④ 朱湘蓉：《秦簡詞彙初探》，中國社會科學出版社2012年版，第115頁。

試史學童以十五篇，能風（諷）書五千字以上，乃得爲史。有（又）以八體試之，郡移其八體課大史，大史誦課，取冣（最）一人以爲其縣令史，殿者勿以爲史。三歲壹并課，取冣（最）一人以爲尚書卒史。

"十五篇"即《史籀篇》；"八體"，《説文·叙》："秦書有八體，一曰大篆，二曰小篆，三曰刻符，四曰蟲書，五曰摹印，六曰署書，七曰殳書，八曰隸書。"《漢書·藝文志》載："吏民上書，字或不正，輒舉劾。"秦國、秦代文字書寫在官吏選拔中的要求雖文獻可考不多，但《漢書·刑法志》載："相國蕭何捃摭秦法，取其宜於時者，作九章。"漢初法律對秦律有承襲。秦《史籀篇》《蒼頡篇》等字書的編纂，漢《蒼頡篇》《急就章》等字書的流行、秦漢公文簡牘"習字簡"的頻繁出現等，均説明文字識讀書寫在秦漢官吏選拔中具有重要作用。

富貴是常人的普遍追求，日書中有不少"生子，爲吏""生子，爲大吏"，"生子，肉食"的記載。

因書寫在官吏選拔中的重要作用、古人對於爲官的追求，以及"書"在日書文獻中已有書寫之義，此處將睡簡中的"學書"理解爲"學習寫字"。

185. 血忌　舊俗指忌諱見血的日子，逢該日不殺牲。漢王充《論衡》。日書4例：港簡1例，孔簡2例，金關1例。

（1）☐婁、虛，是胃（謂）血忌，出血若傷，死。港73

（2）血忌：春心，夏輿鬼，秋婁，冬處<虛>，不可出血若傷，必死。血忌，帝啓百虫（蟲）口日也。甲寅、乙卯、乙酉不可出血；出血，不出三歲必死。孔397

（3）血忌：丑、未、寅、申、卯、酉、辰、戌、巳、亥、午、子。金關73EJT23.316

金關"血忌"與港簡、孔簡"血忌"時日選擇原理不同。

186. 旬月　十天至一個月。指較短的時日。《後漢書》。放簡日書

2例。

(1) 戌，犬〖殹〗。禹在賫（積）薪、糞蔡中。黑、單，多言。旬月當得。放甲40
(2)【戌】☑□□多言，旬月當得。放乙76壹

例（1）"旬月當得"字迹不清，放簡整理者釋作"旬子宮得"，乙種文字較清晰，放簡整理者釋作"旬月當閉"。日書甲乙種釋文當相同，"旬月"指一旬或一月等較短的時間①。

187. 言語　争執。《西遊記》，孤證。日書8例：睡簡1例，放簡4例，周秦2例，周漢1例。

(1) 丁丑生子，好言語，或生（眚）於目。睡甲143正壹
(2) 唯利貞皋（罪）蠱、言語，諸羣凶之物盡去。放乙243+288
(3) 占獄訟，不成；占約結，成而有言語。周秦221
(4) 辰死，其室必有言語，有〖咎〗，在五室馬牛。周漢105壹

188. 陽疾　中醫指熱邪。《史記》，孤證。王簡日書1例。

民多寡<患>陽疾，亡人得戰。王46

"戰"疑讀爲"癉"，孔簡日書"戰"有通"癉"者。

八月止陽氣於未，是胃（謂）吾已殺矣，止子氣，必寒；不寒，民多戰（癉）疾，禾復（覆）。孔474—475

---

① 張德芳主編，孫占宇著：《天水放馬灘秦墓竹簡集釋》，甘肅文化出版社2013年版，第78、81頁；陳偉主編，孫占宇、晏昌貴著：《秦簡牘合集〔肆〕》，武漢大學出版社2014年版，第24—25頁。

189. **野林** 野外的樹林。宋曾鞏《擬峴臺記》。放簡日書2例。

卯，免殹。以亡，盜從東方入，復從出。臧（藏）野林、草茅中。爲人短面，出〖目〗。不得。○放甲33(又見於放乙69)

阜陽《周易》卜辭有"林埜（野）"①；"野林""林野"爲同素異序同義詞，秦漢時期用例均不多，尚處於發展凝固期。

190. **野獸** 家畜以外的獸類。《逸周書》晉孔晁注。睡簡日書1例。

埜（野）獸若六畜逢人而言，是票（飄）風之氣。○睡甲52背壹—53背壹

晉之前的其他文獻"野獸"也有使用。

（1）昔者無道之君，大其宫室，高其臺榭。良臣不使，讒賊是舍。有家不治，借人爲國。政令不善，墨墨若夜。辟若野獸，無所朝處。（《管子·四稱》）

（2）相如口吃而善著書。常有消渴疾。與卓氏婚，饒於財。其進仕宦，未嘗肯與公卿國家之事，稱病閒居，不慕官爵。常從上至長楊獵，是時天子方好自擊熊彘，馳逐野獸，相如上疏諫之。（《史記·司馬相如列傳》）

191. **憂病** 猶言憂愁痛苦。《詩》鄭玄箋，孤證。周秦日書3例。

（1）【抵（氐）：斗乘】抵（氐），門有客，所言者憂病事也。○周秦191

---

① 胡平生：《阜陽雙古堆漢簡數術書簡論》，載中國文物研究所編《出土文獻研究》第4輯，中華書局1998年版，第25頁。

(2) 斗乘婺女，門有客，所言者憂病事也。周秦205
(3)【柳：斗乘柳，門有客】，所言者憂病事也。周秦233

朱湘蓉先生將周秦"憂病"訓作"憂愁痛苦"，指出《大詞典》書證晚出①。

其他文獻該意義的"憂病"也有使用。

幼弱則未有所知，衰邁則歡樂並廢，童蒙昏耄，除數十年，而險隘憂病，相尋代有，居世之年，略消其半，計定得百年者，喜笑平和，則不過五六十年，咄嗟滅盡，哀憂昏耄，六七千日耳，顧眄已盡矣，況於全百年者，萬未有一乎？（《抱朴子·勤求》）

"憂病"亦有疾病義。

(1) 卜憂病者甚，不死。（《史記·龜策列傳》）
(2) 後上言外祖母王年老，遭憂病，下土無醫藥，願乞詣洛陽療疾。（《後漢書·清河孝王慶傳》）

《大詞典》"憂病"可增補疾病義項。周秦日書"憂病"均出現於《繫行》篇，語句簡單，程式化，"憂病"或指疾病。

192. 憂心　心裏擔憂。元石德玉《秋胡戲妻》。放簡日書2例。

【貞】在毋射，禹以成略，溉（既）就溉（既）成，乃告民申皋人，在此憂心，貞身右（有）苦（痌）疵，憂心申申，不可以告人。放乙279+311

193. 餘病　未痊癒的病痛。《史記》，孤證。放簡日書1例。

---

① 朱湘蓉：《秦簡詞彙初探》，中國社會科學出版社2012年版，第102頁。

占疾，投其病日、辰、時，以其所中之辰閒，中其後爲已閒，中其前爲未閒。得其月之剽，恐死；得其收，瘁（瘵）；得其吉，善；得其閉，病中□□；得其建，多餘病；得除，恐死；得其盈，駕（加）病；得其吉，善；得其㠯，病久不□□□，乃復病。放乙338+358上+335+364下

有研究者認爲簡文"餘病"指飲食無度，飽食致病①。該簡屬於建除占疾內容，分別占斷剽、吉、閉、建、除、盈、吉、㠯諸建除神所值日疾病的"死、瘁（瘵）、恐死、駕（加）病、善、病久、復病"等結果，非涉及具體疾病及病因；"餘病"當爲疾病未痊愈之義。

194. 玉龜　傳說中的神龜。《史記》。放簡日書1例。

旦至日中投中夷則，玉龜殹。放乙230

王龜，放簡整理者釋作"王蟲"；程少軒、蔣文先生改釋②。
上引簡文出自《黃鐘》篇，黃鐘以三十六禽與音律相配進行占斷，其中有占辭搭配"赤鳥"。

日入至晨投中南呂，赤鳥殹。放乙235

"赤鳥"亦爲傳說中的神鳥。傳說中的神獸"玉龜"出現於日書占辭，也容易理解。

195. 獄史　決獄的官。《漢書》。額簡日書1例。

欲急行出邑，禹步三，嗁臯，祝曰：士五（伍）光今日利以行，行毋死。已辟除道，莫敢義（我）當，獄史、壯者皆道

---

① 張煒：《放馬灘日書涉醫簡研究》，《中醫文獻雜志》2016年第2期。
② 程少軒、蔣文：《略談放馬灘簡所見三十六禽（稿）》，復旦大學出土文獻與古文字研究中心網2009年11月11日（http://www.gwz.fudan.edu.cn/Web/Show/974）。

道旁。颖2002ESCSF1.2

先秦文獻"獄史"未見用例；《大詞典》"獄史"兩則書證均出自《漢書》。

196. 獄事　有關刑獄之事。《漢書》。孔簡日書1例。

辰，不可爲嗇夫，必以獄事免。孔200

先秦文獻"獄事"未見用例，《史記》中有1例。

197. 獄訟　訴訟。《史記》。日書33例：放簡4例，周秦29例。

（1）【多其數】者，占病益病，占獄訟益皋，占行益久，占買市益利，占憂益憂。少其數者，360上+162下占病有瘳，占獄訟益輕，占行益易，占買市少贏。下毋（無）所比者。旦以至日中以其雄占，日中以至晦以其雌放乙297占。占長年不定家，占男子搖妻，女子去夫，百事搖。放乙310

（2）卜獄訟、毄（繫）囚不吉。放乙263

（3）牽牛：斗乘牽牛，門有客，所言者請謁、獄訟事也。占獄訟，不勝；占約結，凶事成，吉事不成；占逐盜、追亡人，得之；占病者，死；占行者，發而難；占來者，未至；占市旅者，不吉；占物，白、黑半；占戰斲（鬭），勝之，・不勝。周秦203—204

周秦日書"獄訟"集中出現於《繫行》篇，作定語3例，與"約結、逐盜追亡人、病、行、來、市旅、物、戰鬭"等事項並列26例。

"獄"有争訟義，"訟"有訴訟義，"獄訟"表訴訟爲同義並列合成詞。

《大詞典》"獄訟"有"訟事；訟案""訴訟""訴訟者"三個義項，這三個義項關聯密切，前兩個義項分屬名詞、動詞用法；不過《大詞典》這兩個義項所舉書證，未能體現名詞與動詞用法的區別：前者書證出自《周禮》："凡萬民之不服教而有獄訟者，與有地治者聽而

・677・

斷之，其附於刑者歸於士。"後者書證出自《史記》和晉劉琨《勸進表》："諸侯朝覲者不之丹朱而之舜，獄訟者不之丹朱而之舜，謳歌者不謳歌丹朱而謳歌舜。""謳歌者無不吟詠徽猷，獄訟者無不思於聖德。"動詞義項的書證均爲"者"字結構；名詞義項的書證雖然可讀爲"'有獄訟'者"，也可讀爲"有'獄訟者'"，若讀爲後者，則與動詞義項書證情況相同。漢語詞語具有多功能性同時形態又不豐富，名動兼類詞數量較多，"者"字結構是古代區分名動結構的重要外部特徵；上述例句"者"並不能明確區分所組合詞語的詞類屬性。《周禮》中"獄訟"多見，有較爲明確的名詞用法例句，先秦其他文獻也有。

（1）方士掌都家，聽其獄訟之辭，辨其死刑之罪而要之。（《周禮·秋官·方士》）

（2）夫豢豕爲酒，非以爲禍也；而獄訟益繁，則酒之流生禍也。（《禮記·樂記》）

（3）獄訟繁、倉廩虛、而有以淫侈爲俗，則國之傷也若以利劍刺之。（《韓非子·解老》）

《大詞典》"獄訟"之"訟事；訟案"義項可豐富書證；"訴訟"義項可提前書證。

198. 遠役　謂到遠方服役，戍守邊疆。《後漢書》。日書4例：放簡3例，嶽山1例。

（1）凡黔首行遠役，毋以甲子、戊辰、丙申。不死，必亡。放乙124壹

（2）壬戌、癸亥不可以之遠役及來歸入室，必見大咎。嶽山44正貳4

199. 月日　日子；時日。《史記》。睡簡日書1例。

鬼恒召人曰：甕（爾）必以某月日死，是恃鬼化爲鼠，入人醯醬、滫將（漿）中，求而去之，則已矣。睡甲25背貳—26背貳

200. 月中　月内，某月之内。《新唐書》，孤證。睡簡日書2例。

　　凡是有爲也，必先計月中閒日，句（苟）毋直赤帝（帝）臨日，它日雖有不吉之名，毋（無）所大害。睡甲129正—130正

相近簡文又見於睡簡日乙簡135。
唐宋之前的其他文獻該義項的"月中"也有使用。

　　入山而無術，必有患害。或被疾病及傷刺，及驚怖不安；或見光影，或聞異聲；或令大木不風而自摧折，巖石無故而自墮落，打擊煞人；或令人迷惑狂走，墮落坑谷；或令人遭虎狼毒蟲犯人，不可輕入山也。當以三月九月，此是山開月，又當擇其月中吉日佳時。（《抱朴子・登涉》）

201. 竈神　舊俗供於灶上的神。漢應劭《風俗通》。孔簡日書1例。

　　壬癸水也，有疾，黑色季子死。非黑色，戊有瘳，已汗（旰）。羞（竈）神及水祟。孔351壹

《大詞典》"竈神"書證將《莊子》唐成玄英疏置於應劭《風俗通》前，《莊子》有"竈"無"竈神"，"竈神"出自成玄英疏。

202. 戰伐　征戰；戰爭。《史記》。日書3例：睡簡2例，孔簡1例。

　　（1）徹，是胃（謂）六甲相逆，利以戰伐。睡甲44正
　　（2）勶（徹）日，是胃（謂）六甲相逆，利以戰伐。孔46

203. 戰懼　長懼。《後漢書》。九店日書1例。

· 679 ·

凡敂日，惐（戰）䚅（懼）之日，不利以祭祀，聚衆，囗去，徙家。九店15下

李家浩先生疑"惐䚅"讀爲"踐稟"，踐稟之日指耕種之日①。何有祖先生疑"䚅"讀爲"懼"，"懼，通作懅"；"惐"疑讀作"戰"。"戰懼"實爲同義複合詞，"戰懼之日"，也指"破日"，重言之是用來形容楚民心懷楚俗"破日"禁忌，恐懼不已②。

上博簡九《史䇹問于夫子》簡12作："'囗聏（聞）子之言大䚅（懼），不志（識）所爲。'夫子曰：'善才（哉）！臨事而䚅（懼），希不囗'。"其中的"䚅"讀爲"懼"。

九店注重以文字形體來呈現、區別意義，如：瑞（佩玉之佩）、覓（與"存"相對之"亡"）、杠（祭祀之攻）、祭（盟詛之盟）、禠（盟詛之詛）、祭（行神之行）、䰠（鬼神之鬼）、俤（兄弟之弟）、倀（長子之長）、含盦（陰晴、陰陽之陰）、渿（水井之井）。"惐"或爲"恐懼"義"戰"的專字。

204. 稙禾　早稻，早種的稻禾。北魏賈思勰《齊民要術》。孔簡日書2例。

（1）入正月四日，旦温稙禾爲，晝温中禾爲，夕温稺禾爲，終日温三幷。孔412

（2）七日稙禾爲，九日中禾爲，廿日稺禾爲。孔417

日書中，"禾"經常用作穀物的總稱。

（1）己亥，癸亥、丑、酉，皆禾吉日也。麥龍子，稷龍寅，

---

① 湖北省文物考古研究所、北京大學中文系：《九店楚簡》，中華書局2000年版，第70頁。

② 何有祖：《楚竹書釋讀七則》，簡帛網2006年2月15日（http：//www.bsm.org.cn/show_article.php?id=190）。

黍龍丑，稻龍戌，叔（菽）龍卯，麻龍辰。孔454—455

（2）禾良日，己亥、癸亥、五酉、五丑。禾忌日，稷龍寅、秫丑、稻亥、麥子、菽、荅卯、麻辰、葵癸亥，各常□忌，不可種之及初穫、出入之。辛卯不可以初穫禾。睡甲17正叁—23正叁

孔簡"麥龍子，稷龍寅，黍龍丑，稻龍戌，叔（菽）龍卯，麻龍辰"，據睡簡相應簡文來看，即是"禾忌日"的內容，"禾忌日"包含"稻"等多種糧食作物。孔簡"禾"除簡444中"禾、麻"共現，"禾"或爲粟外，其他均用作穀類作物總稱；孔簡"稻"僅出現2例。孔簡日書所關注的禁忌農作物，與隨州地理環境、作物種植基本相符，隨州位於湖北北部，地處長江流域和淮河流域的交匯地帶。我國南北、東西降水等自然條件差異較大；湖北居中，其北方以旱地作物爲主（旱作農業爲主），南方則以水田農業爲主，具有水、旱作物各占一半的過渡性結構特徵①。孔簡中的"植禾"可能指早種穀物，非限於稻禾。

205. 徵音　指宮、商、角、徵、羽五音中的徵音級。晉陸機《演連珠》。放簡日書1例。

徵音善，其畜虎，其器□，其穜（種）華，其事嗇夫，其處整□長，其味酸，其病□□。放乙352+354

晉之前的其他文獻"徵音"也有使用。

弦大者爲宮，而居中央，君也。商張右傍，其餘大小相次，不失其次序，則君臣之位正矣。故聞宮音，使人溫舒而廣大；聞商音，使人方正而好義；聞角音，使人惻隱而愛人；聞徵音，使人樂善而好施；聞羽音，使人整齊而好禮。（《史記·樂書》）

---

① 曾菊新：《湖北主要農作物種植的地域差異及類型分析》，《華中師範大學學報》1989年第4期。

206. 治喪　辦理喪事。《漢書》。武威日書1例。

【辰】毋治喪，□□□□。《武威》5

207. 中歲　農業收成一般的年景。《周禮》鄭玄注。孔簡日書1例。

正月上旬丁己雨，上歲；中旬丁〖巳〗雨，中歲；下旬丁己雨，下歲；三丁己雨，毋（無）歲。孔410

另，孔簡殘簡27"至中歲至雲下者歲□☑"有1例"中歲"，語義不明。

208. 中宵　中夜，半夜。晉陸機《贈尚書郎顧彥先》詩之二。放簡日書1例。

姑先（洗）、夷則、黃鐘之卦曰：是＝自天以戒，室有大司壽，吾康康發，中宵畏忌。放乙259+245

中宵，即中夜，"宵"表"夜"義，文獻多見；放簡日書以"中夜"表半夜義多見。

209. 中旬　一個月的中間十天，即從十一日到二十日。唐王建《宮前早春》詩①。日書3例：睡簡、孔簡、阜陽各1例。

(1) 月中旬，毋起北南陳垣及艚（增）之，大凶。睡甲138背—139背
(2) 正月上旬丁己雨，上歲；中旬丁〖巳〗雨，中歲；下旬丁己雨，下歲；三丁己雨，毋（無）歲。朔日雨，歲幾（饑），有兵。孔410

---

① 《大詞典》"中旬"，書證之一爲《管子·宙合》："歲有春秋冬夏，月有上下中旬。"該句"中旬"爲"上中下"與"旬"的組合，非"中旬"一詞的典型用例。

· 682 ·

（3）中旬築，丑、未吉。阜陽

210. 中子　排行居中的兒子。《史記》。日書 11 例：放簡 6 例，睡簡、王簡、周秦、港簡、孔簡各 1 例。

（1）筑（築）右圩（序），長子婦死。筑（築）左圩（序），中子婦死。睡甲100正
（2）長子死，取中子；中子死，取少子。放乙108下壹
（3）築室，大人死；右序，長子死；左序，中子死。孔247

211. 主人　特指留宿客人的房東。《史記》。孔簡日書 1 例。

以入客，是胃（謂）奪主人家。孔45

212. 足下　腳底下。《玉臺新詠·古詩〈爲焦仲卿妻作〉》。睡簡日書 1 例。

在足下者賤。睡甲151正叁

213. 佐吏　古代地方長官的僚屬。《晉書》。放簡日書 1 例。

刑門，主必富，不爲興□，爲左（佐）吏，十二歲不更，不耐乃刑。放乙21叁+放乙20叁

孫占宇先生於釋文"左"後括注"佐"，注曰"左吏，佐吏；佐史。地方長官的僚屬"①。又釋文"左"後未括注，注曰"左吏，或讀

---

① 張德芳主編，孫占宇著：《天水放馬灘秦墓竹簡集釋》，甘肅文化出版社 2013 年版，第 103、106 頁。

作'佐吏'。'吏'、'史'可以通用，'左史'也爲官職名稱"①。《大詞典》"左史"釋義爲"周代史官有左史、右史之分"，未列書證。由於日書文獻占辭提及"吏"均爲泛稱，如"爲吏""爲大吏"，未有具體職務的官吏名稱；且日書中"吏"表官吏義常見。此處"左史"理解作"佐吏"可能更合適。

二　增補書證

《大詞典》關於舉例的規定有"例句能反映出詞義的源流演變""一個義項一般以引三個例句爲宜，必要時還可多引一兩個"②。"詞例需要有一定的量，無論是印證詞目、幫助釋義、驗證義項，還是展示用法，孤證都是應當盡可能避免的"③。《大詞典》中部分詞目，雖有書證，且非孤證，但書證之間差距較大，缺少秦漢時段的用例；這不利於展現詞義的源流演變。所以本部分增補書證的詞目涉及三部分內容，一是無書證詞目，二是孤證詞目（書證遲後的孤證詞條置於提前書證部分），三是缺少秦漢文獻書證的詞目。

（一）單音詞

1. 塾　埋藏。無書證。睡簡日書1例④。

一室井血（洫）而星（腥）臭，地蟲斯（嘶）于下，血（洫）上屚（漏），以沙塾之，更爲井，食之以噴（饋），飲以爽（霜）路（露），三日乃能人矣。睡甲53背叄—54背叄

《廣雅·釋詁》："塾，藏也。"王念孫疏證："塾者，下之藏。"《大字典》"塾"之"藏"義項，亦無書證。

---

① 陳偉主編，孫占宇、晏昌貴著：《秦簡牘合集〔肆〕》，武漢大學出版社2014年版，第40、45頁。
② 漢語大詞典編纂處：《漢語大詞典編纂手册》，漢語大詞典編纂處1981年版，第40頁。
③ 李爾鋼：《現代辭典學導論》，漢語大辭典出版社2002年版，第164頁。
④ 詞目後爲《大詞典》釋義、書證情況、日書用例情況。下同。

2. 瞗　仔細看；經常看。無書證。放簡日書1例。

　　毋（無）毒之方：飲必審瞗栖（杯）中，不見童（瞳）子，勿飲。_{放乙144壹}

　　瞗，放簡整理者釋作"睢"；陳劍先生改釋①。方勇先生認爲"審瞗"指仔細觀察之義②。因其他文獻未見"審瞗"用例，暫未將"審瞗"看作複合詞。
　　《大字典》"瞗"之"仔細看"義項，僅有《説文》《廣韻》的釋義，亦未有書證。
　　另，"瞗"字用例罕見。孫占宇先生將之釋作"膓"，"膓"有"詳"義；審膓，膓審，詳細審查③。《大詞典》"審詳、詳審"均有收錄："審詳"之"仔細審察"義項，首證爲《後漢書》；"審詳"之"詳細審察"義項，首證唐魏徵《遺表稿》。
　　3. 玒　古祭名。《周禮》，孤證。九店日書1例。

　　凡苟日，可以爲少（小）玒。_{九店23下}

　　李家浩先生指出"'玒'當是'攻説'之'攻'的專字。……'小玒（攻）'猶'小祭'，大概古代舉行'攻'這種祭祀活動也分大小。"④ 楚簡中凡祭名之攻均作"玒"，凡與祭祀活動有關的字多從示作，"玒"當爲"攻"的分化字，傳世文字未分化⑤。

---

① 轉引自方勇《天水放馬灘秦簡零拾（三）》，簡帛網 2013 年 10 月 11 日（http：// www. bsm. org. cn/show_ article. php？ id＝1929）。
② 方勇：《天水放馬灘秦簡零拾（三）》，簡帛網 2013 年 10 月 11 日（http：// www. bsm. org. cn/show_ article. php？ id＝1929）。
③ 孫占宇：《天水放馬灘秦簡集釋》，甘肅文化出版社 2013 年版，第 165 頁。
④ 湖北省文物考古研究所、北京大學中文系：《九店楚簡》，中華書局 2000 年版，第 75—76 頁。
⑤ 蔣德平：《從楚簡新出字中的分化字看戰國時期的"文字異形"》，《華東師範大學學報》2008 年第 5 期。

4. 瘊　疣。無書證。參見"瘊子"(《大詞典》"瘊子"釋義爲"皮膚上長的小瘤子",孤證宋沈括《夢溪筆談》)。放簡日書 2 例。

　　酉,雞殹。盜從西方入,復從西方出。弅在囷、屋、東辰、糞旁。名曰灌,有黑子矦(瘊)。放甲39

相同簡文又見於放乙 75 壹,日書甲乙種中的"矦",放簡整理者分別釋作"殹""侯"。孫占宇先生改釋爲"矦",後括注"瘊"①。張煒先生認爲"侯"通"瘊",指皮膚上長的小黑色瘤子②。復旦讀書會據圖版甲本字形作"侯"不誤而乙本字形不清,及簡文每條最末一般叙述"得""不得"等情況,認爲此處作"侯"語義不明存疑,一説"侯"可讀爲"候",等候的意思③。

"黑子"與"瘊"同義連用,爲較明顯的痣疣類皮膚特徵。先秦文獻"瘊"未見用例,放簡"瘊"當是較早用例。不過同篇其他簡每條簡末一般書有"得"或"不得","矦"不能排除爲"得"誤書的可能。

《大字典》"瘊"釋義爲"疣之小者,俗稱瘊子",書證《醫部彙考》,爲"瘊子"用例。

5. 畫　卦象的橫綫。無書證。周秦日書 2 例。

　　此所謂戎磨日殹。從朔日始鬶(數)之,畫當一日。直一者,大䠆(徹);直周者,小䠆(徹);直周中三畫者,寙(窮)。周秦132叁—134叁

---

① 張德芳主編,孫占宇著:《天水放馬灘秦墓竹簡集釋》,甘肅文化出版社 2013 年版,第 78、122 頁;陳偉主編,孫占宇、晏昌貴著:《秦簡牘合集〔肆〕》,武漢大學出版社 2014 年版,第 19、55 頁。

② 張煒:《放馬灘日書涉醫簡研究》,《中醫文獻雜志》2016 年第 2 期。

③ 復旦大學出土文獻與古文字研究中心研究生讀書會:《天水放馬灘秦簡〈日書·盜篇〉研讀》,復旦大學出土文獻與古文字研究中心網 2009 年 10 月 24 日(http://www.gwz.fudan.edu.cn/Web/Show/951)。

簡文中的"畫"指簡131叁圖符的橫綫條"｜目｜目｜目｜目｜目"，"畫當一日"即每一畫代表一天，"周中三畫"即方框圖形中的三條橫綫。

《大字典》"畫"之"書法的橫畫叫畫，漢字的一筆叫一畫。古代卦象的橫綫也叫畫"義項，首證爲《易》孔穎達疏。《大詞典》"畫"之"古指卦象的橫綫"和"書法橫筆叫畫；漢字的一筆叫一畫"兩個意義分列義項，後者首證爲晉王羲之《題衛夫人〈筆陣圖〉後》。

6. 計　謂送計簿。《左傳》，孤證。日書4例：睡簡、孔簡各2例。

（1）申入官，不計去。睡甲162正陸
（2）九月爲計於卯。蚤（早）風以於草木，溫以清，五官受令；其風忘（妄），有大事，計不成。孔475—476

睡簡整理者注曰："計，指上計。不計去，未到上計之時而去職。""上計是每年例行公務，'不計去'，即任職不足一年。"① 上計制度始於戰國，地方官員於年終將轄區户口、賦稅、盜賊、獄訟等事項編造計簿，遣吏逐級上報，奏呈朝廷，是考察地方官員一年治績的一種統計報告制度。漢朝沿用發展了戰國的上計制度，建立了從中央到地方的上計系統，並制定了《上計律》，規定郡國每年"歲盡"時用集簿報告其户口墾田、錢穀出入、盜賊訟獄等事項統計，以憑考核功過，決定獎懲，對上計時間及報告程式作了規定，漢初以十月爲歲首，"歲盡"指"計斷九月"，至武帝太初元年（前104）改曆，方以正月爲歲首②。孔簡所記上計時間爲九月，與漢代上計制度吻合。

《大字典》"計"之"計簿……又指呈送計簿"義項，書證有《左傳》《管子》；無漢代書證。

7. 奎　胯，兩條大腿之間。無書證。日書2例：睡簡、周漢各1例。

---

① 王子今：《睡虎地秦簡〈日書〉甲種疏證》，湖北教育出版社2003年版，第309頁。
② 鄭家亨主編：《統計大辭典》，中國統計出版社1995年版，第1143頁。

(1) 人字：其日在首，富難勝殹。夾頸者貴。在奎者富。在被（腋）者愛。在手者巧盜。睡甲150正貳—154正貳

(2) 此禹湯生子占也。直頭、肩上、貴；直夜（腋），富；足，男子賤、女子貴；耳，聖；奎，嫪；手，勞、盜。周漢9+34壹+159壹+187壹+222壹

《說文·大部》："奎，兩髀之間。"段玉裁注："奎與胯雙聲。奎宿十六星以像似得名。"

《大詞典》"奎"之"胯"義項，僅舉《說文》與段玉裁注。《大字典》"奎"之"胯"義項，書證有《莊子》、嚴復《救亡決論》。《大字典》引章炳麟《新方言》："今吳越間皆謂兩髀爲奎裏。"《莊子》有楚方言色彩，嚴復爲福建福州人，古有閩越國，閩越文化關係密切；睡簡、周漢出土於戰國楚地；"奎"表"胯"義出現於這些作品，或表明該意義的"奎"具有方言性質。

8. 鯤　魚子。無書證。睡簡日書2例。

(1) 庚辛有疾，外鬼傷（殤）死爲祟，得之犬肉、鮮鯤白色。睡甲75正貳

(2) 庚辛有疾，外鬼傷（殤）死爲姓（眚），得於肥肉、鮮魚鯤。睡乙185

例（2）"鯤"前有"鮮魚"修飾，"鯤"之魚卵義明確。《大字典》"鯤 kūn"釋義爲"同'鯤'。魚子"，以《禮記》"鯤醬"爲書證。睡簡提供了"鯤"單用的魚卵義。

9. 嬴　通"裸"。裸露。《呂氏春秋》，孤證。睡簡日書2例。

(1) 人毋（無）故一室人皆疫，或死或病，丈夫女子隋（墮）須（鬚）嬴（裸）髮黃目，是宲宲人〈是＝宲人〉生爲鬼。睡甲43背壹—46背壹

(2) 鬼恒嬴（裸）入人宮，是幼殤死不葬，以灰潰之，則不來矣。睡甲50背貳

· 688 ·

例（1）"丈夫女子隋（墮）須（鬚）羸（裸）髮"運用了並提辭格，即"丈夫墮鬚，女子裸髮"。

《大字典》"羸"之"通'倮（裸 luǒ）'。裸露"義項，書證除與《大詞典》相同的《呂氏春秋》語句外，尚有《左傳》孔穎達疏、唐劉得仁《秋晚遊青龍寺》。

10. 辟　邊，側。《左傳》，孤證。睡簡日書1例。

一室人皆夙（縮）筋，是會虫（蟲）居其室西臂（辟），取西南隅，去地五尺，以鐵椎椯之，必中虫（蟲）首，屈（掘）而去之。○睡甲39背貳—41背貳

睡整理者釋文於"臂"後括注"壁"。王子今先生認爲整理者"解爲'西壁'，則與下文'取西南隅，去地五尺，以鐵錘椯之，必有蟲首，屈而去之'不合。'西壁'與'西南隅'地下五尺有相當距離。推想'西臂'或當理解爲'西僻'，即西邊側僻地方"①。睡簡最新整理本釋文"臂"後未加括注，亦未作訓釋②。訓"臂"爲"壁"於語義未安；而訓"臂"爲"僻"，"僻"爲形容詞，受"西"修飾作"居"的賓語，又與語法不合。簡文"臂"可讀爲"辟"，義爲"旁側"；西側包含西南角。

《大字典》"辟 pì"之"旁側"義項，亦爲孤證《左傳》用例。

11. 票　快速。引申爲輕捷。無書證。睡簡日書1例。

亥，豕也。盜者大鼻而票行，長脊，其面不全，疵在要（腰），臧（藏）於囷中垣下。夙得莫（暮）不得。○睡甲80背

睡簡整理者釋文"票"後括注"剽"，訓爲"疾"。"票"本有快

---

① 王子今：《睡虎地秦簡〈日書〉甲種疏證》，湖北教育出版社2003年版，第402頁。
② 陳偉主編，彭浩、劉樂賢、萬全文等著：《秦簡牘合集〔壹〕》，武漢大學出版社2014年版，第444頁。

· 689 ·

速義，不必讀爲"剽"。快速與家豬之行動特徵不合，"豕"或爲野豬；若爲家豬，"票piāo"可訓"搖動"，"票行"爲搖擺而行。

《大字典》"票piào"之"迅疾；輕捷"義項，書證有二，首證爲《漢書》"票禽"用例；次證爲《新唐書》"票將"用例。《大詞典》"票禽""票將"均單列爲詞。

12. 俶　同"叔"。拾，收。無書證。睡簡日書1例。

即五畫地，俶其畫中央土而懷之。睡甲111背—112背

《大詞典》"叔"之"拾取"義項，孤證《詩》。《大字典》"俶"釋義爲"同'叔'。拾取"，僅舉《集韻》解釋，未提供書證；"叔"之"拾取"義項，除《説文》《字彙》釋義外，亦孤證《詩》。

13. 貕　方言。小豬。無書證。放簡日書1例。

日入至晨投【中應】鐘，貕（貕）〔殹〕。衷瘫（膺），長喙而脱，其行迹迹，黑色。善病肩、手。放乙217

與應鐘另兩個時段相配的禽名，一例殘去，一例寫作"虒"。

（1）旦至日中投中應鐘，□殹。長頤，折鼻，爲人免（俛）僂，□面，惡，行彼彼殹，色黑。善病腹、腸。放乙238

（2）日中至日入投中應鐘，虒殹①。長目，大喙，長□，肩僂，行任任殹，色蒼黑。善病風痹。放乙239

應鐘三個時段所配物禽具有相關性，上博館藏六朝銅式以豕、豚、豬與亥相配。"虒"爲秦方言，"貕"爲楚方言，殘缺禽名或爲通名"豕"。

---

① 虒，放簡整理者釋作"虎"；孫占宇先生改釋，見張德芳主編，孫占宇著《天水放馬灘秦簡集釋》，甘肅文化出版社2013年版，第241—242頁。

《大字典》"貕"之"小豬"義項,亦未有書證。

14. 氣　"餼"的古字。餽贈糧餉。無書證。睡簡日書1例。

　　凡鬼恒執匱以入人室,曰"氣(餼)我食"云,是＝餓鬼。○睡甲62背貳

睡簡整理者釋文於"氣"後括注"餼"。洪燕梅先生認爲"氣"本義即是餽贈糧食,"氣"爲"餼"之本字,"餼"爲"氣"的俗字,今以俗字爲正字;簡文"氣"字後加括注,易使讀者誤判爲通假①。

《大詞典》"氣"之"餽贈糧餉"義項,以《説文·米部》"氣"字引《春秋傳》爲證,未列其他書證。《大字典》"氣"之"贈送人的糧食或飼料"義項,書證情況與《大詞典》同。兩部辭書均以《説文·米部》所引《春秋傳》古文"氣"爲例,而今本《春秋傳》作"餼"。睡簡"氣"用例,提供了"氣"本義及"氣""餼"字際關係的寶貴資料。

15. 善　大;高;豐。《詩》,孤證。孔簡日書1例。

　　寅,虎也。盜者虎狀,希(稀)☐,不金<全>於中,以上大辟(臂)臧(藏)。其盜決疕(眥),善彖(喙)口。東臧(藏)之史耳<瓦>若所。○孔369

孔簡整理者標點作"其盜決,疕善彖(喙)口";陳炫瑋先生將"疕"與上文"決"連讀,讀"疕"爲眥,"決疕,善喙口"描寫虎的眼睛及嘴巴②。"其盜決疕,善彖口"描寫盜匪有着和老虎一樣的大眼、大口,頗合情理③。

---

① 洪燕梅:《出土秦牘文化研究》,臺灣文津出版社2013年版,第14頁。
② 陳炫瑋:《孔家坡漢簡〈日書〉劄記二則》,簡帛網2007年1月6日(http://www.bsm.org.cn/show_article.php?id=498)。
③ 周敏華:《〈睡〉簡、〈放〉簡及〈孔〉簡之〈日書〉盜篇比較》,《文與哲》2007年第10期。

16. 纖　黑經白緯。指祭服的顏色。《禮記》，孤證。放簡日書1例。

　　旦至日中投中大族，虎殹。鐵（纖）色，大口，長要（腰），其行延延殹，色赤黑，虛虛。善病中。放乙212

簡文"鐵"表顏色確定無疑。孫占宇先生認爲"鐵色"或謂顏色與山韭類似，又疑"鐵"當讀爲"纖"，黑經白緯曰纖①。將"鐵（纖）"訓作黑白色爲佳，這與黑白（黄）紋虎皮有關。

"纖"表顏色，用例不多；《大字典》"纖"之"祭祀的顏色，黑經白緯曰纖"義項，書證有《禮記》《史記》兩個，並引清毛奇齡《喪禮吾説篇·三年之喪之折月説》："禫服是纖服，學禮之儒皆所不曉，幸《間傳》有'禫被而纖'語，而漢文遺詔適有'纖七日'之文，始知纖者乃是禫服之色。"《大詞典》中詞素"纖"構成147個詞，多取其"細小；微細"義。放簡該例用法較爲珍貴。

17. 新　伐木。無書證。放簡日書1例。

　　丁未、癸亥、酉、甲寅、五月申不可之山谷亲（新）以材木及伐空桑②。放乙305

《大詞典》"新"之"伐木"義，列《説文》和章炳麟《論承用"維新"二字之荒謬》説解，未有文獻書證。《大字典》"新"之"砍伐樹木"義項亦僅列《説文》釋義。"新""薪"在伐木義上爲古今字，後世一般寫作"薪"，《大詞典》"薪"之"打柴；砍伐"義項，首證宋韓琦《重修北嶽廟記》。

---

①　張德芳主編，孫占宇著：《天水放馬灘秦簡集釋》，甘肅文化出版社2013年版，第237頁；陳偉主編，晏昌貴、孫占宇著：《秦簡牘合集〔肆〕》，武漢大學出版社2014年版，第163頁。

②　亲，放簡整理者未隸定；孫占宇先生釋出，讀爲"新"，見陳偉主編，孫占宇、晏昌貴著《秦簡牘合集〔肆〕》，武漢大學出版社2014年版，第106頁。

<<< 第四章 簡牘日書詞彙應用研究

18. 兇　形容死亡、災難等不幸現象，與"吉"相對。無書證。日書64例（含"兇"之名詞、形容詞用法）：九店3例，睡簡29例，放簡21例，港簡6例，孔簡、周漢、金關各1例，印臺2例。

(1) 壬癸死者，明鬼祟之，其東受兇。睡乙206壹

(2) 己酉不可爲室，兇；不死，必亡。放乙120壹

(3) 利友（祓）除兇、出逮<逐>、飲樂（藥）、除病。以嗀（繋），無罪。印臺《荊州》圖2-3貳

另，睡簡有2例"兇"爲"大兇""小兇"脱文。

正月、五月、九月之丑，二月、六月、十月之戌，三月、七月、〖十一月〗之未，四月、八月、十二月之辰，勿以作事。大祠，以大生（牲）〖大〗兇，小生（牲）〖小〗兇，以昔（腊）肉吉。睡乙120

"兇"表示"吉"之反義，日書中常見，並可以與其他同義詞素構成並列合成詞，或作修飾性成分構成偏正合成詞，如睡簡日甲25背壹"兇央（殃）"，港簡63"兇咎"，睡簡日甲29背壹"兇鬼"，嶽山"兇日"。《大詞典》"兇"字詞頭下所收"兇多吉少、兇日、兇歲、兇訊、兇宅、兇兆"等詞，"兇"之詞素義均與"吉"相反。

一般認爲"兇"表吉凶義，是"凶"的通假字。《大字典》"兇"有"恐懼；喧擾聲""兇惡"兩個義項，將"不吉利；災禍"義歸在"凶"字下。《說文·凶部》："兇，擾恐也。从人在凶下。"《說文·凶部》："凶，惡也。象地穿交陷其中也。"段玉裁注："凶者，吉之反。""兇"構形从人从凶，其"擾恐"之義，與災難、死亡等不幸現象，即"'吉'之反"義存在滋生關係。不吉，爲"凶"的本義，"兇"的引申義。《大字典》"兇"可補不吉義，《大詞典》"兇"可補書證。

19. 夭　災禍。無書證。孔簡日書1例。

· 693 ·

【高門】：宜豕；五歲弗更，其主爲巫，有夭。孔298壹

放簡日書與該簡對應的簡文作：

高門，宜豕；五歲更，弗更，必爲巫，有（又）宜央（殃）。放乙91下叁

"夭""殃"同義。

《大字典》"夭"之"災禍。後作殀"義項，書證出自《詩經》《後漢書》，均爲"夭夭"連用形式。

20. 榣　樹木搖動。引申爲動搖。馬王堆漢墓帛書《戰國縱橫家書》，孤證。放簡日書2例。

占長年不定家，占男子榣妻，女子去夫，百事榣。放乙310

《説文·木部》："榣，樹動也。"段玉裁注："榣之言搖，今俗語謂煽惑人爲招搖，當用此木二字，謂能招致而搖動之也。""榣"本爲樹動之義，可引申爲動搖。

《大字典》"榣"之"樹動；搖動"義項，孤證《睡虎地秦墓竹簡·爲吏之道》。

21. 媀　女子嫉妒男子。無書證。孔簡日書1例。

屈門：必昌以富。婦女媀族人婦女，是胃（謂）鬼責門。三歲弗更，必爲巫。孔281貳

《大字典》"媀"之"女子嫉妒男子"義項，僅《廣韻·遇韻》釋義，亦無書證。

22. 粢　同"粢"。

《大詞典》"粢"之"穀物名。即稷"義項，書證未有作"粢"者。嶽山日書1例。

▢黍，寅粱（粱），辰靡（麻），戌叔（菽），亥▢，申荅，卯▢。嶽山44背1

粱，即稷。《說文》未收"粱"，於"齋"字釋義中提及"齋，稷也。……粱，齋或从次"。段玉裁注："粱本謂稷。何以六穀統名粱？則以稷爲穀之長，故得槩之。……米本謂禾，凡穀皆得名米。……今經典粱皆謁粱。"邵瑛《群經正字》："變从禾爲米作粱，其字蓋始漢隸。"

（二）複音詞

1. 邦門　城門。《儀禮》，孤證。日書4例：睡簡3例，放簡1例。

（1）行到邦門困（閫），禹步三，勉壹步，謴（呼）："皋，敢告曰：某行毋（無）咎，先爲禹除道。"即五畫地，掇其畫中央土而懷之。睡甲111背—112背

（2）北門：利爲邦門，詘以爲家人之門，其主弗居。放乙23叁—24貳

2. 邊境　亦作"邊竟""邊竸""邊境"。
《大詞典》"邊境"各義項所列書證，均未出現"邊竸"的書寫形式。周秦日書1例。

凡大勶（徹）之日，利以遠行、絕邊竸（境）、攻戰（擊），亡人不得，利以舉大事。周秦139貳—140貳

3. 不實　不結果實。《禮記》，孤證。孔簡日書2例。

二月發春氣於丑，是胃（謂）五（吾）巳生矣，發子氣矣，必風；〖不風〗，民多腹腸之疾，草木不實。孔470

4. 赤黑　暗紅色；紫醬色。《左傳》《達吉和她的父親》。放簡日書3例。

· 695 ·

（1）平旦至日中投中黄鐘，鼠殹。兌（銳）顔，兌（銳）頤，赤黑，免（俛）僂。善病心、腸。放206

（2）旦至日中投中大族，虎殹。戠（纖）色，大口，長要（腰），其行延延殹，色赤黑，虛虛。善病中。放乙212

5. 赤色　紅色。《管子》，孤證。日書12例：睡簡4例，放簡、王簡各2例，孔簡3例，水簡1例。

（1）丙丁有疾，王父爲祟，得之赤肉、雄鶏、酉（酒）。庚辛病，壬有閒，癸酢；若不酢，煩居南方，歲在南方，赤色死。睡甲70正貳—71正貳

（2）旦至日中投中南吕，雞殹。赤色，小頭，圜（圓）目而□。放乙233

（3）丙丁有疾，赤色當日出死。不赤色，壬有瘳，癸汗。王401

（4）戌，老火＜羊＞也。盜者赤色，短頸，其爲人也剛履（愎）。孔377

6. 除疾　醫治疾病。《左傳》，孤證。日書2例：九店、孔簡各1例。

（1）利以祭門、行，叙（除）疾。九店28
（2）五寅利除疾。孔184貳

後世文獻該義項的"除疾"也有使用。

（1）吾有一術，名五禽之戲：一曰虎，二曰鹿，三曰熊，四曰猿，五曰鳥。亦以除疾，兼利蹄足，以當導引。（《後漢書·方術列傳·華佗傳》）

（2）掌教導引之法以除疾，損傷折跌者，正之。（《新唐書·百官志》）

<<< 第四章 簡牘日書詞彙應用研究

"除疾"又引申出去除禍患之義,上古文獻已見。

(3) 齊亡於燕,吳亡於越,此除疾不盡也。(《戰國策·秦策三》)

7. 大晨 天大亮時。《素問》,孤證。日書5例:放簡2例,敦煌3例。

(1) 晦食、大辰（晨）,八。莫（暮）食、前鳴,七。人鄭（定）、中鳴,六。夜半、後鳴,五。日出、日失（昳）,八。食時、市日,七。過中、夕時,六。日中、入,五。□□、□□,九。晦食、大晨,八。夜半、後鳴,五。放乙179伍—189伍 莫（暮）食、前鳴,七。放乙190肆

(2) 大晨至雞鳴六　　大晨至雞鳴六　　大晨至雞鳴六。敦842

放簡"大晨"作"大辰";《大詞典》"辰"通"晨",孤證《新唐書》;《大字典》"辰"之"通'晨'"義項,首證《詩》。

8. 大咎 非常的災禍。《左傳》《國語》。日書4例:九店、王簡、嶽山、港簡各1例。

(1) 凡五子,不可以作大事,不城（成）,必毀,其身又（有）大咎,非其身,長子受其咎。九店37下—38下

(2) 【冬三月】戊戌不可北,是胃（謂）行百里中有咎,二百里外大咎,黃神龍之。港11

先秦以後的其他文獻"大咎"也有使用。

(1) 我當為此土地神,以福爾下民。爾可宣告百姓,為我立祠。不爾,將有大咎。(《搜神記》卷五)

(2) 昨日是尾火狐值日,適有狐怪,宮中宜慎防火災。然狐

· 697 ·

死似有鬼神擊之，此乃皇太子千秋之福，亦不爲大咎矣。(《三遂平妖傳》第十五回)

《大詞典》可補充漢及以後書證。

9. 大喪　帝王、皇后、世子之喪。《周禮》，孤證。放簡日書1例。

天子失正（政），乃亡其福，作□以嗀（哭），不見大喪，安□敗辱。放乙264+278

10. 大祝　官名。掌祈禱之官。《周禮》，孤證。放簡日書1例。

大族、藂賓、毋射之卦曰：是=夫婦皆居，若不居□，□其居家，卦類雜虛，孰爲大祝、靈巫畜生之？放乙250

放簡"大祝""靈巫"並列，古代稱事鬼神者爲巫，祭主贊詞者爲祝；"巫""祝"職能相近，常連用指掌占卜祭祀的人。孫占宇先生訓"大祝"爲"官名。掌祭祀祈禱之事"[1]。

11. 攻讎　攻擊仇敵。《左傳》，孤證。睡簡日書2例。

(1) 此（觜）巂，百事凶。可以斂（徵）人攻讎。生子，爲正。睡甲87正壹

(2) 此（觜）巂（巂），百事兇（凶）。可以斂（徵）人攻讎。生子，爲正。睡乙87壹

12. 宮牆　住宅的圍牆。《管子》，孤證。睡簡日書1例。

---

[1] 張德芳主編，孫占宇著：《天水放馬灘秦墓竹簡集釋》，甘肅文化出版社2013年版，第247頁；陳偉主編，孫占宇、晏昌貴著：《秦簡牘合集〔肆〕》，武漢大學出版社2014年版，第177頁。

一室中卧者眯也，不可以居，是□鬼居之，取桃枰櫧四隅中央，以牡棘刀刊其宫藩（牆），譁（呼）之曰："復，疾趣出。今日不出，以牡〖棘〗刀皮而衣。"則毋（無）央（殃）矣。睡甲24背叁—26背叁

13. 寡夫　無妻之男子。《墨子》，孤證。日書3例：睡簡、孔簡、周漢各1例。

（1）丙亡，爲閒者不寡夫乃寡婦，其室在西方，疵而<不>在耳乃折齒。睡乙255

（2）未死，其咎在里，寡夫若寡婦。孔307

14. 火警　成災的與不成災的失火事件。無書證。睡簡日書1例。

寅，罔也。其咎在四室，外有火敬（警）。睡甲85背壹

15. 禾粟　穀粟。《左傳》，孤證。日書"禾粟"8例：睡簡、放簡各3例，孔簡2例。

（1）胃，利入禾粟及爲囷倉，吉。以取（娶）妻，妻愛。生子，必使〖人〗。睡甲84正壹

（2）閉日，可以入馬牛、畜生、禾粟，居室，取（娶）妻，入奴婢，波（陂）隄（堤）。孔24

16. 旄牛　即犛牛。産於我國西南地區。《山海經》，孤證。放簡日書1例。

日入至晨投中大吕，旄牛殹。免（俛）顔，大頸，長面，其行丘丘殹，蒼晳色。放乙211

699

17. 決眥　裂开眼眶。《文選·司馬相如〈子虛賦〉》，孤證。孔簡日書 1 例。

　　寅，虎也。盜者虎狀，希（稀）☐，不金<全>於中，以上大辟（臂）臧（藏）。其盜決疵（眥），善豙（喙）口。東臧（藏）之史耳<瓦>若所。孔369

孔簡整理者標點作"其盜決，疵善豙（喙）口"；陳炫瑋先生將"疵"與上文"決"連讀，讀"疵"爲眥，決眥即大目也。"決疵，善喙口"，描寫虎的眼睛及嘴巴①。高佑仁先生認爲"決"當訓張大、張開，"決眥"意爲睜大、張大眼眶，以示其兇殘②。另，"決眥"有"眼珠突出"義，《大詞典》引《淮南子·墜形訓》："南方陽氣之所積，暑溼居之，其人修形兌上，大口決眥。"《淮南子》"大口決眥"與孔簡"決眥大喙口"語句相近，若兩者意思一致，則簡文或表明盜者爲南人。《大詞典》"決眥"之"眼珠突出"義項，爲孤證，孔簡用例亦有補充書證之用。因眼珠突出非虎常態，而其張目盛怒特徵突出是常見意象；此處暫將"決眥"處理爲裂開眼眶。

18. 謀事　謀劃事情。《左傳》、魏鋼焰《寶地——寶人——寶事》。日書 4 例：放簡 2 例，睡簡、孔簡各 1 例。

　　（1）成日，可以謀事、起衆、興大事。睡甲22正貳
　　（2）成日，可以謀事，可起衆及作，有爲殹，皆吉。放甲21壹

《大詞典》"謀事"該義項兩書證跨度較大，且未及三個；日書

---

① 陳炫瑋：《孔家坡漢簡〈日書〉劄記二則》，簡帛網 2007 年 1 月 6 日（http://www.bsm.org.cn/show_article.php?id=498）。
② 見復旦讀書會《天水放馬灘秦簡〈日書·盜篇〉研讀》2009 年 10 月 25 日跟帖，復旦大學出土文獻與古文字研究中心網（http://www.gwz.fudan.edu.cn/Web/Show/951）。

· 700 ·

"謀事"用例，可作補充。

19. 起事　辦事。《管子》，孤證。日書2例：睡簡、孔簡各1例。

(1) 平日，可以取（娶）妻、入人，<u>起事</u>。○睡甲17正貳
(2) 平日，可以取（娶）婦、嫁女、可以入人，<u>起事</u>。○孔16+殘5

放簡與上述簡文"起事"對應之詞爲"作事"。

平日，可取（娶）妻、祝祠、賜客，可以入黔首、<u>作事</u>，吉。○放甲16壹

《大詞典》"作事"之"處事"義項，書證有二，均出自《左傳》。放簡"作事"用例，可補充書證。

20. 青色　黑色。《楚辭》，孤證。放簡日書4例。

(1) 乙亡，盜<u>青色</u>，三人，其一人在室中，從東方入，行有遺殹，不得，女子殹。○放甲23
(2) 壬亡，其盜可得殹；若得，必有死者。男子殹，<u>青色</u>。○放甲29貳

該意義的"青色"，均出現於《天干占盜》篇；日書占盜篇等記載"表明當時確有以皮膚顏色爲標準描述人外貌的習慣"①。"青色"是人的皮膚的顏色，當指黑色。

日書中另有4例"青色"與五行配色有關，睡簡1例，港簡1例，孔簡2例。

(1) 甲乙有疾，父母爲祟，得之於肉，從東方來，裹以桼（漆）器。戊己病，庚有〔間〕，辛酢。若不〔酢〕，煩居東方，

---

① 劉樂賢：《睡虎地秦簡日書研究》，臺灣文津出版社1994年版，第120—121頁。

歲在東方，青色死。○睡甲68正貳—69正貳

(2) 子有疾，四日小汗（閒），七日大汗（閒）。其祟天土。甲子雞鳴有疾，青色死。○孔352壹

這種用法的"青色"均出現於疾病占辭中，例（1）甲乙與東方、青色配，例（2）甲子與青色相配。同篇簡文"青色""黑色"共現，干支與某色死之間遵循五行原理，疾病占辭中的"青色"當爲東方青色，即現今綠色。

21. 上卿　古官名。周制天子及諸侯皆有卿，分上中下三等，最尊貴者謂"上卿"。《左傳》，孤證。睡簡日書1例。

凡生子北首西鄉（向），必爲上卿，女子爲邦君妻。○睡乙248

"上卿""邦君"均爲諸侯並存時期的官名，男爲上卿，女爲邦君妻，可見"北首西鄉（向）"所生之人命格大貴。

22. 受藏　接受並予以收藏。《周禮》，孤證。孔簡日書1例。

十月稱臧（藏）於子，必請（清）風；忘（妄），有大事，受臧（藏）不成。○孔477

23. 四隅　四角。《禮記》，孤證。睡簡日書1例。

取桃枱檽四隅中央，以牡棘刀刊其官牆（牆）。○睡甲24背叁—25背叁

24. 太息　長呼吸。《素問》，孤證。放簡日書1例。

丑，牛殹。以亡，其盜從北方〖入〗，憙（喜）大息，盜不遠，旁桑殹，得。○放甲31

"太息"寫作"大息"，《大詞典》收"大息"，未釋義，標注見

· 702 ·

"太息"。

 25. 廷吏　朝廷的官吏。《韓非子》，孤證。孔簡日書1例。

  □南方引以北，毋從東方引以西；以之，胃（謂）去廷吏①，發者有央（殃），城郭不居，家人如此。_{孔234—235}

 26. 危行　危險的行動。《易》，孤證。周秦日書1例。

  【危：斗】乘危，門有客，所言者危行事也。_{周秦209}

 危宿多凶，"危行"當爲危險行爲。
 27. 腊肉　乾肉。《易》，孤證。睡簡日書1例。

  大祠，以大生（牲）〖大〗兇（凶），小生（牲）〖小〗兇（凶），以昔（腊）肉吉。_{睡乙120}

 "昔"本義爲"腊肉"；《說文‧日部》："昔，乾肉也。""昔""腊"古今字。《大詞典》"腊肉"詞目可補充詞目書寫形式和書證。
 28. 小牲　用作祭祀牲牲的羊、犬、豕。《逸周書》，孤證。睡簡日書2例。

  （1）大祠，以大生（牲）大凶，以小生（牲）小凶，以腊古（腒）吉。_{睡甲113正壹}
  （2）大祠，以大生（牲）〖大〗兇（凶），小生（牲）〖小〗兇（凶），以昔（腊）肉吉。_{睡乙120}

 29. 小童　幼童，小孩。《莊子》，孤證。孔簡日書1例。

---

① 廷，孔簡整理者未釋；陳炫瑋先生釋出，訓"廷吏"爲朝廷的官吏，見《孔家坡漢簡日書研究》，碩士學位論文，臺灣清華大學，2007年。

· 703 ·

☒小童死，五日中年死，九日是胃（謂）歸老鄭（定）。孔424

30. 野事　指農事。《逸周書》，孤證。九店日書1例。

是古（故）胃（謂）不利於行作，埜（野）事不吉。九店32

31. 一曰　猶一説，即另外一種説法。《管子》，孤證。日書6例：孔簡4例，周漢2例。

(1) 午生：子，八日、二月二日不死，爲大夫，六十九年以辛未死；女，二日、五月六日不死，善盗，五十年以辛未死；一曰善田。孔385貳

(2) （風）從北方，五日不更，是胃（謂）山木入庸，一曰四周是兵起；必戰，得數萬。孔419—420

(3) 卯産：子，三日、六月不死，貧，三妻，八十年以已巳死；女，三日不死，貧，卅一年以甲辰死；一曰八十年庚寅死。周漢70貳

周漢日書午日占辭與孔簡基本相同，唯不見"一曰"，或有脱文。日書材料具有匯抄性質，表示另一種占驗結果的"一曰"是日書匯抄的一個體現。周秦日書也有不同的占驗結果，不同占驗結果用圓形墨點符號隔開，與"一曰"功能相同。

(1) 占戰鬥（鬭），不合，·不得。周秦190

(2) 占戰鬥（鬭），勝之，·不勝。周秦204

(3) ☒日直寋（窮），得；直周，復環之；直勶（徹），不得。·已。周秦262B

《管子》使用"一曰"，或許是《管子》成書時代複雜的一個體現。簡牘中圓形墨點符號含義較多，漢代日書棄墨點符號而改用文字表

述也是語言精確表達的追求。

32. 作事　謂役民興造。《左傳》，孤證。睡簡日書 4 例。

（1）作事，二月利興土西方，八月東方，三月南方，九月北方。睡甲110正壹

（2）【蓋屋：□】□春庚辛，夏壬癸，季秋甲乙，季冬丙丁，勿以作事、復（覆）內、梟屋。睡乙111

例（1）爲《作事》篇內容，篇名爲自題，簡文內容爲興土建築之事；例（2）中"作事"與建築行爲"復（覆）內""梟屋""蓋屋"同現，也當爲建築興造義。

日書中的"作事"，有表示處事、辦事等泛指意義的用例。

（1）【寅、卯、辰】、巳、午、未、申、酉、戌、亥、子、丑，是胃（謂）結日，作事，不果。九店25

（2）平日，可取（娶）妻、祝祠、賜客，可以入黔首、作事，吉。放甲16壹

三　增補詞義

《大詞典》有關義項收列的要求有"力求齊備。凡是在古今著作中有用例，能概括確立的義項，都應盡量收列"①。下文所及日書中各詞的意義，《大詞典》均未收錄。

（一）單音詞

1. 秉　柄，器物的把兒。睡簡日書 1 例。

以棘椎桃秉以敼（敲）其心，則不來。睡甲36背壹

---

① 漢語大詞典編纂處：《漢語大詞典編纂手冊》，漢語大詞典編纂處1981年版，第30頁。

睡簡整理者釋文於"秉"後括注"柄"。"秉、柄"皆爲帮母陽部，爲同源詞：作動詞皆有"執持"義，作名詞皆有"所執之物"或"所執之處"義；後世"把柄"之義多用"柄"，"執持"之義多用"秉"①。

《大詞典》"秉"之"通'柄'"義項，僅列"權柄"義，以《管子》爲書證。《大字典》"秉"之"同'柄'"義項，列"器物的把兒""權柄"兩種用法，前者首證《史記》。《大詞典》"秉"可增補詞義，《大字典》"秉"可提前書證。

2. 布　鬼神名，主人物災害之鬼神。放簡日書2例。

(1) 其祟大父、親及布。放乙280
(2) 室有法（廢）祠，口舌不墜，不死不亡，恐弗能勝。其祟友、布②、室中，祠有不治者。放乙281+263

《大字典》"布"亦未收該義項。

古代有一種"酺"神，《周禮·地官·族師》："春秋祭酺，亦如之。"鄭玄注："酺者，爲人物菑害之神也。"《封禪書》有"諸布"，秦漢之布，即《周禮》之酺。"布、酺、步"爲一詞的不同寫法③。《大詞典》《大字典》"酺"均有與爲害神名有關的義項。

3. 出　嫁出，出嫁。日書8例：睡簡7例，放簡1例。

(1) 凡取（娶）妻、出女之日，冬三月奎、婁吉。以奎，夫愛妻；以婁，妻愛夫。睡甲6背壹

---

① 楊志賢：《論戰國——秦代簡牘文獻同源通假現象》，《集美大學學報》2011年第4期。
② 友，放簡整理者釋作"放"；程少軒先生改釋，見《放馬灘簡式占古佚書研究》，博士學位論文，復旦大學，2011年。布，放簡整理者釋作"其"；甘肅省天水市北道區文化館改釋，見《天水秦簡（部分）》，《書法》1990年第4期。
③ 李家浩：《包山卜筮簡218—219號研究》，載李學勤主編《長沙三國吳簡暨百年來簡帛發現與研究國際學術研討會論文集》，中華書局2005年版，第189—191頁。

(2) 殺日，勿以殺六畜，不可出女、取（娶）妻、祠祀、出財。放乙102壹

《大字典》"出"亦未收該義項。

從日書文意、文例看，"出"應表嫁義，現代漢語"出嫁"一詞是"出"爲嫁的語言化石；四川人喜歡把經過一段時期喂養或栽培的東西拿出來用或利用這一動作過程叫"出"，女人在封建社會是男人生兒育女的工具，故"嫁女"又稱"出女"理出自然。"出"的這用一法未見其他先秦傳世文獻，當屬方言詞[①]。《大詞典》"出女"釋義爲"已嫁之女"，"出"的詞素義即爲嫁。

4. 大　寬；寬度。孔簡日書1例。

穿地大、深各三尺，方男、員（圓）女，各坐之。孔221

《大字典》"大"亦未收該義項。

"大"表寬度，用例少見；不過形容詞"大"可表長度、寬度、深度等方面超過一般或超過比較對象，而合成詞"長大"表體貌高大壯偉，詞素"大"應有身體寬度超過一般身寬之義。古文獻中"廣"常表"寬"義，如《墨子·備城門》："沈機長二尺，廣八尺。""大"與"廣"爲同義詞，《廣雅·釋詁》："廣，大也。"《玉篇·广部》："廣，大也。""大"表示寬度義，有自身的詞義基礎，或又有他詞同義滲透的因素。

5. 揣　鞭打；擊打。睡簡日書2例。

(1) 取西南隅，去地五尺，以鐵椎揣之，必中虫（蟲）首，屈（掘）而去之。睡甲39背貳—41背貳

(2) 揣四隅中央，以牡棘刀刊其官牆（牆）睡甲25背叁

---

① 石峰：《〈秦簡〉動詞研究與大型工具書》，《雲南電大學報》2000年第2期。

睡簡整理者釋文於"㯻"後括注"毆",注曰:"毆,《説文》:'椎物也。从殳,嵗省聲。'"研究者或認爲"㯻""毆"可以構成音近通假,但缺乏實際用例的證據,疑"㯻"通作"捶"①;或認爲"㯻"是擊打、敲打之義,"不必改讀爲'毆'"②。

《説文·木部》:"㯻,箠也。从木耑聲。一曰度也。一曰㯻劅也。"以"箠"作爲首選義。《説文·竹部》:"箠,擊馬也。"《大詞典》"㯻"有chuán、duǒ兩音:"㯻chuán"有"木名""古代較小的盛酒器"兩個義項;"㯻duǒ"有"度量"一個義項,以馬王堆漢墓帛書甲本《老子》爲首證。《大字典》"㯻"亦有chuán、duǒ兩音:"㯻chuán"釋義與《大詞典》基本相同,"㯻duǒ"將《説文》中"㯻"的釋義,分解爲"箠""劅"和"度量"三個義項,其中"度量"義項有書證,其他兩個義項僅附《説文》釋義。從"木"之字多與木材、木製有關,以名詞居多;不過部分字如"搓、棰、搞、㮛、楔"等,表示擊打、插、劈削等動詞義。"㯻"有擊打義實例,又有同部字佐證;《大詞典》可增補義項,《大字典》可增補書證。

6. 覆　建造。日書6例:睡簡4例,港簡、孔簡各1例。

(1) 不可<u>復(覆)</u>室、蓋屋。正月以朔旱,歲善,有兵。○睡甲33正

(2) 四㶺(廢)日,不可以爲室、<u>復(覆)</u>屋。○睡甲101正壹

(3) 不可<u>復(覆)</u>室、蓋☒港50

這幾例"覆"與"蓋"或"爲"並舉,日書"蓋""爲"均有建築、建造義,尤以"蓋"常見。

《大字典》"覆"亦未收該義項。日書建造義"覆"均寫作"復"。《大詞典》《大字典》均有"復"通"覆"義項,不過都未有建造義相

---

① 朱湘蓉:《睡虎地秦墓竹簡通假辨析九則》,《語言科學》2008年第2期;《秦簡詞彙初探》,中國社會科學出版社2012年版,第247—248頁。
② 魏德勝:《以秦墓竹簡印證〈説文〉説解》,《中國語文》2001年第4期;吕亞虎:《戰國秦漢簡帛文獻所見巫術研究》,科學出版社2010年版,第312頁。

關用法。

7. 街　道路神。日書 3 例：放簡 2 例，孔簡 1 例。

(1) 啻（帝）復右之，以政（征）九野，天子大説（悦），布賜天下。其祟北君、大水、街①。卜行道及事君吉。放乙265

(2)【戌有疾】☒□祟門、街。戊戌黃昏有疾死。孔362

道路神爲五祠之一，文獻中常稱"行"。日書又有"街行"指道路神者。

庚辛金也，有疾，白色日中死。非白色，丙有瘳，丁汗（閒）。街行、人炊、兵祟。孔350壹

《大字典》"街"亦未有道路神義項。

8. 勮　极，甚。周秦日書 1 例。

占病者，勮。周秦215

"勮"作爲占語出現在《繫行》篇中的占病事項下，該篇疾病的占語有"已""未已""有瘳""少可""篤""勮""死"，另容一字殘辭未知占語 2 例；其中"已"和"瘳"表示病愈，"篤"和"勮"表示病情加重。

一般認爲"勮""劇"爲古今字，"劇"晚出。《説文·力部》："勮，務也。"《説文新附》："劇，尤甚也。"

《大詞典》"勮"釋義爲"'劇'的古字。用力多"，將"極，甚"意義置於"劇"下。《大字典》"勮"之"同'劇'"義項，引《説文》、王筠《説文句讀》説，收録了"務""甚"兩個用法，未提供其

---

① 街，放簡整理者釋作"徵"；程少軒先生改釋，見《放馬灘簡式占古佚書研究》，博士學位論文，復旦大學，2011 年。

他書證。《大字典》"劇"之"很,極"義項,首證唐柳宗元《蝜蝂傳》。《大詞典》"勮"可補充義項,《大字典》"勮"之"甚"用法可補充書證。

9. 連　長。放簡日書4例。

(1) 旦至日中投中蕤賓,馬殹。連面,天目,裹大,脣□,吻偃,行吾吾殹,色皙。放乙224

(2) 日中至日入投中林鐘,貇(豤)殹。連面殹,大口、鼻、目,不□長,善僂步,□□殹,色綠黑。放乙228

放簡"連"均修飾"面";"連面"似指"長面"①。

《大字典》"連"有"長"義項,孤證《莊子》。《大詞典》"連"可補充義項,《大字典》"連"之"長"義項可補充書證。

10. 木　木功,木材加工。日書3例:睡簡2例,嶽山1例。

(1) 木日:木良日,庚寅、辛卯、壬辰,利爲木事。其忌,甲戌、乙巳、癸酉、丁未、癸丑。睡乙66

(2) 木良日:庚寅、辛卯、壬辰。其忌:丁未、癸酉、癸亥。嶽山43號正3

以上兩例良忌日相同,所述事當一致。例(1)中"木事"即木功義。

《大字典》"木"亦未有"木功"義。

11. 牷　肢體齊全。日書3例:睡簡1例,放簡2例。

(1) 申,石也。其谷在二室,生子不牷。睡甲91背壹

(2) 申,石殹。盜從西方〖入〗,禹在山谷。爲人美,不牷,

---

① 方勇:《讀天水放馬灘秦簡〈日書〉乙種小札》,簡帛網 2012 年 11 月 26 日 (http://www.bsm.org.cn/show_article.php?id=1757)。

名曰瓌，遠所毆，不得。放甲38

睡簡整理者釋文於"牷"後括注"全"。

《大詞典》"牷"釋義爲"色純而完整的祭牲"，首證《書·微子》："今殷民乃攘竊神祇之犧牷牲。"孔傳："色純曰犧，體完曰牷，牛羊豕曰牲。"《大字典》"牷"之"肢體齊全"義項，孤證，與《大詞典》首證相同。睡簡、放簡"牷"爲肢體齊全義，描述對象非祭牲。

12. 土　土功。日書 13 例：睡簡 5 例，放簡、嶽山各 1 例，孔簡 6 例。

（1）<u>土</u>良日，癸巳、乙巳、甲戌，凡有土事必果；<u>土</u>忌日，戊、己及癸酉、癸未、庚申、丁未，凡有土事弗果居。睡甲129背—130背

（2）二月利興<u>土</u>西方，八月東方，三月南方，九月北方。睡甲110正壹

（3）十一月先望日、望日、後望一日毋操<u>土</u>功，此<u>土</u>大忌也。孔240

《大字典》"土"之"土功"義項，首證《詩》。

13. 脫　瘦。放簡日書 1 例。

日入至晨投〖中應〗鐘，豯（貕）〖毆〗。袤瘫（瘠），長喙而<u>脫</u>，其行迹迹，黑色。放乙217

貕，小豬。長喙而脫，即長嘴而瘦①。

"脫"有"瘦"義。《說文·肉部》："脫，消肉臞也。""脫"表瘦義，用例罕有；段玉裁注："今俗語謂瘦太甚者曰脫形，言其形象如解蛻也。此義少有用者。"《大字典》"脫"之"消瘦"義項，僅列《說文》與段玉裁注，未提供書證。

---

① 王明明：《字書收字釋義文獻用例補闕》，《語文月刊》2014 年第 8 期。

14. 喜　善於，擅長。放簡日書3例。

（1）丑，牛殹。以亡，其盜從北方〖入〗，憙（喜）大息。盜不遠，旁桑殹，得。放甲31

（2）午，馬殹。盜從南方入，有（又）從之出。再才（在）廐廡、芻槀中。爲人長面、大目，喜疾行。外人，不遠<得>。放乙72

另一例見於放簡日乙，簡文同例（1）。這幾例"喜"，非主觀喜好；"大息"是牛的散熱方法，"疾行"是馬的行動特徵。

《大字典》"喜"亦未有該義項。

地支占盜的完整簡文，睡簡、放簡、孔簡均有。放簡丑條"喜大息"，睡簡、孔簡未有對應詞語；放簡午條"喜疾行"，睡簡亦未有對應詞語，孔簡對應詞語作"善數步"。

未，馬也。盜者長頸而長耳，其爲人我（峨）我（峨）然，好歌（歌）舞。臧（藏）之芻槀廐中。其盜禿而多（侈）口，善數步。孔374

"喜"即"善"義。《大詞典》"喜"的相關義項有"謂習慣於或適合於某種環境條件""容易"，前者首證宋蘇軾《格物粗談》，後者首證《百喻經》；《大字典》"喜"的相關義項有"指某種生物適宜於什麼環境；某種東西適宜配合什麼東西""容易發生某種變化"，前者孤證宋蘇軾《格物粗談》，後者首證《金匱要略》。

15. 閒　我國古代樂律中的陰律的總稱。放簡日書1例。

從天出令，乃下六正，閒呂六律，皋陶所出。放乙284

《大字典》"閒"亦未收該義項。

閒呂、六律，律有十二；陽六爲律，陰六爲呂，呂亦稱閒，故有六

第四章 簡牘日書詞彙應用研究

律六吕之説①。"閒""吕"均指陰律,"閒吕"是適應韻文形式而出現的同義詞連用形式。

16. 興　興建；建造。日書 11 例：睡簡 6 例，放簡 3 例，孔簡 2 例。

（1）丁亥、戊戌，不可初田及興土攻（功）。睡甲150背

（2）三月庚辛、六月壬癸、九月乙甲、十二月丙丁，不可興垣、蓋屋、上材、爲祠、大會，兇（凶）。放乙94壹

（3）戊、己、丁□□，癸未、酉、亥，壬申以興土功，是胃（謂）不居之，死。孔370

《大字典》"興"亦未收該義項。

"興""起""作"三詞均有興起義，亦皆可表示建築、建造義；《大詞典》《大字典》"起""作"均收建築義。

日書有"興"與專門建築動詞"築"的並列組合形式"築興"1例，見於睡簡日書。

甲子、乙丑，可以家（嫁）女、取（娶）婦、寇〈冠〉帶、祠，不可筑（築）興土攻（功），命曰毋（無）後。睡乙125

17. 匈　通"凶"，不吉。居新日書 1 例。

九月土，音南，食午，未地，治南方吉，治北方匈（凶）。居新EPT65.308

《大字典》"匈"有義項"通'凶'。饑荒"。"匈"通"凶"，尚

---

① 張德芳主編，孫占宇著：《天水放馬灘秦墓竹簡集釋》，甘肅文化出版社 2013 年版，第 227 頁；陳偉主編，孫占宇、晏昌貴著：《秦簡牘合集〔肆〕》，武漢大學出版社 2014 年版，第 174 頁。

有"不吉"義。

未央宫漢簡亦有"匃"通"凶"的用例。

即中令匃(凶)鬼肴途室。

"匃"通"凶"或爲漢代産生的新通假現象①。

18. 環　迅疾。孔簡日書1例。

戊己毋取(娶)妻,取(娶)妻瘷(壓)姑。入妾,有家環死,必彼(被)刑若亡。孔181—182壹

《大字典》"環"亦未收該義項。

"環"有旋轉義,如《韓非子·外儲説右下》:"趙王遊於圃中,左右以菟與虎而輟之,虎盼然環其眼。王曰:'可惡哉,虎目也。'""環""旋"旋轉同義,"旋"又有旋即,迅速義;"環"沾染了"旋"的迅速義。

"環"表示迅疾,也可能是"還"的通假用法。《大詞典》"還 xuán",《大字典》"還 xuán"均收"立即"義項;《大字典》"還 xuán"之"副詞。表示時間,相當於'便'、'立即'"義項,引楊樹達《詞詮》:"還,時間副詞。表疾速。讀與'旋'同。"

19. 詣　遭遇,遭受。日書5例:睡簡、放簡各2例,孔簡1例。

(1) 危,百事凶。生子,老爲人治也,有(又)數詣風雨。睡甲79正壹

(2) 鳳鳴於□□,善母父,若室家,執詣言語? 放乙336

---

① 漢語大詞典編纂處:《漢語大詞典編纂手册》:"所收通假義應爲比較通行而在古籍中有較多例證的,或者是例證雖少但見於重要古籍或者著名作品的。一般古籍中偶見的通假現象不予收録立義。"漢語大詞典編纂處1981年版,第31頁。

例（1）"數詣風雨"意爲"多次在風雨中受苦"[1]，例（2）"言語"爲爭執義。

《大字典》"詣"亦未收該義項。

"造""詣"在前往、拜訪義位上構成同義詞；"造"有遭受義，如《尚書·大誥》："予造天役。"朱駿聲《說文通訓定聲》："造，叚借爲遭。""詣"表遭受義，或受到"造"同步引申的影響。

20. 闉　通"堙"，堵塞。放簡日書1例。

丙子不可壞垣、闉（堙）谷，妻必死。放乙115壹

《大詞典》"闉"通"堙"義項，釋義爲"土山，用於攻守或瞭望"；未收"堵塞"用法。《大字典》"闉"通"堙"義項，列有"戰爭中堆築的土山""堵塞"兩個用法；其堵塞用法以《墨子》爲首證。

21. 酓　同"飲"。日書7例：九店1例，放簡6例。

（1）子、丑、寅、卯、辰、巳、午、未、申、酉、戌、亥，是胃（謂）羍<光>日，利於酓（飲）飤（食）；女（如）遠行，剉（坐）。九店35

（2）利以穿井、溝、竇，行水，蓋屋，酓（飲）藥，外除。亡者，不得。孔38

《大字典》"酓 yǐn"釋義爲"同'飲'"，以西周銅器用例爲孤證。

22. 羭　母羊。放簡日書1例。

林鐘應鐘夾鐘之卦曰：是＝作（乍）居作（乍）行，左右可（何）望。日中爲期，剝此羭羊。放乙254

----

[1] 吳小強：《秦簡日書集釋》，嶽麓書社2000年版，第66頁。

放簡日乙式圖中"林鐘應鐘夾鐘"與"死於未"對應，這應是本卦以"羊"爲象的原因①。

"羭""羭羊"的意義，學界有"黑色公羊、美、母羊"三種意見。宋華强先生以《説文》"夏羊牡曰羭"訓之②，《説文》中的"夏羊"即黑色羊，"夏羊牡"應指黑色公羊；孫占宇先生認爲"羭"爲美義③；劉玉環先生將"羭羊"訓爲牝羊、母羊④。

"羭"的含義，應據"林鐘應鐘夾鐘"卦的特點來尋求。放簡此句出自《自天降令》篇，簡文主體爲音律貞卜，遵循五行三合局，如簡255："應鐘夾鐘林鐘之卦曰：是＝大木有槐。""應鐘夾鐘林鐘"與冬季北方黑色相配，簡文以冬火所取槐树爲象⑤。據五行三合局，簡254"林鐘應鐘夾鐘"與夏季南方赤色相配；若將其中的"羭"理解爲"黑色公羊"，則"黑色"與律卦配"赤色"不合，"公羊"與"林鐘應鐘夾鐘"爲陰律屬性亦不合。日書占卜與行事宜忌，陰陽區分嚴格，如放簡日乙89："牡日死，必以牝日葬；牝日死，必以牡日葬。不然，必復之。"基於同篇簡文的音律搭配規律，簡文"羭"應爲母羊義。羊與未配，屬南方，對應夏季赤色；母羊亦合"林鐘"等陰律屬性。

《大詞典》"羭"未收母羊義，《大字典》"羭"收錄母羊義，但書證可商榷。

---

① 程少軒先生指出林鐘對應十二禽中的羊，因此本卦以羭羊爲象。見《試説放馬灘簡所見三合卦》，復旦大學出土文獻與古文字研究中心網 2009 年 11 月 28 日（http://www.gwz.fudan.edu.cn/Web/Show/1001）。按：程少軒先生本篇文章將十二律卦名與式圖方位匹配，林鐘應鐘夾鐘式圖方位恰與"死於未"對應。

② 宋華强：《放馬灘秦簡〈日書〉識小錄》，載陳偉主編《簡帛》第 6 輯，上海古籍出版社 2011 年版，第 82 頁。

③ 陳偉主編，孫占宇、晏昌貴著：《秦簡牘合集〔肆〕》，武漢大學出版社 2014 年版，第 178 頁。

④ 劉玉環：《放馬灘秦簡乙種〈日書〉補遺》，載楊振紅、鄔文玲主編《簡帛研究2014》，廣西師範大學出版社 2014 年版，第 182 頁。

⑤ 程少軒：《試説放馬灘簡所見三合卦》，復旦大學出土文獻與古文字研究中心網 2009 年 11 月 28 日（http://www.gwz.fudan.edu.cn/Web/Show/1001）。

	義項	書證（首證及討論書證）
大字典	母羊	《說文·羊部》："羭，夏羊牝曰羭。"《急就篇》顏師古注："羭，夏羊之牝也。"《列子·天瑞》："老羭之爲猨也。"張湛注："羭，牝羊也。"
	黑毛羊	《爾雅·釋畜》："夏羊牡羭牝羖。"按：郝懿行義疏依《說文》段玉裁注謂"此當云牡羖牝羭"。《本草綱目·獸部·羊》："黑毛羊曰羭。"
	美好	《左傳·僖公四年》："攘公之羭。"杜預注："攘，除也。羭，美也。"張穎達疏："羭是羊之名，美、善之字皆從羊，故爲美也。"……
大詞典	黑色的母羊	—
	夏羊，黑色羊	《列子·天瑞》："老羭之爲猨也。"張湛注："羭，牝羊也。"
	美好	《左傳·僖公四年》："攘公之羭。"杜預注："攘，除也。羭，美也。"孔穎達疏："羭是羊之名，'美''善'之字皆從羊，故羭爲美也。"……

《大字典》"羭"有"母羊""黑毛羊""美好"三個義項，《大詞典》"羭"有"黑色的母羊""夏羊、黑色羊""美好"三個義項，兩部辭書的義項②③一致；《大字典》義項①外延比《大詞典》義項①的大。

《列子》"羭"用例，《大字典》據張湛注，歸入"母羊"義項；《大詞典》雖於此書證後給出張湛注，但將其歸入"黑色羊"義項。據語境，《列子》中"羭"應爲"黑色的母羊"義。因爲：

猨以黑色爲主，古文獻中有"黑"色猨的記載。如：

（1）連沙飛白鷺，孤嶼嘯玄猿。（盧照鄰《三月曲水宴得樽字》）

（2）謝公宿處今尚在，淥水蕩漾青猿啼。（李白《夢遊天姥吟留別》）

例（1）"玄""白"對比，黑白分明。例（2）"青""淥"（《英靈》《品匯》本作"綠"）對言[①]；"青"表黑色。

[①] 通行本作"清"，董克恭先生指出："'猿'用'清'來修飾不合適。毛澤東改用'青'，明確了猿的顏色。"見《毛澤東修改詩詞賞析》，中國文史出版社2011年版，第172頁。

羭，本義當黑色羊；"俞"構成的合體字表示動物名稱還有"㺄"（黑色牛）、"騟"（紫色馬）、貐（《大字典》釋爲獸名，本義或當與顏色有關）等。"羭"本用以示羊之黑色，且沿用歷史長，《本草綱目·獸部·羊》："白曰羒，黑曰羭。"黑色是"羭"詞義的顯性義素，不需特意指明；但表示"母羊"義時，自不能與母羊專用詞"牂"相比，張湛以"牝羊"釋"羭"當用以突出其性別。

綜上，《大詞典》"羭"應增補母羊義，也可將"母羊"與"黑色的母羊"合併；《列子》書證可移至"黑色的母羊"義項下。《大字典》"羭"之"母羊"義項，書證可作調換。

另外，放簡日書以"羭羊"，代替了"羭"的語義綜合表達。

23. 雜 通"匝"。環繞；圍繞。周秦日書1例。

　　求斗術曰：以廷子爲平旦而左行，擻（數）東方平旦以雜（匝）之，得其時宿，即斗所乘也。○周秦243

《大詞典》"雜"通"匝"義項僅列名詞"圓周"用法，未收動詞義。《大字典》"雜"之"通'帀'。環繞；圈"義項，名詞義首證《墨子》，動詞義首證《淮南子》。

（二）複音詞

1. 布褐 粗布。九店日書1例。

　　凡盍日，利以折（製）衣裳（裳），貌色麗；折（製）布栠（褐）①，爲門（蒙）膚。○九店20下

《大詞典》"布褐"有"粗布短衣"和"借指平民"兩個義項，前者首證爲漢桓寬《鹽鐵論》，後者首證爲清方苞《書楊維斗先生傳後》。

---

① 栠，九店整理者釋作"虘"，疑"布虘"讀爲"布麤"；陳偉等先生據馮勝君意見改釋，讀"布栠"爲"布褐"，見陳偉等著《楚地出土戰國簡冊〔十四種〕》，經濟科學出版社2009年版，第305、308頁。

"褐"之所以可以指粗布短衣,並進而指稱平民,因其本指原料爲葛、獸毛或大麻等所製成的粗布,所以"褐"天然可指粗布之義。"布褐"爲大名冠小名式合成詞,其義爲粗布。

2. 車人 趕車人,駕車人。睡簡日書1例。

   辰,盜者男子,青赤色,爲人不穀(穀),要(腰)有疵,臧(藏)東南反(坂)下。車人,親也,勿言已。睡甲73背

"車人"指駕車人。該簡出自《盜者》篇,以十二地支占盜,簡文的叙述格式是:地支配物,盜者特徵,藏匿處所,(旦夕啓閉/得與不得),盜者名字。唯該簡未有配物,且"車人,親也,勿言已"這種語句又爲同篇其他簡文所無,疑"車人"爲辰日所配"龍"的委婉説法。其他文獻駕車人義的"車人"也偶有用例。

   爲酒人之利而不酤,則竭;爲車人之利而不僦,則不達。(《淮南子・説林訓》)

《大詞典》"車人"釋義爲"古代製造車子和農具的木工",未有駕車人義項。

3. 大内 正房,家長夫婦居住的内室。睡簡日書1例。

   凡爲室日,不可以筑(築)室。筑(築)大内,大人死。筑(築)右圩(序),長子婦死。筑(築)左圩(序),中子婦死。筑(築)外垣,孫子死。筑(築)北垣,牛羊死。睡甲100正

放簡日書與睡簡内容相近的簡文作:

   凡四時,啻(帝)爲室日殹,不可築大室内,大人死之。以築右序,長子□□□之。□□□中子□□□死之。築官垣,孫子死。築外垣,牛馬及羊死之。放乙100壹—101壹

·719·

放簡"大室内"與睡簡"大内"表義相同,"大室内"既是詞彙複音化的結果,同時又不合於秦漢以來漢語雙音節化的發展趨勢,用例罕見,《大詞典》未收。

"大内"是家長夫婦居住的内室,以其爲中心的"小内"及"序"等建築是其他成人夫婦居住的内室。成人夫婦居住的"内"根據所居家族成員長幼秩序區分爲大内、小内,家長夫婦居大内,他們的成人子女夫婦(包括孫子)居小内,"小内"是隨着家族成員的增加而新建的。違反擇日禁忌的建築種類與家族内遭災對象的身份是相對應的①。

《大詞典》"大内"有三個義項:"漢代京師的國庫"(首證《史記》);"皇宫"(首證唐韓愈《論佛骨表》);"匈奴單于的内室"(孤證《漢書》)。這幾個義項產生於漢代之後,意義均與皇帝、内宫等最高統治者有關;這是"内"表示天子、帝后居所義的體現。由"内"所構成的合成詞,與天子、帝后相關的頗多,如"内人、内工、内中、内令、内臣、内里、内旨、内位、内局、内官、内庫、内宫、内羞、内宴、内扇、内閑、内參"等;《大詞典》百餘個"内"詞素合成詞,該意義的"内"大量構詞,與尊諱心理有關。

日書中的"大内"與文獻中天子、帝后義相關的"大内"不同,非古籍中的常用義。研究者討論已多,或認爲"内"指内室、臥室,"大内"即大臥室,"小内"指小臥室②;或認爲大約婦女的居所爲"小内",男主人的居所爲"大内"③。

研究者在日書"大内"意義解讀的基礎上,對《大詞典》"大内"釋義也有補正。或認爲"大内"的語源結構爲"大+内","内"指内室、房室,睡簡日書"大内"即"大的内室",即其本義"正房";《大詞典》"大内"的"皇宫"義項應改爲"正房"④。或認爲睡簡日書

---

① 尹在碩:《睡虎地秦簡〈日書〉所見"室"的結構與戰國末期秦的家族類型》,《中國史研究》1995 年第 3 期。
② 劉樂賢:《睡虎地秦簡日書研究》,臺灣文津出版社 1994 年版,第 127、220 頁。
③ 晏昌貴、梅莉:《楚秦〈日書〉所見的居住習俗》,《民俗研究》2002 年第 2 期。
④ 李明曉:《〈睡虎地秦墓竹簡〉詞語札記》,載張顯成主編《簡帛語言文字研究》第 1 輯,巴蜀書社 2002 年版,第 408—409 頁。

"大内"爲"居室的正房"義,與《大詞典》"匈奴單于的内室"意思一樣,應列爲"大内"的第一個義項①。或認爲日書"大内"爲"正房"義,大詞典首證《史記》晚②。

大内、小内有大小、主次之别。《大詞典》所列"大内"三個義項,源於"内"的"帝王居處;皇宫"詞素義;而其"正房"義源於"内"爲"居室,内室"詞素義。從已見用例看,"内"的"居室,内室"義早於其他意義。《大詞典》"大内"義項可作增補,調整。

4. 大時　神煞名稱,與咸池、太歲三者同神異名。日書9例:孔簡6例,水簡、居新、懸泉各1例。

(1) 正月,小時居寅,大時居卯,不可東徙。孔111壹

(2) 大時在南方午,小時在東北丑,大司空在丑。水《文物》

(3) 大時小時:并在東方,北方東方,西方南<東>方,【并在南方,東方南方,北方南方】,東<西>方西方,東方西方,東<南>方西方,并在北方,西方北方,南方北方。居新EPS4T2.105+EPS4T1.3

日書"大時"的異名"咸池"也有出現。

欲取(娶)婦嫁女,不辟(避)咸池,家室空。水《文物》封三:8

5. 大祥　大吉利,非常吉祥。睡簡日書4例。

刑夷、八月、獻馬,歲在東方,以北大羊(祥),東旦(殫)亡,南禺(遇)英(殃),西數反(返)其鄉。睡甲64正壹

其他文獻該意義的"大祥"也有使用。

爾時菩薩,以微妙口和軟語言,如梵天音,辯才字句,不染不著,

---

① 魏德勝:《〈睡虎地秦墓竹簡〉詞彙研究》,華夏出版社2003年版,第96頁。
② 朱湘蓉:《秦簡詞彙初探》,中國社會科學出版社2012年版,第99頁。

告摩伽王，頻頭娑羅，慰勞問訊，作如是言，善治大王，大吉大祥。(《佛本行集經》卷二十三)

"祥"與"吉"同義，《大詞典》"不吉"與"不祥"語義對應；"大吉"釋義爲"大吉利"，而"大祥"未收大吉祥之義。"大祥"多指父母喪後兩周年祭禮，爲古人常制；故表大吉利之義不多。

6. 餓鬼　挨飢受餓之鬼。睡簡日書1例。

凡鬼恒執匴以入人室，曰"氣我食"云，是=餓鬼。睡甲62背貳

《大詞典》"餓鬼"有"佛教語。六道之一""詆稱口饞或餓極的人"兩個義項。

秦簡已見"餓鬼"之名，釋氏"餓鬼"乃借舊貨以翻梵語①。睡簡"餓鬼"之義研究者頗多。劉釗先生認爲"餓鬼"指無人祭享之魂②。呂亞虎先生指出"在日本民俗宗教中，將没有後代的死者，或……没有祭祀者的死靈稱做'無緣鬼'、'外精靈'或者'餓鬼'，之所以均被劃歸'餓鬼'之列，當與他們死後無人祭祀的現狀有關。……從簡文'凡鬼恒執匴以入人室，曰："氣（餼）我食"'一句來看，此鬼當是指挨餓受飢之鬼，故常到人的房屋中來索食充飢。'餓鬼'之稱，或是以其生存狀態而名之。"③ 也有研究者認爲"餓鬼"指餓死的人變成的鬼。"餓鬼"當爲挨飢受餓之鬼，而非餓死的人變成之鬼。

有研究者據睡簡日書"餓鬼"用例，對辭書"餓鬼"的釋義情况提出修正意見。如吉仕梅先生認爲《大詞典》"餓鬼"誤釋語源，"餓鬼"是漢語中本有之詞；睡簡日書中的"餓鬼"即挨餓的鬼，字面義

---

① 饒宗頤：《詁》，載饒宗頤、曾憲通：《雲夢秦簡日書研究》，香港中文大學出版社1982年版，第27頁。
② 劉釗：《秦簡中的鬼怪》，《中國典籍與文化》1997年第3期。
③ 呂亞虎：《戰國秦漢簡帛文獻所見巫術研究》，科學出版社2010年版，第175頁。

與佛經中同，人們譯經時利用了漢語中原有的詞形又賦予該詞以新的意義①。李明曉先生認爲睡簡日書"餓鬼"是一種挨餓受飢之鬼，爲全民用語，與佛經中的"餓鬼"有文體色彩之别，"餓鬼"非源自佛經；《大詞典》《辭海》對"餓鬼"釋義不確②。

7. 發蟄　驚起蟄伏過冬的動物。睡簡日書1例。

冬三月之日，勿以筑（築）室及波（破）地，是胃（謂）發蟄。○睡甲142背

"發""啓"同義，"發蟄"即"啓蟄"。劉樂賢先生指出："發蟄，指發動蟄伏的百蟲。……發蟄與啓蟄同義，《大戴禮記·夏小正》：'啓蟄，言始發蟄也。'"③《大戴禮記·夏小正》中"啓蟄"表示冬日蟄伏動物至春復出活動義，研究者或將睡簡日書"發蟄"訓爲"冬眠的動物到了春天開始活動"，用睡簡用例來指正《大詞典》書證晚出④。

簡文所述爲冬日禁忌，勿築室破土；若築室破土則爲"發蟄"，"發蟄"當爲驚起蟄伏過冬的動物義。

《大詞典》"發蟄"釋義爲"冬眠的動物到了春天開始活動"，首證《史記》，"啓蟄"有"節氣名"和"驚起蟄伏過冬的動物"兩個義項；"發蟄"可補充"驚起蟄伏過冬的動物"義。

8. 蓋覆　建造。港簡日書1例。

☐乙、丙丁、四廢，日衝之日。不可入官，爲室、囷，蓋復（覆）内及行☐。○港61

---

① 吉仕梅：《〈睡虎地秦墓竹簡〉語料的運用語料與大型語文辭書之編纂》，《中國語文通訊》第54期，2000年。
② 李明曉：《"餓鬼"考源》，《辭書研究》2003年第6期。
③ 劉樂賢：《睡虎地秦簡日書研究》，臺灣文津出版社1994年版，第294頁。
④ 魏德勝：《〈睡虎地秦墓竹簡〉詞彙研究》，華夏出版社2003年版，第92頁；朱湘蓉：《秦簡詞彙初探》，中國社會科學出版社2012年版，第1115頁。

"内"即"室"。

睡簡日書亦有"四廢日"宜忌。

> 四潗(廢)日,不可以爲室、復(覆)屋。睡甲101正壹

港簡、睡簡均有"四廢日"不可建築的禁忌。

"覆""蓋"均有建造義,"蓋覆"爲同義並列合成構詞。日書中同義並列構詞的建築意義合成詞還有"爲蓋、爲興、築興"。《大詞典》"蓋覆"有兩個義項,其"覆蓋,遮蓋"義項與建築義關聯密切,該義項《大詞典》首證爲唐元稹《酬鄭從事四年九月宴望海亭》詩,唐之前已有用例。

(1) 休還,疽發背死。諸軍振旅過武昌,權令左右以御<u>蓋覆</u>遜,入出殿門,凡所賜遜,皆御物上珍,於時莫與爲比。(《三國志·吳書·陸遜傳》)

(2) 昔有一人,貧窮困乏,多負人債無以可償,即便逃避至空曠處,值篋滿中珍寶,有一明鏡著珍寶上以<u>蓋覆</u>之。貧人見已,心大歡喜。(《百喻經》卷二)

《大詞典》"蓋覆"可增補義項,提前書證。

9. 歸死　即歸忌,月中凶神名,日所值日四孟在丑,四仲在寅,四季在子。居新日書1例。

> <u>歸死</u>:丑{癸}、寅、子,丑、寅、子,丑、寅、子,丑、寅、子,□居新EPT65.22

《星曆考原》卷四:"《廣聖曆》曰:'歸忌者,月内凶神也。其日忌遠行、歸家、移徙、娶婦。'《曆例》曰:'孟月丑,仲月寅,季月子。'"

同樣的宜忌時日,睡簡日書亦有,稱爲"出亡歸死之日"。

<<< 第四章　簡牘日書詞彙應用研究 ◆

　　正月乙丑、二月丙寅、三月甲子、四月乙丑、五月丙寅、六月甲子、七月乙丑、八月丙寅、九月甲子、十月乙丑、十一月丙寅、十二月甲子以以行，從遠行歸，是謂出亡歸死之日也。睡甲109背—110背

　　居新"歸死"即後世神煞"歸忌"[1]，爲睡簡"出亡歸死"之省稱[2]，歸行的禁忌到歸忌、往亡兩個神煞有一個分化過程；居新"歸死"應該是早期的名稱，"歸忌"的叫法最早見於後漢[3]。

　　《大詞典》"歸忌"釋義爲"叢辰名。其日忌遠行歸家、移徙娶婦"，以《後漢書》爲首證。"歸忌"非叢辰名，而當爲月中凶神名。

10. 居處　居住。日書4例：放簡、印臺各2例。

　　（1）收〖日〗，可以〖入〗氏<民>、馬牛、畜生，盡可，及入禾粟，可以居處。放甲21貳

　　（2）收〖日〗，可以〖入〗民、馬牛、畜生，盡可，及入禾粟，可以居處。放乙22壹

睡簡、孔簡對應簡文作：

　　（1）收日，可以入人民、馬牛、禾粟，入室、取（娶）妻及它物。睡甲23正貳

　　（2）收日，可以入人、馬牛、畜產、禾稼，可以入室、取（娶）妻。孔22

　　"居處"與"入室"對應，當爲入居，居住之義。《大詞典》"居處"有"安置；處置"義項，應是其居住義的引申。《大詞典》

---

[1] 吕亞虎：《戰國秦漢簡帛文獻所見巫術研究》，科學出版社2010年版，第137頁。
[2] 劉樂賢：《睡虎地秦簡日書研究》，臺灣文津出版社1994年版，第288頁。
[3] 陸平：《散見漢日書零簡輯證》，碩士學位論文，南京師範大學，2009年。

· 725 ·

名詞"居處"與動詞"居處"分列爲兩詞，名詞"居處"釋義爲"住所；住處"，首證《後漢書》；兩種詞性的"居處"有詞義關聯，可合併。

11. 口臭　口出惡言。日書2例：睡簡、孔簡各1例。

(1) 奎，祠及行，吉。以取（娶）妻，女子愛而<u>口臭</u>。生子，爲吏。○睡甲82正壹

(2) 奎，利祠祀及行，吉。以取（娶）妻，妻愛而<u>口臭</u>。司寇。以生子，爲吏。○孔.63

《大詞典》"口臭"釋義爲"嘴裏發出難聞的氣味"，首證漢趙曄《吳越春秋》；可增補"口出惡言"義。後世文獻"臭口"表義口出惡言、惡言較爲常見。

12. 里社　土地神。周秦日書1例。

置（德）居木，<u>里祙（社）</u>、冢主歲，歲爲上。○周秦302壹

簡文出自周秦《三十六年置居》篇，"里社、冢"是"主歲"的主體，與同篇"上公、兵死、陽（殤）"等一樣，爲神煞名。"里社"當爲土地神；"冢"疑爲"冢土"或"冢社"，《書·泰誓上》："類於上帝，宜於冢土。"孔傳："冢土，社也。"《詩·大雅·緜》："迺立冢土，戎丑攸行。"毛傳："冢土，大社也。"

"里社"指土地神，後世文獻偶見用例。

至於庶人，亦得祭<u>里社</u>、穀神及祖父母、父母并祀竈，載在祀典。（《明史·禮志》）

"社"有社神之義，"里社"可表土地神義。《大詞典》"里社"有"古代里中祭祀土地神的處所""借指鄉里"兩個義項；可增補"土地神"義。

13. 美氣　呼吸順暢。睡簡日書 1 例。

　　一室人皆毋（無）氣以息，不能童（動）作，是狀神在其室，屈（掘）遝泉，有赤豕，馬尾犬首，享（烹）而食之，美氣。○睡甲36背貳—38背貳

簡文出自睡簡《詰》篇，該篇講述驅鬼禁災的方術，篇幅宏大，由 70 條簡文組成，每條簡文由作祟現象、作祟鬼怪、驅鬼方式、驅鬼結果構成。

研究者或將睡簡此例"美氣"理解爲"美味"，並以來證明《大詞典》"美氣"義項失收①，或認爲"美氣，意爲感覺美好、快樂，今關中地區方言仍使用'美氣'一詞"②。

"美氣"是對前文所提"毋氣以息，不能童（動）作"現象的驅鬼結果。"毋氣以息"即没有空氣可呼吸，也就是呼吸困難、憋氣。《詰》篇所載驅鬼結果皆用謂詞性結構來表述，如"則止""則已""則去""不屬""不害人""毋央""免於憂""可得""有美味"等。將"美氣"理解爲"美味"與全篇文例不協。

"美"有舒服義，"氣"有呼吸義，"美氣"可理解爲呼吸順暢。《大詞典》"美氣"有"美麗的雲氣"和"方言。得意；高興"兩個義項；可增補"呼吸順暢"義。

14. 棄疾　醫治疾病。睡簡日書 1 例。

　　窨、羅之日，利以說孟（盟）詛（詛）、棄疾、鑿宇、葬，吉。而遇（寓）人，人必奪其室。睡乙17

"棄疾"中的"棄"即解除、去除，與其前"說孟詛"中的"說"

---

① 魏德勝：《〈睡虎地秦墓竹簡〉詞彙研究》，華夏出版社 2003 年版，第 82 頁；朱湘蓉：《秦簡詞彙初探》，中國社會科學出版社 2012 年版，第 106 頁。
② 呂亞虎：《戰國秦漢簡帛文獻所見巫術研究》，科學出版社 2010 年版，第 137 頁。

同義，《國語·魯語下》韋昭注"説，猶除也。"

九店日書與睡簡對應的簡文作：

> 巳、午、未、申、酉、戌、亥、子、丑、寅、卯、辰，是胃（謂）害日，利以迲（解）兇（凶），叙（除）不羊（祥）。利以祭門、行，叙（除）疾。以祭、大事、聚衆，必或亂之。以堚（寓）人，敓（奪）之室。九店28

睡簡的"棄疾"相當於九店的"除疾"，孔簡亦有"除疾"，"棄疾"與"除疾"意義相同。《大詞典》"除疾"釋義爲"醫治疾病"。古代多有名"棄疾、去疾、疾已""去病、病已"者，均體現了古人對後代身體健康的祈望。

《大詞典》"棄疾"僅收"猶加害；遺患"一個義項；可增補"醫治疾病"義。

15. 入月　月内，每月之内。日書38例：睡簡9例，放簡2例，周秦4例，嶽山1例，孔簡19例，印臺、周漢、居新各1例。

> （1）凡入月五日，月不盡五日，以筑（築）室，不居；爲羊牢馬廄，亦弗居；以用垣宇，閉貨貝。睡甲103正壹
>
> （2）入月正月壬、二月癸、三月戊、四月甲、五月乙、六月戌、七月丙、八月丁、九月己、十月庚、十一月辛、十二月己，此日行卅里遇言語，百里遇將（戕），三百里不復迹。放乙312+314
>
> （3）入月一日、七日、十三日、十九日、廿五日大斃（斃）。周秦134叁—135叁
>
> （4）禹窮日，入月二日、七日、九日、旬三、旬八、二旬二日、二旬五日，不可行。孔151壹
>
> （5）入月四日、旬四日、二旬四日、月未盡四日，巫。印臺《荆州》圖2-12貳

日書"入月"常見，意義明確，可看作詞。劉樂賢先生認爲"《日

書》中的入月某日或入某月某日,都是以序數記日,當理解爲每月第某日或某月第某日";從目前掌握的資料看,"入月"一詞最早見於子彈庫楚帛書,是古代一種常見的記日法①。這種説法雖不能覆蓋"入月"後的搭配情況,但所訓"入月"意義確然。《大詞典》"入月"可增補"月内,每月之内"義。

16. 生子 所生之子。睡簡日書1例。

人生子未能行而死,恒然,是不辜鬼處之。以庚日日始出時漬門以灰,卒,有祭,十日收祭,裹以白茅,貍(埋)墊(野)外,則毋(無)央(殃)矣。睡甲52背貳—53背貳

簡文所言"生子"當即所生之子義。《大詞典》"産子"有"生孩子"和"所生之子"兩個義項,"生""産"在生育義上構成同義詞,"生子""産子"也爲同義詞。《大詞典》"生子"可補充"所生之子"義。

17. 始冠 行冠禮。日書4例:睡簡3例,孔簡1例。

(1) 毋以酉台(始)寇〈冠〉,帶劍,恐御矢兵,可以漬米爲酒,酒美。睡甲113正貳
(2) 柳,百事吉。取(娶)妻,吉。生子,子肥。可始冠及請謁、田獵。孔72

"始冠"與"初冠"同義,表示行冠禮。日書又有簡稱"冠"者:

凡建日,大吉,利以取(娶)妻,祭祀,竺(築)室,立社禝(稷),帶鐱,冠。九店13

《大詞典》"始冠"釋義爲"謂二十歲",該義項是"行冠禮"意

---

① 劉樂賢:《睡虎地秦簡日書研究》,臺灣文津出版社1994年版,第68頁。

義的引申。

18. 市日　太陽偏西；傍晚。日書7例：睡簡、放簡、港簡各1例，嶽山4例。

己亥、己巳、癸丑、癸未、庚申、庚寅、辛酉、辛卯、戊戌、戊辰、〖壬子〗、壬午，市日以行有七喜。睡甲99背壹

睡簡、放簡與該簡相應的簡文作：

（1）庚辛、戊己、壬癸餔時行，有七喜。睡甲135正
（2）戊辰、己巳、壬午、癸未、庚寅、辛卯、戊戌、己亥、壬子、癸丑、庚申、辛酉，日失（昳）行，七憙（喜）。放乙79壹

從相應簡文看"市日"與"餔時""日昳"時間相同。

研究者或認爲"市日"相當於"日昳"，當就古代的"日中而市"所言，此時太陽已略偏西，亦相當於人們的午飯時間①，或認爲"市日"的"市"字作本字解；"市日"可能是從"日昃而市"爲"大市"而得名，"市日"應與"日昃"相當②。甲骨文中"市""市日"均有表示下午的時間詞用例，"市"讀爲"昳"，表示太陽略微偏西之時③。

名詞後輔以"日"表示時段名稱的還有"夕日""中日"。《大詞典》"市日"釋義爲"舉行集市貿易的日子"，爲晚起義；與早期文獻中的時間名稱意義無關。

19. 司空　土神。孔簡日書9例。

【正月司空在亥，大微在寅。】二月司空在酉，大微在巳。三月司空在未，大微在申。四月司空在寅，大微在亥。【五月司空在

---

① 尚民傑：《雲夢〈日書〉十二時名稱考辨》，《華夏考古》1997年第3期。
② 劉樂賢：《睡虎地秦簡〈日書〉釋讀札記》，載饒宗頤主編《華學》第6輯，紫禁城出版社2003年版，第120頁。
③ 鄧飛：《商代甲金文時間範疇研究》，人民出版社2013年版，第16頁。

子，大徵在】卯。六月司空在戌，大徵在午。七月司空在巳，大徵在酉。八月司空在卯，大徵在子。九月司空在丑，大徵在辰。十月司【空在亥，大徵在未。十一月司空】在午，大徵在戌。十二月司空在辰，大徵在丑。○孔218—220

正月、五月、十一月中的"司空"據文例補。
睡簡日甲神煞"土神"與"司空"值日相同，其月所居不可"起土功"。

正月亥、二月酉、三月未、四月寅、五月子、六月戌、七月巳、八月卯、九月丑、十月申、十一月午、十二月辰，是胃（謂）土神，毋起土攻（功），凶。○睡甲132背—133背

孔簡亦有"土神"，每月所居"不可起土功"。

土神月所在，不可起土功。其鄉（向）垣、壞垣、穿井、窌，方，男子死之；員（圓），女子死之。○孔208壹—213壹

"司空"當即"土神"。

將"土神"稱"司空"，與周代官制有關，"司空"一職相傳少昊時所置，"周代，稱'冬官司空'，爲中央六官之一。……其職掌主要是水利土木等工程，是爲後世六部制工部之始。"① 秦亦設"司空"，如睡簡《秦律雜抄》："戍者城及補城，令姑堵一歲，所城有壞者，縣司空署君子將者，貲一甲，縣司空主將者，貲一盾。""縣司空"掌管縣內有土木工程，"因從事建築的勞動力主要是刑徒，故'司空'又分管刑徒。"② 漢初"司空"與周秦執掌相近，《史記·魏其武安列傳》："於是上使御史簿責魏其所言灌夫，頗不讎，欺謾。劾繫都司空。"孔

---

① 李晓峰、楊冬梅：《濟南市博物館藏界格封泥考釋》，《中國書畫》2007年第4期。
② 周晓荣：《秦代政区地理》，社會科學文獻出版社2009年版，第287—288頁。

穎達正義引如淳："律，司空主水及罪人。""司空"一職歷代承襲，至明廢；清代掌管建築工程的工部尚書又稱大司空，與周秦時期司空執掌相近。日書建築宜忌之神稱"司空"，與司空掌管興建職事有關。

另，放簡日乙有"地司空"神煞，其值日不可興建土事。

卯、丑、寅、午、辰、巳、酉、未、申、子、戌、亥，凡是=<u>地司空</u>，不可操土攻（功），不死必亡。放乙134壹

十二個日支爲地司空的每月值日，與睡簡、孔簡比對，若"寅"與"申"，"巳"與"亥"對調，則與睡簡"土神"、孔簡"司空"運行相同；不過始於八月，終於七月的曆法罕見。我們傾向於將"司空"和"地司空"看作兩種神煞。如果"地司空"與"司空"土神同神異名，那麼"司空"前附加"地"，應有突出其掌管人間建築事宜的功能；與掌管人間炊事之神稱"炊"，又稱"人炊"的原因相同。

20. 它日　別的日子。睡日書2例。

凡是有爲也，必先計月中閒日，句（苟）毋（無）直赤帝（帝）臨日，<u>它日</u>雖有不吉之名，毋（無）所大害。睡甲129正—130正

相近簡文又見於睡乙簡135—137。

簡文中"它日"指赤帝臨日以外的其他日子；《大詞典》"它日"釋義爲"以後的某一天"，首證唐無名氏《迷樓記》。"別的、另外的"是古漢語中"它"的重要意義；《大詞典》所收"它人、它名、它岐、它所、它法、它故、它界"等詞，"它"的詞素義均爲別的、另外的。《大詞典》"它日"可增補"別的日子"義項。

21. 桃杖　桃木作的杖。睡簡日書1例。

埜（野）獸若六畜逢人而言，是票（飄）風之氣，擊以<u>桃丈</u>（<u>杖</u>），繹（釋）屨（屨）而投之，則已矣。睡甲52背壹—53背壹

"桃"與"逃"音同,有逃亡之義①;日書中桃木(杖)是常用的具有驅邪避鬼作用的工具。

《大詞典》"桃杖"釋義爲"用桃木作的兵器。古代用以辟邪",首證《後漢書》;《大詞典》"桃棓"釋義爲"桃木作的杖。後用以驅鬼邪"。"桃杖"同"桃棓"一樣,首先是桃製木杖,用以辟邪的兵器是其本義的引申。《大詞典》"桃杖"可增補"桃木作的杖"義。

22. 田社　田神。周秦日書2例。

置(德)居土,<u>田祄(社)</u>、木並主歲。○周秦301壹

該簡出自《三十六年置居》篇,另1例"田社"亦見於此篇;簡文"田社、木"與同篇"里社、太白、兵死"等一樣爲"主歲"主體。"田社"當爲"田神","木"疑爲"社木",代指社主。

《大詞典》"田社"釋義爲"古代奉祀田神的處所",三國魏曹植《〈社頌〉序》,孤證;此意義的"田社",文獻中也有其他用例。

舊制二十五家爲一社,而民或十家五家共爲<u>田社</u>,是私社。(《漢書·五行志下》顏師古注引臣瓚)

《大詞典》"田社"可增補"田神"義,其"古代奉祀田神的處所"可豐富書證。

23. 夕日　日夕,傍晚。日書34例:放簡22例,孔簡12例。

(1) 子,旦吉,安(晏)食吉,日中凶,日失(昳)吉,<u>夕日</u>凶。○放甲43貳

(2) 子,旦吉,晏食凶,日中吉,日失(昳)吉,<u>夕日</u>吉。○孔160貳

---

① 劉釗:《説"魃"》,復旦大學出土文獻與古文字研究中心網2013年8月15日(http://www.gwz.fudan.edu.cn/Web/Show/2096)。

時間詞"夕日"均出現於《禹須臾所以見人日》篇。
其他文獻"夕日"表示傍晚義,也有使用。

　　大妃殿誕日進豐呈,初欲爲之,而大臣有啓之者。日候亦甚酷熱,故停之,心甚未安。茲欲於秋夕日爲之,此乃禮官不稟之事。(《朝鮮王朝實錄·中宗實錄》)

放簡、周秦、孔簡、水簡日書還有6例"夕時"。

　　(1) ☐食到隅中丁,日中戊,日失(昳)巳,日失(昳)到夕時庚,夕時到日入辛,日入到人鄭(定)〖壬〗,人鄭(定)到夜半癸。孔365—366
　　(2) 平旦、日出、蚤食、莫食、日中、日失(昳)、餔時、莫(暮)餔、夜食、日入、夕時、☐水《文物》封三∶1

"夕日""夕時"均爲時間詞"夕"的複音形式;"夕日"與"日夕"爲同素異序詞,《大詞典》"日夕"列"傍晚"義項。《大詞典》"夕日"釋義爲"夕陽",未收"夕時";可增補"夕日"義,補充"夕時"詞目。

24. 繫囚　拘囚,拘禁。日書7例:睡簡1例,放簡6例。

　　(1) 丁未生子,不吉,毋(無)母,必賞(嘗)毄(繫)囚。睡甲143正肆
　　(2) 以徙官,十徙;以受憂者,十喜;以亡者,得十;毄(繫)囚,亟出。放乙128

例(1)"繫囚"受時間副詞"嘗"修飾,例(2)"繫囚"與"徙官""受憂""亡"等謂詞並列,"繫囚"的動詞性質明顯。
阜陽《周易》卦辭有"繫囚者免""繫囚者罪益☐""繫囚者桎梏

不凶""【繫】囚者久【繫】"①。

《大詞典》"繫囚"釋義爲"在押的囚犯",首證《漢書》;未有動詞義項。日書之外的其他文獻中"繫囚"亦可見動詞用例。"繫""囚"均有羈押、囚禁義,"繫囚"爲同義詞素合成構詞。《大詞典》亦收"囚繫",有"拘禁;拘押""囚犯"兩個義項,前者首證《史記》,後者首證《國語》。《大詞典》"繫囚"可增補動詞義項。

25. 下土　種植。額簡日書1例。

☐下土種良☐② 額99ES16ST1.24B

"下土"表種植義,後世文獻有用例,現代漢語仍有使用。

（1）若入藥,不如種爲蹄。正月二十日下土,謂之天穿日,宜種荊芥。(《永樂大典殘卷·宋韓澗泉集》)

（2）爲了讓荷花在寒冬裏也能夠傲雪而開,重慶一農民自費把荷花種子送入太空。如今,太空荷花種子已經播種下土,等到初冬發芽開花。(《重慶晨報》2005年9月26日)

26. 小時　神煞名稱,又稱月建、小歲,三者同神異名。日書9例:孔簡6例,水簡、居新、金關各1例。

（1）五月,小時居午,大時居卯,不可東南徙。孔115壹
（2）大時在南方午,小時在東北丑,大司空在丑。水《文物》
（3）大時小時：并在東方,北方東方,西方南＜東＞方,【并在南方,東方南方,北方南方】,東＜西＞方西方,東方西方,東＜南＞

---

① 胡平生：《阜陽雙古堆漢簡數術書簡論》,載中國文物研究所編《出土文獻研究》第4輯,中華書局1998年版,第25頁。
② 下土種良,原釋作"侯望不得";孫家洲先生改釋,見《額濟納漢簡釋文校正》,文物出版社2007年版,第9頁。

方西方,并在北方,西方北方,南方北方。居新EPS4T2.105+居新EPS4T1.3

(4) 小時：東方、東方、東方、南方、南方、南方、西方、西方、西方、北方、北方、北方。金關73EJT23.992

27. 行道　走路,出行。放簡日書1例。

天子大說（悅），布賜天下。其祟北君、大水、街。卜行道及事君吉。放乙265

日書出行占辭較多；"行道"即出行。
"行道"表走路、出行義,先秦文獻也有使用。

(1) 行道遲遲,中心有違。(《詩經·邶風·谷風》)
(2) 孔子行道而息,馬逸,食人之稼,野人取其馬。(《吕氏春秋·必已》)

"行道"與"走路"構詞方式相同,《大詞典》"走路"有"行走"義項。

28. 陽日　猶單日。古代以干支紀日,天干甲、丙、戊、庚、壬五日,地支子、寅、卯、戌、巳、酉居奇位,屬陽剛,故稱。也成奇日。放簡日書1例,"日"字脫。

凡甲、丙、戊、庚、壬,子、寅、〖卯、戌〗、巳、酉,是胃崗（剛）日、陽〖日〗、牡日殹,女子之吉日殹。放乙113壹

與之相連的簡有"陰日",說明"陽"後確脫"日"字。

凡乙、丁、己、辛、癸,丑、辰、午、未、申、亥,是＝柔日、陰日、牝日殹,男子之吉日殹。放乙114壹

"陽日"即"剛日",《大詞典》"剛日"釋義爲"猶單日。古以'十干'記日。甲、丙、戊、庚、壬五日居奇位,屬陽剛,故稱。"詞義可作修整。

"陽日"表單日義,後世文獻也有使用。

乘船不身涉水者,其陽日帶雄,陰日帶雌。(《抱朴子·登涉》)

《大詞典》"陽日"有太陽和陽光兩個義項,可增補義項。

29. 中鳴　雞鳴,時間詞。放簡日書1例。

晡食、大辰(晨),八。莫食、前鳴,七。人鄭(定)、中鳴,六。夜半、後鳴,五。日出、日失(昳),八。食時、市日,七。過中、夕時,六。日中、入,五。□□、□□,九。放乙179伍—187伍

前鳴、後鳴爲"雞前鳴""雞後鳴"的省稱,分別位於"中鳴"前後;"中"有"正"義,"中鳴"即"正鳴"。《大詞典》"中鳴"可增補"雞鳴"義。

30. 中人　家人,本家族的人。放簡日書2例。

(1) 子,鼠殹。以亡,盜者中人。取之,臧穴中、畢<糞>土中。放甲30上

(2) 亥,豕殹。盜者中人殹。禹在屏圂方(旁)及矢(屎)。放甲41

"中人"乃"家裏的内賊""家裏内部的人"①。放簡辰、辛二日有

---

① 吳小强:《秦簡日書集釋》,嶽麓書社2000年版,第269、271頁。

· 737 ·

外來匪,與"中人"成對比①,"中人"恐與辰日、午日的"外人"相對而言,猶"家賊""内賊"②。"内賊""家賊"爲"中人"之"家人"義的語境義,亦即義位變體。

《大詞典》"中人"義項之一爲"猶内人";但是"内人"意義繁複,《大詞典》列有"本家族的人""古代泛指妻妾""用以稱自己的妻子""宫中女官。亦指宫女""宫中的女伎""指官僚貴族家的女伎"6個義項,其中"本家族的人"與放簡意義相近。《大詞典》"中人"之"猶内人"義項,孤證《古詩箋·吴均·〈古意〉》:"中人坐相望,狂夫終未還。"該例"中人"爲思婦義。《大詞典》"中人"可明確"家人,本家族之人"的意義。

31. 祝祠　祝禱祭祀。放簡日書6例。

(1) 建日,良日殹。可爲嗇夫,可以祝祠,可以畜大生(牲),不可入黔首。放甲13

(2) 平日,可取(娶)妻、祝祠、賜客,可以入黔首,作事吉。放甲16壹

(3) 定日,可以臧(藏)、爲府,可以祝祠。放甲17壹

以上3例出自《建除》篇。睡簡日甲《秦除》篇,建日、定日與放簡"祝祠"對應的詞作"祠",平日未出現與祭祀相關的詞語;孔簡《建除》篇,建日與放簡"祝祠"對應的詞作"禱祠",定日簡文殘缺,平日未出現與"祝祠"對應的詞語。"祠""禱祠"均有祭祀之義,與"祝祠"爲同義詞;《大詞典》"祝祠"釋義爲"祭祀鬼神的祠廟",以《史記》爲孤證;"禱祠"有"祭祀"義,孔簡日書的"禱祠"與放簡日書的"祝祠"形成異文,兩詞意義相近。《大詞典》"祝

---

① 周敏華:《〈睡〉簡、〈放〉簡及〈孔〉簡之〈日書〉盗篇比較》,《文與哲》2007年第10期。

② 張德芳主編,孫占宇著:《天水放馬灘秦墓竹簡集釋》,甘肅文化出版社2013年版,第79頁;陳偉主編,孫占宇、晏昌貴著:《秦簡牘合集〔肆〕》,武漢大學出版社2014年版,第20頁。

祠"可增補"祝禱祭祀"義。

32. 自當　不賠不賺，收支相抵。周秦日書3例。

  占市旅者，自當。周秦200

"自當"均爲《繫行》篇"市旅"之占語，該篇"市旅"的占語有"吉、不吉、細利、疑、自當"。放簡"市旅"的占語爲"得"和"折"。

  投黄鐘：以多，爲病益篤，市旅得，事君吉，毄（擊）者久；以少，病有瘳，市旅折，事君不遂，居家者家毀。放乙242

從是否贏利角度而言，經商的結果有贏利、不賺不賠、虧損三種情況。周秦整理者訓"自當"爲"行商不賺不賠"。沈祖春先生認爲"自當"的意思是行商的本錢與賣完貨物所得的錢兩兩相等，即不賺不賠①。

睡簡日書、放簡日書有"相當"一詞。

  （1）取（娶）婦、家（嫁）女，兩寡相當。睡甲39正
  （2）取（娶）妻、嫁女，兩寡相當。孔39

睡簡中的"當"是相抵、持平義，相當就是相抵②。"自當"表示不賺不賠，可能來源於"當"的相抵義，即賺賠相抵。《大詞典》"自當"可增補不賠不賺，收支相抵義。

四　修訂義項

《大詞典》解釋詞義要求"準確、簡煉"。

---

① 沈祖春：《〈先秦簡牘〈日書〉詞語札記〉》，《重慶文理學院學報》2006年第6期。
② 朱湘蓉：《秦簡詞彙初探》，中國社會科學出版社2012年版，第164頁。

(一) 單音詞

1. 騳 紅身黑鬃尾的馬，泛指駿馬；亦可指紅黑色。《大詞典》該詞釋義爲"同'騮'"；"騮"釋義爲"紅身黑鬃尾的馬。泛指駿馬"，首證《梁書》。

居新日書"騳"1例，義爲赤黑色。

☐車祭者，占牛馬毛物，黃白青<u>騳</u>，以取（娶）婦、嫁女、祠祀、遠行、入官、遷徙、初疾☐ 居新EPT40.38

"黃白青騳"應指四種顏色。陸平先生認爲此處"騳"與"黃白青"並列，爲赤色義①。曾磊先生指出"黃白青騳"與"牛馬毛物"有關，"騳"爲"駵"的異體，應也可以指代牛的毛色。"車祭"簡"占牛馬毛物"的目的是確定出行使用牛馬的毛色②。

居新"黃白青"與"騳"並列，"騳"本指紅身黑鬃尾的馬，這種馬集紅、黑兩種顏色於一身，而"黃白青"加"紅黑"組合，正可構成傳統五色青赤白黑黃。

日書有赤黑色與同一神祇搭配的情況，如孔簡《主歲》篇是有關青、赤、黃、白、炎五帝主歲與作物收成情況的占辭，五帝主歲所對應的收成上等的作物分別是青禾、赤禾、黃禾、白禾、赤黑禾；炎帝與赤墨禾匹配。

《大字典》"騳"釋義爲"同'駵（騮）'"，首證《淮南子》。《大詞典》《大字典》均未言明"騳"有顏色的意義，而由事物本身發展出事物所具有的顏色義並不罕見，如"藍、紅、素"等皆是。《大詞典》書證可提前，《大詞典》《大字典》釋義可修正。

2. 癃 病弱；廢疾。《大詞典》該詞有"衰老病弱""衰老病弱的人""小便不利""跛，腿瘸"四個義項。

日書"癃"16例：睡簡9例，放簡3例，孔簡3例，周漢1例。

---

① 陸平：《散見漢日書零簡輯證》，碩士學位論文，南京師範大學，2009年。
② 曾磊：《居延漢簡"車祭"簡所見出行占色》，《中國史研究》2013年第2期。

(1) 已失火，有癃（癃）子。巳失火，有死子。庚失火，君子兵死。睡乙250

(2) 凡人來問病者，以來時投日、辰、時數并之，上多下占＜曰＞病已，上下等曰陲已，下多上一日未已而幾已，下多上二日未已，下多三日日尚久，多四、五、六日久未智（知）已時，多七日癃（癃）不已，多八、九日死。放乙345+348

(3) 甲、丙、戊、庚、壬，男；乙、丁、己、辛、癸，女。産子不中此日，不死，癃（癃），不行。周漢375貳

《大詞典》"癃"僅"小便不利"義項首證爲先秦文獻，所列的四個義項不能涵蓋以上簡文中"癃"的意義。《大字典》"癃"有5個義項，其中"廢疾""重病"這兩個義項與簡文意義有相合處，唯詞性釋義可作豐富；《大詞典》"癃"之"衰老病弱"義項可附增"病弱"。

秦楚簡中"癃"的含義是指廢疾，"癃"本義是殘疾，後世語言中該義項被"殘、廢、障"等詞替代，"癃"則成爲以"小便不利"爲主要表現的一類疾病的專名，這是語義演變的結果①。

3. 畏　古代指被兵器殺死。《大詞典》該詞的相關義項爲"古謂因畏懼而死於非命"。

睡簡日書"畏"表兵器殺死義1例。

人毋（無）故而鬼惑之，是囗鬼，善戲人。以桑心爲丈（杖），鬼來而擊之，畏死矣。睡甲32背壹—33背壹

《大詞典》"畏"之"古謂因畏懼而死於非命"義項，以《禮記》爲孤證。

《大字典》"畏"之"死，古代指被兵器殺死"義項，亦同引《禮

---

① 于越：《秦楚簡病名研究》，碩士學位論文，北京中醫藥大學，2015年。按：該文提及范行準認爲小便異常的疾病本應寫作"癃"，因爲該字與"癃"只有一筆之差而被誤寫爲"癃"；此説以字形爲據，也言之成理。

· 741 ·

記》爲書證，並附朱彬訓纂引盧注說："畏者，兵刃所殺也。"另有兩則書證：《呂氏春秋·勸學》："曾點使曾參，過期而不至，人皆見曾點曰：'無乃畏邪？'"高誘注："畏，猶死也。"宋張載《正蒙·王禘篇》："畏、厭、溺可傷尤甚，故特致哀死者，不吊生者以異之。"王夫之注："畏，兵死。"

《大字典》"畏"的釋義更符合睡簡日書"畏"的用法，而睡簡"畏"之用例，有上下文提示，"兵死"之義更爲易解。"畏死"爲同義詞連用，因"畏死"表示死亡義，尚未見其他用例，故未看作同義詞素構成的合成詞。"畏死"的出現應與"畏"表兵死義用例不多，意義不顯有關。

(二) 複音詞

1. 大行　重要出行。《大詞典》該詞的相關義項爲"遠行"。
日書"大行"3例：睡簡2例，放簡1例。

(1) 凡且有<u>大行</u>、遠行若飲食、歌樂，聚〖衆〗、畜生及夫妻同衣，毋以正月上旬午，二月上旬亥，三月上旬申，四月上旬丑，五月上旬戌，六月上旬卯，七月上旬子，八月上旬巳，九月上旬寅，十月上旬未，十一月上旬辰，十二月上旬酉。睡甲127正—128正

(2) 凡<u>大行</u>龍日：丙、丁、戊、己、壬、戌、亥，不可以行及歸。放乙316

例 (1) "大行""遠行"同時出現，王子今先生指出"大行"可能是指意義比較重要的出行行爲；與"遠行"不同，"遠行"當是指路程比較遙遠的出行行爲[①]。

放簡日乙《遠行兇》篇：

正月壬子死亡，二月丑〖疾〗喪，三月甲寅死亡，四月乙卯死亡，五月辰疾喪，六月丁巳死亡，七月戊午死亡，八月未疾喪，

---

① 王子今：《睡虎地秦簡〈日書〉甲種疏證》，湖北教育出版社2003年版，第248頁。

九月庚申死亡，月辛酉死亡，十一月戌疾喪，十二月癸亥死亡。放乙103叁—114貳

"遠行兇"爲自題篇名，"遠行"忌日與"大行"不同。

《大詞典》"大行"之"遠行"義項以《左传》爲書證，孤證。《左傳》例句爲："以魯國之密邇仇讎，臣是以不獲從君，克免於大行，又謂重也肥？"該例中的"大行"也可訓爲"重要出行"。"大"有重要、主要義，"大行"訓爲"重要出行"，比訓爲"遠行"更能體現詞義系統的關聯。

2. 大凶 非常不吉，非常的禍殃。《大詞典》該詞有"大荒之年""凶禍，謂死亡"兩個義項。

日書"大凶"28例：睡簡21例，放簡、王簡、孔簡、阜陽、金關各1例，水簡2例。

（1）春三月毋起東鄉（向）室，夏三月毋起南鄉（向）室，秋三月毋起西鄉（向）室，冬三月毋起北鄉（向）室；有以者，大凶，必有死者。睡甲96正貳—99正貳

（2）歸行：凡春三月己丑不可東，夏三月戊辰不可南，秋三月己未不可西，冬三月戊戌不可北。百〖里〗中大凶，二百里外必死。睡甲131正

日書"大凶"爲非常不吉，非常兇險之義，可能會致死，但又與"死滅"不同。例（1）中"大凶"與"致死"同現，指非常凶險，例（2）中"大凶"可致死亡。

"大凶"表非常不吉之義，其他文獻也有使用。

（1）農攻粟，工攻器，賈攻貨。時事不共，是謂大凶。（《吕氏春秋·上農》）

（2）孝武帝時，聚會占家問之，某日可取婦乎？五行家曰可，堪輿家曰不可，建除家曰不吉，叢辰家曰大凶，曆家曰小凶，天人

· 743 ·

家曰小吉，太一家曰大吉。辯訟不決，以狀聞。（《史記·日者列傳》）

《大詞典》"大凶"之"凶禍，謂死亡"義項，孤證《國語》："天節不遠，五年復反，小凶則近，大凶則遠。"韋昭注："大凶，謂死滅。"韋昭所注"大凶"，爲語境義；該句"大凶"與"大吉"相對，《大詞典》"大吉"釋義爲"大吉利"。"大凶"與"大咎"同義，《大詞典》"大咎"釋義爲"非常的災禍""大的過錯"。《大詞典》"大凶"義項可作修訂，書證可作補充。

3. 剛日　猶單日。古代以干支紀日，天干甲、丙、戊、庚、壬五日，地支子、寅、卯、戌、巳、酉六日居奇位，屬陽剛，故稱。也稱奇日。《大詞典》該詞釋義爲"猶單日。古以'十干'記日。甲、丙、戊、庚、壬五日居奇位，屬陽剛，故稱"。

放簡日書"剛日"1例。

凡甲、丙、戊、庚、壬，子、寅、〚卯、戌〛、巳、酉，是胃崗（剛）日、陽〚日〛、牡日殹，女子之吉日殹。放乙113壹

"剛日"不僅指處於奇位的天干，還包括處於奇位的地支。"剛日"又稱"牡日""男日"，均包括處於奇位的天干和地支。

（1）子、寅、卯、巳、酉、戌爲牡日。睡甲11背
（2）男日：子、卯、寅、巳、酉、戌。放乙91上
（3）☑□戌、午、申，庚午、辰，壬戌、子爲牡日，牡日以死及葬，必復之。孔殘37+186壹

例（1）、例（2）爲地支陽日，例（3）爲干支組合陽日。

4. 河魁　月中的凶神。《大詞典》該詞相關義項爲"叢辰名，月中的凶神"，首證《新唐書》。

武威日書"河魁"1例。

>>> 第四章 簡牘日書詞彙應用研究

<u>河魁</u>以祠，家邦必揚（傷）。。《武威》1正

稷辰篇章在九店、睡簡、孔簡中均較爲完整，王簡、港簡、水簡中有殘簡。楚叢辰值神名有十二個，秦叢神值神名有八個，從王簡、孔簡情況看，後世應沿用了秦叢神。楚系、秦系叢辰均未有河魁神。河魁神是月中凶神，非"叢辰名"。

5. 毛物　毛色。《大詞典》該詞相關義項爲"馬的毛色"。
居新日書"毛物"1例。

☐車祭者，占牛馬<u>毛物</u>，黃白青駹，以取（娶）婦、嫁女、祠祀、遠行、入官、遷徙、初疾☐ 居新EPT40.38

"物"有顏色義，《周禮・春官・保章氏》："以五雲之物辨吉凶"，鄭玄注："<u>物</u>，色也。周秦《繫行》篇二十八宿占，有顏色占辭，如簡188"占<u>物</u>，黃、白。""物"有顏色之義，"毛物"，即毛色。

6. 強飲強食　多飲多食，常用作祝福語。《大詞典》該詞釋義爲"豐盛的飲食"，孤證《周禮》。
睡簡日書"強飲強食"1例。

皋！敢告塈（爾）豻觭。某有惡夢（夢），走歸豻觭之所。豻觭<u>強飲強食</u>，賜某大幅（福），非錢乃布，非繭乃絮。睡甲13背—14背

睡簡日書有"勉飲勉食"及其省略形式"勉飲食"。

主君<u>勉飲勉食</u>。睡甲159背
毋（無）王事，唯福是司，<u>勉飲食</u>，多投福。睡乙146

"勉飲勉食"同"強飲強食"，《大詞典》未收"勉飲勉食"。
文獻中常見"強飲強食"的省略表達方式"強食""強飲食"。

· 745 ·

(1) 宣伏地再拜請幼孫少婦足下，甚苦塞上，暑時願幼孫少婦足衣強食，慎塞上。○居漢10.16A
(2) 將軍強食，慎兵事，自愛！（《漢書·趙充國傳》）
(3) 今賜羊酒如別録，卿宜愛精神，近醫藥，強飲食，以副朕眷遇之意。（《宋史·趙普傳》）

以上"強食""強飲食"均與多加飲食，保重身體有關。《大詞典》"強食"義項之一爲"努力加餐"，日書中"強飲強食"亦作此解，該詞出現的背景是某人噩夢不止，身體受損，所以祝願豻䑋多加飲食，並賜福自己。《大詞典》"強飲強食"所引《周禮》語句爲："其辭曰：惟若寧侯，毋或若女不寧侯，不屬于王所，故抗而射女。強飲強食，詒女曾孫諸侯百福。"句中"強飲強食"或可解作多加飲食，保重身體。

飲食是存活的必需，古人早有民以食爲天的思想，多飲多食才能身體康健，而身體康健的一個表現就是能多飲多食；"強飲強食"便也成爲一種祝福，這與中古漢語產生並一直沿用至今的"保重"有相同的含義與功能。

7. 柔日　猶偶日。古代以干支紀日，天干乙、丁、己、辛、癸五日，地支丑、辰、午、未、申、亥六日居偶位，屬陰柔，故稱。也稱偶日。《大詞典》該詞釋義爲"古代以干支紀日，凡天干值乙、丁、己、辛、癸的日子稱柔日。因均屬偶數，也稱偶日"。

放簡日書"柔日"1例。

凡乙、丁、己、辛、癸，丑、辰、午、未、申、亥，是=柔日，陰日、牝日殴，男子之吉日殴。○放乙114壹

"柔日"不僅指處於偶位的天干，還包括處於偶位的地支。"柔日"又稱"牝日""女日"，均包括處於偶位的天干和地支。

(1) 女日：午、未、申、丑、亥、辰。○放甲1貳

(2)【丑、辰】、午、未、申、亥，爲牝日。放乙87

(3) 春乙亥、夏丁亥、秋辛亥、冬癸亥，是=牝日，不可操土攻（攻），必死亡。放乙131壹

(4) 乙巳、丑，丁酉、卯，己未，辛巳、丑，癸亥、未爲牝日，牝日以死及葬，必復之。孔殘35+殘38+187壹

例（1）、例（2）爲地支柔日，例（3）、例（4）爲干支組合柔日。

8. 同生　同胞兄弟姊妹。《大詞典》該詞相關義項爲"謂同父所生。因以指兄弟"。

日書"同生"4例：睡簡3例，孔簡1例。

(1) 戊午去父母同生，異者焦窶，居瘩（癃）。睡甲54正叁—56正叁
(2) 以生，毋（無）它同生。孔59

《大詞典》又收"同産"，義項之一爲"同母所生。亦指同母所生者"。"生""産"在生育義位上構成同義詞，《大詞典》"同生"釋爲同父所生，而"同産"釋爲同母所生，不盡一致；"同生""同産"均應指同胞兄弟姐妹。

9. 小凶　小的兇險。《大詞典》該詞有"謂危敗而未至死滅之象""指不甚嚴重的災荒"兩個義項。

睡簡"小凶"日書1例。

大祠，以大生（牲）大凶，以小生（牲）小凶，以腊古（腒）吉。睡甲113正壹

其他文獻該意義的"小凶"也有使用。

孝武帝時，聚會占家問之，某日可取婦乎？五行家曰可，堪輿家曰不可，建除家曰不吉，叢辰家曰大凶，曆家曰小凶，天人家曰

小吉，太一家曰大吉。辯訟不決，以狀聞。(《史記·日者列傳》)

《大詞典》"小凶"義項"謂危敗而未至死滅之象"，孤證爲《國語》："天節不遠，五年復反。小凶則近，大凶則遠。"韋昭注："小凶，謂危敗；大凶，謂死滅。"韋昭注爲"小凶"語境義，屬於義位變體。"小凶"與"大凶"爲反義詞；《大詞典》"大凶"有"大荒之年"和"凶禍，謂死滅"兩個義項，義項"大荒之年"的書證亦爲"小凶"所引書證《國語》例及韋昭注。《大詞典》"小凶""大凶"義項排列有異，"小凶"義項"謂危敗而未至死滅之象"可修改爲"小的兇險，小兇險"，書證可作補充。

睡簡日書又有"小兇"用例，因有脱文而作"兇"，睡乙120："大祠，以大生（牲）〚大〛兇，小生（牲）〚小〛兇，以昔（腊）肉吉。"《大詞典》未收録"小兇"。

10. 行作　外出勞作。《大詞典》該詞釋義爲"勞作；作爲"。

日書"行作"7例：九店3例，睡簡、周秦、孔簡、水簡各1例。

（1）戌、亥、子、丑、寅、卯、辰、巳、午、未、申、酉，是胃（謂）【外】陰日，利以祭，內（入）貨，吉。以作卯（貿）事，不吉。以遠行，舊（久），是古（故）胃（謂）不利以行作。₀九店33

（2）外害日，不可以行作，之四方墊外，必耦（遇）寇盜，見兵。₀睡甲9正貳

（3）凡小薎（徹）之日，利以行作，爲好事，取（娶）婦、嫁女，吉。氏（是）謂小薎（徹），利以羈（羈）謀（媒）。₀周秦141貳—142貳

（4）未不可行作，不可上山，斧斤不折，四支（肢）必傷。₀孔394—395

（5）☒□甲辰、乙巳、丙寅、丁未、庚戌、辛亥、壬寅、癸丑，禱（禱）祠、飲食、行作、吏事、取（娶）婦、嫁女，不吉。₀水《文物》封三:3

簡牘"行作"訓釋，主要有三種觀點：

勞作；户外勞動；外出勞作。劉樂賢先生認爲睡簡"行作是勞動的意思"①，劉國勝先生認爲"行作"與"休居"對舉，是指墾地整田一類的户外勞動②，劉增貴先生認爲行作"不是泛指勞動，而是外出勞作"③。

出門作事。李家浩先生認爲九店、睡簡中"'行作'的意思是'出門辦事'，而不是一般的'勞作'"④。吴小强先生將睡簡"行作"譯作"外出作事"⑤。沈祖春先生認爲"一般意義上的勞作天天都會發生，没有必要也不可能擇吉日"，行的本義是道路，故可引申爲行走、出行；"'行作'是出門作事的意思，而不是一般的'勞作'"⑥。

"行""作"斷讀。王子今先生"推想簡文原意，或應爲'不可以行'，'不可以作'"⑦。劉樂賢先生"行作"雖未作斷讀，注曰可參看張家山漢簡《二年律令》簡305—306："田典更挾里門籥（鑰），以時開；伏閉門，止行及作田者；其獻酒及乘置承傳，以節使，救水火，追盗賊，皆得行。"⑧張家山漢簡"行""作"爲兩種事件。

"行作"理解爲外出勞作可能較爲合適。九店"以遠行，舊（久），是古（故）胃（謂）不利以行作"，睡簡"不可以行作，之四方壄（野）外，必耦（遇）寇盗，見兵"均是"行作"具有外出義的體現；而孔簡"不可行作，不可上山，斧斤不折，四支（肢）必傷"又説明"行作"與勞作有關。以"勞作天天都會發生，没有必要也不可能擇吉日"來否

---

① 劉樂賢：《睡虎地秦簡日書研究》，臺灣文津出版社1994年版，第26頁。

② 劉國勝：《楚簡文字雜識》，載陳振裕主編《奮發荆楚 探索文明——湖北省文物考古研究論文集》，湖北科學技術出版社2000年版，第216頁。

③ 劉增貴：《秦簡〈日書〉中的出行禮俗與信仰》，載臺灣史語所集刊編輯出版部編《歷史語言研究所集刊》2001年第72本第3分，第506頁。

④ 湖北省文物考古研究所、北京大學中文系：《九店楚簡》，中華書局2000年版，第89頁。

⑤ 吴小强：《秦簡日書集釋》，嶽麓書社2000年版，第26頁

⑥ 沈祖春：《先秦簡牘〈日書〉詞語札記》，《重慶文理學院學報》2006年第6期。

⑦ 王子今：《睡虎地秦簡〈日書〉甲種疏證》，湖北教育出版社2003年版，第35頁。

⑧ 陳偉主編，彭浩、劉樂賢、萬全文等著：《秦簡牘合集〔壹〕》，武漢大學出版社2014年版，第358頁。

認"行作"具有"勞作"義的理由不夠充分；水簡中"行作"與"飲食"共同作爲占辭内容，飲食行爲天天發生，照樣出現在日書中，且非水簡孤例，他如睡簡日甲 12 正貳："央光日，利以登高、飲食、遮四方壄外。"日書是爲社會群體服務的擇日數術手册，"娶妻、生子、出行"等事項，雖然不能在個體身上天天發生，但就社會整體而言，其發生頻率或不會低於"勞作"，而這些事項也是日書的重要内容。

"行作"出現於不同批次、不同地域的日書文獻中，有一定使用數量，傳世文獻也有用例，如《論衡·辨祟》："起動、移徙、祭祀、喪葬、行作、入官、嫁娶，不擇吉日，不避歲月，觸鬼逢神，忌時相害……如實論之，乃妄言也。"應已凝固成詞。

總之，日書中的"行作"當釋爲外出勞作，《大詞典》"行作"詞義可作適當修正。

11. 晏食　上午的一個時段，晚於食時。《大詞典》"晏食"釋義爲"謂晚食時，約當酉時之初"，以《淮南子》爲書證。

日書"晏食"有 40 例：放簡 21 例，周秦 1 例，港簡 6 例，孔簡 12 例。

"晏食"主要見於《禹須臾所以見人日》篇，是十二日支在一日内五個時段吉凶狀況的占辭。放簡日書甲乙種該篇中甲種亥條漏抄，寅條殘缺，乙種午條殘缺，"安（晏）食"存 21 例。孔簡該篇簡文完整，"晏食"有 12 例；港簡該篇僅存卯辰未亥 4 枚簡，"晏食"存 4 例。

（1）子旦吉，安（晏）食吉，日中凶，日失（昳）吉，夕日凶。放甲43貳

（2）子旦吉，晏食凶，日中吉，日失（昳）吉，夕日吉。孔160貳

（3）卯旦吉，晏食、日中吉，日失（昳）、夕兇（凶）。港85貳

以上"安（晏）食"均位於"日中"前。《大詞典》"安食""晏食"均有收録："安食"釋義爲"安穩的生活"，書證是《史記·殷本紀》："非先王不相我後人，維王淫虐用自絶，故天弃我，不有安食，不虞知天性，不迪率典。""晏食"釋義爲"晚食時，約當酉時之初"，

書證是《淮南子·天文訓》："〔日〕至于曾泉，是謂蚤食；至于桑野，是謂晏食。"《大詞典》中的"安食"與"晏食"顯然是没有意義關係的兩個詞，其"晏食"的釋義與簡文文意不合。有研究者以放簡甲43的"安食"爲據，論證《大詞典》"安食"未收"時段名，早上"義。其實"安食"表示早上時段，當是"安"通"晏"而來①，"安食"本身没有早上義。

港簡日書《見》篇是十二日支在一日内五個時段求見長官吉凶狀况的記載，篇章殘缺，存有2例"晏食"。

（4）旦見人，有怒。晏食，有美言。晝見人，不得見。日失（昳）見人，得美言。夕見人，有怒。港88

内容相近的簡文，睡簡、放簡、周秦也有出現，篇章完整，其中睡簡自題篇名爲"吏"。與港簡《見》篇"晏食"對應的時段名稱，睡簡、放簡爲簡稱"晏""（安）晏"，周秦則作"莫食"。

（5）子，朝，告，聽之。莫食，告，不聽。日中，有美言。日失（昳）時，復好見之。日夕時，有美言②。周秦247壹—247陸

睡簡、放簡、孔簡日書中也有位於"日中"前的"莫食"。

（6）【鷄鳴丑，平旦】寅，日出卯，食時辰，莫食巳，日中

---

① 古代時間詞或與日常生活有關（"食"系列詞），或與物質生產密切相關的常見現象有關（牛羊人、雞鳴、舂時），或與日月的昇落有關（"日"系列詞及"夕、夜"）。秦漢簡牘中"食"系列時間詞除"安食（晏）食"外，還有"蚤食、夙食、食時、延食、食坐、莫食、夕食、夜食"，"食"前的定語多與"食"的時間或相對時間有關。蘇建洲先生指出"食時"是古人吃早飯的時間，"蚤食"即"早食"，是早於"食時"的意思；"安食"就是"晏食"（晏，晚也），是晚於"食時"的意思。見《試論〈放馬灘秦簡〉的"莫食"時稱》，《中國文字》新36期。

② 周秦採用表格形式，表格橫向是五個時段名稱，縱向是十二日支每個時段求見長官的宜忌說明。爲方便比較，此處將時段名稱與說明文字結合，用文字表述出來。

午、臬未、下市申、春日酉、牛羊入戌、黃昏亥、人定【子】。○睡乙156

睡簡《十二時》篇是目前所見最早的十二時記錄，"莫食"位於日中前。睡簡日甲《禹須臾》篇有"莫市、日中、市日、莫食、旦"5個時間詞，"莫食、莫市"同時出現，分別處於"日中"前後，兩詞中"莫"的意義不同。

放簡日書甲乙種《生男女》篇有"平旦、日出、夙食、莫食、日中、日過中、日昃、日下昃、日未入、日入、昏、夜莫、夜未中、夜中、夜過中、雞鳴"16個時間詞，放簡日乙《禹須臾行憙》篇有"夕、日昳、日中、莫食、平旦"5個時間詞，放簡日乙《時（一）》篇有"平旦、日出、蚤食、莫食、東中、日中、西中、夙市、暮中、夕市、日入、昏時"12個時間詞；"莫食"均位於"日中"前。放簡日乙《十二時》篇"莫食"與"巳"搭配，即現在的上午9時至11時，也在"日中"前。

孔簡《死》篇有十二干支日某個時段有疾，某色人死的占辭，如簡352壹"甲子雞鳴有疾，青色死"。完整篇章應有12個時間詞，因有殘缺、脫漏，存留時間詞與干支搭配是"甲子雞鳴、乙丑平旦、丙寅日出、丁卯蚤食、戊辰莫食、庚午日昳、（辛辰）□市、壬申莫市、戊戌黃昏、癸亥人鄭（定）"10組，其中"戊辰""庚午"之間的"己巳"對應時段脫漏，依時間排列規律，當爲"日中"。該篇"莫食"位於"日中"前，與位於"日昳"後的"莫市"不同，"莫市"當爲"暮市"。

周守晉先生推測"晏食"是秦地方言詞，睡簡"日中"前的"莫食"與"晏食"所指時間一致，此"莫食"或是通語，或是另一方言的詞語；"莫食"來自於與"早"（蚤）的同步引申，"早"（蚤）引申爲較抽象的早，"莫"也就引申出抽象的晚、遲[1]。蘇建洲先生將"莫食"與"廷食、食坐"聯繫起來，認爲"莫食"可以理解爲"不食"，與"食時"相對而言[2]。古人食制，商周時期一般一日二餐，後雖有三

---

[1] 周守晉：《出土戰國文獻語法研究》，北京大學出版社2005年版，第45—46頁。
[2] 蘇建洲：《試論〈放馬灘秦簡〉的"莫食"時稱》，《中國文字》新36期。

餐，但多限於上層貴族；漢代也基本延續這種狀況，"漢代統治階級日三食，一般人民日兩食"①，兩食應是"朝食"和"夕食"（古籍中多稱"飧食"，疑"飧"是表示夕食之夕的專字），"夕"被"夜"替換，"夕食"又稱"夜食"。"朝食""夕（夜）食"時間意義明確，應是一日兩餐的基準詞，簡牘文獻中的"食"系列時間詞，如"蚤食、夙食、晏食、食坐"等或是以這兩個基準詞爲參照的衍生詞。

日書中"莫"確有表"晚"義者，除與"蚤（早）、夙"對舉外，也是與"晚"義相關的具體時間名稱。

（7）清旦、食時、日則（昃）、<u>莫（暮）</u>、夕。睡乙.233壹

放簡日乙《時（二）》篇"莫食"可以表示晚飯時段，與周秦"夕食"，懸泉"夜食"對應②。《時（二）》篇出現了12組24個時間詞，依次是"晦食、大辰，莫食、前鳴，人鄭、中鳴，夜半、後鳴，日出、日失，食時、市日，過中、夕時，日中、入，□□、□□，晦食、大晨，夜半、後鳴，莫食、前鳴"。表示晚飯時段的"莫食"，源於"莫"的本義。

日書中表示食時之後的時間詞"晏""晏食"與"莫食"的對應情況如下：

《禹須臾所以見人日》篇	放簡	孔簡	港簡
	旦、晏食、日中、日昳、夕日	旦、晏食、日中、日昳、夕日	旦、晏食、日中、日昳、夕
《吏》篇	放簡	睡簡	港簡
	旦、晏、晝、夕	朝、晏、晝、日虒、夕	旦、晏、晝、日昳、夕
	周秦：朝、莫食、日中、日昳、日夕時		

---

① 陳直：《漢書新證》，天津人民出版社1979年版，第268頁。
② 程少軒：《談談放馬灘簡的一組時稱》，載卜憲群、楊振紅主編《簡帛研究2012》，廣西師範大學出版社2013年版，第36—37頁。

周秦綫圖有1例"晏食",綫圖記載了二十八個時間名稱。周秦整理者訓"晏"爲"晚",晏食在食時之後,所表示的時間爲食時之末。這種訓釋符合綫圖中"晏食"位於"食時(即"朝食")"後、"日中"前的情況。

《大詞典》"晏食"釋義,周守晉先生已證其非①;可修訂爲"晚於食時,上午的一個時段,約相當於巳時"。《大詞典》《大字典》"晏"無"晏食"義項,亦可增補。《大詞典》有"晏食""夜食",未收"莫食""夕食",可增補;其中"莫食"據詞義及詞義來源,應分列爲"莫食""暮食"兩詞。

12. 蚤食　進早餐或早餐之前的一段時間。《大詞典》該詞釋義爲"謂進早餐",孤證《淮南子》。

日書"蚤食"4例:放簡、周秦、孔簡、水簡各1例。

(1) 平旦、日出、蚤食、莫食、東中、日中、西中、夙市、莫(暮)中、夕市、日入、昏時②。放乙179肆—191肆

(2) 卯有疾,三日小汗(間),九日大汗(間)。祟三公主。丁卯蚤食有疾,赤色死。孔355壹

(3) 時:平旦、日出、蚤食、莫食、日中、日失(昳)、舖時、莫(暮)舖、夜食、日入、夕時、☐水《文物》封三:1

例(2)出自《死》篇,爲十二地支疾病情況占辭,各地支關聯的時間詞依次是:雞鳴、平旦、日出、蚤食、莫食、日中、日昳、☐市、暮市、☐☐、黃昏、人定。

以上3例"蚤時",與"莫食"共存於各自的時段系統中。放簡"蚤食、莫食"所配五行爲"火",對應時間爲巳時、午時。睡簡《十二時》篇,"莫食"亦與"巳"相配,未有"蚤食"。

---

① 周守晉:《出土戰國文獻語法研究》,北京大學出版社2005年版,第44—45頁。
② 放簡《時》篇載各時段名稱與數字、五行、五音的搭配情況;此處引文只列時間名稱。

【雞鳴丑，平旦】寅，日出卯，食時辰，莫食巳，日中午，桑未，下市申，舂日酉，牛羊入戌，黃昏亥，人定【子】。○睡乙156

周秦日書"蚤時"出現於綫圖，爲二十八時制，"蚤食、食時、晏食"依次共現。

孔簡日書"蚤食"與卯搭配，"莫食"與辰搭配。孔簡整理者認爲"蚤食"相當於睡簡日書乙種十二時中的"食時"。

日書中的時間名稱繁雜，有十二時、十六時、二十八時等不同時制。在不同時制系統中，"蚤食"所對應的具體時間有所區別；"食時"是古人吃早飯的時間，"蚤食"是早於"食時"的意思，"晏食"是晚於"食時"的意思①。"蚤食、食時、晏食"這三個時間詞意思相關，在某些時制系統中，可以統歸於"食時"。

《大詞典》"蚤食"書證爲《淮南子》："〔日〕至於曾泉，是謂蚤食；至於桑野，是謂晏食。""蚤食"與"莫食"同現，與放簡、孔簡相同，意義也當相同，《大詞典》釋義可做適當修訂；日書"蚤食"用例，可補《大詞典》書證。

五　增補詞目

漢語詞是切分出來的，不是天然單位，詞與詞素、詞與短語的劃分雖可設定確定明確的標準，但對於言語中語言成分功能特點的判斷不同，對同一言語單位，不同研究者會得出不同的結論。尤其上古漢語，詞與詞素、詞與短語的判別難度更大。

單音詞目的增補，祇涉及《大詞典》音義均無的詞；《大詞典》中有音無義的日書單音詞見增補詞義部分。複音詞目的增補，主要關注同義、反義詞素並列式合成詞，同素異序詞，這些類型的詞複音化早期階段產量較大，是漢語詞彙複音化的重要表現；此外，也關注《大詞典》已收詞目的部分"同族詞"、反義詞。

---

① 蘇建洲：《試論〈放馬灘秦簡〉的"莫食"時稱》，《中國文字》新36期；陳偉主編，劉國勝、彭錦華著：《秦簡牘合集〔叁〕》，武漢大學出版社2014年版，第29—30頁。

(一) 單音詞

1. 䐋 bù　肉醬。睡簡日書1例。

䐋肉從東方來，外鬼爲姓（眚），巫亦爲姓（眚）。睡乙160

《説文》："䐋，豕肉酱也。"

《大詞典》未收"䐋"；《大字典》"䐋"之"肉醬"義項，僅有《説文》與段玉裁注、王筠句讀，未有書證。《大詞典》可增補詞條"，《大字典》可補充書證。

2. 柶　柄，器物的把兒。睡簡日書1例。

取桃柶椯四隅中央，以牡棘刀刊其宫藺（牆）睡甲24背叁—25背叁

睡簡整理者將"柶"處理爲"棓"的訛字。"柶"如字讀亦通："柶"有"柄"義，可用來擊打東西，於情理可通；睡簡日書有用"桃柄"驅鬼之文，以文意觀之，"桃柶"與"桃秉（柄）"義同；"柶"爲"棓"字之誤，於文意可通，但是否爲誤字無據，難成定論；從語言文字學角度來看，意義可通即不必破字形來進行注解①。

《大詞典》"柶"有 sì、tái 兩個讀音："柶 sì"有"耜"和"木名"兩個義項；"柶 tái"有"桌類"一個義項。《大字典》"柶"有 sì、cí、tái 三個讀音，其中"柶 cí"釋義爲"同'枱'。柄，鐮柄。"僅列《集韻》説解："枱，《博雅》：'柄也。'或作柶。"未有其他書證。《大詞典》可增補詞目"柶 cí"，《大字典》條可補充書證。

3. 痤　瘦。日書2例：睡簡、孔簡各1例。

(1) 畢，以邋（獵）置罔（網）及爲門，吉。以死，必二人。取（娶）妻，必二妻。不可食六畜。生子，痤。亡

---

① 王明明、張顯成：《睡虎地秦墓竹簡釋文訂誤》，《湖州師範學院學報》2014 年第 7 期。

者，得。睡甲86正壹

（2）畢，利以弋獵，☒□□□，爲門，吉。以死，必二人。不可取（娶）妻，必二妻。司空。以生子，徃（痤）。亡者，得。孔67

睡簡、孔簡與上述兩例同篇的簡文中均有"生子，肥"的占辭，"痤"與"肥"相對，表示瘦義。

《大詞典》未收"痤"；"瘄"釋義爲"瘦"，首證《新唐書》。《大字典》"痤"釋義爲"同'瘄'"；"瘄"釋義爲"瘦"，書證與《大詞典》所引《新唐書》相同，爲孤證。《龍龕手鑒·疒部》："痤，'瘄'的俗字。"《大詞典》可增補"痤"詞目，於"瘄"字釋義前補充詞形。

另，孔簡日書有2例"彖"。

壬辰不可殺豕。戊己殺彖，長子死。入月旬七日以殺彖，必有死之。孔239

孔簡整理者引《説文》，訓"彖"爲"豕"。簡文"彖"顯然用爲"豕"，不過整理者所引《説文》當作"彖"①。

《大詞典》"彖"有 tuàn 一個讀音；《大字典》"彖"有 tuàn、shǐ 兩個讀音，"彖 shǐ"釋義爲"豕屬"，以《集韻》爲證。《大詞典》可增補"彖 shǐ"詞目，《大字典》"彖 shǐ"可補充書證。不過，孔簡"彖""豕"同簡共現，或存在訛寫的可能。

（二）複音詞

1. 百蟲　各種蟲。日書3例：睡簡2例、孔簡1例。

（1）除室庚申、丁酉、丁亥、辛卯，以除室，百虫（蟲）

---

①　陳劍：《甲骨金文考釋論集·金文"彖"字考釋》，綫裝書局2007年版，第269—272頁。

弗居。睡乙115

（2）春心，夏輿鬼，秋妻，冬處<虛>，不可出血若傷，必死。血忌，帝啓百虫（蟲）口日也。孔397

"百"有一切、完全義，《大詞典》"百"字下所收含有詞素"百"的詞目，其詞義一半以上與"百"這一詞素義相關，如"百工、百川、百木、百凶、百巧、百卉、百刑、百邪、百伎、百行、百色、百弄、百技、百志、百花、百材、百辛、百君、百拙、百事、百果、百味、百典、百物、百怪、百祉、百祇、百毒、百草、百殃、百品、百鬼、百神、百索、百脈、百疾、百羞、百家、百貨、百鳥、百禽、百痾、百瑞、百業、百節、百源、百福、百種、百精、百態、百緒、百穀、百蔬、百骸、百稼、百罹、百戲、百禮、百職、百藥、百獸、百寶、百體、百籟、百靈、百蠻"等。其中所收"百螣"釋義爲"各種害蟲"，"百蟄"釋義爲"各種冬眠的蟲"。

2. 百資　各種糧食。孔簡日書2例。

（1）卯朔，大芒（荒）爲<駱>司歲，百資不食，兵起，民盈街谷。孔430壹

（2）【午朔】□□司歲，百資不成，三穜（種）。孔433壹

"資"有糧食義，《左传·僖公三十三年》："吾子淹久於敝邑，唯是脯、資、餼、牽竭矣。"杜預注："資，糧也。""百資"即各種糧食。

例（2）中"成"爲成熟、收穫義，簡文"三穜（種）"亦泛指各種糧食，蓋由稙禾、中禾、穉禾，即三個時段所種植糧食發展而來。孔簡有：

入正月四日，旦溫稙禾爲，晝溫中禾爲，夕溫穉禾爲，終日溫三并。孔412

稙禾、中禾、穉禾涵蓋了所有糧食作物。

3. 悲樂　悲哀與歡樂。孔簡日書1例。

東方徵，南方羽，西方商，北方角，中央宮，是胃（謂）五音。□□☑音者以占悲樂。孔461—462

其他文獻"悲樂"也有使用。

（1）故曰，悲樂者，德之邪；喜怒者，道之過；好惡者，德之失。（《莊子·刻意》）
（2）忽然得穌，父母及睞，主逮臣從，悲樂交集，普復舉哀。（《六度集經》卷五）

《大詞典》收"悲歡""悲喜"。

4. 敝毛　敝髮，髮衰。用以指老年人。睡簡日書1例。

庚辰、辛巳，敝毛之士以取（娶）妻，不死，棄。睡甲5背壹

睡簡整理者注："敝毛，指年長髮衰。""敝毛"與"二毛"相同，借老年人毛髮的常見境況代指老年人。

5. 病疨　疾病。放簡日書1例。

占疾，投其病日、辰、時，以其所中之辰聞，中其後爲已聞，中其前爲未聞。此所以智（知）病疨之所毆。放乙338+放乙343

"病疨"與其前的"疾""病"義同。"疨"有病義，《爾雅·釋詁》："疨，病也。""疨病"爲同義並列合成詞。《大詞典》有"疨病"，義項之一爲"缺點；毛病"，這是疾病義的抽象化。

6. 布賜　賜恩惠於人。放簡日書1例。

天子大說（悅），布賜天下。放乙265

759

"布"有施予義,《廣雅·釋詁》:"布,施也。""賜"即賜予,表示上對下施恩。"布""賜"同義連文,與"布施"構詞方式相同,《大詞典》"布施"有"施恩於人"義項。

7. 產人　生人,活人。孔簡日書1例。

  五未不可尌(樹)官中;澍(樹),<u>產人</u>死。孔188貳

"產人"即"生人",表活人義。《大詞典》收"生人",列"活人"義項;"產""生"具有歷時替換關係,"產人"是"產"強勢替代"生"背景下引發複音詞詞素深入替換的產物。

8. 臣徒　古時對奴隸的稱謂。睡簡日書1例。

  閉日,可以脩波池,入<u>臣徒</u>、馬牛、它生(牲)。睡甲25正貳

"臣"有奴僕義,"徒"有徒隸、奴僕義;"臣徒"爲同義並列合成詞,義爲奴隸。放簡、孔簡中閉日占辭與"臣徒"對應的詞分別作"奴妾"和"奴婢"。《大詞典》有"奴婢",無"奴妾";另外"臣妾、奴隸、奴僕"等同義詞也有收錄。

9. 稱藏　收藏。孔簡日書1例。

  十月<u>稱臧(藏)</u>於子,必請(清)風;忘(妄),有大事,受臧(藏)不成。孔477

日書中"稱"有"藏"義,如:

  未,羊〖殹〗。盜者從南方〖入〗,有(又)從之出。<u>甹</u>在牢圈中。放乙73壹

"甹""稱"古今字。"稱藏"爲同義並列合成構詞,與後文"受藏"義同,《大詞典》收"受藏"。

第四章　簡牘日書詞彙應用研究

10. 舂臼　舂米器。睡簡日書1例。

　　人毋（無）故一室人皆疫，或死或病，丈夫女子隋（墮）須（鬚）羸髮黃目，是寠寠人〈是＝寠人〉生爲鬼。以沙人（砂仁）一升，捽其舂臼，以黍肉食寠人，則止矣。睡甲43背壹—46背壹

"舂"有"臼"義，《世本·作》："雍父作舂。""舂臼"或爲同義並列合成詞。

其他文獻及現代漢語中"舂臼"也有使用。

　　（1）有大魚高二丈餘，長十丈餘，人不敢食，剖膏爲油，肋可作屋桷，脊骨可作門扇，骨節爲舂臼。（《異域志·大食勿拔國》）

　　（2）哪怕最普通的什麼東西，蘿蔔、犁頭、扁擔、山洞、水井、山頭、飛鳥、舂臼、草地、火爐……一切都可以引起他們下的聯想，成爲他們下的藉口或比擬，啓動大同小異過於重複的玩笑和故事引爆熾熱的笑鬧。（《馬橋詞典》）

11. 出目　凸眼睛；眼睛凸出。日書4例：放簡2例，孔簡、居漢各1例。

　　（1）禹在牢圈中，其爲人小頸，大復（腹），出目，必得。放甲37

　　（2）臧（藏）之糞蔡之中，裹（壞）下。其盜出目，大面，短頭，男子也。孔377

　　（3）其人兌（銳）喙，長須，出目，善□亂人事，數（婁）人也。居458.1A

"突"定紐物部，"出"昌紐物部；兩字音近義通，當屬同源。"出目"猶言"突目"；《大詞典》"突目"釋義爲"凸眼睛"，無書證。文

· 761 ·

獻中"突目""出目"都有用例。

12. 出逐　驅逐。睡簡日書1例。

宇多（侈）於西南之西<南>，富。宇多（侈）於西北之北，絕後。宇多（侈）於東北之北，安。宇多（侈）於東北，出逐。宇多（侈）於東南，富，女子爲正。睡甲16背貳—20背貳

另，印臺日書有1例"出逮"，當爲"出逐"誤書或誤釋。

利友（祓）除兇（凶）、出逮<逐>、飲樂（藥）、除病。以鷇（繫），無罪。印臺《荆州》圖2-3貳

"友（祓）除""除病""無罪"均與解除義有關，簡文屬《建除》篇內容，蓋爲"除日"占辭。"出逮"訓作"出逐"與上下文事項相合。

"出"有"驅逐"義，"出逐"爲同義並列合成構詞。

後世文獻"出逐"也有使用。

(1) 已而靈公縱伏士出逐趙盾，示眯明反擊靈公之伏士，伏士不能進，而竟脫盾。(《史記·晉世家》)

(2) 虎遣軍主田安之等十餘軍出逐之，頗相傷殺。(《南齊書·曹虎傳》)

13. 除病　醫治疾病。印臺日書1例。

利友（祓）除、兇、出逮<逐>、飲樂（藥）、除病。印臺《荆州》圖2-3貳

其他文獻"除病"也有使用。

（1）中藥養性，下藥除病，能令毒蟲不加，猛獸不犯，惡氣不行，衆妖併辟。（《抱朴子·仙藥》）

（2）堂西谷邊有醴泉井，向前泉涌，香氣甘味。有喫之者除病增壽，爾來名爲醴泉寺。（《入唐求法巡禮行記》卷二）

"疾""病"同義，"除病"即"除疾"；《大詞典》"除疾"釋義爲"醫治疾病"。

14. 芻矢　一種箭杆較長的箭。睡簡日書3例。

（1）故丘鬼恒畏人｛畏人｝所，爲芻矢，以鳶（弋）之，則不畏人矣。睡甲24背貳

（2）鬼恒夜鼓人門，以歌若哭，人見之，是兇（凶）鬼，鳶（弋）以芻矢，則不來矣。睡甲29背貳—30背貳

（3）鬼恒攘（攘）人之畜，是暴鬼，以芻矢鳶（弋）之，則止矣。睡甲37背參

西北簡有"槀矢"，沈剛先生訓爲"箭之一種。箭杆較長"[1]。《周禮·夏官·序官》"槀人"鄭玄注引鄭司農："箭幹謂之槀。"阮元校勘記："禾槀者，莖也；箭幹亦莖也。故箭幹之槀，即禾槀引伸之義也。""槀矢"之義當取"槀"之箭杆義，《大字典》《大詞典》"槀"均有"箭杆"義項。"芻""槀"皆有植物莖幹的意義，《小爾雅·廣物》："槀謂之秆，秆謂之芻。""芻矢"當與"槀矢"同義，"芻"或當設"箭杆"義項。

15. 畜產　畜牲。日書8例：孔簡4例，周漢2列，水簡、金關各1例。

（1）收日，可以入人、馬牛、畜產、禾稼。可以入室、取（娶）妻。孔22

---

[1] 沈剛：《居延漢簡語詞匯釋》，科學出版社2008年版，第281頁。

(2) 秀日,是胃(謂)重光,囗王。以生子,美且長,賢其等。利見人及入畜產。孔31

(3) 陰日,是胃(謂)作(乍)陰作(乍)陽,先辱後有慶。利以居室、入貨、見人、畜產。孔44

(4) 申死,其咎在二室,畜產。孔308

(5) 囗敫、卯、巳、囗未、酉、亥、丑,是謂小逆,毋大央(殃),可以穿井、行水、蓋屋、飲藥。亡者不得,不囗畜產、爲嗇夫。臨官、見人不吉。正月以朔,歲中。水《文物》封三:5

上引5例,除例(4)外,其他4例在放簡、睡簡中都有對應簡文,與"畜產"對應的詞均作"畜生"。"產""生(牲)"在畜牲等義位上有歷時替換關係,合成詞中詞素"產""生"的替換是兩詞替換的拓展和深入。

16. 祠木　立於祠堂内代表社主的大樹。睡簡日書1例。

祠木臨宇,不吉。睡甲22背貳

睡簡整理者疑"祠木"爲社木,因社木要立於祠祭祀,所以稱爲祠木。王子今先生指出社神的標識一般是一株大樹或叢木,稱"社樹""社木"或"社叢"①。

"祠""社"均與祭祀有關,"祠木""社木"同義。《大詞典》"社木"釋義爲"代表社主的大樹",孤證《漢書》。

祠堂内有代表社主的大樹,後世文獻稱爲"祠樹"。

(1) 漢獻帝建安二十五春正月,魏武帝在洛陽,將起建始殿,伐濯龍祠樹而血出;又掘徙棃,根傷亦血出。(《宋書·五行志》)

(2) 及至尊牧亳州,親至祠樹之下。(《隋書·王劭傳》)

---

① 王子今:《睡虎地秦簡〈日書〉甲種疏證》,湖北教育出版社2003年版,第331頁。

"祠樹""祠木"同義,"祠樹"當是"木""樹"替換的結果。
17. 大徹　大亨通,大順暢。周簡日書3例。

（1）從朔日始彖（數）之,畫當一日。直一者,大勶（徹）;直周者,小勶（徹）;直周中三畫者,寬（窮）。周秦132叄—134叄
（2）凡大勶（徹）之日,利以遠行、絶邊競（境）、攻敼（繫）,亡人不得,利以舉大事。周秦139貳—140貳

"徹"與"窮"相對,是通達、貫通之義,在擇日占書中,爲吉辭,有順利之義。《大詞典》"大通"之"謂大亨通,吉利"義項,孤證《清平山堂話本》。"大通""大徹"表示大亨通義時同義,"大徹"雖產生早,或因避漢武帝劉徹諱,後起的"大通"上位。

18. 大女子　成年女子。睡簡日書1例。

甲子死,室氏,男子死,不出卒歲,必有大女子死。睡甲96背壹

睡簡中"女"與"女子"均有女人、女性義,"女子"的用例遠多於"女","大女子"的產生是複音詞"女子"替換單音詞"女"的深化。

日書之外的簡牘文獻,"大女子"也有使用：睡簡《封診式》"大女子"3例;《里耶秦簡（壹）》"大女子"14例,如簡8—1444"陵慎里大女子可思",且有"小女子"用例;謝家橋西漢早期漢簡有"大女子"用例,如"郎中五大夫自言：母大女子恚……"居漢也有"大女子",見於簡506.5"□□平明里大女子"。秦代簡牘"大女子"曾一度佔優,如《里耶秦簡（壹）》"大女子"14例,"大女"僅2例。《里耶秦簡（壹）》［+成年男子］語義場,與"大女子"結構相同的詞也有優勢："大男子"5例,"大男"2例;"小女子"6例,"小女"1例;"小男子"10例,"小男"未有用例。雙音詞"大男、大女、小男、小女"更符合漢語詞彙發展趨勢,漢代"大男子、大女子、小男子、小女子"幾乎不見使用,居延漢簡、敦煌漢簡、東牌樓漢簡簿籍

· 765 ·

類文書較多，僅居延漢簡有1例"大女子"，未出現"大男子、小女子、小男子"這三種形式。"大女子"等詞因複音化而短暫興起，又因複音化而快速引退。

《大詞典》"大女"之"成年女子"義項，首證《管子》。"大女子、小女子、大男子、小男子"秦代有較多使用，可增補。

19. 大歲　大豐收，年景大好。孔簡日書1例。

　　正月朔日，風從南方來，五日不更，炊（吹）地瓦石見，是胃（謂）燕風，飢（饑）。從東方，五日不更，是胃（謂）襄〖風〗，國有大歲。○孔418—419

《大詞典》"大年"之"豐收年"義項，書證爲丁玲《太陽照在桑乾河上》。"歲""年"均有豐收義，"大歲"用例早於"大年"，可增補。

20. 大兇　非常不吉，與"大吉"相對。日書7例：睡簡1例，放簡、印臺各3例。

　　(1) 正月七日、二月十四日、三月廿一日、四月八日、五月十六日、六月廿四日、七月九日、八月十八日、九月廿七日、十月十日、十一月廿日、十二月卅日，凡是日在行不可以歸，在室不可以行，是＝大兇。睡甲107背—108背貳

　　(2) 行忌：春三月己丑，不可〖東行〗。夏三月戊辰，不可南行。秋三月己未，不可以西行。冬三月戊戌，不可北行。百里大兇，二百里外必死。放乙123貳—126貳

另，睡簡有1例"大兇"因有脱文而作"兇"。

　　(3) 大祠，以大生（牲）〖大〗兇，小生（牲）〖小〗兇，以昔（腊）肉吉。睡乙120

第四章 簡牘日書詞彙應用研究

《大詞典》"大凶"釋義爲"形容死亡、災難等不幸現象,與'吉'相對。"

21. 癉病 熱病。日書2例:睡簡、孔簡各1例。

　　除日,奴婢亡,不得。有癉病者,死。○孔14

睡簡、放簡除日占辭作:

　（1）除日,臣妾亡,不得。有癉病,不死。○睡甲15正貳
　（2）除日,逃亡,不得。癉疾,死。○放甲14

睡簡、放簡與孔簡"癉疾"對應的詞分別是"癉病"和"癉疾"。睡簡"癉"字"圖版欠清晰",或如孔簡14一樣,爲"癉"字①。暫將睡簡對應之詞計入"癉病"。

"疾""病"同義,"癉病"即"癉疾";《大詞典》收"癉疾",釋義爲"熱病";可增補"癉病"。

22. 地辥 生活於地下的害蟲。睡簡日書1例。

　　一室中,卧者容席以臽(陷),是地辥(蠥)居之,注白湯,以黃土塞,不害矣。○睡甲31背叁

睡簡整理者讀"辥"爲"蠥"。《說文·虫部》:"禽獸蟲蝗之怪謂之蠥。"呂亞虎先生指出"'地辥(蠥)'當爲生活於地下的某一種蟲豸類生物。"②

《大詞典》《大字典》"蠥"均有"妖孽"義項,首證皆爲唐楊炯《渾天賦》。睡簡"地辥(蠥)"爲地下作祟爲妖之害蟲。

---

① 陳偉主編,彭浩、劉樂賢、萬全文等著:《秦簡牘合集〔壹〕》,武漢大學出版社2014年版,第362頁。
② 呂亞虎:《戰國秦漢簡帛文獻所見巫術研究》,科學出版社2010年版,第177頁。

23. 天候　星宿名。又稱"東井"，二十八宿之一。居新日書1例。

　　五月□反合，須功天下□。天候在中。五月移徙吉凶，吏卒失亡。西北殷光，正北吉昌。居新EPT5.57A壹—肆

《開元占經》卷六十三："巫咸曰東井爲天亭、天候"。"東井"（天候）爲五月朔日之宿，居新簡文將與五月有關的簡文抄錄在一起。

《大詞典》"東井"釋義爲"星宿名。即井宿，二十八宿之一。因在玉井之東，故稱。"首證《禮記》。

24. 多舌　多嘴。睡簡日書2例。

　　（1）箕，不可祠。百事凶。取（娶）妻，妻多舌。睡甲74正壹
　　（2）箕，不可祠。百事兇（凶）。取（娶）妻，妻多舌。睡乙102壹

《大詞典》"多"字頭下表達"不該説而説；搬弄是非、講閒話"這一意義，有"多嘴、多嘴多舌、多話、多言、多言多語、多口"6個詞語，"多舌"與它們同義，卻無"多舌"，《大詞典》有疏漏之處①。

25. 發事　行事；辦事。王簡日書2例。

　　☒□月九日以發事不成；成，凶。甲乙、戊己、壬癸，發事不成。王242

"發"有行事、舉事之義，《吕氏春秋·重言》："齊桓公與管仲謀伐莒，謀未發而聞於國。"

其他文獻"發事"也有使用。

---

① 吉仕梅：《〈睡虎地秦墓竹簡〉語料的利用與漢語詞彙語法之研究》，《樂山師專學報》1997年第1期；沈祖春：《先秦簡牘〈日書〉詞語札記》，《重慶文理學院學報》2006年第6期。

（1）故内搆黨與，外擄巷族，觀時發事，一舉而取國家。（《韓非子·說疑》）

（2）王性之不成器，如這般發事，渠讀書多，攷究得甚精且多也。（《朱子語類·歷代一》）

26. 更歲　連年。王簡日書1例。

十五日日載，是胃（謂）望。以作，百事大凶。風雨畾（雷），日月宜飲（食），邦君更歲不朝，邦多廷獄作，民多寡<患>陽疾，亡人得戰。王44+46

"更"有"連續"義，《國語·晉語四》："姓利相更，成而不遷。""更歲"即連年。

後世文獻"更歲"也偶見用例。

（1）太祖亦封燕、晉諸王爲邊藩鎮，更歲遣大將巡行塞下，督諸衛卒屯田，戒以持重，寇來輒敗之。《明史·外國列傳·韃靼》

（2）大抵本道旱田多而水田少，東北三面皆高山大塹，江邊一路尤甚。人耕山上，更歲迭休，而平疇正田，僅十分之一，旱則成茂，潦則耗損而不能遂也。（《朝鮮王朝實錄·成宗實錄》）

27. 宮鬭　家裏鬭。睡簡日書有1例。

小宫大門，貧。大宫小門，女子喜宫斲（鬭）。睡甲18背陸—19背陸

睡簡整理者認爲"'宫'字疑涉上文而衍"，釋文"斲"字後括注"門"。宫鬭"其實理解爲'窩裏鬭'也通"[1]。"宫"在上古漢語中爲"室""家"義；《大詞典》"家鬭"釋義爲"私鬭"。

---

[1] 劉樂賢：《睡虎地秦簡日書研究》，臺灣文津出版社1994年版，第221頁。

28. 黑色 黑的顏色。日書9例：睡簡3例，放簡2例，港簡1例，孔簡3例。

(1) 子，鼠也。盜者兌（銳）口，希（稀）須（鬚），善弄手，黑色，面有黑子焉，疵在耳。睡甲69背

(2) 壬癸水也，有疾，黑色季子死。非黑色，戊有瘳，己汗（閒）。蚤（竈）神及水祟。孔351壹

先秦其他文獻"黑色"也有使用。

(1) 昔者寡人夢見良人，黑色而髯，乘駁馬而偏朱蹄。(《孟子·田子方》)

(2) 六行時節，君服黑色，味鹹味，聽徵聲，治陰氣，用六數，飲於黑后之井。(《管子·幼官》)

青赤白黑黃爲古代五種正色，與五行搭配；《大詞典》收"青色、赤色、白色、黃色"，無"黑色"。

29. 壞折 毀壞；損壞。睡簡日書1例。

【蓋屋：□】□春庚辛，夏壬癸，季秋甲乙，季冬丙丁，勿以作事、復（覆）内、暴屋；以此日暴屋{屋}，以此日爲蓋屋，屋不壞折，主人必大傷。睡乙111—112

"折"有毀掉義，《正字通》："折，毀棄也。""壞折"爲同義複合詞。

後世文獻暫未發現"壞折"用例，不過其同素異序詞"折壞"有使用。

(1) 張素工巧，嘗造一彈弓，鬼借之，明日送還而皆折壞。(《異苑》卷六)

(2) 九年正月，大風，白馬寺浮圖刹柱折壞。（《晉書·五行志下》）

《大詞典》"折壞""壞折"均未收錄。
30. 宦禦　任官。日書2例：周秦、孔簡各1例。

(1) 斗乘軫，門有客，所言者宦禦若行者也。○周秦241
(2) 居官、宦禦，一日進大取；二曰多前毋〖□，三曰□□□〗句；四曰深入多取；五曰臣代其主。○孔355叄—359叄

"宦"有做官義，《韓非子·詭使》："今士大夫不羞汙泥醜辱而宦，女妹私義之門不待次而宦。""禦"有大臣、官吏義，《逸周書·世俘》："禽禦八百。""宦禦"組合成詞，可表任官義。
31. 旤喪　禍害；喪禍。放簡日書1例。

食旤（禍）門：〖毋〗所利，數出旤（禍）喪，必瘁（癃）。○放乙20貳+22貳

"旤"爲"禍"古字。孔簡"食過（禍）門"簡文作："☒喪，家門乃多恙。""喪"前一字殘缺，是否爲"禍喪"不明。
其他文獻"禍喪"也有使用。

(1) 養長老，慈幼孤，恤鰥寡，問疾病，弔禍喪，此謂匡其急。（《管子·五輔》）
(2) 占曰："填守房，多禍喪；守心，國內亂，天下赦。"（《晉書·天文志下》）

《大詞典》"喪禍"釋義爲"喪亂"，首證《後漢書》；"禍喪""喪禍"爲同素異序同義詞。
32. 祭室　祭祀之房室。九店日書1例。

☐尻（居）祭室之後。九店49上

後世文獻"祭室"也有使用。

（1）其後廟制設幄，當中南向，祔坐無所施，皆祭室戶外之東而西向。（《新唐書·禮樂志》）
（2）嘗於宅東北爲祭室，畫兩先生像，圖黃州、龍川故事壁間，香火嚴潔，躬自灑掃，士大夫求瞻拜者往往過其家奠之。（《金史·列女傳·白氏》）

《大詞典》"祠室"釋義爲"祠堂"；"祭""祠"同義，"祭室""祠室"均有文獻用例。

33. 居所 住宅，住所。睡簡日書1例。

人毋（無）故一室人皆簍（垂）延（涎），爰母處其室，大如杵，赤白，其居所水則乾，旱則淳，屈（掘）其室中三尺，燔豕矢（屎）焉，則止矣。睡甲50背叄—51背叄

後世文獻"居所"也有使用。

（1）李生原謝，二舅笑曰："居所不遠，翌日馳馬奉迎。"（《雲笈七籤》卷一一三）
（2）顯佑宮：居所躔星軫，象緯環拱辰。（《清史稿·樂志》）

"居""所"均有"住所""處所"義，"居所"或爲同義並列合成詞①。《大詞典》"所居"釋義爲"住宅；住處"，首證《剪燈新話》；"居所"與"所居"爲同素異序同義詞。

————————

① 就日書"居"的用例來看，該例"居所"也可能爲動賓結構的複合詞。日書中，僅九店2例"居"用作名詞，其他日書中的"居"均作動詞；另有2例"居處"也爲動詞。

34. 舉喪　治喪，辦理喪事。孔簡日書 1 例。

辰不可舉喪，出入三月，必復有喪。孔393

後世文獻"舉喪"也有使用。

（1）及武成崩，和士開秘喪三日。子琮問其故。士開引神武、文襄初崩，並秘不舉喪，至尊年少，恐王公貳，欲追集，然後與詳議。（《北史·馮子琮傳》）

（2）朱家祖墳在清波門外，朱重舉喪安葬，事事成禮。鄉里皆稱其厚德。（《醒世恆言·賣油郎獨占花魁》）

武威日書有"治喪"，"舉"有施行，辦理義，"舉喪""治喪"意義相同；《大詞典》收"治喪"。

35. 疴疪　疾病。放簡日書 1 例。

貞身右（有）苛（疴）疪，憂心申申，不可以告人。放乙279+311

"苛"通"疴"，有疾病義，《說文·疒部》："疴，病也"；"疪"也有疾病義，《爾雅·釋詁》："疪，病也。""疴疪"爲同義並列合成詞，《大詞典》同樣類型的詞有"苛疾、疴疾、疴恙、疴癢"。《大詞典》"苛"有"通'疴'。疾病；疥瘡"義項，以楊樹達《積微居讀書記》爲孤證。

36. 哭靈　人死後集衆於靈床、靈柩前舉哀哭泣。放簡日書 1 例。

君子往役，來歸爲喪。□支唐唐，哭靈□□。夫妻皆憂，若朝霙霜。放乙294

後世文獻"哭靈"也有使用。

· 773 ·

田氏每日假以哭靈爲由，就左邊厢，與王孫攀話。(《警世通言·莊子休鼓盆成大道》)

死者埋葬之前需於家中陳屍哀悼，日書中也有相關記載。

戌不可以爲牀，必以煋（瘞）死人。睡甲125正叁

"哭靈"與"靈"的死者、靈柩等義有關，《大詞典》"靈"之"尊稱死者的遺體""靈柩"義項首證均出自《紅樓夢》；《大字典》"靈"之"對死者的尊稱"義項，首證《漢書》，"代指靈柩"用法，孤證《兒女英雄傳》。

37. 牢圈　畜圈。放簡日書2例。

未，羊〖殹〗。盜者從南方〖入〗，有（又）從出。再在牢圈中。放甲37

相同簡文又見於放簡日乙簡73壹。

甲骨文"🐂、🐑、🐖"三種字形，《大字典》皆置於"牢"字字頭下。"牢、窜、寫"爲祭牲，如："丁卯卜，燎三小窜，卯三大牢。(《甲骨文合集》34449)"祭祀對於祭牲的品種、數量、顏色等都有要求，三者作爲祭牲，應有區別。它們表示畜圈義時，最初應有圈養對象的區別。受人類由個別到一般認識規律的影響，後來"窜、寫"字形消失，"牢"詞義擴大；《説文·牛部》："牢，閑，養牛馬圈也。"以"牛馬"代牲畜，該意義是"牢"詞義擴大的結果。日書有"羊牢""牛牢"，畜養"羊""牛"之"牢"需加限定成分，說明"牢"已泛指畜圈義。戰國晚期"牢"又產生圈人之所，即監獄義，《釋名·釋宮室》："獄，又謂之牢。"

《説文·囗部》："圈，養畜之閑。"段玉裁注："閑，闌也。《牛部》曰：'牢、閑，養牛馬圈也。'是牢與圈得通偁也。""牢""圈"均表示畜圈，同義詞素合成構詞。《大詞典》"圈牢"釋義爲"關養家

畜的地方"，首證三國魏曹植《求自試表》；"牢圈"與"圈牢"爲同素異序同義詞。

後世文獻"牢圈"也有使用。

> 牛馬猪羊猫狗雞鴨之屬，遇冬寒時各爲區處、牢圈、棲息之處。（《袁氏世範·治》）

38. 吏宦　官吏。放簡日書1例。

> 吏宦毋以壬戌歸及遠没<役>。放乙320

宦，放簡整理者釋作"官"；孫占宇先生改釋，指出秦漢時或吏、宦並舉，吏指行政官員，宦指奉侍皇帝的侍臣、從官①。

"宦"理解爲皇帝侍臣可能不合適，一是皇帝侍從不具有社會普遍的追求基礎，日書不太可能出現爲皇帝侍從"宦"服務的占辭，二是皇帝侍從少有機會出行，與簡文文意不協。

"宦"有官員義，《漢書·疏廣傳》："宦成名立。"入職爲官是古人的重要追求，日書中有專門服務於官員的占辭，如《入官》《吏》篇，是專門爲官員服務的入官良日、忌日和拜見上級官員選擇時日的占辭，《行》篇等也有入官事項的占辭。日書"宦"有爲官義。

> （1）入官，久宦者毋以甲寅到室。睡甲141
> （2）入宦、遠役，不可到室之日：庚午、丙申、丁亥、戊申、戊戌、壬戌。放乙125壹

"吏宦"訓作"官吏"應符合簡文文意。《大詞典》"宦吏"釋義爲"宦官"，以《漢書》爲書證。"宦吏"爲偏正複合詞，"吏宦"爲

---

① 陳偉主編，孫占宇、晏昌貴著：《秦簡牘合集〔肆〕》，武漢大學出版社2014年版，第81、83頁。

並列複合詞,兩者爲同素異序異義詞。

39. 臨官　治理官務。日書8例:睡簡、孔簡各3例,港簡、水簡各1例。

(1) 甲子到乙亥是右〈君〉也,利以臨官立(蒞)政,是胃(謂)貴勝賤。睡乙236貳—237貳

(2) ☒□車,祠祀、臨官衆。以穀(繫),巫出。港50

(3) 午不可計數,不可臨官,四勢不當。孔394

(4) 臨官、見人不吉。水《文物》封三:5

阜陽有"臨官立(蒞)衆",港簡"臨官衆"當爲"臨官立(蒞)衆"。

40. 六畜生　六畜,六牲。孔簡日書1例。

【昴】,利以弋獵,賈市,吉。不可食六畜生。孔66

睡簡相應簡文作"六畜"。

卯(昴),邋(獵)、賈市,吉。不可食六畜。睡甲85正壹

"六畜生"是複音化的產物,但其詞形畢竟與漢語雙音詞主導發展趨勢不合,曇花一現,幸而在日書文獻中留存其迹。

41. 六牲擾　六畜,六擾。九店日書1例。

凡五亥,不可以畜六牲脂(擾),帝之所以翏(戮)六脂(擾)之日。九店39下—40下

"六牲""六擾"同義,簡文"六牲擾"與"六擾"同時出現,其他文獻尚未發現"六牲擾"的用例,"六牲擾"蓋爲同義詞"六牲""六擾"的臨時組合搭配。不過,因日書及其他文獻尚有有同義疊合詞

"六畜生",而"六牲擾"與"六畜生"的結構方式一致;祇是後世"六擾"一詞罕見,"六牲擾"便更無迹可尋。

42. 門竇　門洞。放簡日書1例。

　　　　門忌:乙、辛、戊,宿直胃、氐,不可開門竇及祠。放乙53貳

"門竇"前用動詞"開",與放簡"門"前用建築動詞"爲、垣"不同;"門竇"當連讀,"開"爲開鑿之義。

後世文獻"門竇"也有使用。

　　(1) 士大夫寡廉鮮恥,列拜於勢要之門,甚者匍匐門竇,稱門生不足,稱恩坐、恩主甚至于恩父者,諛文豐賂,又在所不論也。(《宋史·倪思傳》)

　　(2) 頃日臣等襃貶會坐,罪囚從門竇出頭縱觀。(《朝鮮王朝實録·光海君日記》)

43. 門牖　門窗。孔簡日書1例。

　　　　【冀】……可以□門牖。孔75

後世文獻"門牖"也有使用。

　　(1) 朗恭事盡禮每陳祥瑞,今居一堂門牖常開,鳥雀不近雜穢不著,遠近嗟異。(《法苑珠林》卷十三)

　　(2) 濮安懿王祠堂,外無門牖,內闕龕帳,別無供具,望下紹興府置造修奉。(《宋史·禮志》)

44. 母父　父母。放簡日書2例。

　　(1) 穿地井:到卻(膝),少子死;到要(腰),中子死;到

夜（腋），長子死；到坙（頸），妻死；没人，母父死。放乙放乙136—137

(2) 鳳鳴於□□，善母父，若室家。放乙336

"母父"即"父母"，兩者爲同素異序同義詞。在尊卑有別，長幼有序思想的影響下，表示家庭成員的詞語多有常見固定順序，如父母、父子、祖父、夫妻等；不過放簡有"妻夫"，《漢書》有"子父"，《論衡》有"父祖"，《宋書》有"弟兄"；這些詞是各自對應常用詞的異序詞，雖"母父"在其他文獻中尚未見用例，但構詞原理與上述異序詞相同。

45. 牛廄　牛舍，牛欄。日書2例：睡簡、懸泉各1例。

(1) 丑，牛也。盗者大鼻，長頸，大辟（臂）臑而僂，疵在目。臧（藏）牛廄中草木下。多〈名〉徐善趞以未。睡甲70背

(2) 丑死，家益富，東南間一室，必有死者，央（殃）凶在牛廄中。懸泉10309③：335壹

兩例"牛廄"均與"丑"對應。

《大詞典》與養牛有關的欄舍有"牛囷、牛牢、牛宫、牛屋、牛棚、牛欄"6個詞。吉仕梅先生指出《大詞典》未收的"牛廄、羊圈、羊牢"在睡簡中都已出現，它們與"馬廄、馬圂、馬圈、馬棚""牛牢、牛欄、牛屋"都處於"牲畜圈棚"語義場中，《大詞典》收錄時出現厚此薄彼的現象①。

46. 奴妾　古時對奴隸的稱謂。放簡日書2例。

閉日，可以波（陂）渴（堨），入人奴妾。放甲20貳

相同的簡文又見於放簡日乙簡24壹。"妾"本指女奴，與"婢"同

---

① 吉仕梅：《〈睡虎地秦墓竹簡〉語料的利用與漢語詞彙語法之研究》，《樂山師專學報》1997年第1期。

義，《大詞典》有"奴婢"。

睡簡、孔簡中的閉日占辭與"奴妾"對應的詞分別作"臣徒""奴婢"；"奴妾""臣徒""奴婢"爲同義詞。

後世文獻"奴妾"也有使用。

（1）鼠齧刀劍，奴妾不祥，後有殃。(《開元占經》卷一一六)

（2）人至晚景，得富貴未免置第宅，售奴妾，以償其平生所不足者。(《詩人玉屑》卷一六)

47. 毆笞　毆打，拷打。放簡日書1例。

利以出，不利以入，得一失十；以受賀喜，十憂；以{去}入官者，必去；以歐（毆）治（笞）人者，必蓐（辱）。放乙309+367

毆笞，秦漢法律簡中習見。此簡爲反支内容，該日行事會出現相反結果。

後世文獻"毆笞"偶見用例。

甲居家，被妻毆笞之，鄰人告其違法，縣斷徒三年。(《文苑英華》卷五百二十二)

48. 辟除道　開道，指打開通路。額簡日書1例。

欲急行出邑，禹步三，唬臯，祝曰：士五（伍）光今日利以行，行毋死。已辟除道，莫敢義（我）當，獄史、壯者皆道道旁。額2002ESCSF1.2

禹步儀式中的"辟除道"，睡簡、放簡作"除道"。

（1）禹須臾行不得擇日：出邑門，禹步三，鄉（向）北斗。

· 779 ·

質畫地，祝之曰："禹有直五橫，今利行，行毋咎，爲禹前除道"。放甲66貳—67貳（又見放乙165）

（2）行到邦門困（閫），禹步三，勉壹步，譁（呼）："皋，敢告曰：某行毋（無）咎，先爲禹除道。"即五畫地，掫其畫中央土而懷之。睡甲111背—112背

《大詞典》"辟除"有"開闢。指打開通路""特指開道"的義項，前者孤證漢焦贛《易林》，後者首證《明史》。"辟除道"應是"除"複音化的結果，若將"辟除道"看作"辟除"與"道"臨時組合而成的詞組，則額簡"辟除"用例可提前豐富《大詞典》"辟除"的書證。

49. 屏圂　厕所。日書8例：睡簡1例，放簡2例，孔簡3例，金關2例。

（1）圂忌日，己丑爲圂厠，長〔者〕死之；以癸丑，少者死之。其吉日，戊寅、戊辰、戊戌、戊申。凡癸爲屏圂，必富。睡乙188貳—190貳

（2）亥，豕殹。盜者中人殹。再在屏圂方（旁）及矢（屎）。其爲人長面、折齃，赤目、長髮。得。放甲41

（3）屏圂：屏圂良日，戊寅、辰、申、戌。己丑、癸□□爲屏圂。孔232

（4）爲屏圂良日：五癸及壬申六日。壬辰爲屏圂大富；戊寅、戊辰、大凶。金關73EJT30.126

例（1）"圂、圂厠、屏圂"處於同一宜忌占辭，"爲圂厠、爲屏圂"都是"圂忌日"占斷內容，三者所指應相同或有類屬關系。

例（2）中的"屏圂"，孫占宇先生訓釋爲厠所[①]。睡簡、孔簡與該例對應的占辭均作"圂"；古人厠所與豬圈合二爲一，"圂"實指豬

---

① 孫占宇：《天水放馬灘秦簡集釋》，甘肅文化出版社2013年版，第81頁；陳偉主編，孫占宇、晏昌貴著：《秦簡牘合集〔肆〕》，武漢大學出版社2014年版，第25頁。

之居所（豬圈）亦人的廁所。例（2）中的"屛圂"爲豕日盜者所藏處，更顯其之綜合功用。

睡簡日甲《相宅》篇"圂、屛、圈"共現，爲不同的建築物。

(1) 圂居西北匠，利豬，不利人。圂居正北，吉。圂居東北，妻善病。圂居南，宜犬，多惡言。睡甲20背伍—23背伍
(2) 屛居宇後，吉。屛居宇前，不吉。睡甲14背陸—15背陸
(3) 圈居宇西南，貴吉。圈居宇正北，富。圈居宇正東方，敗。圈居宇東南，有寵，不終迣（世）。圈居宇西北，宜子與<興>。睡甲19背叁—23背叁

研究者多認爲睡簡《相宅》篇"圂"指豬圈，"屛"指廁所，"圈"指豬圈以外的畜圈。王子今先生有不同看法：漢代往往是人廁與豬圈總是合二爲一，許多文物資料可以説明這一點；簡文"利豬，不利人"，也反映了這種情形。"'屛'，也可能是説屛牆、屛門，或者一般的屛障，並不一定專指'廁'。當然，如果將簡文'屛居宇後，吉；屛居宇前，不吉'中所謂'屛'解釋爲'廁'，合於民居建築佈局的常識。"[①] 朱湘蓉先生也將"屛"釋義爲"照壁"[②]。若訓"圂"爲廁所，訓"屛"爲屛墻，訓"圈"爲畜圈，《相宅》篇中這三詞所表示的建築既可避免交叉，又可解決豬圈獨立於牲圈的問題。

"圂"從文字構形看，是"豕"之居所；由於古代廁所和豬圈相連通的情況普遍[③]，"析言"之"圂"指豬圈，而"渾言"之"圂"是豬圈、廁所合二爲一的整體建築。"圂"詞義的確定有因文定義的性質，而"屛""廁"均有明確的廁所義；合成詞"屛圂""圂廁"起到了限制"圂"外延，明確所指的作用。《大詞典》收"圂廁"（書證遲後），

---

① 王子今：《睡虎地秦簡〈日書〉甲種疏證》，湖北教育出版2003年版，第337—338頁。
② 朱湘蓉：《秦簡詞彙初探》，中國社會科學出版社2012年版，第77頁。
③ 孫機：《漢代物質文化圖説（增訂本）》，上海古籍出版社2011年版，第247頁。

未收"屏圀";可補。

50. 破地　破土動工。睡簡日書1例。

　　冬三月之日,勿以筑(築)室及波(破)地,是胃(謂)發蟄。○睡甲142背

破地,即破土動工的意思①;《大詞典》有"破土",無"破地"。

51. 啓除　開除,消除。孔簡日書1例。

　　除日,奴婢亡,不得;有癉病者,死;可以□□□,□言君子,可以啓除;可以飲樂(藥);以功(攻),不報<執>。○孔14

睡簡、放簡"除日"條簡文作:

　　(1) 除日,臣妾亡,不得;有癉病,不死;利市貴、𥏻(徹)□□□、除地,飲樂(藥),攻毄(繫),不可以執。睡甲15正貳

　　(2) 除日,逃亡,不得;癉疾,死;可以治嗇夫,可以徹言君子、除罪。○放甲14

睡簡、放簡與孔簡"啓除"一詞對應的分別是"除地""除罪"(疑"地"爲"辠"之訛)②。

《大詞典》收"開除",義項之一爲"去除;免除",首證元李行道《灰闌記》。"開""啓"有歷時替換關係,"啓除"即"開除"。

52. 卻逐　驅逐。日書7例:睡簡2例,港簡1例,孔簡4例。

---

① 劉樂賢:《睡虎地秦簡日書研究》,臺灣文津出版社1994年版,第294頁。
② 若"除地"不訛,且確與"啓除"對應,則"啓除"可理解爲開闢清除;不過,該詞義產生較晚,《大詞典》首證郭沫若《前進曲》。

· 782 ·

(1) 三月七月十一月，正西盡，〖西〗北斷（斸），正北夬麗，東北執辱，正東郄（卻）逐，東南繢光，正南吉富，西南反鄉。○睡乙199

(2)【三月七月十一月，端西盡、西北斸，端】北決離，東北執辱，端東谷（卻）逐，東南啓光，端南吉【富，西南反鄉】。○港33

(3) 正月五月九月，西北啓光，正北吉昌，〖東北反鄉〗，〖正〗東死亡，東南斷（斸），正南別離，西南執辱，正西卻逐。○孔97

例 (1) 出自《嫁子□》篇，該篇有四組簡文，其中"二月六月十月""四月八月十二月"兩組簡"郄逐"有脫文。"郄"同"卻""却"。孔簡整理者指出孔簡"卻"即"却"，與"逐"義相當，睡簡日乙《嫁子□》篇作"郄逐"。"卻"有"除去"義，"卻逐"爲同義詞素並列合成構詞。

後世文獻"卻（却）逐"也有使用。

(1) 有巨蛇害人，黃帝以雄黃卻逐之。（《雲笈七籤》卷一百）

(2) 若或據險衝突，則須用能射之軍，乃能却逐。（《朝鮮王朝實錄·中宗實錄》）

53. 日出　日出之時。日書22例：九店1例，睡簡2例，放簡4例，周秦1例，王簡2例，港簡1例，孔簡9例，水簡2例。

(1)【鷄鳴丑，平旦】寅，日出卯，食時辰，莫食巳，日中午，㬺未，下市申，舂日酉，牛羊入戌，黃昏（昏）亥，人定【子】。○睡乙156

(2) 平旦生女，日出生男，夙食女，莫食男，日中女，日過中男，日則（昃）女，日下則（昃）男，日未入女，日入男；昏

（昏）女，夜莫（暮）男，夜未中女，夜中男，夜過中女，雞鳴男。放乙142—143

(3) 甲乙：木、青、東方。甲乙病，雞鳴到日出，篤，不死☐ 王49

(4) 丁未日出至日昳（昳）死，失西北，去一里。孔339

(5) 時：平旦、日出、蚤食、莫食、日中、失（昳）、餔時、莫（暮）餔、夜食、日入、夕時、☐水《文物》封三:1

懸泉作"日出時"。

日入時，西吉；日出時，東吉。懸泉Ⅱ0216②:898

周秦綫圖"日出""日出時"均有出現，時間有先後之別。

"日出"使用普遍，是古代常見時間詞，出現時間早，甲骨文中已有用例。是古代十二時之一。

54. 日書 舊時占候卜筮之書。與後世通書，現代黃曆相似。日書文獻"日書"一詞3例：睡簡、睡M77漢簡、北漢各1例。

日書。睡乙259反

另，孔簡是否存在"日書"一詞存疑，目前公佈的材料中"日書"一詞僅見於睡簡。

55. 入宮 性行爲。睡簡日書1例。

人若鳥獸及六畜恒行入宮，是上神相好下，樂入男女未入宮者。睡甲31背貳—32背貳

睡簡整理者疑"男女未入宮者"指"未婚男女"，研究者多從之。"入宮"亦見於其他文獻，劉樂賢先生即據張家山漢簡《引書》"'入宮'凡四見，皆指男女性交"，指出睡簡"'男女未入宮者'應

指未婚男女"①。

語言中常用婉語表達性行爲，古代有"房事、室事、同房、同屋、同床、同衣、雲雨"等，其中借行事之所代指行爲的詞所占比重較大。"入宫"之"宫"，即是房、室之義；吴小强先生指出"男女未入宫者，男女未婚居者"②，蓋也有將"宫"解爲居室之意。《大詞典》有"入房"，釋義爲"交媾"，書證《醫宗金鑒·張仲景〈金匱要略〉》"此名轉胞"集注引趙良。"入房"與"入宫"在表性行爲義上的構詞理據相同，衹是後世"宫"不能指代一般民居處所，"入宫"於後世也就難尋用例了。

56. 殤死　早死。睡簡日書2例。

（1）庚辛有疾，外鬼傷（殤）死爲祟，得之犬肉、鮮卵白色。睡甲74正貳

（2）庚辛有疾，外鬼傷（殤）死爲姓（眚），得於肥肉、鮮魚卵。睡乙185

其他文獻"殤死"也有使用。

（1）袁氏張登妻年二十，夫亡，晝夜號泣，欲以身殉，顧一子在抱，强起哺之，未幾子殤死，志遂决，乘姑偶出，潛詣奠祭夫墓，哭畢歸，縊於室。（《明倫彙編·閨烈部·張登妻袁氏》）

（2）生子男女七，存者惟不肖與適黎氏妹，餘皆殤死。（《穎江瀼稿》卷十二）

《釋名·釋喪制》："未二十而死曰殤。殤，傷也，可哀傷也。""殤"的核心義素是"死"，限定義素是未成年。受複音化影響，"殤"與"死"複合構成"殤死"，凸顯了"殤"的核心義素。

---

① 劉樂賢：《睡虎地秦簡日書研究》，臺灣文津出版社1994年版，第241—242頁。
② 吴小强：《秦簡日書集釋》，嶽麓書社2000年版，第136頁。

《大詞典》收"夭死",釋義爲"早死"。"夭"與"殤"均有早死之義,"夭死""殤死"構詞理據相同。

57. 少吉　略吉,小吉利。睡簡日書16例。

(1) 十月,心、危、營室大凶,心、尾致死,畢、此(觜)蒿大吉,張、翼少吉,柖(招)榣(搖)敼(繫)未,玄戈敼(繫)尾。睡甲47正壹

(2) 正月、五月、九月,北徙大吉,東北少吉,若以是月殹東送<徙>,敼(繫),東南刺離,南精,西南室毀,西困,西北辱。睡甲59正壹

"少 shǎo"有"稍;略"義,《大詞典》"少才、少久、少欠、少可、少多、少住、少長、少差、少進、少恙"等詞中的"少",詞素義均爲稍、略。《大詞典》有"大吉",釋義爲"大吉利"。

58. 十二聲　即十二律,古樂的十二調。陽律六,陰律六,共爲十二律。放簡日書2例。

(1) 自天降令,乃出六正,閏呂六律,皋陶所出。以五音十二聲,爲某貞卜,某自首春夏到十月,黨(倘)有□復皋蠱、言語、疾病、爽(創)死者。放乙285

(2) 從天出令,乃下六正,閏呂六律,皋陶所出。以而五音十二聲,以求其請(情)。放乙284

其他文獻"十二聲"也有使用。

《周禮》以十二律爲之度數,如黃鍾九寸,林鍾六寸之類;以十二聲爲之劑量斟酌,磨削剛柔清濁。音聲有輕重高低,故復以十二聲劑量。(《朱子語類》卷九十二)

《大詞典》所收相關詞有"十二月律、十二律、十二宮、十二鍾、

十二鐘"。

59. 石玉　玉石，未經雕琢之玉。孔簡日書 2 例。

　　　申不可功（攻）石玉，石玉不出，人必破亡。孔395

《大詞典》有"玉石"，義項之一即爲"未經雕琢之玉"。"石玉""玉石"爲同素異序同義詞。

其他文獻"石玉"也有使用。

　　　（1）人有於石傍鑿取一片將出，乃是鑒石玉。問於識寶商者，云此真鑒玉。(《集神州三寶感通錄》卷上)
　　　（2）又嘗奉勅重脩親製碑文、勒石玉。（《敕建凈慈寺志·序》)

60. 使人　役使他人。日書 4 例：睡簡 3 例，孔簡 1 例。

　　　（1）三月：胃，利入禾粟{＝}及爲囷倉，吉。以取（娶）妻，妻愛。生子，使人。睡乙84壹
　　　（2）失伍門：唯（雖）爲嗇夫，法（廢）；有爵者，耐；使人必賤，唯（雖）人＜入＞盡出，三日言必大至。孔283貳

"使人"是一種社會地位的象徵，與"肉食、衣絲、治人"相近；《大詞典》收"肉食、治人"。

61. 使僕　僕使，僕人。放簡日書 1 例。

　　　廿歲更，主必富，使僕（僕）善。放乙4貳—5貳

"使"有僕使義，《廣雅·釋詁》："廝、徒、牧、圉、侍、御、僕、從、扈、養……使也。"《大詞典》所收由詞素"使"參與構詞表示僕人、僕從、傭人義的合成詞有"使人、使下、使女、使令、使

· 787 ·

者、使婢、使媽"。"僕"本義爲侍從,《說文·人部》:"僕,給事者"。"使僕"爲同義詞素合成構詞。《大詞典》有"僕使",釋義爲"僕人",首證爲漢焦贛《易林》。"使僕""僕使"爲同素異序同義詞。

62. 市旅　商販。日書30例:周秦28例,放簡2例。

　　(1) 占<u>市旅</u>,不吉。周秦190
　　(2) 投黃鐘:以多,爲病益篤,<u>市旅</u>得,事君吉,毄(繫)者久;以少,病有瘳,<u>市旅</u>折,事君不遂,居家者家毀。放乙242

周秦整理者訓"市旅"爲商販。《大詞典》有"商旅","商""市"意義相近,"市旅"的組合也當成詞①。

63. 室屋　居屋,住宅。日書3例:睡簡1例,孔簡2例。

　　(1) 房,取(娶)婦、家(嫁)女、出入貨及祠,吉。可爲<u>室屋</u>。生子,富。睡甲71正壹
　　(2) 房,利取□祠,吉。可爲<u>室屋</u>。以生子,富。孔52

其他簡牘文獻"室屋"也有使用。

　　<u>室屋</u>聯扁(漏),出入不時一,飲食不節。(《嶽麓書院藏秦簡·爲吏治官及黔首》)

先秦傳世文獻《禮記》《左傳》《管子》《荀子》《呂氏春秋》中,"室屋"均有用例,使用廣泛。

"室屋"爲同義詞素合成構詞。《大詞典》有"屋室",釋義爲"房屋,住宅";先秦文獻"屋室"目前所見僅《戰國策》1例。"室屋"與"屋室"爲同素異序同義詞。從使用頻率和詞語系統性來看,

---

① 沈祖春:《先秦簡牘〈日書〉詞語札記》,《重慶文理學院學報》2006年第6期。

《大詞典》當增收"室屋"①。

64. 思哀　哀思，憂愁。睡簡日書1例。

人有思哀也弗忘，取丘下之莠，完掇其葉二七，東北鄉（嚮）如（茹）之乃臥，則止矣。睡甲63背壹—64背壹

"思"有"悲傷，哀愁"義，《方言》卷一："鬱、悠、懷、惄、惟、慮、願、念、靖、慎，思也。"上博楚簡《用曰》："思民之初生，多險（艱）以難成。""思哀"爲同義詞素合成構詞。

《大詞典》有"哀思"，其"悲傷；悲愁"義項，首證《禮記》孔穎達疏。"思哀""哀思"爲同素異序同義詞，後世文獻也有用例，可增補。

65. 兕牛　兕。放簡日書1例。

日中至日入投中大吕，𧱊（兕）牛殹。廣顏，大鼻，大目，裏重，言閒閒，惡，行僂僂要<殹>，白色。善病要（腰）。放乙210

𧱊，放簡整理者釋作"𧱊"；孫占宇先生改釋②。"𧱊""兕"異體，《字彙·豕部》："𧱊，同兕。"

"兕"與"牛"形體相似，《爾雅·釋獸》："兕似牛。""兕"爲"𡨄"字古文，《説文·𡨄部》："𡨄，如野牛而青。……古文从儿。"段玉裁注："野牛即今水牛，與黃牛別，古謂之野牛。""兕"稱"兕牛"，古籍也有用例。

(1) 天子之棺四重，水兕革棺被之，其厚三寸。(《禮記·檀

---

① 王明明：《〈嶽麓書院藏秦簡〉的辭書學價值》，《瓊州學院學報》2014年第4期。
② 張德芳主編，孫占宇著：《天水放馬灘秦墓竹簡集釋》，甘肅文化出版社2013年版，第233頁；陳偉主編，孫占宇、晏昌貴著：《秦簡牘合集〔肆〕》，武漢大學出版社2014年版，157頁。

弓上》）鄭玄注："以水牛、兕牛之革以爲棺。"
（2）野牛、犀牛、兕牛，皆牛也，滇多有之。（《滇海虞衡志》）

"犀"與"豕"形體有相近處，《説文·牛部》："犀，南徼外牛。一角在鼻，一角在頂，似豕。"《爾雅·釋獸》："犀，似豕。"郭璞注："形似水牛，豬頭，大腹，庳腳。"《説文·㔾部》段玉裁注："兕亦似水牛。"該簡"兕"字下从"豕"，《集韻·旨韻》："兕，一説雌犀也。"可見"兕""犀"形體均與水牛相近，"犀"又像豕，"兕"異體"㺀"又从"豕"；"兕"爲"雌犀"之説或非無徵①。

66. 歲饑　年成荒歉。孔簡日書 1 例。

正月上旬丁己雨，上歲；中旬丁〖己〗雨，中歲；下旬丁己雨，下歲；三丁己雨，毋（無）歲。朔日雨，歲幾（饑），有兵。孔410

"歲""年"爲豐收義同義詞，《大詞典》有"年饑""年饉"；釋義爲"年成荒歉"。《管子》《史記》及至近代漢語文獻中"歲饑"都有用例，《大詞典》可增補。

67. 歲美　年成豐收。日書 5 例：王簡 1 例，睡簡、孔簡各 2 例。

（1）正月以朔，旱，歲美，有兵。睡乙53壹—54壹
（2）正月以朔，歲美，毋兵。王721
（3）正月以朔，多雨，歲美，毋（無）兵。孔47

其他文獻"歲美"也有使用。

---

① 殷傑指出"兕"公認爲牛，它與犀牛不同，在先秦是野水牛，一種猛獸，秦漢馴化爲耕田的畜牛，即家水牛。見《品物流行》，華中師範大學出版社 2014 年版，第 211—212 頁。

(1) 聲宮，則歲美，吉；商，有兵；徵，旱；羽，水；角，歲惡。(《漢書·天文志》)

(2) 冬至之日，樹八尺之表，日中視其晷。晷如度者其歲美，人民和順。晷不如度者則歲惡，人民多譌言，政令爲之不平。(《後漢書·律曆志》李賢注引易緯)

"美"有豐收義，《大字典》"美"之"豐收"義項，書證有二，均出自《管子》。《大詞典》"美"未收豐收義項，所收"美惡"義項之一爲"美醜；好壞。指財貨、容貌、年成、政俗等"，書證有《史記·天官書》："凡候歲美惡，謹候歲始。"該例"美"詞素義即豐收。《大詞典》可增補"歲美"詞目，"美"可增補"豐收"義項；《大字典》"美"之"豐收"義項可增補書證。

68. 歲善　年成豐收。睡簡日書6例。

(1) 正月以朔旱，歲善，有兵。睡甲33正
(2) 正月以朔多雨，歲善，毋（無）兵。睡乙62壹—63

其他文獻"歲善"也有使用。

聲宮，則歲善，吉；商，則有兵；徵，旱；羽，水；角，歲惡。(《史記·天官書》)

"善"有豐收義，《大詞典》《大字典》均未收。
《大詞典》有"善歲"，釋義爲"豐年"。《大詞典》另有兩組豐年、年豐義同素異序同義詞："豐歲"釋義爲"猶豐年"，"歲豐"釋義爲"年穀豐收"；"豐年"釋義爲"豐收之年"，"年豐"釋義爲"謂年成豐收"。從系統性和文獻用例角度而言，收"善歲"，也當收"歲善"。

69. 田宇　田地和房屋。日書2例：睡簡、放簡各1例。

（1）午失火，田宇多。睡乙251
（2）姑先，善殹，喜殹，田宇、池澤之事殹。放乙268

睡簡非日書文獻和後世其他文獻"田宇"也有使用。

（1）自古以來，叚（假）門逆旅，贅壻後父，勿令爲户，勿鼠（予）田宇。爲吏之道19伍
（2）（唐瑾）又好施與，家無餘財，所得禄賜，常散之宗族。其尤貧者，又割膏腴田宇以賑之。（《周書·唐瑾傳》）

"宇"有房屋、居所義。"田地房屋"義埸同義詞，《大詞典》收"田宅""田舍"。

70. 同衣 性行爲，夫妻生活。睡簡日書2例。

凡且有大行、遠行若飲食、歌樂、聚畜生及夫妻同衣，毋以正月上旬午，二月上旬亥，三月上旬申，四月上旬丑，五月上旬戌，六月上旬卯，七月上旬子，八月上旬巳，九月上旬寅，十月上旬未，十一月上旬辰，十二月上旬酉，凡是日赤帝（帝）恒以開臨下民而降其英（殃），不可具爲，百事皆毋（無）所利。睡甲127正—128正

睡簡整理者未訓解"同衣"，將"衣"訓爲寢衣，即被子。簡文"夫妻同衣"，研究者有夫妻穿同一件衣服、夫妻交換衬衣、夫妻同房等不同解釋。吴小强先生最早將"同衣"解釋爲夫妻性生活[1]；吉仕梅先生認爲"'同衣'即夫妻同房，其意義容易理解"，其"結構上凝固成詞，可作辭條收録"[2]；沈祖春先生對"夫妻同衣"指夫妻同房的詞義來源進行了考證，認爲衣、依同源，由"衣服"義可引申指"形體、

---

[1] 吴小强：《〈日書〉與秦社會風俗》，《文博》1990年第2期。
[2] 吉仕梅：《〈睡虎地秦墓竹簡〉語料的利用與漢語詞彙語法之研究》，《樂山師專學報》1997年第1期。

身軀",“夫妻同衣”即夫妻同身體,身體合而爲一①。吕亞虎先生認爲“整理者將'衣'解爲'被子',而將'夫妻同衣'解爲夫妻間的性生活的説法可能更加接近原文之義"②。

"同衣"指代指夫妻生活,源於"衣"的"寢衣"即"被子"義。古漢語有以"同席"代夫妻生活的用例,"席"爲床上鋪設之物,"寢衣"爲床上覆蓋之物。《大詞典》"同"字下收詞較多,"同內、同室、同床共枕、同枕、同房、同屋、同席、同衾、同夢、同裯、同寢"乃至"同穴、同棺"均有與夫妻相關之義,其中"同床共枕、同枕、同房、同屋、同席"均有夫妻生活之義,這些詞皆借同房之所(房、屋)、床鋪所設(床、枕、席),婉指同房之事;睡簡又有"入宫"代指夫妻生活的用例。夫妻生活本是隱秘之事,古今中外的語言多用借代方式表達,"同衣"指夫妻生活,當源於"衣"的寢衣義。這種現象也是古代夫妻關係禮制要求的反映,夫妻親密關係衹能顯現於特定時間的特定處所;凡能公開的共同行爲,皆與夫妻關係無涉,如"同體、同坐、同食、同旅、同游、同載"等;"同"與"衣"下位詞"袍、裘、澤"構成的"同袍、同裘、同澤",均無夫妻相關之義,唯"同袍"與"衾被"相對時,可用於夫妻間互稱。③

71. 土色 像土一樣的顏色。放簡日書1例。

　　日中至日入投中夾鐘,□殹。廣顔,大脣、目,大瘒(膚),善□步,善後顧,土色。善病心腸。放乙216

72. 鼉龜 揚子鰐。放簡日書1例。

　　日中至日入投中夷則,鼉龜殹。放乙231

---

① 沈祖春:《秦簡〈日書〉"夫妻同衣"新解》,《重慶工學院學報》2006年第6期。
② 吕亞虎:《戰國秦漢簡帛文獻所見巫術研究》,科學出版社2010年版,第61頁。
③ 張國豔:《〈日書〉詞語札記》,載蔡先金、張兵主編《中國簡帛學》第2輯,齊魯書社2018年版。

該簡出自《黄鐘》篇，該篇是三十六禽與音律搭配的占辭。同篇"夷則"另2例相配之物爲"玉龜"和"黿龜"，玉龜即神龜，黿龜，孫占宇先生訓爲"大鱉"①。

"鼉"即揚子鰐，"黿"即大鱉。黿、鼉、龜被賦予神奇的功能，常在志怪、方術、小説中出現。如：

（1）此廟中無神，但是龜鼉之輩，徒費酒食祀之。急具鍤來，共往伐之。（《搜神記》卷十九）

（2）汝南歲歲常有魅，僞作太守章服，詣府門椎鼓者，郡中患之。時魅適來，而逢長房謁府君，惶懼不得退，便前解衣冠，叩頭乞活。長房呵之云："便於中庭正汝故形！"即成老鱉，大如車輪，頸長一丈。（《後漢書·方術列傳·費長房傳》）

（3）或問巫曰："魅者歸於一物，今安得有三？"巫云："蛇是傳通，龜是媒人，鼉是其對。"（《情史·鼉精》引《異苑》）

黿、鼉、龜均爲甲殼類水陸兩棲爬行動物，皆卵生，且都有長壽的特徵；這幾種動物常常組合出現，如上舉例。黿、鼉、龜三種甲殼類動物之中"龜"最常見，在動物屬性類别區分尚不精細的情況下，與"龜"共性較多的"黿、鼉"，獲得"龜"之類屬名稱，被稱作"黿龜、鼉龜"便也可以解釋。

聞一多先生詩歌《忠告》：

月兒，圓缺是你的常事，你别存美醜底觀念！你缺到半規，缺到娥眉，我還是愛你那清光燦爛；但是你若怕醜，躲在黑雲裏，不肯露面，我看不見你，便疑你像龜鼉底甲、蟾蜍底衣，夜叉底臉。

詩中的"龜鼉"與"蟾蜍"相對，頗疑"龜鼉"即放簡中的

---

① 陳偉主編，孫占宇、晏昌貴著：《秦簡牘合集〔肆〕》，武漢大學出版社2014年版，第168頁。

"鼂䵷"。

73. 巫帝　大巫，群巫之長。放簡日書1例。

占病祟除：一天殹，公外；二〖地〗，社及立（位）；三人，鬼大父及殤；四〖時〗，大遻及北公；五音，巫衶<帝>、陰、雨公；六律，司命、天□；七星，死者；八風，相莨者；九水，大水殹。放乙350+放乙192

"巫帝"即"巫中之帝"，即"大巫"；"巫帝"稱謂也許爲楚國所獨有，秦始皇自稱皇帝，禁止巫者稱帝，里耶秦牘8—461更名牘有"毋敢謂巫帝，曰巫"，規定不能稱"巫帝"，要稱"巫"①。秦始皇後"帝"稱呼專有神聖化，後世文獻難覓"巫帝"踪迹。

74. 西大母　西王母。中國古代神話傳說中的女仙人。舊時以爲長生不老的象徵。孔簡日書1例。

西大母以丁酉西不反（返），綸<綸>以壬戌北不反（返），禹以丙戌南不反（返），女過（媧）與天子以庚東不反（返）。孔149壹—150壹

"西王母"稱爲"西大母"是"大母"替換"王母"的深化；"王母"本爲祖母之義，後被"大母"取代；"西王母"中的"王母"也置換爲"大母"，產生了"西大母"這一稱謂。但"西王母"中的"王母"不同於人間普通"大母"，其他文獻未見"西大母"用例。孔簡"西大母"是秦漢時期"大母"強勢替換"王母"的結果。

75. 腊腒　乾肉。睡簡日書1例。

大祠，以大生（牲）大凶，以小生（牲）小凶，以腊古

---

① 游逸飛：《里耶秦簡8—455號木方選釋》，載陳偉主編《簡帛》第6輯，上海古籍出版社2011年版，第93頁。

（腒）吉。○甲113正壹

"臘"本義爲乾肉，《釋名·釋飲食》："臘，干昔也。"《廣雅·釋器》："臘，脯也。"

"腒"本義爲鳥乾肉，《說文·肉部》："北方謂鳥臘曰腒，从肉居聲。傳曰：'堯如臘，舜如腒。'"也泛指乾肉，《廣雅·釋器》："腒，脯也。"

"臘腒"爲同義詞素合成構詞。《大詞典》有"腒臘"，釋義爲"形容辛勞之狀"，書證有晉葛洪《抱朴子·博喻》："仗策去幽者，形如腒臘；夜以待旦者，勤憂損命。"南朝陳徐陵《陳文帝哀策文》："大禹胼胝，重華腒臘。"從這兩例書證看，"腒臘"當爲乾肉義。

76. 細利　小利益。周秦日書1例。

占市旅者，細利。周秦220

其他文獻"細利"也有使用。

（1）今日君民而欲服海外，節物甚高而細利弗賴，耳目遺俗而可與定世，富貴弗就而貧賤弗揭，德行尊理而羞用巧衛，寬裕不訾而中心甚厲，難動以物而必不妄折。（《吕氏春秋·士容》）

（2）彼專爲德，我專爲暴，是不戰而自服也。各保分界而已，無求細利。（《晉書·羊祜傳》）

"細""小"同義，《大詞典》收"小利"，義項之一爲"小利益"。"細利""小利"構詞理據相同。

77. 下歲　歉年，農業收成歉收的年景。孔簡日書1例。

正月上旬丁己雨，上歲；中旬丁〖己〗雨，中歲；下旬丁己雨，下歲；三丁己雨，毋（無）歲。孔410

《大詞典》有表示"豐年"的"上歲",有表示"農業收成一般的年景"的"中歲";無"下歲"。

78. 先殤　早死,未成年而死者。放簡日書1例。

　　其祟上君、先殤。卜疾人三禺(遇)黄鐘死,卜事君吉。放乙260—261

殤,放簡整理者未釋;程少軒先生改釋,疑"先殤"與"殤"有關,"殤"爲無主之鬼①。
其他文獻"先殤"也有使用。

　　(1)殷氏上里殷光立女,忠堂方思翻妻,夫病,有男女各一,而男先殤,殷知病不起,手書貽母家以言己志,及夫亡,絶粒九日而死。(《明倫彙編·閨烈部·方思翻妻殷氏》)
　　(2)子四,珩琚璜璘,琚先殤;女一,壻旴江傅若川寅叔生。《吴文正集·故金陵逸士寅叔王君墓碣銘》

79. 閑牢　畜圈,養牲畜的欄圈。日書"閑牢"4例:睡簡、放簡各1例,孔簡2例。

　　(1)盈日,可以筑(築)閇(閑)牢,可以産,可以筑(築)宫室、爲嗇夫。睡甲16正貳
　　(2)盈日,可築閇(閑)牢,可入生(牲)、利築官室、爲小嗇夫。有疾難瘳。放甲15
　　(3)盈日,可以築閇(閑)牢、築宫室、入六畜、爲嗇【夫。有】疾者,不起,□□。孔15
　　(4)【昴】,利以弋獵,賈市,吉。不可食六畜生。可以築室及閇(閑)牢。孔66

---

① 程少軒:《放馬灘簡式占古佚書研究》,博士學位論文,復旦大學,2011年。

睡簡整理者讀"閒"爲"閑",訓作養馬之所;放簡整理者讀"閒牢"爲"間牢",訓作"監牢";孔簡整理者訓讀同睡簡整理者。

"閒"訓釋,研究者多遵從睡簡整理者説法;亦有將睡簡"閒"讀爲"監",並據睡簡用例修正《大詞典》"閒(監)牢"之"監獄"義項書證晚者①。秦簡最新整理成果,將睡簡、放簡"閒牢"均讀作"閑牢",將"閒(閑)牢"看作同義詞連用②。日書通行於社會中下層,其所占斷事項當常見於生活、生產中,"閒"更有可能讀爲"閑"。

"閑"有柵欄、馬厩義。《説文·門部》:"閑,闌也。"《古今韻會舉要·山韻》:"閑,馬闌也。"《周禮·地官·司徒》:"充人掌繫祭祀之牲牷。祀五帝,則繫於牢,芻之三月。"鄭玄注:"牢,閑也。""閒(閑)牢"表畜圈義爲同義並列合成詞。

其他文獻"閑牢""牢閑"均有用例。

  養牛馬之處謂之<u>牢閑</u>,<u>牢閑</u>是周衛之名也。此言大舍犆牛馬,則是出之<u>牢閑</u>,牧於野澤,令其逐草而牧之。故謂此<u>牢閑</u>之牛馬爲"犆牛馬",而知"犆"即<u>閑牢</u>之謂也。(《尚書·費誓》正義)

《大詞典》未收"閑牢""牢閑","闌牢"釋義爲"養牲畜的欄圈",孤證漢桓寬《鹽鐵論》。

80. 小徹 小亨通,小順暢。周秦日書4例。

  (1)直一者,大黧(徹);直周者,<u>小黧(徹)</u>;直周中三畫者,寙(窮)。○周秦132叁—134叁

  (2)凡<u>小黧(徹)</u>之日,利以行作、爲好事,取(娶)婦、嫁女,吉。氐(是)謂<u>小黧(徹)</u>,利以羈(羈)謀

---

① 朱湘蓉:《秦簡詞彙初探》,中國社會科學出版社2012年版,第104頁。
② 陳偉主編,彭浩、劉樂賢、萬全文等著:《秦簡牘合集〔壹〕》,武漢大學出版社2014年版,第361頁;張德芳主編,孫占宇著:《天水放馬灘秦墓竹簡集釋》,甘肅文化出版社2013年版,第67頁;陳偉主編,孫占宇、晏昌貴著:《秦簡牘合集〔肆〕》,武漢大學出版社2014年版,第10頁。

(媒)。周秦141貳—142貳

"徹"與"窮"相對,是通達、貫通之義;在日書中,爲吉辭,有順暢之義。《大詞典》"小通"義項之一爲"稍稍顯達",該意義是語境義;《大詞典》"大通"義項之一爲"大亨通,吉利",該釋義具有概況性。

81. 小短　身材矮小。孔簡日書1例。

卯,鬼<兔>也。盜者大面,短豪,臧(藏)草□□。盜者小短,大目,勉(兔)口,女子也。孔370

其他文獻該意義的"小短"也有使用。

(1) 塔上露盤猶來小短不稱塔形。有一人極豪侈多産業,見前靈瑞乃捨金三百兩,共諸信者更造露盤。(《法苑珠林》卷三十八)

後世文獻中"小短"産生了引申義,指不足、欠缺,缺點、弱點。

(2) 彊當陵弱,弱當求援,此亂亡之道也。子瑜,卿但側耳聽之,伯言常長於計校,恐此一事小短也。(《三國志·吳書·諸葛瑾傳》)

(3) 臣以爲去冬京城内,有赤心爲國如澤等數輩,其禍變未至如是之酷。今若較其小短,不顧盡忠狥國之節,則不恕已甚。(《宋史·許景衡傳》)

《大詞典》"短小"有兩個義項:"身材矮小"義項,首證《漢書》;"泛指事物短而小"義項,首證臧克家《京華練筆三十年》。
"短小""小短"先秦文獻不見使用,漢代始見用例,兩者均有身材矮小義,是複音詞形成早期詞序尚未定型的映象。若以詞序對稱而

· 799 ·

言,"短小"反義詞當爲"長大","小短"反義詞當爲"大長"。"長大"表示身材高大,漢代以來即已多見;而"大長"則至近代漢語中才始漸多,有了重疊形式和泛指事物大而長的意義。

(4) 魏三封雖是個小人家的兒子,長到十九歲,出落了一表人材,白白胖胖,<u>大大長長</u>,十八歲上中了武舉第二名,軍門取在標下聽用。(《醒世姻緣傳》第七十二回)

(5) 又鑽出一個妖精程大姐來,梳了一個耀眼爭光的頭,烏黑的頭髮,後面扎了一個<u>大長</u>的雁尾,頂上扎了一個大高的鳳頭,使那血紅的絨繩縛住。(《醒世姻緣傳》第七十三回)

82. 小內　成年非家長夫婦居住的內室。睡簡日書2例。

(1) 取(娶)婦爲<u>小內</u>。睡甲23背肆
(2) 當祠室,依道爲<u>小內</u>,不宜子。睡甲14背伍—19背伍

《大詞典》收"大內",詞義可作增補,見前文。"內"爲建築名稱,"小內"爲"內"的一種,與"大內"相對。

83. 小雨　降雨量較小的雨。亦指下小雨。日書3例:放簡1例,孔簡2例。

(1) 辰日大雨,大虫(蟲);<u>小雨</u>,小虫(蟲)。放乙157
(2) 大雨,大徼,<u>小雨</u>,小徼。孔473—474

《大詞典》"大雨"有兩個義項:"降雨量較大的雨。亦指下大雨""現我國氣象觀測規定,一小時內的雨量在8.0毫米以上的雨,或二十四小時內的雨量爲25.0—49.9毫米的雨爲大雨"。"小雨"在降雨量大小意義上與"大雨"相反,且同樣是現代氣象觀測術語;從系統性角度而言,"小雨"可作爲詞目收錄。

84. 偕居　夫妻共同生活。日書2例:睡簡、放簡各1例。

（1）巳，翼也。其後必有別，不皆（偕）居，咎在惡室。○睡甲88背壹

（2）是=夫婦皆（偕）居，若不居□，□其居家，卦類雜虛，孰爲大祝、靈巫，畜生之？放乙250

夫妻分居，爲"不吉"。

壬申、癸酉，天以震高山，以取（娶）妻，不居，不吉。○睡甲7背壹

"皆"表示共同、一起義，爲"偕"古字。其他文獻中"偕居"亦有用例，意義有泛化。

（1）維我皇祖，有孫八人。惟兄與我，後死孤存。奈何於今，又棄而先。生不偕居，疾藥不親。斂不摩棺，窆不繞墳。趨奔束制，生死虧恩。歸女教男，反骨本原。其不有年，以補我愆。（韓愈《祭兄文》）

（2）異郡有別業，刻期徙往，人莫之知。偕居十八年，生一女，適同邑李氏。（《聊齋誌異·青娥》）

《大詞典》"同居"之"夫妻共同生活"義項，首證《警世通言》。日書中"偕居""同居"所指不同，"偕居"指夫妻共同生活，"同居"指家庭成員共同居住；《大詞典》亦收"偕行、偕作、偕偶、偕極、偕適、偕隱"等詞，"偕居"結構穩固，意義凝練，可作爲詞目收錄。

85. 凶吉　吉凶，禍福。孔簡日書1例。

□雲爲水，白雲爲凶，青雲爲兵。凡以凶吉，雲高終歲。○孔423

其他文獻"凶吉"也有使用。

（1）能毋卜筮而知凶吉乎？能止乎？能已乎？能毋問於人，而自得之於己乎？（《管子·心術》）

（2）學不爲人，仕不擇官，凶吉由己，而由卜乎？（《後漢書·孔僖傳》）

（3）今文招討正應其姓，凶吉難保。（《三遂平妖傳》第三十六回）

"凶吉""吉凶"爲同素異序同義詞，《大詞典》收"吉凶"，有"猶禍福"義項。

86. 兇咎　災殃。港簡日書1例。

□未，入室必見大兇咎。港63

《大詞典》收"凶咎"，釋義爲"災殃"，首證漢王充《論衡》。另，"大兇咎"或爲"大兇""大咎"的略語。

87. 兇殃　災禍。睡簡日書1例。

道（導）令民毋麗（罹）兇央（殃）。睡甲25背壹

《大詞典》收"凶殃"，釋義爲"災禍"，首證漢焦贛《易林》。

88. 凶日　不吉祥的日子。日書2例：放簡、王簡各1例。

（1）正月丑酉、二月寅申、三月卯未、四月辰巳、五月巳亥、六月午戌、七月卯未、八月申寅、九月酉丑、十月戌午、十一月辰巳、十二月巳亥，凶日，① 不可以初入官，忌殹。放乙301+366

（2）凡祭祀之凶日，甲寅、庚寅、丙寅、戊□王286

---

① 凶日，原釋作"此日"；孫占宇先生改釋，見張德芳主編，孫占宇著《天水放馬灘秦簡集釋》，甘肅文化出版社2013年版，第159頁；陳偉主編，孫占宇、晏昌貴著《秦簡牘合集〔肆〕》，武漢大學出版社2014年版，第80頁。

《大詞典》收"兇日",釋義爲"不吉祥的日子",書證清紀昀《閱微草堂筆記》,孤證。

清之前的其他文獻"凶日"也有使用。

　　裁衣有書,書有吉凶。凶日製衣則有禍,吉日則有福。(《論衡·譏日》)

89. 循求　尋求,尋找。周秦日書1例。

　　【以】孤虛循求盜所道入者及臧(藏)處。周秦260

"循"有"求"義,《大詞典》"循"之"尋,求"義項,首證爲唐劉禹錫《訊甿》。"循求"由同義詞素"循""求"構成。《大詞典》收"尋求",首證《後漢書》。

其他文獻"循求"也有使用。

　　(1)治病之道,氣内爲寶,循求其理,求之不得,過在表裏。(《黄帝内經·素問》)
　　(2)内外循求,不見如來。(《大乘密嚴經·密嚴會品》)

90. 殃邪　災禍邪祟。孔簡日書1例。

　　今日庚午爲雞血社,此(雌)毋(無)央(殃)邪,雄毋彼(疲)堵(瘏),令雞毋(無)亡老。孔226貳—227貳

"殃邪"當指災禍和邪祟①,又可作"邪央(殃)",如山東蒼山

---

①　何有祖:《孔家坡漢簡叢考》,《中國國家博物館館刊》2012年第12期。

元嘉元年畫像石銘文"中直柱，雙結龍，主守中雷辟邪央（殃）"①。

91. 殃凶　凶殃，災禍。懸泉日書8例。

（1）辰死者，不幸。西南間一室，必有死者。央（殃）凶不出西井上。_{懸泉I0309③:266壹}

（2）亥死者，不主。西南間一室，必或死者。央（殃）凶在馬厩中。_{懸泉I0309③:268壹}

《大詞典》收"凶殃"，釋義爲"災禍"，首證漢焦贛《易林》。

92. 羊圈　羊舍，羊欄。日書2例：睡簡、港簡各1例。

（1）春三月庚辰可以筑（築）羊卷（圈），即入之，羊必千。_{睡甲87正貳}

（2）出入奴婢、馬牛、錢財，爲羊圈，吉。_{港56}

其他文獻"羊圈"也有較多使用。

（1）東南角樓東差北，有生料庫。庫東爲柴場。夾垣東北隅有羊圈。西南角樓南紅門外，留守司在焉。（《南村輟耕録》卷二十）

（2）我顧戀夫主，變做母羊，在這羊圈懷羔滿月，無多日，便下羔兒。（《訓世評話》卷下）

《大詞典》與養馬有關的欄舍有"馬坊、馬序、馬苑、馬房、馬屋、馬院、馬圈、馬厩、馬圂、馬棚、馬閑、馬欄"12個詞，與養牛有關的欄舍有"牛囤、牛牢、牛宮、牛屋、牛棚、牛欄"6個詞，與養豕（猪）有關的欄舍有"猪牢、猪圈、猪溷、猪欄、豕牢、豕圈"6

---

① 陳炫瑋：《孔家坡漢簡〈日書·雞〉篇補釋》，簡帛網2007年8月14日（http://www.bsm.org.cn/show_article.php?id=696）。

個詞，與養羊有關的欄舍僅"羊欄"1個詞；在同類語義場中表示養羊欄舍的詞甚少①。"羊牢""羊圈"日書有使用，其他文獻有"羊棚"用例；這些詞語可增補"羊欄"義場。

(3) 鎮一<u>羊棚</u>，湖陽貞祐元年廢。(《金史·地理志》)

(4)（顛仙家）常時在人家豬圈<u>羊棚</u>中，鼾打得雷一般，人還道他是賊。(《三刻拍案驚奇》十八回)

93. 羊牢　羊舍，羊欄。睡簡日書1例。

凡入月五日，月不盡五日，以筑（築）室，不居；爲<u>羊牢</u>馬厩，亦弗居；以用垣宇，閉貨貝。○睡甲103正壹

《大詞典》有"牛牢"，書證李時珍《本草綱目·獸一·牛》"牢乃豢畜之室。牛牢大，羊牢小"，該書證既有"牛牢"，又有"羊牢"。

94. 夜暮　夜，夜晚。放簡日書2例。

平旦生女，日出生男，夙食女，莫食男，日中女，日過中男。旦<日>則（昃）女，日下則（昃）男，日未入女，日入男，昏女，<u>夜莫（暮）</u>男，夜未中女，夜中男，夜過中女，雞鳴男。○放甲16貳—19貳

相同的簡文又見於放簡日乙142。"夜暮"爲"昏"後，"夜未中"之前的時段。

其他文獻"夜暮"也有使用。

---

① 《大詞典》"同族詞"的收詞原則是："合成形式結構固定，而且意義已經引申轉換，不等於詞素意義簡單相加的，應予收列，其他一般不收。"見漢語大詞典編纂處《漢語大詞典編纂手册》，漢語大詞典編纂處1981年版，第9頁。按："羊圈"與"馬圈、豕圈、豬圈"爲同族詞，它們的意義均未有引申轉換，《大詞典》收與不收處理不盡一致；或增補"羊圈"，或一併刪除"馬圈、豕圈、豬圈"。

(1) 律説"論決爲髡鉗，輸邊築長城，晝日伺寇虜，夜暮築長城"。城旦，四歲刑。(《史記·秦始皇本紀》裴駰集解引如淳)

(2) 時，夜暮，行昌入祖室，將欲加害，師舒頸就之。行昌揮刃者三，悉無所損。(《六祖壇經·頓漸品》)

《大詞典》"暮夜"之"夜"義項，首證《晏子春秋》。"夜暮""暮夜"在夜晚義上爲同素異序同義詞。

95. 衣絲　穿絲製衣服。借指富貴。日書5例：睡簡4例，孔簡1例。

(1) 衣，終身衣絲。十月丁酉材（裁）衣，不卒歲必衣絲。睡甲114背

(2) ☐以裁衣，必衣絲。孔194

絲綢是古代貴重衣料，春秋戰國時期，穿着絲綢衣料是生活富足安康的象徵；中國古代絲綢服飾與禮儀等級有密切關係，是"分尊卑，別貴賤"的工具之一和物化表現。周代服飾有嚴格規定，尊卑等級十分明顯，納入禮制範疇[1]。絲綢質地精美，價格高且穩定，便於攜帶，具有充當貨幣的職能，也是財富的象徵。

其他文獻"衣絲"也有使用。

(1) 名之所以成、城池之所以廣者戰士也，今死士之孤飢餓乞於道，而優笑酒徒之屬乘車衣絲。(《韓非子·詭使》)

(2) 天下已平，高祖乃令賈人不得衣絲乘車，重租稅以困辱之。(《史記·平準書》)

"衣絲"與"肉食、使人"的構詞理據相同，借代生義；《大詞典》收"肉食"和"使人"。

---

[1] 黃爲放：《絲綢文化》，吉林文史出版社2010年版，第37—38頁。

96. 陰日　猶偶日。古代以干支紀日，天干乙、丁、己、辛、癸五日，地支丑、辰、午、未、申、亥六日居偶位，屬陰柔，故稱。也稱偶日。放簡日書1例。

　　　凡乙、丁、己、辛、癸，丑、辰、午、未、申、亥，是=柔日，陰日、牝日殹，男子之吉日殹。放乙114壹

"陰日"與"陽日"相對，放簡有"陽日"。

　　　凡甲、丙、戊、庚、壬，子、寅、〖卯、戌〗、巳、酉，是胃岡（剛）日、陽〖日〗、牡日殹，女子之吉日殹。放乙113壹

"陰日"即"柔日""女日""牝日"，"陽日"即"剛日""男日""牡日"。

後世文獻"陰日"也有使用。

　　　乘船不身涉水者，其陽日帶雄，陰日帶雌。（《抱朴子·登涉》）

《大詞典》收"柔日、剛日、陽日"，未收"陰日"，亦未收"男日、牡日"和"女日、牝日"。

日書"男日"6例：睡簡1例，放簡4例，印臺1例。"女日"16例：睡簡3例，放簡12例，印臺1例。"牡日"9例：睡簡2例，放簡5例，孔簡2例。"牝日"11例：睡簡2例，放簡6例，孔簡3例。

97. 營居　營建居住。日書2例：孔簡、周漢各1例。

　　（1）凡日與月同，營居者死，失（魃）不出。孔301叁
　　（2）凡日與月同，營居者死，失（魃）不出。周漢40貳+52貳

簡文的意思是：凡死亡之日與死亡之月同處（圖中的一方格），營

· 807 ·

建居住之人死去，魃不會出來作祟。孔簡整理者斷句作"凡日與月同營居者，死失不出。"可改。

其他文獻中"營居"也有使用。

(1) 惟余一人，營居於成周。惟余一人，有善易得而見也，有不善易得而誅也。(《呂氏春秋·恃君覽》)

(2) (楊存中) 嘗營居鳳山，十年而就，極山川之勝，後獻於朝廷，更築室焉。(《宋史·楊存中傳》)

98. 盈志　快心，滿意。睡簡日書1例。

以蔡 (祭) 上下，羣神鄉 (饗) 之，乃盈志。睡甲3正貳

劉樂賢先生讀"盈志"爲逞志，古代盈、逞音義皆近，盈志、逞志，都應是同樣的意思①。李家浩先生認爲"'盈其志'，謂滿足其意志"②。王子今先生認爲"盈"取圓滿之義，"盈志"接近後世所謂"志得意滿"③。

《大詞典》收"逞志"，釋義爲"快心，稱願；得逞"，首證《左傳》；亦收"滿志"，釋義爲"猶滿意"，首證明沈德符《野獲編》。"盈志"與"逞志"同義，當即後世"滿志"；"盈""滿"有歷時替換關係，漢初避"盈"諱加速了"滿"替換"盈"的進程。合成詞"滿志"替換"盈志"，是"滿"替換"盈"的深入。《史記》中已有"滿志"用例，《大詞典》書證過晚。

99. 有歲　豐年。孔簡日書5例。

---

① 劉樂賢：《九店楚簡日書補釋》，載李學勤、謝桂華主編《簡帛研究》第3輯，廣西教育出版社1998年版，第84頁。

② 湖北省文物考古研究所、北京大學中文系：《九店楚簡》，中華書局2000年版，第81頁。

③ 王子今：《睡虎地秦簡〈日書〉甲種疏證》，湖北教育出版2003年版，第23—24頁。

(1) 正月以朔，旱，有歲，有小兵。孔42—43

(2) 正月乙巳、乙亥雨，不風，有歲；雨而風，有旱；不雨而風，大旱。孔415

《大詞典》"有年""無年"均有收錄；收"無歲"，而未收"有歲"。孔簡日書"有歲""毋（無）歲"均有用例，"無歲"用例早於《大詞典》首證《後漢書》。

100. 幼殤死　夭折，早死者。睡簡日書1例。

鬼恒羸（裸）入人宮，是幼殤死不葬，以灰漬之，則不來矣。睡甲50背貳

"殤"與"幼""死"組合，突出其核心義素"死"和限定義素"早"，因此出現了"幼殤死"這種形式，簡文中"幼殤死"爲鬼名。其他文獻未見"幼殤死"用例，"幼殤而死"可見使用。

(1) 此明幼殤而死，故祭於祖廟陰暗之處也。（《唐會要》卷十九）

文獻中"幼殤"亦有用例。

(2) 余同父之兄姊妹八人，四兄、六姊、八妹均幼殤，殤於何病？未之前聞也。（《景景醫話·記諸兄姊妹病故情形》）

(3) 朕爲天下主，豈肯因幼殤而傷懷抱，但永璉係朕適子，已定建儲之計，與衆子不同，一切典禮，著照皇太子儀注行。（《皇朝通典》卷六十二）

日書又有"先殤""早殤""殤死""殤早"，"幼殤死"跟這些詞一樣，都與複音化有關，是"殤"附加核心義素和限定義素的結果；但"幼殤死"的音節形式與漢語的主體詞彙不同，文獻中未見其他用

· 809 ·

例，其解構形式"幼殤"和"殤死"在文獻中均有用例，《大詞典》均未收錄。

101. 宇宮　居所，居室。九店日書1例。

東、北高，二方下，黃帝遇（宇）宮，庶民尻（居）之☐ 九店47下

遇宮，原未釋；周波先生據紅外綫照片，借助相關簡文釋出後一字爲"宮"①，何有祖先生疑前一字爲"遇"殘文，讀作"寓"，"黃帝寓宮"當指黃帝行宮②。

居室義的"宇"，九店均作"寓"。"寓"在先秦文獻中多作動詞，表寄居義，其名詞居所義產生較晚；而"宇"作名詞，表居室、房屋義，先秦用例不鮮。稱居屋爲宇，爲當時人習慣語③。

"宇宮"表居所、居室義，爲同義並列合成構詞。後世文獻"宮宇"使用較多，基本指帝王居所，這與"宮"詞義演變有關。

(1) 人冤不能理，吏黠不能禁；而輕用人力，繕修宮宇，出入無節，喜怒過差。(《後漢書·顯宗孝明帝紀》)

(2) 宮宇是飾，臺榭是崇，徭役無時，干戈不戢。(《舊唐書·魏徵傳》)

102. 羽音　五音之一，指宮、商、角、徵、羽五音中的羽音級。放簡日書1例。

---

① 周波：《〈九店楚簡〉釋文注釋校補》，《江漢考古》2006年第3期。
② 何有祖：《楚竹書釋讀七則》，簡帛網2006年2月15日（http：//www.bsm.org.cn/show_article.php?id=190）。
③ 劉信芳：《九店楚簡日書與秦簡日書比較研究》，載香港中文大學中文系、中國文化研究所編《第三屆國際中國古文字學研討會論文集》，香港問學社有限公司1997年版，第529頁；又《出土簡帛宗教神話文獻研究》，安徽大學出版社2014年版，第153頁。

羽音吉，其畜馬，其器□□，其種（種）禾黍，其事賤，其處實，其味苦，其病頭。放乙.354+375

《大詞典》"宮音、商音、角音、徵音""宮聲、商聲、角聲、徵聲"四音、四聲均有收録，祇未收"羽音""羽聲"。放簡"宮音、商音、角音、徵音、羽音"五音均已出現，唯放乙 289 簡殘缺，"商音"文字不存。《大詞典》可增補"羽音""羽聲"，"宮音、商音、角音、徵音"書證可提前。

103. 黿鼉　大鱉。放簡日書 1 例。

日入至晨投中夷則，黿鼉殹。放乙.232

其他文獻"黿鼉"也有使用。

鴉鳥如何披鳳翼，黿鼉争敢掛龍鱗！（《敦煌變文集新書·捉季布傳文》）

104. 早殤　早死，未成年而死者。孔簡日書 1 例。

【申有疾】☐祟旱〈早〉殤。壬申莫（暮）市有疾，黑色死。孔360

水簡日書有"傷旱"，"傷"通"殤"，"旱"爲"早"訛字。

禱（禱）日：木日疾，祟在社；火日疾，祟在强死、傷（殤）旱〈早〉。水《文物》封三:13

"早殤""殤早"爲同素異序同義詞，《大詞典》均未收録。"殤"本爲早死，未成年而死之義，用"早"修飾，突出夭折之義。

其他文獻"早殤"也有使用，"殤早"暫未見其他用例。

· 811 ·

（1）湘懷王由栩，光宗第六子，惠昭王由楥，光宗第七子；俱早殤。（《明史·光宗諸子傳》）

（2）國主退朝說道："丞相見世子早殤，寡人悲切，明日端陽要請我釋悶。"（《水滸後傳》第三十二回）

"早殤"與"早夭"構詞理據相同，均突出早死之義；《大詞典》有"早夭"。

105. 穉禾　晚種的稻穀。孔簡日書 2 例。

（1）入正月四日，旦溫稙禾爲，晝溫中禾爲，夕溫穉禾爲，終日溫三幷。孔412

（2）七日稙禾爲，九日中禾爲，廿日穉禾爲。孔417

《大詞典》有"稙禾"，釋義爲"早稻，早種的稻禾"，書證《齊民要術·種穀》："穀田必須歲易，二月三月種者爲稙禾，四月五月種者爲穉禾。"書證中"稙禾""穉禾"均有出現。孔簡"稙禾"可能指晚種穀物，非限於稻禾。

106. 致死　導致死亡。日書 15 例：睡簡 12 例，港簡 1 例，印臺 2 例。

（1）十月，心、危、營室大凶，心、尾致死，畢、此（觜）巂大吉，張、翼少吉，柖（招）榣（搖）敫（擊）未，玄戈敫（擊）尾。睡甲47正壹

（2）逢時不產，倍（背）時致死，它邑用時，邑中不用時，室中垣毋（無）小大用時。港48貳

（3）二月，牴、房、翼大兇（凶），柳、七星致死，胃、昴小吉，嫛女、虛大【吉】。印臺《荊州》圖2-5貳

"致死"在文獻中常見，一直到現代都用使用。《現代漢語詞典》有收錄。

《大詞典》有"致命",未有"致死"。《大詞典》"致"之"造成;導致"義項,首證漢韋孟《諷諫》詩,《大字典》"致"之"致使;導致"義項,首證《鹽鐵論》。從"致死"在睡簡已有用例的情況看,"致"之"導致"義漢代之前已產生。

107. 中禾　中種稻穀。插秧期、成熟期比早稻穀稍晚。孔簡日書2例。

(1) 入正月四日,旦温稙禾爲,晝温中禾爲,夕温稺禾爲,終日温三并。孔412

(2) 七日稙禾爲,九日中禾爲,廿日稺禾爲。孔417

《大詞典》有"稙禾""中稻",爲表示作物種植、收獲時節有别的詞。

108. 中種　中種稻穀。插秧期、成熟期比早稻穀稍晚。放簡日書1例。

正月、四月,婁爲上泉,畢爲中泉,東井爲下泉。上泉雨,稙享(孰);中泉雨,稙享(孰)、中種(種)享(孰);下泉雨,稺享(孰);三泉皆雨,大有黍<年>;三泉不雨,大飢(饑)。放乙160—161

"種"有穀物種子之義,可指穀物;"中種""中禾"同義。

109. 周環　環繞;周圍。睡簡日書1例。

道周環宇,不吉。睡甲21背貳

"周""環"均有環繞義,"周環"爲同義並列合成構詞。
其他文獻"周環"也有使用。

(1) 人若已卜不中,皆被之以卵,東向立,灼以荆若剛木,

土卵指之者三，持龜以卵周環之。(《史記·龜策列傳》)

(2) 氣之清者便爲天，爲日月，爲星辰，只在外，常周環運轉，地便只在中央不動，不是在下。(《朱子語類》卷一)

例(1)"周環"與日書"周環"同義，例(2)"周環"爲循環之義。

《大詞典》"環周"有"循環""周密，嚴密""環繞四周；周圍"三個義項，第三個義項首證唐柳宗元《石渠記》；該義項的"環周"與日書"周環"爲同素異序同義詞，且後世文獻"周環"已引申發展出較爲抽象的"循環"義，"周環"可作爲詞目收錄。

110. 築興　建築，興建。睡簡日書1例。

甲子、乙丑，可以家（嫁）女、取（娶）婦、寇〈冠〉帶、祠，不可築興土攻（功），命曰毋（無）後。睡乙125

其他文獻"築興"也有使用。

(1) 冬十月戊申，幸華清宮。和雇京城丁戶一萬三千人築興慶宮牆，起樓觀。(《舊唐書·玄宗本紀》)

(2) 天水雖不可守，距天水十里所，見創白環堡，與西和相爲掎角，又增堡雞頭山，咸以民卒守之，及修黃牛堡，築興趙原，屯千餘人。(《宋史·安丙傳》)

《大詞典》"興築"釋義爲"猶興建"，首證宋蘇轍《民政》。"築興"與"興築"爲同素異序同義詞，且產生早於"興築"，《大詞典》可增補"築興"。

111. 滋昌　昌盛。睡簡日書1例。

正陽，是胃（謂）滋昌，小事果成，大事又（有）慶，它毋（無）小大盡吉。睡甲34正日書中"正陽"條簡文還有：

（1）正陽，可□□□□□□可以祠，□□□□□□□毋小大吉。睡乙54壹

（2）正陽，是=番昌，小事果成，大事有慶，它事毋小大盡吉。王673

（3）正陽，是胃（謂）番昌，小事果成，大事有慶，它事无小大盡吉。孔34

與"滋昌"對應的詞，睡簡日乙文字不可辨識；王簡和孔簡均作"番昌"。"滋""番"均有繁盛義，"滋昌""番昌"同義。《大詞典》收"番昌"，釋義爲"昌盛"。

附：《大詞典》中的日書數術語詞——以建除、叢辰詞語爲例

（一）建除詞語

數術詞語屬於"專科詞語"，爲與專科詞典有明確的分工，避免交叉重複；對於專科詞語，《大詞典》"祇適當選收一部分在古今漢語中通行範圍較廣、使用頻率較高的條目"，同時也規定"重要歷史、哲學著作中習見常用的政治、經濟、宗法倫理、典章制度、天文律曆、哲學等詞語，應予收列"[①]

建除神煞、叢辰神煞、數術原理、吉凶日名稱、二十八星宿等均屬數術詞語，這些類型的詞語《大詞典》均有不同數量的收錄。

《建除》篇是日書的重要內容，九店、睡簡、放簡、孔簡有較爲完整的篇章。建除數術是我國影響深遠的選擇數術，先秦產生，一直到近代都有沿用；《明史·方伎傳·周述學》："禄命、建除、葬術、五運六氣、海道鍼經，莫不各有成書。"章炳麟《原道上》："夫不事前識，則卜筮廢，圖讖斷，建除、堪輿、相人之道黜矣。"古人將建除十二值神

[①] 漢語大詞典編纂處：《漢語大詞典編纂手册》，漢語大詞典編纂處1981年版，第19、22頁。

"建、除、滿、平、定、執、破、危、成、收、開、閉"十二字融入詩歌，創造了"建除體"，鮑照、梁宣帝、權德輿、黃庭堅、范成大、劉從益等均有《建除詩》。嚴羽《滄浪詩話·詩體》評價建除體曰："至於建除、字謎、人名、卦名、數名、藥名、州名之詩，只成戲謔，不足法也。"我們以"建除"數術詞語爲例，管窺《大詞典》日書數術詞語的收錄、釋義、書證情況。

詞目	相關義項	首證	備注
建除	古代術數家以爲天文中的十二辰，分別象徵人事上的建、除、滿、平、定、執、破、危、成、收、開、閉十二種情況。後因以"建除"指根據天象占測人事吉凶禍福的方法。	《淮南子》	孔簡自題篇名"建除"，睡簡自題篇名有"除""秦除""徐"。
建	古代天文學稱北斗星斗柄所指爲建。一年之中，斗柄旋轉而依次指向十二辰，稱爲十二月建。夏曆（農曆）的月分即由此而定，如正月稱建寅，二月稱建卯……十一月稱建子，十二月稱建丑。	南朝齊王融《永明九年策秀才文》	九店《建除》建除值神已作"建"。
除	古時建除家以爲天文上的十二辰分別象徵人事上的十二種情況。"除"爲十二辰中與卯相對應的一種表示吉利的代號。	《淮南子》	睡簡《秦除》建除值神已作"除"。
盈（滿）	（盈、滿）均未有相關義項。	無	睡簡《秦除》、放簡《建除》、孔簡《建除》等建除值神均作"盈"。值神"盈"改爲"滿"，應與避漢惠帝"盈"諱有關。
平	未有相關義項。	無	睡簡《秦除》、放簡《建除》、孔簡《建除》建除值神均作"平"。
定	未有相關義項。	無	睡簡《秦除》、放簡《建除》、孔簡《建除》建除值神均作"定"。
執	未有相關義項。	無	建除值神，睡簡《秦除》、放簡《建除》作"摯"，孔簡《建除》作"執"。

續表

詞目	相關義項	首證	備注
破	斗建（斗柄所指之辰）十二值日之一，當申時。	《淮南子》	建除值神，睡簡《秦除》作"柀"，放簡《建除》作"彼"，孔簡《建除》作"破"。
危	未有相關義項。	無	睡簡《秦除》、放簡《建除》、孔簡《建除》建除值神均作"危"。
成	未有相關義項。	無	睡簡《秦除》、放簡《建除》、孔簡《建除》建除值神均作"成"。
收	建除十二辰之一。	《淮南子》	睡簡《秦除》、放簡《建除》、孔簡《建除》建除值神均作"收"。
開	夏曆十一月月建的別稱。	《淮南子》	睡簡《秦除》、放簡《建除》、孔簡《建除》建除值神均作"開"。
閉	農曆十二月月建的別稱。	《淮南子》	睡簡《秦除》、放簡《建除》、孔簡《建除》建除值神均作"閉"。

《大詞典》中"建除、除、破、收、開、閉"6詞的書證，均取自《淮南子·天文訓》"太陰所建，蟄蟲首穴而處，鵲巢鄉而爲户。太陰在寅，朱鳥在卯，勾陳在子，玄武在戌，白虎在酉，蒼龍在辰。寅爲建，卯爲除，辰爲滿，巳爲平，主生；午爲定，未爲執，主陷；申爲破，主衡；酉爲危，主杓；戌爲成，主少德；亥爲收，主大德；子爲開，主太歲；丑爲閉，主太陰"一段文字，但詞義訓釋不同。"建"釋義情況與"開""閉"相似，書證未取《淮南子》。而"盈（滿）、平、定、執、危、成"6詞未列建除相關義項。

《大字典》建除十二神煞釋義情況，有所改善。

詞目	相關義項	首證
建	北斗星斗柄所指叫建。斗柄每月移指一個方位，周而復始。如十一月叫建子，十二月叫建丑；月大稱大建，月小稱小建。	《逸周書》
除	古時建除家定日的吉凶，把"除"當作十二辰中卯的代號。	《淮南子》

續表

詞目	相關義項	首證
盈（滿）	未有相關義項	無
	斗建十二值日之一	《淮南子》
平	未有相關義項	無
定	十二辰中"午"的別稱。	《淮南子》
執	未有相關義項	無
破	農曆斗建十二值日之一。	《淮南子》
危	未有相關義項	無
成	古代天文學指北斗星指向戌的位置。	《淮南子》
收	古代術數家以"建除十二辰"卜吉凶，"收"爲其中日名之一。	《淮南子》
開	古代建除家定日的吉凶，把"開"當作"子"的代號。	《淮南子》
閉	古代建除家定日的吉凶，把閉當作"丑"的代號。	《淮南子》

（二）叢辰詞語

九店、睡簡、孔簡有叢辰數術的完整篇章，睡簡自題篇名爲"稷辰"，孔簡亦有自題篇名，惜自己殘泐，或爲"辰"。九店、睡簡楚系叢辰有十二叢辰值神名，睡簡秦系叢辰、孔簡叢辰有八個值神名。叢辰數術後世不顯。

日書中的叢辰值神"采（秀）、危陽、敫（徼、交）、臱禹（害、介）、陰、徹（劈）、結"，《大詞典》《大字典》均未有相關義項。《大詞典》中義項與叢辰數術有關的詞目、義項如下：

詞目	相關義項	首證
叢辰	星相術士的迷信説法。以陰陽五行配合歲月日時，附會人事，造出許多吉凶辰名，叫叢辰。	無
天赦	叢辰名。爲赦過宥罪之辰。謂天之生育，甲與戊；地之成立，子、午、寅、申。故以甲、戊配成天赦：春，戊寅；夏，甲午，秋，戊申；冬，甲子。	無
奏書	叢辰名。爲歲之貴神，主奏記與伺察。一說爲水神，是歲君的諫臣。	《協紀辨方書》
小耗	叢辰名。古星命家謂爲歲中虛耗之神，所理之方，不宜運動出入，興販經營，犯之者有遺亡虛驚之事。	《協紀辨方書》

續表

詞目	相關義項	首證
喪門	叢辰名。星命家以爲一歲十二辰都隨着善神和凶煞，叫叢辰。喪門是凶煞之一。	《協紀辨方書》
歸忌	叢辰名。其日忌遠行歸家、移徙娶婦。	《後漢書》
河魁	叢辰名，月中的凶神。據星命術士的説法，陽建之月，前三辰爲天罡，後三辰爲河魁；陰建之月則相反，這一天諸事宜避。	《新唐書》
月建	叢辰名。星相術士稱陽建之神。正月建寅，順行十二辰，又稱陽建。術者因月建以定凶吉。	《兒女英雄傳》
登明	叢辰名。舊時星命家六壬術，有十二月將神名，正月日月會於亥，神名登明。	《論衡》
蠶命	叢辰名。舊時以爲掌蠶之命神。	《協紀辨方書》
蠶室	叢辰名。	《協紀辨方書》
蠶命	叢辰名。舊時以爲掌蠶之命神。	《協紀辨方書》
驛馬	叢辰名。與天後同位，傳説爲月中福神。	宋張元幹《滿庭芳》詞

另外，日書中出現的其他類詞，如十二地支、十二時、十二律、十二時、十天干、五色、五音、五味等，《大詞典》的收詞釋義體例也不盡一致。

排比專人、專書的書證，内部互校是排除表層硬傷，完善現代書證的有效手段[①]，就校對《大詞典》中古代詞目、義項、書證而言而言，排比類詞、内部互校也應是行之有效的方法。

---

① 張國艷：《〈漢語大詞典〉現代書證失誤及其影響》，《西華大學學報》2014 年第 6 期。

主要參考文獻

一　簡牘著錄文獻

中國科學院考古研究所、甘肅省博物館：《武威漢簡》，文物出版社 1964 年版。

銀雀山漢墓竹簡整理小組：《銀雀山漢墓竹簡》〔壹〕〔貳〕，文物出版社 1985 年版、2010 年版。

謝桂華、李均明、朱國炤：《居延漢簡釋文合校》，文物出版社 1987 年版。

甘肅省文物考古研究所、甘肅博物館、中國文物研究所、中國社會科學院歷史研究所：《居延新簡——甲渠候官》，中華書局 1994 年版。

張德芳主編，孫占宇、楊眉、李迎春等著：《居延新簡集釋》，甘肅文化出版社 2016 年版。

劉堅主編：《額濟納漢簡》，廣西教育出版社 2005 年版。

孫家洲主編：《額濟納漢簡釋文校本》，文物出版社 2007 年版。

甘肅省文物考古研究所：《敦煌漢簡》，中華書局 1991 年版。

汪濤、胡平生、吳芳思：《英國國家圖書館藏斯坦因所獲未刊漢文簡牘》，上海辭書出版社 2007 年版。

連雲港市博物館、東海縣博物館、中國社會科學院簡帛研究中心、中國文物研究所：《尹灣漢墓簡牘》，中華書局 1997 年版。

湖北省文物考古研究所、北京大學中文系：《九店楚簡》，中華書局 2000 年版。

陳偉等著：《楚地出土戰國簡册〔十四種〕·九店楚簡》，經濟科學出版社 2009 年版。

睡虎地秦墓竹簡整理小組：《睡虎地秦墓竹簡》，文物出版社 2001 年版。

陳偉主編：《秦簡牘合集〔壹〕》，武漢大學出版社 2014 年版。

陳偉主編：《秦簡牘合集釋文注釋修訂本（貳）》，武漢大學出版社 2016 年版。

陳松長：《香港中文大學文物館藏簡牘》，香港中文大學文物館 2001 年版。

湖北省荊州市周梁玉橋遺址博物館：《關沮秦漢墓簡牘》，中華書局 2001 年版。

湖北省江陵縣文物局、荊州地區博物館：《江陵嶽山秦漢墓》，《考古學報》2000 年第 4 期。

陳偉主編，劉國勝、彭錦華著：《秦簡牘合集〔叁〕》，武漢大學出版社 2014 年版。

陳偉主編，李天虹、劉國勝等著：《秦簡牘合集釋文注釋修訂本（叁）》，武漢大學出版社 2016 年版。

胡平生、張德芳：《敦煌懸泉漢簡釋粹》，上海古籍出版社 2001 年版。

胡平生：《阜陽雙古堆漢簡數術書簡論》，《出土文獻研究》第 4 輯，中華書局 1998 年版。

韓自強：《阜陽亳州出土文物文字編》，阜陽市大方印務有限責任公司 2004 年版。

中國簡牘集成編輯委員會編：《中國簡牘集成》（一編）（二編），敦煌文藝出版社 2001 年版，2005 年版。

湖北省文物考古研究所、隨州市考古隊：《隨州孔家坡漢墓竹簡》，文物出版社 2006 年版。

朱漢民、陳松長主編：《嶽麓書院藏秦簡》〔壹〕〔貳〕〔叁〕，上海辭書出版社 2010 年版、2012 年版、2013 年版。

甘肅省文物考古研究所：《天水放馬灘秦簡》，中華書局 2009 年版。

張德芳主編，孫占宇著：《天水放馬灘秦簡集釋》，甘肅文化出版社 2013 年版。

陳偉主編，孫占宇、晏昌貴著：《秦簡牘合集〔肆〕》，武漢大學出版社 2014 年版。

陳偉主編，孫占宇、晏昌貴等著：《秦簡牘合集釋文注釋修訂本（肆）》，武漢大學出版社 2016 年版。

甘肅省文物考古研究所、甘肅省簡牘保護中心、中國文物研究所：《肩水金關漢簡》〔壹〕〔貳〕〔叁〕，中西書局 2011 年版、2012 年版、2014 年版。

湖南省文物考古研究所：《里耶秦簡〔壹〕》，文物出版社 2012 年版。

陳偉主編，何有祖、魯家亮、凡國棟著：《里耶秦簡牘校釋（第一卷）》，武漢大學出版社 2012 年版。

張家山漢墓竹簡整理小組：《江陵張家山漢墓竹簡概述》，《文物》1985 年第 1 期。

朱由：《介紹近年江陵張家山出土的西漢簡書》，《文物》1986 年第 5 期。

荆州地區博物館：《江陵王家臺 15 號秦墓》，《文物》1995 年第 1 期。

王明欽：《王家臺秦墓竹簡概述》，《新出簡帛研究——新出簡帛國際學術研討會論文集》，文物出版社 2004 年版。

張銘洽、王育龍：《西安杜陵漢牘〈日書〉"農事篇"考辨》，《陝西歷史博物館館刊》第 9 輯，三秦出版社 2002 年。

郭偉民：《虎溪山一號漢墓葬制及出土竹簡的初步研究》，《新出簡帛研究》，文物出版社 2004 年版。

張春龍：《沅陵虎溪山漢簡選》，《出土文獻研究》第 9 輯，中華書局 2010 年版。

張存良、吳荭：《水泉子漢簡初識》，《文物》2009 年第 10 期。

劉樂賢：《讀水泉子漢簡〈日書〉》，《居延敦煌漢簡出土遺址實地考察論文集》，上海古籍出版社 2012 年版。

鄭忠華：《印臺墓地出土大批西漢簡牘》，《荆州重要考古發現》，文物出版社 2009 年版。

朱步沖：《北大漢簡——填補歷史空白的佚本》，《三聯生活周刊》2009 年第 43 期。

北京大學出土文獻研究所：《北京大學藏西漢竹書墨迹選粹》，人民美術出版社 2012 版。

北京大學出土文獻研究所：《北京大學藏秦代簡牘書迹選粹》，人民美術出版社 2014 年版。

湖北省文物考古研究所、隨州市曾都區考古隊：《湖北隨州市周家寨墓地 M8 發掘簡報》，《考古》2017 年第 8 期。

二　研究專著

白於藍：《戰國秦漢簡帛古書通假字彙編》，福建人民出版社 2012 年版。

陳斯鵬：《簡帛文獻與文學考論》，中山大學出版社 2007 年版。

池昌海：《〈史記〉同義詞研究》，上海古籍出版社 2002 年版。

鄧飛：《商代甲金文時間範疇研究》，人民出版社 2013 年版。

工藤元男：《睡虎地秦簡所見秦代國家與社會》，廣瀨薰雄、曹峰譯，上海古籍出版社 2010 年版。

漢語大詞典編纂處：《漢語大詞典編纂手冊》，漢語大詞典編纂處 1981 年版。

洪燕梅：《出土秦簡牘文化研究》，臺灣文津出版社 2013 年版。

黃文傑：《秦至漢初簡帛文字研究》，商務印書館 2008 年版。

吉仕梅：《秦漢簡帛語言研究》，巴蜀書社 2004 年版。

李爾鋼：《現代辭典學導論》，漢語大辭典出版社 2002 年版。

李零：《中國方術考（修訂本）》，東方出版社 2001 年版。

劉樂賢：《睡虎地秦簡日書研究》，臺灣文津出版社 1994 年版。

劉樂賢：《簡帛數術文獻探論》，湖北教育出版社 2003 年版。

劉信芳：《出土簡帛宗教神話文獻研究》，安徽大學出版社 2014 年版。

吕亞虎：《戰國秦漢簡帛文獻所見巫術研究》，科學出版社 2010

年版。

裘錫圭：《文字學概說》，商務印書館1988年版。

饒宗頤、曾憲通：《雲夢秦簡日書研究》，香港中文大學出版社1982年版。

王子今：《睡虎地秦簡〈日書〉甲種疏證》，湖北教育出版社2003年版。

魏德勝：《〈睡虎地秦墓竹簡〉語法研究》，首都師範大學出版社2000年版。

———：《〈睡虎地秦墓竹簡〉詞彙研究》，華夏出版社2003年版。

吴小强：《秦簡日書集釋》，嶽麓書社2000年版。

吴辛丑：《簡帛典籍異文研究》，中山大學出版社2002年版。

張國艷：《居延漢簡虛詞通釋》，中華書局2012年版。

趙岩：《簡帛文獻詞語歷史演變專題研究》，中國社會科學出版社2013年版。

周守晉：《出土戰國文獻語法研究》，北京大學出版社2005年版。

朱湘蓉：《秦簡詞彙初探》，中國社會科學出版社2012年版。

三　論文

白軍鵬：《秦漢簡牘所見日書相關問題考察》，《簡帛研究2013》，廣西師範大學出版社2014年版。

北京大學出土文獻研究所：《北京大學藏秦簡牘概述》，《文物》2012年第6期。

蔡哲茂：《讀〈睡虎地秦墓竹簡〉札記兩則》，《訓詁論叢》第2輯，臺灣文史哲出版社，1997年版。

曹方向：《讀〈天水放馬灘秦簡〉小札》，《江漢考古》2011年第2期。

陳家寧：《〈睡虎地秦墓竹簡〉日書甲種"詰"篇鬼名補正（一）》，《簡帛》第1輯，上海古籍出版社2006年版。

陳劍：《金文"象"字考釋》，《甲骨金文考釋論集》，綫裝書局2007年版。

陳侃理：《北大漢簡數術類〈六博〉、〈荊決〉等篇略述》，《文物》2011年第6期。

陳練軍：《"至"和"到"的歷時更替》，《南京理工大學學報》2009年第1期。

陳斯鵬：《孔家坡漢簡補釋》，《中國歷史文物》2007年第6期。

陳松長：《香港中文大學文物館藏簡牘的內容與價值》，《新出簡帛研究》，文物出版社2004年版。

陳偉：《九店楚日書校讀及其相關問題》，《人文論叢（1998年卷）》，武漢大學出版社1998年版。

———：《讀沙市周家臺秦簡札記》，《楚文化研究論集》第5輯，黃山書社2003年版。

———：《放馬灘秦簡日書〈占病祟除〉與投擲式選擇》，《文物》2011年第5期。

———：《秦避諱"正"字問題再考察》，《出土文獻研究》第14輯，中西書局2015年版。

陳偉武：《從楚簡和秦簡看上古漢語詞彙研究的若干問題》，《歷史語言學研究》第7輯，商務印書館2014年版。

陳魏俊：《武夷神示考》，《古文字研究》第30輯，中華書局2014年版。

陳炫瑋：《孔家坡漢簡〈日書〉札記二則》，簡帛網2007年1月6日。

———：《孔家坡漢簡〈日書〉"建築禁忌"簡選釋（一）》，簡帛網2007年4月3日。

———：《孔家坡漢簡〈日書·雞〉篇補釋》，簡帛網2007年8月14日。

———：《孔家坡漢簡〈日書〉札記七則》，簡帛網2007年8月25日。

[日]成家徹郎：《睡虎地秦簡〈日書·玄戈〉》，《文博》1991年第3期。

程少軒：《放馬灘簡"剛柔之日"小考》，復旦大學出土文獻與古

· 825 ·

文字研究中心網 2010 年 2 月 5 日。

———：《談談放馬灘簡的一組時稱》，《簡帛研究 2012》，廣西師範大學出版社 2013 年版。

———：《肩水金關漢簡"元始六年（居攝元年）曆日"復原》，《出土文獻》第 5 輯，中西書局 2014 年版。

———：《〈肩水金關漢簡（叁）〉數術類簡牘初探》，《簡帛研究 2015 秋冬卷》，廣西師範大學出版社 2015 年版。

[日] 大西克也：《論"毋""無"》，《古漢語研究》1989 年第 4 期。

———：《從方言的角度看時間副詞"將""且"在戰國秦漢出土文獻中的分佈》，《紀念王力先生百年誕辰學術論文集》，商務印書館 2002 年版。

———：《從里耶秦簡和秦封泥探討"泰"字的造字意義》，《簡帛》第 8 輯，上海古籍出版社 2013 年版。

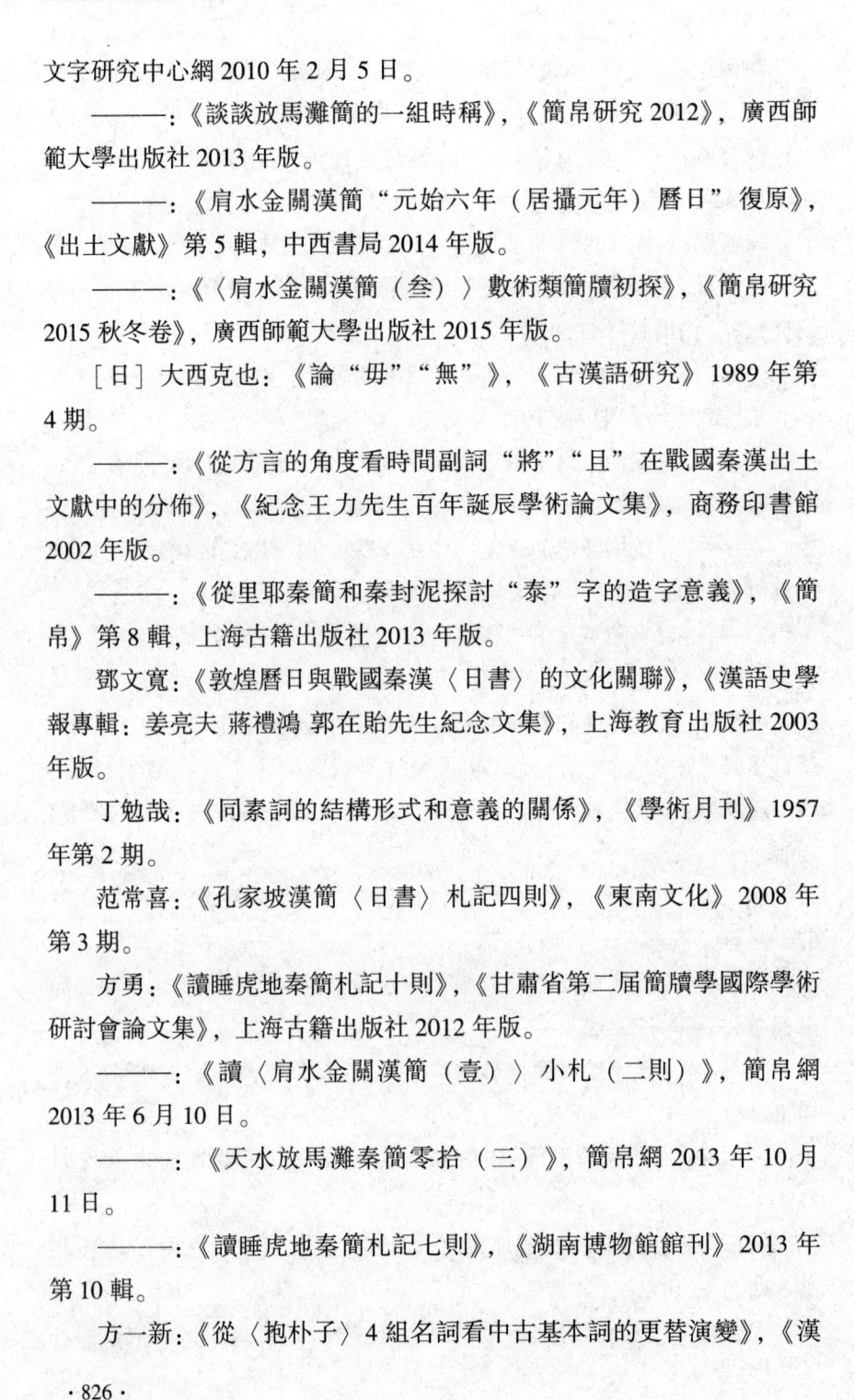

鄧文寬：《敦煌曆日與戰國秦漢〈日書〉的文化關聯》，《漢語史學報專輯：姜亮夫 蔣禮鴻 郭在貽先生紀念文集》，上海教育出版社 2003 年版。

丁勉哉：《同素詞的結構形式和意義的關係》，《學術月刊》1957 年第 2 期。

范常喜：《孔家坡漢簡〈日書〉札記四則》，《東南文化》2008 年第 3 期。

方勇：《讀睡虎地秦簡札記十則》，《甘肅省第二屆簡牘學國際學術研討會論文集》，上海古籍出版社 2012 年版。

———：《讀〈肩水金關漢簡（壹）〉小札（二則）》，簡帛網 2013 年 6 月 10 日。

———：《天水放馬灘秦簡零拾（三）》，簡帛網 2013 年 10 月 11 日。

———：《讀睡虎地秦簡札記七則》，《湖南博物館館刊》2013 年第 10 輯。

方一新：《從〈抱朴子〉4 組名詞看中古基本詞的更替演變》，《漢語史學報》第 10 輯，上海古籍出版社 2010 年版。

馮勝君：《有關出土文獻的"閱讀習慣"問題》，《吉林大學學報》2015 年第 1 期。

馮勝利：《從韻律看漢語"詞""語"分流之大界》，《中國語文》2001 年第 1 期。

鳳儀誠：《戰國兩漢"于"、"於"二字的用法與古書的傳寫習慣》，《簡帛》第 2 輯，上海古籍出版社 2007 年版。

復旦大學出土文獻與古文字研究中心研究生讀書會：《天水放馬灘秦簡〈日書·盜篇〉研讀》，復旦大學出土文獻與古文字研究中心網 2009 年 10 月 24 日。

高一致：《讀〈肩水金關漢簡（叁）〉筆記（二）》，簡帛網 2014 年 8 月 23 日。

［日］工藤元男：《從九店楚簡〈告武夷〉篇看《日書》之成立》，《簡帛》第 3 輯，上海古籍出版社 2008 年版。

［日］海老根量介：《放馬灘秦簡鈔寫年代蠡測》，《簡帛》第 7 輯，上海古籍出版社 2012 年版。

郝振楠：《〈日書〉所見秦人鬼神觀念述論》，《中國古代社會與思想文化研究論集》第 3 輯，黑龍江人民出版社 2008 年版。

何雙全：《天水放馬灘秦簡綜述》，《文物》1989 年第 2 期。

———：《漢簡〈日書〉叢釋》，《簡牘學研究》第 2 輯，甘肅人民出版社 1998 年版。

何有祖：《香港中文大學文物館藏簡牘獻疑四題》，簡帛網 2005 年 11 月 21 日。

———：《孔家坡日書簡所見"雞血社"淺論》，簡帛網 2007 年 7 月 4 日。

———：《九店楚簡〈日書〉校讀三則》，《江漢考古》2012 年第 3 期。

———：《孔家坡漢簡叢考》，《中國國家博物館館刊》2012 年第 12 期。

賀潤坤：《雲夢秦簡〈日書〉所反映秦人的衣食狀況》，《江漢考古》1996年第4期。

胡琳、張顯成：《"豕、彘、豬"的歷史演替：基於出土簡帛新材料》，《探索》2015年第2期。

胡文輝：《釋"歲"》，《文化與傳播》第4輯，海天出版社1996年版。

——：《馬王堆〈太一出行圖〉與秦簡〈日書·出邦門〉》，《江漢考古》1997年第3期。

黃金貴、姚柏舟：《"病"之本義考》，《杭州師範大學學報》2009年第5期。

黃金貴、唐莉莉：《辭書誤解古代訓詁語三例》，《古漢語研究》2011年第2期。

黃儒宣：《式圖與式盤》，《考古》2015年第1期。

黃文傑：《睡虎地秦簡異構字探析》，《學術研究》2010年第6期。

吉仕梅：《〈睡虎地秦墓竹簡〉語料的利用與漢語詞彙語法之研究》，《樂山師專學報》1997年第1期。

季勳：《雲夢睡虎地秦簡概述》，《文物》1976年第5期。

姜守誠：《放馬灘秦簡〈日書〉"行不得擇日"篇考釋》，《魯東大學學報》2012年第4期。

——：《漢代"血忌"觀念對道教擇日術之影响》，《宗教學研究》2014年第1期。

李家浩：《睡虎地秦簡〈日書〉"楚除"的性質及其它》，《歷史語言研究所集刊》1999年第70本第4分。

李均明：《簡牘符號考述》，《華學》第2輯，中山大學出版社1996年版。

李零：《讀九店楚簡》，《考古學報》1999年第2期。

——：《秦簡的定名與分類》，《簡帛》第6輯，上海古籍出版社2011年版。

——：《中國最早的"升官圖"》，《文物》2011年第5期。

李明曉：《〈睡虎地秦墓竹簡〉詞語札記》，《簡帛語言文字研究》第1輯，巴蜀書社2002年版。

———：《"餓鬼"考源》,《辭書研究》2003年第6期。

李守奎：《讀〈説文〉札記一則》,《古籍整理研究學刊》1997年第3期。

李天虹：《孔家坡漢簡〈日書〉"星"篇初探》,簡帛網2005年11月14日。

李天虹、蔡丹：《讀孔家坡漢簡〈日書〉雜記》,《簡帛》第11輯,上海古籍出版社2015年版。

李曉東、黃曉芬：《從〈日書〉看秦人鬼神觀及秦文化特徵》,《歷史研究》1987年第4期。

李學勤：《睡虎地秦簡〈日書〉與楚、秦社會》,《江漢考古》1985年第4期。

———：《睡虎地秦簡中的〈艮山圖〉》,《文物天地》1991年第4期。

———：《睡虎地秦簡〈日書〉盜者章研究》,《慶祝饒宗頤教授七十五歲論文集》,香港中文大學出版社1993年版。

李玉：《出土簡牘帛書"通假字"中同源通用考釋》,《廣西師範大學學報》2015年第4期。

連劭名：《睡虎地秦簡〈日書〉及〈詰〉篇補證》,《江漢考古》2001年第1期。

———：《雲夢秦簡〈詰〉篇考述》,《考古學報》2002年第1期。

梁超：《孔家坡漢簡〈日書〉中所見幾個鬼神名試釋》,《北京教育學院學報》2014年第3期。

———：《〈睡虎地秦墓竹簡〉中所見方言詞彙拾補》,《河北北方學院學報》2014年第5期。

梁冬青：《出土文獻"是是"句新解》,《中國語文》2002年第2期。

劉道超：《秦簡〈日書〉五行觀念研究》,《周易研究》2007年第4期。

林劍鳴：《秦簡〈日書〉校補》,《簡牘學報》第13期,臺灣蘭臺出版社1990年版。

———:《秦漢政治生活中的神秘主義》,《歷史研究》1991 年第 4 期。

劉國勝:《楚簡文字雜識》,《奮發荊楚探索文明——湖北省文物考古研究論文集》, 湖北科學技術出版社 2000 年版。

———:《港中大館藏漢簡〈日書〉補釋》,《簡帛》第 1 輯, 武漢大學出版社 2006 年版。

———:《秦簡〈日書〉零拾》,《簡帛》第 6 輯, 上海古籍出版社 2011 年版。

———:《孔家坡漢簡日書"五勝"篇芻議》,《簡帛》第 9 輯, 上海古籍出版社 2014 年版。

劉國勝、凡國棟、楊芬:《孔家坡漢簡日書釋文補正》,《簡帛》第 12 輯, 上海古籍出版社 2016 年版。

劉樂賢:《睡地虎秦簡日書〈詰咎篇〉研究》,《考古學報》1993 年第 4 期。

———:《九店楚簡日書研究》,《華學》第 2 輯, 中山大學出版社 1996 年版。

———:《睡虎地秦簡〈日書〉中的"往亡"與"歸忌"》,《簡帛研究》第 2 輯, 法律出版社 1996 年版。

———:《九店楚簡日書補釋》,《簡帛研究》第 3 輯, 廣西教育出版社 1998 年版。

———:《睡虎地秦簡〈日書〉釋讀札記》,《華學》第 6 輯, 紫禁城出版社 2003 年版。

———:《虎溪山漢簡〈閻氏五勝〉及相關問題》,《文物》2003 年第 7 期。

———:《從周家臺秦簡看古代的"孤虛"術》,《出土文獻研究》第 7 輯, 上海古籍出版社 2005 年版。

———:《楚秦選擇術的異同及影響》,《歷史研究》2006 年第 6 期。

———:《孔家坡漢簡〈日書〉"歲"篇初探》,《簡帛》第 2 輯, 上海古籍出版社 2007 年版。

——：《懸泉漢簡中的建除占"失"殘文》，《文物》2008年第12期。

——：《印臺漢簡〈日書〉初探》，《文物》2009年第10期。

——：《釋孔家坡漢簡〈日書〉中的幾個古史傳說人物》，《中國史研究》2010年第2期。

——：《讀水泉子漢簡〈日書〉》，《居延敦煌漢簡出土遺址實地考察論文集》，上海古籍出版社2012年版。

——：《釋睡虎地秦簡〈日書〉的"渡巷"》，《漢語言文字研究》第1輯，上海古籍出版社2015年版。

——：《漢簡中的占夢文獻》，《文物》2017年第9期。

劉信芳：《九店楚簡日書與秦簡日書比較研究》，《第三屆國際中國古文字學研討會論文集》，香港問學社1997年版。

——：《秦簡〈日書〉與〈楚辭〉類徵》，《江漢考古》1990年第1期。

——：《〈天水放馬灘秦簡綜述〉質疑》，《文物》1990年第9期。

——：《秦簡中的楚國〈日書〉試析》，《文博》1992年第4期。

——：《〈日書〉驅鬼術發微》，《文博》1996年第4期。

劉玉環：《放馬灘秦簡乙種〈日書〉補遺》，《簡帛研究2014》，廣西師範大學出版社2014年版。

——：《孔家坡漢簡〈日書〉釋文補説》，《昆明學院學報》2014年第5期。

——：《秦簡釋文拾遺》，《古籍研究》2015年第2期。

劉增貴：《秦簡〈日書〉中的出行禮俗與信仰》，《歷史語言研究所集刊》2001年第72本第3分。

——：《睡虎地秦簡〈日書〉"土忌"篇數術考釋》，《歷史語言研究所集刊》2007年第78本第4分。

——：《放馬灘秦簡〈日書·直室門〉及門户宜忌簡試釋》，《簡帛》第6輯，上海古籍出版社2011年版。

劉釗：《秦簡中的鬼怪》，《中國典籍與文化》1997年第3期。

———：《談古文字資料在古漢語研究中的重要性》,《古漢語研究》2005 年第 3 期。

———：《關於秦印姓名的初步考察》,復旦大學出土文獻與古文字研究中心網 2010 年 9 月 6 日。

———：《説"魅"》,復旦大學出土文獻與古文字研究中心網 2013 年 8 月 15 日。

劉昭瑞：《論"禹步"的起源及禹與巫、道的關係》,《梁釗韜與人類學》,中山大學出版社 1991 年版。

龍仕平：《以量詞爲域論簡帛文獻的辭書學價值》,《古漢語研究》2009 年第 4 期。

———：《睡虎地秦簡校詁》,《語言研究》2012 年第 1 期。

陸平：《試釋孔家坡漢簡〈日書〉之"繪"、"禹"、"女過"》,簡帛網 2007 年 8 月 25 日。

———：《港中大館藏漢簡〈日書〉校釋》,《簡帛》第 4 輯,上海古籍出版社 2009 年版。

吕亞虎：《讀〈天水放馬灘秦簡〉札記二則》,簡帛網 2009 年 10 月 27 日。

———：《〈天水放馬灘秦簡〉校讀札記》,《西安財經學院學報》2010 年第 3 期。

蒲慕州：《睡虎地秦簡〈日書〉的世界》,《歷史語言研究所集刊》1993 年第 62 本第 4 分。

蒲向明：《從睡簡〈日書·馬禖篇〉看非子始封秦亭》《中南大學學報》2013 年第 6 期。

裘錫圭：《釋"𢍰"》,《古文字學論集初編》,香港中文大學 1983 年版。

[韓] 琴載元：《戰國秦漢基層官吏的〈日書〉利用及其認識》,《史學集刊》2013 年第 6 期。

饒宗頤：《雲夢秦簡日書賸義》,《楚地出土文獻三種研究》,中華書局 1993 年版。

[日] 森和：《中國古代的占卜與地域性》,《湖南大學學報》2013

年第 6 期。

單育辰：《佔畢隨錄之十二》，簡帛網 2010 年 3 月 15 日。

尚民傑：《雲夢〈日書〉十二時名稱考辨》，《華夏考古》1997 年第 3 期。

———：《睡虎地秦簡〈日書〉中的"土神"與"土忌"》，《陝西歷史博物館館刊》第 7 輯，三秦出版社 2000 年版。

沈祖春：《先秦簡牘〈日書〉詞語札記》，《重慶文理學院學報》2006 年第 6 期。

———：《秦簡〈日書〉"夫妻同衣"新解》，《重慶工學院學報》2006 年第 6 期。

施謝捷：《簡帛文字考釋札記》，《簡帛研究》第 3 輯，廣西教育出版社 1998 年版。

石峰：《〈秦簡〉動詞研究與大型工具書》，《雲南電大學報》2000 年第 2 期。

石小力：《楚簡字詞考釋三則》，《江漢考古》2015 年第 3 期。

宋華強：《放馬灘秦簡〈日書〉識小錄》，《簡帛》第 6 輯，上海古籍出版社 2011 年版。

宋豔萍：《秦漢簡牘〈日書〉所見占盜方法研究》，《簡帛研究 2006》，廣西師範大學出版社 2008 年版。

———：《〈居延新簡〉日書殘簡研究二則》，簡帛網 2009 年 12 月 31 日。

蘇建洲：《楚簡文字考釋三則》，簡帛網 2002 年 12 月 21 日。

———：《試論〈放馬灘秦簡〉的"莫食"時稱》，復旦大學出土文獻與古文字研究中心網 2010 年 5 月 11 日。

孫占宇：《簡帛日書所見早期數術考述》，《湖南大學學報》2011 年第 2 期。

———：《放馬灘秦簡甲種日書校注》，《出土文獻研究》第 10 輯，中華書局 2011 年版。

———：《居延新簡數術殘簡再探》，《簡牘學研究》第 5 輯，甘肅人民出版社 2014 年版。

唐鈺明：《上古口語詞溯源》，《廣東民族學院學報》1990年第2期。

田啟濤：《〈睡虎地秦墓竹簡〉中兩組同義詞研究》，《重慶三峽學院學報》2010年第6期。

田天：《北大藏秦簡〈祠祝之道〉初探》，《北京大學學報》2015年第2期。

汪維輝：《〈説苑〉與西漢口語》，《漢語史研究集刊》第10輯，巴蜀書社2007年版。

王桂鈞：《〈日書〉所見早期秦俗發微》，《文博》1988年第4期。

王貴元：《讀孔家坡漢簡札記》，《語言論集》第6輯，中國社會科學出版社2009年版。

———：《周家臺秦墓簡牘釋讀補正》，《考古》2009年第2期。

王輝：《〈天水放馬灘秦簡〉校讀記》，《簡帛》第6輯，上海古籍出版社2011年版。

王強：《孔家坡漢簡校讀拾遺》，《簡帛》第11輯，上海古籍出版社2015年版。

王濤：《談書證》，《辭書研究》1981年第1期。

王彤偉：《"豕、彘、猪"的歷時演變》，《四川大學學報》2010年第1期。

———：《常用詞"犬、狗"的遞擅演變》，《語文研究》2013年第2期。

王穎：《戰國秦漢出土簡牘帛書對辭書編纂的重要意義》，《海外華人教育》2009年第2期。

王子今：《睡虎地秦簡〈日書〉所見行歸宜忌》，《江漢考古》1994年第2期。

———：《睡虎地秦簡〈日書〉甲種〈病〉篇釋讀》，《秦文化論叢》第10輯，三秦出版社2003年版。

———：《秦漢民間意識中的"小兒鬼"》，《秦漢研究》第6輯，陝西人民出版社2012年版。

———：《論漢昭帝平陵從葬艫的發現》，《南都學壇》2015年第

1 期。

魏超：《從睡虎地秦簡〈日書〉看秦人的鬼神觀念》，《華夏文化》2015 年第 1 期。

魏德勝：《以秦墓竹簡印證〈說文〉說解》，《中國語文》2001 年第 4 期。

吳寶安：《西漢"頭"的語義場研究》，《語言研究》2006 年第 4 期。

———：《小議"眼、目"上古即同義》，《現代語文》2010 年第 9 期。

吳小強：《〈日書〉與秦社會風俗》，《文博》1990 年第 2 期。

———：《論秦人的多神崇拜特點》，《文博》1992 年第 4 期。

———：《略論秦代社會的神秘文化》，《廣州師院學報》1997 年第 4 期。

———：《試析睡虎地秦簡〈日書〉占卜用語習慣與規律》，《古籍整理研究學刊》2010 年第 4 期。

伍宗文：《先秦漢語中字序對換的雙音詞》，《漢語史研究集刊》第 3 輯，巴蜀書社 2000 年版。

夏業梅：《常用詞"犬"與"狗"的演變研究》，《現代語文》2012 年第 9 期。

徐富昌：《睡虎地秦簡〈日書〉中的鬼神信仰》，《張以仁先生七秩壽慶論文集》，臺灣學生書局 1999 年版。

徐在國：《楚簡文字拾零》，《江漢考古》1997 年第 2 期。

晏昌貴：《〈日書〉札記十則》，《楚地出土簡帛文獻思想研究（一）》，湖北教育出版社 2002 年版。

———：《虎溪山漢簡〈閻氏五勝〉校釋》，《長江學術》第 5 輯，長江文藝出版社 2003 年版。

———：《孔家坡漢簡〈日書〉中的五行配物問題》，簡帛網 2006 年 10 月 15 日。

———：《孔家坡漢簡〈日書·歲〉篇五行配音及相關問題》，《簡帛》第 2 輯，上海古籍出版社 2007 年版。

———：《孔家坡漢簡〈日書〉天牢篇箋證》，《簡帛》第4輯，上海古籍出版社2009年版。

———：《天水放馬灘秦簡乙種〈日書〉分篇釋文（稿）》，《簡帛》第5輯，上海古籍出版社2010年版。

———：《放馬灘、睡虎地、孔家坡三種〈日書〉之比較》，《甘肅省第二屆簡牘學國際學術研討會論文集》，上海古籍出版社2012年版。

晏昌貴、梅莉：《楚秦〈日書〉所見的居住習俗》，《民俗研究》2002年第2期。

晏昌貴、鍾煒：《九店楚簡〈日書·相宅篇〉研究》，《武漢大學學報》2002年第4期。

楊華：《出土日書與楚地的疾病占卜》，《武漢大學學報》2003年第5期。

———：《楚簡札記三則》，《楚簡楚文化與先秦歷史文化國際學術研討會論文集》，湖北教育出版社2013年版。

伊強：《〈肩水金關漢簡（貳）〉綴合一則》，簡帛網2014年6月16日。

[韓] 尹在碩：《睡虎地秦簡〈日書〉所見"室"的結構與戰國末期秦的家族類型》，《中國史研究》1995年第3期。

———：《秦漢〈日書〉所見"序"和住宅及家庭結構再探》，《簡帛》第8輯，上海古籍出版社2013年版。

臧知非：《從里耶秦簡看"書同文字"的歷史內涵》，《史學集刊》2014年第2期。

曾磊：《居延漢簡"車祭"簡所見出行占色》，《中國史研究》2013年第2期。

張富海：《讀楚簡札記五則》，《古文字研究》第25輯，中華書局2004年版。

張國艷：《〈漢語大詞典〉現代書證失誤及其影響》，《西華大學學報》2014年第6期。

張金光：《論秦漢的學吏教材——睡虎地秦簡爲訓吏教材說》，《文史哲》2003年第6期。

張美蘭：《漢語常用詞歷時演變的新視角——以版本異文為視角》，《合肥師範學院學報》2013 年第 2 期。

張世超：《居、処考辨》，《中國文字研究》第 13 輯，大象出版社 2010 年版。

張顯成：《"産"有"生、活、鮮"義》，《文史知識》1995 年第 2 期。

———：《簡帛文獻對辭書編纂的價值》，《辭書研究》1998 年第 1 期。

張永言、汪維輝：《關於漢語詞彙史研究的一點思考》，《中國語文》1995 年第 6 期。

趙平安：《河南淅川和尚岭所出鎮墓獸銘文和秦漢簡中的"宛奇"》，《中國文物研究》2007 年第 2 期。

———：《釋睡虎地秦簡中一種古文寫法的"乳"字》，《漢語言文字研究》第 1 輯，上海古籍出版社 2015 年版。

趙岩：《利用秦漢簡帛文獻訂補常用詞演變研究二則》，《簡帛語言文字研究》第 5 輯，巴蜀書社 2010 年版。

———：《論簡帛文獻在常用詞演變研究中的語料價值》，《勵耘學刊（語言卷）》2010 年第 2 期。

鄭剛：《論睡虎地秦簡日書的結構特徵》，《中山大學學報》1993 年第 4 期。

鍾守華：《楚、秦簡〈日書〉中的二十八宿問題探討》，《中國科技史雜誌》2009 年第 4 期。

周波：《秦漢簡〈日書〉校讀札記》，《出土文獻與傳世典籍的詮釋——紀念譚樸森先生逝世兩周年國際學術研討會論文集》，上海古籍出版社 2010 年版。

周鳳五：《九店楚簡〈告武夷〉重探》，《歷史語言研究所集刊》2001 年第 72 本第 4 分。

周敏華：《〈睡〉簡、〈放〉簡及〈孔〉簡之〈日書〉盜篇比較》，《文與哲》2007 年第 10 期。

周群：《也說孔家坡日書簡所見的"雞血社"》，簡帛網 2007 年 7

月 8 日。

朱德熙、裘錫圭：《七十年代出土的秦漢簡册和帛書》，《語文研究》1982 年第 1 輯。

朱湘蓉：《〈睡虎地秦墓竹簡〉詞語札記十則》，《古籍整理研究學刊》2006 年第 5 期。

———：《睡虎地秦墓竹簡通假辨析九則》，《語言科學》2008 年第 2 期。

莊小霞：《新刊水泉子漢墓日書簡校讀札記》，簡帛網 2009 年 11 月 30 日。

四　學位論文

陳炫瑋：《孔家坡漢簡日書研究》，臺灣清華大學碩士學位論文，2007 年。

程少軒：《放馬灘簡式占古佚書研究》，復旦大學博士學位論文，2011 年。

李義平：《孔家坡漢簡〈日書〉初探》，中山大學碩士學位論文，2009 年。

劉青：《放馬灘秦簡〈日書〉乙種集釋》，武漢大學碩士學位論文，2010 年。

陸平：《散見漢日書零簡輯證》，南京師範大學碩士學位論文，2009 年。

孟曉妍：《若干組先秦同義詞的研究》，蘇州大學博士學位論文，2008 年。

單育辰：《楚地戰國簡帛與傳世文獻對讀之研究》，吉林大學博士學位論文，2010 年。

孫占宇：《放馬灘秦簡日書整理與研究》，西北師範大學大學博士學位論文，2008 年。

田雪梅：《睡虎地秦簡〈日書〉、孔家坡漢家〈日書〉比較研究》，西南大學碩士學位論文，2015 年。

王光華：《簡帛禁忌研究》，四川大學博士學位論文，2007 年。

王强：《孔家坡漢墓竹簡校釋》，吉林大學碩士學位論文，2014年。
于飛：《兩漢常用詞研究》，吉林大學博士學位論文，2008年。
張春梅：《〈日書〉與中國古代建築風水》，浙江大學碩士學位論文，2005年。
鄭剛：《〈睡虎地秦簡日書疏證〉導論》，中山大學碩士學位論文，1989年。

五　工具書

漢語大字典編輯委員會：《漢語大字典（第二版）》，四川辭書出版社、崇文書局2011年版。

漢語大詞典編輯委員會、漢語大詞典編纂處：《漢語大詞典（縮印本）》，上海辭書出版社2005年版。

附　　錄

一　睡簡日書篇章秦、楚系歸屬

	學界所主張的地域歸屬①		我們的觀點	
	秦②	楚	歸屬	依據
《除》 睡甲2正貳—13正貳	①魏超③	①李學勤 ②劉信芳 ③劉樂賢 ④工藤元男 ⑤李家浩 ⑥李零 ⑦孫占宇④	楚	篇章特徵：有九店日書對照。語言特點：祭祀動詞用"祭"，副詞"數"表迅疾義。

---

　　① 有的研究者未談及某篇章的地域歸屬，僅提及某篇章中有與秦或楚相合的現象。如王子今先生分析《生子》篇"'去其邦，北'"時講"是說離鄉向北方遠行。這與雲夢所處地理方位有關。當時楚地之人'去其邦'，當然以爲北方中原地方最富有文化吸引力"，未提及《生子》篇的地域歸屬。見《睡虎地秦簡〈日書〉甲種疏證》，湖北教育出版社2003年版，第279頁。再如李玉先生提及《詰》篇"夢"字作"瞢"，"寶"通"賓"（或認爲通"奔"）具有古楚地方言的特徵。未談及《詰》篇的地域歸屬。見《出土簡牘帛書"通假字"中同源通用考釋》，《廣西師範大學學報》2015年第4期。我們也將這類判斷篇章中個別簡文地域歸屬的觀點列入，爲以後全面深入研究篇章地域歸屬提供研究視角和研究資料。

　　② 早期日書研究，多將睡簡日書作爲反應秦社會狀況的語料。放簡日出土後，睡簡日書語料的甄別被重視，不過甲乙種日書四種建除和兩種叢辰的秦楚區別在放簡出土之前已被多家提及。此處所列爲放簡出土後，仍將楚系建除當作討論秦社會狀況的觀點。

　　③ 魏超：《從睡虎地秦簡〈日書〉看秦人的鬼神觀念》，《華夏文化》2015年第1期。

　　④ 李學勤：《睡虎地秦簡〈日書〉與楚、秦社會》，《江漢考古》1985年第5期；劉信芳：《秦簡中的楚國〈日書〉試析》，《文博》1992年第4期；劉樂賢：《睡虎地秦簡日書研究》，臺灣文津出版社1994年版，第30頁；[日]工藤元男：《睡虎地秦簡所見秦代國家與社會》，廣瀨薰雄、曹峰譯，上海古籍出版社2010年版，第315頁；李家浩：《睡虎地秦簡〈日書〉"楚除"的性質及其他》，載臺灣史語所集刊編輯出版部編《歷史語言研究所集刊》，1999年第70本第4分，第883—904頁；李零：《讀九店楚簡》，《考古學報》1999年第2期；孫占宇：《戰國秦漢時期建除術討論》，《西安財經學院學報》2010年第5期。

續表

	學界所主張的地域歸屬		我們的觀點	
	秦	楚	歸屬	依據
《秦除》 睡甲14正貳—25正貳	①李學勤 ②劉樂賢③工藤元男 ④李零 ⑤胡文輝 ⑥孫占宇①		秦	篇章特徵：自題篇名爲"秦除"。語言特點：祭祀動詞用"祠""祠祀"。
《除》 睡乙1-25		①李學勤 ②劉樂賢 ③李零 ④孫占宇②	楚	篇章特徵：與睡簡日甲《除》篇相近。語言特點：祭祀動詞用"祭"。
《徐（除）》 睡乙26壹-46壹	①李學勤 ②劉樂賢 ③李零 ④胡文輝③		秦	篇章特徵：與睡簡日乙楚系建除《除》篇並存，建除值神名稱又見於放簡。
《稷辰》 睡甲32正—46正	①劉樂賢 ②李零 ③胡文輝④	①工藤元男⑤	秦	篇章特徵：與睡簡日乙《秦》篇對照。語言特點：祭祀動詞用"祠"。

---

① 李學勤：《睡虎地秦簡〈日書〉與楚、秦社會》，《江漢考古》1985年第5期；劉樂賢：《睡虎地秦簡日書研究》，臺灣文津出版社1994年版，第30頁；[日]工藤元男：《睡虎地秦簡所見秦代國家與社會》，廣瀨薰雄、曹峰譯，上海古籍出版社2010年版，第315頁；李零：《讀九店楚簡》，《考古學報》1999年第2期；胡文輝：《睡虎地秦簡中的楚〈日書〉》，載饒宗頤主編《華學》第4輯，紫禁城出版社2000年版，第108—117頁。孫占宇：《戰國秦漢時期建除術討論》，《西安財經學院學報》2010年第5期。

② 李學勤：《睡虎地秦簡〈日書〉與楚、秦社會》，《江漢考古》1985年第5期；劉樂賢：《睡虎地秦簡日書研究》，臺灣文津出版社1994年版，第318頁；李零：《讀九店楚簡》，《考古學報》1999年第2期；孫占宇：《戰國秦漢時期建除術討論》，《西安財經學院學報》2010年第5期。

③ 李學勤：《睡虎地秦簡〈日書〉與楚、秦社會》，《江漢考古》1985年第5期；劉樂賢：《睡虎地秦簡日書研究》，臺灣文津出版社1994年版，第323頁；李零：《讀九店楚簡》，《考古學報》1999年第2期；胡文輝：《睡虎地秦簡中的楚〈日書〉》，載饒宗頤主編《華學》第4輯，紫禁城出版社2000年版，第108—117頁。

④ 劉樂賢：《九店楚簡日書研究》，載饒宗頤主編《華學》第2輯，中山大學出版社1996年版，第68頁；李零：《讀九店楚簡》，《考古學報》1999年第2期；胡文輝：《睡虎地秦簡中的楚〈日書〉》，載饒宗頤主編《華學》第4輯，紫禁城出版社2000年版，第108—117頁。

⑤ [日]工藤元男：《睡虎地秦簡所見秦代國家與社會》，廣瀨薰雄、曹峰譯，上海古籍出版社2010年版，第310頁。

續表

	學界所主張的地域歸屬		我們的觀點	
	秦	楚	歸屬	依據
《秦》睡乙53壹、54—63	①劉樂賢 ②工藤元男 ③李零 ④胡文輝①		秦	篇章特徵：自題篇名爲"秦"。語言特點：祭祀動詞用"祠"。
《衣》睡甲26正貳		①黃留珠②陳偉③工藤元男④李家浩⑤森和②	楚	篇章特徵：有九店日書對照。語言特點：簡文使用"楚九月"。
《弦望》睡甲27正貳	①魏超③			
《盜者》睡甲69背—82背	①賀潤坤④	①于豪亮 ②李學勤 ③趙伯韜 ④劉樂賢 ⑤范常喜 ⑥宋艷萍 ⑦劉信芳⑤	楚	語言特點：使用楚系日書常用語"旦閉夕啓"等，介詞"於"使用頻率高，盜者有名"秦"者。

---

① 劉樂賢：《九店楚簡日書研究》，臺灣文津出版社1994年版，第325頁；[日]工藤元男：《睡虎地秦簡所見秦代國家與社會》，廣瀨薰雄、曹峰譯，上海古籍出版社2010年版，第310頁；李零：《讀九店楚簡》，《考古學報》1999年第2期；胡文輝：《睡虎地秦簡中的楚〈日書〉》，載饒宗頤主編《華學》第4輯，紫禁城出版社2000年版，第108—117頁。

② 黃留珠：《秦文化的南播》，載中國秦漢史研究會編《秦漢史論叢》第6輯，江西教育出版社1994年版，第260頁；陳偉：《九店楚日書校讀及其相關問題》，載馮天瑜主編《人文論叢（1998年卷）》，武漢大學出版社1998年版，第162頁；[日]工藤元男：《睡虎地秦簡所見秦代國家與社會》，廣瀨薰雄、曹峰譯，上海古籍出版社2010年版，第165頁；湖北省文物考古研究所、北大中文系編：《九店楚簡》，中華書局2000年版，第135頁；[日]森和：《中國古代的占卜與地域性》，《湖南大學學報》2013年第6期。

③ 魏超：《從睡虎地秦簡〈日書〉看秦人的鬼神觀念》，《華夏文化》2015年第1期。

④ 賀潤坤：《雲夢秦簡所反映的秦國漁獵活動》，《文博》1989年第3期。

⑤ 于豪亮：《秦簡〈日書〉記時記月諸問題》，載中華書局編輯部編《雲夢秦簡研究》，中華書局1981年版，第351—357頁；李學勤：《干支紀年和十二生肖起源新證》，《文物天地》1984年第3期；趙伯陶：《十二生肖面面觀》，齊魯書社2000年版，第7頁；劉樂賢：《楚秦選擇術的異同及影響》，《歷史研究》2006年第6期；范常喜：《孔家坡漢簡〈日書〉札記四則》，《東南文化》2008年第3期；宋艷萍：《秦漢簡牘〈日書〉所見占盜方法研究》，載卜憲群、楊振紅主編《簡帛研究2006》，廣西師範大學出版社2008年版，第107頁；劉信芳：《生肖的起源及文化屬性》，《光明日報》2013年7月11日第10版。

續表

	學界所主張的地域歸屬		我們的觀點	
	秦	楚	歸屬	依據
《玄戈》 睡甲47正壹—58正壹	①饒宗頤 ③黃文傑①	①工藤元男②(楚秦)	秦	篇章特徵：以"十月"爲起點。
《徙》 睡甲59正壹—60正壹,61正—63正	①胡文輝③	①劉信芳④	楚	篇章特徵：與《歲》篇相連。
《歲》 睡甲64正壹—67正壹		①劉信芳 ②曾憲通 ③胡文輝 ④工藤元男 ⑤黃文傑⑤	楚	篇章特徵：以"刑夷（四月）"爲起點。語言特點：使用楚月名，"殃"記作通假字"英"，副詞"數"表迅疾義。
《日夕》 睡甲64正貳叁肆—67正貳叁肆	①黃文傑⑥	①蔣南華⑦	楚	語言特點：使用秦楚月名對照表。
《病》睡甲68正貳—77正貳//《有疾》睡乙181-187	①楊華 ②劉玉堂等 ③魏超⑧		楚	語言特點：使用楚方言，介詞"於"使用頻率高。
《星》睡甲68正壹—95正壹		①工藤元男⑨	秦	語言特點：動詞用"到"，不用"至"；動詞"出"表出嫁義；副詞"數"表屢次義。

① 饒宗頤：《雲夢秦簡日書朦義》，載饒宗頤、曾憲通著《楚地出土文獻三種研究》，中華書局1993年版，第442—454頁；黃文傑：《秦至漢初簡帛文字研究》，商務印書館2008年版，第318頁。

② ［日］工藤元男：《睡虎地秦簡所見秦代國家與社會》，廣瀨薰雄、曹峰譯，上海古籍出版社2010年版，第304—307頁。

③ 胡文輝：《睡虎地秦簡中的楚〈日書〉》，載饒宗頤主編《華學》第4輯，紫禁城出版社2000年版，第108—117頁。

④ 劉信芳：《秦簡中的楚國〈日書〉試析》，《文博》1992年第4期。

⑤ 劉信芳：《秦簡中的楚國〈日書〉試析》，《文博》1992年第4期；曾憲通：《秦簡日書歲篇疏證》，載饒宗頤、曾憲通著《楚地出土文獻三種研究》，中華書局1993年版，第500頁；［日］工藤元男：《睡虎地秦簡所見秦代國家與社會》，廣瀨薰雄、曹峰譯，上海古籍出版社2010年版，第165頁；胡文輝：《睡虎地秦簡中的楚〈日書〉》，載饒宗頤主編《華學》第4輯，紫禁城出版社2000年版，第108—117頁；黃文傑：《秦至漢初簡帛文字研究》，商務印書館2008年版，第318—319頁。

⑥ 黃文傑：《秦至漢初簡帛文字研究》，商務印書館2008年版，第318頁。

⑦ 蔣南華：《楚曆辨證》，《貴州社會科學》2000年第1期。

⑧ 楊華：《出土日書與楚地的疾病占卜》，《武漢大學學報》2003年第5期；劉玉堂、賈海燕：《馬王堆帛書〈五十二病方〉與楚人"四方"觀念》，《中國文化研究》2011年第3期；魏超：《從睡虎地秦簡〈日書〉看秦人的鬼神觀念》，《華夏文化》2015年第1期。

⑨ ［日］工藤元男：《睡虎地秦簡所見秦代國家與社會》，廣瀨薰雄、曹峰譯，上海古籍出版社2010年版，第307頁。

續表

	學界所主張的地域歸屬		我們的觀點	
	秦	楚	歸屬	依據
《官》睡乙80壹-107壹	①魏超①	①工藤元男②(楚秦)	秦	同上
《嫁子□》睡乙197—200	①胡文輝 ②黃文傑③	①劉信芳④	楚	篇章特徵：與《歲》篇、《徙》篇數術原理相同，以"正月"（楚四月）爲起點。
《諸良日》睡甲78正貳—94正貳	①魏超⑤			
《十二支忌》睡甲101正貳—105正貳，107正貳—113正貳	①竇連榮、王桂鈞 ②魏超⑥	①饒宗頤 ②黃留珠⑦	楚	語言特點：出現楚人信仰的天神"上皇"，"殃"記作通假字"英"。
《土忌》睡甲104正壹—109正壹		①劉信芳⑧		
《作事》睡甲110正壹、睡甲113正//睡乙120		①劉信芳⑨		
《毀棄》睡甲111正壹—112正壹		①劉信芳⑩	楚	語言特點：使用楚月名。

---

① 魏超：《從睡虎地秦簡〈日書〉看秦人的鬼神觀念》，《華夏文化》2015年第1期。

② ［日］工藤元男：《睡虎地秦簡所見秦代國家與社會》，上海古籍出版社2010年版，第307頁。

③ 胡文輝：《睡虎地秦簡中的楚〈日書〉》，載饒宗頤主編《華學》第4輯，紫禁城出版社2000年版，第108—117頁；黃文傑：《秦至漢初簡帛文字研究》，商務印書館2008年版，第318頁。

④ 劉信芳：《秦簡中的楚國〈日書〉試析》，《文博》1992年第4期。

⑤ 魏超：《從睡虎地秦簡〈日書〉看秦人的鬼神觀念》，《華夏文化》2015年第1期。

⑥ 竇連榮、王桂鈞：《秦代宗教之歷程》，《寧夏社會科學》1989年第3期；魏超：《從睡虎地秦簡〈日書〉看秦人的鬼神觀念》，《華夏文化》2015年第1期。

⑦ 饒宗頤：《雲夢秦簡日書賸義》，載饒宗頤、曾憲通著《楚地出土文獻三種研究》，中華書局1993年版，第451頁；黃留珠：《重新認識秦文化》，《西北大學學報》1996年第2期。

⑧ 劉信芳：《秦簡中的楚國〈日書〉試析》，《文博》1992年第4期。

⑨ 同上。

⑩ 同上。

續表

	學界所主張的地域歸屬		我們的觀點	
	秦	楚	歸屬	依據
《直室門》睡甲114正貳—126正貳、114正叁—126正叁			秦	篇章特徵：有放簡日書對照。語言特點：副詞"數"表屢次義；時間副詞"且"，不用"將"。
《行》睡甲127正—130正/睡乙132-137	①王桂鈞①		秦	語言特點：時間副詞用"且"，不用"將"；假設連詞用"節"。
《臽日敫日》睡甲136正肆至捌—139正肆至捌		①劉信芳 ②劉增貴 ③呂亞虎②		
《求》睡甲153正-154正	①魏超③			
《吏》睡甲157正壹—157正伍、166正壹—166正伍			秦	篇章特徵：有放簡日書對照。
《取（娶）妻出女》睡甲1背,2背壹-11背壹、12背,2背貳-9背貳/《取（娶）妻》睡甲155正—156正貳	①趙奎夫 ②蔡先金 等 ③魏超④	①梁中效⑤	秦	語言特點：動詞"出"表出嫁義，假設連詞用"若"。

---

① 竇連榮、王桂鈞：《秦代宗教之歷程》，《寧夏社會科學》1989年第3期。

② 劉信芳：《秦簡中的楚國〈日書〉試析》，《文博》1992年第4期；劉增貴：《秦簡〈日書〉中的出行禮俗與信仰》，載臺灣史語所集刊編輯出版部編《歷史語言研究所集刊》2001年第72本第3分，第515頁；呂亞虎：《戰國秦漢簡帛文獻所見巫術研究》，科學出版社2010年版，第136頁。

③ 魏超：《從睡虎地秦簡〈日書〉看秦人的鬼神觀念》，《華夏文化》2015年第1期。

④ 趙逵夫：《漢水、天漢、天水》，《天水師範學院學報》2006年第6期；又《從廣東七夕節的傳播源流看其文化特徵》，《文化遺產》2011年第3期。蔡先金、李佩瑤：《睡虎地秦簡〈日書〉與牽牛織女神話》，《東岳論叢》2011年第12期；魏超：《從睡虎地秦簡〈日書〉看秦人的鬼神觀念》，《華夏文化》2015年第1期。

⑤ 梁中效：《漢水流域的牛郎織女文化》，《陝西理工學院學報》2013年第1期。

續表

	學界所主張的地域歸屬		我們的觀點	
	秦	楚	歸屬	依據
《夢》睡甲13背-14背壹//睡乙189壹—195壹	①魏超①	①黎國韜 ②李玉②	楚	語言特點："薯-夢"同音，"賁-奔"雙聲疊韻具有古楚地方言的特徵。
《相宅》睡甲15背壹—23背壹、14背貳叄肆伍—23背貳叄肆伍、14背陸—20背陸	①晏昌貴等③	①劉樂賢 ②李家浩④	楚秦	篇章特徵：有九店日書對照。語言特點：祭祀動詞用"祠"。邏輯推理：與農業相關建築物名稱"囷、圈、屏"，與九店《相宅》與祭祀有關的"中壇""祭室""弱堂"等設施不同。
《詰》睡甲24背壹貳-68背壹貳,24背叄-59背叄	①林劍鳴 ②郝振楠 ③魏超⑤	①戴春陽 ②曾憲通 ③劉釗 ④黎國韜 ⑤李玉⑥	楚	語言特點：楚方音（"賁-奔"雙聲疊韻具有古楚地方言的特徵），楚方言詞彙"箸、眯、茹"等。篇章主旨：有禮儀宣講功能。文化習俗：鬼神意識濃厚。邏輯推理：出現南方事物名稱"莎""桂"等。

---

① 魏超：《從睡虎地秦簡〈日書〉看秦人的鬼神觀念》，《華夏文化》2015年第1期。

② 黎國韜：《秦儺新考》，《中華戲曲》2008年第38輯；李玉：《出土簡牘帛書"通假字"中同源通用考釋》，《廣西師範大學學報》2015年第4期。

③ 晏昌貴、梅莉：《楚秦〈日書〉所見的居住習俗》，《民俗研究》2002年第2期。

④ 劉樂賢：《九店楚簡日書研究》，載饒宗頤主編《華學》第2輯，中山大學出版社1996年版，第68頁；湖北省文物考古研究所、北京大學中文系：《九店楚簡》，中華書局2000年版，第110頁。

⑤ 林劍鳴：《秦人的價值觀與中國的統一》，《人文雜志》1988年第2期；郝振楠：《〈日書〉所見秦人鬼神觀念述論》，載葛志毅主編《中國古代社會與思想文化研究論集》第3輯，黑龍江人民出版社2008年版，第52—69頁；魏超：《從睡虎地秦簡〈日書〉看秦人的鬼神觀念》，《華夏文化》2015年第1期。

⑥ 戴春陽：《秦墓屈肢葬管窺》，《考古》1992年第8期；曾憲通：《選堂先生與荊楚文化研究》，載饒宗頤主編《華學》第2輯，中山大學出版社1996年版，第132—133頁；劉釗：《秦簡中的鬼怪》，《中國典籍與文化》1997年第3期；李玉：《出土簡牘帛書"通假字"中同源通用考釋》，《廣西師範大學學報》2015年第4期。

續表

	學界所主張的地域歸屬		我們的觀點	
	秦	楚	歸屬	依據
《十二支占死咎》睡甲83背壹-96背壹			楚	語言特點：出現楚方言"渡衕（閒衕）"。
《出邦門》睡甲111背-112背		①黎國韜①	秦	語言特點：動詞用"到"，不用"至"。
《行忌》睡甲127背—128背	①魏超②			
《土忌》睡甲129背-142背	①魏超③			
《天李》睡甲145背-146背		①李玉④	楚	語言特点：有楚方音
《田忌》睡甲149背-152背	①魏超⑤			
《生子》睡甲140正壹至陸—149正壹至陸 《生》睡乙238—248	①黃留珠 ②大西克也⑥	①劉信芳 ②王子今 ③王志④ 張國艷⑦	楚	民俗信仰：生子命運占測與秦日書有別。語言特點：語言文字的細節使用，如"醫"誤作"也"。
《馬禖祝》睡甲156背—160	①蒲向明 ②魏超⑧	①蔡哲茂⑨	秦	語言特點：動詞用"到"，不用"至"。

————————

① 黎國韜：《秦儺新考》，《中華戲曲》2008 年第 38 輯。
② 魏超：《從睡虎地秦簡〈日書〉看秦人的鬼神觀念》，《華夏文化》2015 年第 1 期。
③ 同上。
④ 李玉：《出土簡牘帛書"通假字"中同源通用考釋》《廣西師範大學學報》2015 年第 4 期。
⑤ 魏超：《從睡虎地秦簡〈日書〉看秦人的鬼神觀念》，《華夏文化》2015 年第 1 期。
⑥ 黃留珠：《重新認識秦文化》，《西北大學學報》1996 年第 2 期；[日] 大西克也：《從方言的角度看時間副詞"將""且"在戰國秦漢出土文獻中的分佈》，載《紀念王力先生百年誕辰學術論文集》編輯委員會編《紀念王力先生百年誕辰學術論文集》，商務印書館 2002 年版，第 157 頁。
⑦ 劉信芳：《秦簡〈日書〉與〈楚辭〉類徵》，《江漢考古》1990 年第 1 期；王子今：《睡虎地秦簡〈日書〉甲種疏證》，湖北教育出版社 2003 年版，第 279 頁；王志：《屈賦文獻中的服飾問題》，《長江學術》2013 年第 2 期；張國艷：《睡虎地秦簡〈日書〉詞語補釋》，《殷都學刊》2017 年第 2 期。
⑧ 蒲向明：《從睡簡〈日書·馬禖篇〉看非子始封秦亭》，《中南大學學報》2013 年第 6 期；魏超：《從睡虎地秦簡〈日書〉看秦人的鬼神觀念》，《華夏文化》2015 年第 1 期。
⑨ 蔡哲茂：《讀〈睡虎地秦墓竹簡〉札記兩則》，載中國訓詁學會主編《訓詁論叢》第 2 輯，臺灣文史哲出版社 1997 年版，第 148 頁。

續表

	學界所主張的地域歸屬		我們的觀點	
	秦	楚	歸屬	依據
《行忌》睡乙139—142			秦	語言特點：假設連詞用"節"。
《亡日》睡乙149—150/《亡者》睡乙151—152		①森和①		
《見人》睡乙153—155			楚	語言特點：祭祀動詞用"祭祀"，語言古樸。
《十二時》睡乙156		①工藤元男②		
《十二支占出入盜疾》睡乙157—180		①劉樂賢 ②森和 ③李玉③	楚	篇章特徵：有九店日書對照。語言特點：出現楚方言"讒"。
《四季天干占死者》睡乙202—205,206壹—223壹		①李學勤④		
《入官》睡乙224貳叁,225貳—237貳			秦	語言特點：動詞用"到"，不用"至"。

二　散見簡牘日書釋文

（一）王家臺秦簡

1. 建除

正月，建寅、余（除）卯、盈辰、平巳、定午、失（執）未、柀（破）申、危酉、成戌、收亥、開子、閉丑。壬占。王653

2. 稷辰

正月、二月：子秀、丑戌正陽、寅酉危陽、卯敫、辰申叝、巳未

---

① ［日］森和：《中國古代的占卜與地域性》，《湖南大學學報》2013年第6期。

② ［日］工藤元男：《睡虎地秦簡所見秦代國家與社會》，廣瀨薰雄、曹峰譯，上海古籍出版社2010年版，第244—245頁。

③ 劉樂賢：《九店楚簡日書研究》，載饒宗頤主編《華學》第2輯，中山大學出版社1996年版，第68頁；［日］森和《中國古代的占卜與地域性》，《湖南大學學報》2013年第6期；李玉：《出土簡牘帛書"通假字"中同源通用考釋》，《廣西師範大學學報》2015年第4期。

④ 李學勤：《秦簡的古文字學考察》，載中華書局編輯部編《雲夢秦簡研究》，中華書局1981年版，第341頁。

陰、午臬、亥結。王649

正陽，是＝番昌，小事果成，大事有慶，它事毋（無）小大盡吉。可以俈爲嗇夫，三昌。時以戰，命曰三勝。以祠，吉。以有爲殹，美王673惡自成殹。以生子，吉。可以窆（葬）貍（埋）。以雨，盍（霽）。亡人，不得。正月以朔，歲美，毋（無）兵。王721

3、啓門

春三月可以南啓門，壬戌、壬子、癸丑、癸未，以黑祠。夏三月可以西啓門，囗王351午以青祠。秋三月可以北啓門，丁酉、丙辰、丁巳、丙申、丙戌，以赤祠。囗【冬三月可】王352以東啓東（門），囗申、辛亥、庚戌、辛巳，以帛（白）祠。王370

4、啓閉

五未旦閉夕啓，西南吉，東得北凶。王347

五子旦閉夕啓，北得，東吉，南凶，西囗囗王393

五丑旦啓夕閉，東北吉，南得，西毋行。王388

五亥旦莫（暮）不閉，北吉，東凶，囗會飲飤（食），百具囗王395

5. 直室門

囗而更，田邋（獵）得獲。倉門，是不<夭？>，五歲弗囗王290

囗北鄉（向）廥。東門，是胃（謂）邦君之門，囗王291

囗起門，八歲始富，其囗王

囗昌，好歌舞，必佩<施>衣常（裳）；十六歲弗更，不爲囗王

6. 生子

甲子生，孜（嘉）。乙丑生，不武，巧。丙寅生，武聖。王

丁卯囗　戊辰生，好。己巳生，好田。王

庚午生。女毋（無）囗。辛未生，肉飤（食）。壬申生，必聞邦。王

癸酉生。終囗王

7. 病

甲乙：木、青、東方。甲乙病，雞鳴到日出，篤，不死囗王49囗丙丁有瘳，毋復囗囗王50

子有病，不五日乃七日有瘳，雞鳴病，死。王399

丑有病，不四日乃九日有瘳，平旦病，死。王396

8. 有疾

丙丁有疾，赤色當日出死。不赤色，壬有瘳，癸汗（間）。王401

戊己有疾，黃色中子死。不黃色，甲有瘳，乙汗（間）。王397

五子有疾，四日不瘳乃七日。雞鳴有疾，死。五丑有疾，三日不瘳乃九日。☐ 王360

☐死。五寅有疾，四日不瘳乃五日，日出有疾，死。五卯有疾，三日不瘳乃☐ 王373

9. 死

甲乙黃昏以死，失（魅）圉厩不出，先西而北☐☐☐☐人之 王667

己巳之日以死，其失（魅）不出，小子必二人死，大人其家室☐☐ 王703

庚午日中以死，失（魅）西北五六步，小子也取其父，大人也不去，必傷其家。王706

乙酉之旦到夕以死，失（魅）不出，出而西南，其日中才（在）東北間一室。王718

10. 諸良日

馬之良日：己丑、酉、辛未、庚辰、申、壬申、辰、乙丑、戊申，可出入馬。其忌日：戊午、庚午☐ 王363

豕之良日：壬戌、甲辰、癸未、可出入豕。其忌日：丁丑、未，丙寅、辰、乙亥。王380

木忌：甲、乙、丁未、癸酉、癸亥、巳。王94

火忌：庚寅、辛卯、壬辰，凶。王89

☐大吉。凡祭祀之凶日，甲寅、庚寅、丙寅、戊☐ 王286

☐凶。凡祭又（父）母之良日，乙☐ 王

☐☐月九日以發事不成；成，凶。甲乙、戊己、壬癸，發事不成。☐戊午己未謀事☐ 王242

☐甲申、甲辰，門之良日也。甲申、庚申、乙酉，户之良日也。乙亥、己亥、乙☐ 王264

850

11. 詰

之來者不起。凡人亡故而心哀矣，乃取桂盛尊而中折之，以$_{王113}$望始出而飤（飼）之而寢，則止矣。$_{王114}$

夢言也，有命來，爲事不吉，亦毋（無）大咎也。人亡故而怒也，$_{王143}$□以戊之日而（飼）黍□□□□祭，則止矣。旹人，一日，以□殍；二日，□$_{王152}$

12. 日忌

一日是胃（謂）奮光。祭，有鬥敗者。亡人，曰歸也。頯人$_{王93}$行，不行。以戰，有和有得。占五矢（失），得。疾人，凶。夢有言◪$_{王104}$

十日曰騵，是胃（謂）逋。□（作）美事，吉。以取（娶）妻，先有□。虜，百矢（事）吉。以$_{王112}$有疾，少飤。五矢（事），言也。取（娶）妻，不吉。以行，各〈咎〉。入以六畜，吉。疾人，不$_{王23}$死。

十五日曰載，是胃（謂）望。以作，百事大凶。風雨畾（雷），日月宜飤（飲），邦君$_{王44}$更歲不朝，邦多廷獄作，民多寡〈患〉陽疾，亡人得戰。$_{王46}$

◪雨户；三日，下中；五日，大人；六日，東北◪$_{王158}$

（二）嶽山秦牘

1. 六事日

水良日：癸未、酉、庚申。其忌：癸巳、乙巳、甲戌。$_{嶽山43號正1}$

土良日：癸巳、乙巳、甲戌。其忌：癸酉、庚申。$_{嶽山43號正2}$

木良日：庚寅、辛卯、壬辰。其忌：丁未、癸酉、癸亥。$_{嶽山43號正3}$

火良日：甲、己，丁酉、癸酉。其忌：庚寅、辛卯、壬辰。$_{嶽山43號正4}$

玉良日：甲午、甲寅。其忌：甲申、乙巳、乙卯。$_{嶽山43號正5}$

金良日：甲申、乙卯。其忌：戊寅、戊午、甲午。$_{嶽山43號正6}$

2. 七畜日

人良日：乙丑、己丑、亥、庚辰、壬辰。其忌：丁未、戊戌、壬午。$_{嶽43正壹7}$

牛良日：甲午、庚午、戊午、甲寅、丙寅。其忌：壬辰、戊戌、癸亥、未、己丑、乙卯。$_{嶽山43正壹8}$

馬良日：己亥、己酉、庚辰、壬辰、己未、己丑、戊戌、庚申。其

忌：戊午、庚午、甲寅、丁未、丙寅。_{嶽山43正壹9}

羊良日：辛巳、未、庚寅、癸未、庚辰。其忌：乙巳、丙午、丁未、☒_{嶽山43正壹10}

犬良日：丁丑、未、丙辰、己巳、亥。其忌：辛巳、未。_{嶽山43正貳2}

豕良日：壬辰、戌、癸未。其忌：丁未、丑、丙辰、申。_{嶽山43正貳3}

雞良日：丙辰、乙巳、丙午。其忌：庚寅。_{嶽山43正貳4}

凡七畜，以五卯祠之，必有得也。其入神行，歲再祠之，吉。_{嶽山43正貳5}

3. 殺日

丙辰、丁未，不可殺豕，不隱人民。_{嶽山43背壹1}

丙寅，羿射封豕，不可入豕及殺之。_{嶽山43背壹2}

丙午，不可殺羊，不隱貨。_{嶽山43背壹3}

辛，不可殺雞，不利田邑。_{嶽山43背壹4}

壬辰、壬戌，不可殺犬，不隱妻子。_{嶽山43背壹5}

4. 刺

入月六日市日刺，七日市日刺，望、後三日市日刺，四日市日有刺，刺己，有五刺一番。_{嶽山43背壹6}

5. 祠日

巫咸乙巳死，勿以祠巫。巫龍：丙申、丁酉、己丑、己亥、戊戌。_{嶽山43背壹7}

田大人丁亥死，勿以祠之。_{嶽山43背壹8}

祠大父良日：己亥、癸亥、辛丑。_{嶽山43背貳1}

祠門良日：甲申、辰、乙丑、亥、酉、丁酉。忌：丙。_{嶽山43背貳2}

祠竈良〖日〗：乙丑、酉、未、己丑、酉、癸丑、甲辰。忌：辛、壬。_{嶽山43背貳3}

6. 衣

裚（製）衣良日：丙辰、庚辰、辛未、乙酉、甲辰、乙巳、己巳、辛巳，可以裚（製）衣，吉。_{嶽山43背貳4}

凡衣忌：戊申、己未、壬申、戌、丁亥，勿以裚（製）衣、衣。毋以八月、九月丙、辛、癸丑、寅、卯材（裁）衣。_{嶽山43背貳5}

7. 五服忌

五服忌：甲申寇（冠）、丙申开（笄）、戊申带、庚申常（裳）、壬申屢（履）。獄山43背貳6

8. 問病

〖毋〗以辛亥、卯、壬午問病者。以寧人，人必寧之。以賀人，人必賀之。□。獄山44正壹1

寅、卯不可問病者，問之必病。獄山44正壹2

9. 生子

辛卯生子，不弟。獄山44正壹3

10. 歸行

凡丙申、六旬之兇（凶）日也。獄山44正貳3

久官毋以庚午到室。獄山44正壹4

壬戌、癸亥不可以之遠役及來歸入室，必見大咎。獄山44正貳4

☐丙、丁入之。以□入之，吉。獄山44正5

11. 五種忌

☐黍，寅粱（粱），辰靡（麻），戌叔（菽），亥□，申荅，卯□獄山44背1

12. 殘簡

☐毋用。正月、四月、七月用之，弗復。獄山44正6

☐□火。獄山44正7

☐□獄山44背2

（三）北大秦簡

1. 占雨

子風五日而雨，雨三日不星（晴）乃四日。子奚（雞）鳴雨多，三日不星（晴）乃四日。北秦《釋粹》乙組(一)【《文物》4-126】

2. 見人

見人：朝見人，莫食見人，夕見人。北秦《釋粹》丙組(一)壹【《文物》0-016壹】

3. 十二支占出入盜疾

子，南凶，北得，東吉，西聞言。北秦《釋粹》丙組(一)貳【《文物》0-016貳】

4. 聞

甲子、乙丑、丙寅、丁卯、戊辰、己巳，聞憂不憂，聞喜不喜，聞兵不行。北秦《釋粹》丙組(二)【《文物》2-025】

（四）香港中文大學文物館藏簡牘

1. 建除

☒子　丑　寅　卯₄₅壹　利祠祀、入錢財、奴婢、馬牛☒港45貳

2. 稷辰

巳未　巳未　未酉　未酉　酉亥　酉亥　亥【丑】港43

☒申卯　戌巳　戌巳　子未　子未港44

☒，不果。亡者，得。利〖田〗漁、弋獵，吉。可以取，不可予。港51

☒□車，祠祀、臨官〖莅〗衆。以毀（繫），亟出。不可復（覆）室、蓋☒港50

☒酉　酉　結港48壹　逢時不產，倍（背）時致死，它邑用時，邑中不用時，室中垣毋（無）小大用時。港48貳

3. 歸行

【冬三月】戊戌不可北，是胃（謂）行百里中有咎，二百里外大咎，黃神龍之。港11

壬子□□□□不□□□不□□不行港14

□到室，必死。港16

4. 星官

□見人、行水、除渠。以取（娶）妻，妻悍，利學人。港19壹

☒凶，不可祠祀，有敗。人難前者，死者沽☒港52壹

☒妻，寡。不可嫁女，出錢財。亡者，不得。港18壹

☒愛夫。港20壹

☒行者，得。功木者，勝。病者，不死。港17壹

不可□□□□取（娶）妻，人離。港27壹

☒疵。伐木，吉。取（娶）妻，妻痔。不可入奴。港31壹

5. 陷日

陷庚₁₉貳　陷己₁₈貳　陷癸₂₀貳　陷丙。港17貳

6. 人字

引月從日。港19叁

午未申酉戌　則以孝惠三年十一月辛巳夕生。港17叁

亥 相 冬　　思以大□四年十一月丙□□。港27叁

7. 盜日

☒□。□目，行□□然，旦不得。臧（藏）西南衣（依）取（聚）園中木下，若（匿）小首。港21

☒□。旦得，夕不得。外善，上下睢。臧（藏）東方園中及草中，及草☒港22

☒□足，喜笑。西北垣下糞蔡土襄（壤）下若（匿）。善與人鬥（鬭），旦得夕不得。港23

所爲勿章勿足，使禽臧俞獲。港24

8. 取（娶）妻出女

□□□以戊午、己未，是禹之取（娶）梌【山之女爲】妻之日也，必一子死。港25

不可取（娶）妻嫁女，父母三年有大咎。作事☒港26

□□□□□婦嫁女，用之兇（凶）。八月辰，不可取（娶）妻，恐寡及一人，申巳□☒港28

☒不可取（娶）妻。港29

☒不可取（娶）妻，□□□□☒港30

9. 禹須臾

【金】勝木，可東。壬癸夕行，九憙。港32

10. 嫁子刑

【三月七月十一月，端西盡、西北鬪，端】北決離，東北執辱，端東谷（卻）逐，東南啓光，端南吉【富，西南反（返）鄉】。港33

11. 艮山

此禹之根（艮）山，數上道□☒港34貳□，復道上□□□乙未☒港13

12. 詰

畜生不息者，人虛也。取里社□者土以爲禹（偶）人，男女各一，貍（埋）之戶下。港35

室燕不來者，井虖<虛>也，取【梧】桐【爲禺（偶）】人，男女各一，置井中。港39

☒籥貍（埋）之☐中，人所使☐者，及室四關，可定惡疾。港70

13. 反支

出一得十，亡人環（還）反（返），以史（事）憂者得憙，去官十遷。港53

14. 諸日宜忌

☐☐☐，兇（凶）。癸巳，可。戊申、丁卯、戊寅不可入奴，丁卯不可入婢。港55

出入奴婢、馬牛、錢財，爲羊圈，吉。港56

☒☐未，入室必見大兇（凶）咎。港63

☒壬辰，不可見貴人。☐午，可見長者，凡見小子倍（背）時，吉。凡巳，不可☐港94

15. 玄戈

☒☐尾，壬寅、癸丑。玄戈甈（繫），不可作百事，以行必傷兵。不可祠祀、寇（冠）☐衣☐☒港57貳

16. 臨日

☒央（殃），不可以畺爲火，百事皆毋（無）所利。節（即）以有爲也，其央（殃）不出歲中，小大必至，有爲也☒港58☒死亡志至。凡有爲也，☐☐☐☐☐☐☐☒港59

17. 牝日

☒癸亥，牝日，不可☐爲也，☐☐☐，不出三月必有喪。港12

18. 四徹

未，東壁。四徹不可爲☐日，作事不☐，☐中絕。港60

19. 帝

☒乙、丙丁，四廢，日衝之日。不可入官，爲室、困，蓋復（覆）內及行☐。港61

壬癸、庚辛、甲乙。港62正 ☒爲剽，凡生三月爲☐童，東壁爲責，玄戈槀。港62背

· 856 ·

20. 五行

☐取赤，戊己取黃，庚辛取白，壬癸取黑。港65

戊己土日，庚辛金日。港64

北行以金日。港66

☐日，以器盛土，置北垣上。港34壹

21. 有疾

☐死中子，女子黑色亡，日庡（昳）有疾，旬二起，莫食及旦爲祟，俞（瘉）之，乙起。港67

☐女子青色，市日有疾，旬起，大父爲☐港68

【女子】☐色，日中有疾，九日起，司禄爲祟，俞（瘉）之，丁起。莫（暮）疾，非良死也。港69

22. 良日

☐☐胃（謂）良日，天火絶，蓋屋吉。及乙丑、巳，丁巳，壬申、丑，巳亥，庚寅，辛卯，壬辰可☐☐港71

23. 八魁、血忌

☐胃（謂）八魁日，凶。用者咸（滅）亡，毋（無）後。港72

☐婁、虚，是胃（謂）血忌，出血若傷，死。港73

24. 虚日

☐☐、婺女、營=、虚、牽=，虚日。不可以入，錢財必虚。港74

25. 報日

☐【戊】己、甲庚、乙辛、戊己、丙壬、癸丁、戊己，報日。以得，必三；以亡，必五；以喪生，凡三。可以畜六畜。港75

26. 日夜表

【十一月大】，日五夜十一。正月大，日七夜九。三月大，日九夜七。五月大，日十一夜五。七月大，日九夜七。九月【大】，日七夜九。港76

27. 産

産一日、八十日不死，毋（無）子，八十九歲辛亥死。港78壹

産一日、三月不死，貧，八十歲甲寅死。港79貳

産二日、二旬不死，爲吏，五十歲甲戌死。港80壹　産七日、四月不

857

死。大富，卅九歲己巳死。港80貳

產三日、二旬、一月不死，二夫，卅九歲甲申死。港81貳

☐【辛】卯死。82壹 產三日、五月不死，爲人巫，七十二歲壬午死。港82貳

產五日、九月不死，恐☐，十歲丁酉死。港83貳

28. 反支、解衒

【子朔，巳反支，亥解衒。】港87壹

【辰朔，未反支，丑解衒。】港86壹

【未朔，酉反支】，卯解衒。港84壹

申朔，酉反支，卯解衒。港85壹

29. 禹須臾所以見人日

卯，旦吉，晏食、日中吉，日失（昳）、夕兇（凶）。港85貳

辰，旦兇（凶），晏食吉，日中、日失（昳）兇（凶），夕吉。港84貳

未，旦吉，晏食可，日中、夕兇（凶）。港86貳

亥，旦、日中可，晏食、日失（昳）☐。港87貳

30. 六甲表

☐87叁

甲子乙丑丙寅丁卯戊辰己巳｜庚午辛未壬申癸酉亥有賊。港86叁

甲辰乙巳丙午丁未戊申己酉庚戌辛亥港84叁

甲午乙未丙申丁酉戊戌己亥港85叁

31. 見

旦見人，有怒。晏食，有美言。晝見人，不得見。日失（昳）見人，得美言。夕見人，有怒。港88

旦見人，有怒。晏食，有美言。晝見人，有怒。日失（昳）見人，聽言。夕見人，有怒。港89

☐晝見人，【有怒】。日失（昳）見人，聽言。港90

☐晝見人，不得言。日失（昳），聽言，曰許。夕見人，有怒。港91

☐晝，有美言。日失（昳），復見之。夕，慎，美言。港92

☐日失（昳），聽言，曰許。夕見人，有怒。港93

32. 殘篇殘簡

卯午　　不可□，□用之，不出三月下失望。港15

□□，毋贏田乍（作），不得爲水，男女奇（騎）□車也。□□□，□之市中。港36

至□□者，恒使也。北（？）伯，各爲更事□，各户一人。港37

□户外，命曰入，□鼠；委户中以土，命曰閉，有必倍其室。港38

□死喪；食人足下，去所□；食人頸面首，重罪。港41

□從南方來者□□□，從西方來者食。港42

午、辰　此日皆不可以作。港46

未、酉、戌、□　以□日□□□□□□□□□港47

酉　　子港49

□□□土令者行至路，桃（逃）亡不歸，而室散爲邦□港54

（五）虎溪山漢簡

1. 五勝

火勝其金，木勝其土，加寅成，有小喜。虎·《初步研究》

2. 諸事宜忌

遷與娶婦、嫁女良日：甲子、甲辰。虎·《初步研究》

凡生子，毋迎日，毋倍（背）日。虎·《初步研究》

西行良日：庚申、辛酉、庚子、辛丑、辛亥。其次<忌>：壬子、癸丑、壬申、癸酉、癸亥、戊子、己丑、戊申、己酉、戊戌、己亥。其虎·戊28《漢簡選》

3. 諸日宜忌

壬寅日，加子舉事有大喜。甲戌日，加子舉事不成。虎·《初步研究》

（六）阜陽雙古堆 M1 漢簡

1. 諸日宜忌

☑日辰星皆大凶，不可祭祀、作土事、起重、益地☑阜陽《文字編》圖286-9

中旬築，丑、未吉。阜陽《數術書簡論》

因東南隅爲室，胃（謂）敝□，其子產必有大驚。阜陽《數術書簡論》

2. 向

☑南鄉（向），夜半至平旦西方鄉（向），平旦至日中東方鄉

（向），日中至日入☐阜陽《文字編》圖286-4

☐東南鄉（向），夜半至平旦西南鄉（向），平旦至日☐阜陽《文字編》圖286-5

☐夜半西南鄉（向），夜半至☐☐☐☐鄉（向）☐阜陽《文字編》圖286-6

3. 神煞殘簡

☐戌酉申 戌酉申 戌酉申 未午巳 未午巳 未午巳 辰卯寅 辰卯寅 辰卯寅 丑子未☐阜陽《文字編》圖286-7

☐甲乙 丙丁 丙丁 庚辛 庚辛 ☐☐☐阜陽《文字編》圖286-8

4. 其他

☐甲午日，東張八尺四☐間，秋☐阜陽《文字編》圖286-1

☐☐☐☐☐☐☐☐士☐☐周而復☐阜陽《文字編》圖286-2

☐兩星☐德☐星☐阜陽《文字編》圖286-3

☐凶☐☐東方，喪事，死之。以其會期之，甲乙事☐☐阜陽《文字編》圖286-10

☐☐☐亡禍不日☐☐☐日福星☐在☐阜陽《文字編》圖286-11

☐日辰星☐☐☐☐日☐星☐☐阜陽《文字編》圖286-12

☐所固事☐☐得☐☐☐阜陽《文字編》圖286-13

（七）張家山 M249 漢簡

1. 建除

危　約酉戌亥子丑寅卯辰巳午☐張M249《書》圖3-2

2. 諸日宜忌

犬良日：丁丑、未、丙辰、己巳、丙寅、甲午、乙☐張M249《書》圖1-1

3. 盜者

寅，虎也。盜者虎狀，希（稀）須（鬚），大面，面有黑子，不☐張M249《書》圖2-1

卯，象＜兔＞也。盜者大目、短頸、長耳、高尻，臧（藏）草木☐張M249《書》圖1-2

4. 歲

【東方】青，南方赤，西方白，北方黑，中肉＜央＞黃，是謂五色。東☐張M249《書》圖2-2

5. 問疾

☐卯、壬午，不可以問疾，必代有疾。張M249《文物》圖1-16

6. 其他

祝庸食窵有帛頂見得，必吉。窵：其良☐ 張M249《書》圖3-1

解☐日，不可以初見人及☐☐☐，可以解☐☐☐ 張M249《文物》圖1-15

（八）印臺漢簡

1. 建除

卯、辰、巳、午、未、申、酉、戌、亥、子、丑、寅 印臺《荊州》圖2-3壹

利友（祓）除兇、出逮<逐>、飲樂（藥）、除病。以毄（繫），無罪，除之☐☐ 印臺《荊州》圖2-3貳

2. 星官

虚，不可以祠。結，易繹（釋）。亡人，不得。取（娶）婦，不到。印臺《荊州》圖2-11壹

危，不可以祠。生子，老爲人治之。闇日者明，利爲嗇夫。印臺《荊州》圖1-5壹

東壁，不可祠、爲室。築東方，東行，百事不吉。印臺《荊州》圖2-7壹

奎，利以祠、行，家（嫁）女取（娶）婦可也，男子爱。印臺《荊州》圖2-5壹

婁，利以祠、家（嫁）女取（娶）婦、魚（漁）邋（獵），入人、六畜，利入不利出。印臺《荊州》圖2-1壹

3. 星名

正月，心、尾、參大兇（凶），張、翼【致死，畢、觜觿小吉，危、營室大吉】。印臺《荊州》圖2-7貳

二月，氐、房、翼大兇（凶），柳、七星致死，胃、昴小吉，婺女、虚大【吉】。印臺《荊州》圖2-5貳

三月，角、亢、張、{翼}大兇（凶），東井、輿鬼致死，奎、婁【小吉，斗、牽牛大吉】。印臺《荊州》圖2-1貳

4. 祭

招搖：牽牛、亢、輿鬼、婁，不可以祠、入室，卒歲中必有死者。印臺《荊州》圖2-2壹

玄弋<戈>：斗、角、東井、奎，不可以祠、入室，卒歲中必有死者。印臺《荊州》圖2-4壹

星忌：東井、奎、斗、角，以祠，二歲中必有死者。印臺《荊州》圖2-6壹

四牝：乙亥、丁亥、辛亥、癸亥，不可祠、家（嫁）女取（娶）婦，女子壹乳而死。印臺《荊州》圖2-12壹

5. 巫

毄。巫忌：丙申、己酉。印臺《荊州》圖2-4貳

衣☐□言戌戌巫凶□☐印臺《荊州》圖2-6貳

入月四日、旬四日、二旬四日、月未盡四日，巫。印臺《荊州》圖2-12貳

6. 行

行：行吉日，甲申、丙申、乙亥、庚戌、辛丑、辛亥。印臺《荊州》圖1-4

行：凡行，右辰左日吉，反之凶。朔日毋西，晦日東毋<毋東>，北行南行毋犯亥申，不死必亡。印臺《荊州》圖1-8

行：千里之行，以丙辰、丁酉到室死。丁卯不可以船行。六壬可以☐印臺《荊州》圖1-10

入室：久行毋以庚午、戌、丙到室，戌、亥、丁酉、丙辰入室。長〖行〗毋以戌、亥遠去室。六庚不☐印臺《荊州》圖2-9

即行，之邦門之困（閫），禹步三，言曰：門左、門右、中央君子，某有行，擇道。氣（迄），樂☐印臺《荊州》圖1-3

7. 諸日宜忌2

以癸丑、壬辰、甲寅、辛酉入臣妾，大殄。印臺《荊州》圖1-6

七月午爲門及垣，長女死。印臺《荊州》圖1-7

8. 其他

三月甲戌、四月乙酉、六月丙子、八月丁丑、九月庚辰、十月辛卯、十一月壬午、十二月癸巳，以見人，必☐印臺《荊州》圖1-1

魁：春三月丁丑、己巳，夏三月甲申、壬辰，秋三月丁未、己亥，冬三月甲寅、〖壬戌〗，大<八>魁也，不可以☐印臺《荊州》圖1-2

三者㚒（諜）句（詢），㚒（諜）句（詢）癸酉、甲戌、乙亥、戊子、己丑、庚寅、癸卯、甲辰、乙巳、戊午、己未、庚申。印臺《荊州》圖1-9

四者法（廢）舉，法（廢）與（舉）己巳、庚午、辛未、壬申、乙酉、丙戌、丁亥、己亥、庚子、辛丑、壬寅、乙卯、丙辰、丁巳。印臺《荆州》圖1-11

五月者居處五兑，居處甲子、乙丑、丙寅、丁卯、戊辰、己卯、庚辰、辛巳、壬午、癸未、甲午、乙未、丙申、丁酉、戊戌。印臺《荆州》圖1-12

言：以男日與人言，立右，先言。以女日，立左，後言。印臺《荆州》圖2-8

種忌日：子麥，丑黍，辰禾，亥稻，戌叔（菽），不可種及賞（嘗）。印臺《荆州》圖2-10

八月夕在亢，八月夕在角，八月夕在軫。印臺《荆州》圖2-11貳

九月日中在□□ 印臺《荆州》圖1-5貳

（九）北大漢簡

1. 篇題

日書 北漢《選粹》36

2. 占産子圖①

午　申 北漢《選粹》右2

辰　巳　未　占産子 北漢《選粹》37—右3

春夏 卯　酉　直頭上者□ 北漢《選粹》37—右4

寅　丑　亥　直耳者聖 北漢《選粹》37—右5

子　戌　直肩上者□ 北漢《選粹》37—右6

直手者善…… 北漢《選粹》37—右7

3. 日廷圖

申　酉金　戌 北漢《選粹》37—右1

未　庚　辛　亥 北漢《選粹》37—右4

丁　壬日廷 北漢《選粹》37—右5

---

① 朱步衝：《北大漢簡——填補歷史空白的佚本》公佈了該篇的一段文字："在手者巧盗，在足下者賤，在外者（兩肩）奔亡。"這段釋文未配圖版，釋文介詞用"在"，與《北京大學藏漢代簡牘書迹選粹》所公佈的《占産子圖》圖版作"直"不同；從"在外者（兩肩）奔亡"看，這段釋文大概爲意譯，不是圖版文字原文。《三聯生活周刊》2009年第43期。

· 863 ·

午火南方　子水_北漢《選粹》37—右6_

□乙　申　丑_北漢《選粹》37—右7_

□何_北漢《選粹》37—右8_

寅其吉若可　辰　卯木　寅_北漢《選粹》37—右10_

3. 盜日

子……鼠相，……垣內中糞蔡下。_北漢《三聯》_

(一〇) 湖北隨州周家寨 M8 漢墓

1. 根（艮）山禹之離日

是胃（謂）根（艮）山禹之離日也。數之，從上右方_周漢203貳_數朔初日，日及字各居一日。盡，復道_周漢143貳_上右方數。日與字（支）夾根（艮）山，是胃（謂）離日。_周漢294貳+199貳_離日不可取（娶）妻、嫁女及入人、畜產、貨，_周漢216+殘1貳_可分翼（異）。_周漢291+殘2貳_

2. 嫁女①

入月旬一、七日及庚〖辰〗、辛巳，不可取（娶）婦、嫁女。_周漢205壹_

子取（娶）妻，有憂。酉嫁，三更夫。_周漢203壹_

☐婦日也，以之，不字，夫恐死。_周漢143壹_

壬申、癸酉，百事不吉，不可取（娶）妻。_周漢294壹+199壹_

庚寅取（娶）妻，妻不居。_周漢216壹_

壬辰、癸巳出婦，其夫不出三歲死。_周漢291壹_

甲午旬，嫁女，毋（無）辰。_周漢351壹+303壹_

戊申、己酉以取（娶）妻，妻出三歲棄、亡。_周漢350壹_

癸丑、戊午、己未以取（娶）妻，妻死，不棄。_周漢372壹_

甲寅旬，此胃（謂）星辰季也，不可嫁，毋（無）子。_周漢402壹_

戊戌、己亥不可以嫁人，始產日。_周漢458壹_

〖 〗申會癸酉，天辰（震）高山，以取（娶）妻，不☐_周漢124壹_

3. 禹湯生子占

此禹湯生子占也。直頭、肩_周漢9+34壹_上、貴；直夜（腋），富；足，

---

① 《嫁女》篇釋文、綴合，採用了李天虹等先生的意見。見李天虹、凡國棟、蔡丹《隨州孔家坡與周家寨漢簡〈日書〉"嫁女"篇的編次與綴合》，《考古》2017年第8期。

男子_{周漢159壹}賤、女子貴；耳，聖；奎，_{周漢187壹}嫪；手，勞、盜。_{周漢222壹}

4. 產①

子產：子，三日、二月五日不死，必爲上君，五十八年以甲子死；女子，三日、二月不死，三夫，卅九年甲子死。_{周漢100貳}

丑產：子，四月、五月不死，史，六十八年以丙寅死；女子，二日、一月、五月不死，必爲巫，五十六年以丙寅死。_{周漢24+37貳}

寅產：子，五日、四月不死，卅五年以丁卯死；女子，四月、七月、十月不死，三夫，六十七年以庚午死。_{周漢42+50貳}

卯產：子，三日、六月不死，貧，三妻，八十年以己巳死；女，三日不死，貧，卅一年以甲辰死；一曰八十年庚寅死。_{周漢70貳}

辰產：子，七日、三月不死，多病，七十三年以辛卯死；女，三日、五月不死，爲巫，七十二年以壬午死。女【復寡】。_{周漢102貳}

巳產：子，三日、旬、三月不死，寡〈富〉，六十一年以己巳死；女，一日、八月不死，毋（無）子，八十九年辛卯死。_{周漢9+34貳}

午產：子，八日、二月二日不死，爲大夫，六十九年以辛未死；女，二日、五月六日不死，善盜，五十年以辛未死，善田。_{周漢159貳}

未產：子，三日、二月一日不死，必臨邦，六十五年以壬申死；女，五日、三年不死，必爲上君妻，七十六年以庚申死。_{周漢187貳}

申產：子，七日、三月不死，史，五十一年以甲戌死；女，七日、六月不死，大富，卅九年以己巳死。_{周漢222貳}

酉產：子，九日、〖二月〗不死，狂，卅三年以丙子死；女，一日、四月不死，爲大巫，卅九年以丁丑死。_{周漢279貳}

戌產：子，七日、三月二日不死，大富，七十四年以寅死；女，三日、五月不死，必奸，卅五年以壬子死，一曰廿年死。_{周漢310貳}

亥產：子，三日、四月不死，善田，六十七年以庚午死；女，五

---

① 本篇內容是通過十二地支日所產子女在若干日不死來占斷其未來吉凶命運。所產"子""女"相對，我們將此篇擬題爲《產》。部分釋文參考了高一致等先生的意見。見《周家寨漢簡日書〈禹湯生子占〉試解》，簡帛網 2017 年 10 月 1 日（http://www.bsm.org.cn/show_article.php?id=2903）。

· 865 ·

日、九月不死，十年以丁亥死。周漢343貳

甲、丙、戊、庚、壬，男；乙、丁、己、辛、癸，女。產子不中此日，不死，瘴（癃），不行。周漢375貳

5. 死失（魅）

子死，其咎在里中，必見血。周漢112壹

丑死，其咎在室，必有死者三人。周漢117壹

寅死，其咎在西四室，必有火起。周漢168壹

卯死，其室必有弟若子死。死外，有外喪。周漢174壹

辰死，其室必有言語，有，在五室馬牛。周漢105壹

巳死，其凶在室中。周漢40壹

午死，其室必三人死。周漢52壹

未死，其咎在里寡夫若寡婦。周漢73壹

申死，其咎在三室畜產。周漢33壹

酉死，不出三月必有小子死。周漢162壹

戌死，其咎在室六畜。周漢224壹

亥死，其咎在室六畜，北二室。周漢248壹

失（魅）以死之月爲死者室，以死之日爲所先室。以建周漢112貳日死，失（魅）不出。周漢117貳

以死者室爲死者求【子】周漢174貳擊（繫）之，周漢105貳凡日與月同，營居者死，失（魅）周漢40貳不出。周漢52貳

6. 報日①

辛亥、辛卯、壬午不可以寧人周漢33貳及問疾，人必反代之。利以賀人，人周漢162貳必反賀之，此報日。周漢224貳

7. 入官

入官以朔日數，直立者吉，直橫者兇（凶）。＝｜｜—｜｜—｜—

---

① 湖北省文物考古研究所、隨州市曾都區考古隊《湖北隨州市周家寨墓地 M8 發掘簡報》將《報日》篇歸入《死失》篇。《考古》2017 年第 8 期。賀璐璐《讀周家寨 M8 漢簡札記》主張《報日》應析出。簡帛網 2017 年 9 月 14 日（http://www.bsm.org.cn/show_article.php? id=2885）。

|||—||||—||—||—周漢184

另，中國文物信息網公佈了 12 枚編號爲 421—432 的竹簡圖版①，有羊良日、牛良日等内容，多爲日書文字；但圖版不清楚，無相關釋文可對照，限於個人識讀水平，暫缺釋。發掘報告指出周秦簡尚有《建除》《星》《禹須臾所以見人日》《反支》《置室門》《歲》《五龍》等篇章。

（一一）西安杜陵漢牘

始田良日：乙未、乙亥、己亥、己未。利一（以）播種、出糞，家大富。杜陵1

禾良日：乙亥、己亥、癸亥、申戌、己、庚，大吉。其忌日，六丙、寅、卯，不可種。杜陵2

粟良日：戊午、戊戌、甲子、乙亥、甲戌、庚，大吉。其忌日：六壬、五寅、丑，不【可種】。杜陵3

豆良日：庚、辛、壬、癸、五子、丑、寅，大吉。其忌日：戊、己、戌、亥，不可種。杜陵4

麻良日：六丙、辛、五□、子、癸丑，大吉。其忌日：己、庚、壬、癸、五□，不可種。杜陵5

麥良日：丙午、戊午、庚午、壬午，大吉。其忌日：甲、乙、五子，不可種。杜陵6

稻良日：甲子、乙、庚子、辛丑、癸丑，大吉。其忌日：丙、丁□□□□□【不】可種。杜陵7

正月、二月、三月、四月、丁未、戊申，不可□□□□□。杜陵8

（一二）敦煌漢簡

1. 建除

1. 正月建寅，二月建卯，三月建辰，四月建巳，五月建午，六月建未，七月建申，八月建酉☑ 敦煌1061

2. ☑卯，定辰，執巳，破午，危未，成申，收酉，開戌，

---

① 湖北省文物考古研究所：《湖北隨州周家寨漢墓簡牘》，中國文物信息網 2015 年 2 月 13 日（http://www.ccrnews.com.cn/index.php/Pingxuantuijie/content/id/55890.html）

閉亥。敦煌3432《未刊》

2. 星

☐日，利以祠祀及行。壬<生>子，吉。不可殺牛☐敦煌2350

3. 大時小時

☐月　舍酉　舍子　☐敦煌2121

4. 月殺

月殺：丑、戌☐敦煌2085

5. 徙

【居北】方，九日以辛酉【徙】，居西【方】☐敦煌2364

6. 四向占生子

生子：東首者富，南首者貴，西首者貧，北首者不壽。生子見天者☐敦煌2056

7. 諸日宜忌

☐壬、癸、亥、子入官、視事及舉百事，凶。☐敦煌2369

旅：聞盜事　有凶事　有客從遠所來　有所得 敦煌1787

☐出，三年必吉☐。六月卯毋起土功，☐二三☐人。敦煌894

8. 星宿

張　角　氐　心　斗　須女 敦煌2368正十 敦煌2368背

參　輿鬼　七星　翼　亢　房　尾　牽牛　虛　☐敦煌2359正十一☐敦煌2359背

☐須女　營　奎　☐敦煌2357正　十五　☐敦煌2357背

☐斗　須女　營　奎　☐敦煌2351

☐虛　東辟　婁　☐敦煌2352

☐角　氐　☐敦煌2358

☐危　奎　胃　　敦煌2360

☐東辟　☐敦煌2361

☐亢　心　☐敦煌2362

☐輿鬼　七星　☐敦煌2363

☐柳　張　軫　氐　心　☐☐敦煌2365

· 868 ·

9. 時

大晨至雞鳴六　　大晨至雞鳴六　　大晨至雞鳴六_{敦煌842}

（十）其他

☑大黃種・五行・土圖・土府・財☐☑_{敦煌2097}

☑南鄉（向）辰吉，秦月東南鄉（向）辰吉，八月☑，☑鄉（向）巳吉，十月東南鄉（向）多鄉（向）辰吉，十一月☑_{敦煌2367正}

（一三）居延漢簡_{（居延漢簡、居延新簡、額濟納漢簡）}

1. 盜

☑屬夜半者，男子取之，其人兌（銳）喙，長須（鬚），出目，善☐亂人事，數（僂）人也。姓孤氏，字子☑孫☐臧（藏）之內中、嬰（罌）閒、土中。_{居漢458.1A}

2. 良日

☐☐良日：乙丑、己巳、丁丑、辛巳、乙酉、己丑、丁酉☑_{居新EPT6.99}

犾（狗）良日：☐☐☐☐、戊申、五戌。_{居新EPT48.1444}

☑午、丙申大吉。忌：五戌、庚申、辛卯、癸亥。入月三日☑_{居新EPT65.57}

出入奴婢良日，乙丑、辛☑_{居新EPT65.165A}

荊棘杏梓不吉☑_{居新EPT65.165B}

☑东方　　东☑　　_{額99ES16ST1.24A}　☑下土種良☑_{額99ES16ST1.24B}

3. 失火

☑人平。戊失〖火〗，亡貨，負。己失火，☐☑_{居新EPT11.6A}

4. 復日

復日：甲庚、乙辛、戊己、丙壬、丁癸、〖戊己〗。未。戊己、甲庚、乙辛、戊己、丙壬、丁癸、〖戊己〗。_{居新EPT27.2}

乙辛　戊己_{居新EPS4.T2:134}

復日：正月甲庚、三月戊己、五月丁癸、七月甲庚、九月戊己、十【一】月丁癸；

｛反支｝二月乙辛、【四月】丙壬、六月戊己、【八】月乙辛、十月丙壬、十二月戊己。_{額2000ES9SF4.27+26}

869

5. 占

☐車祭者，占牛馬毛物，黃白青驪，以取（娶）婦、嫁女、祠祀、遠行、入官、遷徙、初疾☐ 居新EPT40.38

☐祠祀、遠行、入官、遷徙☐ 居新EPT43.175

☐而得其所止，占客在門，所爲來者，言☐ 居新EPT43.174

四月得，占客在門，所爲來者，言☐ 居新EPT43.197

6. 刑德

刑：術、巷、門、庭、堂、內申＜中＞、堂、庭、門、巷、術、野。居新EPT43.185

德：堂、庭、門、巷、術、野、術、巷、門、庭、堂、內申＜中＞。居新EPT65.48

☐德所在：堂☐ 居新EPS4T2.80

7. 月煞

月殺：丑、戌☐ 居新EPT43.257

8. 厭魅

厭魅書，家長以制曰疎（疏）魅名，魅名爲天牧，鬼之精，即滅亡。有敢苟者，反受其央（殃）。以除爲之。居新EPT49.3

9. 血忌

☐三日不可以殺六畜見血，☐日不可以殺六畜見血，☐十八日不可以殺六畜見血，☐八日不可以殺六畜見血，☐不可以殺六畜見血，九月三日十九日廿四日不可以殺六畜見血，十月朔日廿日廿二日廿九日不可以殺六畜見血，十一月四日廿六日不可以殺六畜見血，十二月二日十一日廿四日卅日不可以殺六畜見血。居新EPT58.21

☐申、卯、酉、辰、戌、巳☐ 居新EPT65.179

10. 土忌

乙辛戌　乙辛戌　甲丁庚　甲丁庚　癸己丙　癸己丙　戌甲辛。居新EPT65.21

11. 歸死

歸死：丑{癸}、寅、子，丑、寅、子，丑、寅、子，丑、寅、子，☐ 居新EPT65.22

12. 天李

天李：子｛壬｝、卯、午、酉、子、壬、午、酉、子、卯、午、酉。居新EPT65.196

13. 大時小時

大時小時：并在東方，北方東方，西方南<東>方，【并在南方，東方南方，北方南方】，東<西>方西方，東方西方，東<南>方西方，并在北方，西方北方，南方北方。居新EPS4T2.105+居新EPS4T1.3

14. 徙時

五月□反合，須功天下□。居新EPT5.57A壹 天候在中。居新EPT5.57A貳 五月移徙吉凶，吏卒失亡。居新EPT5.57A叁 西北殷光，正北吉昌。居新EPT5.57A肆

15. 音律土忌

二月土，音西，食西，申地。居新EPT65.266

四月土，音西，食西，戌地☒居新EPT65.278

九月土，音南，食午，未地，治南方吉，治北方匈（凶）。居新EPT65.308

16. 禹須臾行不得擇日

欲急行出邑，禹步三，唬皋，祝曰：土五（伍）光今日利以行，行毋死。已辟除道，莫敢義（我）當，獄史、壯者皆道道旁。額2002ESCSF1.2

17. 行

冬三月毋北鄉（向），鄉（向）者凶☒額2002ESCSF1.3正 第☒額2002ESCSF1.3背

卯東、南有得，西、北凶；辰東大吉，南有得，西、北凶；巳東、毋行，南大吉，西凶，北有得；午東、北有☒額2002ESCSF1.5正 第廿額2002ESCSF1.5背

18. 五勝

☒【南行】持水，北行持☒額2002ESCSF1.14 ☒南方火，即急行者，越此物行吉。額2002ESCSF1.4

19. 夢占①

☒薔（夢）□者，且束□。薔（夢）長者，吉，言治。薔（夢）

---

① 夢占釋文從劉樂賢先生，見《漢簡中的占夢文獻》，《文物》2017年第9期。

舍音，吉。瞢（夢）□者，吉，言得。瞢（夢）☑ 額2000ES7SF1:15

☑□天□者，大吉。瞢（夢）□☑　☑額2000ES7SF1:58

壬癸瞢（夢）見水及黑物，且有得也。瞢（夢）☑ 額2000ES7SF1:79

20. 其他

十五：吉，得福事。十四：凶，訟、畜生、飲食事。額2000ES7S:11

(一四) 懸泉漢簡

1. 建除占死失

成·戌不出·亥不出·子不出·丑不出·寅不出·卯不出·辰不出·巳不出·午不出·未不出·申不出·酉不出。懸泉I0309③:208正 第十 懸泉I0309③:209背

收·亥北四·子北四·丑北四·寅東四·卯東四·辰東四·巳南四·午南四·未南四·申西四·酉西四·戌西四。懸泉I0309③:208正 第【十】一 懸泉I0309③:208背

閉·丑北六·寅北六·卯北六·辰東六·巳東六·午東六·未南六·申南六·酉南六·戌西六·亥西六·子西六。懸泉I0309③:265正 第十三 懸泉I0309③:265貳

2. 十二支占死吉凶

酉<子>死，大事離（罹）。東南間三室，凶<必>或死者。央（殃）凶在北辟（壁）上。懸泉I0309③:262壹

丑死，家益富，東南間一室，必有死者，央（殃）凶在牛厩中。懸泉I0309③:335壹

☑懸泉IT309③:274壹

卯死，復有喪。西南間三室，有死者。央（殃）凶在□□□上。懸泉I0309③:146壹

辰死者，不幸。西南間一室，必有死者。央（殃）凶不出西井上。懸泉I0309③:266壹

巳死，田地適，西北間一室，□□□者。央（殃）凶在東南隅。懸泉IT309③:196壹

午死者，不非。西北間一<三>室，必有死者。央（殃）凶在□□上。懸泉I0309③:269壹

·872·

未死，□丑亡，☒央（殃）凶在□□上。懸泉I0309③:162壹

亥死者，不主。西南間一室，必或死者。央（殃）凶在馬厩中。懸泉I0309③:268壹

3. 十二支占死喪宜忌

巳＜子＞□□□；死，不出二年必有死者。其日□□可以葬。懸泉I0309③:262正貳十四懸泉I0309③:262背貳

丁丑不可入喪，喪，不出三年有人三死亡。懸泉I0309③:335正貳第十五懸泉I0309③:335背貳

☒卯＜正＞戌＜月＞寅不可穿；穿，夏＜喪＞。三＜正＞月寅不可以哭泣；泣，不出三月復哭。懸泉IT309③:274正貳第十六懸泉IT309③:274背貳

二月卯不可穿。懸泉I0309③:146正貳第十七懸泉I0309③:146背貳

辰不可穿；穿，不出三月有五喪。毋以死者；以死者，不出三年有五喪。毋以哭泣；以哭泣，不出三月復哭。懸泉I0309③:266正貳第□□懸泉I0309③:266背貳

乙巳不可殺；殺，不出三年三人死亡。懸泉IT309③:196貳

午毋以哭泣，☒懸泉I0309③:269貳

六月未不可穿；穿，不出三月有三喪。懸泉I0309③:162正貳第廿一懸泉I0309③:162背貳

☒懸泉I0309③:268正貳

4. 葬

自將野死，不葬，取若陰葬，若陽【葬】，凡爲☒懸泉I0112②:28

其死者，毋持刀刃上冢，死人不敢近也。上冢，不欲哭；哭者，死人不敢食，去。即上冢，欲其□懸泉V1410③:72

5. 裁衣

戊子，財（裁）衣，不利出入。戊午，財（裁）衣，不吉。懸泉I0111②:19

6. 禹須臾行日

☒日入時，西吉；日出時，東吉。懸泉Ⅱ0216②:898

7. 大時小時

大時：南方卯，北方子，西方☒懸泉Ⅱ0111③:35

8. 厕祝

入厠，禹步三，祝曰：入則謂厠哉，陽；謂天大哉，辰。病與惡入，疾去毋顧。懸泉Ⅱ0214③:71

9. 占圖文字

天一、地二、人三、時四、音五、律六、星七、風八、州九☐懸泉Ⅱ0215②:204

10. 復日

復日：甲庚 乙辛。懸泉ⅠDXT0112①:078

甲庚、己辛、戊己、丙壬、丁癸、戊己。懸泉ⅡDXT0111②:185

（一五）肩水金關漢簡

1. 建除表

☐一月：子、丑、寅、卯、辰、巳、午、未☐金關73EJT24.588

☐卯、辰、巳、午、未、申☐金關73EJT24.617A 大☐金關73EJT24.617B

2. 屏圂良日

爲屏圂良日：五癸及壬申六日，壬辰爲屏圂大富。戊寅、戊辰、大凶。金關73EJT30.126

3. 禹須臾行喜

戊寅、丁卯，蚤時行，有三憙（喜），失（昳）時行☐儋管73EJT3.70

4. 行忌

☐七月甲、丙、戊、壬、申、乙、丁、己、辛、卯、{丙}、戊、寅凡十二日，壬毋北，戊毋東南；月八日、九日、十日、十二日、十四日、廿七日、廿八日，有比日毋 金關73EJT3.103

☐行，毋以庚辛到，必☐☐，壬午、丙申 金關73EJT26.248

☐☐☐從東鄉☐☐☐☐到，必死☐金關73EJT26.258

5. 產子

產子：女吉男凶、男吉女凶、男吉女凶、男吉女凶、男吉女凶、女吉男凶、男☐女凶☐金關73EJT29.52

6. 血忌

血忌：丑、未、寅、申、卯、酉、辰、戌、巳、亥、午、子。金關73EJT23.316

血忌：寅申　未寅申　寅申　申　卯　酉　辰　戌　巳　亥
子。金關73EJT29.106

7. 月殺

月殺：丑、戌、未、辰、丑、戌、未、辰、丑、戌、未、辰。金關73EJT23.908

8. 刑德

刑德：堂、庭、門、巷、術、野、術、巷、門、庭、堂、內。金關73EJT23.879

9. 大時小時

☐子、酉、午、卯、子、酉、午、卯、子、酉☐金關73EJT24.526

小時：東方、東方、東方、南方、南方、南方、西方、西方、西方、北方、北方、北方。金關73EJT23.992

10. 神煞殘簡

☐☐：寅、亥、申、巳、寅、亥、申、巳、寅、亥、申☐金關73EJT26.29

☐申、亥、卯、午、酉、子、辰、未、戌、丑。金關73EJT26.205

☐酉、子、辰☐金關73EJT26.205

11. 音律占

八月土，音東，食寅，卯地，治東方吉，治西方自食，戌丑子可起☐金關73EJT31.157

12. 星占

星，內（入）財下必斸，六月內（入）財☐金關73EJT7:63

13. 詰

☐畜產自死，家當有妖。金關73EJT7.60

骨肉治黍飯盡貍（埋）之壇下，毋使犬得。東鄉席與石俱居，驛☐金關73EJT26.144+182

14. 馬禖

不蚤（早）不莫（暮），得主君閑叚（暇）。肥豚☐乳，黍飯清酒，至主君所。主君☐方☐☐☐。金關73EJT11.5 【毋予☐疾，以☐】脊強；毋予皮毛疾，以幣身剛；毋予脅疾，以成【身張】。金關73EJT11.23

15. 其他

☐吉，利數見貴人。☐_{金關73EJT23：80A}

☐入　水官徵（?）。宮日數遷，羽日安，商、角_{金關73EJT23.563}日可，徵日兇（凶）。冬以時到官視事，未到☐☐_{金關73EJT 23.643}

吏入官視事日取陽前辰陰前日堪對及歲後星─堪從三四五辰五行相老日取辰華之☐_{金關73EJT26.167+201+296}

☐寅、卯、辰，木，青。☐巳、午、未，火，赤。☐金，白。☐丑，水，黑。_{金關73EJT28.65A}

(一六) 武威漢簡

1. 日忌

甲毋治宅，不居必荒；乙毋內財，不保必亡；丙毋直（置）衣，卯☐☐☐。_{武威2}

丁毋威☐，☐多作傷；戊毋度田，後必死亡；己毋射矦（侯），還受其央（殃）。_{武威3}

【庚辛☐☐，☐☐】；壬毋☐☐，必得☐☐；【癸毋☐☐，☐☐☐☐】。_{武威4}

【卯毋☐☐，☐☐】；【辰】毋治喪，☐☐☐☐；【巳毋☐☐，☐☐☐☐】。_{武威5}

午毋蓋屋，必見火光；未毋飲藥，必得之毒；申毋財（裁）衣，不煩必亡。_{武威6}

酉毋召客，不鬧若傷；戌毋內畜，不死必亡；亥毋內婦，不宜姑公。_{武威7}

2. 諸日宜忌

☐☐☐☐☐不乏寋人，買席辟（避）壬庚。河魁以祠，家邦必揚（傷）。_{武威1正}

3. 其他

☐有出財，有吏事。有惡言者，有客思之。有諦（啼）泣，令人遠行。_{武威8}

☐有熹（喜）事，君思之。君子思之，有熹（喜）事，令人得財。_{武威9}

☐有　取有　之者，有風雨。_{武威10}

……見婦人。_{武威11}

(一七) 水泉子漢簡

1. 稷辰

☐敽、卯、巳、☐未、酉、亥、丑，是謂小逆，毋（無）大央（殃），可以穿井、行水、蓋屋、飲藥。亡者，不得。不☐畜產、爲嗇夫。臨官、見人不吉。正月以朔，歲中。☐水《文物》封三:5

2. 時☐

時☐：夜半、雞鳴、平旦、日出、食時、隅中、日中、日失、莫（暮）餔、【日入、昏時、人定】。日中、日失（昳）、莫（暮）餔、日入、昏時、人定、夜半、雞鳴、平旦、【日出、食時、隅中】。水《文物》封二:12

時：平旦、日出、蚤食、莫食、日中、日失（昳）、餔時、莫（暮）餔、夜食、日入、夕時、☐水《文物》封三:1

夕時、黃昏、晦食、人定、過人定、夜半、夜過半、雞剛鳴、中鳴、後鳴、東方作☐水《文物》

3. 病

☐曰星也，赤色。病者主母也，祟☐也，貍（埋）之野。盜從南方來，出西藏東方，足☐寄者女子，曰課是取之不遠，亡人正南百廿里☐水《文物》封三:2

病者在頭，見血☐死，祟在亡火，窜當路☐亡人正東百九十里得，縣官。盜者男子，毋（無）妻，北女子毋（無）夫，從☐水《文物》

4. 禱日

擣（禱）日：木日疾，祟在社；火日疾，祟在強死、傷（殤）旱<早>；土日疾，祟在木☐水《文物》封三:13

☐衙、水。暴死者，水日疾，祟在遊死者。水《文物》封三:12

5. 往亡

☐【十月】十日、【十一月】廿日、【十二月】卅日，不可遠行，往亡歸死。壬戌、癸亥、庚午不可到家。水《文物》封三:10

6. 天李

天李，子、卯、午、酉，子、卯、午、酉，子、卯、午、酉，禁毋

·877·

（無）可以爲。入官有罪，入室亡後世盡，行軍吏不吉。水《文物》封三:9

7. 月殺

☐、丑、戌、未、辰，舉百事皆凶，殺六畜，一人死之。戌、巳、午、亥，不可殺豕狗，不可祭六畜。水《文物》封三:11

8. 黄神龍日

☐此黄神龍日，不可入官，居室☐水《文物》封三:7

9. 祠大父母良日

祠大父母良日：己亥、辛丑、未、乙丑，大吉，不出三月必有大得，五月庚寅可以内（入）畜，内一☐☐☐☐☐水《文物》

10. 神煞殘簡

☐土。一月德在内，刑在野。大時在南方午，小時在東北丑，大司空在丑。沐忌日：辰、戌、寅、卯、午。水《文物》

☐☐甲辰、乙巳、丙寅、丁未、庚戌、辛亥、壬寅、癸丑，禱（禱）祠、飲食、行作、吏事、取（娶）婦、嫁女，不吉。水《文物》封三:3

☐四☐，戌、丑、辰、未，不可祠祀、取（娶）婦嫁女，可以相約結及逐捕人。不可殺六畜，大凶。見人，吉。求婦，許得。水《文物》封三:4

☐☐。欲取（娶）婦嫁女，不辟（避）咸池，家室空。水《文物》封三:8

11. 其他

☐廿六日、廿四日，禁殺六畜，大凶，利以學☐。水《水泉子漢墓》

☐，不可内人及寄者。水《水泉子漢墓》

☐吉，二人死，可。一人死，一人死。天賜財物，不出三日必復得賜，所得必負而止，不復得賜而悔之，必復☐得。水《文物》

· 878 ·

後　　記

　　本書是在我的教育部人文社科青年基金項目"簡牘日書文獻語言研究"的基礎上增刪修改而成。"簡牘日書文獻語言研究"於 2010 年立項，九店楚簡、睡虎地秦簡、放馬灘秦簡、孔家坡漢簡四批日書材料批量出土，是研究的重要資料。課題的首要工作是整理核對釋文，放馬灘秦簡日書是釋文整理的重點難點，這批資料於 2009 年全部公佈，首次給學界提供了完整的放馬灘秦簡日書研究的資料。惜圖版不甚清晰，竹簡未有編連，釋文未有分篇。我在找尋可見研究成果對這批日書進行集釋的基礎上，對日書語言進行了初步研究。《天水放馬灘秦簡集釋》《秦簡牘合集〔肆〕》於 2013 年、2014 年先後出版，提供了放馬灘秦簡的紅外影像圖版，釋文也有較多修正。用於提交課題結項的鑒定書稿需要吸收放馬灘秦簡的這些最新研究成果來調整釋文、修改數據；因我生性疏懶，延遲至 2016 年才提交書稿，申請結項鑒定。課題研究、書稿撰寫過程中，參閱了諸位時賢的研究成果，我盡量在文中注釋、參考文獻中予以注明，疏漏之處，誠請方家原宥。

　　本書行文的主要目的是，以期在梳理日書文獻特色詞彙的基礎上，開展簡牘語言一般現象研究。即通過匯釋日書數術術語，減少日書文獻的閱讀障礙；通過清理日書同義詞，展現日書文獻同義詞的分佈狀況並着力探求秦漢時期同義詞的複音發展演變與常用詞替換現象；通過比較日書歷時異文，揭示日書文獻語言隨時變化的特點；通過匯集日書文獻中對大型辭書有修正作用的詞彙詞義，透視日書文獻語言研究的應用價值。日書異文對於日書語料的性質認定，對於語言的歷史發展研究有積極意義，課題限於研究框架與研究時間，本書雖對結項成果有所增補，但所提供的日書異文依然有舉例性質。我們將在"簡牘《日書》文獻重現篇章整理與歷時異文研究"（教育部規劃基金項目）中進行系統研究，希望能更深入細緻發現、解決相關問題。

本書校稿過程中，肩水金關漢簡、周家寨漢簡的部分日書資料又有公佈，日書研究的新成果也有出現。我們盡量補入新材料和相關新成果，不及增補之材料與成果，後續研究中將予以完善。因爲材料、數據的調整，導致產生某些矛盾表述，校稿任務繁重。感謝出版社責任編輯曲弘梅老師、責任校對何又光老師的耐心校勘。

本書仍有許多不足，心懷惴惴與感激，敬請您給予斧正。

求學途中，先後師從西南大學（原西南師範大學）喻遂生師、華東師範大學詹鄞鑫師，並受教於毛遠明、張顯成、徐莉莉、華學誠等諸位先生，亦結識了王建民、趙立偉、朱習文、鄧飛、李明曉、劉小文、鄧章應、范常喜、黃景春、吕志峰、劉海琴等諸位學友。感念諸位師友教我成長，促我學習。

工作之後，蒙文學院原院長潘曉生、劉傳霞，現院長張兵、劉新鎖與同事高龍奎等諸位老師的幫扶。在此一併致謝。

感恩遇見，砥礪前行。

張國艷
2018 年 8 月